ISIDRE **nonell** 1872 - 1911

ISIDRE nonell 1872 - 1911

Museu d'Art Modern, MNAC, Barcelona

FEBRERO - ABRIL, 2000

• • •

Fundación Cultural MAPFRE VIDA, Madrid

ABRIL - JUNIO, 2000

Exposición

COMISARIAS
Cristina Mendoza y Mercè Doñate, Museo de Arte Moderno del MNAC, Barcelona

COORDINACIÓN
Maria Antònia Judas,
Museo de Arte Moderno del MNAC, Barcelona
Maria Martín de Argila,
Fundación Cultural MAPFRE VIDA, Madrid

REGISTRO
Pedro Benito
Fundación Cultural MAPFRE VIDA, Madrid

RESTAURACIÓN
Joan Bolet, Núria Pedragosa, Carme Ramells,
Marta Serra, Pere de Llobet y Vicenç Martí
Departamento de Restauración del MNAC, Barcelona

RELACIONES EXTERNAS DEL MNAC
Fabià Matas, Agnés dal Maschio y Patrícia Prats

DISEÑO Y DIRECCIÓN DEL MONTAJE
Antoni Turtós, Barcelona
Jesús Moreno y Asociados, Madrid

REALIZACIÓN DEL MONTAJE
Antoni Turtós con la colaboración
del Servicio de Mantenimiento del MNAC, Barcelona
Exmoarte, S.A.L., Madrid

TRANSPORTE
Manterola División Arte, S.A.

SEGUROS
MAPFRE Industrial, Sociedad Anónima de Seguros
Bruzon and Miller

OTROS SERVICIOS
MAPFRE Caución y Crédito
Compañía Internacional
de Seguros y Reaseguros, S.A.

Créditos de las fotografías

Martí Gasull, Barcelona
J. Calveras, M. Mérida, J. Sagristà, Museu Nacional d'Art de Catalunya, Barcelona
Ramon Calvet (†)
Gonzalo de la Serna, Madrid
Joaquín Cortés, Madrid
Torner-Bru, S.L., Figueres
Museo Nacional Centro de Arte Reina Sofía
Fundación Santander Central Hispano

Catálogo

DIRECCIÓN CIENTÍFICA, SELECCIÓN DE LAS OBRAS Y FICHAS TÉCNICAS
Cristina Mendoza y Mercè Doñate

AUTORES
Mercè Doñate
Francesc Fontbona
Cristina Mendoza
Cecília Vidal

DOCUMENTACIÓN
Carme Arnau con la colaboración de Mª del Carmen Ruiz
Museu d'Art Modern del MNAC, Barcelona

DISEÑO
Alfonso Meléndez

COORDINACIÓN EDITORIAL
Maria Martín de Argila, Fundación Cultural MAPFRE VIDA, Madrid
Núria Giralt, Departamento de Publicaciones del MNAC

REVISIÓN Y CORRECCIÓN DE TEXTOS
Montse Gumà y Susanna Méndez, Departamento de Publicaciones del MNAC
Ana Delia García
Alfonso Meléndez, Madrid

TRADUCCIÓN AL CASTELLANO
Ana Delia García

FOTOMECÁNICA
Lucam, S.A.

IMPRESIÓN
tf. artes gráficas, S.A.

ENCUADERNACIÓN
Ramos, S.A.

Primera edición, enero de 2000

ISBN: 84-89455-37-6 Fundación Cultural MAPFRE VIDA
ISBN: 84-8043-067-2 MNAC
DEPÓSITO LEGAL: M-2459-2000

AGRADECIMIENTOS

El Museu Nacional d'Art de Catalunya y la Fundación Cultural MAPFRE VIDA quieren expresar su más sincero agradecimiento a todas aquellas personas, entidades e instituciones que con su generosa colaboración han hecho posible esta exposición.

Juan Abelló, Javier Aguado (Fundación Santander Central Hispano), Colección Alorda-Derksen, Joan Bassegoda Nonell, Lluís Blanch Nonell, Anna Capella (Museo del Empordà, Figueres), Salvador Carretero (Museo de Bellas Artes, Santander), Jordi Camps, Toni Casanovas, Mariona Fernández (Centro de Documentación de Arte Contemporáneo Alexandre Ciciri, Barcelona), Josep Maria Fondevila, Srs. Gaspar Farreras, Liliana Godia (Fundación Francisco Godia, Barcelona), Marita Gomis, Begoña González (Museo de Bellas Artes de Bilbao), José Guirao (Museo Nacional Centro de Arte Reina Sofía, Madrid), Josep de C. Laplana (Museu de Montserrat), Matilde López (Hemeroteca Municipal de Madrid), Colección Masaveu, Mn. Andreu Masdéu (pvre. Rector de la Parroquia de Sant Pere de les Puel·les, Barcelona), Oriol Galeria d'Art, Ángel d'Ors, María Peña, Josep Pedralba (Crèdit Andorrà, Andorra), Glòria Porrini (Archivo Histórico, Barcelona), Anna Maria Sagi Vallmitjana, Teresa M. Sala, Sala d'Art Artur Ramon, Real Círculo Artístico de Barcelona, Carmen Sánchez (Museo Nacional Centro de Arte Reina Sofía, Madrid), Jaume Socías, Srs. Martorell Solanic, Josep M. Trullen (Biblioteca Museo Víctor Balaguer, Vilanova i la Geltrú), Marta Vallmitjana Alemany, Xavier Valls, Xavier Vila, Conxa Virgili, Jaume Xarriè, Juan Ybarra y a todos aquellos coleccionistas que han preferido permanecer en el anonimato.

CONTINUANDO con el proyecto de revisar la obras de los grandes maestros que protagonizaron la historia de la modernización del arte en España, y gracias al convenio de colaboración y a los intereses compartidos con el Museu Nacional d'Art de Catalunya, presentamos hoy una visión antológica y muy completa de la obra de Isidre Nonell, sin duda artista clave y decisivo tanto en Cataluña como en el resto de España.

Nonell fue el gran pintor sombrío de esas gitanas misteriosas y encerradas en sí mismas que pertenecen ya a nuestro imaginario colectivo, pero también de paisajes de exquisita sensibilidad y de bodegones intensos y solemnes y de rara intensidad.

Nonell pinta un mundo triste y enfermo. Es el mundo de los desheredados, los desposeídos y los marginados; el mundo de los cretinos y las gitanas. Viejos asuntos que él sabe rescatar del romanticismo y otras tradiciones para arrojarlos a la modernidad; a la modernidad de una estética nueva, de una forma deslumbrante de pintar, construyendo con ello una de las obras más brillantes e intensas de nuestro panorama, una obra que incluso desborda los límites de la contemplación estética ya que, seguramente, quiso que sus cuadros nos hicieran mejores.

Para terminar quiero agradecer el trabajo serio y riguroso de las comisarias, Cristina Mendoza y Mercè Doñate, gracias a su empeño, su tenacidad y su entusiasmo esta exposición marcará, necesariamente, un punto de referencia obligado en el juicio crítico sobre Nonell.

Del mismo modo, en nombre de la Fundación Cultural MAPFRE VIDA y en el mío propio, debo expresar nuestra más profunda gratitud a los responsables del Museu Nacional d'Art de Catalunya y a todo su equipo humano, que desde su magnífico y generoso espíritu de colaboración, han hecho posible esta exposición y esta revisión general del arte en la Cataluña de principios de siglo, que poco a poco vamos llevando a cabo juntos.

Juan Fernández-Layos Rubio

Presidente de la Fundación Cultural MAPFRE VIDA

EL ARTE catalán de los últimos años del siglo XIX y de los primeros del XX vivió uno de los períodos más esplendorosos de su historia. Así, cuando se profundiza en el conocimiento de las figuras que protagonizaron aquellos años, como sucede al presentar una exposición individual de carácter antológico, se confirma que efectivamente en aquel momento coincidieron personalidades artísticas de enorme relieve.

Sin duda alguna, Nonell es una de las más singulares y, al mismo tiempo, una de las menos conocidas más allá del tópico "pintor de las gitanas". Parece, pues, oportuno que este artista, de personalidad tan acusada, deje de ser un perfecto desconocido fuera de nuestro país.

Así, el objetivo del Museu Nacional d'Art de Catalunya al organizar este tipo de exposiciones es doble. Por una parte, en el ámbito divulgativo, recuperar estas figuras decisivas de nuestro pasado reciente y acercarlas más al gran público. Por otra parte, desde el punto de vista educativo y científico, estas exposiciones permiten publicar amplios y documentados catálogos que sirvan para, de una forma amena al mismo tiempo que rigurosa, proyectar y penetrar en la obra de cada uno de estos artistas.

Esta exposición, que entre pinturas y dibujos reúne un conjunto de ciento cuatro obras, un buen número de las cuales o no se había expuesto al público con anterioridad o se había mostrado en fechas muy lejanas, no se hubiera podido celebrar sin la generosidad de tantos coleccionistas privados que han aceptado prescindir temporalmente de sus obras. Asimismo, buena parte de la rica y singular colección de pinturas y de dibujos de Nonell que conserva el MNAC constituye un núcleo fundamental de esta muestra, junto con diferentes préstamos procedentes de diversas instituciones públicas.

Finalmente, es necesario destacar la satisfacción del MNAC por haber podido contar de nuevo con la colaboración de la Fundación Cultural MAPFRE VIDA, que tanto contribuye a la difusión de nuestro arte fuera de Cataluña.

Joan Guitart i Agell

Presidente del Patronato del Museu Nacional d'Art de Catalunya

ÍNDICE

Cristina Mendoza

ISIDRE NONELL

En los meses que precedieron a su muerte, Nonell, que acababa de conocer el éxito, estaba trabajando en una serie de bodegones que suponía un cambio radical con respecto a su monográfica producción dedicada a la figura y el inicio de un nuevo ciclo. Entonces, a los 38 años, un tifus acabó con su vida en poco más de una semana y su trayectoria artística se truncó abruptamente en un momento de máxima creatividad y de depuración del lenguaje que había caracterizado su obra anterior. Con todo, dejaba una obra tan personal, de tan alto nivel artístico y tan abundante que puede parecer que su producción es el resultado de una trayectoria artística completa. En efecto, la carrera pictórica de Nonell se desarrolló en poco más de un decenio, un período que para la mayoría de artistas equivale a una etapa de su quehacer artístico. ¿Qué habría representado, por ejemplo, Rusiñol si hubiera muerto en 1899 en lugar de en 1932? ¿Qué lugar ocuparía Sunyer si su obra se interrumpiera en 1912, recién pintada *Pastoral*, que marca el inicio de su verdadera personalidad artística? ¿Cuál sería la valoración de Picasso si hubiera muerto en 1919?

Dadas estas circunstancias, nos pareció más apropiado plantear una exposición antológica de Nonell obviando el esquema ortodoxo de una muestra de este tipo en la que se plantean las diversas etapas de un artista, pero se hace más hincapié en los años de esplendor, y mostrar equitativamente el conjunto de su producción para que se pueda hacer una lectura abierta de un quehacer artístico indudablemente inacabado. Al mismo tiempo, dado que tan importantes son las pinturas de Nonell como sus dibujos y que incluso, en determinados momentos, la práctica de una faceta predomina sobre la otra, hemos optado por mostrar ambas vertientes conjuntamente siguiendo un riguroso orden cronológico de ejecución, en el convencimiento de que así se facilitaría una mejor comprensión de su trayectoria artística. En este sentido, el propio Nonell facilita la tarea, ya que solía fechar sus obras, ya fueran pinturas o dibujos.

LOS ORÍGENES

Al empezar este trabajo, y tras una búsqueda concienzuda en el Registro Civil de Barcelona, descubrimos que Nonell no nació en el año 1873, como se dice en los numerosos estudios de que ha sido objeto,[1] sino el 30 de noviembre (en el día y mes coinciden todos) de 1872, y que fue inscrito con el nombre de Juan Eduardo.[2] Posteriormente, al ser bautizado en la catedral de Barcelona, el 8 de diciembre siguiente, se le pusieron los nombres de Isidro y Eduardo. Era el primer hijo del matrimonio formado por Isidre Nonell Torrent y Àngela Monturiol, oriundos de Arenys de

1. Las monografías más documentadas son: A. Plana, *L'obra d'Isidre Nonell*, Barcelona, Publicacions de La Revista, 1917. R. Benet, *Isidro Nonell y su época*, Barcelona, Iberia, 1947. E. Jardí, *Nonell*, Barcelona, Polígrafa, 1984. F. Fontbona, *Isidre Nonell*, Barcelona, Gent Nostra, 1987.

2. Índice de nacimientos año 1872, folio núm. 5813 (Archivo Administrativo, Ayuntamiento de Barcelona). Asimismo el propio Nonell puso como su fecha de nacimiento el año 1872 en el boletín de admisión núm. 230 de la Primera Exposición General de Bellas Artes, celebrada en Barcelona en 1891 (Archivo Museo de Arte Moderno del MNAC).

Mar y de Barcelona, respectivamente. El padre había contraído un primer matrimonio, del cual había nacido un único hijo, Jaume. Los padres de Isidre Nonell tuvieron un segundo hijo el 18 de febrero de 1879,[3] al que pusieron por nombre Joaquim, y que padecía algún tipo de minusvalía de orden físico, según algunos, y de orden psíquico, según otros. Lo único que podemos afirmar con seguridad es que Joaquim Nonell estuvo casado con Matilde Bergeras, de quien no tuvo descendencia y que sobrevivió pocos años a su hermano Isidre, porque murió el 28 de diciembre de 1920 de una crisis epiléptica.[4] Es interesante destacar que en la Tercera Exposición General de Bellas Artes celebrada en Barcelona en 1896 participó un paisaje firmado por Joaquim Nonell.[5] Existe una pintura al óleo que representa un paisaje y que ha sido atribuida a Isidre Nonell, cuya firma no corresponde a la de este artista, sino a la de su hermano (la inicial que antecede al apellido Nonell es una inequívoca "J"), aunque no podemos asegurar ni que este óleo sea el de la exposición de 1896, ni que efectivamente su autor fuera Joaquim Nonell. Parece más probable, dado que se trata de un paisaje notable, que el verdadero autor fuera Isidre y por alguna razón que desconocemos estampara la firma su hermano Joaquim. Además se da la circunstancia de que en la misma exposición de 1896 figuraba también una obra de Josep Canals, hermano de Ricard Canals, que, como en el caso de Joaquim Nonell, no se dedicó a la pintura. Tal vez, Ricard Canals y Isidre Nonell, que entonces ya eran muy amigos, decidieron implicar en aquel certamen a sus respectivos hermanos menores por razones díficiles de saber.

En el número 50 (hoy 38) de la calle de Sant Pere Més Baix, donde residía la familia y donde vivió y murió el pintor, el padre de Nonell tenía una fábrica de pastas de sopa, que vendía en los bajos del edificio. Se trataba de un negocio próspero que, al morir el padre, pasó a manos de Jaume, el primogénito, quien lo regentó hasta la guerra civil. La familia Nonell disfrutaba de cierta holgura económica, lo que permitió a Isidre, que desde muy joven tuvo clara su vocación de artista, dedicarse con exclusividad a ella e incluso subsistir sin excesivos problemas materiales, a pesar de que la pintura no le proporcionó ningún beneficio hasta pocos meses antes de su muerte, cuando le llegó el triunfo. Por esta razón parece poco creíble, como afirman Pujols[6] y Benet,[7] que el padre de Nonell se opusiera radicalmente a la carrera de su hijo. Según Plana,[8] buen amigo de Nonell y su primer biógrafo, el futuro pintor contó siempre con el decidido apoyo de su madre, por la que Isidre siempre sintió un gran afecto, y con el consentimiento de su padre. ¿Cómo habría podido dedicarse Nonell al estudio del arte primero y al oficio de pintor después si su padre no le hubiera sufragado todos los gastos, incluidos sendos talleres en París y en Barcelona? Otra cosa es que se quiera interpretar el consentimiento paterno como una prueba de entusiasmo hacia la vocación artística irreductible de su hijo.

3. Índice de nacimientos año 1879, folio núm. 981 (Archivo Administrativo. Ayuntamiento de Barcelona).
4. Índice de defunciones año 1920. Juzgado Municipal núm. 4, registro 1381 (Archivo Administrativo. Ayuntamiento de Barcelona).
5. Tercera Exposición General de Bellas Artes, Barcelona, 1896, cat. núm. 307, p. 77 y Boletín de admisión núm. 1011 de esta exposición (Archivo Museo de Arte Moderno del MNAC).
6. A. Bladé, *Francesc Pujols per ell mateix*, Barcelona, Pórtic, 1964, p. 59.
7. R. Benet, *op. cit.*, p. 25-26.
8. A. Plana, *op. cit.*

LOS INICIOS

Después de unos estudios primarios en la escuela del barrio (donde, por cierto, coincidió con Joaquim Mir), Isidre Nonell asistió a la Academia de Josep Mirabent, a la de Gabriel Martínez Altés y, antes de recalar en la Escuela de Bellas Artes, fue alumno de Lluis Graner, quien, al parecer, utilizaba como modelos a pordioseros de la calle,[9] asunto éste que debió de interesarle, a la vista del interés del futuro artista por este tema. En la primavera de 1891 por primera vez presentó una pintura en público en la Primera Exposición General de Bellas Artes de Barcelona. Se trataba de un *Interior*, del que únicamente sabemos que era una pintura al óleo de 69 x 55 cm y que estaba a la venta al precio de 260 pesetas.[10] La presencia de Nonell, que tenía entonces 18 años, pasó totalmente inadvertida en una muestra de aquella envergadura. A este mismo momento aproximadamente pertenecen otras dos pinturas de signo bien distinto: *El patio* y *Arenys de Mar*. La primera pasó a pertenecer al museo de Barcelona y durante la guerra civil fue sustraída de los almacenes de Olot y Darnius, donde se depositaron los fondos de los museos de Barcelona correspondientes a los siglos XIX y XX. Por lo tanto sólo conocemos esta pintura, que la ficha técnica del museo data en 1890, por fotografía. El interés de esta pieza estriba principalmente en su evidente relación con las pinturas de patios míseros y sórdidos que Rusiñol acababa de pintar en París y que en octubre de 1890 había expuesto en la Sala Parés de Barcelona con el consabido escándalo de público y de crítica. Aunque la producción pictórica de Nonell nada tendrá que ver con la de la generación inmediatamente anterior, capitaneada por Rusiñol y por Casas, resulta comprensible que aquel aprendiz de pintor –como Ricard Canals, por ejemplo, que en este mismo momento pintó una obra de características similares a la de Nonell– hiciera sus primeros intentos en la línea de la pintura naturalista que entonces enarbolaba en Barcelona la bandera de la modernidad. *Arenys de Mar* (véase cat. núm. 1), obra de pequeño formato pintada en la playa de Arenys, localidad que Nonell debía visitar con cierta frecuencia por razones familiares, se enmarca, en cambio, en la tradición luminista. En 1892 y 1893 participa también en otras dos exposiciones colectivas que se celebran en la Sala Parés. En la primera presenta, entre otras piezas, *El patio*, ya mencionada, y en la segunda, un paisaje y algunos dibujos. Los escasos comentarios a estas obras aparecidos en la prensa del momento les reprochan lo mismo que habían reprochado a Rusiñol y Casas: que se malgastasen unas aptitudes indudables para la pintura representando temas desagradables que podían tener interés como estudios pero nunca como obras definitivas dignas de formar parte de una exposición.[11] De su paso por la Escuela de Bellas Artes de Barcelona, donde ingresó en el curso de 1893, poco hay que destacar desde el punto de vista académico. No le interesaron las enseñanzas encorsetadas que allí se impartían y al año siguiente abandonó la escuela. Entonces, junto con otros compañeros de aulas, como Canals, Mir, Pichot, Vallmitjana y Sunyer, se lanzó a pintar los suburbios de Barcelona. Títulos tan elocuentes como *Sol de tarde*, *Otoño*, *Tarde de primavera*, *Niebla y sol*, *Al atardecer*, *Sol de mañana* o *Al atardecer. Sant Martí de Provençals* (cat. núm. 5) son los de algunas de las pinturas que hizo entre 1894 y 1896, cuyo denominador común es la plasmación de la luz y de la atmósfera en un momento preciso del día o en una estación determinada del año. Dado que estas pinturas de paisaje quedaron como obras de primera juven-

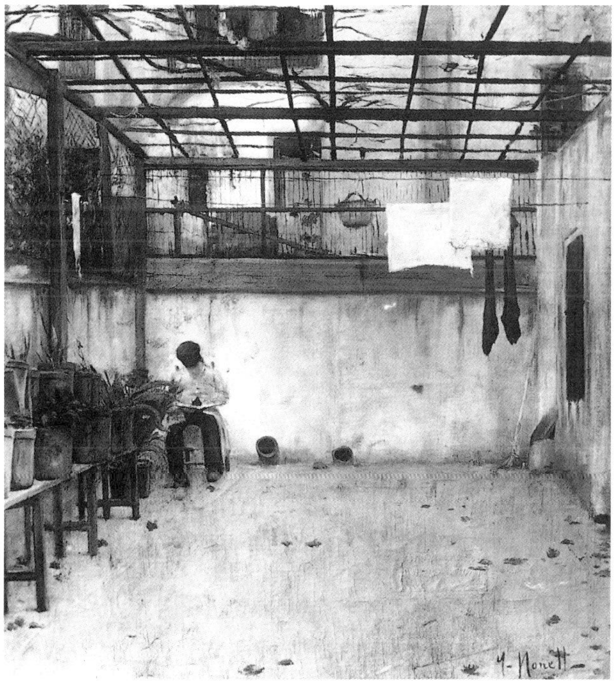

El patio, 1890

9. A. Plana, *op. cit.*, p. 24.
10. Véase nota 2.
11. Véase J. Cabot i Rovira, "Nota artística", en *La Veu de Catalunya*, Barcelona, 7 de febrero de 1892 y B. Bassegoda, "Crónica artística", en *El Correo Catalán*, 24 de mayo de 1893.

tud que no tendrán continuidad al adquirir Nonell su verdadera personalidad artística, hemos decidido incluir en esta exposición sólo uno de ellos y elegimos aquel que, a nuestro criterio, mejor resume las incursiones del artista en este género. Se trata de *Al atardecer. Sant Martí de Provençals*, que Nonell presentó en la Tercera Exposición General de Bellas Artes de Barcelona de 1896 y que le valió una Mención Honorífica del Jurado de Recompensas. En el momento de pintar estas obras Nonell, que todavía no conocía directamente la pintura de los impresionistas, seguía el camino de la pintura naturalista catalana, que había iniciado Joaquim Vayreda y había retomado Rusiñol. Recordemos que también las primeras obras de coetáneos de Nonell, como Mir o Anglada-Camarasa, por citar a los más destacados, empezaron sus respectivas carreras artísticas pintando paisajes en esta misma línea, que tenía gran predicamento entonces en los ambientes artísticos avanzados de Barcelona.

También en 1894, año en el que Nonell abandonó definitivamente los estudios para dedicarse a pintar, se inició de manera sistemática en la práctica del dibujo. Este mismo año debutó como ilustrador en la prensa, actividad que, con mayor o menor intensidad, mantendría durante toda su vida.[12] Su primera colaboración consistió concretamente en una serie de dibujos, en una línea muy próxima a Steinlen, cuyas obras Nonell debía de conocer a través de revistas extranjeras, para una sección de *La Vanguardia* titulada "Tipos populares de Barcelona", título suficientemente elocuente de las características de los dibujos que allí aparecían.[13] Dos de ellos (cat. núm. 2 y 3), que habían pertenecido a Raimon Casellas, entonces crítico de arte de *La Vanguardia* y sin duda la persona que proporcionó a Nonell esta primera colaboración, se han incluido también en el primer ámbito de esta exposición.

LOS CRETINOS DE BOÍ

Así las cosas, Nonell pasó el verano de 1896 en un balneario de Caldes de Boí, en el Pirineo leridano, que regentaba la familia de su amigo Juli Vallmitjana. A la expedición se sumó Ricard Canals y se añadieron algo más tarde Ramon Pichot y Josep M. Jordà.[14] La estancia de Nonell en Boí no habría tenido mayor trascendencia si no hubiera habido en aquel valle unos individuos deformes afectados de cretinismo que iban a marcar su entonces incipiente carrera artística. Aunque en Boí pintó algún paisaje en la línea de los que había hecho hasta entonces en Barcelona,[15] lo más destacable de aquel momento y, de hecho, de todo el primer período del artista, son precisamente los dibujos que reproducen escenas protagonizadas por cretinos en los que por primera vez se manifiesta la singular y potente personalidad de Nonell. Al parecer, y en ello coinciden sus biógrafos,[16] en Boí Nonell solamente hizo esbozos al lápiz y posteriormente realizó las versiones definitivas. Prueba de ello es que de algunos dibujos de esta serie existen dos versiones prácticamente idénticas: una más abocetada al lápiz, que sería la hecha del natural, y otra más acabada a la tinta. Aunque algunos afirman que estas versiones definitivas las hizo en Barcelona y posteriormente en París, es seguro que la mayoría de ellas las había hecho ya cuando se marchó a París en febrero de 1897 porque el mes anterior a su viaje algunos de los dibujos más notorios de esta

12. Véase relación de dibujos de Nonell en la prensa, publicada en este mismo catálogo.
13. Como ya apuntó J. Castellanos (*Raimon Casellas i el Modernisme*, Barcelona, 1983, I, nota 114, p. 244), probablemente fue Raimon Casellas, crítico de arte de *La Vanguardia* en el período 1892-1898, quien propuso a Nonell hacer estos dibujos para el mencionado periódico. Sobre estos dibujos, véase C. Mendoza, "Isidre Nonell i Monturiol", en *La col·lecció Raimon Casellas. Dibuixos i gravats del Barroc al Modernisme del Museu Nacional d'Art de Catalunya* (catálogo de exposición), Barcelona, MNAC, 28 de julio-20 de septiembre de 1992, p. 226-230.
14. Sobre la estancia de Nonell en Caldes de Boí, véase J.M. Jordà, "En Nonell, tenedor de llibres", en *Papitu*, Barcelona, 8 de marzo de 1911, núm. 119. Jordà, a raíz de la muerte de Nonell, escribió este artículo en el que explica de manera anecdótica la vida del grupo en el mencionado balneario. Asimismo R. Benet explica que Alexandre Riera, amigo de muchos artistas y coleccionista de sus obras también pasó unos días en el balneario junto con Nonell, Canals y Vallmitjana (*op. cit.*, p. 85).
15. Uno de ellos, titulado *Puerto de Caldes* lo presenta en la *Exposición Extraordinaria de Bellas Artes*, celebrada en la Sala Parés de Barcelona en enero de 1897. El crítico Raimon Casellas lo comenta elogiosamente en la crítica que sobre esta exposición publicó en *La Vanguardia* el 24 de enero de 1897.
16. A. Plana, *op cit.*, p. 37, y R. Benet, *op. cit.*, p. 43.

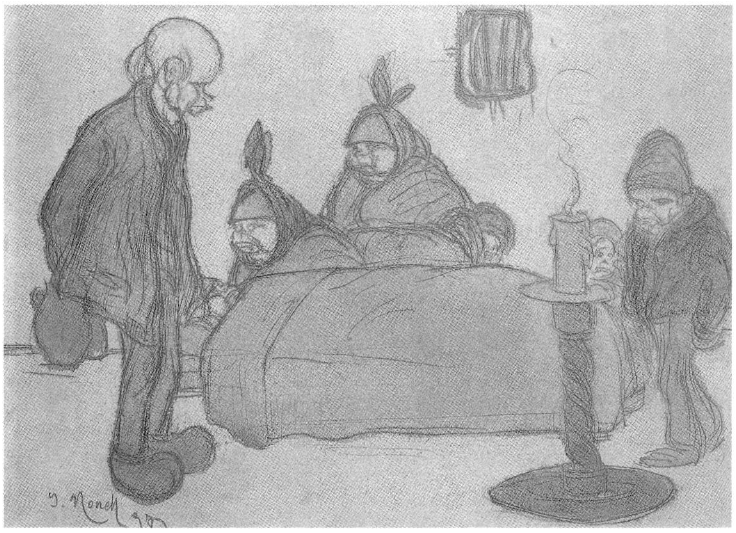

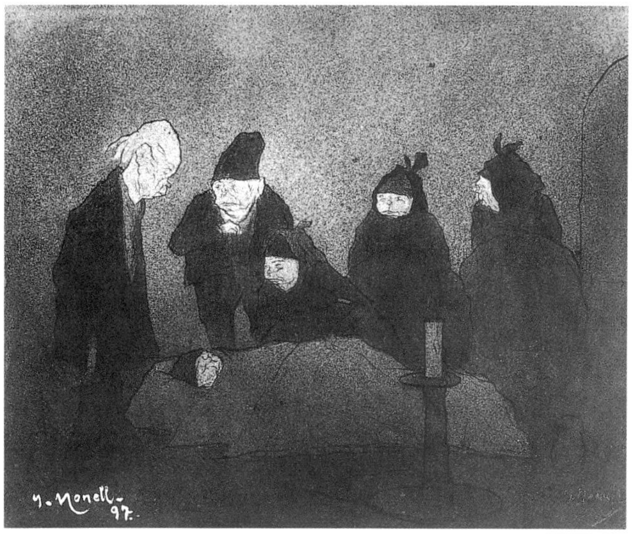

Capilla ardiente, 1897,
la primera versión (a la izda.)
y la definitiva (a la dcha.)

serie en su versión definitiva –como *Cretinos a la salida de la Iglesia* (cat. núm. 6), *El pastor*, *Pareja de enamorados* (cat. núm. 7) o *Capilla ardiente* (cat. núm. 11)– aparecieron publicados en la revista *Barcelona Cómica*.[17] Lo que ya no podemos precisar es si los hizo inmediatamente después de volver de Boí, en cuyo caso habrían formado parte de la exposición individual que celebró en el Salón de La Vanguardia de Barcelona en octubre de 1896 y en la que incluyó dibujos de cretinos, o si en esta muestra presentó tan sólo los esbozos y las versiones definitivas las hizo entre noviembre de 1896 y enero de 1897. En cualquier caso lo más interesante de estos dibujos en su versión definitiva es la influencia de la estampa japonesa, que se evidencia muy especialmente en *Pareja de enamorados* y *Cretina de Boí* (cat. núm. 7 y 10), en el trazo grueso que siluetea los contornos, en la composición en diagonal, en la perspectiva a base de planos superpuestos o en la aplicación de tintas planas. No tiene nada de particular que Nonell, que una vez instalado en París reconoció su admiración por el japonismo,[18] hubiera recibido su influencia con anterioridad a su estancia en aquella ciudad, porque en Barcelona,[19] como en toda Europa, el arte oriental se había propagado con intensidad, sobre todo a partir de la segunda mitad del siglo XIX. La presentación de estos dibujos de Nonell en Barcelona, en la muestra a la que ya nos hemos referido, no tuvo ninguna repercusión, salvo en *La Vanguardia*,[20] en cuya sala de exposiciones se exhibieron. El crítico de este diario[21] destacaba acertadamente que Nonell se apartaba de la influencia de Steinlen, que había mostrado hasta entonces, y asomaba ahora más su auténtica personalidad en la que se denotaba "la sombra maleante de Goya y ciertos dejos de japonismo". Esta vinculación de Nonell con Goya habría de ser también el denominador común de las críticas que aparecieron poco después en la prensa francesa.

LA PRIMERA ESTANCIA EN PARÍS: 1897-1898

En febrero de 1897 Nonell, junto con Ricard Canals, inicia su primera estancia en París, que se prolongaría hasta julio de 1898. El epistolario[22] que desde aquella ciudad mantuvo el pintor con Raimon Casellas permite conocer con exactitud las primeras impresiones del joven artista

17. L. Ruiz de Velasco, "Los cretinos de los Pirineos", en *Barcelona Cómica*, Barcelona, 16 de enero de 1897.
18. Carta a Casellas fechada en París el 26 de febrero de 1898 (en catalán, en el original).
19. Sobre este asunto véase I. Coll, "L'art orientalitzant, particularment el d'arrels japoneses, a Europa, i els seus reflexos a la Barcelona del vuitcents", en *D'Art*, Barcelona, Universitat de Barcelona, marzo de 1985, núm. 11, p. 162.
20. "Salón de La Vanguardia. Dibujos de Nonell", en *La Vanguardia*, Barcelona 25 de octubre de 1896.
21. Aunque la crítica es anónima, es muy probable que su autor fuera Raimon Casellas, como afirma J. Castellanos, *op cit.*, p. 162.
22. Este epistolario lo publicó por primera vez Ll.-E. Bou, "Les anades de Nonell a París", en *D'Art*, Barcelona, mayo de 1973, num. 2.

al llegar a París. En la primera de ellas, fechada el 3 de marzo, Nonell, ya instalado en Montmartre, se muestra muy defraudadado ante la obra de Millet, de Corot, de Monet, de Degas, de Pissarro, de Manet y de Renoir. "De C. Monet especialmente tenía otro concepto", afirma, "Quizás cuando vea más obras de él (las que he visto son pocas y dicen que no son las mejores) me entusiasmará" y, en cambio, se muestra entusiamado con Puvis de Chavannes ("el más grande de los pintores vivos"), Whistler, Sargent y Carrière. En cuanto a los dibujantes se interesa por Forain, Ibels y Steinlen. Asimismo explica que ha visitado la Academia Colarossi y que le "cayó el alma a los pies" porque tenía "el mismo carácter que el Círculo Artístico y que las clases de Llotja". Poco antes de acabar el mes de marzo cambiaría ya de opinión y en una nueva carta a Casellas[23] se declararía entusiasmado con Monet y Degas y extraodinariamente feliz porque en la exposición que iba a tener lugar en el Champ de Mars no le habían rechazado ninguno de los doce dibujos[24] que había mandado, todos ellos de la serie de los cretinos, aunque, por razones de espacio, le habían pedido que él mismo seleccionara seis. Antes de acabar el mismo año, 1897,[25] otras dos obras suyas iban a figurar en una exposición colectiva en la Galerie Le Barc de Boutteville,[26] en la que también había, entre un centenar de piezas, una de Gaugin y tres de Toulouse-Lautrec. Con todo, la presencia pública más importante de Nonell en París estaba por llegar. En enero del año siguiente la misma galería presentaba otro centenar de obras, pero en esta ocasión solamente de Nonell y de Canals, ambos en su faceta de dibujantes. Es decir, cuando aún no se había cumplido un año de su llegada a París, Nonell y Canals conseguían lo que otros no lograron nunca. Esta exposición tuvo un cierto eco en la prensa parisiense, aunque lógicamente se trataba de comentarios de poca extensión, algunos de ellos incluidos en crónicas generales sobre exposiciones del momento en París. En general todas coincidían en destacar el talento de los dos artistas y solían ver algo de "Forain espagnolisé" en Canals y de "Goya modernisé" en Nonell.[27] El catálogo de la exposición, con una introducción de D. Fabrice titulada "Deux impressionistes", recoge cincuenta y siete dibujos de Nonell y treinta y uno de Canals; los de éste son de temática predominantemente española y los de Nonell –"más bien tristes que alegres",[28] en palabras del propio artista– pertenecen a la serie de los cretinos o representan escenas con tipos gitanos o individuos de las calles de París. Poco después de la clausura de esta exposición, Nonell escribió de nuevo a Casellas la carta más larga de todas las que le mandó y, sin duda, la más interesante. Llevaba ya un año en París y había podido formarse un criterio más personal y menos contaminado por "la pintura mansa que sin excepción hacen los pintores de Barcelona". En la galería de Durand-Ruel había podido ver directamente la obra de los principales impresionistas y había tenido ocasión de visitar la colección del conde de Camondo, que reunía lo más destacado del impresionismo como, por ejemplo, la famosa serie de las catedrales de Monet, artista al que, junto con Degas y Manet, Nonell admiraba especialmente. Sus continuas visitas al Louvre le habían reconciliado con la pintura clásica, especialmente con Tiziano, Boticcelli, Velázquez, Ribera, Chardin y Watteau. En cuanto a los dibujantes, sus preferencias se decantaban ahora, como evidencian sus dibujos de aquel momento, por Toulouse-Lautrec, Daumier y la estampa japonesa. En cambio, se mostraba desinteresado por Forain y Steinlen y especialmente harto de Mucha, al que tildaba de "empalagoso". Acaba la

23. Carta fechada en París el 30 de marzo de 1897 (en catalán, en el original).

24. En la carta ya mencionada, fechada el 3 de marzo, enumera los doce dibujos, todos ellos pertenecientes a la serie de los cretinos. Véase dicha carta en el apéndice documental de este mismo catálogo.

25. Del 11 al 18 de julio de 1897, nueve dibujos de Nonell habían participado en una exposición colectiva en Els Quatre Gats de Barcelona.

26. *Quinzième Exposition des peintres impressionistes et symbolistes*, París, Chez Ch. Dosbourg, Galerie Le Barc de Boutteville, 1 de diciembre de 1897. Las obras de Nonell eran *Femme et enfants cretins* y *Effet de soleil*.

27. F. Jourdain, "Notes d'Art", en *Le Jour*, París, 20 de enero de 1898.

28. Véase carta de Nonell a Casellas, fechada en París el 26 de febrero de 1898 (en catalán, en el original).

carta declarándose partidario de Zola en el famoso asunto Dreyfus. En los pocos meses que le quedaban antes de finalizar su primera estancia en París, lo más destacable fue su participación en el Salon des Beaux-Arts con ocho dibujos, cuyos protagonistas son exclusivamente gitanos "vistos por el lado trágico".[29] No obstante, a la IV Exposición General de Bellas Artes, que se celebraba al mismo tiempo en Barcelona, envió ocho dibujos, de los que finalmente participaron cuatro, que representan escenas captadas en París.[30]

EL REGRESO A BARCELONA
Y LA SEGUNDA ESTANCIA EN PARÍS: 1898-1900

A finales de julio de 1898 Nonell regresa a Barcelona. Muchos años más tarde, Ricard Opisso[31] describió la entrada triunfal de Nonell en Els Quatre Gats y la sorpresa de los artistas jóvenes que allí estaban, entre los que cita a Casagemas, que se quedaron impresionados ante la figura de un Nonell elegantemente vestido (Ramon Casas le hizo entonces el conocido y magnífico retrato al carbón), que regresaba de París envuelto en la aureóla del triunfo. En diciembre de aquel mismo año, y precisamente en Els Quatre Gats, celebró su segunda exposición individual en Barcelona que, a diferencia de la que había tenido lugar dos años antes, iba a tener una repercusión considerable en la prensa,[32] aunque un escasísimo éxito de público. Una vez más Nonell se presentaba públicamente con un conjunto de dibujos que, en esta ocasión, reproducían escenas de París, de Barcelona y figuras de repatriados de la Guerra de Cuba. De nuevo se volvió a relacionar a Nonell con Goya, con Daumier y con la estampa japonesa y unánimemente los críticos destacaron su particular técnica.[33]

Prácticamente el conjunto de dibujos[34] que había expuesto en Els Quatre Gats integraría la primera y única exposición individual que celebraría Nonell en París, adonde llegó de nuevo en enero de 1899, en la que sería su segunda y última estancia en aquella ciudad. Al parecer, Nonell quería exponer en la galería de Durand-Ruel, pero al final, llevado de su deseo de que la muestra se celebrara antes de la apertura del Salon, acabó exponiendo en un altillo de difícil acceso[35] en la galería del famoso marchante Ambroise Vollard. En consecuencia, la exposición pasó con más pena que gloria y provocó la lógica frustación en el pintor, que, en lugar de volver a Barcelona inmediatamente después de la clausura, como tenía previsto, decidió alargar su estancia en París.[36] Sobre la fecha del regreso de Nonell a Barcelona, la mayoría de estudiosos la sitúan en el mismo año 1899 y, como no hay obras suyas fechadas en Barcelona en 1900, concluyen que, tras la larga estancia en París, Nonell, ya instalado en su ciudad natal, había necesitado un tiempo de reflexión antes de reemprender su carrera artística. En realidad, las cosas no fueron así. Nonell no regresó a Barcelona en 1899 sino que prolongó casi un año más su estancia en París y emprendió el viaje de regreso a Barcelona en los días inmediatamente posteriores al 25 de octubre de 1900. Es decir, la segunda estancia del pintor en París fue más duradera que la primera y se produjo de enero de 1899 a finales de octubre de 1900. Esta información la recoge indirectamente una larga carta, fechada en París el 25 de octubre de

29. Las obras se titulaban *Jeune gitane, Jeunes filles gitanes, Gitanes fumant, Suicide d'un gitano, Gitano fou, Gitanos voleurs, Gitano assassin* y *Ménage gitano.* Véase S. Flaquer y Mª T. Pagès, *Inventari d'artistes catalans que participaren als Salons de París fins l'any 1914*, Barcelona, 1986, p. 270-274.

30. En las hojas de préstamo correspondientes a esta exposición, Nonell figura como residente en París y las firma su hermanastro Jaume Nonell el 2 de abril de 1898.

31. R. Opisso, "Nonell o el exterminio de barbazas y mostachos", en *Diario de Barcelona*, Barcelona, 19 de septiembre de 1950.

32. La crítica más importante es la que publicó A. L. de Barán (M. Utrillo) en la revista *Luz*, Barcelona, diciembre de 1898, núm. 9.

33. Sobre este asunto véase en este mismo catálogo C. Vidal, "Los dibujos de Nonell (Aproximación a su técnica y procedimientos)".

34. Según *La Renaixensa* del 25 de abril de 1899, el contenido de la exposición de la Galerie Vollard era el mismo que el de la que había acogido Els Quatre Gats el mes de diciembre anterior. Asimismo Pere Romeu, en el editorial de la revista *Quatre Gats* del 20 de abril de 1899, se muestra convencido de que la exposición en la Galerie Vollard tendrá un éxito mayor que el que tuvo al celebrarse en Barcelona.

35. A raíz de la exposición de Nonell en la Galerie Vollard, el pintor Joan Brull escribió un artículo en el que se burlaba de esta exposición. Véase J. Brull, "Notas d'Art", en *Joventut*, Barcelona, 24 de enero de 1901.

36. Véase carta de Nonell dirigida a Casellas el 26 de abril de 1899 (en catalán, en el original).

1900, que Casagemas y Picasso dirigieron a Ramon Reventós, amigo de ambos, que estaba en Barcelona. En ella los dos artistas afirman que, de no haber sido por la inminente vuelta de Nonell a Barcelona, que iba a hacer de portador de la misiva, no le habrían podido escribir una carta tan extensa que "paga bastante exceso de equipaje".[37] Nonell, pues, estaba a punto de regresar a Barcelona en aquella fecha. Josep Palau i Fabre, en su *Picasso vivent*, afirma que a poco de llegar a París, Casagemas y Picasso fueron a visitar a Nonell a su estudio de Montmartre y, al decirles éste que al cabo de unos días regresaba a Barcelona, comprometieron para ellos el taller que aquél iba a dejar vacío.[38]

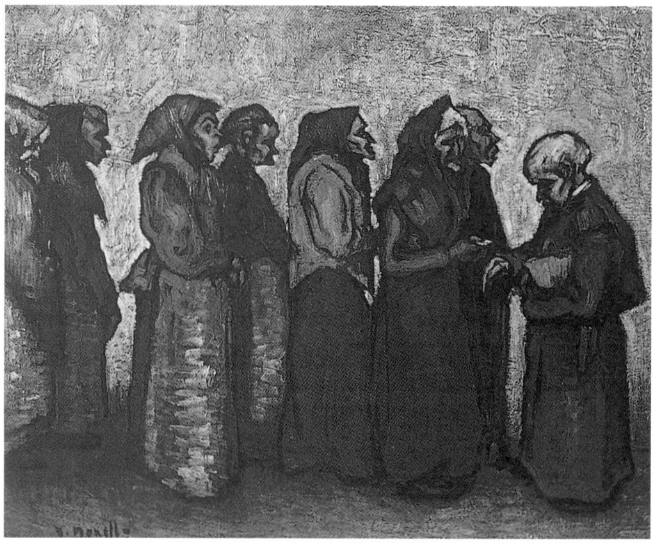

Sacristán repartiendo limosnas, 1899

De la actividad de Nonell durante el año y medio que pasó en París entre la celebración de su exposición individual y el retorno a Barcelona se tiene muy poca información, salvo la que proporcionan las dos últimas cartas que él envió a Casellas, fechadas el 26 de abril y el 6 de mayo de 1899, y en las que, más que exponerle sus planes de futuro, le propone colaborar como ilustrador en *La Veu de Catalunya*, a cuyas páginas Casellas se había incorporado después de su paso por *La Vanguardia*.[39] Sin embargo, aunque no participó en el salón oficial de París de 1899 ni en el de 1900 (recordemos que sí lo había hecho en los dos anteriores), podemos asegurar que no estuvo inactivo. Es más, creemos que precisamente durante este tiempo empezó a perfilarse de manera clara su peculiar personalidad artística, como pintor y como dibujante. En el ámbito pictórico, por ejemplo, realizó dos pinturas muy ilustrativas de lo que acabamos de afirmar, ya que poco tienen que ver con su producción anterior barcelonesa e incluso parisiense. En este sentido creemos que el paisaje urbano *Le square Saint Pierre*, que Jardí publicó por primera vez,[40] debió de hacerlo en su primera estancia en París, ya que se trata aún de una pintura poco personal, bastante mimética de lo que hacían los postimpresionistas. Por el contrario, *Esperando la sopa* (cat. núm. 21) y *Sacristán repartiendo limosnas* presentan ciertas características que podríamos considerar ya claramente prenonellianas. La primera de ellas la pintó en París, como demuestran tanto la procedencia de la tela, adquirida en la famosa casa de productos artísticos Pignel-Dupont de aquella ciudad, como la etiqueta de la galería de Durand-Ruel y el título de la obra en francés, que se conservan en el reverso de esta pintura. De *Sacristán repartiendo limosnas* no tenemos ningún dato que demuestre fehacientemente que también la hizo en París, pero, como no nos ha sido posible ver esta obra, que se conserva en una colección particular de Barcelona, no hay que descartar que el reverso de la tela pueda proporcionar alguna información que confirme nuestra hipótesis. En cualquier caso, las características de estas dos obras suponen una clara ruptura con su obra pictórica anterior. En primer lugar, por el abandono del género del paisaje, que hasta entonces había dominado su obra, y la elección de la figura humana como protagonista exclusiva de las telas; en segundo lugar, por la determinación del artista de plasmar la sordidez sin concesiones en una línea no lejana a Daumier, artista al que Nonell tanto admiraba; y, por último, la utilización de una nueva paleta de cromatismo intenso y cálido. En cambio, los dibujos de aquel momento, tres de los cuales fechados en París en 1900 figuran en esta

37. R. Benet (*op. cit.*, p. 49) publica el fragmento de la carta de Casagemas a Reventós, pero deduce de su contenido que Nonell proyectaba un tercer viaje a París que nunca llegó a realizar. Asimismo la misma información, aunque algo imprecisa, la publica G. Ferrater en "Isidre Nonell", en *Sobre pintura*, Barcelona, Seix Barral, 1981, p. 354. La carta completa la publica J. Palau i Fabre en *Picasso vivent 1881-1907*, Barcelona, Polígrafa, 1980, p. 513. En esta misma carta afirman que Nonell es muy simpático y que es, junto con Pichot, el único tratable de los que están en París (en catalán, en el original).

38. Véase J. Palau i Fabre, *op. cit.*, p. 200.

39. Véanse estas dos cartas en el apéndice documental de este catálogo. Finalmente la propuesta de Nonell a Casellas no debió de ser aceptada por éste, ya que nunca aparecieron dibujos del artista en *La Veu de Catalunya*.

40. Véase E. Jardí, *op. cit.*, p. 50.

exposición (cat. núm. 22, 23 y 24), mantienen características similares a los que había expuesto en Els Quatre Gats y en la galería Vollard. Sin embargo, el protagonista es ahora una sola figura que ocupa la mayor parte de la composición sin ningún otro personaje o anécdota, elementos que estaban presentes en sus primeros dibujos de 1894 publicados en *La Vanguardia* y que progresivamente habían ido desapareciendo de sus composiciones.

Con posterioridad a octubre de 1900 Nonell no regresó nunca más a París, aunque sus pinturas nunca faltaron a la cita anual de los salones oficiales, en los que hasta el final de su vida participó con un número considerable de sus mejores obras.[41]

No hace falta insistir en la decisiva importancia que las dos estancias en París tuvieron para su carrera, pero conviene señalar que, aunque Nonell estaba entonces en una etapa temprana de su vida artística, en la que lógicamente pretendía abrirse camino, ya dio muestras de una absoluta independencia y de un rechazo total de cualquier tipo de imposición, características que mantuvo hasta el final de su vida. Buena prueba de ello, según explica Benet y, con mayor conocimiento de causa, confirma Jardí,[42] fue la negativa del artista a trabajar para Durand-Ruel, uno de los marchantes más importantes de aquel momento y en cuya galería había expuesto, porque éste le imponía temas andaluces en sus obras, condición que, en cambio, aceptó Ricard Canals. Al parecer, al volver a Barcelona, el propio Nonell se vanagloriaba de esta renuncia porque "no quería pintar cromos".[43]

EL REGRESO DEFINITIVO A BARCELONA: LA PINTURA

De regreso a Barcelona, la carrera artística de Nonell iba a dar un giro radical. Hasta entonces su singular personalidad de artista innovador se había manifestado solamente en su faceta de dibujante y concretamente en la serie de los cretinos. Como pintor, y a excepción del par de pinturas hechas en París a las que ya nos hemos referido, había sido un paisajista dotado, pero más mimético que personal. Sin duda por ello el propio Nonell había preferido presentar dibujos en lugar de pinturas en las exposiciones individuales que había celebrado en Barcelona y en París. A partir de su instalación definitiva en Barcelona, a finales de 1900, disminuyó mucho su actividad como dibujante y se sumergió de lleno en la pintura. Una extraordinaria vista de *La playa de Pekín* (cat. núm. 25) de Barcelona envuelta en la bruma, fechada en 1901 y en la que se evidencia la lección aprendida de Monet, cierra prácticamente sus incursiones en el paisaje, género en el que se había iniciado como pintor.

En enero de 1902, transcurrido poco más de un año desde su instalación en Barcelona, Nonell celebra una primera exposición individual en la Sala Parés de esta ciudad. Más tarde haría otras tres en junio de 1902 y en enero y noviembre de 1903. Aunque estas exposiciones no fueron estrictamente de carácter individual, porque las obras de Nonell compartían la sala con las de otro artista, se han considerado siempre así tanto porque la potencia de su obra ensombreció a la de sus colegas, como por el escándalo de público y crítica que provocaron. Las obras de estas cuatro exposiciones no tenían nada que ver con su producción pictórica

41. Dos pinturas en el Salon des Beaux-Arts de 1902; ocho, en el Salon des Indepéndants de 1903; seis, en Salon des Indépendants y una en el de Beaux-Arts de 1904; ocho en el Salon des Indépendants y cinco en el Salon d'Automne de 1905; cinco en el Salon des Indépendants de 1906; seis en el Salon des Indépendants de 1907; seis en el Salon des Indépendants de 1908; dos en el Salon des Indépendants de 1909; y seis en el Salon des Indépendants de 1910. Véase S. Flaquer y Mª T. Pagès, *op. cit.*, p. 270-274.

42. E. Jardí, *op. cit.*, p. 83.

43. R. Benet, *op. cit.*, p. 49.

anterior ni por el tema ni por la técnica. De repente emergía un pintor sumamente personal, que iniciaba una de las carreras más obstinadas y más geniales de la pintura catalana moderna. En cuanto al tema, estas pinturas, y de hecho todas las que realizaría hasta 1910, están monográficamente dedicadas a la figura humana representada aislada, sin ningún elemento o telón de fondo que la acompañe. En el período de 1901 a 1908, estas figuras son gitanas y en algunas ocasiones, entre 1901 y 1902, gitanos. Las pinturas de estos dos años representan a la figura de medio cuerpo y a menudo de perfil, captada desde una cierta altura y, por lo tanto, en escorzo; la paleta es clara, con predominio de los blancos y de los amarillos, y la pintura está aplicada a grandes trazos. A diferencia de lo que sucederá en los años inmediatamente posteriores, en la mayoría de las obras de 1901 y 1902 se suelen apreciar ciertos rasgos fisionómicos y generalmente las figuras no están en la profunda actitud de abatimiento que caracterizará su obra de 1903 a 1905. En estas últimas, algunas de las cuales debió de presentar en la exposición de la Sala Parés de noviembre de 1903, Nonell optó por un mayor formato de la tela en la que la figura se representa de cuerpo entero; en todas ellas se manifiesta un oscurecimiento de la paleta con predominio de los negros, los verdes-oliva, los azules y los terrosos mezclados tanto en la figura como en el fondo; las gitanas, de las que apenas se adivina el rostro, suelen quedar escondidas bajo un gran mantón que las envuelve. En estas pinturas de 1901 y 1903 Nonell aún necesita delimitar el volumen de la figura mediante una línea negra y gruesa, que desaparecerá en su producción pictórica posterior. De alguna manera todavía asoma en el pintor su fuerte personalidad de dibujante.

Como las pinturas de Nonell correspondientes a 1901 y 1902 han estado escasamente representadas en las exposiciones individuales celebradas después de su muerte,[44] hemos querido que un número considerable de ellas formara parte de esta muestra, por considerarlas fundamentales para comprender la construcción de la mirada del pintor a partir del momento en que emerge su poderosa personalidad artística. No en vano el propio Nonell, en la famosa exposición individual que celebró en 1910 y en la que presentó una antología de su obra, la hizo arrancar cronológicamente de 1901.

EL FRACASO

Como solía suceder cuando se presentaba en Barcelona algo nuevo y verdaderamente avanzado, las primeras exposiciones de Nonell en la Sala Parés despertaron las iras del público de cortas miras y el rechazo de la crítica conservadora. En el caso de Nonell se añadía a las cuestiones puramente pictóricas el hecho de que este artista hubiera elegido como temática exclusiva de su obra la representación imponente y sobria de unos personajes anónimos y marginales como los gitanos en actitud de profunda desolación. La incomodidad que debió de producir en aquel público que las paredes de la Sala Parés se cubrieran con unas telas como aquéllas se tradujo en insultos y en burlas grotescas contra el pintor: "Causan verdadera repulsión aquellas medias figuras de mujer abandonadas sobre una silla, con la cabeza colgando, la espalda curvada, los

44. Probablemente una de las causas de que las pinturas de 1901 y 1902 hayan estado menos presentes en las muestras individuales celebradas con posterioridad a la muerte de Nonell obedezca al hecho de que la mayoría de obras de estos años pertenece a colecciones privadas.

brazos caídos como sumidas en un sueño de marmota empapada de alcohol. Es una representación de la bestialidad humana hecha más punzante y más sensible por ser seres femeninos los que encarnan semejante degradación".[45] Asimismo es sumamente ilustrativo del rechazo visceral a Nonell y a su obra el comentario que publicó *La Publicidad* a raíz de la exposición de Nonell de noviembre de 1903: "El público, los críticos, los aficionados, los pintores mismos se juntan todos y, a coro, empiezan a vociferar contra el pobre Nonell. Parece imposible, pero hay gentes que tienen verdadero odio y sienten hasta ira contra el personal artista. Los más impulsivos piden para él la horca o la cárcel, los pacíficos extrañan que no se le haya recluido en una casa de salud y los más benévolos se contentan con que se le cierren todas las puertas y se quemen sus obras".[46] Bien pocos celebraron la aparición de una personalidad artística tan rotunda como aquélla. Uno de los primeros en hacerlo fue, como siempre, Miquel Utrillo, que, como director de *Pèl & Ploma*, dedicó a Nonell el número de esta revista de enero de 1902, en el que, junto al editorial del propio Utrillo y treinta ilustraciones de dibujos de Nonell, se publicaba el espeluznante texto literario de Eugeni d'Ors "La muerte de Isidro Nonell", en el que el artista muere a manos de unos seres horribles que han tomado conciencia de su monstruosidad al verse retratados en las obras de aquél.

Un rechazo tan virulento y un fracaso de ventas tan absoluto como los que tuvieron las exposiciones de Nonell en la Sala Parés decidieron al propietario de esta galería a no dar más oportunidades a aquel artista tan terco que, a pesar del rosario de fracasos, no parecía dispuesto a ceder ni un ápice en el camino que había emprendido. Nonell, cerradas las puertas de la única galería de arte importante que había entonces en Barcelona, no volvería a exponer su obra en una muestra de carácter individual[47] hasta la mítica exposición de 1910. Sin embargo continuó participando, ahora con un mayor número de obras, en las exposiciones oficiales de pintura que se celebraron entre 1904 y 1910 en Madrid, en París y en Barcelona,[48] con un aceptable grado de reconocimiento en las dos primeras. Sobre este asunto el propio Nonell, en una entrevista que se publicó en *La Tribuna* el 2 de abril de 1903[49] (es decir, antes del estrepitoso fracaso de su exposición de noviembre de aquel año), se mostraba orgulloso porque acababa de vender tres cuadros en París que había comprado un marchante: "para los que conocemos el oficio esto es un triunfo", concluía. Su participación en la Exposición Nacional de Bellas Artes de Madrid fue premiada con una modesta Mención Honorífica. Con todo resulta sorprendente que en su propia ciudad el jurado de la V Exposición Internacional de Arte no prestara la más mínima atención a la presencia de Nonell, que había presentado diez pinturas,[50] de las que se aceptaron cuatro, el número máximo permitido por artista. Cualquiera de ellas era sobradamente digna de formar parte del Museo de la ciudad, que en aquel momento no tenía ninguna obra suya. Mir y Canals, correligionarios de Nonell y, como él, excelentes pintores, tuvieron mejor suerte ya que se adquirieron con destino al museo barcelonés dos pinturas del primero y una de Canals.[51] En este sentido es interesante añadir que, como mínimo, tenemos constancia de dos ocasiones en las que Nonell lamentó la pobreza de la colección del Museo de Barcelona; una de ellas fue en 1903, cuando a raíz de una visita a Zaragoza, junto con Sebastià Junyent y Joan Gay, afirmaba que "de las basuras de las casas de Zaragoza se podría hacer un museo más

45. C. "Saló Parés", en *La Veu de Catalunya*, Barcelona 12 de noviembre de 1903 (en catalán, en el original).
46. J. de Dos, "Crónicas rápidas. Isidro Nonell", en *La Publicidad*, Barcelona 12 de noviembre de 1903.
47. Se considera también exposición individual la que realizó, junto con Joan Colom, en las Galeries Dalmau de Barcelona en 1909, pero estaba integrada únicamente por dibujos.
48. Véase relación de exposiciones colectivas en este mismo catálogo.
49. M. Sarmiento, "Nonell-Monturiol", en *La Tribuna*, Barcelona, 2 de abril de 1903.
50. Las pinturas presentadas en esta exposición de 1907 eran las siguientes: *Leonor, La filla del Palalo, Estudi, *La Viuda, La Cinteta, Retrato de gitana, La Tana, *Consuelo, *Estudio de gitana* y **Angustias*. Véanse Boletines de admisión 1249 a 1258 en expediente de esta exposición (Museo de Arte Moderno del MNAC). Las obras señaladas con un asterisco son las que finalmente figuraron en la exposición.
51. De Mir se adquirieron *El roc de l'estany* y *Cel de trons*; de Canals *Retrato de mujer*, pintura ovalada que representa a la Sra. Amouroux, cuñada del artista.

grande y más decente que el de Barcelona".[52] Asimismo en una carta que dirigió al periódico *La Publicidad* en 1905, en la que se preguntaba por qué aún no se había incorporado al Museo de la ciudad una pintura de Regoyos donada diez años antes, acababa lamentando que el Museo de Barcelona "no está sobrado de buena pintura para que no recoja ésta", sobre todo "habiendo aceptado otros donativos, como el del marqués de Alella, por ejemplo".[53]

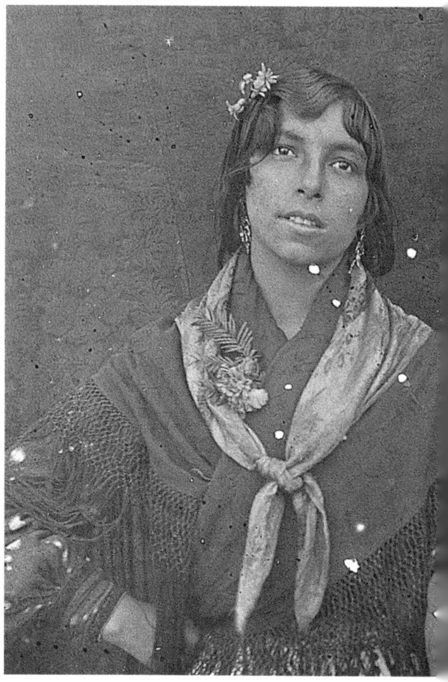

Gitanas en el taller de Nonell, 1904 (fotografía F. Serra)

NONELL, FUERA DEL CIRCUITO

El divorcio entre Nonell y el público de Barcelona, especialmente a partir del sonado fracaso de la exposición de 1903, acabó de consumarse.

A partir de entonces el artista se recluyó aún más en la soledad de su taller y, ajeno al desprecio a su obra, se dedicó con absoluta entrega a la pintura. Su primer taller en Barcelona estaba situado en la calle Comercio y, al parecer, se lo había proporcionado Joan Ossó,[54] amigo de Nonell y pintor frustrado, que tenía ya entonces su estudio en aquel edificio. Por el taller de Comercio, junto a los amigos con los que más se relacionaba entonces, como el mencionado Ossó, Ramon Reventós, Joaquim Biosca o Juli Vallmitjana (Canals estaba áun en París), desfilaban los gitanos que, a cambio de una módica cantidad, le servían de modelo. Por las noches recorría tabernas y locales de "cantaores", donde podía tomar apuntes de los tipos que frecuentaban estos lugares y disfrutar del cante flamenco, que, según explica Marius Verdaguer,[55] el propio Nonell practicaba mientras pintaba. Aunque no se sabe con seguridad, probablemente fue hacia 1904 o 1905 cuando trasladó su taller a la calle de Sant Marc en la esquina con la de Gran de Gràcia, estudio que tuvo hasta su muerte. Alexandre Plana, gran amigo de Nonell y su primer biógrafo, proporciona una información tan precisa y tan entrañable sobre este taller que la transcribimos a continuación: "Alineadas a ras del suelo estaban las telas giradas, mostrando el bastidor de madera nueva, con la tela gris tirante y las cabezas gruesas de los clavos. Un sofá de paja, una silla de enea, un balancín y una mesa en un lado, con los botes de los pinceles, los tubos de colores y unos cuantos libros. Y por los rincones, como única decoración, los amplios pañuelos de gitana, gruesos, esponjosos, de una rigidez variable de pliegues y de un color más rico y complejo que una nube o la copa de un árbol".[56] A este taller acudía puntual y diariamente Nonell a primera hora de la mañana y estaba pintando hasta el mediodía. Por las tardes regresaba de nuevo, pero prácticamente no trabajaba porque consideraba que la luz de la tarde "cubría las cosas y los colores de una fina niebla transparente, engañosa y variable".[57] También al parecer necesitaba llenar la tela en una sola sesión, aunque al día siguiente la rehiciera de nuevo sobre el óleo aún húmedo de la jornada anterior y difícilmente daba por absolutamente terminada una obra.

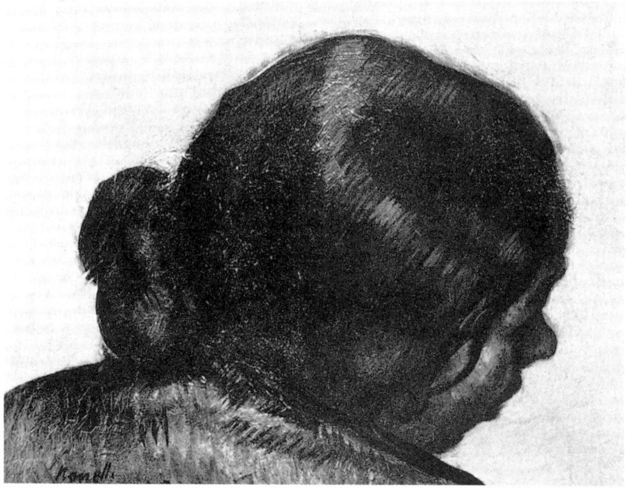

Cabeza de gitana, 1902

La producción de Nonell desde su instalación en el taller de Gràcia hasta la exposición de 1910 es extraordinariamente fecunda y, dado que no vendía prácticamente nada, debía de ir

52. S. Junyent, *Viatge a Madrid*, septiembre de 1903, manuscrito (Archivo Adelina Junyent). Agradezco a Teresa M. Sala la consulta de este manuscrito (en catalán, en el original).
53. Esta carta la dirigió a Josep M. Jordà y se publicó en el diario *La Publicidad* el 10 de junio de 1905 (en catalán, en el original).
54. Sobre la relación de Ossó y Nonell es interesante la carta que este último escribió a Juli Vallmitjana, en la que explica sus diferencias con Ossó. Véase esta carta en el apartado documental de este mismo catálogo.
55. M. Verdaguer, "Isidro Nonell y su mundo", en

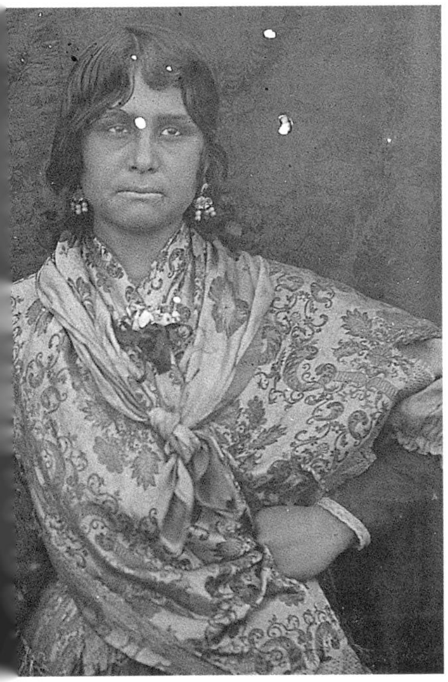

La Tana, 1906

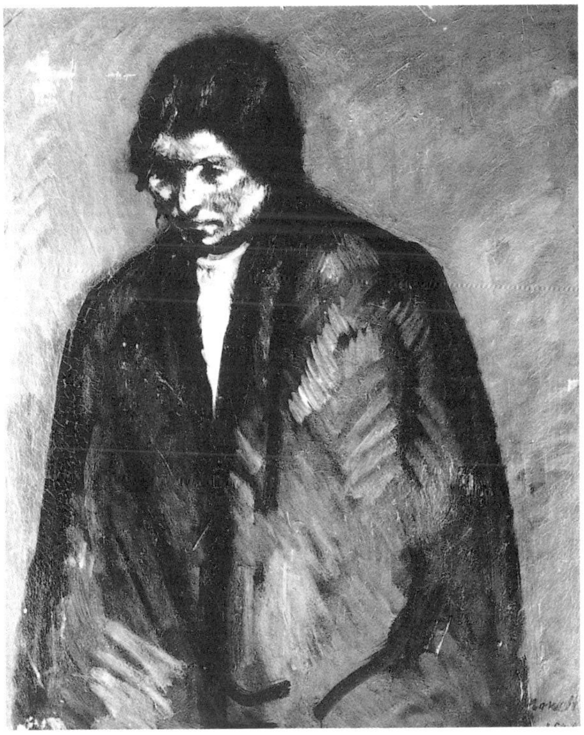

acumulándose en las paredes del estudio. Entre 1905 y 1906 realizó la mayoría de pinturas de gran formato que le permitieron representar a la gitana de cuerpo entero. Estas obras, que dan una sensación monolítica cercana a la escultura y en las que mantiene una paleta oscura de gama fría con predominio de los negros, los azules y los verdes-bronce, debían de plantearle problemas de composición que le distraían de poder trabajar con el color como herramienta fundamental y casi única de su pintura. De ahí que a partir de 1906 su obra experimentara un cierto cambio. Desde entonces abandona definitivamente la tela de grandes dimensiones e incluso la representación de dos gitanas en lugar de una sola, como había hecho ocasionalmente en los años anteriores. En cuanto a la técnica, se decanta por las particulares pinceladas pequeñas y alargadas y deja de contornear las siluetas con la línea negra de trazo grueso de los años anteriores. Aclara la paleta y, aunque no utiliza aún gamas cálidas, incorpora los blancos en grandes superficies de la tela. Por último, las gitanas muestran su rostro, del que desaparece la desolación que había caracterizado su obra anterior. *Estudio*, *La Juana* y *La Chata* (cat. núm. 56, 57 y 55) son probablemente las tres pinturas más relevantes de este momento y aquellas en las que se evidencia el cambio que conduciría a la culminación y, en definitiva, al triunfo. En 1907, año en el que predominan en su paleta los colores terrosos, pinta *Angustias* (cat. núm. 70) y *Estudio de desnudo* (cat. núm. 72), dos piezas extraordinarias, la segunda de las cuales tiene la particularidad de ser la única figura femenina completamente desnuda que realizó, que aparece de espaldas con la cabeza de perfil hacia la derecha.

Al año siguiente, en 1908, realiza una serie de pinturas, de la que en la presente exposición se muestran cuatro (cat. núm. 73, 74, 75 y 76), en la que la mujer sigue siendo protagonista exclusiva de la tela, pero ya no es de raza gitana. Se trata de telas de formato mediano pintadas con gran soltura y con una superposición de blancos y azules en contraste con las carnaciones y con los negros de las cabelleras. En este momento el color es efectivamente el único elemento que modela las formas y, en definitiva, el único interés del pintor. También en 1908, el crítico, dibujante y pintor Feliu Elías, que siempre fue ferviente defensor de la obra de Nonell, fundó la revista satírica *Papitu*, en la que colaboraron los principales artistas e intelectuales del momento. En diciembre de aquel mismo año aparece la primera ilustración de Nonell en este semanario, del que será asiduo colaborador hasta su muerte.[58] Nonell, que nunca había abandonado la práctica del dibujo en los años anteriores, en los que hizo la magnífica serie de gitanas al carboncillo y a la acuarela, de las que en la presente exposición hay una excelente representación, sí se había alejado de la vertiente de ilustrador. En cambio, a raíz de su colaboración en la revista *Papitu* retomó entonces esta faceta y, generalmente bajo el seudónimo de *Noé* y algunas veces *Josué*, realizó unos dibujos humorísticos de tono sarcástico a la tinta o a la sanguina con marcadas aplicaciones de *gouache*, en cuyo reverso el propio Nonell solía escribir los epígrafes que acompañaban las ilustraciones. *Papitu* no sólo hizo aflorar de nuevo la vertiente de ilustrador de Nonell sino que contribuyó de manera

Medio siglo de vida barcelonesa, Barcelona, Barna, 1957, p. 128.

56. A. Plana, *op. cit.*, p. 67-73 (en catalán, en el original).

57. A. Plana, *op. cit.*, p. 73 (en catalán, en el original).

58. Véase relación de los dibujos de Nonell publicados en *Papitu* en el apéndice documental de este mismo catálogo.

decisiva a paliar su soledad y su aislamiento debidos a la incomprensión de que era objeto su arte, ya que la redacción de esta revista acogía una animada tertulia de destacados artistas e intelectuales del momento, a la que solía acudir Nonell al caer la tarde. Según cuentan quienes le conocieron bien, se mantenía al margen de las conversaciones intelectuales, odiaba las teorizaciones en materia de arte y sólo le interesaba hablar de la práctica de la pintura (de ahí la famosa frase que se le atribuye: "¡Yo pinto, y basta!"). Aunque él mismo reconocía que tenía un carácter ambicioso, amargado y dominante,[59] al parecer era de natural afable, apasionado y con un agudo sentido del humor no exento de crueldad, que le valió algunos enemigos acérrimos, como el pintor Joan Brull, por ejemplo, con quien mantuvo acaloradas discusiones. Sin embargo, dado que la vida no fue demasiado generosa con él ni en el terreno profesional ni en el ámbito personal (no llegó a tener familia propia, hecho que algunos atribuyen a haber contraído la sífilis muy joven), su carácter se volvió más agrio y cínico con el paso del tiempo. No obstante mantuvo amistades fieles y duraderas con artistas e intelectuales como Ricard Canals, Juli Vallmitjana, Xavier Nogués, Miquel Utrillo, Ramon Reventós, Feliu Elías, Josep Maria Junoy, Joaquim Biosca, Pau Gargallo o Rafael Benet, la mayoría de los cuales han ido apareciendo a lo largo de este texto.

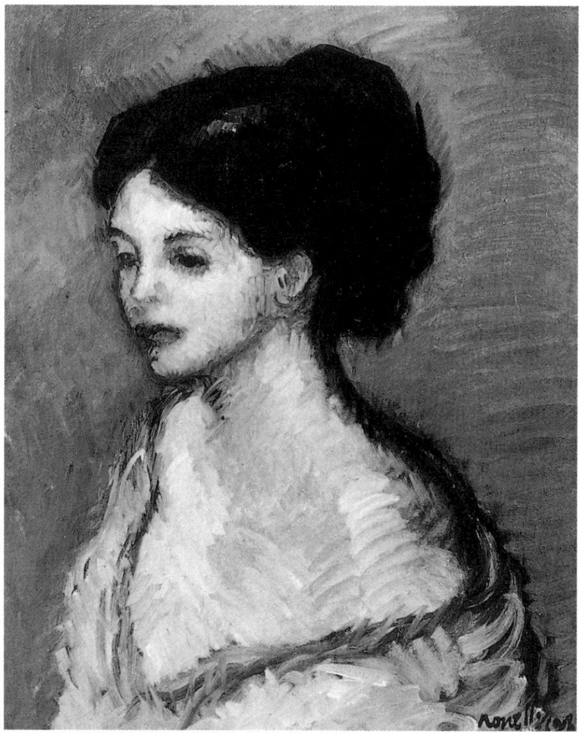

Figura, 1908

LA EXPOSICIÓN DEL FAIANÇ Y EL TRIUNFO

Entre los amigos mencionados, Miquel Utrillo, perteneciente a la generación anterior a Nonell, factótum del modernismo y, como se recordará, principal *supporter* de la primera exposición individual de Nonell en la Sala Parés en 1902, sería el personaje decisivo para que Nonell obtuviera finalmente el reconocimiento que hasta entonces se le había negado. Utrillo era entonces asesor de Santiago Segura propietario de las Galeries del Faianç Català, situadas en la Gran Vía de Barcelona, que serían al *noucentisme* lo que la Sala Parés había sido para el modernismo.[60] A partir de marzo de 1909 Segura dedicó una sala de grandes dimensiones a exposiciones importantes, cuya programación prácticamente decidía Utrillo. En los primeros nueve meses de funcionamiento de esta sala se celebraron otras tantas exposiciones[61] y el año siguiente se inició con la famosa exposición antológica dedicada a Nonell, que se inauguró el 15 de enero y se clausuró el 13 de febrero. Nadie podía imaginar entonces que aquella exposición, lógicamente seleccionada por el propio artista y de la que no se publicó catálogo, se convertiría pocos meses después de su clausura en un acontecimiento irrepetible por la muerte inesperada de su autor. Por nuestra parte, conocedores de que los organizadores de la exposición adhirieron una etiqueta inconfundible (el número de la pieza está escrito en tinta negra y trazos góticos y el título en lápiz azul) en el bastidor, hemos intentado confeccionar aquel catálogo inexistente a partir de todas las obras que conocemos con la etiqueta en cuestión. Esta relación, con la reproducción gráfica de cada una de las obras, se incluye en el apéndice documental de este catálogo y

59. Así lo reconoce él mismo en la carta que envió a Juli Vallmitjana, en la que le comenta una discusión que había tenido con Ossó (véase la citada carta en el apéndice documental de este mismo catálogo).

60. Sobre Santiago Segura y las Galeries del Faianç Català, véase J. Vidal *Santiago Segura (1879-1918). Una història de promoció cultural*, Museu d'Art de Sabadell, 1999.

61. Estas nueve exposiciones se dedicaron a O. Junyent, R. Casas, J. Mir, E. Meifren, J. Cardona, A. De Riquer, R. Martínez Padilla, reproducciones fotográficas de grabados de Goya y D. Soler Gili (véase J. Vidal, *op. cit.*, p. 111).

tendrá que irse completando en el futuro a medida que se localizen más piezas con la mencionada etiqueta. La exposición reunió un conjunto de algo más de ciento treinta pinturas[62] realizadas entre 1901 y 1910.[63] Por lo tanto, Nonell, al mostrar una antología de su pintura, prescindía de los paisajes de la década de 1890 y fijaba el inicio de su carrera pictórica en el momento en que, ya definitivamente instalado en Barcelona, se consagraba obsesivamente a la representación monográfica de la figura. En realidad, la novedad de la exposición la constituía el conjunto de pinturas realizado entre 1908 y 1910. Hasta finales de 1903, Nonell había podido exponer con regularidad en Barcelona, y en 1907 había tenido dos oportunidades de hacerlo: en la importante Exposición Internacional de Arte de Barcelona, en la que participó con las cuatro magníficas piezas a las que ya nos hemos referido (véase nota núm. 50), y en una modesta muestra organizada por el Círculo de Propietarios de Gràcia,[64] en la que presentó otras seis obras. De hecho, en las pinturas de 1909 y 1910 se manifestaba la culminación del cambio iniciado a partir de 1906, y consolidado en las pinturas de 1908, en las que las figuras representadas ya no eran gitanas y la paleta se había aclarado. Ahora bien, si en estas últimas la gama de colores se limitaba a los azules, a los blancos y a los negros, en las obras de los dos últimos años estallaba una sinfonía de colores cálidos que, aplicados mediante una técnica divisionista, se entremezclaban logrando fragmentos que rozan la abstracción.

La exposición constituyó un éxito clamoroso y por primera vez Nonell vendió un número considerable de obras. Entre los compradores había coleccionistas tan destacados como Lluis Plandiura y Josep Sala, que sorpendentemente no le habían adquirido nada hasta entonces; pintores como Ramon Casas y Josep Maria Sert; personalidades del mundo cultural e intelectual de Barcelona como Pujols, Hurtado, Pous i Pagès o Utrillo; representantes conspicuos de la burguesía barcelonesa como Milà y Guarro, y una larga lista, que los amigos de Nonell de la revista *Papitu* publicaron en su número del 16 de febrero, recién clausurada la muestra. Además, aunque fuera mediante una suscripción entre artistas e intelectuales, una obra de Nonell pasaba por fin a formar parte del Museo de su ciudad.[65] Evidentemente la prensa, que le había sido tan hostil, se hizo amplio eco de la exposición e incluso quienes no acababan de entusiasmarse ante su obra reconocían su singular personalidad y destacaban su triunfo. Rusiñol, que precisamente celebraba una exposición individual en la Sala Parés los mismos días que Nonell exponía en el Faianç, le dedicó una de las glosas que, con el seudónimo de *Xarau*, publicaba entonces en *L'Esquella de la Torratxa*,[66] y en la que, tras elogiar con entusiasmo la exposición, aconsejaba a Nonell que se anduviera con cuidado, ya que el éxito comercial que acababa de cosechar podía hacer peligrar su inquebrantable independencia artística.

EL NUEVO LENGUAJE Y LOS BODEGONES

Sin embargo los meses que Nonell sobrevivió al anhelado triunfo bastaron para demostrar que los razonables temores de Rusiñol no tenían fundamento. No hubiera sido extraño que después de tantos años de fracaso y de clara hostilidad a su obra, se hubiera aposentado confortable-

62. El número más alto que hemos localizado es 132. La exposición se completaba con un conjunto de dibujos.

63. El hecho de que en la exposición del Faianç figuraran, como mínimo, doce pinturas de 1910 hace pensar que la mayoría de ellas debía de haberlas hecho en los últimos meses de 1909 y las fechó en 1910 con motivo de la exposición del Faianç, ya que resulta imposible que efectivamente las pintara aquel año, teniendo en cuenta que la mencionada muestra abrió sus puertas el 15 de enero.

64. *I Exposició de Belles Arts d'Artistes Independents*, Barcelona, Círcol de Propietaris de Gràcia, 1907. Presentó seis pinturas: *La Cinteta*, *La Pilar*, *Estudi*, *La Jana* y *Leonor*.

65. En el curso de un banquete que le ofrecieron un importante número de artistas e intelectuales de Barcelona decidieron adquirir entre ellos una pintura de las que formaban parte de la exposición con la intención de donarla al Museo de Barcelona. La obra elegida fue *Rumiant* (cat. núm. 53).

66. Xarau (S. Rusiñol), "Sobre l'Exposició den Nonell", en *L'Esquella de la Torratxa*, Barcelona, 4 de febrero de 1910.

mente en la pintura que, aunque un poco a regañadientes por parte de algunos, había triunfado. Quienes le conocieron relatan la satisfacción del artista ante el reconocimiento y, sobre todo, su celeridad por entregar a sus padres el sustancioso beneficio económico que la exposición le había proporcionado. Podría decirse que una vez clausurada la exposición, su obra dio un giro radical y con la misma obstinación con que se había dedicado a su producción anterior, inició un nuevo camino. En el año que transcurrió entre la clausura de la exposición y su muerte, aunque pintó algunas figuras (tal vez pertenecen a este momento las dos pinturas tituladas *Mujer*, cat. núm. 98 y 99), hizo una serie de doce bodegones, género que no había cultivado nunca hasta entonces. En estas naturalezas muertas, que la crítica de aquel momento consideró lo mejor de toda su producción, Nonell extremó, si cabe, la economía formal que siempre había caracterizado su obra. Probablemente por ello rehuyó la presencia de elementos objetivamente decorativos como flores o frutos y representó otros más prosaicos, como castañas, arenques o cebollas. Consciente o inconscientemente, pues, Nonell, que nunca había buscado el éxito fácil, decidió abandonar la producción que le había llevado al triunfo y continuar su lucha por conseguir una expresión plástica cada vez más pura. En estas naturalezas muertas, en las que se evidencia la influencia de Cezánne, cuya obra debió de conocer en su ya lejana estancia en París, el color, aplicado con la técnica divisionista tan personal de Nonell, asume de tal manera el protagonismo único de la tela que, como acertadamente afirmó Feliu Elías, parece que sus obras anteriores no eran más que fragmentos "para una obra ulterior en gestación".[67]

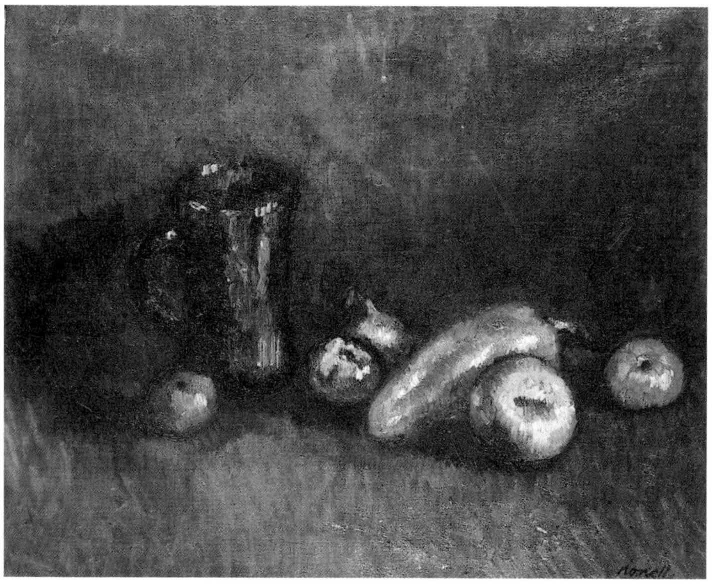

Natura morta, 1910

Y fue en este momento de máxima creatividad en el que Nonell iniciaba la consolidación de su personal lenguaje, tan sólida y minuciosamente construido, cuando se interrumpió definitivamente la carrera de quien, en palabras de Francesc Pujols, "mejor encarnaba en aquella época de luchas artísticas el símbolo de la nueva pintura".[68]

67. F. Elías, "Situació d'en Nonell en la pintura moderna", en *L'obra d'Isidre Nonell*, Barcelona, Publicacions de La Revista, 1917, p. 133 (en catalán, en el original).
68. A. Bladé, *Francesc Pujols per ell mateix*, *op. cit.* p. 159 (en catalán, en el original).

Francesc Fontbona

LA FAMA DE NONELL

En vida, Isidre Nonell fue un pintor que ya despertó mucha atención entre sus contemporáneos. Su obra no pasó nunca inadvertida, y desde los inicios de sus exposiciones, cuando todavía no tenía veinte años, ya encontraremos comentarios sobre él en los diarios. En París, desde el principio, se le calificaba de impresionista,[1] y en general los críticos de allí caían en el tópico simplificador de remontarse a los clásicos españoles para explicar o comentar su obra.

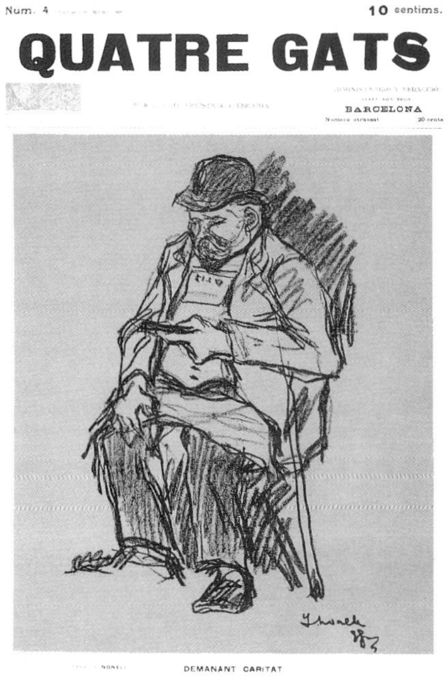

Cubierta de *Quatre Gats*, 1899

Desde muy pronto la crítica catalana le consideró una figura destacada. Josep Maria Jordà, por ejemplo, con motivo de la exposición individual de dibujos que hizo en Els Quatre Gats, calificó el arte del joven Nonell de "bofetada en pleno rostro de la imbecilidad consciente y satisfecha, a la sociedad de los *parvenus* incultos y orgullosos".[2] Sin embargo, no me detendré ahora en detallar todo lo que dijeron los críticos coetáneos, ya que podría ser objeto de todo un trabajo monográfico y además ya he dado pistas sobre ello en otro de mis textos,[3] pero sí hay que decir, por ejemplo, porque es muy significativo del nivel de consideración que el pintor tuvo en vida, que Alfred Opisso ya incluyó un capítulo sobre él en su libro *Arte y artistas catalanes*, de 1900,[4] volumen dedicado únicamente a figuras consagradas. Tampoco puede silenciarse la actitud hostil que adoptó el crítico más emblemático del modernismo, Raimon Casellas, ante la obra del pintor a partir de sus exposiciones individuales en la Sala Parés en los años 1902 y 1903, postura seguramente atribuible más a cuestiones personales que a apreciaciones fundamentadas, pero que marcó su carrera.

La cuestión era que Nonell, a pesar de su todavía corta trayectoria, ya era un personaje, y como a tal se le trató en un texto insólito y original que publicó un aún poco conocido Eugeni d'Ors, antes de añadirse la "d" con el apóstrofe. El texto se titulaba "La fí de l'Isidro Nonell"[5] y era como un cuento en el que todos los personajes más bajos de la sociedad, que vivían tranquilos y engañados ignorando su condición, abrían dolorosamente los ojos por culpa de los dibujos que un artista hacía de ellos, y la reacción acababa siendo de rabia y sublevación, de tal manera que les llevaba al saqueo y a la devastación y, al final, a matar violentamente al respon-

1. "Exposition de M. Ricardo-Canals et Nonell-Monturiol", en *Le Moniteur des Arts*, París, 14 de enero de 1898. (Cito de la transcripción que de ella hace el catálogo *Nonell*, Barcelona, Ayuntamiento de Barcelona, Servicios de Cultura, 1981, p. 26.) Pese a que siempre el segundo apellido del pintor aparece grafiado "Monturiol", yo conozco un documento donde aparece dos veces –una de ellas autógrafa– escrito "Monteriol" (solicitud de matrícula de Isidre Nonell a la Escuela Oficial de Bellas Artes de Barcelona, 27 de septiembre de 1888, Archivo de la Real Academia Catalana de Bellas Artes de Sant Jordi).

2. J.M. Jordà, "Isidro Nonell", en *La Publicidad*, Barcelona, 21 de diciembre de 1898, noche.

3. F. Fontbona, *Nonell*, Barcelona, Nou Art Thor, 1987 (Gent Nostra).

4. A. Opisso, *Arte y artistas catalanes*, Barcelona, Biblioteca de La Vanguardia [1900], p. 125-136, que recogía una crítica publicada en *La Vanguardia* a principios del año anterior.

5. E. d'Ors, "La fi de l'Isidro Nonell", en *Pèl & Ploma*, Barcelona, núm. 84, enero de 1902, p. 248-253. Otro escritor, Rafael Nogueras Oller, con mucha menos calidad, también tomaría a los personajes de Nonell como protagonistas de una especie de parodia escénica (Nogueras Oller: "La terrestre comedia. El arte en Barcelona o los *amateurs* domingueros", en *La Tribuna*, Barcelona, 21 de noviembre de 1903.)

sable de todo, cuyo cadáver profanaban, y los miserables, desaparecido el artista, podían volver a sentirse nobles y hermosos. Así pues, a los veintiocho años Nonell ya era protagonista de una extraordinaria composición literaria, y eso no era porque sí. El texto forma parte de un número de *Pèl & Ploma*, la revista más carismática del modernismo, en el que todas las ilustraciones –una treintena– y el editorial –firmado por Miquel Utrillo (*Pinzell*)– se le dedican, un reconocimiento de su obra mucho más significativo que cualquier consideración *a posteriori*. Después aparecería traducido al castellano en Madrid, en 1905,[6] en lo que sería un primer gesto de difusión de la figura de Nonell allí, aunque a pesar de esto –y a pesar de presencias posteriores– Nonell sería muy poco compatible con el tipo de arte que triunfaba en Madrid.

Cuando tuvo su primer éxito popular, la exposición en el Faianç Català de 1910 –primero y último porque pronto moriría–, ya había quien le consideraba "el más interesante de los pintores catalanes".[7]

Muerto el pintor, la perdurabilidad de su fama fuera de Cataluña no parecía que se pudiera mantener mucho tiempo, si bien esporádicamente se le recordaba. Nonell no había sido de los artistas que habían hecho una carrera espectacular, llena de premios y medallas; por eso no lo encontraremos, por ejemplo, en obras generales internacionales sobre arte como la de Bénédite, de 1909, o la de MacFall, del mismo 1911, que en cambio sí que hablaban de Anglada-Camarasa –casi coetáneo de Nonell– y también, si bien en menor grado, de Casas y Rusiñol.[8] Sin embargo, uno de los críticos internacionales más prestigiosos, Guillaume Apollinaire, le recordó en un artículo de 1913 como un "jeune Espagnol de talent mort il y a quelques années", pero curiosamente al ver una *Gitana* de Zuloaga que le recordó la obra del catalán.[9]

En Cataluña su figura estaba suficientemente presente como para que Josep M. Junoy le incluyera en su pequeño volumen, después paradigmático, *Arte y Artistas*,[10] pero por otro lado Josep Pijoan no habló de él en su *Historia del arte* de 1914-1916, en la que apenas lo hacía de Casas y de Mir.[11]

No tardarían mucho en aparecer aportaciones nuevas al conocimiento de la figura de Nonell. El pequeño volumen colectivo *L'obra d'Isidre Nonell*, aparecido en el año crucial de 1917,[12] reúne diversos textos de figuras relevantes de la vida artística catalana. Eugeni d'Ors hizo el prólogo y Alexandre Plana un texto biográfico que se beneficia de la proximidad de los hechos narrados y del conocimiento de críticas francesas entonces más al alcance alusivas a Nonell. El resto son visiones inteligentes de escritores que habían conocido al artista: aparte de Raimon Casellas, ya muerto, de quien Ors seleccionó un artículo tardío de cuando ya volvía a dignarse a hablar del pintor, aunque no sin reticencias, los autores son Francesc Pujols, Ramon Reventós, Francesc Vayreda, Joaquim Folch i Torres, Romà Jori y, sobre todo, Feliu Elias, que hace una disección muy precisa del panorama pictórico catalán y europeo. Por encima de todo, este volumen es el testimonio de que a Nonell, a pesar de su eclipse momentáneo, ya se le consideraba una figura tan singular que merecía un libro colectivo como aquel, por el que se movilizaron los nombres principales de la crítica de arte catalana del momento.

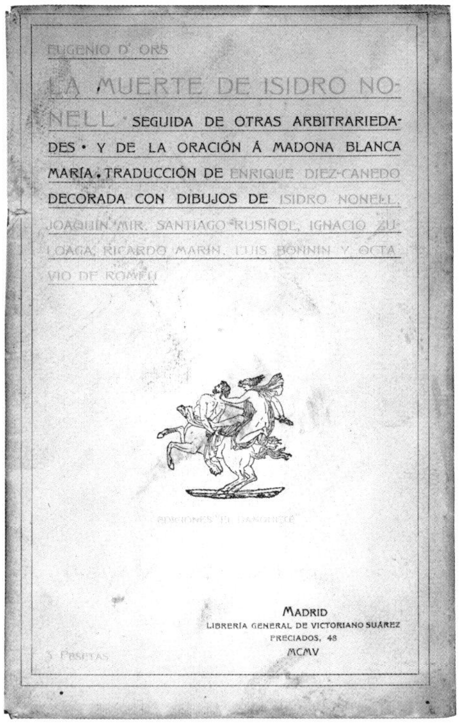

Cubierta del libro de Eugenio d'Ors que incluye el artículo *La muerte de Isidro Nonell*, publicado originalmente en *Pèl & Ploma*

6. E. d'Ors, *La muerte de Isidro Nonell*, Madrid, Lib. Victoriano Suárez, 1905.

7. J.M. Jordà, "Arte y artistas. Exposición Isidro Nonell", en *La Publicidad*, Barcelona, 20 de enero de 1910. (Cito de *Nonell*, 1981, p. 30.)

8. L. Bénédite, *Histoire des Beaux-Arts 1800-1900*, París, Ernest Flammarion [1909], y Haldane MacFall, *A history of painting*, Londres, T.C. y E.C. Jack, 1911, vol. VIII, p. 275-276. Aparte de los pintores catalanes citados, Bénédite también mencionaba a Morera, Pau Roig y Pichot, mientras que MacFall nombraba a Casanova Estorach.

9. Recogido en G. Apollinaire, *Chroniques d'art (1902-1918)*, París, Gallimard, 1960, p. 288.

10. Barcelona, Librería L'Avenç, 1912, p. 17-22.

11. J. Pijoan, *Historia del arte*, Barcelona, Salvat, 1914-1916. En las ediciones de 1923 y de 1949, tampoco lo añadió. Fue mucho más tarde, en la edición de 1961, cuando ya se decidió a incluirlo.

12. Barcelona, Publicacions de La Revista, 1917.

En la primera edición de la Exposició d'Art organizada por el Ayuntamiento de Barcelona, en 1918, la primera gran muestra colectiva de este tipo que se hacía desde 1911, la Associació Les Arts i Els Artistes llevó veintiocho obras de Nonell que se expusieron en el recinto de la misma asociación, y que equivalía a un homenaje póstumo al artista.[13] Al año siguiente, cuando salió la letra "N" de la Enciclopedia Espasa, Nonell figuraba con casi toda una página, foto de su persona y una gran reproducción en color;[14] así pues, en la principal enciclopedia del país se le consideraba en gran medida, cosa que no es de extrañar si tenemos en cuenta que hasta entonces el director de la sección de arte de aquella obra era un conocedor tan refinado del arte catalán como Miquel Utrillo.

Con todo, desde una óptica española Nonell prácticamente no existía. Margarita Nelken, en su *Glosario (Obras y artistas)* de 1917,[15] que no es un manual sistemático pero habla de muchos artistas de la época, sólo menciona a Nonell de pasada ("las cabezas de pasión torturada de Nonell")[16] y en cambio le dedica todo un capítulo a Mir. Ballesteros de Martos, en su libro *Artistas españoles contemporáneos*, de hacia 1919, menciona a los pintores catalanes Anglada y Mir, y le dedica un capítulo a Viladrich, pero no dice nada de Nonell.[17] Max Nordau, un conocido intelectual judío que también se acercaba a menudo al análisis artístico, publicaba hacia 1920 su volumen *Los grandes maestros del arte español*,[18] y aunque en el libro se extiende también sobre otros catalanes contemporáneos como Rusiñol, Casas, Mir o Raurich, no habla de Nonell. Para España y para su círculo de influencia no existía otra pintura que aquella que había ganado medallas en las Exposiciones Nacionales de Madrid; como Nonell nunca había ganado ninguna era un desconocido o, en el mejor de los casos, indigno de ser mencionado en una obra general importante.

A pesar del reconocimiento que ya se le había dado en Cataluña, los familiares de Nonell todavía se sorprendieron cuando en 1922 los miembros del grupo Nou Ambient fueron a pedirle obra para dedicar al artista una exposición homenaje.[19] En el camino de revalorización de Nonell tiene un papel esencial la labor de este grupo, fundado en 1919 e integrado por pintores y dibujantes como Francesc Camps-Ribera, Ramon Soler Liró, Antoni Roca i Maristany, Francesc Vidal-Galícia o Alfons Iglesias Domènech. La exposición la organizaron en las Galeries Dalmau, en febrero de 1922, y a través de su revista –que llevaba el nombre del grupo– declaraban que devotamente, con el mismo recogimiento con el que habían admirado en el Prado a Velázquez, a Goya, a Rafael, a el Greco o a Fra Angélico, ahora admiraban a Isidre Nonell,[20] lo que evidentemente iba mucho más allá de un simple respeto por el artista, y lo situaba en un nivel de personaje abiertamente mitificado.

En Barcelona se celebrarían unas cuantas exposiciones retrospectivas sobre Nonell: en 1925 en las Galeries Laietanes –con obras de la colección Sala– y en las Galeries Dalmau –con piezas de varios coleccionistas–, en 1928 en la sala Joan Merli de las Galeries Laietanes –dibujos– y en 1932 en la Sala Gaspar.

A pesar de que la estrella naciente de la crítica de arte más moderna en Madrid, Eugeni d'Ors –ahora Eugenio–, empieza *Mi Salón de Otoño* (1924) precisamente con Nonell[21] y de que a veces salía algún artículo que hablaba de él,[22] allí continuaba siendo generalmente ignorado. Incluso cuando se dedicaba todo un libro al arte catalán contemporáneo, obra de Pedro

13. Véase *Exposició d'Art. Catàleg il·lustrat 1918*, Ayuntamiento de Barcelona, 1918, p. 97-98.
14. *Enciclopedia Universal Ilustrada Europeo-Americana*, Barcelona, Hijos de J. Espasa [1919], vol. XXXVIII, p. 1051.
15. Madrid, Librería Fernando Fé, 1917.
16. Ibídem, p. 208.
17. Madrid, Tipografía Yagües [*ca.* 1919].
18. Barcelona, Editorial Cervantes [1927].
19. A. Roca, *Tot fent memòria*, Barcelona, Millà, 1973, p. 89.
20. Véase J.M. Cadena, "Nou Ambient, un grupo artístico y su revista", en *Diario de Barcelona*, 1 de octubre de 1972, p. 13.
21. E. d'Ors, *Mi Salón de Otoño*, Madrid, Revista de Occidente, 1924, p. 20-27.
22. L. Brunet, "Un recuerdo. Isidro Nonell", en *Gaceta de Bellas Artes*, Madrid, núm. 338, 15 de junio de 1928, p. 9.

G. Camio, en 1929,[23] ninguno de sus veinticinco capítulos monográficos estaba dedicado a Nonell. Es curioso que un pintor que ahora consideramos fundamental en la pintura catalana moderna entonces no apareciera ni siquiera en un libro especializado en pintura catalana.

En los años treinta el nombre de Nonell se incluyó en el monumental diccionario de artistas Thieme-Becker,[24] y la marchante Berthe Weill recordaba a Nonell en sus memorias como un pintor de talento.[25] Por otro lado el prestigio de Nonell en Cataluña creció. A ello contribuyó el hecho de que con la adquisición de la colección Plandiura ingresaran en el entonces llamado Museu d'Art Català –el actual MNAC– muchas obras del pintor, exactamente ochenta y una. Lo cual provocó que se realizara una revisión de la obra de Nonell llevada a cabo por Alfons Maseras, que se publicó en el *Butlletí dels Museus d'Art de Barcelona*.[26] Poco más tarde se le dedicó todo un número de la revista catalana de arte contemporáneo más representativa de aquellos años, *Art*, dirigida por Joan Merli. Aquel número contiene textos de Camps Ribera y Josep M. Junoy, y está encabezado por el texto de Rafael Benet "Isidre Nonell com a bandera",[27] que ve el regreso a Nonell como una especie de bálsamo y dice: "tras la larga cuaresma de abstracciones ascéticas enarbolar la bandera de Nonell es halagador. El ejemplo de Nonell es ahora el buen ejemplo: como un retorno a la salud tras la locura. En la bandera de Nonell hay inscritos los derechos imprescriptibles de la sensualidad. Los derechos del regocijo de los ojos y el tacto y hasta los derechos del gusto del paladar y de la nariz: el derecho a la glotonería de los sentidos, después de unos años de vivir de productos sintéticos de laboratorio". Además de un homenaje al pintor más mitificado entre los artistas catalanes contemporáneos, viene a ser una primera recopilación de sus obras, ciento sesenta, básica para construir sobre ella aquel catálogo razonado de la producción del artista que todavía hoy está por hacer.

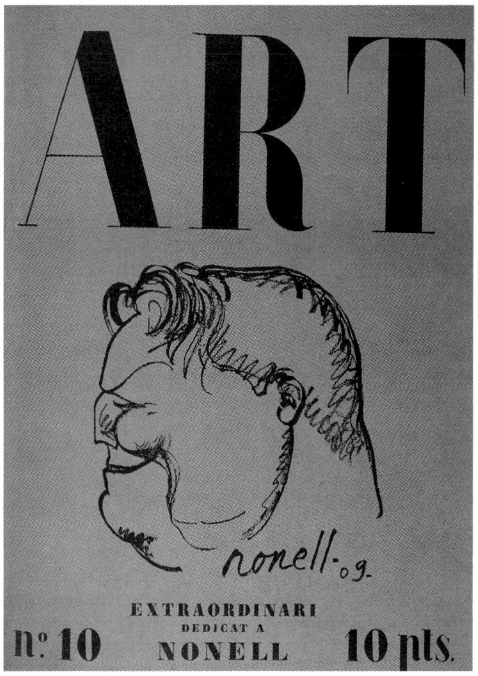

Número de *Art*
dedicado a Nonell, 1934

En plena guerra civil aparecieron dos pequeñas monografías sobre Nonell. Sus autores fueron Ramón Eugenio de Goicoechea y Joan Merli, el mencionado director de *Art*. Goicoechea ya había publicado otros textos sobre el pintor y su librito tiene el valor de ser la síntesis, concisa y reivindicativa, de alguien que consideraba al pintor "incomprendido y enorme, pero que no goza ni mucho menos de las simpatías que por sus méritos se merece".[28] Merli, que ya había reivindicado bastante la figura de Nonell, desde *Art* y desde el libro emblemático *33 pintors catalans* (1937), hace en su opúsculo un retrato muy vivo, completo y parece que bien documentado de Nonell.[29]

Así pues, Nonell era un artista histórico bien valorado en Cataluña, sin embargo su cotización no se había disparado todavía: el pintor Josep Amat, que tenía unos excelentes dibujos de Nonell, me dijo que los había obtenido en la inmediata postguerra cambiándolos por dibujos suyos en la Sala Gaspar; lo que significa que en los años cuarenta Nonell todavía se cotizaba de manera equivalente a un buen pintor vivo.

En julio de 1942, Eugenio d'Ors había inaugurado en Madrid el primer acto público de lo que llamó Academia Breve de Crítica de Arte, y este acto había consistido precisamente en un homenaje a Nonell en la Galería Biosca; en los anuncios se presentaba al artista como "gran

23. P. G. Camio, *Artistas catalanes*, Madrid, Ed. Zoila Ascasibar, 1929. El hecho de que Nonell estuviera muerto no explica su ausencia en el libro ya que otros artistas presentes en él tampoco estaban ya vivos.

24. *Allegemeines lexicon der bildenden Künstler*, Leipzig, E.A. Seemann Verlag, 1931, vol. XXV, en un breve artículo de cinco líneas, más nueve de bibliografía, firmado por F. Farina.

25. B. Weill, *Pan dans l'oeil ou trente ans dans les coulisses de la peinture contemporaine (1900-1930)*, París, Lipschutz, 1933 (lo cito de J. Warnod, *Le Bateau-Lavoir 1892-1914*, París, Les Presses de la Connaissance, 1975, p. 47).

26. A. Maseras, "Comentaris a l'obra d'Isidre Nonell", en *Butlletí dels Museus d'Art de Barcelona*, núm. 24, mayo de 1933, p. 137-144.

27. *Art*, Barcelona, núm. 10, julio de 1934.

28. R. E. de Goicoechea, *Nonell*, Barcelona, Librería Catalonia, 1938.

29. J. Merli, *Isidre Nonell*, Barcelona, Edicions de la Junta d'Exposicions d'Art de Catalunya, 1938.

pintor español escasamente conocido".[30] El homenaje tenía que consistir en una exposición, pero el día de la presentación tan sólo se exhibía una obra del pintor, de propiedad privada, pues el director del Museo de Barcelona, Xavier de Salas, no había querido ceder las obras nonellianas que se le habían pedido. Ors, con aquel gusto por la simplificación mitificadora y *épatante* que cultivó toda la vida, presentó a Nonell en Madrid como el iniciador de la historia de la pintura postimpresionista en España, al igual como Cézanne –decía– lo había sido a escala mundial.[31] No obstante, eso no sirvió para difundir demasiado la personalidad de Nonell en Madrid, ya que Ors, a pesar de sus cargos oficiales y de la buena sintonía que tenía con el Régimen, culturalmente jugaba la carta de la marginación, una marginación exquisita y selecta, que en este caso sólo conseguía introducir a Nonell en círculos minoritarios.

En 1943, J.F. Ràfols, que estaba llamado a ser el gran revitalizador del concepto de modernismo, tomaba la muerte de Nonell como un hito final de todo aquel movimiento,[32] al mismo tiempo que se interrogaba por primera vez sobre la unidad que había tenido la época en cuestión.

En cambio, desde el mundo oficial español, en 1949, Manuel Escrivá de Romaní abordó el tema del arte español del siglo XX y no mencionó para nada a Nonell, mientras que sí hablaba de Rusiñol, Casas, Meifren, Mir, Sert o Dalí, al que citaba únicamente en el apartado de escenografía. El autor, aristócrata e historiador del arte de cierto prestigio, podemos considerar que era plenamente representativo de la idea oficial que se tenía entonces del arte español, ya que estamos hablando de su discurso solemne de inauguración del curso en el Instituto de España de Madrid.[33] Que silenciara nombres como Anglada-Camarasa, Picasso o Miró se explicaría por razones políticas en un momento de franquismo dogmático, pero el silencio de Nonell –muerto hacía casi cuarenta años– sólo se explica por desconocimiento o, aún peor, por menosprecio.

Aquel mismo año aparecía la primera gran monografía sobre Nonell, que debemos a Rafael Benet,[34] que es, junto con Feliu Elias, el primer gran historiador, documentado, serio y agudo, sobre el arte catalán contemporáneo. La deuda que tenemos con Benet todavía no la hemos saldado. Es preciso no sólo valorar la tarea ingente y profunda que realizó, sino también volver a él como lectores ya que la obra de Benet aún está lejos de ser un valor meramente histórico y sus trabajos están repletos de sugerencias e informaciones totalmente vigentes hoy en día.

Lo malo de Benet es que no tenía interlocutores de su talla, o tenía muy pocos, y por eso todo lo que escribía –y lo que decía en las muchas tertulias que frecuentó– estaba muy por encima del nivel de conocimientos y de altura crítica de la mayoría de sus interlocutores. Éste era –y todavía es– un país en el que hay un gran número de personas preparadas para discutir sobre poesía o literatura en general, pero donde las artes plásticas vivas –no me refiero a las medievales o las clásicas, a las que se ha prestado bastante atención– no han acabado de despertar un interés suficientemente alto como para penetrar a fondo en su conocimiento. Todo lo que una amplia capa de profesores, críticos y simples aficionados es capaz de dirimir sobre la obra de Verdaguer, de Maragall, de Carner, de Guerau de Liost, de Riba, de Folguera o de Foix, no tiene parangón cuando se trata de debatir la obra de Martí i Alsina, de Urgell, de Casas, de Anglada-Camarasa, de Nonell, de Mir, de Xavier Nogués, de Sunyer o, no digamos, de Josep

30. Véase J. Tusell y Á. Martínez-Novillo, *Cincuenta años de arte. Galería Biosca 1940-1990*, Madrid, Turner, 1991, p. 46.
31. Véase M. Sánchez-Camargo, *Historia de la Academia Breve de Crítica de Arte. Homenaje a Eugenio d'Ors*, Madrid, Langa y Cía., 1963, p. 16-20. El cuadro de Nonell exhibido pertenecía a la colección de Carlos Blanco Soler.
32. J.F. Ràfols, *El arte modernista en Barcelona*, Barcelona, Dalmau, 1943, p. 11. En realidad la obra data de 1936, pero no se editó hasta siete años después debido a los acontecimientos.
33. M. Escrivá de Romaní, conde de Casal, *Evocación del arte español en la primera mitad del siglo XX*, Madrid, Publicaciones del Instituto de España, 1949.
34. R. Benet, *Isidro Nonell y su época*, Barcelona, Iberia, 1947.

Mompou, de Sisquella, de Bosch-Roger, de Pruna o de Grau-Sala. Parece como si ninguna de estas figuras formara parte de la cultura del país como la forman sus coetáneos escritores, a los que muchos de ellos estaban ligados por vínculos de amistad, de colaboración y de admiración mutua; a lo sumo únicamente son valoradas por la cotización económica de sus producciones, cada vez más alta, en el mercado del arte.

El *Nonell* de Benet es un libro importante para la cultura catalana moderna *tout court*. Es la visión de un intelectual de altura, que a la vez conocía la pintura desde dentro porque también era pintor, y asimismo es un trabajo de historiografía artística de primer orden, imprescindible para abordar la figura de Nonell, publicado además en la dura postguerra inmediata, una época en la que no soplaban buenos vientos para cultivar ni estudiar la cultura autóctona.

Como se publicó en castellano –en aquella época era impensable que se hiciera en ningún otro idioma–, el libro de Benet contribuyó mucho a dar a conocer a Nonell en España. El marqués de Lozoya publicó una amplia sistematización del arte español en 1949, y ya tuvo muy en cuenta la figura de Nonell, al que incluyó dentro del grupo de los artistas inquietos, atentos a las novedades de París, que se contraponían a los tradicionalistas.[35]

Cuando Ràfols publicó su obra definitiva sobre el modernismo, que había esbozado poco antes de la guerra civil, dedicó todo un capítulo a Nonell; de los veinte capítulos que tenía el libro –ahora un verdadero clásico–, sólo aquél y el de Gaudí eran monográficos sobre un artista.[36] Ràfols considera que "en el panorama general de la pintura catalana, Nonell representa ideológicamente la máxima personalidad dentro del realismo de fin de siglo".[37] El otro gran libro clásico sobre el modernismo catalán, el de Cirici, aparecido en 1951, consolidó el prestigio de Nonell, al que situó en lo que él llamaba generación joven del modernismo, y al que dedicó gran atención y numerosas reproducciones, considerándolo el primer artista catalán que no obedeció a corrientes externas.[38]

Un nuevo paso importante en la consolidación de la figura de Nonell fuera de Cataluña fue el que se le incluyera –con Beruete, Gimeno, Echevarría, Iturrino, Regoyos, Pidelaserra y Solana– en el volumen *Maestros de la pintura española contemporánea*, publicado en Madrid en 1952, con un texto de Juan Ramón Masoliver, que decía que "la bandera enarbolada en su día por Nonell es la que ha ondeado sobre la mejor pintura catalana de estos cincuenta años" y "el ejemplo de Isidro Nonell, y no el de los modernistas, puede ser provechoso para los jóvenes pintores de hoy".[39] Así pues, el libro de los *Maestros...* tendría un papel bastante importante para dar a conocer a Nonell –y a los otros pintores biografiados– en el exterior. De él se hizo eco, por ejemplo, Jacques Lassaigne, quien dedicó bastante atención al artista en su muy difundido libro sobre pintura española aparecido en el mismo año, en el que calificó al pintor de "le meilleur représentant d'une vision moderne et d'une peinture pure".[40] También el famoso diccionario de artistas Bénézit incluyó por primera vez a Nonell en sus páginas del año 1953.[41]

Nonell, Casas y Picasso fueron los grandes protagonistas de una exposición, celebrada en la Sala Parés de Barcelona en 1954, dedicada a Els Quatre Gats, y que tuvo un éxito popular extraordinario. Seguramente éste fue el espaldarazo definitivo a la mitificación de la época modernista entre un público amplio.[42] Asimismo Nonell sería seleccionado también –junto a Gargallo,

35. J. de Contreras, marqués de Lozoya, *Historia del arte hispánico*, Barcelona, Salvat, 1949, vol. V, p. 637-640.

36. J.F. Ràfols, *Modernismo y modernistas*, Barcelona, Destino, 1949, cap. XIV.

37. Ibídem, p. 254.

38. A. Cirici Pellicer, *El arte modernista catalán*, Barcelona, Aymà, 1951, p. 352-368.

39. Editado por Afrodisio Aguado. Su capítulo está en las pp. 45-56.

40. J. Lassaigne, *La peinture espagnole*, Ginebra, Albert Skira, 1952, vol. II, p. 114, 119-120 y 140.

41. E. Bénézit, *Dictionnaire critique et documentaire des Peintres, Sculpteurs, Dessinateurs et Graveurs...*, París, Gründ, 1953, vol. VI, p. 379. El Bénézit salía desde 1911, pero ni en la primera edición ni en la publicada entre 1924 y 1926 aparece Nonell. El artículo de ahora sería corto, quince líneas, y se repetiría en ediciones sucesivas (1954-1957, 1957-1962 y 1966), hasta que en la de 1976 sería ampliado a cuarenta y dos líneas.

42. De esta exposición quedó un catálogo muy documentado, *Quatre Gats. Primer Salón 'Revista'*, Barcelona, Editorial Barna, 1954.

Hugué, Orozco, Picasso y Torres-García entre otros– para formar parte de la exposición *Precursores y maestros del arte español contemporáneo*, convocada con motivo de la III Bienal Hispanoamericana de Arte, de 1955, que aquel año se celebró en Barcelona. Angel Marsà, en la presentación de la parte nonelliana de aquella exposición, tras desmentir con rotundidad cualquier relación de Nonell con el *modern style*, aventuraba que quizá hubiera tenido contacto con Paula Modersohn-Becker en París y que ambos habrían coincidido en la gestación del expresionismo.[43] Una hipótesis sugestiva pero sin base documental.

Carles Soldevila incluyó a Nonell, en 1955, en su significativo libro *Figures de Catalunya*, responsable del afianzamiento de la fama de varias personalidades históricas entre unos círculos culturales selectos. El mismo año, Fernando Jiménez Placer publicaba una ambiciosa *Historia del arte español*[44] en la que el pintor no tan sólo ya aparecía sino que provocaba el siguiente juicio: "por encima de todos sus predecesores se eleva la primera gran figura de la pintura catalana contemporánea". Por todo ello, ya no es de extrañar que en otra gran exposición colectiva oficial madrileña, ésta de carácter histórico, titulada *Un siglo de arte español* (1956), Nonell también estuviera bien representado, como también lo estuvo en una buena antológica de arte español contemporáneo, en Londres (1956).

Maurice Gieure, en el pequeño manual *La peinture moderne*, de la prestigiosa y ya clásica colección francesa "Que sais-je?",[45] le dedica un espacio a Nonell, dentro del apartado titulado "Expressionnisme espagnol", al lado de Gutiérrez Solana y del Picasso de antes de instalarse en París. Una de las cosas que dice es que Nonell prefigura el Picasso de la época azul.

Nonell también estuvo presente en el volumen ya clásico *Les sources du vingtième siècle*, de 1961,[46] que recoge el contenido de la exposición homónima, organizada por el Consejo de Europa. Era una aparición tímida, en la que Émile Langui, en su texto, la mencionaba más por su influencia sobre el joven Picasso que por su propio peso. Con todo, la reproducción a toda plana de su obra *Dos gitanas* (1903), del Museo de Arte Moderno de Barcelona,[47] encarada a *L'étreinte* de Picasso, al menos sirvió para situar el nombre y la imagen de la obra de Nonell en una de las plataformas principales que han definido internacionalmente el arte del cambio de siglo, y realmente no pasó del todo inadvertida.[48] Cuando aquel mismo año Cirlot dedicó un libro a la pintura catalana contemporánea, encabezó el capítulo que engloba todo el modernismo con el nombre de Nonell.[49]

En el año 1962 se vio obra de Nonell en Londres, en la exposición *Modern Spanish Painting* de la Tate Gallery, y la Junta de Museos de Barcelona le dedicó al artista una importante muestra monográfica, que constaba de ciento setenta y cuatro piezas, lo que representaba un gran esfuerzo. Se inscribía también en un clara política de revisión de los grandes nombres de la pintura catalana moderna, y pertenecía a la misma serie de exposiciones monográficas que las ya realizadas de Ramon Casas (1958) y de Joaquim Sunyer (1959) y de las que aún se celebrarían sobre las artes suntuarias del modernismo (1964) y de Xavier Nogués (1967), entre otras.

Como provocada por esta exposición apareció la monografía de Carolina Nonell,[50] un libro que tiene el interés de estar escrito por una sobrina del pintor, pero que aporta menos cosas de las que en principio se podría esperar de él. Una derivación de este libro sería el pequeño

43. *III Bienal Hispanoamericana de Arte. Precursores y maestros del arte español contemporáneo. Catálogo*, Barcelona, 1955, p. s/n.
44. Barcelona, Labor, 1955, vol.II, p. 999-1001.
45. Paris, Presses Universitaires de France, 1958, p. 56.
46. J. Cassou, É. Langui, N. Pevsner, *Les sources du vingtième siècle*, Éditions des París, Deux Mondes, 1961, p. 138 y 346.
47. Ibídem, lámina 165.
48. A propósito de esta exposición, Nonell es subrayado por M. Grosser, *Critic's eye*, Indianápolis-Nueva York, Bobbs-Merrill, 1962, p. 214.
49. J.-E. Cirlot, *Pintura catalana contemporánea*, Barcelona, Omega, 1961, p. 12 y ss.
50. C. Nonell, *Isidro Nonell, su vida y su obra*, Madrid, Dossat, 1963.

librito de la misma autora publicado por Gustavo Gili, que tiene el interés de situar la figura de Nonell en una colección entonces muy difundida –Colección Minia– de grandes figuras del arte.[51]

Fuera de aquí algunos seguían recordando a Nonell, aunque casi siempre al hablar de Picasso. J.P. Crespelle era uno de ellos, si bien no dejaba de considerar a "Nonell, le plus doué des peintres issus du cabaret d'Els 4 Gats".[52] Raymond Charmet, en su *Dictionnaire de l'art contemporain*, de 1965, aún no le dedica un artículo propio a Nonell, pero habla de él en el artículo general sobre el arte de España, y para decir que era un pintor original que influyó en el joven Picasso. Madrid reconoció la valía de Nonell al dedicarle una sala de honor en la Exposición Nacional de Bellas Artes de 1966, organizada por el Ministerio de Educación Nacional, dedicación que sin embargo aún despertó resquemores.[53] De hecho el nombre de Nonell entonces aún no aparecía en los principales manuales universitarios de historia del arte; ni Diego Angulo ni José María de Azcárate hablaban de él en sus muy difundidas historias del arte de uso estudiantil:[54] el primero en cambio mencionaba a Mir, Zuloaga y Solana, y el segundo incluía a López Mezquita.

El año 1969 fue importante en la construcción de la dimensión pública de la figura de Nonell, por varias razones; una de ellas fue que Josep Pla incluyó al pintor en su serie de los *Homenots*, la otra porque salió una amplia monografía sobre él, la que publicó Enric Jardí. En cuanto al *homenot* de Pla, cabe decir que salió directamente en las *Obres Completes*,[55] ya que, al contrario de los otros *homenots* recogidos entonces, el de Nonell era nuevo, no lo había publicado antes. Pla, que había escrito tantas páginas sobre Rusiñol, Manolo, Mir e incluso, ya dentro de los *Homenots*, sobre gente tan diversa como Josep Maria Sert, Maillol, Dalí, Gimeno, Sunyer, Joan Serra, Casanovas, Sisquella, Gaudí o Marià Llavanera, a Nonell, en cambio, tan sólo le había dedicado párrafos sueltos al hablar de otros temas de arte. En el nuevo *homenot* hizo un retrato interesante de Nonell, pero se nota que, como el mismo escritor advierte, se trata de una visión de segunda mano, a partir de referencias y de conversaciones mantenidas con amigos del artista como Xavier Nogués o Ricard Canals, bien cocinada pero poco vivida. Lo más interesante de este texto es, seguramente más que su contenido, que Pla, que consideraba a Nonell una figura excepcional, creía que no podía faltar en su nómina definitiva de *Homenots*.

Pocas semanas después apareció la amplia monografía dedicada a Nonell redactada por Enric Jardí.[56] Representó un hito muy importante en el conocimiento y difusión del artista, y un paso adelante en la historiografía artística del arte catalán de finales de siglo. El libro de Jardí, que culminaba un camino iniciado por el mismo autor con el libro *Nonell i altres assaigs*,[57] no es propiamente la gran monografía crítica que tienen las primeras figuras de las artes en el mundo civilizado, pero era bastante más que una biografía divulgativa convencional. Se basaba en un buen conocimiento vivo de la época, heredado por el autor por vía familiar, y por una notable labor de vaciado de noticias hemerográficas. El libro no pretendía ser el catálogo razonado de la obra del artista, pero recopilaba y reproducía –en blanco y negro y en color– un gran número de óleos y dibujos, muchos de ellos a partir de su publicación en la prensa de la época.

Por eso el *Nonell* de Jardí ha sido la obra de referencia básica sobre el artista hasta ahora, y su autor se convirtió en el consultor más solicitado para dictaminar sobre la autoría de las

51. C. Nonell, *Nonell. Figuras*, Barcelona, Editorial Gustavo Gili, 1964.
52. J.-P. Crespelle, *Montmartre vivant*, Hachette, 1964, p. 132.
53. Véase B. de Pantorba, *Historia y crítica de las Exposiciones Nacionales de Bellas Artes celebradas en España*, Madrid, Ed. J.R. García-Rama, 1980, p. 358-359.
54. Lo digo por las ediciones siguientes: D. Angulo Íñiguez, *Historia del arte*, Madrid, EISA., 1962 (4ª edición); y J. M. de Azcárate, *Historia del arte*, Madrid, EPESA, 1968 (8ª edición).
55. J. Pla, *Homenots*, *Obres Completes*, vol. 11, Barcelona, Destino, 1969, p. 237-272.
56. E. Jardí, *Nonell*, Barcelona, Polígrafa [1969].
57. E. Jardí, *Nonell i altres assaigs*, Barcelona, Selecta, 1958.

obras atribuidas al pintor. La reedición de la obra quince años después de su aparición no se planteó como una revisión y puesta al día a fondo del texto original, pero añadió alguna información inédita importante, especialmente de la etapa parisina del artista. Una buena selección de dibujos de Nonell aparecidos en la revista *Papitu* se recopilaron en 1970, con prólogo de Jardí y comentarios de Josep Maria Cadena,[58] y sirvieron para divulgar el aspecto menos conocido del artista por el público moderno, el de dibujante satírico.

El libro de Nonell, que se difundió por Europa, tuvo la virtud de situar definitivamente al artista en el mapa internacional del arte. Varios autores que se referían a aquella época lo mencionaban, como Edward Lucie-Smith en su *Symbolist Art*,[59] o Jeanine Warnod en *Le Bateau Lavoir*, que se lamentaba de que Nonell fuera "trop peu connu en France".[60] En la Pelican History of Art, Nonell también aparecía, si bien intercalado en medio del capítulo correspondiente a la obra de la primera época de Picasso.[61]

Con motivo del centenario del nacimiento de Nonell, la Academia de Bellas Artes de Sabadell le dedicó una pequeña pero significativa exposición.[62]

Aparte de las monografías, el primer historiador que se acercó a aspectos monográficos de la vida de Nonell partiendo de documentación inédita sustancial fue Lluís-Emili Bou, que aclaró los primeros tiempos de la vida del pintor en París a través de las cartas que le había enviado al crítico Raimon Casellas,[63] y no se limitó tan sólo a volcar el contenido de los documentos en su artículo sino que hizo una lectura crítica inteligente y aclaratoria de ellos. El mismo año Alexandre Cirici, entonces convertido en un punto de referencia crítica casi indiscutible, se refería a Nonell en un artículo monográfico,[64] muy enaltecedor de su figura, a quien llegaba a atribuir muy forzadamente la primacía cronológica del modernismo pictórico, ¡e incluso la cualidad de precursor de Pollock, Tobey y Dubuffet! A pesar del prestigio de Cirici en aquel momento, sus propuestas no se asimilaron. También entonces sería Nonell tema de una comunicación norteamericana en un congreso internacional de historia del arte celebrado en Granada.[65]

En mi obra *La crisi del Modernisme artístic* (1975), le dediqué un capítulo a Nonell – reelaboración del artículo que había aparecido en un número extra de la revista de información general *Destino* dedicado al pintor, dos años antes, con motivo del centenario de su nacimiento–, y le incluí en una generación de artistas jóvenes, superadores de las limitaciones que aún tenían los modernistas, que definí como generación postmodernista.[66] En el volumen del siglo XX de la Ars Hispaniae, Gaya Nuño califica a Nonell de artista excepcional, "jefe de una estética unipersonal", y reconoce que su fama "sólo con trabajo irradió por el resto de España".[67]

Su obra se vio en Princeton, en 1978, dentro de una exposición dedicada a Els Quatre Gats.[68] Uno de los tratadistas de la época menos rutinarios, Hans H. Hofstätter, que normalmente demuestra construir su discurso partiendo de un gran conocimiento directo de las fuentes de la época, dice que "hasta hace poco Nonell no ha entrado en el campo visual de la moderna historiografía del arte", pero lo menciona dentro del capítulo dedicado a Picasso, por la influencia que ejerció sobre el primer estilo de éste.[69] El *Petit Larousse de la peinture*, de 1979, obra muy completa dentro de su concisión, dedicó a Nonell un artículo propio con una extensión consi-

58. *Nonell*, Barcelona, Editorial Taber, 1970.
59. Londres, Thames & Hudson, 1972, p. 204.
60. J. Warnod, *op. cit.*, p. 42.
61. G. Heard Hamilton, *Painting and sculpture in Europe 1880-1940*, Harmondsworth, Penguin Books, 1972, p. 142. (La primera edición de la obra es de 1967.)
62. *Exposición Nonell*, Academia de Bellas Artes de Sabadell, 1972.
63. Ll.-E. Bou i Gibert, "Les anades de Nonell a París", en *D'Art*, Barcelona, núm. 2, mayo de 1973, p. 3-19.
64. A. Cirici Pellicer, "Nonell tornat a mirar", en *Serra d'Or* (Abadía de Montserrat), num. 171 (5 de diciembre de 1973), p. 60-67.
65. Ph. Braff, "Nonell in Paris", en *Actas del XXIII Congreso Internacional de Historia del Arte (...), Granada 1973*, Universidad de Granada, 1978, vol. III, p. 343-355.
66. F. Fontbona, *La crisi del Modernisme artístic*, Curial, Barcelona, 1975, cap. 5. Esta misma posición la expuse en F. Fontbona y F. Miralles, *Del Modernisme al Noucentisme 1888-1917*, Història de l'Art Català, vol. VII, Barcelona, Edicions 62, 1985, p. 124-125.
67. J.A. Gaya Nuño, *Arte del siglo XX*, *Ars Hispaniae*, volumen 22, Madrid, Editorial Plus-Ultra, 1977, p. 104-110.
68. M. McCully, *Els Quatre Gats. Art in Barcelona around 1900*, The Art Museum Princeton University, 1978, p. 82-87.
69. H.H. Hofstätter, *Historia de la pintura modernista europea*, Barcelona, Blume, 1981, p. 243. Versión castellana, ampliada, del libro original de 1977.
70. M. Laclotte (dir.), *Petit Larousse de la peinture*, París, Larousse, 1979, vol. II, p. 1295.

derable,[70] similar a la concedida a contemporáneos suyos como Sargent, Stuck o Serusier.

En 1981 tuvo lugar una nueva exposición antológica de la obra de Nonell, la más importante celebrada hasta ahora, organizada por los Servicios de Cultura del Ayuntamiento de Barcelona, que sirvió para hacer una buena aproximación al necesario estado de la cuestión. Se expusieron doscientas veintiuna obras, entre pinturas y dibujos, y se elaboró una bibliografía muy completa. Tres años más tarde, Nonell estaba bien representado, con cuatro óleos importantes, en la exposición *50 ans d'art espagnol 1880-1936*, en la Galerie des Beaux-Arts de Burdeos.

En 1987, yo mismo publiqué una biografía relativamente breve de Nonell, que aparte de servir de síntesis manual sobre la figura y significación del artista se proponía aportar datos inéditos hasta entonces y algunos enfoques nuevos de determinados aspectos de su trayectoria;[71] era fruto de un seguimiento sistemático de parte importante de las fuentes periodísticas del arte catalán de la época.

Posiblemente el texto artístico internacional que más se ha referido a Nonell sea la biografía de Picasso de J. Richardson, que bajo una apariencia de tratado académico arropado con mucha documentación, es a menudo una recreación del personaje. Nonell es el único artista catalán de la época del biografiado que sale bien parado en el libro,[72] aunque el autor trata de desmentir, sin conseguirlo del todo, la influencia del Nonell de las gitanas sobre Picasso.[73] En cambio, el *Dictionnaire Picasso* de Pierre Daix, que dedica artículo propio a Nonell,[74] recoge la verosímil influencia del pintor catalán sobre Picasso, en lo relativo a la temática miserabilista y al concepto expresionista, aunque también vea influencias en el sentido contrario, es decir del joven Picasso sobre aquel Nonell líder de los pintores jóvenes catalanes.

En los últimos años una serie de exposiciones sobre modernismo catalán o sobre pintura española de fin de siglo han llevado obras de Nonell a Londres (1985), Lisboa y Estocolmo (1989), Japón (1990), Venecia (1991), Agen y Nancy (1994),[75] etc. Con motivo de estas exposiciones, en Italia se escribió: "Le opere di Mir e di Nonell vano invece ben al di là di una sia dignitosa sudditanza stilistica per giungere a risultati espressivi pienamente autonomi e originali",[76] y en Francia: "L'exposition réserve de belles surprises, comme les figures féminines d'Isidro Nonell (*La Juana*), d'une grande force d'expression".[77]

Llega un momento en que ya no se puede hablar de todos los libros, catálogos, exposiciones, etc. que se refieren a Nonell, y ese momento ya hace tiempo que se produjo. Ya hace años que un grupo artístico lleva su nombre, y una galería de arte de Barcelona también. Nonell ya se ha convertido, incluso para historiadores del arte españoles, en "el que en aquellos momentos era el artista más prometedor de la pintura catalana y de la pintura peninsular";[78] hasta en un diccionario tan ambicioso como el Grove hay un artículo bastante extenso dedicado a Nonell,[79] y es tan imprescindible en el panorama artístico del cambio de siglo que se ha convertido en un nombre omnipresente en la bibliografía; por eso mencionar más presencias suyas de las que ya se han convertido en "normales" sería reiterativo y contraproducente.

71. F. Fontbona, *Nonell*, 1987.

72. J. Richardson, *Picasso. Una biografía, Volumen I: 1881-1906*, Madrid, Alianza Editorial, 1991, p. 134-135. La edición original en inglés data de 1991.

73. Ibidem, p. 235.

74. P. Daix, *Dictionnaire Picasso*, París, Robert Laffont, 1995, p. 629.

75. *Homage to Barcelona*, Londres, Arts Council of Great Britain, 1985; *50 anos de pintura espanhola 1880-1930*, Lisboa, Fundação Calouste Gulbenkian, 1989; *Modernismen i Katalonien*, Kulturhuset, Estocolmo, Generalitat de Catalunya, 1989; *Mestres de la pintura catalana*, Tokio, Asahi Shimbun/Generalitat de Catalunya, 1990; *Da Gaudí a Picasso*, Venecia, Fondazione Giorgio Cini/Olivetti/Electa, septiembre-noviembre de 1991; *De Fortuny à Picasso, trente ans de peinture espagnole. 1874-1906*, París-Agen, Réunion des Musées Nationaux, 1994.

76. A. Andreolo, "I riflessi del Modernismo catalano", en *La Provincia*, 12 de septiembre de 1991.

77. J.-M. Charbonnier, "Des peintres en Espagne", en *Beaux-Arts Magazine*, enero de 1995.

78. V. Bozal, *Arte del siglo XX en España*, Madrid, Espasa Calpe, 1995, vol. I, p. 76. Bozal ya había prestado a Nonell una atención inusitada en un historiador no catalán desde, como mínimo, su obra *El realismo plástico en España de 1900 a 1936*, Madrid, Península, 1967.

79. *The Dictionary of Art*, Londres, Grove, Macmillan, 1996, vol. 23, p. 194-195 (el texto del mencionado artículo es mío).

Cecília Vidal Maynou

LOS DIBUJOS DE NONELL

(Aproximación a su técnica y procedimientos)

ISIDRE Nonell, a pesar de su breve existencia, tuvo tiempo de legarnos una magnífica obra, bastante numerosa, consistente y madura como para consolidar su fama de excelente pintor. Desde 1911, año en que murió, se ha llegado a escribir tanto sobre su obra que es difícil añadir nada nuevo. Todo el mundo conoce su valía como pintor y su trayectoria y obstinación en pintar temas que en aquel momento no estaban de moda; su apasionada capacidad de trabajo y sacrificio para luchar contra sus detractores, y, finalmente, después del rechazo inicial, su reconocimiento, justo antes de su muerte. No obstante, fue a través del dibujo como Nonell se dio a conocer y creó polémica. Sus primeros paisajes y pequeñas notas al óleo, a pesar de estar realizados en los suburbios de la ciudad,[1] no tuvieron el mismo impacto sobre la opinión pública que sus iniciales series de dibujos sobre cretinos, mendigos, repatriados y gitanas, técnica y procedimiento que hacia 1901 dejó en segundo término para dedicarse a la pintura, aunque si bien a partir de entonces los dibujos fueron menos numerosos, ganaron en fuerza y calidad.[2]

Afortunadamente, el Gabinete de Dibujos y Grabados (GDG) del MNAC tiene una muy buena representación de los dibujos de Nonell, concretamente ciento cincuenta piezas, cuya procedencia, como la mayoría de las obras que conforman sus fondos, se debe a legados, donaciones y adquisiciones.[3]

A través de sus dibujos nos damos cuenta de que, además de su arte indiscutible, Nonell tenía un gran dominio de la técnica y del procedimiento. Era habilidoso y detallista. Sensual, le fascinaba la materia, cualidad que pone al servicio de una poderosa fuerza expresiva que le permitió llevar a cabo lo que se proponía. En sus dibujos es donde mejor muestra la evolución de su obra y donde vemos la diferencia existente entre los primeros estudios y apuntes del natural, así como en la serie de los cretinos realizada en Boí, y los que siguió haciendo de memoria en Barcelona y en París sobre el mismo tema,[4] cuya realización se vio afectada, en buena parte, por la gran impresión que le causó a Nonell la obra de Toulouse-Lautrec, quien también se dedicó a reflejar el ambiente miserable de los burdeles y de la vida nocturna parisina. Y también es en sus dibujos donde se trasluce la admiración de nuestro artista por el arte japonés, muy en boga en la capital de Francia de aquella época.[5]

Si bien los temas con los que se inició, siempre dedicados a la cruda realidad, siguieron formando parte de su lenguaje pictórico,

1. Hacia 1894 Nonell junto con Ricard Canals, Ramon Pichot, Joaquim Mir, Adrià Gual, Juli Vallmitjana y otros compañeros formaron el grupo llamado la Colla del Safrà o de Sant Martí, porque ésta era la barriada adonde más a menudo iban a pintar.

2. "Ni en los momentos de más intensa embriaguez colorística el dibujante abandonará al pintor. Muy a menudo, sobre un trozo maravillosamente resuelto de materia y de tono, el pincel del dibujante mojado de negro puro, rectificaba implacable un contorno o una masa en desequilibrio". C. Capdevila, "L'Exposició Isidre Nonell", en *La Veu de Catalunya. Página artística*, Barcelona, 4 de marzo de 1922.

3. Los primeros cincuenta y cuatro dibujos de Nonell ingresados en el Museo fueron los que formaban parte de la magnífica colección Casellas, adquirida por la Junta de Museos en 1911. El 28 de febrero de 1914, la Associació Les Arts i Els Artistes, junto con Jaume Nonell, hermanastro de nuestro artista, donaban siete pinturas y veinte dibujos. Con la adquisición Plandiura llevada a cabo en 1932 se incorporaban trece dibujos más, que con los espléndidos veintisiete del legado Partagàs en 1945, los treinta y dos del legado Garriga i Roig en 1953, contando con cuatro ejemplares más, ingresados hacia los años sesenta, contribuyeron a formar una muy buena colección de la obra de Nonell, actualmente depositada en el Gabinete de Dibujos y Grabados del MNAC.

4. Nonell y Canals fueron a Boí, encargados de la administración y gestión del balneario que los familiares del escritor Juli Vallmitjana tenían arrendado. Nonell, impresionado por los tipos que ve en aquellos lugares, dibuja la primera serie dedicada al tema de los cretinos. Más tarde, en Barcelona y en París, irá repitiendo el tema.

5. Carta de Nonell a Casellas, París, 26 de febrero de 1898: "De los dibujantes, uno de los que más me ha interesado ha sido Lautrec. Lo que hace se resiente mucho del arte japonés, pero eso no es un defecto. Sus dibujos sin duda son los que tienen más carácter y los asuntos que escoge, casi insustanciales, causan mucha impresión, mucho más intensa que la que causan las obras de otros dibujantes que escogen asuntos de más sensación". Después, más adelante continúa: "He visto las estampas japonesas que hay en el Louvre, las del conde Camondo y las que hay en un Museo de cerca del Trocadero. Las primeras que vi fueron las del Louvre y enseguida me conquistaron. He ido viendo las otras y cada día ha sido mayor la admiración que por los japoneses he sentido. Eran verdaderos artistas y hablando de ellos uno no se acuerda de que existan Forain, Lautrec, Mucha, etc.". Correspondencia publicada por primera vez por Ll.-E. Bou i Gibert, "Les anades de Nonell a París", en *D'Art*, Barcelona, 1973, núm. 2, p. 3-19.

el talento, la disciplina y entrega vocacional de Nonell le llevaron en poco tiempo a una rápida evolución, que se hace evidente en los dibujos de última época y especialmente en los que realizó para la revista *Papitu*,[6] en los que ha desaparecido aquella rigidez en el trazo, fruto del realismo, preciso y recortado, en que se inició en el estudio del arte,[7] cualidad que muestran buena parte de los apuntes del natural de sus principios e incluso los dibujos de tema popular que aparecen en *La Vanguardia* hacia 1894. Para llegar, finalmente, a la magnífica realización de la serie de dibujos acuarelados con el tema de gitanas, que si bien conservan la cualidad de fuerza, tan característica de nuestro pintor, a partir de 1909-1910, sitúa el volumen con trazo suelto, insinuando más que concretando la forma, lo que llevó a decir a Ramon Reventós que el Nonell de la última época cuando dibujaba daba la impresión de acariciar el papel para encontrar la forma: "El lápiz corre como correría la mano sobre un cuerpo y no se alza. Va de la cara al vientre, del vientre a los hombros, de los hombros al pecho, de ahí a las piernas y a los muslos y otra vez a la cara, acabando por entretenerse, juguetón y un poco laso, en la cabellera".[8]

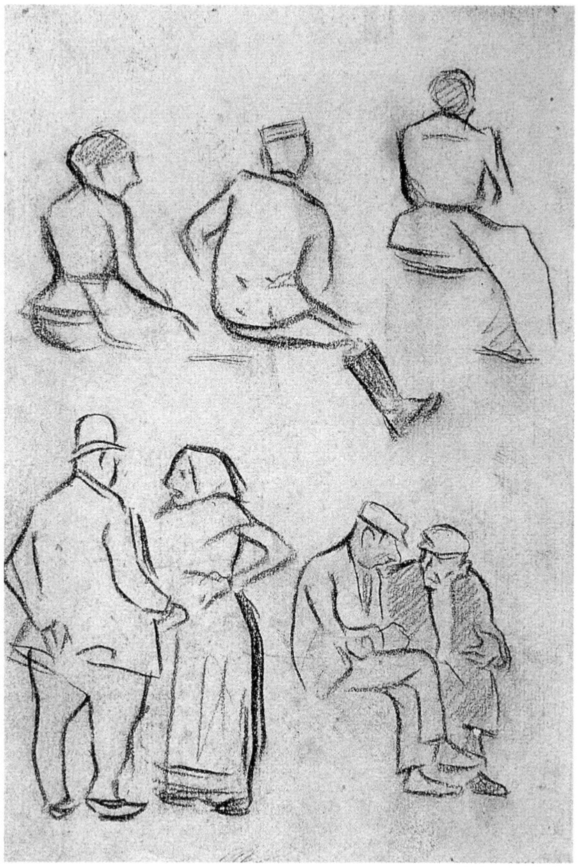

Cinco apuntes del natural

Sin embargo, sorprende el hecho de que nuestro artista, cuya fuerza parece que tenía que influir en ser más impetuoso a la hora de dibujar –salvo los apuntes del natural, que realizaba de manera rápida–, hiciera sus dibujos de manera minuciosa e incluso muy elaborada, pero sin perder su natural espontaneidad.[9]

Las técnicas empleadas por Nonell, que hoy en día llamamos mixtas, son, por la complejidad de los procedimientos que utilizaba, difíciles de determinar, dada su creatividad, que le hacía improvisar a medida que iba haciendo el dibujo.

DIBUJOS DE PRIMERA ÉPOCA

De los primerísimos dibujos de Nonell sólo tenemos referencias bibliográficas de quienes le conocieron. Se dice que aquel muchacho modesto, de grandes sentimientos, lleno de vida y de ilusiones, solitario, reflexivo y observador, tenía una habilidad especial para hacer caricaturas del rey y de los políticos de la época y que hacia mayo de 1892, junto con otros jóvenes compañeros con inquietudes artísticas, Nonell, con dieciocho años, expuso por primera vez sus dibujos en la Sala Parés.[10] Posiblemente estudios y apuntes del natural, temas que nuestro artista realizó especialmente entre 1892 y 1894, en los que captaba expresiones y actitudes de la gente que veía a diario por los alrededores de los mercados y las plazas de la vieja Barcelona (*Cinco apuntes del natural*; MNAC GDG/D 26869).

Entre los dibujos de esta primera época también encontramos una serie de ilustraciones, en las que si bien el tema ha sido vivido y se ha extraído del natural está más elaborado en cuanto a la composición y la realización. Nos referimos a los dibujos antes comentados que aparecieron

6. Nonell, con los seudónimos *Josué* y *Noé*, colaboró en la revista *Papitu* desde el sexto número, diciembre de 1908, hasta 1911, año de su muerte. En el Gabinete de Dibujos y Grabados del MNAC encontramos seis excelentes dibujos del total de cincuenta y cinco que se publicaron en sus páginas.

7. Nonell se inició en el mundo del arte con Josep Mirabent, quien representaba la naturaleza como la veía. Inscrito en la Academia de Martínez Altés poco después, sufrió la influencia de la estética del realismo naturalista; y finalmente la del modernismo impresionista de Graner, con quien descubrió y compartió la afinidad por los temas de gente humilde y marginada.

8. Ramon Reventós (Barcelona, 1881-1924), conocido como *Moni* o *El Traguito*, periodista y cuentista, considerado uno de los mejores humoristas de su época. En la recopilación de A. Plana (*L'obra d'Isidre Nonell*, Barcelona, Publicacions de La Revista, 1917, p. 89-93), bajo el enunciado "El pretendido humorismo de Nonell. El sensualismo de su obra", Ramon Reventós nos cuenta que, como dibujante, nunca había dado nadie la impresión de acariciar al modelo como Nonell.

en *La Vanguardia* entre 1894 y 1898,[11] con escenas populares tratadas con detalle y cuidadísima técnica. Esta manera de trabajar, la observación y el estudio del natural que después le sirven para posteriores composiciones, Nonell también la seguirá empleando en la serie de los cretinos.

Por los dibujos que se encuentran depositados en el GDG, pertenecientes a esta primerísima época, podemos ver que a la hora de dibujar Nonell utiliza normalmente el lápiz Conté y el carboncillo sobre papel tipo Barba o bien de bloc y más raramente papel tipo Canson. Los apuntes, esquematizados al máximo, están hechos con cuatro líneas, justas y precisas, que se superponen unas sobre otras para captar el movimiento. Ésta es básicamente su manera de trabajar que, con mucho más dominio y maestría, también utilizará en los apuntes del natural realizados por las calles de París.

En lo relativo al tratamiento de los dibujos aparecidos en esta época en *La Vanguardia* (ya hemos dicho que son composiciones realizadas a partir de los apuntes del natural) éstos están mucho más trabajados, sobre todo en cuanto a la valoración tonal. Al mismo tiempo el encaje, de trazo preciso y nervioso, se ve reforzado por numerosas líneas, gruesas unas y finas las otras, que se superponen a las primeras, que finalmente ajusta de un solo trazo sinuoso y continuado hasta encontrar la forma deseada.

Esta manera de hacer da vida y movilidad a las figuras, que sirviéndose del rayado a lápiz o del carboncillo, valora a base de manchas planas. Todos ellos están realizados con carboncillo y lápiz Conté sobre papel verjurado de tipo Ingres, y en muchos podemos ver cómo aprovecha el reverso de los papeles empleados en los estudios académicos realizados en la escuela (véase cat. núm. 2).

Desgraciadamente, muchos de estos dibujos presentan partes amarillentas debido al fijador utilizado por Nonell, que, tal como se acostumbraba entonces entre los artistas, se hacía él mismo con alcohol y pez griega (colofonia). Cabe decir que Nonell fijaba cuidadosamente sus dibujos para evitar que se borraran y que esta tarea la hacía muy bien y con gran pulcritud, teniendo en cuenta que en aquella época se tenía que llevar a cabo soplando a través de un vaporizador de lata, por lo que era fácil que se produjeran manchas del mismo fijador o de saliva sobre el dibujo. También hemos podido comprobar que era muy diestro en reintegrar el soporte de los dibujos, si se producían desgarrones o manchas, restauraciones que precisan un detenido análisis para percibirlas, ya que a primera vista pasan inadvertidas.

A finales de esta primera etapa ya podemos ver las primeras obras con fondos vaporizados con aguatinta o acuarela, sobre las que dibuja con tinta china o lápiz Conté, obras en las que a veces da un ligero y único toque de color.

Algunos de estos fondos vaporizados han sido realizados mediante reservas, técnica utilizada por Ramon Casas en muchos de los fondos de su magnífica colección de retratos y que también podemos ver en la obra de Toulouse-Lautrec, procedimiento muy extendido entre otros artistas de la época, tanto españoles como franceses.

Esta técnica, que él llegó a dominar y que requiere paciencia, habilidad y pulcritud, la seguirá utilizando, combinada con otros procedimientos, en la conocida serie de los cretinos, logrando a menudo unos magníficos resultados que contribuyen al enriquecimiento de la pieza.

9. "Nonell era consciente de estos dos momentos de la actividad estética. Él mismo no se creía que era un simple técnico aunque la técnica le entusiasmara extraordinariamente". F. Elias, "Situació d'en Nonell en la Pintura Moderna", en A. Plana (ed.), *L'obra d'Isidre Nonell*, Barcelona, Publicacions de La Revista, 1917, p. 115.

10. Según Raimon Casellas, desde las páginas de *La Vanguardia* (21 de abril de 1892, p. 4), "bocetitos impresionistas [...] en extremo borrosos". F. Fontbona, *Nonell*, Barcelona, Nou Art Thor, 1987, p. 6 (Gent Nostra, 51).

11. En el GDG, procedentes de la colección Casellas, se guardan siete dibujos del total de los diez que aparecieron en *La Vanguardia*, el primero con fecha 8 de septiembre de 1894 y el último con fecha 1 de enero de 1897. Otros dibujos de Nonell también fueron publicados en el *Almanach de L'Esquella de la Torratxa* en 1895, en *La Barcelona Cómica* en 1897, en *El Madrid Cómico* en 1898, en *Luz* desde diciembre de 1898, en *Els Quatre Gats* en 1899 y en *Pèl & Ploma* en 1902-1903.

LAS SERIES DE LOS 'CRETINOS'

En la mencionada serie de dibujos dedicada a los cretinos, asunto que de hecho le da, si no la fama, sí el renombre, pues el tema, por desagradable e insólito, tuvo un gran impacto sobre la opinión pública, se deben establecer dos etapas. La primera la de los dibujos, o mejor dicho apuntes del natural o de memoria, realizados en el mismo Boí, de temas y situaciones, vividas o conocidas a través de narraciones que reflejan de manera cruda y primaria un mundo muy cercano al esperpéntico teatro de Valle-Inclán. Estos primeros dibujos hechos en Boí, fuertes de contenido, son al mismo tiempo fuertes y endurecidos de línea y de composición compacta.

La segunda serie de cretinos es la realizada en París y en Barcelona.[12] En esta segunda etapa, aunque el tema sigue dentro de este submundo, la forma, el arabesco, lo que él más admira de Toulouse-Lautrec –la decoración, sin hacer uso del adorno y de la caligrafía–[13] así como un punto más o menos japonizante, se hace evidente en unos dibujos que si bien continúan con sus clásicos fondos vaporizados, poco a poco alcanzan una depuradísima composición, que podemos calificar de más elegante y refinada, más estética (véase cat. núm. 9).

El color de tonos profundos armoniza y contrasta con el claroscuro de la composición. Los negros son aterciopelados, cálidos.

Además, aquí inicia el barnizado del dibujo, lo que le confiere una calidad y textura indefinible, donde el color queda como impregnado de oro, lo que dará pie, a medida que va experimentando y perfeccionando la técnica, al procedimiento que se ha venido denominando *fregit* ("frito").

El papel utilizado en casi toda esta serie de dibujos acostumbra a ser de tipo continuo, satinado, o de grano muy fino, uno de los papeles más sencillos que se encuentran en el mercado.

LOS 'FREGITS'

A finales de 1898, Nonell expuso en Els Quatre Gats una serie de dibujos con el tema de los repatriados, obras que aquel mismo año llevó al Salón Vollard de París.

En una crítica aparecida en el *Diario de Barcelona*, hablando de esta exposición, se menciona por primera vez la especial técnica utilizada por Nonell a la que más tarde se llamará *fregit*: "Estos trabajos han sido hechos por un procedimiento peculiar del Sr. Nonell, una especie de pintura al óleo sobre papel, en la que producen muy agradable efecto las transparencias betuminosas".[14]

Con motivo de la misma exposición, al comentarla, el resto de la prensa menciona también los dibujos acuarelados y barnizados como si se tratara de pinturas al óleo. Utrillo, bajo el seudónimo de *A. L. de Barán*, desde las páginas de la revista *Luz* nos habla de "dibujos realzados con los refinados 'trucs' en que es maestro nuestro amigo, y otros en embrión, tal cual salen de su observación, antes de recibir la benéfica lluvia de puntitos y los pases de tintas hechos, cual si fueran altas experiencias de medioevales (¡qué palabreja!) alquimistas. Porque Nonell, conoce

12. A. Plana dice: "Mientras está en Caldes, como si la misma fuerza de la impresión detuviera el estallido, Nonell no dibuja mucho. Esboza en hojas de papel dispersas. Será después en Barcelona y en su estancia en París cuando lentamente irá evocando las imágenes vivas en el recuerdo y producirá aquella serie de dibujos coloreados que le proporcionarán el primer triunfo de la exposición que hará en las Galeries Dosbourg". A. Plana, *L'obra d'Isidre Nonell*, Publicacions de La Revista, Barcelona, 1917, p. 37.

13. Carta de Nonell a Casellas, París, 26 de febrero de 1898: "Es de los dibujantes que más comprenden la decoración sin usar el adorno y la caligrafía que el empalagoso de Mucha gasta hasta cansar". Correspondencia publicada por primera vez por Ll.-E. Bou en "Les anades de Nonell a París", en *D'Art*, Barcelona, 1973, núm. 2, p. 3-9.

14. *Diario de Barcelona*, Barcelona, 21 de diciembre de 1898, p. 13.

la prima, la segunda y la tercera, en el arte de presentar las cosas; sus dibujos son suficientemente justos y llenos de sabor, para pasarse de oropeles, mas ¡cuánto ganan con las sustanciales tintas que los apoyan y las visiones de las penumbras que suelta sobre el papel en artístico é inteligente rocío!– un dibujo de Nonell, pintado y barnizado, tiene más jugo artístico que diez galerías de la buena sociedad...".[15]

Alfred Opisso desde *La Vanguardia,*[16] entre elogios a su obra, comenta también "...su factura es refinada, de dibujo seguro, y con esa fuerza expresiva que revela en un artista la plena posesión de sus medios [...]. La técnica es, seguramente, muy especial, química; hay trozos de pastel, trozos de acuarela [...] y se diría que por debajo de esta ha extendido el artista colores grasos que comunican a la obra un vigor sorprendente [...]. Y aún añadiríamos en la personalísima pátina con que reviste sus dibujos, convirtiéndolos como en una especie de estampas ahumadas, a veces, y otras veces en enormes camafeos".

En 1901, tres años más tarde, J. Brull, desde las páginas de *Joventut,*[17] en las que, de manera sarcástica y punzante, comenta la obra de Nonell, hace referencia al tema de la técnica, explicando la visita que junto con su amigo Añés hizo a la exposición que Nonell celebró en París,[18] dice: "Unos parecían imitación de papel de estraza; otros ostentaban unos chispeados al estilo de los que hacen los pintores de paredes en las alcobas, exactamente como dibujos picados por las moscas. Se veía que la primera cualidad o condición de aquellos dibujos era que parecieran viejos; más que dibujos, parecían muestras de papeles de pasadas centurias. Mi amigo y yo los mirábamos embobados, como si miráramos un trabajo hecho por medio de la química".

Mucho más tarde, incluso Eugeni d'Ors en el prólogo del libro *L'obra d'Isidre Nonell* también hará un comentario referente a la mencionada técnica: "Fue la hora de sus negros dibujos de cretinos; cada acuarela ahumada, cada guache frito".[19]

Varias anécdotas explican el origen de esta personalísima técnica empleada por Nonell y utilizada también por Picasso con quien nuestro pintor, en Barcelona, según nos cuenta Carles Soldevila,[20] compartió el taller situado en la calle de Les Donzelles. Se dice que un día que no tenían nada para comer, haciendo broma, frieron un dibujo y que el resultado de este hecho casual les hizo ver las posibilidades de aplicar ese procedimiento con el que lograron unos magníficos resultados.

Aunque como anécdota es divertida, no creemos que en la realidad fueran así las cosas, pues en los diversos dibujos que se consideran *fregits* y que hemos tenido ocasión de ver y estudiar, pese a presentar un alto grado de acidez producida por el barniz final, no parece que hayan sido sometidos a altas temperaturas, dado que el papel es un material fácilmente inflamable, y ninguno de ellos presenta ninguna mancha ni rastro de aceite.

Para comparar el inicial y atento examen organoléptico y llegar a conocer con más profundidad cuál es la técnica que utilizaba Nonell, hemos realizado varias muestras, empleando los materiales que entonces había en el mercado y que los artistas, por su formación, sabían manipular, con más o menos buenos resultados. Eso ha implicado alguna dificultad, dado que actualmente muchos de los productos que antes se podían encontrar en el mercado hoy en día son difíciles de localizar.

15. A. L. de Barán (Miquel Utrillo), "Arte Nuevo. Isidro Nonell", en *Luz*, Barcelona, 2ª semana de diciembre de 1898, núm. 9.

16. A. Opisso, "Arte y Artistas Catalanes", Barcelona, 18 de enero de 1897 (Biblioteca La Vanguardia).

17. J. Brull, "Notes D'art", en *Joventut*, Barcelona, 24 de enero de 1901, año II, 50, 24.
Joan Brull i Vinyoles (Barcelona, 1863-1912), artista y pintor modernista y delicuescente, tenía a su cargo la sección de crítica artística de la revista *Joventut*. Nonell no sentía simpatía por Brull ni respeto por su obra. No es extraño que Brull a su vez le pagara, cuando podía, con la misma moneda. Según cuenta Francesc Pujols en el libro que le hizo Bladé Desumvila, *Francesc Pujols per ell mateix*, en una exposición de Brull en la que también estaba Nonell se hizo el comentario de que la pintura de Brull estaba como realizada con el ojo de Monet, a lo que Nonell cáustico replicó: "con el ojo del c... de Monet querrá decir".

18. En abril de 1899, Nonell expuso en el entresuelo de las Galeries Vollard de París, propiedad del marchante de arte Ambroise Vollard (Isla de Reunión 1866-París 1939) instalado hacia 1890 en la calle de los Apeninos de Montmartre. En 1893 se trasladó primero al número 39 y después al 41 de la calle de Lafitte, donde tuvo la tienda y la vivienda hasta 1901, año en que se trasladó al número 6 de los Boulevars. Vollard fue un encarnizado defensor de los impresionistas, en especial de Cezanne, rechazado en aquella época por todo el mundo.

19. Prólogo de Eugeni d'Ors en A. Plana (ed.), *L'obra d'Isidre Nonell*, Barcelona, 1917, p. 12, Publicacions de La Revista.

20. C. Soldevila, *Figures de Catalunya*, Barcelona, 1955, Ed. Aedos.

Pero, desgraciadamente, después de muchas pruebas aún no se ha podido determinar de manera exacta cuáles eran los materiales y la técnica utilizada por Nonell en lo que todo el mundo llama *fregit*. Tan sólo podemos, eso sí, hacer suposiciones y dar nuestra opinión, ya que es tan personal y viva su "manera" de realizar los dibujos que es dificilísimo desvelar su misterio.

Dos son los dibujos que podemos considerar realizados con esta técnica que hemos podido estudiar detenidamente. En cuanto al titulado *Rezo de una infeliz* (véase cat. núm. 18), hemos observado que el color es lo primero que Nonell sitúa sobre el papel. El rostro, los vestidos y parte del fondo está acuarelado con tintas planas que se superponen unas a las otras y dan riqueza cromática al conjunto. El resto del fondo parece haber sido restregado con lápiz graso (litográfico), lo que le da misterio y profundidad. Finalmente aparecen las líneas hechas con lápiz Conté y a pluma con tinta china, que dibujan el contorno de la figura, tema principal de la composición. Para acabar, después de unos toques puntuales de color, con el barnizado final del dibujo. Lo que no ha sido posible es saber si la composición química del barniz, que le confiere aquella especial atmósfera dorada, íntima y cálida de la que ya hemos hablado antes, fue hecha con una solución de ámbar o bien era del tipo llamado *flatting* a base de resina dammar.

En lo relativo a *El repatriado* (véase cat. núm. 19), cabe decir que la técnica de esta obra es mucho más compleja. Después de un atento análisis, nos atrevemos a dar nuestro parecer, si bien somos conscientes de que eso supone el peligro de equivocarnos; no obstante, pensamos que es importante aportar opiniones para desmitificar el tema de los *fregits* de Nonell, puesto que lo que sí es seguro es que ninguno de estos dibujos tenidos por tales fue sumergido en aceite ni pasó por sartén alguna.

En esta obra, vemos que las líneas que dibujan la figura del repatriado son finísimas y al mismo tiempo tienen un ligero relieve e incluso pequeños grumos, más visibles en algunos tramos de línea. El fondo presenta una veladura que en la parte superior e inferior de la composición también ofrece un ligero y uniforme granulado. El color, que parece formar parte del mismo fondo, queda resaltado por el dorado del barniz.

Lo que es evidente es que las líneas que dibujan la figura parecen hechas a pluma, aunque la tinta china debería ser mucho más espesa o bien de tipo graso, como la tinta litográfica, para dar el relieve que tienen. Tanto por su finura como por su textura, también podrían haber sido hechas mediante un procedimiento, que pese a necesitar del dibujo, es una técnica calcográfica. Nos referimos a la punta seca. Esta técnica, variante del buril, es una de las más antiguas de las empleadas en calcografía, y la mas sencilla de todas, ya que no necesita resinas ni ácidos. El procedimiento consiste en dibujar con un punzón sobre la plancha de cobre o de zinc. El surco que deja el rayado del punzón se llena después con tinta grasa, se limpia el resto de la plancha, sobre la que se pueden dejar veladuras con tinta negra o de colores,[21] y finalmente se pasa por un rodillo, de esta manera la tinta es traspasada al papel. Después de eso Nonell aún trabajó encima, retocando, reforzando hasta darlo por acabado con el barnizado final. Esta técnica es la única que puede explicar la finura y al mismo tiempo el relieve de todas y cada una de las líneas del dibujo.

Por otra parte, por la textura que presenta el fondo –un ligero granulado– tal como hemos

21. El entintado a la *poupée* consiste en dar toques con tintas de colores sobre la plancha de grabado, lo que hace que, aun siendo muy parecidas, ninguna prueba quede exactamente igual.

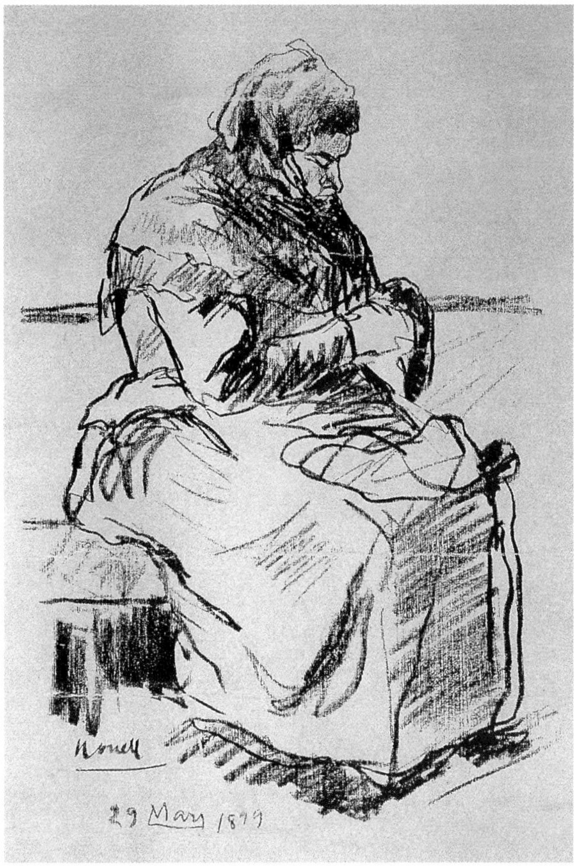

Mujer sentada en un banco, 1899

dicho antes, también nos lleva a pensar que podría tratarse de un grabado al "azúcar", otra variante calcográfica que da relieve. Sin dejar de lado la posibilidad –teniendo en cuenta que esta manera de trabajar de Nonell aparece durante su primera estancia en París– de que también utilizara la llamada por los franceses técnica de *camaïeu*, técnica calcográfica que consiste en grabar dos planchas, una para el color o valores medios y otra para el negro, tiraje que empieza por los valores o colores más claros y acaba por la estampación del negro, con lo que se consiguen unas calidades mucho más pictóricas.

Hay que decir que muchos de sus dibujos acuarelados, como los cat. núm. 45 y 46, incluso nos han hecho pensar en la posibilidad de combinar el dibujo a pluma con la técnica del monotipo hecha con acuarelas.[22]

Por otra parte, en toda su obra sólo conocemos una única litografía, *Mujer sentada en un banco* (MNAC GDG/G 5914), fechada el 29 de marzo de 1899,[23] pero cuesta creer que aunque no se dedicara plenamente a esta técnica, por dificultades en el tiraje de pruebas y sobre todo porque el arabesco del dibujo sin la calidez del color no fuera de su gusto, no se le conozca ninguna otra obra ni prueba litográfica, a pesar de que en el ángulo izquierdo del margen de la lámina de esta única prueba hay una anotación manuscrita en francés, también litografiada, donde dice: "Tiré á 12 epreuves" y dos palabras más ilegibles. También ignoramos si en la exposición colectiva organizada por Les Arts i Els Artistes, celebrada en 1911, entre las obras de Nonell, que figuraron allí a modo de homenaje póstumo, habría expuesta alguna litografía.[24] De todas formas, en algunas de sus obras parece como si Nonell utilizara también el lápiz graso, usado normalmente en esta técnica, e incluso podemos aventurar que en algunas de estas obras podría haber intervenido la litografía, previo coloreado de su soporte, rectificadas y retocadas finalmente por medio del dibujo.

DIBUJOS DE ÚLTIMA ÉPOCA

Son los realizados de 1908 a 1910, y sin duda lo mejor de la producción de nuestro artista. Entre otros, encontramos estudios de desnudos, paisajes, mendigos, pero de entre todos ellos cabe destacar la magnífica serie de las gitanas, uno de los temas más típicos en la obra de Nonell.

La línea llena de fuerza da vida al color que, como siempre, es lo primero que Nonell sitúa en el papel, pero a partir de ahora el lápiz Conté, siempre presente en cada uno de sus dibujos, dará paso a las sanguinas y a los bistres de textura grasa (¿lápiz litográfico o litografía?), que endulzarán en parte el dramatismo del tema, junto con los toques de acuarela de tonos verdes, azules y rosados, limpísimos, que esparce magistralmente con fluidez, color sin rastro de pinceladas, como surgido del fondo de la pulpa del papel. De hecho Nonell continúa utilizando la misma técnica y procedimiento, pero ahora su arte está en plenitud y sus dibujos respiran más vida que nunca,

22. La técnica del "monotipo" aplicada a las artes consiste en pintar al óleo o a la acuarela encima de una plancha o un cristal sobre el que se deposita el papel que, al ser presionado, queda impreso con la pintura. Después el artista acaba de dibujar y de rehacer la composición. Esta técnica sólo permite hacer una única prueba.

23. *Mujer vieja sentada en el parque* (MNAC GDG/G 5914) figuró en la *Exposición Nonell* organizada por la Junta de Museos de Barcelona, celebrada en el Palacio de la Virreina en noviembre de 1962, cat. núm. 174, p. 46.

24. F. Fontbona cita esta exposición que se celebró en el Faianç Català del 25 de febrero al 12 de marzo de 1911. Desconocemos si las catorce obras de Nonell que se presentaron eran dibujos o grabados. F. Fontbona, *Nonell*, Barcelona, Nou Art Thor (Gent Nostra, 51), 1987, p. 44.

las líneas son seguras, hechas con la fuerza de la inspiración; en uno de estos dibujos, *Gitana de pie* (véase cat. núm. 59), podemos ver que la madera del lápiz, gastada ya su punta, ha dejado marcada su huella en el papel, porque el artista llevado por la pasión creadora ni se ha dado cuenta de que necesitaba sacarle punta.

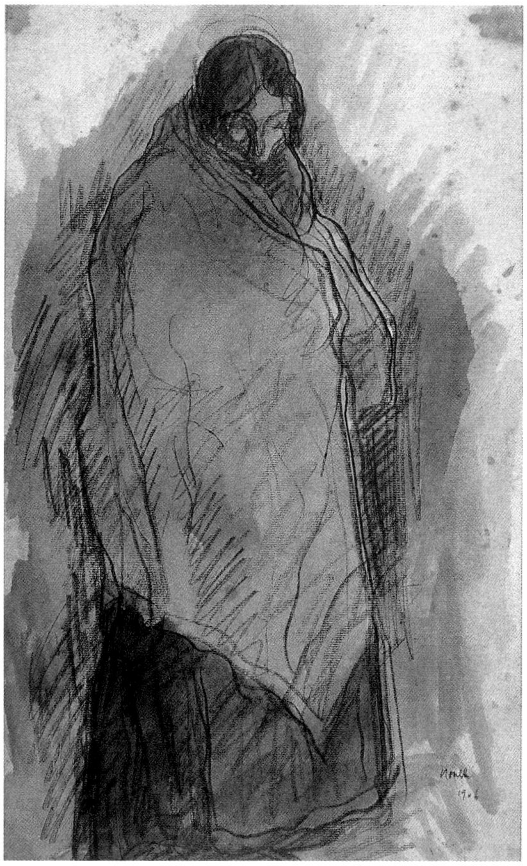

Gitana de pie, 1906

LOS DIBUJOS DE 'PAPITU'

La época en que Nonell colaboró en la revista *Papitu* es sin duda la mejor que vivió en el ámbito personal. En la redacción de esta revista encontró artistas de categoría, tanto humana como intelectual, compañeros con quien hablar un mismo lenguaje, pero, sobre todo, encontró amigos incondicionales. Allí su arte fue sinceramente respetado y admirado. Nonell, siempre retraído, finalmente vivió una época más gratificante que endulzó un poco su carácter, lo que le permitió hacer unos dibujos de carácter caricaturesco sensacionales. Este reconocimiento le dio confianza y se mostró más abierto. Incluso en *Papitu* salieron publicadas tres o cuatro breves prosas escritas por él que firmó con las iniciales "I. N." y el apellido Monturiol.[25]

Fueron los redactores de *Papitu* quienes impulsaron y comentaron elogiosamente la exposición de nuestro artista celebrada en el Faianç Català en enero de 1910 y lo calificaron del mayor virtuoso del color que haya visto nuestra época,[26] contribuyendo así a la valoración de su obra. Y también fueron ellos los que más tarde, después de la prematura muerte de Nonell, desde la Associació Les Arts i Els Artistes, formada por la mayoría de los redactores y colaboradores de la revista, tuvieron la iniciativa de donar sus obras al Museo.

Feliu Elias, gran conocedor del arte, entusiasmado con su pintura, dice con motivo de esta primera y exitosa exposición del Faianç Català: "Después de Nonell se tendrá que pintar en serio". Y añade: "los bodegones de Nonell son pintura de museo; todo lo que este elegido produce durante esta última época es pintura pura, obras definitivas que nosotros guardaremos como el Evangelio, por su enseñanza, por la delectación que proporcionan, por orgullo nacional".[27]

Ciertamente, la obra de Nonell está en su plenitud, por eso sus dibujos de cariz caricaturesco, género considerado menor, están llenos de fuerza, gracia y belleza. En los dibujos *La epidemia* (GDG/D 41495) y *Tipo caricaturesco* (GDG/D 41378), pertenecientes al Museu Nacional d'Art de Catalunya, nos encontramos ante unas magníficas piezas tanto por su color como por su dibujo. El color como siempre está delimitado y trabajado por las líneas de tinta china que dibujan las figuras, también hay los típicos toques finales de color, que en este caso están hechos con guache blanco y no siempre para tapar errores, sino para dar más atmósfera y relieve a la escena. Estas piezas, más que dibujos, se pueden considerar pequeñas notas de pintura. El papel de los dibujos a pincel o a pluma y tinta china es de tipo Ingres. Cuando utiliza el color lo hace

25. I. N. Monturiol, "Epigrama", en *Papitu*, Barcelona, 14 de septiembre de 1910, p. 589, año II, núm. 6.
26. "A Isidre Nonell y Monturiol / La Casa", en *Papitu*, Barcelona, 26 de enero de 1910, p. 55 y 56, año II, núm. 61.
27. F. Elias, "Situació d'en Nonell en la pintura Moderna", en A. Plana (ed.), *L'obra d'Isidre Nonell*, Barcelona, Publicacions de La Revista, 1917, p. 132.

La epidemia, 1909

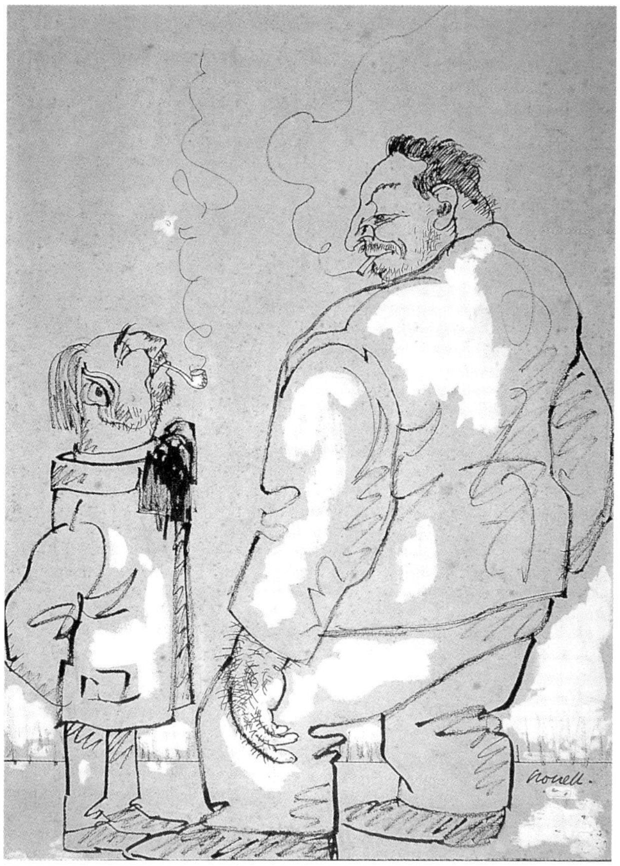

Tipo caricaturesco, 1910

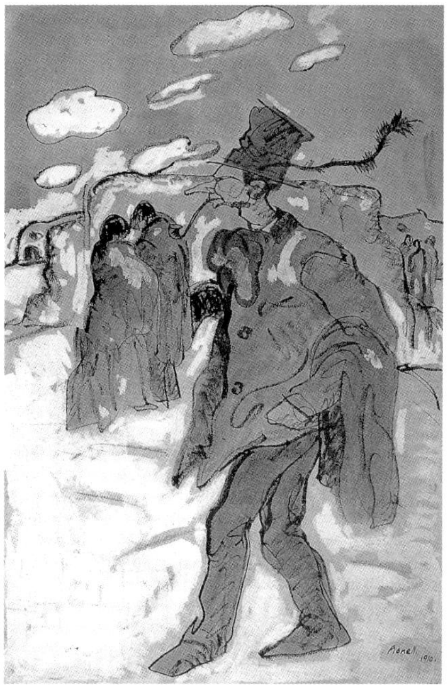

siempre sobre papel de tipo Canson, que por su grosor y textura es el más resistente y adecuado para los procedimientos al agua.

La manera de dibujar de Nonell, las técnicas y los materiales que usó en sus dibujos, es lo que de manera resumida hemos intentado averiguar, a pesar de que el tiempo nos ha limitado el análisis y no hemos podido profundizar como habría sido nuestro deseo en un tema que nos apasiona.

No obstante, querríamos que este intento de aproximación a una vertiente poco estudiada de la obra de Nonell pudiera interesar y hasta propiciar el inicio de una serie de estudios e investigaciones[28] que mediante las novísimas tecnologías de química orgánica aplicada al papel, actualmente a nuestro alcance, nos podrían proporcionar un mayor conocimiento de los elementos que constituyen los productos que intervienen en las personalísimas técnicas y procedimientos magistralmente aplicados por Nonell, sin duda uno de los más grandes pintores catalanes del primer tercio del siglo xx.

28. A raíz de este estudio los departamentos de restauración (especialidad papel) y el de conservación preventiva del MNAC han iniciado el pertinente análisis de pruebas, trabajo de larga duración y no pocas dificultades, que por su gran interés deseamos que tenga un gran éxito.

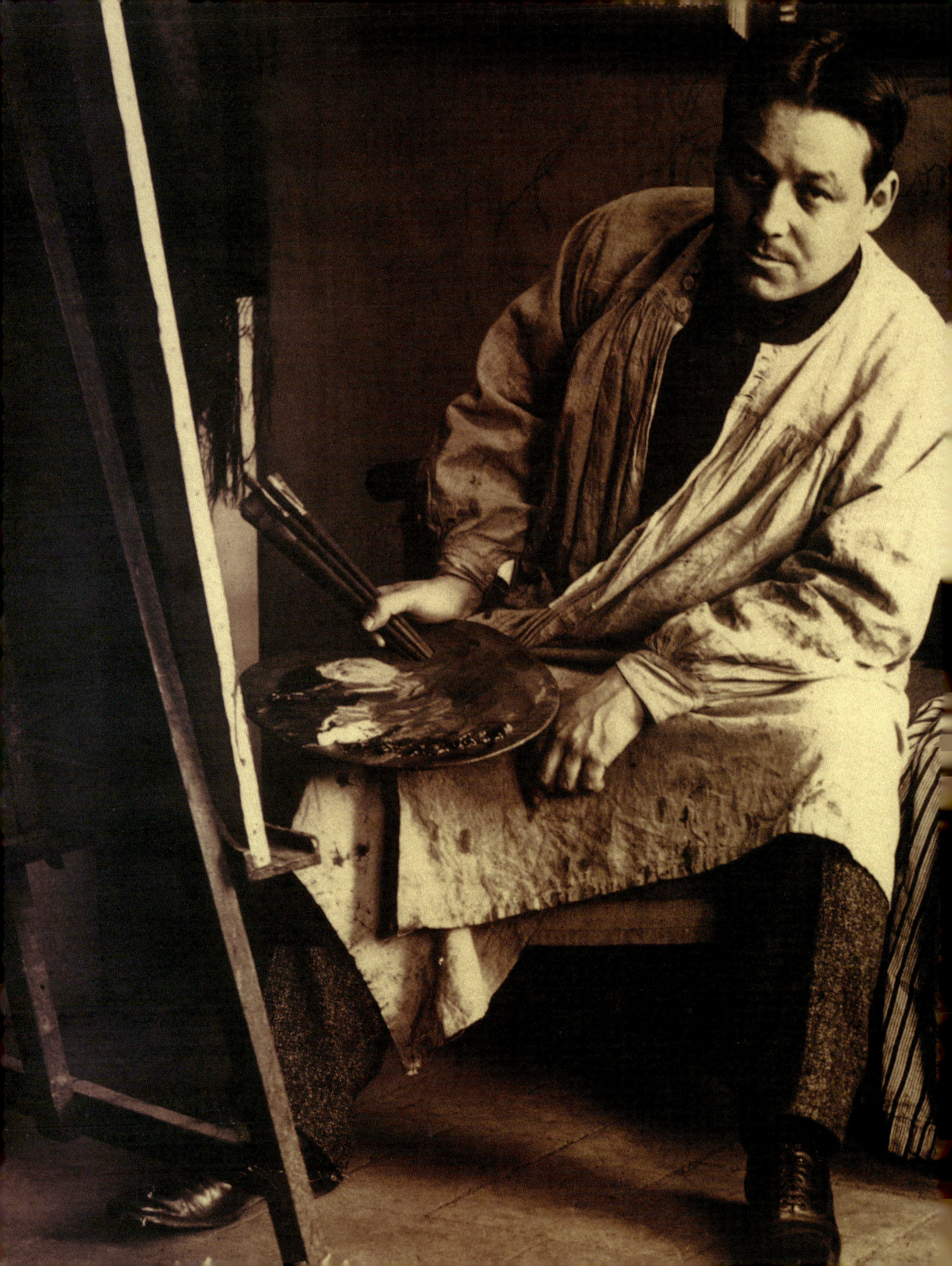

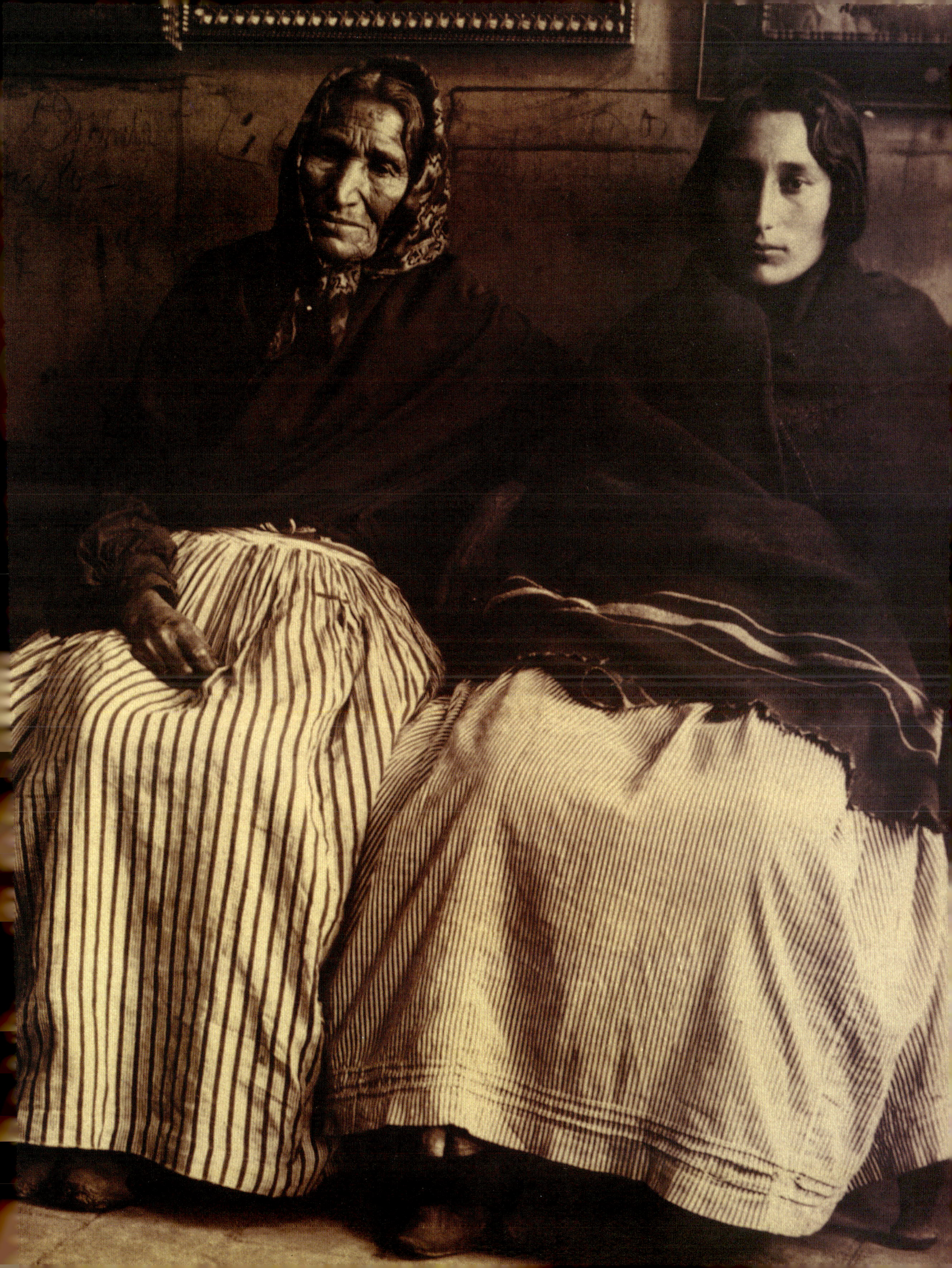

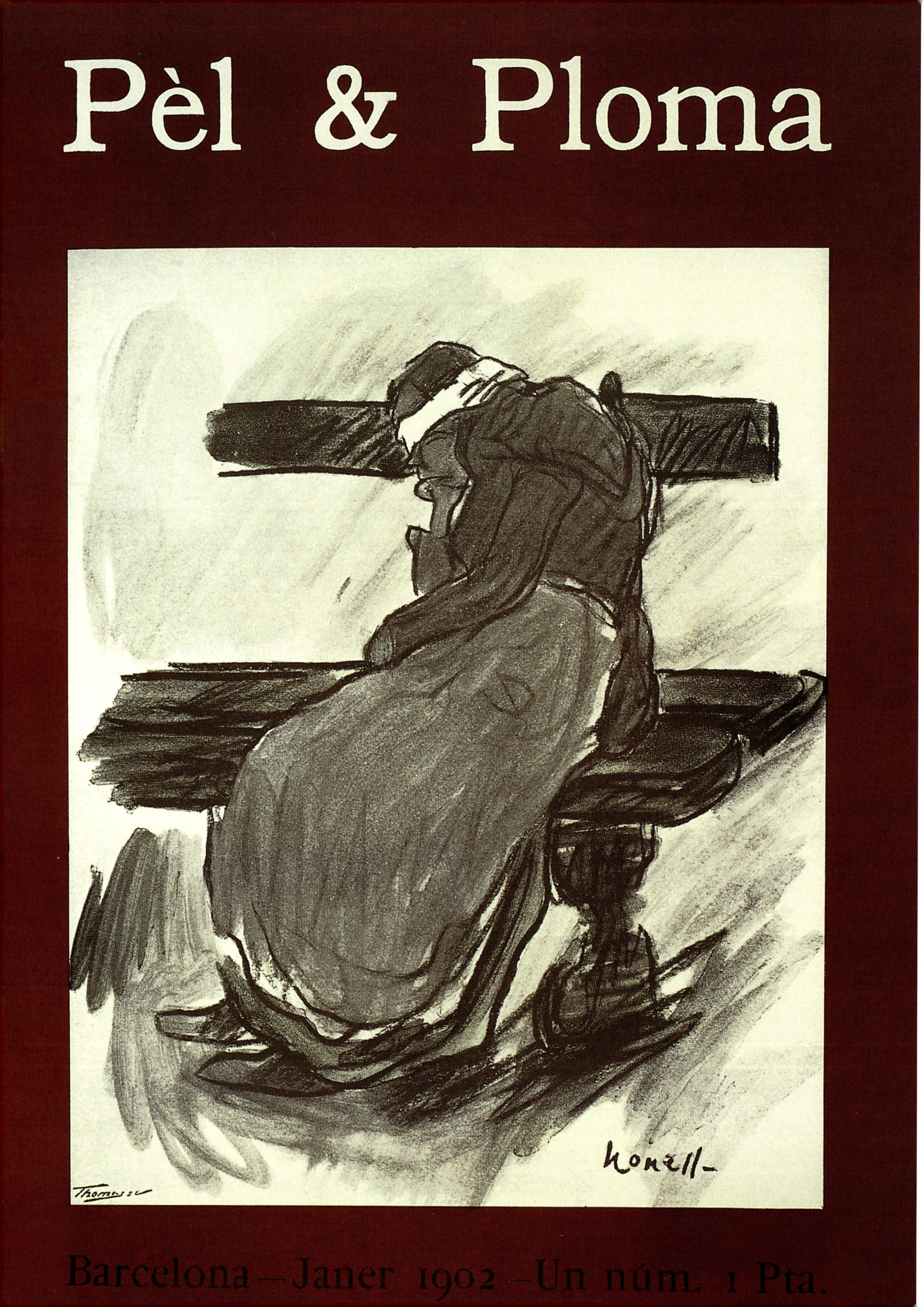

Cubierta de *Pèl & Ploma*, 1902

LA MUERTE DE ISIDRE NONELL

Eugeni d'Ors

"Al pintor de lo horrible, Isidro Nonell." *

AQUEL día la púrpura del ocaso se extendió sobre la púrpura del incendio. Ardía en llamas la Ciudad.— Era la primer jornada de la gran revolución, el despertar de los olvidados por las revoluciones pretéritas y dejados por todas en su abyección irremediable.— Era el terrible desbordamiento de la canalla, de los miserables, de los escupidos por la ley, de los ineptos y vencidos en la lucha por la vida, de los desechos de la humanidad, de los detritus de la máquina social, del lodo infecto de las cloacas ciudadanas; de los consumidos por la herencia de todas las enfermedades, de todos los vicios y de todas las degeneraciones; de los aniquilados por los trabajos vilísimos y comidos de miseria; de los muertos de hambre, de los muertos de envidia y rencores; de los errantes sin familia ni patria, de los vagabundos y salta-ríos y pordioseros; de las razas proscritas, roídos los cuerpos por la suciedad, las cabezas por los piojos, incubando en los cerebros raquíticos la ponzoña de los desprecios; de los que se guarecen en agujeros troglodíticos; de las almas obscuras fulguradas por la ferocidad; de los cuerpos nacidos en el fango, que se revuelcan en el fango y en el fango revientan; de los golfos, de las rameras, de las alcahuetas, de los idiotas y locos y ladrones y asesinos de oficio; de toda la carne del burdel, del presidio y de la horca.— Todos, en aquel abismo, habían vivido secularmente abyectos. Mas no tenían conciencia de todo lo miserable de su estado. Un gran engaño los hacía vivir. Se creían hermosos. Las mujeres, con vanidosa ilusión, se miraban en los espejos y sonreían á la propia imagen. Los hombres también se veían galanes y nobles y encontraban guapas á sus hembras y amorosos se adormecían entre sus brazos, olvidando en ellos el amargor de las hieles de su existencia. Muchas madres contemplaban á sus hijos, aquellas criaturas encanijadas y enfermas, marcadas por todas las degradaciones, repugnantes de porquería, deformadas por la precocidad en el trabajo y en el vicio, como á espejos de cielo y príncipes de soberana lindeza...— Y he aquí que un dia finó terriblemente el engaño. Un artista, en punzante revelación, copiándolos, exhibiéndolos nudamente, con aguda crueldad de lineas, con brutalidad implacable de colores, había roto el prestigio, haciéndoles ver con abrumadora evidencia la profundidad del abismo de su abyección. Se hizo en ellos una luz dolorosa. Comprendieron todos cuán fea, y baja, é irremediable era la miseria que les tenía prisioneros entre sus garras.— Y empezó entonces la era terrible de la gran desesperación. Como en los terrores milenarios los hombres enloquecieron. Se habían visto; habían claramente comprendido cómo eran. Ahora se repugnaban entre si, los unos á los otros. Y cada uno se repugnaba á sí mismo. Los hombres ya no buscaban amorosos los brazos de las mujeres. Los padres sentían violentamente deseos espantosos de estrangular á sus hijos, viéndolos tan feos y sucios y podridos y miserables. Náuseas supremas les removían las entrañas al encontrarse frente por frente, al penetrar

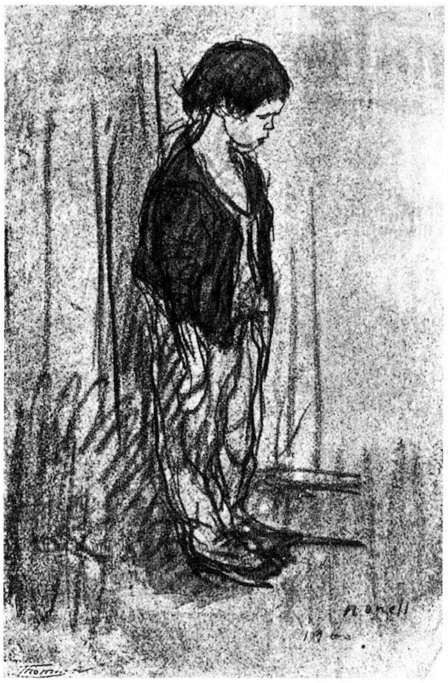

* Publicado originalmente en catalán e ilustrado con estos mismos dibujos en *Pèl & Ploma* (Barcelona, enero de 1902, vol. III, p. 248-253), este artículo abría, con el añadido de esta dedicatoria, el libro *La muerte de Isidro Nonell seguida de otras arbitrariedades y de la Oración a Madona Blanca María* (Madrid, Ediciones El Banquete, 1905), en traducción al castellano de Enrique Díez-Canedo.

en sus viviendas sórdidas, al emprender sus viles trabajos de cada día. No trabajaron. Dejaron también de robar y mendigar. Vino el hambre. La desesperación se hizo más negra y más loca. Una rabia de fiera, un formidable rencor, los ganó á todos. Y á la vez cayeron todos en una especie de delirio; en un furioso delirio; en un delirio que les hacía ver rojo, que les encendía la carne, haciendo que en las largas noches febriles las mujeres frenéticamente añorasen los abrazos de machos hermosos, y dando á los hombres monstruosos deseos de entrar en las alcobas opulentas, y morder pieles de raso, y violar á las duquesas blancas extendidas en sus grandes lechos de olor; un delirio que les agitaba con la necesidad imperiosa de actos de violencia, de carnaje, de saqueo; de destruir todas las cosas débiles creadas por la opulencia ó el refinamiento ó el arte; de prender fuego á los edificios y llevar por todas partes devastación y muerte; de estrangular, de aplastar cabezas, de arrancar lenguas y hundir ojos, y bañar las manos deformes en el sangriento rescoldo de las entrañas abiertas; un delirio que hizo que un día, sin razón, sin motivo, sin pretexto, sin que la noche anterior nadie pudiese sospecharlo, reventase espantosamente aquel volcán. Y cuando murió este día, ardió en llamas la Ciudad, y la púrpura del ocaso se extendió sobre la púrpura del incendio.

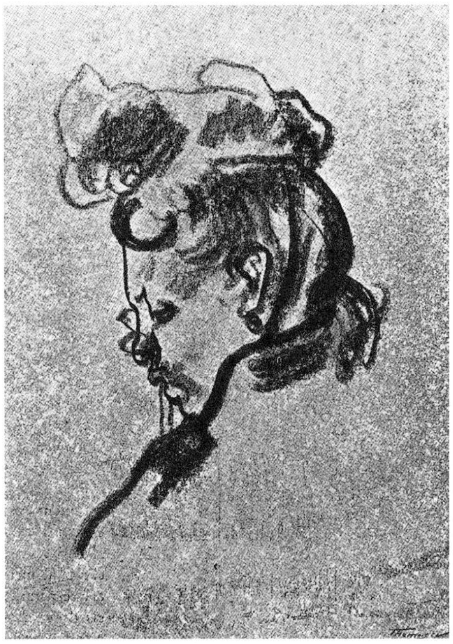

Toda la canalla tomó parte en la gran revuelta. No se sabía qué omnipotente querer del Diablo, conjuraba, reunía y abocaba á la ciudad á los miserables de todas las miserias. Los cretinos de las negras hondonadas, con sus gordas testas de galápagos, sus paperas, su innoble caminar de ánades; los vagabundos de los caminos que duermen bajo los puentes de las carreteras y al raso en los bosques; las tribus trashumantes acompañadas de sus bestias polvorientas y estúpidas; los salta-ríos y ladrones de camino que se esconden en las tinieblas y súbitamente caen sobre los viandantes; los errantes mendigos á los que ladran todos los perros, y que musitan maldiciones al anochecer, amenazando con el puño á los cortijos; los hombres extraños, privados de habla, que vagan perdidos por los montes, dejando oir una zampoña ó el tintinear de una campanilla; los idiotas bosqueños, lujuriosos como micos, terror de las campesinas; los peregrinos que saben oraciones y á los que la epilepsia convulsiona en las romerías ó á la puerta de las iglesias; los paralíticos doblados en un carretón, que imploran piedad con un canturreo monótono; las viejas brujas de sonreir siniestro, á quienes la chiquillería apedrea; los pordioseros con sus llagas, con sus deformidades, con exhibiciones horribles de monstruosidades lastimosas; los trogloditas que, cerca de las poblaciones, viven en cuevas prehistóricas; las sombras negras que por la noche recogen todo lo que durante el día escupen las ciudades, disputando encarnizadamente su botín á los perros y gatos hambrientos; los que en las invernales noches duermen al sereno, tendidos en los rincones más recatados y sombríos; los que hacen cola esperando las sobras de los ranchos cuartelarios; los degenerados, incapaces de toda labor, que arrastran su pereza desde los roñosos cafés cantantes hasta los burdeles hediondos; los que viven en perpetua agonía, consumidos por las faenas que matan; las *xinxas*[1] deformadas por el trabajo, apestando á aceite hasta los huesos, riendo estúpidamente con la gran boca desdentada; y todos los habitadores de los barrios negros de la grandes ciudades en que los horrores se acumulan; y todo el ejército del vicio miserable, y todo el ejército del crimen, y todos los presidiarios de los presidios, y todos los locos furiosos de las loquerías... Todos formaron en la revuelta, todos se entregaron monstruosamente á la carnicería, á la matanza, al saqueo, á la violación, á la devastación, al incendio, á la orgía de todas las ferocidades; todos se sumaron en espantoso torrente, entre rugidos, entre aullidos, en un pavoroso caer de catarata, con una especie de canto ensordecedor, que, tejido de blasfemias y de gritos de odio, de gritos de venganza, de gritos de lujuria, de gritos salvajes de triunfo, de roncar de bestia satisfecha, entre el hundimiento apocalíptico de toda la ciudad, parecía la estrafalaria *alleluia* del Sábado Santo de los miserables.

1. Ínfimas trabajadoras de fábrica.

Fatigada, si no ahíta, de incendio y destrucción y carnaje, la canalla salíase ya de la ciudad, esparciéndose por los campos cercanos cuando acaeció algo espantoso. La multitud notó súbitamente que, sentado en una de las piedra del camino, había un hombre, un joven, que con descuidada tranquilidad, como si aquella catástrofe fuese tan sólo un interesante espectáculo, como si detrás de él no floreciesen las llamaradas del incendio colosal, ni bramase en torno suyo el pavoroso desbordamiento de todas las pasiones destructoras, seguía con ojo curiosamente observador las escenas más horribles, los tipos más repugnantes, la expresiones que el rencor, el odio, la crueldad satisfecha, la lujuria harta, la loca borrachera del triunfo imprimían en los semblantes, y rápidamente lo dibujaba todo. No se sabe cómo corrió en un momento la voz de quién era aquel hombre; tal vez algún antiguo modelo le reconoció; ó mejor, acaso el ejército inmenso de miserables, con la terrible infalibilidad del instinto, adivinase en él al gran responsable, al revelador cruel en cuyas obras habían ellos aprendido cuánto era baja y repugnante y sin remedio su fealdad, al ladrón que les había robado para siempre sus consuelos, al asesino de la última ilusión que les hacía vivir...— Y la idea de una gran justicia inflamó de nuevo á aquellas fieras.

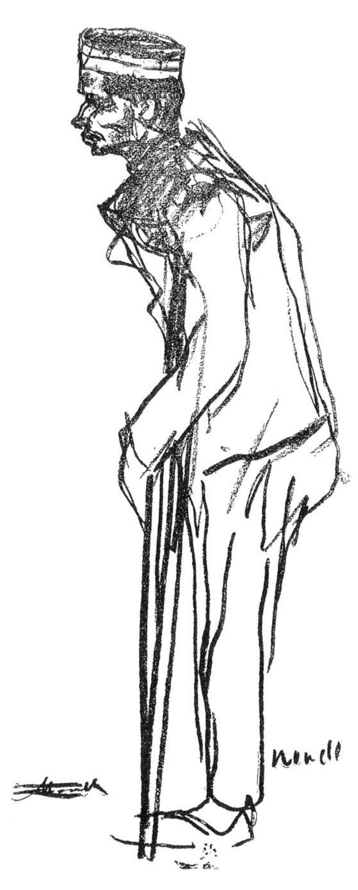

La furia de destruir renació, brutalmente dominadora. Primero fué un ondear de mar en tormenta en que todos se apartaron un instante del artista para caer en seguida violentamente encima de él; y después fueron los puños al nivel de la cabeza, los empujones bárbaros, las voces roncas, vomitando insultos y reniegos y escarnios, los salivazos lanzados por bocas llenas de veneno, en medio del rostro que se volvía lívido, mientras en una mueca de angustia final, los ojos, desmesuradamente se agrandaban, y tres veces, tres veces se abría la boca sin que de ella saliese palabra ni son; después uñas de fiera arañaron las carnes, y las manos nerviosas de las mujeres, en delirio, arrancaron los cabellos y se ensañaron en las blancuras de la cara, y los dientes de bestias voraces mordieron brazos y piernas, y la fuerza de todo el odio y todo el rencor pesó sobre la espalda, echó el cuerpo de rodillas, lo aplastó contra el suelo; y el cráneo se quebró en las piedras, y todo el torrente humano cayó á la vez y aplastó el pecho, y los huesos crujieron horrorosamente, y mil manos férreas abarcaron el cuello y lo oprimieron y lo estrecharon, hasta que la lengua salió, horrible, y los ojos saltaron de las órbitas; y así, muerto, destrozado, quedó tendido en tierra el gran responsable, mientras el cielo siniestramente se vestía de fuego, y un vendaval furioso torcía los árboles desnudos de la carretera y hacía subir altísimas las llamaradas del incendio de la Ciudad... Reinó un instante el silencio. Se había cumplido la gran justicia.

Pero aún vinieron más horrores. Otra vez renació la furia. Rebramó la tormenta. Un hombre cogió el cuerpo muerto y lo lanzó al aire como un pelele entre una carcajada estúpidamente triunfal; otros le amarraron una cuerda al cuello. Y empezó la carrera furiosa, arrastrándolo, volviendo á la ciudad, pasando y repasando por las mismas vías, que ya la noche había llenado de tienieblas, empujandose los unos á los otros, y aplastándose en los lugares estrechos, destrozándose y cayendo y levantándose y pasando sobre los caídos y hollando los muertos de la matanza del día, entre las ruínas, entre las hogueras, entre las casas en que se agitaban aún las llamas de los incendios, que se contraían como en negras muecas de desvarío y ruidosamente se hundían; entre las canciones que la alegría salvaje había hecho nacer en el fondo de las gargantas deshechas, con rugidos y con aullidos, con vocinglear estridente de hierros, de latas y de trompas, de monstruosas músicas, como en Carnestolendas diabólico, en infernal procesión terrible y grotesca. Apedreaban unos el cuerpo del artista; otros, con sus palos, lo golpeaban; otros le escupían aún, una y otra vez, y otra, y siempre. Una mujer, una vieja, una furia, larga y seca, toda desnuda, toda descabellada, los ojos saliendo de las cuencas, espumeante la boca, tambaleándose al caminar y tropezando y cayendo á cada instante cuan larga era, había hecho presa, arrancándola del brazo, de la mano, de la mano del artista, de la mano culpable, de la que con implacable habilidad había copiado tantas fealdades y tantos horrores, y la golpeaba y la insultaba con voz ronca y la lanzaba al aire y la recogía otra vez y la escupía y la mordía á boca llena y la restregaba frenéticamente por los rincones innobles de su cuerpo lleno de inmundicia... Y siguió, siguió la carrera furiosa, sin parada, sin cansancia, tiempo y tiempo, á través de la Ciudad que ardía.

Al fin se encontraron otra vez á campo raso. Era una llanura negra y desolada. A lo lejos la circuían fangosos pantanos. Aquí y allí, árboles solitarios y negros se levantaban como patíbulos. Inmensa nube cárdena cubría toda la extensión del cielo, dejando no más, por donde había muerto el sol, una franja de encendida sangre que reflejaban los negros pantanos. Había amainado el viento. Sólo en la lejanía, se le oía silbar, arrastrándose por los bosques. El clamoreo de la muchedumbre fue decreciendo tambien; se perdió en la amplitud del espacio, se apagó y murió en el silencio. Las oleadas de aquel mar se hicieron más anchas y más lentas. Los movimientos de todos tornáronse pausados y llenos de laxitud. Dijérase que cumplían ritos solemnes. Callados y fieramente sombríos, avanzaron hasta el borde de un precipicio, por cuyo fondo corría la menguada corriente de un río infecto; en él desembocaban las cloacas y pozos negros de la ciudad. La muchedumbre se desplegó, extendiéndose por la orilla; todas las miradas, expectantes, se fijaron en el lugar en que estaba el cuerpo del artista. Un momento de angustiosa quietud. Cuatro hombres le rodearon, silenciosos, quitáronle poco á poco la cuerda del cuello, lo hicieron oscilar un instante y lo lanzaron; y el cuerpo, que ya no era más que un montón informe de carne y sangre y lodo, volteó por el aire y fue pesadamente á caer en la negra corriente inmunda, que con crasa lentitud avanzaba hacia el mar.

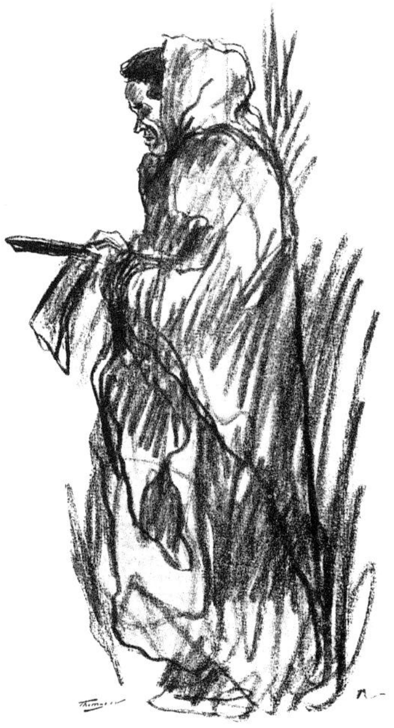

Entonces, con inmenso aullido de bestial alegría, aquella multitud de fieras sintióse como libertada. Y buscó cada uno frenéticamente la propia imagen. Y corrieron los unos á las márgenes de los pantanos, en donde fenecía siniestramente la última luz de la tarde; y los otros se arrebataron los trozos de espejo, botín de los palacios entregados al pillaje... Y, como si con la sangre del artista fuese lavada la abyección; como si con la muerte del gran responsable quedasen libertados, de una vez para siempre, de las garras innobles de la fealdad; como si hubiesen matado el veneno, por haber muerto á la víbora, temblorosos, anhelantes, se espejaron, y, á la luz dudosa del ocaso sangriento, todos, todos los hombres se vieron galanes y nobles, y las mujeres todas –las miserables, las viejas, las deformes, las cretinas, las imbéciles, las locas, las brujas, las gitanas, las traperas, las basureras, las mendigas, las *xinxas*, las rameras, las alcahuetas, las borrachas, las leprosas, las podridas– sonrieron con orgullo, sintiéndose toda el alma y toda la sensualidad súbitamente inflamadas al beso de una embriagante ilusión que les hacía encontrarse hermosas.

CATÁLOGO

1. *Arenys de Mar*, 1891

Óleo sobre lienzo
27 x 47 cm
Firmado y fechado "I-Nonell-/Arenys de Mar 91"
en el ángulo inferior derecho
Colección Solanic-Martorell, Barcelona

EXPOSICIONES: *Exposición Isidro Nonell, conmemorativa del L Aniversario de la muerte del artista*, Barcelona, Palacio de la Virreina, noviembre de 1962. • *Nonell*, Barcelona, Palacio de la Virreina, 16 de junio-31 de agosto de 1981; Madrid, Casa del Monte de Piedad, octubre-noviembre de 1981.

BIBLIOGRAFÍA: BENET, R., *Isidro Nonell y su época*, Barcelona, Iberia, 1947, fig. IV. • *Exposición Isidro Nonell, conmemorativa del L Aniversario de la muerte del artista*, Barcelona, Junta de Museos, 1962, p. 29, cat. núm. 1. • NONELL, C., *Isidro Nonell, su vida y su obra*, Madrid, Dossat, 1963, p. 199, cat. s/n. • JARDÍ, E., *Nonell*, Barcelona, Polígrafa [1969], p. 302, cat. núm. 3, fig. 3, p. 12-13; 1984, p. 260, cat. núm. 3, fig. 3, p. 12-13. • FONTBONA, F., *La crisi del modernisme artístic*, Barcelona, Curial, 1975, p. 106. • *Nonell*, Barcelona, Ayuntamiento de Barcelona, 1981, p. 31, cat. núm. 1, fig. 7, p. 65; • Madrid, Caja de Ahorros y Monte de Piedad de Madrid/Ministerio de Cultura/Ayuntamiento de Barcelona, 1981, p. 31, cat. núm. 1, fig. 1, p. 64. • FONTBONA, F., *Nonell*, Barcelona, Nou Art Thor, 1987, p. 6 (Gent Nostra).

Arenys de Mar es una de las primeras obras fechadas que se conoce del artista; la pintó durante una de sus estancias en Arenys de Mar, localidad de donde procedía su familia paterna. Su abuelo, Isidre Nonell, había nacido en Mataró, pero se estableció en Arenys donde se casó con Maria Torrent. Dos de sus hijos, Isidre y Francesc, siguieron el oficio familiar de semolero, pero el primero, padre del futuro pintor, se trasladó a Barcelona, donde tuvo un negocio de pastas de sopa. Es muy probable, pues, que el futuro artista en su infancia y juventud se trasladase con cierta frecuencia a aquella población para visitar a sus abuelos.

Los primeros óleos que se conocen de Nonell –*El patio*, obra de 1890, que había pertenecido a los Museos de Barcelona y que desapareció durante la guerra civil española, y este paisaje de Arenys–, muestran el interés que en aquel momento tenía por representar su entorno cotidiano. En *El patio*, seguramente el de su casa, con macetas y ropa tendida, nos ofrece una visión naturalista y sensible de la realidad en la línea de las obras de tematica similar a las pintadas por Rusiñol en París en 1889 y 1890 y expuestas en la Sala Parés este último año. En *Arenys de Mar*, en cambio, opta por una pintura más libre, cercana a la realizada por los *macchiaioli* italianos, en la que el color tiene un papel predominante que preludia la vertiente colorista de su pintura posterior. Seguramente data de la misma época otro estudio de una playa –*Marina* (antigua colección Sala)– de características muy similares a la obra que comentamos.

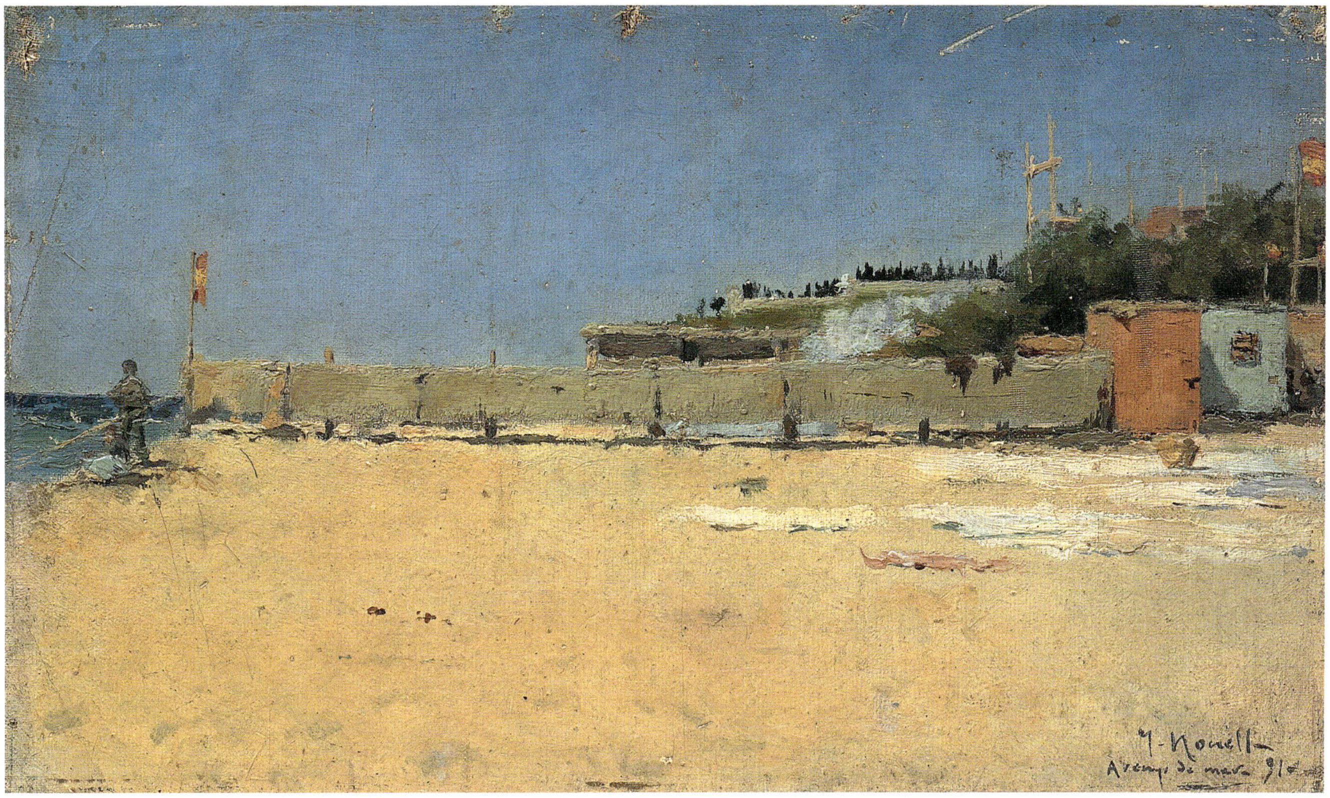

2. *En los puestos de carne de la Boquería*, 1894

Carbón
28,9 x 21,5 cm
Firmado "I nonell" en el ángulo inferior derecho. No fechado
Adquisición Casellas, 1911
Gabinete de Dibujos y Grabados del MNAC, Barcelona
MNAC/GDG 26863

EXPOSICIONES: *Dibuixos de Nonell*, Barcelona, Salón de La Vanguardia, octubre de 1896. • *Nonell*, Barcelona, Palacio de la Virreina, 16 de junio-31 de agosto de 1981. • *La colección Raimon Casellas. Dibuixos i gravats del barroc al modernisme del Museu Nacional d'Art de Catalunya*, Barcelona, Museu Nacional d'Art de Catalunya, 28 de julio-10 de septiembre de 1992; *La colección Raimon Casellas. Dibujos y estampas del barroco al modernismo del Museu Nacional d'Art de Catalunya*, Madrid, Museo del Prado, enero-abril de 1993.

BIBLIOGRAFÍA: "Tipos populares barceloneses", en *La Vanguardia*, Barcelona, 8 de septiembre de 1894. • NONELL, C., *Isidro Nonell, su vida y su obra*, Madrid, Dossat, 1963, p. 281, cat. s/n. • JARDÍ, E., *Nonell*, Barcelona, Polígrafa [1969], p. 318, cat. núm. 197, fig. 197, p. 288; 1984, p. 264, cat. núm. 281, fig. 281, p. 245. • *Nonell*, Barcelona, Ayuntamiento de Barcelona, 1981, p. 43, cat. núm. 82, fig. 82, p. 92. • MENDOZA, C., "Isidre Nonell i Monturiol", en *La colección Raimon Casellas. Dibuixos i gravats del barroc al modernisme del Museu Nacional d'Art de Catalunya*, Barcelona, Museu Nacional d'Art de Catalunya, p. 226, cat. núm. 201, fig.; "Isidre Nonell i Monturiol", en *La colección Raimon Casellas. Dibujos y estampas del barroco al modernismo del Museu Nacional d'Art de Catalunya*, Museo del Prado, 1993, p. 226, cat. núm. 201, fig.

En 1894 Nonell empieza a publicar dibujos en la prensa barcelonesa, concretamente en *La Vanguardia*. De hecho lo seguirá haciendo, en distintos diarios y revistas, a lo largo de toda su vida. Seguramente fue Raimon Casellas quien le propuso la publicación de estos primeros dibujos en *La Vanguardia*, ya que fue el crítico de arte de este diario durante el período de 1892-1898. Hay que reconocer que para este joven artista, entonces aún poco conocido, la aparición de sus obras en las páginas de un diario tan prestigioso era de suma importancia. Los seis dibujos publicados durante este mismo año son eminentemente descriptivos y tienen en cierto modo una imposición temática, ya que debían ilustrar un apartado titulado "Tipos populares de Barcelona". Reproducen, pues, personajes ambientados en mercados o vendedores ambulantes, hechos con trazo rápido y seguro, y un tono caricaturesco no exento de amabilidad. A pesar de que no aparece aún en estos dibujos la verdadera personalidad artística del pintor, se puede percibir ya sus dotes para esta técnica que no abandonaría nunca y con la que realizaría una parte muy importante de su producción.

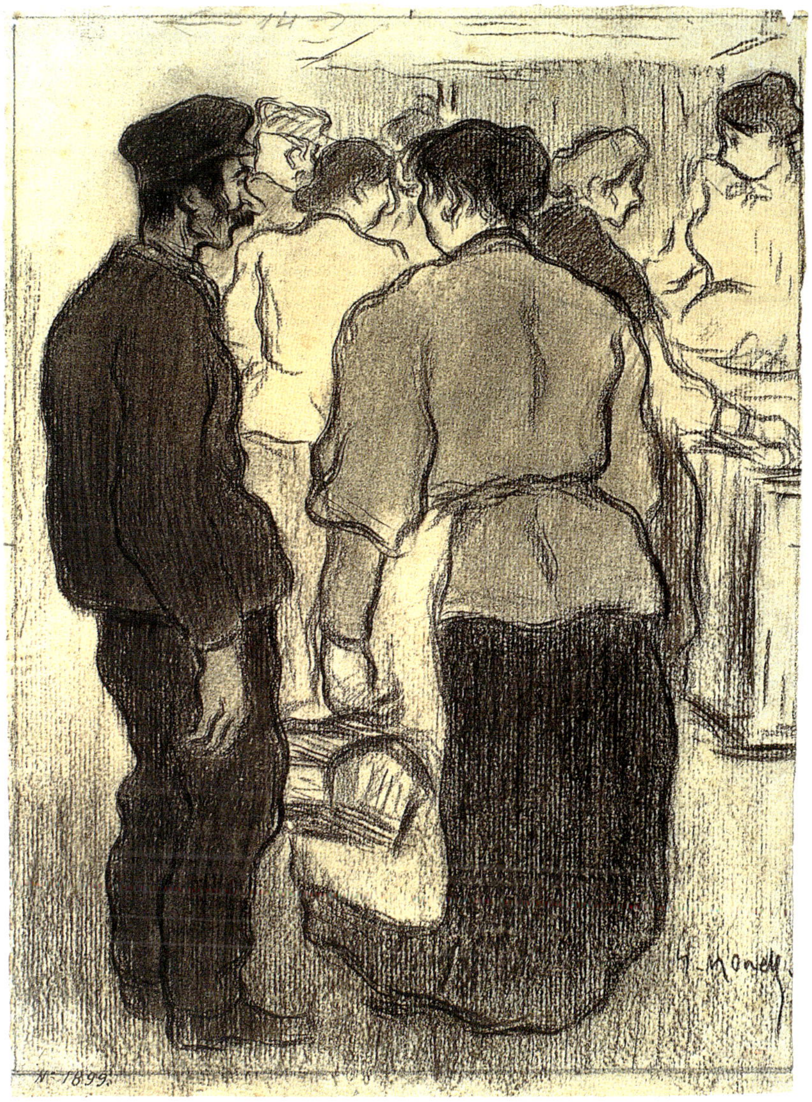

3. *Gentecilla de barrio*, 1894

Carbón y lápiz Conté
25,7 x 22,8 cm
Firmado "I. nonell" en el ángulo inferior derecho. No fechado
Adquisición Casellas, 1911
Gabinete de Dibujos y Grabados del MNAC, Barcelona
MNAC/GDG 26864

EXPOSICIONES: *Dibuixos de Nonell*, Barcelona, Salón de La Vanguardia, octubre de 1896. • *Nonell*, Barcelona, Palacio de la Virreina, 16 de junio-31 de agosto de 1981; Madrid, Casa del Monte de Piedad, octubre-noviembre de 1981. • *La colección Raimon Casellas. Dibuixos i gravats del barroc al modernisme del Museu Nacional d'Art de Catalunya*, Barcelona, Museu Nacional d'Art de Catalunya, 28 de julio-10 de septiembre de 1992; *La colección Raimon Casellas. Dibujos y estampas del barroco al modernismo del Museu Nacional d'Art de Catalunya*, Madrid, Museo del Prado, enero-abril de 1993.

BIBLIOGRAFÍA: "Escenas populares de Barcelona", en *La Vanguardia*, Barcelona, 28 de septiembre de 1894. • *Dibujos y Apuntes*, Barcelona, La Vanguardia, s/a, fig. • JARDÍ, E., *Nonell*, Barcelona, Polígrafa [1969], p. 318, cat. núm. 199, fig., p 288; 1984, p. 264, cat. núm. 283, fig. 283, p. 245. • *Nonell*, Barcelona, Ayuntamiento de Barcelona, 1981, p. 43, cat. núm. 84, fig. 84, p. 92; Madrid, Caja de Ahorros y Monte de Piedad de Madrid/Ministerio de Cultura/Ayuntamiento de Barcelona, 1981, p. 43, cat. núm. 78, fig. 78, p. 89. • MENDOZA, C., "Isidre Nonell i Monturiol", en *La colección Raimon Casellas. Dibuixos i gravats del barroc al modernisme del Museu Nacional d'Art de Catalunya*, Barcelona, Museu Nacional d'Art de Catalunya, p. 226, cat. núm. 202, fig.; "Isidre Nonell i Monturiol", en *La colección Raimon Casellas. Dibujos y estampas del barroco al modernismo del Museu Nacional d'Art de Catalunya*, Madrid, Museo del Prado, 1993, p. 226, cat. núm. 202, fig.

En la misma línea que los otros dibujos publicados en *La Vanguardia*, Nonell no se limita a presentar una escena popular con numerosos personajes y, por lo tanto, sin objetivo temático muy preciso, sino que se complace en seleccionar pocos personajes en una actividad muy concreta que atrae, sin distracciones, la mirada del espectador. Estas dos mujeres conversando forman parte de los personajes de las clases humildes y pintorescas propios de les ciudades populares e industriales que representó en los dibujos de este período. No aparecen todavía la crueldad y la profunda miseria que se manifestará más adelante en su producción y que se convertirán en una obsesión.

Cabe reseñar también que en su vertiente de dibujante, la influencia más evidente que recibió en esta época fue la de Steinlen, cuyas obras conocía a través de las ilustraciones que de este artista se publicaban en revistas extranjeras, algunas de las cuales se podían adquirir fácilmente en Barcelona.

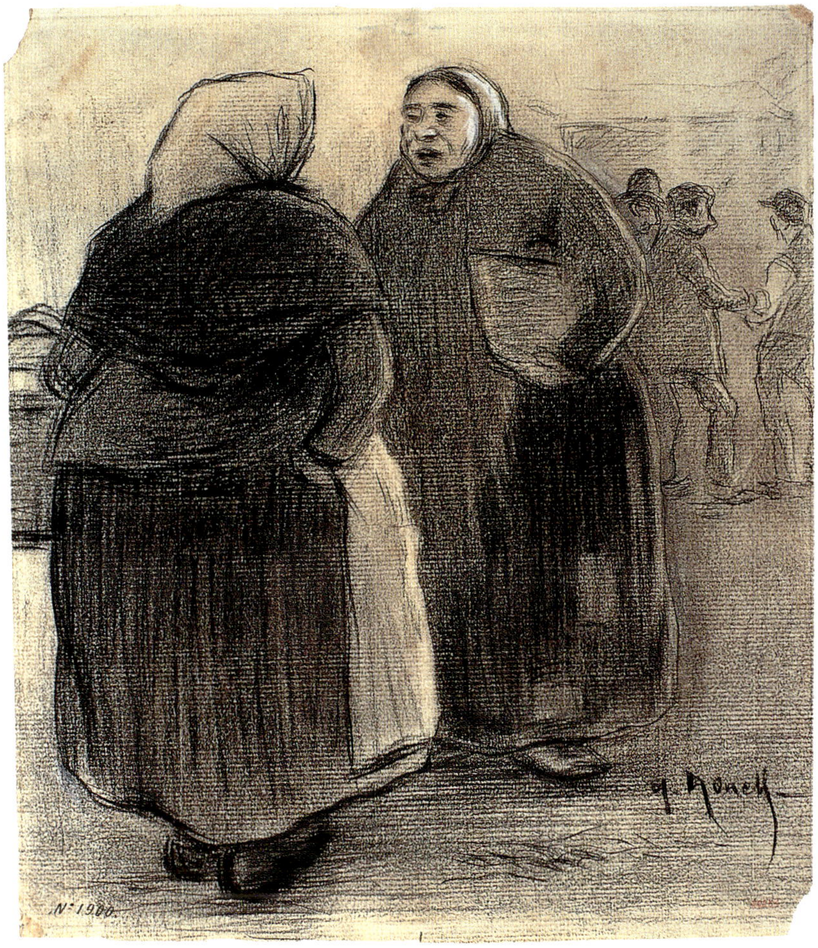

4. *El parque en enero*, 1894

Lápiz Conté y pulverizado
31,2 x 18,8 cm
Firmado y fechado "I. nonell/94" en el ángulo inferior derecho
Adquisición Casellas, 1911
Gabinete de Dibujos y Grabados del MNAC, Barcelona
MNAC/GDG 26877

EXPOSICIONES: *Dibuixos de Nonell*, Barcelona, Salón de La Vanguardia, octubre de 1896. • *Exposición Isidro Nonell, conmemorativa del L Aniversario de la muerte del artista*, Barcelona, Palacio de la Virreina, noviembre de 1962. • *Nonell*, Barcelona, Palacio de la Virreina, 16 de junio-31 de agosto de 1981. • *1881-1981 Picasso i Barcelona*, Barcelona, Saló del Tinell, 23 de octubre de 1981-31 de enero de 1982. • *La colección Raimon Casellas. Dibuixos i gravats del barroc al modernisme del Museu Nacional d'Art de Catalunya*, Barcelona, Museu Nacional d'Art de Catalunya, 28 de julio-10 de septiembre de 1992; *La colección Raimon Casellas. Dibujos y estampas del barroco al modernismo del Museu Nacional d'Art de Catalunya*, Madrid, Museo del Prado, enero-abril de 1993.

BIBLIOGRAFÍA: *La Vanguardia*, Barcelona, 1 de enero de 1896. • *Exposición Isidro Nonell, conmemorativa del L Aniversario de la muerte del artista*, Barcelona, Junta de Museos, 1962, p. 44, cat. núm. 143. • NONELL, C., *Isidro Nonell, su vida y su obra*, Madrid, Dossat, 1963, p. 237, cat. s/n. • JARDÍ, E., *Nonell*, Barcelona, Polígrafa [1969], p. 302, cat. núm. 8, fig. 8 y 205, p. 14 y 288; 1984, p. 264, cat. núm. 295, fig. 295, p. 246. • *Nonell*, Barcelona, Ayuntamiento de Barcelona, 1981, p. 44, cat. núm. 90, fig. 90, p. 92. • VINTRÓ, A., *Cinquanta dibuixants de Catalunya que formaren època*, Barcelona, Glosa, 1981, fig. p. 99. • *1881-1981 Picasso i Barcelona*, Barcelona, CEGE, 1981, p. 117, cat. núm. 4B-8, fig. [p. 108]. • MENDOZA, C., "Isidre Nonell i Monturiol", en *La colección Raimon Casellas. Dibuixos i gravats del barroc al modernisme del Museu Nacional d'Art de Catalunya*, Barcelona, Museu Nacional d'Art de Catalunya, p. 228-229, cat. núm. 205, fig. p. 229; "Isidre Nonell i Monturiol", en *La colección Raimon Casellas. Dibujos y estampas del barroco al modernismo del Museu Nacional d'Art de Catalunya*, Madrid, Museo del Prado, 1993, p. 228-229, cat. núm. 205, fig.

En este dibujo fechado en 1894, aunque no se publicó hasta dos años después, la composición es más simple que la de los realizados en aquel mismo año, aunque su fuerza expresiva es superior. El mundo de la marginalidad, del silencio, de los desheredados de la fortuna adquiere el protagonismo absoluto de la obra; una hilera de árboles deshojados y la insinuación de una valla en último termino son los únicos elementos de la composición que acompañan a las figuras del viejo y del niño. La potencia del lápiz de Nonell para dibujar más allá de lo que captan los ojos humanos, característica inseparable de su obra posterior, ya aparece en este dibujo.

Al pie de la reproducción de este dibujo en *La Vanguardia* se lee el título: "Sol / solet / vina'ns a veure / sol solet / vina'ns a veure / que tenim fred" ("Sol / solecillo / ven a vernos / sol solecillo / ven a vernos / que tenemos frío").

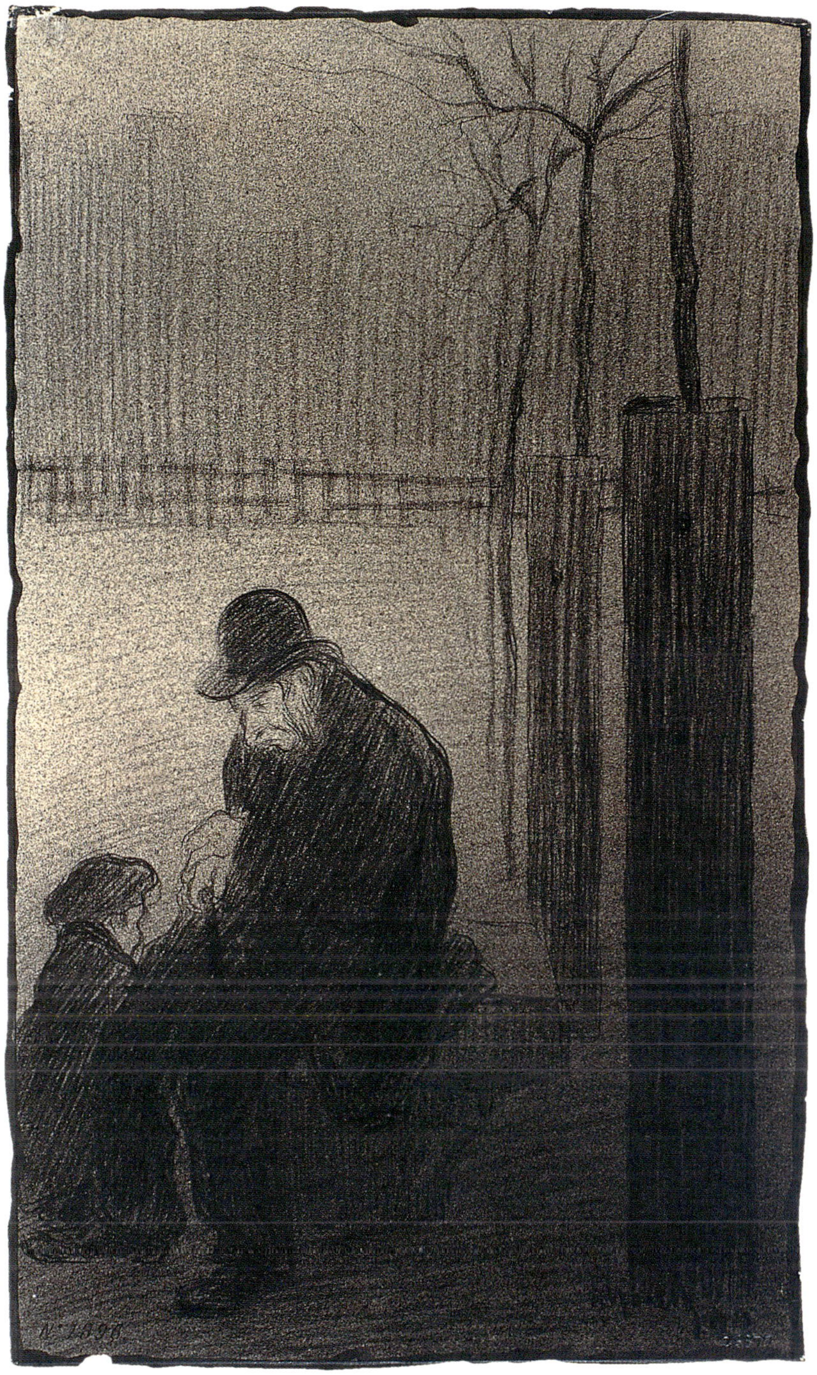

5. *Al atardecer. Sant Martí de Provençals*, 1896

Óleo sobre lienzo
96 x 145,5 cm
Firmado y fechado "-I-Nonell-/96-"
en el ángulo inferior derecho,
y "I.Nonell-/1896-/ [palabra ilegible]"
y "I-N-/Febrero 96" en el reverso.
Colección particular, Barcelona

EXPOSICIONES: *Tercera Exposición de Bellas Artes e Industrias Artísticas*, Barcelona, Palacio de Bellas Artes, 23 de abril de 1896. • *Obres de les col·leccions Valentí i Julià*, Barcelona, La Pinacoteca, otoño de 1928. • *Exposició de pintures i escultures de la col·lecció Joan Valentí*, Barcelona, 30 de septiembre-13 de octubre de 1933. • *Exposición de Homenaje a Isidro Nonell (1873-1911)*, Barcelona, Sala Barcino, 28 de febrero-21 de marzo de 1948. • *Los 'Quatre Gats' y su época*, Barcelona, Sala Parés, mayo de 1954. • *III Bienal Hispanoamericana de Arte. Precursores y Maestros de la Pintura y Escultura Contemporánea*, Barcelona, Palacio Municipal de Exposiciones, 24 de septiembre de 1955-6 de enero de 1956. • *Exposición Isidro Nonell, conmemorativa del L Aniversario de la muerte del artista*, Barcelona, Palacio de la Virreina, noviembre de 1962. • *Nonell*, Barcelona, Palacio de la Virreina, 16 de junio-31 de agosto de 1981; Madrid, Casa del Monte de Piedad, octubre-noviembre de 1981.

BIBLIOGRAFÍA: *Catálogo Ilustrado de la Tercera Exposición de Bellas Artes e Industrias Artísticas*, Barcelona, Thomas, 1896, p. 77, cat. núm. 306. • CASELLAS, R., "Tercera Exposición General de Bellas Artes", en *La Vanguardia*, Barcelona, 22 de abril de 1896, p. 5. • PLANA, A., *L'obra d'Isidre Nonell*, Barcelona, Publicacions de La Revista, 1917, p. 161. • "Pintures i dibuix d'Isidre Nonell", en *Gaseta de les Arts*, Barcelona, diciembre de 1928, año I, núm. 4, fig. p. 12-13. • DOMINGO, F., "Entorn de la pintura d'ara", en *Mirador*, Barcelona, 14 de mayo de 1929, año I, núm. 7, fig. p. 7. • *Exposició de pintures i escultures de la col·lecció Joan Valentí*, Barcelona, 1933. • *Art*, Barcelona, julio de 1934, núm. 10, fig. p. 295 (número extraordinario dedicado a Nonell). • MERLI, J., *Isidre Nonell*, Barcelona, Junta Municipal de Exposiciones de Arte de Catalunya, 1938, fig. II. • BENET, R., *Isidro Nonell y su época*, Barcelona, Iberia, 1947, fig. XI. • *Exposición de Homenaje a Isidro Nonell (1873-1911)*, Barcelona, Sala Barcino, 1948, cat. núm. 42. • RÀFOLS, J.F., *Modernismo y modernistas*, Barcelona, Destino, 1949, fig. 128. • BENET, R., *Los 'Quatre Gats' y su época*, Barcelona, Barna, 1954, cat. núm. 41, fig. 15. • *III Bienal Hispanoamericana de Arte. Precursores y Maestros de la Pintura y Escultura Contemporánea*, Barcelona, 1955, cat. núm. 32. • *Exposición Isidro Nonell, conmemorativa del L Aniversario de la muerte del artista*, Barcelona, Junta de Museos, 1962, p. 29, cat. núm. 7. • NONELL, C., *Isidro Nonell, su vida y su obra*, Madrid, Dossat, 1963, p. 203, cat. s/n., fig. XI. • JARDÍ, E., *Nonell*, Barcelona, Polígrafa [1969], p. 302, cat. núm. 19, fig. 19, p. 28-29; 1984, p. 260, cat. núm. 39, fig. 39, p. 40-41. • *Nonell*, Barcelona, Ayuntamiento de Barcelona, 1981, p. 32, cat. núm. 7, fig. 7, p. 67; Madrid, Caja de Ahorros y Monte de Piedad de Madrid/Ministerio de Cultura/Ayuntamiento de Barcelona, 1981, p. 32, cat. núm. 7, fig. 7, p. 66. • FONTBONA, F., *Nonell*, Barcelona, Nou Art Thor, 1987, p. 9 (Gent Nostra).

La participación de Nonell en exposiciones oficiales se inició en 1891, concretamente en la Primera Exposición General de Bellas Artes de Barcelona, donde presentó el óleo *Interior* (53 x 69 cm). Más adelante, y en esta misma ciudad, participaría en la de 1894 con *Al atardecer* (83 x 79 cm) y en la Exposición General de Bellas Artes de Madrid de 1895 con tres óleos. Si bien en la primera exposición citada su nombre no aparecía en las reseñas de los críticos, en la de 1894 éstos lo incluían ya entre los jóvenes expositores más interesantes.

Las dos obras que presentó en la exposición de 1896 –*Sol de mañana* y la que nos ocupa– forman parte de una serie de paisajes de este período, pintados en Montjuïc y en Sant Martí de Provençals, que había ido exponiendo en la Sala Parés. Si bien en los paisajes a pleno sol Nonell acentúa la luminosidad, en los crepusculares da una visión más difuminada y vaporosa. Este es el caso de *Al atardecer. Sant Martí* en el que los huertos, los árboles y las construcciones del fondo aparecen sutilmente envueltos por la niebla. En estas dos maneras de representar el paisaje utiliza, no obstante, la misma gama cromática, formada básicamente por los amarillos y los verdes característicos de la época que en formaba parte de La Colla del Safrà (El Grupo del Azafrán).

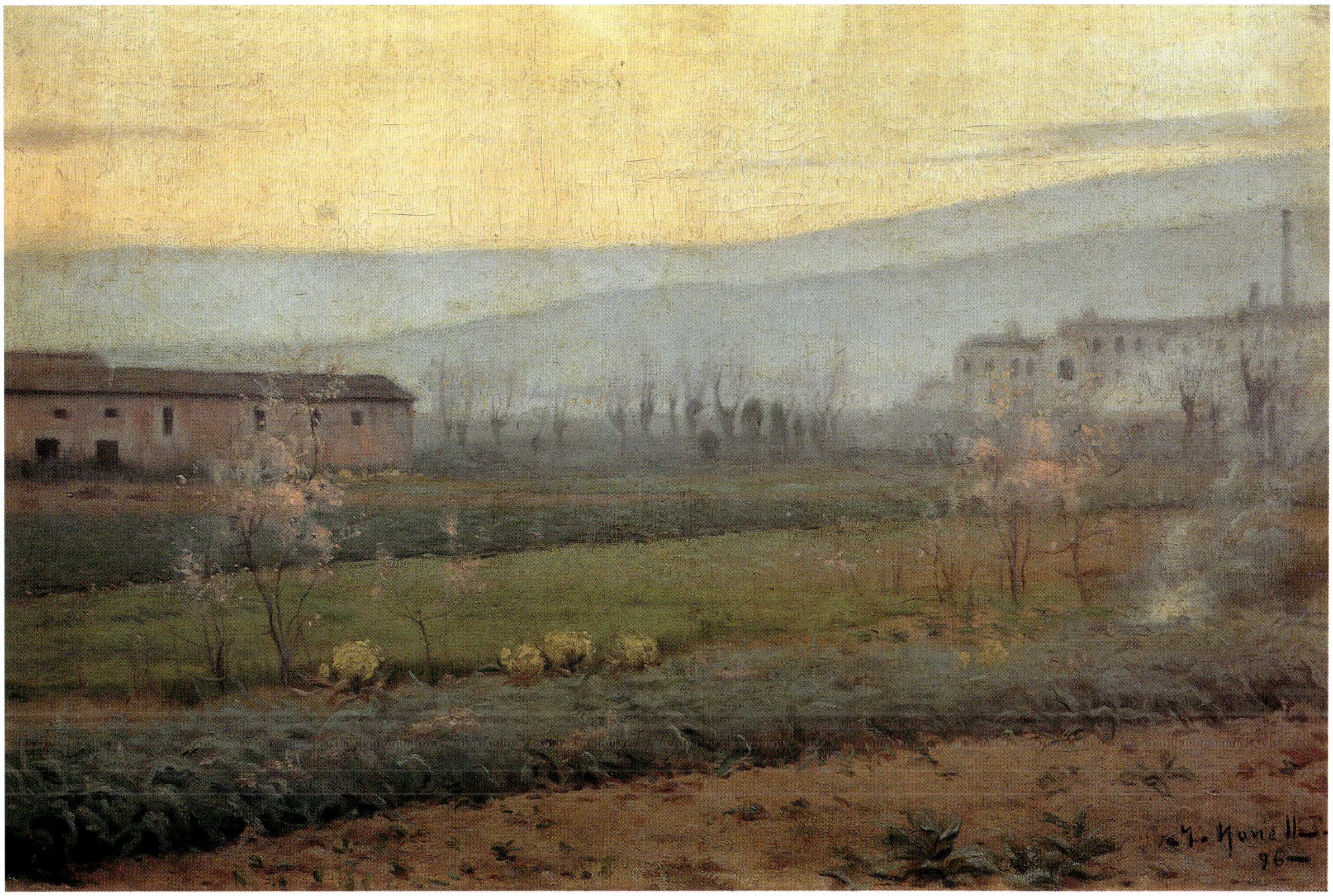

6. *Cretinos a la salida de la iglesia*, 1896

Pluma, acuarela, tinta china pulverizada y lápices de colores
46 x 31 cm
Firmado "I. nonell" en el ángulo inferior izquierdo. No fechado
Colección particular, Barcelona

EXPOSICIONES: *Dibuixos de Nonell*, Barcelona, Salón de La Vanguardia, octubre de 1896. • *Société Nationale des Beaux-Arts. Salon de la Société des Beaux-Arts*, París, 1897. • *Exposition d'oeuvres de Ricardo Canals & Nonell-Monturiol*, París, Galerie Le Barc de Boutteville, 5 de enero-5 de febrero de 1898 • *Exposición Isidro Nonell. Conmemorativa del L Aniversario de la muerte del artista*, Barcelona, Palacio de la Virreina, noviembre de 1962. • *Nonell*, Barcelona, Palacio de la Virreina, 16 de junio-31 de agosto de 1981; Madrid, Casa del Monte de Piedad, octubre-noviembre de 1981.

BIBLIOGRAFÍA: VELASCO, L., "Los cretinos de los Pirineos", en *Barcelona Cómica*, Barcelona, 16 de enero de 1897, núm. 3, fig. p. 67. • *Société Nationale des Beaux-Arts. Salon de la Société des Beaux-Arts*, París, 1897, cat. núm. 1.649. • *Exposition d'oeuvres de Ricardo Canals & Nonell-Monturiol*, París, Galerie Le Barc de Boutteville, 1898, cat. núm. 37. • *Exposición Isidro Nonell. Conmemorativa del L Aniversario de la muerte del artista*, Barcelona, Junta de Museos, 1962, cat. núm. 64, p. 37. • NONELL, C., *Isidro Nonell. Su vida y su obra*, Madrid, Dossat, 1963, p. 241, cat. s/n., fig. LXXXVI. • JARDÍ, E., *Nonell*, Barcelona, Polígrafa, 1969, p. 304, cat. núm. 29, fig. 29 y 212, p. 43 y 289; 1984, p. 260, cat. núm. 38, fig. 38 y 303, p. 39 y 247. • BOU, Ll.-E., "Les anades de Nonell a París", en *D'Art*, Barcelona, 1973, núm. 2, fig. p. 7. • T.M.G.F.D., "Cronologia de Isidre Nonell", en *Destino*, Barcelona, 3 de noviembre de 1973, núm. 1.883, fig. p. 41. • CIRICI, A., "Nonell tornat a mirar", en *Serra d'Or*, Barcelona, 15 de diciembre de 1973, año XV, núm. 171, fig. p. 60. • *Nonell*, Barcelona, Ayuntamiento de Barcelona, p. 45, cat. núm. 112, fig. 112, p. 97; Madrid, Caja de Ahorros y Monte de Piedad de Madrid/Ministerio de Cultura/Ayuntamiento de Barcelona, 1981, p. 45, cat. núm. 99, fig. 99, p. 95. • FONTBONA, F., *Nonell*, Barcelona, Nou Art Thor, 1987, fig. p. 10 y cubierta posterior (Gent Nostra).

A sugerencia de su amigo Juli Vallmitjana, cuya familia regentaba el balneario de Caldes de Boí, Nonell y Canals pasaron el verano de 1896 en aquel paraje. A pesar de que los dos artistas trabajaron en el negocio de los Vallmitjana –Nonell de cajero y Canals de administrador– dedicaron una bona parte de su tiempo libre a dibujar por los alrededores. El impacto que recibió Nonell al ver a los habitantes de aquel valle afectados de cretinismo propició un cambio rotundo en los temas de su producción artística, que dedicó fundamentalmente, a partir de aquel momento, al mundo de los marginados sociales. Concretamente en la estancia en Boí, durante la cual, según parece, no realizó muchos dibujos sino más bien bocetos y croquis que desarrollarà a su regreso a Barcelona, tendra como resultado esta conocida serie de los cretinos, entre los cuales figuran algunos de los mejores dibujos de toda su carrera.

Esta producción de los cretinos, iniciada en Boí, la dio a conocer primero en Barcelona, concretamente en el Salón de La Vanguardia en octubre del mismo año y en el año siguiente en París, donde figuró en el Salon des Beaux-Arts y en la Galerie Le Barc de Boutteville, obteniendo críticas bastante elogiosas.

Al fondo de la composición figura la iglesia románica de Erill-La-Vall del valle de Boí.

Este dibujo está recortado en su contorno superior y pegado en otro papel que sirve de cielo al paisaje.

7. *Pareja de enamorados*, 1896

Pluma, acuarela, tinta china pulverizada y lápices de colores
21 x 29 cm
Firmado y fechado "I nonell /9... [ilegible]"
en el ángulo inferior derecho
Colección particular, Barcelona

EXPOSICIONES: *Dibuixos de Nonell*, Barcelona, Salón de La Vanguardia, octubre de 1896. • *Exposition d'oeuvres de Ricardo Canals & Nonell-Monturiol*, París, Galerie Le Barc de Boutteville, 5 de enero-5 de febrero de 1898 • *Société Nationale des Beaux-Arts. Salon de la Société des Beaux-Arts*, París, 1897.

BIBLIOGRAFÍA: RUIZ DE VELASCO, L., "Los cretinos de los Pirineos", en *Barcelona Cómica*, Barcelona, 16 de enero de 1897, núm. 3, fig. p. 70. • *Société Nationale des Beaux-Arts. Salon de la Société des Beaux-Arts*, París, 1897, cat. núm. 1.651. • *Exposition d'oeuvres de Ricardo Canals & Nonell-Monturiol*, París, Galerie Le Barc de Boutteville, 1898, cat. núm. 38. • JARDÍ, E., *Nonell*, Barcelona, Polígrafa, 1969, p. 404, cat. núm. 26, fig. 26, p. 42; 1984, p. 260, cat. núm. 35, fig. 35, p. 38.

En enero de 1897 la revista *Barcelona Cómica* publicaba un artículo de Luis Ruiz de Velázquez sobre los cretinos de los Pirineos, en el que describía las características que presentaban las personas afectadas por esta enfermedad. Los dibujos de los cretinos, que había hecho Nonell a raíz de su estancia en Boí durante el verano de 1896 y que había expuesto en el Salón de La Vanguardia en octubre del mismo año, inspiraron este artículo que estaba ilustrado con cinco de estos dibujos. Uno de ellos es esta *Pareja de enamorados*, cuya silueta aparece reproducida sin el fondo del paisaje. A pesar de que es difícil asegurarlo podría ser que el fondo lo hubiera añadido posteriormente, y, en todo caso, antes de exponerse en el Salon de París.

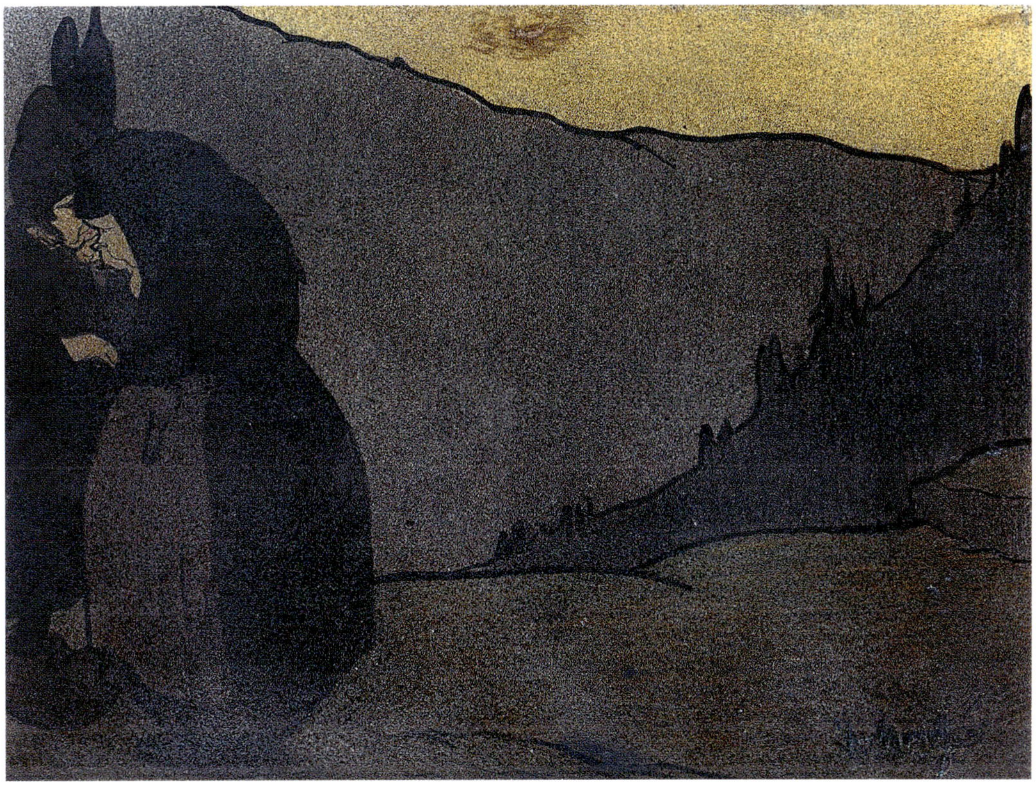

8. *L'Anunciata (composición)*, 1896

Carboncillo y lápiz Conté
32 x 35,5 cm
Firmado "I. nonell" en el ángulo inferior derecho. No fechado
Adquisición Casellas, 1911
Gabinete de Dibujos y Grabados del MNAC, Barcelona
MNAC/GDG 26881

EXPOSICIONES: *Exposición Isidro Nonell, conmemorativa del L Aniversario de la muerte del artista*, Barcelona, Palacio de la Virreina, noviembre de 1962. • *Els Quatre Gats. Art in Barcelona round 1900*, Princeton University, The Art Museum, 29 de enero-26 de junio de 1978; Washington, Smithonian Institution, 14 de abril-26 de junio de 1978. • *Nonell*, Barcelona, Palacio de la Virreina, 16 de junio-31 de agosto de 1981. • *1881-1981 Picasso i Barcelona*, Barcelona, Saló del Tinell, 23 de octubre de 1981-31 de enero de 1982. • *La colección Raimon Casellas. Dibuixos i gravats del barroc al modernisme del Museu Nacional d'Art de Catalunya*, Barcelona, Museu Nacional d'Art de Catalunya, 28 de julio-10 de septiembre de 1992; *La colección Raimon Casellas. Dibujos y estampas del barroco al modernismo del Museu Nacional d'Art de Catalunya*, Madrid, Museo del Prado, enero-abril de 1993.

BIBLIOGRAFÍA: *La Vanguardia*, Barcelona, 1 de enero de 1897. • JARDÍ, E., *Nonell i altres assaigs*, Barcelona, Selecta, 1958, fig. p. 19. • *Exposición Isidro Nonell, conmemorativa del L Aniversario de la muerte del artista*, Barcelona, Junta de Museos, 1962, p. 44, cat. núm. 143. • NONELL, C., *Isidro Nonell, su vida y su obra*, Madrid, Dossat, 1963, p. 238, cat. s/n. • JARDÍ, E., *Nonell*, Barcelona, Polígrafa [1969], p. 302 y 318, cat. núm. 9 y 208, fig. 9 y 208, p. 318 y 289; 1984, p. 264, cat. núm. 299, fig. 299, p. 247. • BOU, Ll.-E., "Les anades de Nonell a París", en *D'Art*, Barcelona, 1973, núm. 2, fig. p. 6. • FONTBONA, F., "Isidre Nonell y el Posmodernismo", en *Destino*, Barcelona, 3 de noviembre de 1973, núm. 1.883, fig. p. 31. • MC CULLY, M., *Els Quatre Gats, Art in Barcelona round 1900*, Princeton University Press, 1978, p. 82, cat. núm. 19, fig. p. 83. • *Nonell*, Barcelona, Ayuntamiento de Barcelona, 1981, p. 44, cat. núm. 89, fig. 89, p. 92. • *1881-1981 Picasso i Barcelona*, Barcelona, CEGE, 1981, cat. núm. 4B-7, fig. [p. 108]. • MENDOZA, C., "Isidre Nonell i Monturiol", en *La colección Raimon Casellas. Dibuixos i gravats del barroc al modernisme del Museu Nacional d'Art de Catalunya*, Barcelona, Museu Nacional d'Art de Catalunya, p. 229-230, cat. núm. 206, fig. p. 230.

A pesar de que habitualmente el título que se ha dado a este dibujo es *La Anunciación en el suburbio (Gloria in excelsis)*, figuró reproducido el 1 de enero de 1897 en *La Vanguardia* con el de *L'Anunciata (composició)*.

Para realizar esta escena de tema navideño Nonell se aparta de la iconografía tradicional y utiliza como marco un paraje suburbial con fábricas que humean en el fondo de la composición y el ángel anuncia el nacimiento de Dios a un grupo de gente representado por figuras de cretinos. Dado el motivo festivo de la escena, la elección de estos seres en violento contraste con la figura del ángel no puede ser más corrosiva. Por lo que se refiere al aspecto estilístico, Nonell superaba ya con estas obras la primera influencia de Steinlen. No es de extrañar que poco después, a raíz de su estancia en París, se entusiasmara con la obra de Daumier, entonces ya muerto, cuya influencia será evidente en su obra.

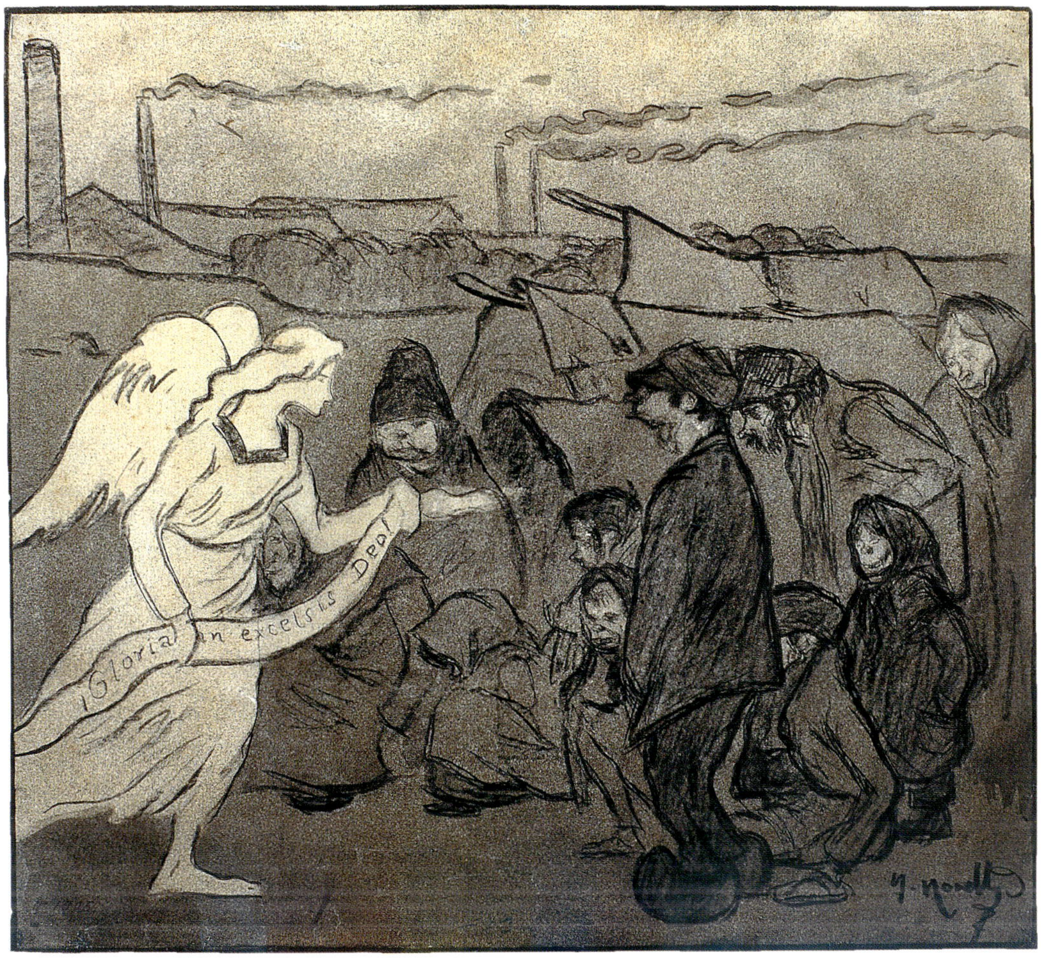
¡Gloria in excelsis Deo!

9. *Paisaje nevado*, 1896-1897

Lápiz Conté y tinta china sobre fondo pulverizado
44,3 x 29,7 cm
Firmado dos veces "I. nonell" en el ángulo inferior derecho y en el reverso. No fechado
Adquisición, 1969
Gabinete de Dibujos y Grabados del MNAC, Barcelona
MNAC/GDG 107763

EXPOSICIONES: *Art i modernitat als Països Catalans*, Berlín, Staatliche Kunsthalle, junio-julio de 1978. • *Cien años de cultura catalana 1880-1980*, Madrid, Palacio Velázquez, junio-octubre de 1980. • *Nonell*, Barcelona, Palacio de la Virreina, 16 de junio-31 de agosto de 1981; Madrid, Casa del Monte de Piedad, octubre-noviembre de 1981.

BIBLIOGRAFÍA: JARDÍ, E., *Nonell*, Barcelona, Polígrafa, 1984, p. 260, cat. núm. 33, fig. 33, p. 38. • *Art i modernitat als Països Catalans*, Berlín, Staatliche Kunsthalle, 1978, fig. p. 23. • *Cien años de cultura catalana 1880-1980*, Madrid, Ministerio de Cultura, 1980, p. 63, cat. núm. 1.3.56. • *Nonell*, Barcelona, Ayuntamiento de Barcelona, p. 46, cat. núm. 113, fig. 113, p. 97; Madrid, Caja de Ahorros y Monte de Piedad de Madrid/Ministerio de Cultura/Ayuntamiento de Barcelona, 1981, p. 45, cat. núm. 100, fig. 100, p. 94.

Utilizando como fondo de la composición la iglesia románica de Sant Pere d'Escunyau del valle de Arán cubierta de nieve, Nonell situó a una mujer y a su hijo afectados de cretinismo, remarcando la dureza de la vida de estos personajes grotescos y deformes. El artista había hallado en la realidad un mundo sórdido y miserable y lo representó magistralmente, con toda su crudeza, pero sin ningún tono sarcástico. En cada uno de estos dibujos Nonell mostraba la fuerte personalidad artística que le permitía captar fielmente tanto el aspecto exterior de estos personajes de facciones deformes como su ignorancia y resignación.

Este dibujo y el siguiente formaron parte de la colección del pianista Ricard Viñes, amigo de Nonell, que reunió una buena colección de sus obras. En el reverso hay un boceto de la misma composición, realizado con lápiz de color azul y tinta, firmado "I. nonell" en el ángulo inferior derecho.

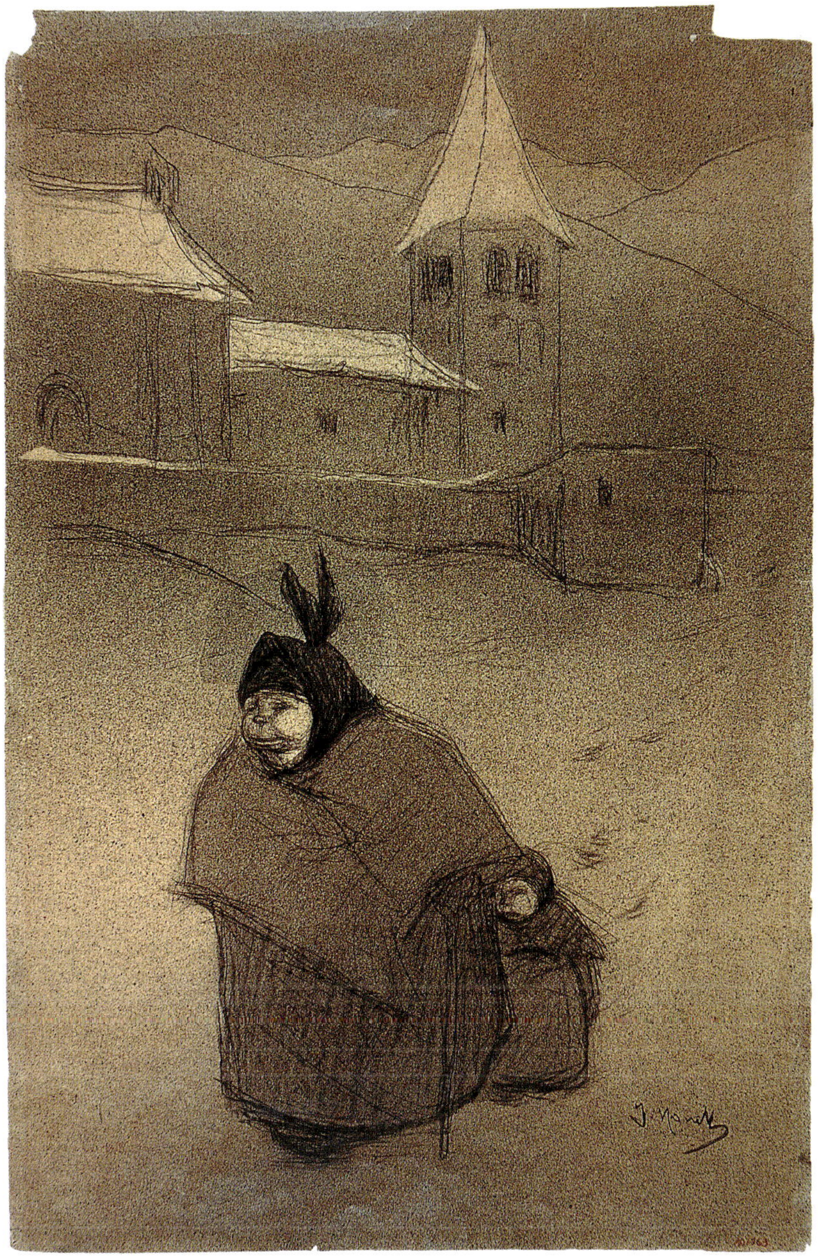

10. *Cretina de Boí*, 1896-1897

Pluma, acuarela, tinta china pulverizada y lápices de colores
30 x 31,5 cm
Firmado "I. nonell" en el ángulo inferior derecho. No fechado
Adquisición, 1969
Gabinete de Dibujos y Grabados del MNAC, Barcelona
MNAC/GDG 107762

EXPOSICIONES: *Art i modernitat als Països Catalans*, Berlín, Staatliche Kunsthalle, junio-julio de 1978. • *Nonell*, Barcelona, Palacio de la Virreina, 16 de junio-31 de agosto de 1981. • *1881-1981 Picasso i Barcelona*, Barcelona, Saló del Tinell, 23 de octubre de 1981-31 de enero de 1982.

BIBLIOGRAFÍA: PLANA, A., *L'obra d'Isidre Nonell*, Barcelona, La Revista, 1917, fig. entre p. 12 y 13. • BENET, R., *Isidro Nonell y su época*, Barcelona, Iberia, 1947, fig. XII. • BLUNT, A., y POOL, Ph., *Picasso the formativa years. A study of his sources*, Londres, Study Books, 1962, fig. 70, p. 56-57. • NONELL, C., *Isidro Nonell, su vida y su obra*, Madrid, Dossat, 1963, p. 241, cat. s/n., fig. LXXXV. • JARDÍ, E., *Nonell*, Barcelona, Polígrafa, 1984, p. 260, cat. núm. 41, fig. 41, p. 42. • MONARD, J., *Dibujos de Nonell*, Madrid, Ibérico Europeo de Ediciones, 1970, fig. p. 7. • *Art i modernitat als Països Catalans*, Berlín, Staatliche Kunsthalle, 1978, p. 224, cat. núm. 9 fig. p. 94. • *Nonell*, Barcelona, Ayuntamiento de Barcelona, 1981, p. 46, cat. núm. 114, fig. 114, p. 97. • *1881-1981 Picasso i Barcelona*, Barcelona, CEGE, 1981, cat. núm. 4B-11, fig. [p.110].

Los dibujos de los cretinos suponen en la obra de Nonell un paso hacia delante en sus búsquedas estilísticas y técnicas. Así, por ejemplo, representa esta figura de cretina con un niño en brazos muy perfilada y como recortada sobre un fondo neutro, únicamente pulverizado. El resultado es absolutamente personal y de una gran fuerza expresiva. No es extraño que al dar a conocer sus dibujos de cretinos en París, en la Galerie Le Barc de Boutteville, los críticos franceses situaran a Nonell en la órbita de Goya.

En el reverso del dibujo consta: "85, rue Clichy, Paris", dirección de Nonell en su primera estancia en aquella ciudad.

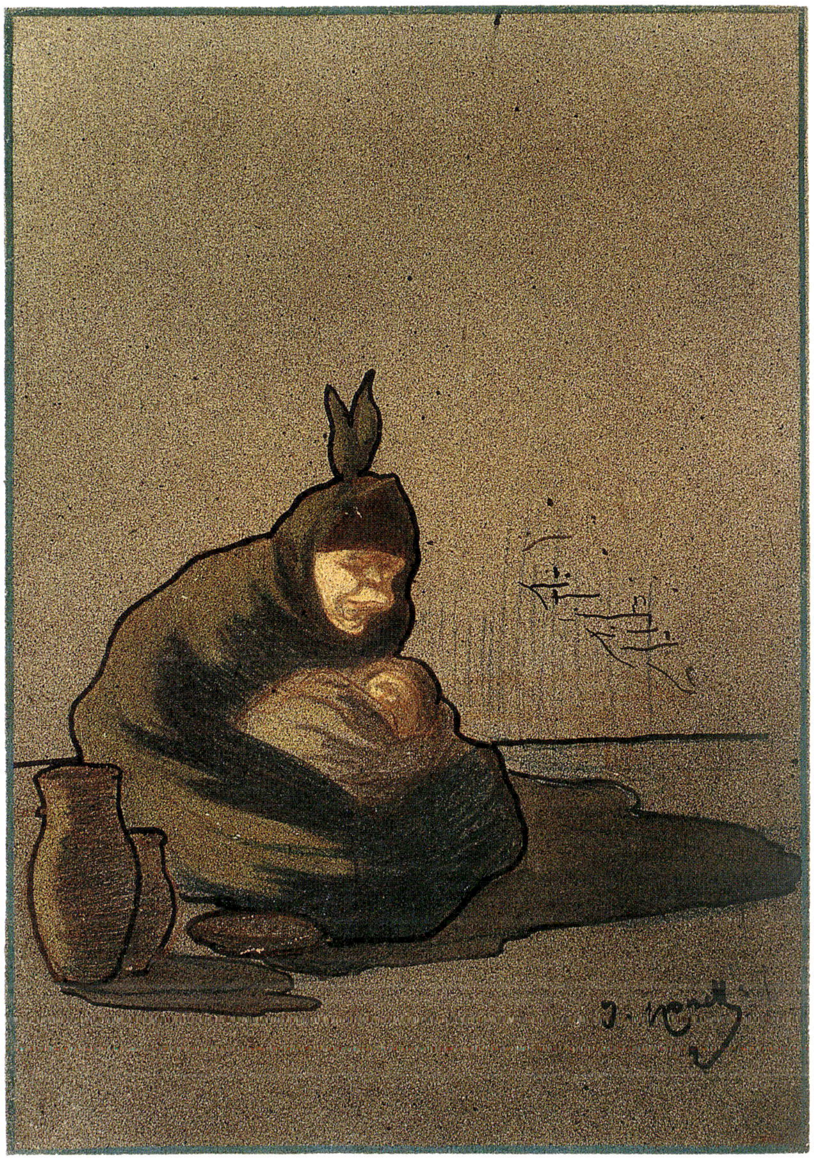

11. *Capilla ardiente*, 1897

Lápiz Conté, lápices de colores y pulverizado
25 x 36 cm
Firmado y fechado "I. Nonell/97" en el ángulo inferior izquierdo
Colección particular, Barcelona

BIBLIOGRAFÍA: JARDÍ, E., *Nonell*, Barcelona, Polígrafa [1969], p. 304, cat. núm. 25, fig. 25, p. 42; 1984, p. 260, cat. núm. 34, fig. 34, p. 38.

Uno de los dibujos reproducidos en la revista *Barcelona Cómica*, del 16 de enero de 1897, que figuraron en el Salón de París del mismo año, se titulaba *Capilla ardiente* y representaba a cinco personajes –cretinos– alrededor de un difunto. El dibujo que nos ocupa representa el mismo tema con algunas diferencias por lo que respecta a las figuras. La distinta técnica que utilizó Nonell en los dos dibujos indicaría que el que comentamos sería el realizado en primer lugar, ya que el que aparece publicado en *Barcelona Cómica* es la versión definitiva.

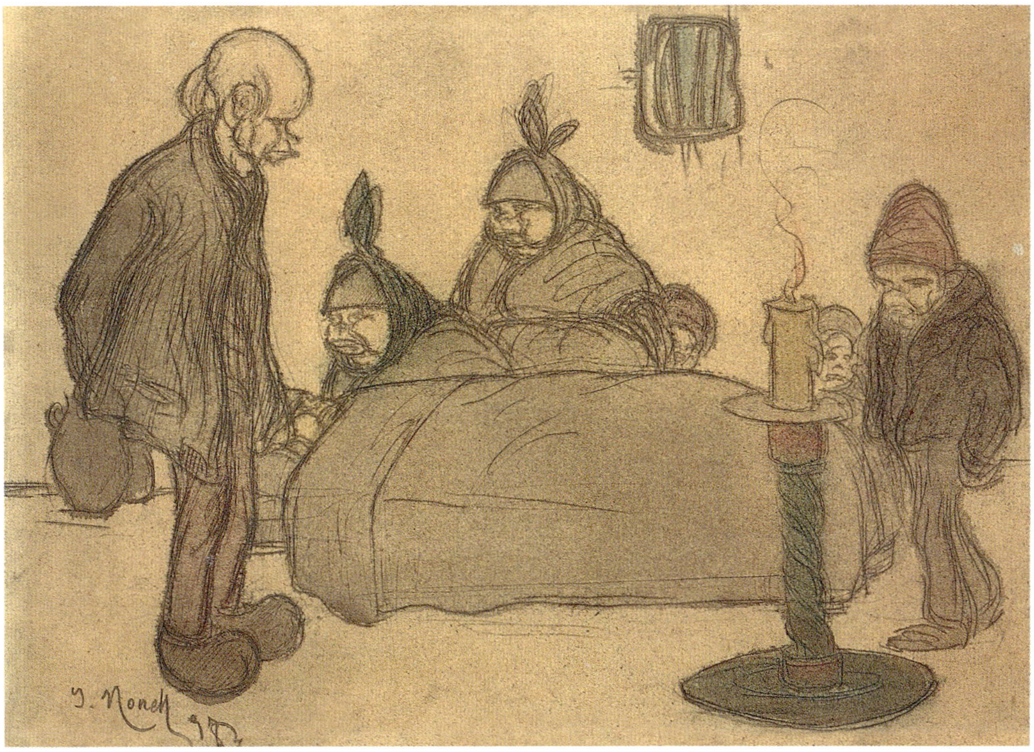
I. Nonell

12. *Mujer sentada en un banco*, 1897

Carboncillo y acuarela
39,7 x 27,9 cm
Firmado y fechado "I. nonell/97" en el ángulo inferior izquierdo
Adquisición, 1960
Gabinete de Dibujos y Grabados del MNAC, Barcelona
MNAC/GDG 65390

EXPOSICIONES: *Before Picasso; after Miró*, Nueva York, The Salomon R. Guggenheim Museum, 21 de junio de 1960. • *Exposición Isidro Nonell, conmemorativa del L Aniversario de la muerte del artista*, Barcelona, Palacio de la Virreina, noviembre de 1962. • *Cien años de cultura catalana 1880-1980*, Madrid, Palacio Velázquez, junio-octubre de1980. • *Nonell*, Barcelona, Palacio de la Virreina, 16 de junio-31 de agosto de 1981.

BIBLIOGRAFÍA: *Before Picasso; after Miró*, Nueva York, The Salomon R. Guggenheim Museum, 1960, cat. s/n. • *Exposición Isidro Nonell, conmemorativa del L Aniversario de la muerte del artista*, Barcelona, Junta de Museos, 1962, p. 38, cat. núm. 66. • NONELL, C., *Isidro Nonell, su vida y su obra*, Madrid, Dossat, 1963, p. 244, cat. s/n. • *Cien años de cultura catalana 1880-1980*, Madrid, Ministerio de Cultura, 1980, p. 63, cat. núm. 1.3.51. • *Nonell*, Barcelona, Ayuntamiento de Barcelona, 1981, p. 48, cat. núm. 149, fig. 149, p. 101.

Aunque se conocen algunos óleos de Nonell realizados durante su primera estancia en París que representan escenas callejeras de clara influencia impresionista, en aquel momento se dedicó más al dibujo que a la pintura. Un simple repaso a las obras que expuso entre 1897 y 1899 permite constatarlo: seis dibujos en el Salon des Beaux-Arts de 1897, cincuenta y siete en la exposición que hizo conjuntamente con Canals en la Galerie Le Barc de Boutteville, ocho en el Salon de 1898 y ochenta que expuso primero en Els Quatre Gats en diciembre de 1898 y en abril del año siguiente en la galería Vollard de París.

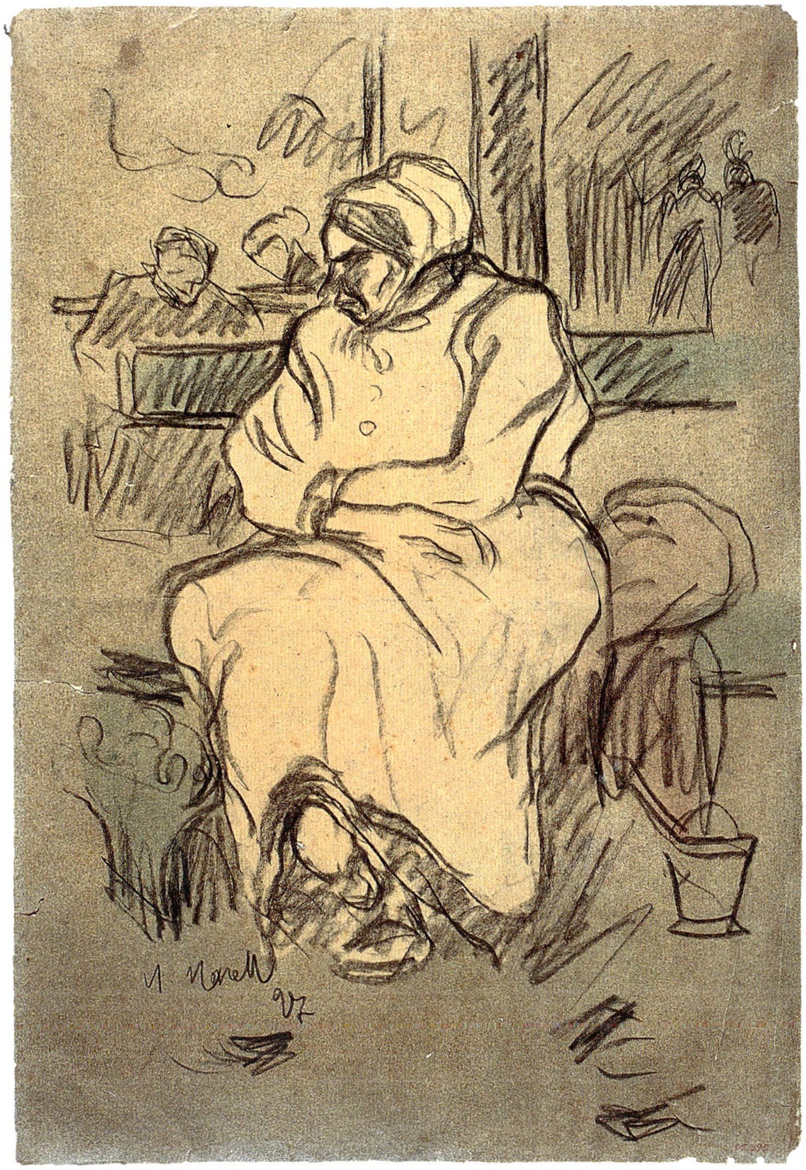

13. *Mujer sentada en un parque*, 1897

Carboncillo y acuarela
39,5 x 26,5 cm
Firmado y fechado "I. nonell /97" en el ángulo inferior derecho
Adquisición, 1960
Gabinete de Dibujos y Grabados del MNAC, Barcelona
MNAC/GDG 65391

EXPOSICIONES: *Before Picasso; after Miró*, Nueva York, The Salomon R. Guggenheim Museum, 21 de junio de 1960. • *Exposición Isidro Nonell, conmemorativa del L Aniversario de la muerte del artista*, Barcelona, Palacio de la Virreina, noviembre de 1962. • *Cien años de cultura catalana 1880-1980*, Madrid, Palacio Velázquez, junio-octubre de1980. • *Nonell*, Barcelona, Palacio de la Virreina, 16 de junio-31 de agosto de 1981.

BIBLIOGRAFÍA: *Before Picasso; after Miró*, Nueva York, The Salomon R. Guggenheim Museum, 1960, cat. s/n. • *Exposición Isidro Nonell, conmemorativa del L Aniversario de la muerte del artista*, Barcelona, Junta de Museos, 1962, p. 38, cat. núm. 67. • NONELL, C., *Isidro Nonell, su vida y su obra*, Madrid, Dossat, 1963, p. 243, cat. s/n. • JARDÍ, E., *Nonell*, Barcelona, Polígrafa [1969], p. 304, cat. núm. 33, fig. 33, p. 48; 1984, p. 260, cat. núm. 48, fig. 48, p. 48. • *Cien años de cultura catalana 1880-1980*, Madrid, Ministerio de Cultura, 1980, p. 63, cat. núm. 1.3.52. • *Nonell*, Barcelona, Ayuntamiento de Barcelona, 1981, p. 48, cat. núm. 148, fig. 148, p. 101.

Este dibujo, realizado en París en 1897, presenta las mismas características técnicas y temáticas que el catalogado con el número anterior.

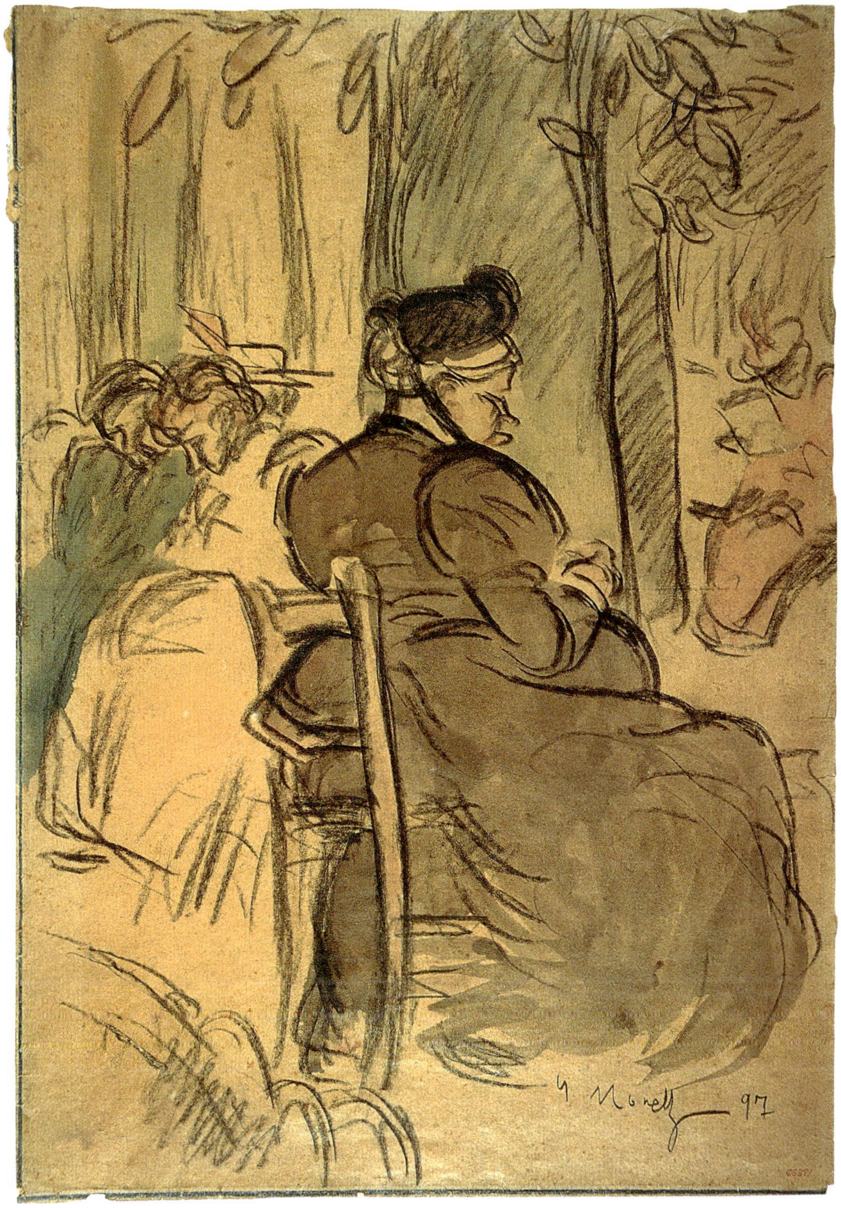

14. *Dos pobres durmiendo*, 1897

Carboncillo y aquarela
27,8 x 39,8 cm
Firmado y fechado "I. nonell-97" en el ángulo inferior derecho
Legado Teixidó, 1962
Gabinete de Dibujos y Grabados del MNAC, Barcelona
MNAC/GDG 69070

EXPOSICIONES: *Exposición Isidro Nonell, conmemorativa del L Aniversario de la muerte del artista*, Barcelona, Palacio de la Virreina, noviembre de 1962. • *Exposición de legados y donativos a los Museos de Barcelona 1952-1963*, Barcelona, Palacio de la Virreina, diciembre de 1963-enero de 1964. • *Art i modernitat als Països Catalans*, Berlín, Staatliche Kunsthalle, junio-julio de 1978. • *Picasso e Dintorni*, Florència, Palazzo Medici Riccardi, 8 de septiembre-7 de octubre de 1979. • *Nonell*, Barcelona, Palacio de la Virreina, 16 de junio-31 de agosto de 1981. • *1881-1981 Picasso i Barcelona*, Barcelona, Saló del Tinell, 23 de octubre de 1981-31 de enero de 1982.

BIBLIOGRAFÍA: *Exposición Isidro Nonell, conmemorativa del L Aniversario de la muerte del artista*, Barcelona, Junta de Museos, 1962, p. 38, cat. núm. 68. • *Exposición de legados y donativos a los Museos de Barcelona 1952-1963*, Barcelona, Junta de Museos, 1963, p. 22, cat. núm. 77. • *Art i modernitat als Països Catalans*, Berlín, Staatliche Kunsthalle, 1978, p. 224, cat. núm. 8, fig. p. 18. • *Picasso e Dintorni*, Florència, Comitato per le Manifestazioni espositive Firenze-Prato, 1979, fig. p. 11. • *Nonell*, Barcelona, Ayuntamiento de Barcelona, 1981, p. 48, cat. núm. 147, fig. 147, p. 101. • *1881-1981 Picasso i Barcelona*, Barcelona, CEGE, 1981, cat. núm. 4B-15, fig. [p. 112].

Muy probablemente algunos de los dibujos realizados en París en 1897 debieron de formar parte de la exposición que celebró en París en la Galerie Le Barc de Boutteville a principios del año siguiente, junto con su amigo Ricard Canals, con cuyas obras de aquel momento presentan un paralelismo evidente. Sin embargo, es importante recordar que Canals se dedicó principalmente a representar temas andaluces, de mayor éxito comercial.

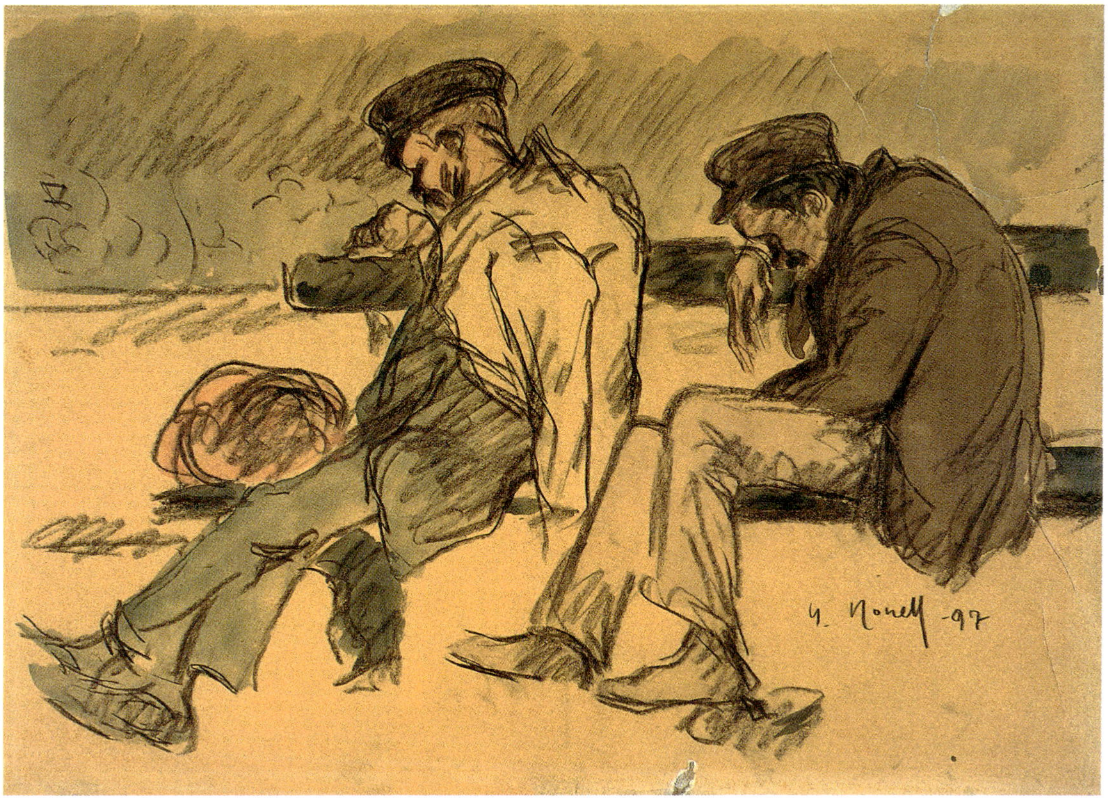

15. *Copista en el Museo del Louvre*, 1897

Tinta y lápiz Conté
34,6 x 23,7 cm
Firmado y fechado "I. nonell/Paris 97" en el ángulo inferior derecho
Legado Partagàs, 1945
Gabinete de Dibujos y Grabados del MNAC, Barcelona
MNAC/GDG 41090

EXPOSICIONES: *Exposición Isidro Nonell, conmemorativa del L Aniversario de la muerte del artista*, Barcelona, Palacio de la Virreina, noviembre de 1962. • *El modernismo en España*, Madrid, Casón del Buen Retiro, octubre-diciembre de 1969; Barcelona, Museo de Arte Moderno, enero-febrero de 1970. • *Nonell*, Barcelona, Palacio de la Virreina, 16 de junio-31 de agosto de 1981; Madrid, Casa del Monte de Piedad, octubre-noviembre de 1981.

BIBLIOGRAFÍA: *La Saeta*, Barcelona, 22 de abril de 1897, núm. 335, fig. s./p. • *Exposición Isidro Nonell, conmemorativa del L Aniversario de la muerte del artista*, Barcelona, Junta de Museos, 1962, p. 37, cat. núm. 65. • NONELL, C., *Isidro Nonell, su vida y su obra*, Madrid, Dossat, 1963, p. 245, cat. s/n. • JARDÍ, E., *Nonell*, Barcelona, Polígrafa [1969], p. 304, cat. núm. 32, fig. 32, p. 48; 1984, p. 260, cat. núm. 46, fig. 46, p. 48. • PLA, J., "Sobre el pintor Isidro Nonell", en *Destino*, Barcelona, 25 de octubre de 1969, núm. 1.673, fig. p. 49. • *El modernismo en España*, Madrid, Dirección General de Bellas Artes, 1969, p. 63, cat. núm. II-25, fig. II-25. • MONARD, J., *Dibujos de Nonell*, Madrid, Ibérico Europeo de Ediciones, 1970, fig. p. 8. • CIRICI, A., "Nonell, tornat a mirar", en *Serra d'Or*, Barcelona, 15 de diciembre de 1973, año XV, núm. 171, fig. 60, p. 820. • *Nonell*, Barcelona, Ayuntamiento de Barcelona, p. 48-49, cat. núm. 150, fig. 150, p. 101; Madrid, Caja de Ahorros y Monte de Piedad de Madrid/Ministerio de Cultura/Ayuntamiento de Barcelona, 1981, p. 48, cat. núm. 133, fig. 133, p. 98.

La revista *La Saeta* publicó en 1897 cinco dibujos de Nonell . Los dos primeros, publicados el 7 de enero, están realizados en Barcelona y representan escenas de calle, cuyo protagonista suele ser la figura de un viejo sentado en un parque público. Los tres últimos –*Un copista en el Museo del Louvre*, *Los cocheros de París* y *Rapins (Estudiantes de la Academia de Bellas Artes de París)*– , publicados a toda página en los números de abril y mayo, son dibujos más elaborados y representan, con una cierta ironía, escenas captadas en París.

Aunque la documentación que se conserva no permite confirmarlo, es muy probable que esta obra hubiera figurado en alguna de las exposiciones en las que Nonell mostró un número importante de sus mejores dibujos.

En el reverso se lee: *Copista en el Museo del Louvre*, título escrito por el artista y las iniciales de su nombre.

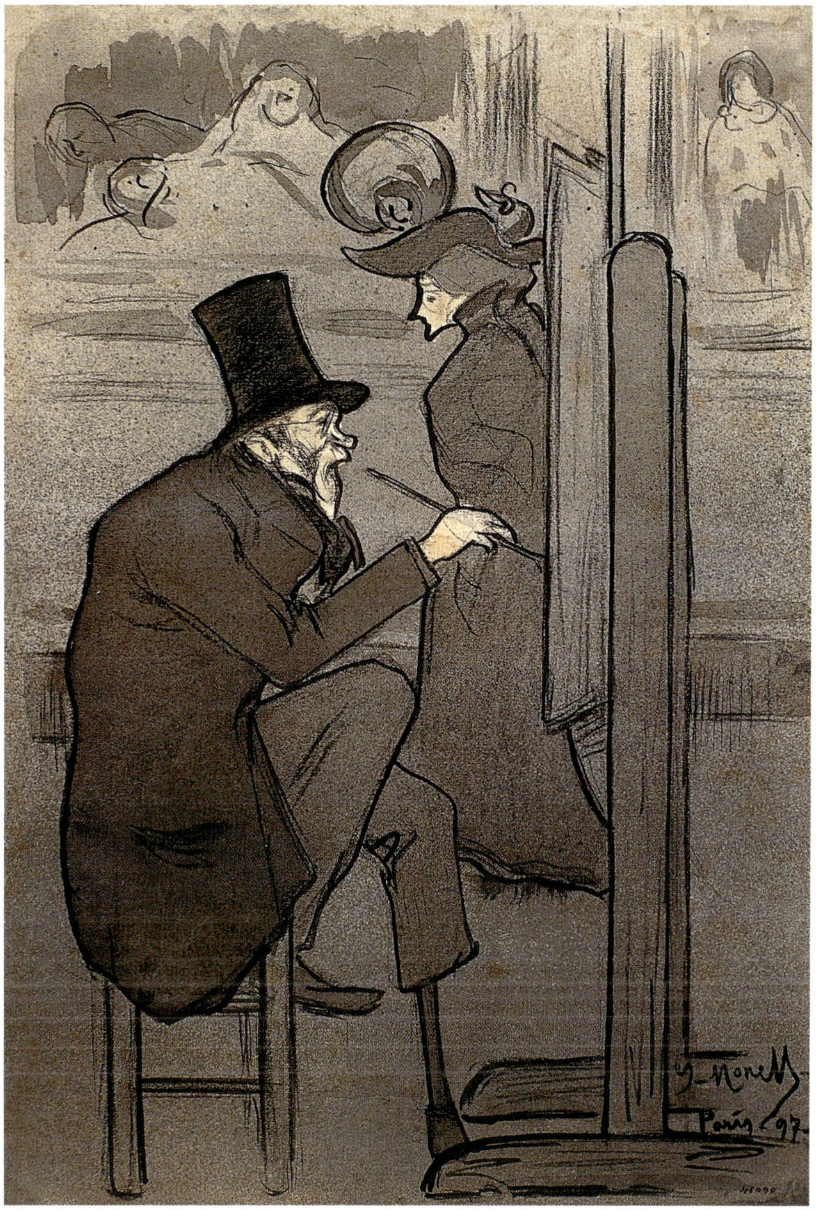
Paris 97

16. *Cantante de cabaret*, 1897-1898

Carboncillo, lápices de colores y acuarela
31 x 20 cm
Firmado "I nonell" en el ángulo inferior derecho. No fechado
Colección Santander Central Hispano, Madrid

EXPOSICIONES: *Art Català s. XIX-XX. Colección Grupo Banco Hispano Americano*, Barcelona, Palacio Robert, 21 de febrero-23 de marzo de 1986.

BIBLIOGRAFÍA: FONTBONA, F., "Las opciones postmodernistas", en *Colección Banco Hispano Americano*, Madrid, Banco Hispano Americano, 1986, p. 60, cat. s/n., fig. p. 61 • FONTBONA, F., *Nonell*, Barcelona, Nou Art Thor, 1987, fig. p. 10 (Gent Nostra).

Dibujo de características técnicas y temáticas muy similares a otro de Nonell que publicó en la revista *Luz* en diciembre de 1898 con motivo de la exposición de sus dibujos en Els Quatre Gats. Ambos dibujos fueron realizados durante su primera estancia en París cuando el artista centró su interés en la vida cotidiana parisiense, la de las calles o la de la vida nocturna. Sin embargo Nonell representa una escena aparentemente alegre para poner en evidencia su sordidez.

A pesar de que los dibujos de Nonell de este momento no son tan personales como los de los cretinos, ya que presentan evidentes paralelismos con los de algunos artistas coetáneos, su dominio del lápiz y el color le permitía alcanzar una maestría indiscutible.

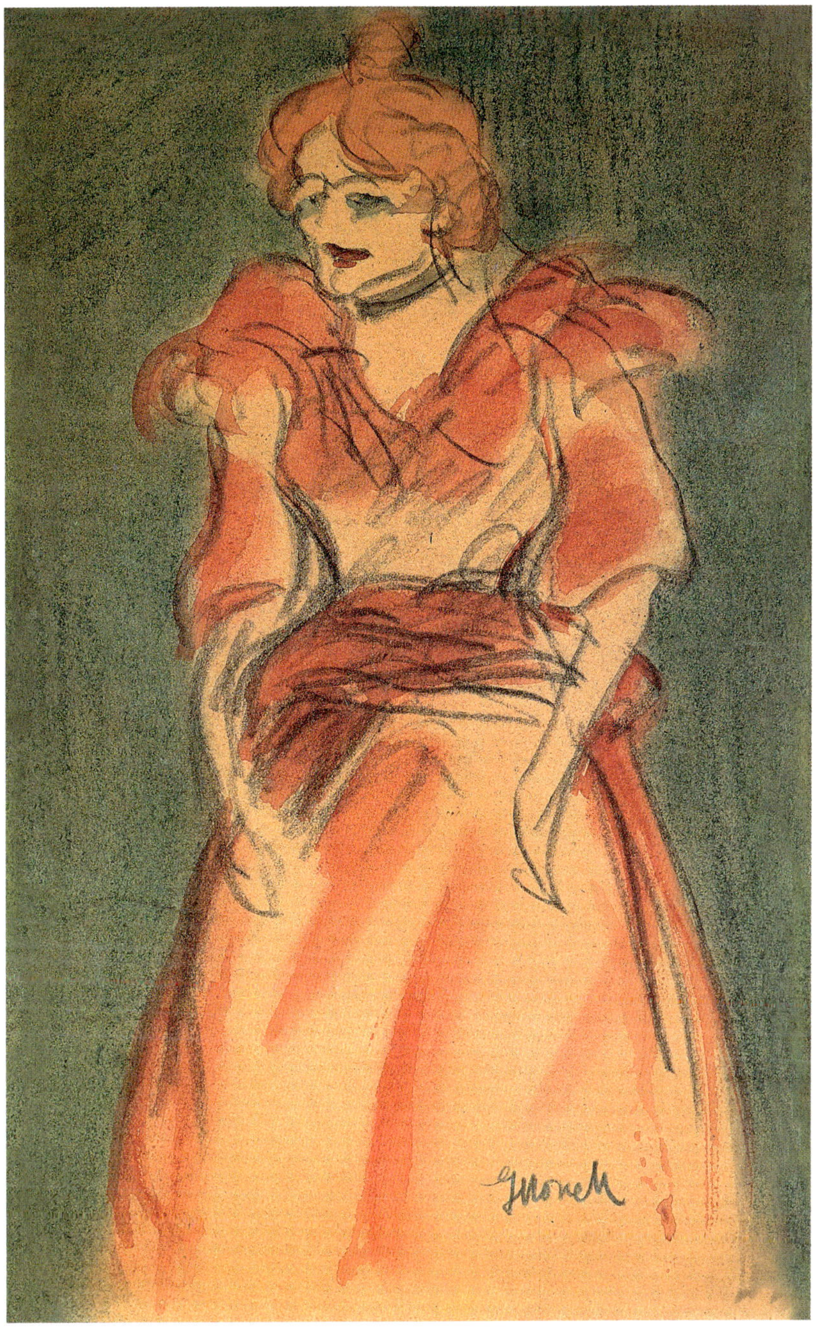

17. *La vendedora de pájaros*, 1898

Carboncillo, acuarela y barnizado
38 x 20 cm
Firmado "I. nonell" en el ángulo inferior derecho. No fechado
Dedicado: "A M [ilegible] Masot? Con afecto."
Colección Artur Ramon, Barcelona

EXPOSICIONES: *Les noces catalanes. Barcelona-París*, París Artcurial, mayo-julio de 1985. • *Els Quatre Gats i els seus artistes*, Barcelona, XXIII Saló d'Antiquaris, 13-21 de marzo de 1999.

BIBLIOGRAFÍA: NONELL, C., *Isidro Nonell. Su vida y su obra*, Madrid, Dossat, 1963, p. 246, cat. s/n. • JARDÍ, E., *Nonell*, Barcelona, Polígrafa, 1969, p. 304, cat. núm. 30, fig. 30, p. 46; 1984, p. 260, cat. núm. 44, fig. 44, p. 46. • *Les noces catalanes. Barcelona-París*, París Artcurial, 1985, p. 21. • FONTBONA, F., *Nonell*, Barcelona, Nou Art Thor, 1987, fig. p. 11. • *Els Quatre Gats i els seus artistes*, Barcelona, XXIII Saló d'Antiquaris, 1999. • *XXIII Salón de Anticuarios en Barcelona. Antiquaria*, Barcelona, 1999, fig. p. 35.

Nonell realizó otra versión casi idéntica al dibujo que comentamos, la cual apareció en la revista *Madrid Cómico*, publicada en Madrid el 13 de julio de 1898. La diferencia entre las dos versiones radica en que la escena aparece reproducida a la inversa. Así mismo la parte superior de la composición es más reducida en la obra que comentamos.

Aunque no se puede asegurar, es probable que *Vendedora de pájaros* formase parte de la exposición individual de dibujos que el artista celebró en Els Quatre Gats en diciembre de 1898.

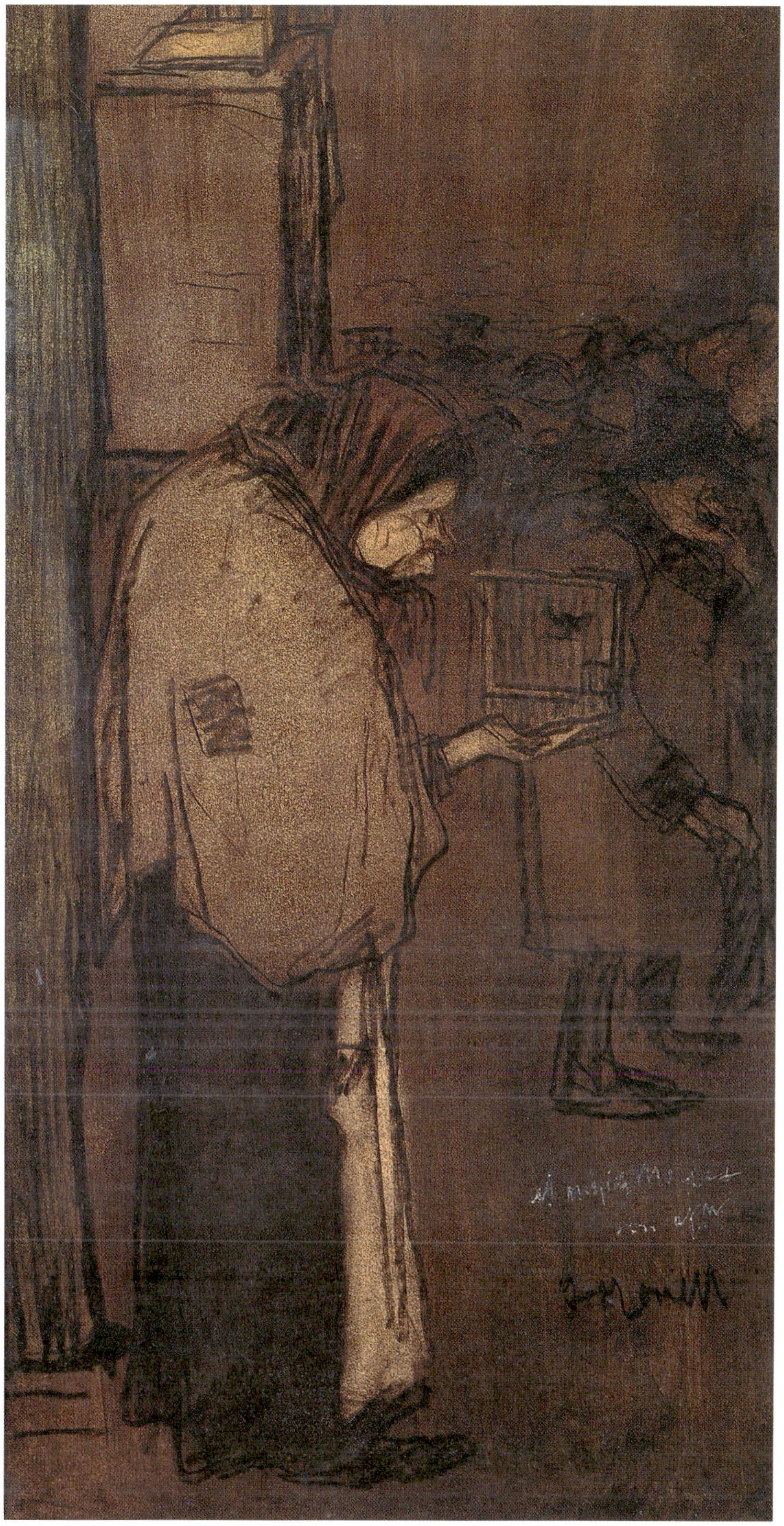

18. *Rezo de una infeliz*, 1898

Lápiz Conté, tinta china y barnizado
24,4 x 19,8 cm
Firmado y fechado "nonell/98" en el ángulo inferior izquierdo,
y dedicado "... al amigo Regoyos"
Donación Jaume Nonell, 1914
Gabinete de Dibujos y Grabados del MNAC, Barcelona
MNAC/GDG 50535

EXPOSICIONES: *Exposició pòstuma de les obres d'en Isidre Nonell*, Barcelona, Galeries Faianç Català, 15 de mayo de 1912. • *Exposición Isidro Nonell, conmemorativa del L Aniversario de la muerte del artista*, Barcelona, Palacio de la Virreina, noviembre de 1962. • *Art i modernitat als Països Catalans*, Berlín, Staatliche Kunsthalle, junio-julio de 1978. • *Nonell*, Barcelona, Palacio de la Virreina, 16 de junio-31 de agosto de 1981. • *1881-1981 Picasso i Barcelona*, Barcelona, Saló del Tinell, 23 de octubre de 1981-31 de enero de 1982. • *Modernisme. Noucentisme. L'època dels artistes*, Girona, Museu d'Història de la Ciutat, febrero-marzo de 1991.

BIBLIOGRAFÍA: "La Primera Pedra del Museu Català", en *Papitu*, Barcelona, 12 de junio de 1912. • *Exposición Isidro Nonell, conmemorativa del L Aniversario de la muerte del artista*, Barcelona, Junta de Museos, 1962, p. 38, cat. núm. 70. • NONELL, C., *Isidro Nonell, su vida y su obra*, Madrid, Dossat, 1963, p. 245, cat. s/n. • *Art i modernitat als Països Catalans*, Berlín, Staatliche Kunsthalle, 1978, p. 224, cat. núm. 10, fig. p. 125. • *Nonell*, Barcelona, Ayuntamiento de Barcelona, p. 49, cat. núm. 151, fig. 151, p. 101. • *1881-1981 Picasso i Barcelona*, Barcelona, CEGE, 1981, cat. núm. 4B-14, fig. [p. 111]. • *Modernisme. Noucentisme. L'època dels artistes*, Girona, Ayuntamiento de Girona, 1991, p. 135, cat. núm. 79, fig.

Este dibujo, que muy probablemente formó parte de la exposición individual que Nonell celebró en Els Quatre Gats de Barcelona a finales de 1898, es un claro exponente de la personal y compleja técnica de sus obras sobre papel. Este aspecto de la obra de Nonell ya lo remarcaron algunos críticos de la época como Francesc Casanovas, el cual desde las páginas de *La Publicidad* (6 de diciembre de 1898) comentaba que "en presencia de aquellos dibujos acuarelados y barnizados como pinturas al óleo, parece que se pasa en revista algún museo de obras trescentistas, doradas y ennegrecidas por el tiempo, que no obstante, no ha logrado borrar las manchas originarias de color". Su amigo Joaquín Torres-García recordaba posteriormente que "se servía de alcoholes, lacas y barnices, para dar color y sombreado a sus dibujos, con secretos que él sólo sabía" (*Historia de mi vida*, Barcelona, 1990, p. 53).

Nonell dedicó esta obra al pintor Darío de Regoyos pero nunca se la debió dar ya que a su muerte formaba parte del conjunto de obras que conservó su familia. Miquel Utrillo y algunos miembros de la Associació Les Arts i Els Artistes, a petición del hermano del pintor, lo escogieron para formar parte de la donación de siete óleos y veintidós dibujos para el Museo en 1914.

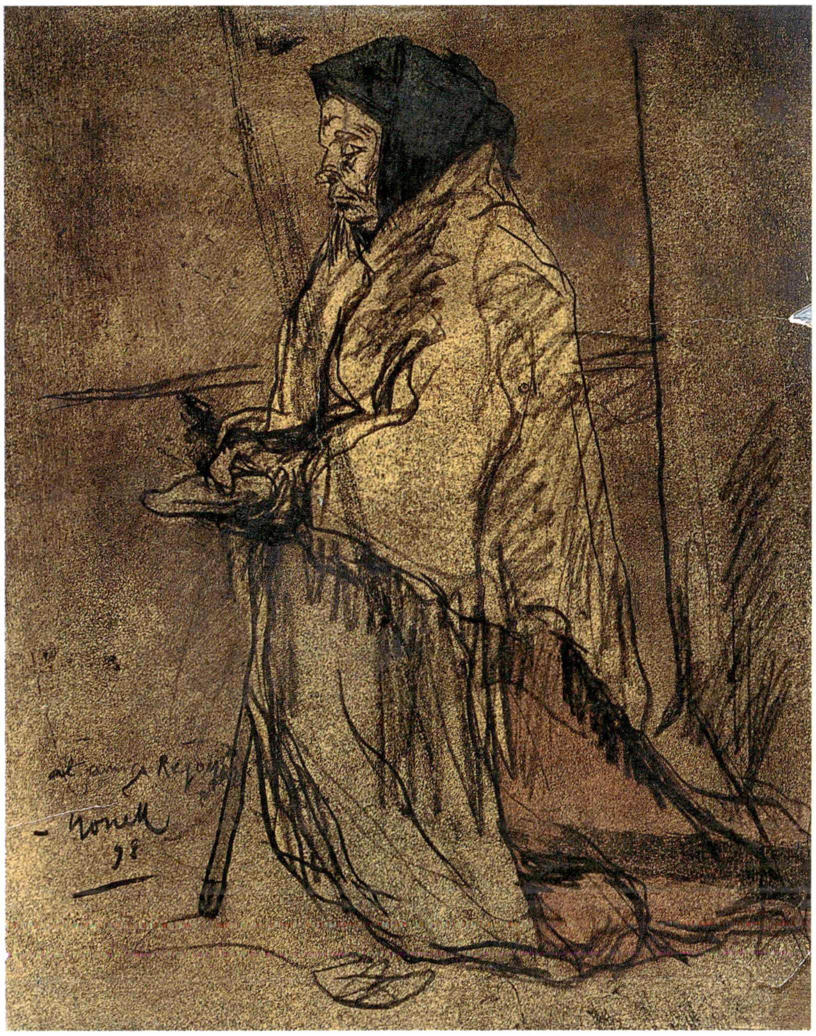

19. *Repatriado de Cuba en el muelle*, 1898

Pluma, tinta grasa, acuarela y barnizado
29,2 x 25,8 cm
Firmado y fechado dos veces "-Nonell-/98",
en la parte central e inferior izquierda
Adquisición, 1960
Gabinete de Dibujos y Grabados del MNAC, Barcelona
MNAC/GDG 67405

EXPOSICIONES: *Nonell*, Barcelona, Palacio de la Virreina, 16 de junio-31 de agosto de 1981; Madrid, Casa del Monte de Piedad, octubre-noviembre de 1981.

BIBLIOGRAFÍA: NONELL, C., *Isidro Nonell, su vida y su obra*, Madrid, Dossat, 1963, p. 216, cat. s/n, fig. XXXV. • JARDÍ, E., *Nonell*, Barcelona, Polígrafa [1969], p. 304, cat. núm. 41, fig. 41, p. 54; 1984, p. 261, cat. núm. 60, fig. 60, p. 54. • *Nonell*, Barcelona, Ayuntamiento de Barcelona, p. 49, cat. núm. 153, fig. 153, p. 102; Madrid, Caja de Ahorros y Monte de Piedad de Madrid/Ministerio de Cultura/Ayuntamiento de Barcelona, 1981, p. 48, cat. núm. 135, fig. 135, p. 99. • FONTBONA, F., *Nonell*, Barcelona, Nou Art Thor, 1987, fig p. 19 (Gent Nostra). • *Serra d'Or*, Barcelona, febrero de 1998, núm. 458, fig. cubierta.

La crónica "Llegada de *Los Andes*" que publicaba el 26 de noviembre de 1898 el periódico barcelonés *La Publicidad* relataba la llegada al puerto de Barcelona de un vapor con repatriados de la guerra de Cuba. El artículo, que narraba con crudeza el estado lamentable de la mayor parte de los jóvenes soldados, enfermos, heridos o lisiados, estaba ilustrado con cuatro apuntes del natural de Nonell. Durante el tiempo en que algunos de estos soldados, esperando el retorno a sus lugares de origen, deambularon por el puerto de Barcelona, algunos artistas, como Casas o el mismo Nonell, los utilizaron como tema para sus dibujos. Nonell concretamente representa en la obra que nos ocupa a un repatriado vestido con traje de hilo crudo y con sombrero panamá, pero la singularidad del dibujo radica especialmente en la original y elaborada técnica que utilizó.

En la exposición que en diciembre del mismo año celebró en Barcelona incluyó una serie de dibujos de repatriados entre los que predominaban los que representaban a los soldados más débiles, con cuerpos encorvados, con muleta y con una palidez cadavérica.

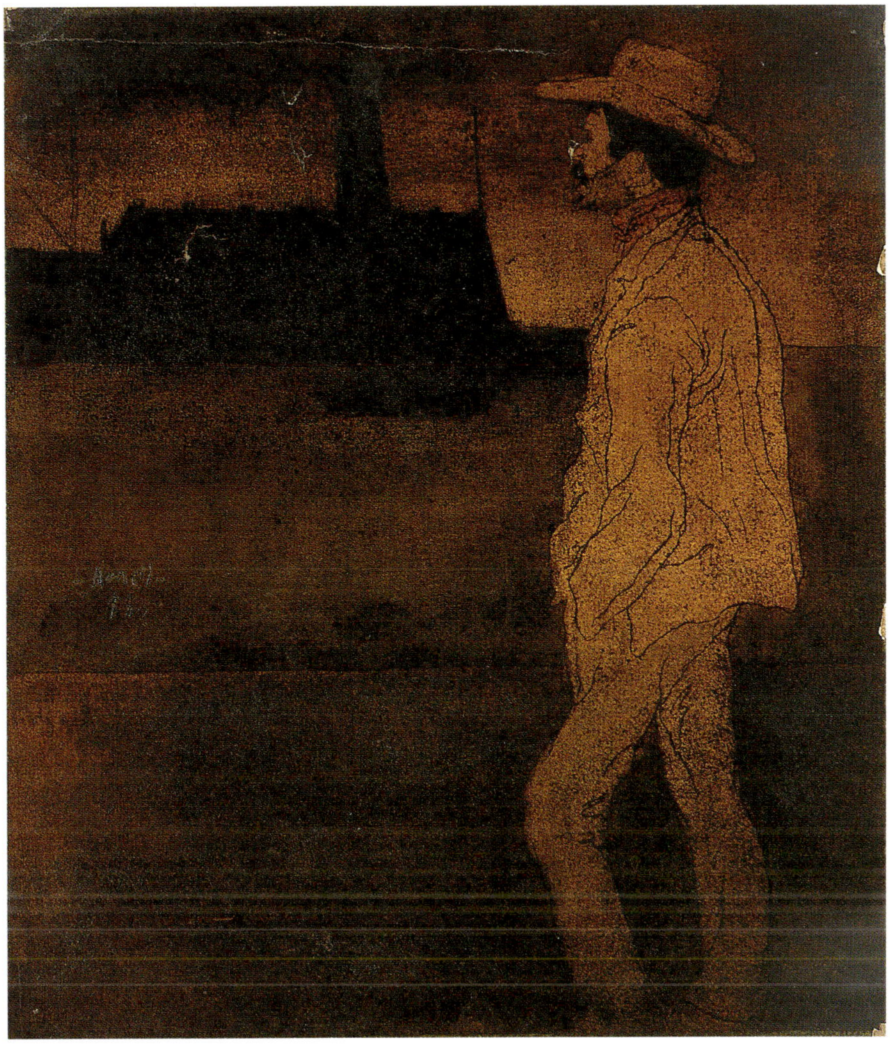

20. *Sacristán repartiendo limosnas*, 1898

Pluma, pastel, acuarela y barnizado
30,5 x 40,5 cm
Firmado y fechado "nonell/1898" en el ángulo superior izquierdo
Colección particular, Barcelona

EXPOSICIONES: *Homenaje a Isidro Nonell*, Barcelona, Sala Nonell, 13-26 de febrero de 1976; Madrid, 27 de abril de 1976. • *Nonell*, Barcelona, Palacio de la Virreina, 16 de junio-31 de agosto de 1981; Madrid, Casa del Monte de Piedad, octubre-noviembre de 1981. • *Col·leccionistes d'Art a Catalunya*, Barcelona, Palacio Robert-Palacio de La Virreina, 22 de junio-22 de julio de [1987].

BIBLIOGRAFÍA: GIRALT-MIRACLE, D., "La popularitat i el reconeixement d'Isidre Nonell", en *Qüestions d'Art*, Barcelona, 1973, año VII, núm. 27, fig. 200, p. 38. • *Homenaje a Isidro Nonell*, Barcelona, 1976, p. 22, cat. núm. 18, fig. p. 9. • VINTRÓ, A., *Cinquanta dibuixants de Catalunya que formaren època*, Barcelona, Glosa, 1981, fig. p. 101. • *Nonell*, Barcelona, Ayuntamiento de Barcelona, p. 49, cat. núm. 152, fig. 152, p. 101; Madrid, Caja de Ahorros y Monte de Piedad de Madrid/Ministerio de Cultura/Ayuntamiento de Barcelona, 1981, p. 48, cat. núm. 134, fig. 134, p. 98. • *Col·leccionistes d'Art a Catalunya*, Barcelona, Fundación Conde de Barcelona [1987], p. 225, cat. núm. 284, fig. p. 225.

Nonell pintó en París un óleo con este mismo tema. Las cuatro figuras de la derecha son casi idénticas mientras que las figuras de la parte izquierda de la composición son distintas.

Nonell conjuga magistralmente la plasmación de la miseria y de la decrepitud humanas con nuevas y personales técnicas que contribuyen a potenciar la fuerza expresiva de su trabajo. En este sentido su amigo Miquel Utrillo, en un artículo publicado en la revista *Luz* a propósito de la exposición de dibujos de Nonell en Els Quatre Gats, ponía de manifiesto los trucos que utilizaba el pintor en sus dibujos como "la benéfica lluvia de puntitos y los pases de tintas, tan meticulosos y cariñosamente hechos, cual si fueran altas esperiencias de medioevales alquimistas [...] ¡cuánto ganan con las sustanciales tintas que los apoyan y las visionescas penumbras que suelta sobre el papel en artístico é inteligente rocío! –Un dibujo de Nonell, pintado y barnizado, tiene más jugo artístico que diez galerías de la buena sociedad" (A.L. de Barán, "Isidro Nonell", en *Luz*, Barcelona, diciembre de 1898, p. 99).

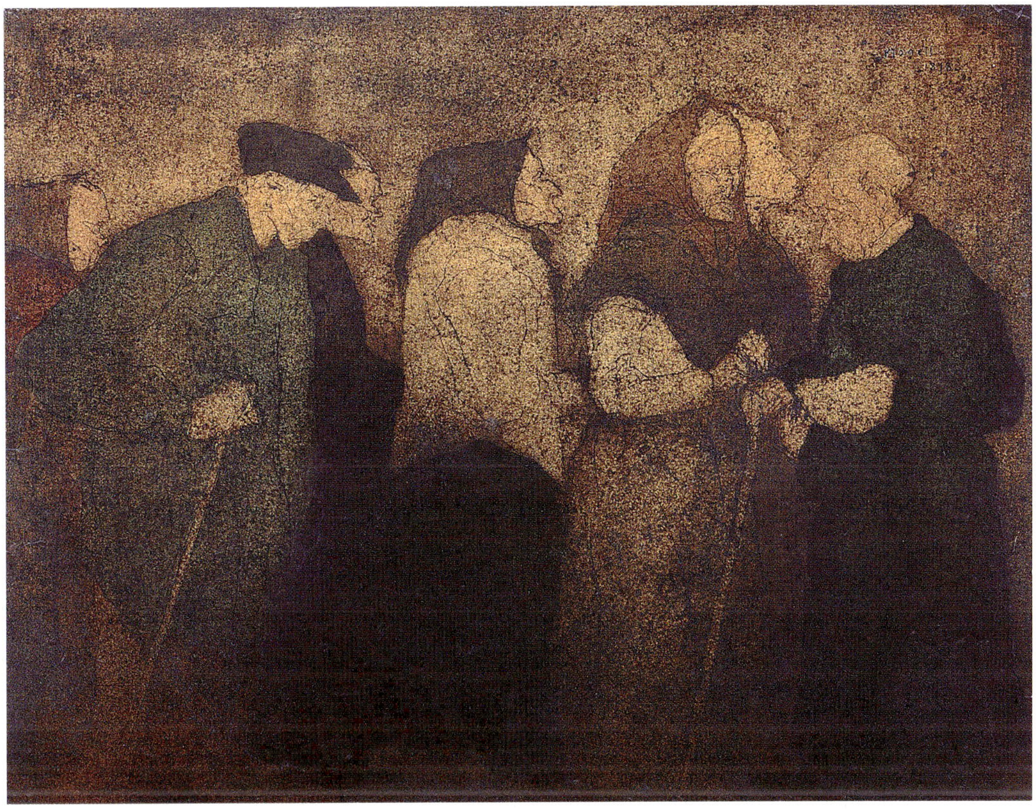

21. *Pobres esperando la sopa*, 1899

Óleo sobre cartón
51 x 65,5 cm
Firmado y fechado "I.Nonell/99" en el ángulo inferior derecho,
y en el reverso se lee: "A la porte d... che... / ...alire."
Museo de Montserrat (donación J. Sala Ardiz)

EXPOSICIONES: *Nonell*, Barcelona, Sala Parés, 17 de enero de 1902. • *Exposició Nonell. Vint-i-una pintures. Sis dibuixos de la Colección Josep Sala*, Barcelona, Galeries Laietanes, 16-30 de abril de 1925. • *Los 'Quatre Gats' y su época*, Barcelona, Sala Parés, mayo de 1954. • *III Bienal Hispanoamericana de Arte. Precursores y Maestros de la Pintura y Escultura Contemporánea*, Barcelona, Palacio Municipal de Exposiciones, 24 de septiembre de 1955-6 de enero de 1956. • *Before Picasso; after Miró*, Nueva York, The Salomon R. Guggenheim Museum, junio de 1960. • *L'avant-garde catalane et 'els 4 gats'*, París, Centro de Estudios Catalanes de la Universidad de la Sorbona, 1980. • *Espanya fi de segle 1898*, Madrid, Salas de Exposiciones del Ministerio de Educación y Cultura (antiguo MEAC), 13 de enero-19 de abril de 1998; Barcelona, Centre Cultural de la Fundació "La Caixa", 20 de mayo-26 de julio de 1998.

BIBLIOGRAFÍA: *Exposició Nonell. Vint-i-una pintures. Sis dibuixos de la Colección Josep Sala*, Barcelona, Galeries Laietanes, 1925, cat. núm. 5. • FLAMA [FOLCH I TORRES, J.], "Pintures d'en Nonell a la Colección Sala", en *Gaseta de les Arts*, Barcelona, 15 de abril de 1925, año II, núm. 23. • *Art*, Barcelona, julio de 1934, núm. 10, fig. p. 293 (número extraordinario dedicado a Nonell). • MERLI, J., *Isidre Nonell*, Barcelona, Junta Municipal de Exposiciones de Arte de Catalunya, 1938, fig. III. • BENET, R., *Isidro Nonell y su época*, Barcelona, Iberia, 1947, fig. XIV. • BENET, R., *Los 'Quatre Gats' y su* época, Barcelona, Barna, 1954, cat. núm. 42, fig. II. • BENET, R., *Historia de la pintura moderna. Simbolismo*, Barcelona, Omega, 1953, fig. • *III Bienal Hispanoamericana de Arte. Precursores y Maestros de la Pintura y Escultura Contemporánea*, Barcelona, 1955. • JARDÍ, E., *Nonell i altres assaigs*, Barcelona, Selecta, 1958, p. 37. • *Before Picasso; after Miró*, Nueva York, The Salomon R. Guggenheim Museum, 1960, cat. s/n. • NONELL, C., *Isidro Nonell, su vida y su obra*, Madrid, Dossat, 1963, p. 204, cat. s/n., fig. XIV. • JARDÍ, E., *Nonell*, Barcelona, Polígrafa [1969], p. 304, cat. núm. 39, fig. 39, p. 52-53; 1984, p. 260, cat. núm. 59, fig. 59, p. 52-53. • SOCÍAS, J., "Pintura", en *Modernismo en Cataluña*, Barcelona, Nuevo Arte Thor, 1976, fig. p. 196. • *Mestres de la pintura catalana. Colección Sala. Museo de Montserrat*, Barcelona, Fundació Caixa de Barcelona, 1986, p. 56, cat. núm. 120, fig. 120, p. 36. • *Espanya fi de segle 1898*, Barcelona, Fundació "La Caixa", 1997, p. 218. • *Museo de Montserrat. Guia de visita*, Barcelona, Publicacions de l'Abadia de Montserrat, 1998, fig. p. 58.

Tras su estancia en Boí en el verano de 1896, se produjo en la obra de Nonell un cambio importante que lo llevaría a representar la vida sórdida de la marginación social, de la que esta obra es un buen ejemplo. Sin embargo fue durante su residencia en París cuando el contacto del pintor con la obra de diversos artistas franceses propició un viraje significativo en su producción. Aunque en el transcurso de la primera estancia en París, en 1897, Nonell pintó algunos paisajes urbanos, más adelante, cuando ya había tenido ocasión de profundizar en el conocimiento de la pintura de los artistas franceses más avanzados y que más admiraba, abandonó este género para concentrarse en la representación de la figura. *Pobres esperando la sopa* muestra el nuevo camino emprendido por el artista en una línea claramente influida por Daumier, artista por el que Nonell sintió un gran entusiasmo, tal como manifestó a Raimon Casellas en una carta que le envió desde París el 26 de febrero de 1898 (Archivo Casellas, publicada por Ll.-E. Bou en *D'Art*, Barcelona, 2 de mayo de 1973).

Nonell pintó la obra que nos ocupa en París en 1899, como lo demuestra el hecho de que la tela fuese adquirida en la casa Pignel-Dupont. En este establecimiento, especializado en la venta de artículos para bellas artes, solían comprar sus lienzos otros artistas catalanes instalados en Montmartre, como Casas y Rusiñol. Cabe citar también que esta pintura estuvo en la galería Durand-Ruel, uno de los más acreditados marchantes parisinos, tal como lo confirma una etiqueta que se conserva en el bastidor.

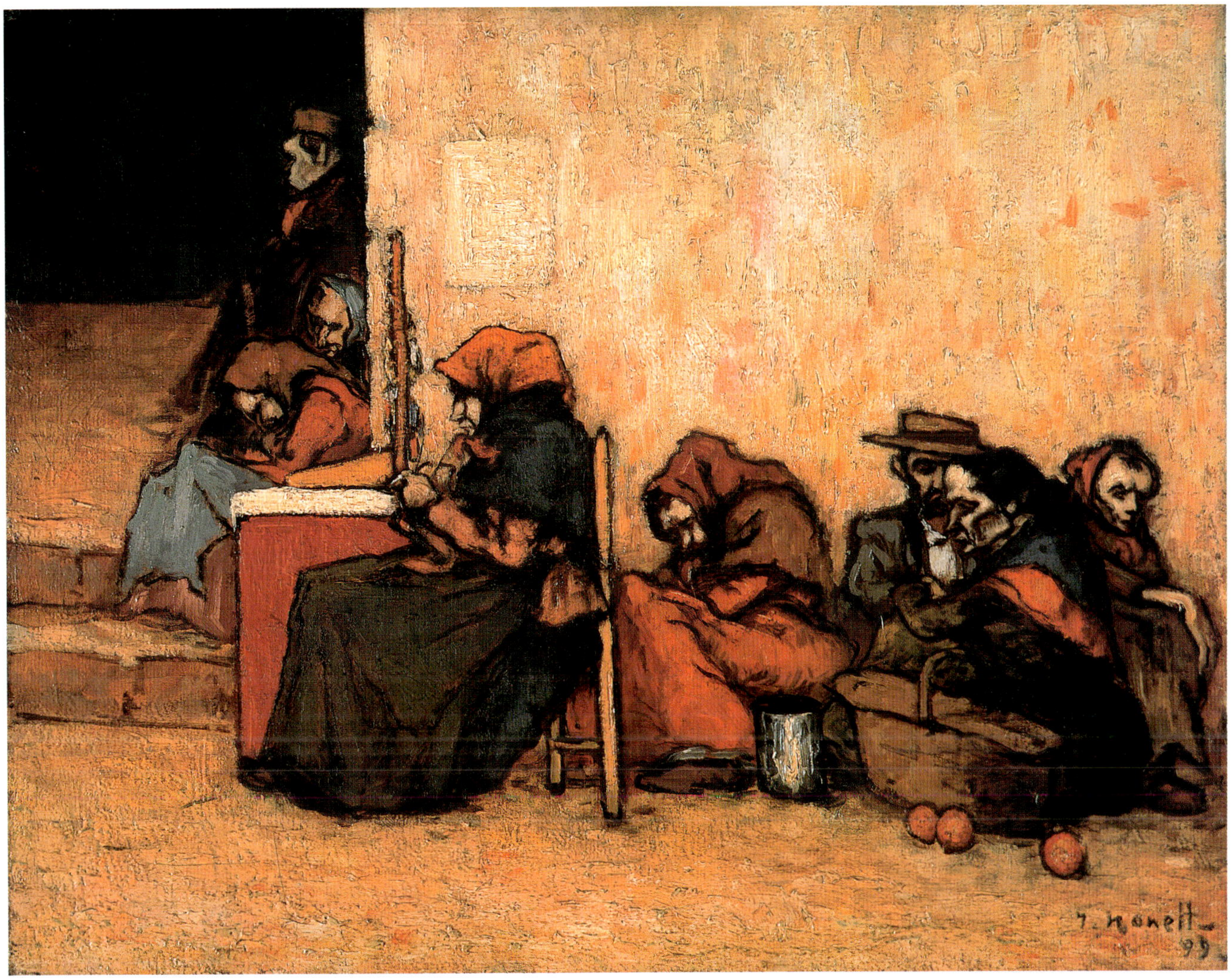
J. Nonell
99

22. *Tomando el sol*, 1900

Carboncillo y acuarela
26,5 x 21 cm
Firmado y fechado "nonell/Paris 1900" en el ángulo inferior derecho
Colección particular, Barcelona

EXPOSICIONES: *Exposición Isidro Nonell, conmemorativa del L Aniversario de la muerte del artista,* Barcelona, Palacio de la Virreina, noviembre de 1962.

BIBLIOGRAFÍA: *Pèl & Ploma,* Barcelona, enero de 1902, vol. III, núm. 84, fig. portada. • BOY [ARTÍS I BALAGUER, J.], "Recordant en Nonell", en *L'Esquella de la Torratxa,* Barcelona, 3 de marzo de 1911, núm. 1679, fig. p. 136-137. • *Exposición Isidro Nonell, conmemorativa del L Aniversario de la muerte del artista,* Barcelona, Junta de Museos, 1962, p. 38, cat. núm. 71. • JARDÍ, E., *Nonell,* Barcelona, Polígrafa [1969], p. 290, cat. núm. 225, fig. 225, p. 320; 1984, p. 265, cat. núm. 314, fig. 314, p. 247. • FONTBONA, F., *Nonell,* Barcelona, Nou Art Thor, 1987, fig p. 23 (Gent Nostra).

A finales de octubre de 1900 Nonell regresaba definitivamente de París, después de una prolongada estancia, con las obras que había realizado en aquella ciudad, en gran parte dibujos. Algunos de estos dibujos aparecieron publicados en la revista *Pèl & Ploma* de enero de 1902. Se trataba de un número dedicado en buena parte a Nonell, ya que además de incluir treinta dibujos suyos, Utrillo le dedicaba el editorial y Eugeni d'Ors, entonces prácticamente desconocido, publicaba su escrito titulado "La fí de l'Isidro Nonell". *Tomando el sol* era la reproducción que aparecía en la cubierta.

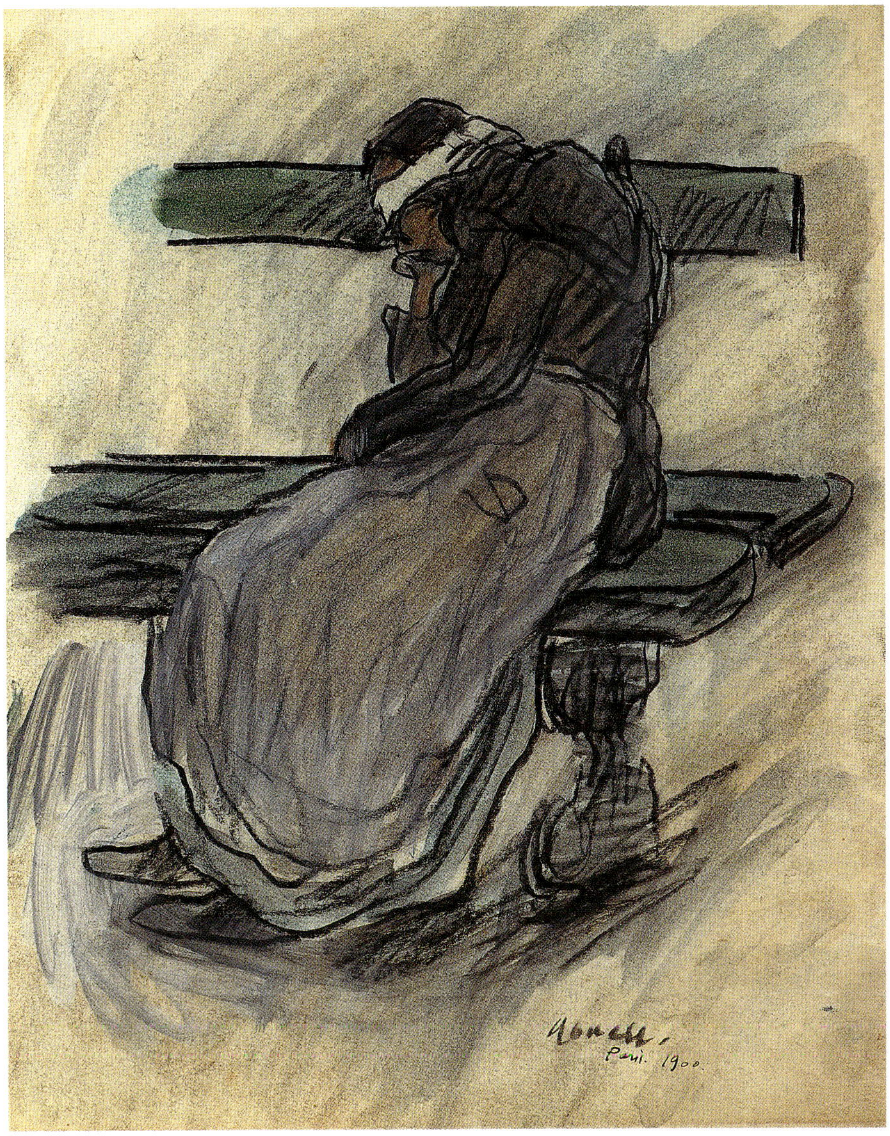

23. *Un pobre de París*, 1900

Carboncillo y toques de acuarela
27 x 22 cm
Firmado y fechado "nonell/Paris 1900" en el ángulo inferior izquierdo
Colección particular, Barcelona

EXPOSICIONES: *Exposición Isidro Nonell, conmemorativa del L Aniversario de la muerte del artista*, Barcelona, Palacio de la Virreina, noviembre de 1962.

BIBLIOGRAFÍA: *Pèl & Ploma*, Barcelona, enero de 1902, vol. III, núm. 84, fig. p. 235. • BOY [ARTÍS I BALAGUER, J.], "Recordant en Nonell", en *L'Esquella de la Torratxa*, Barcelona, 3 de marzo de 1911, núm. 1679, fig. p. 136-137. • *Exposición Isidro Nonell, conmemorativa del L Aniversario de la muerte del artista*, Barcelona, Junta de Museos, 1962, p. 38, cat. núm. 72. • JARDÍ, E., *Nonell*, Barcelona, Polígrafa [1969], p. 321, cat. núm. 229, fig. 229, p. 290; 1984, p. 265, cat. núm. 318, fig. 318, p. 248.

En la misma línea que el dibujo anterior, reproducido también en la revista *Pèl & Ploma*, Nonell representa a un personaje del mundo marginal, del que supo extraer, en palabras de Utrillo un "hermoso horror decorativo". La mayor parte de los dibujos reproducidos en la citada revista, de enérgica y sobria factura, reflejan magistralmente la fealdad y la degeneración humana.

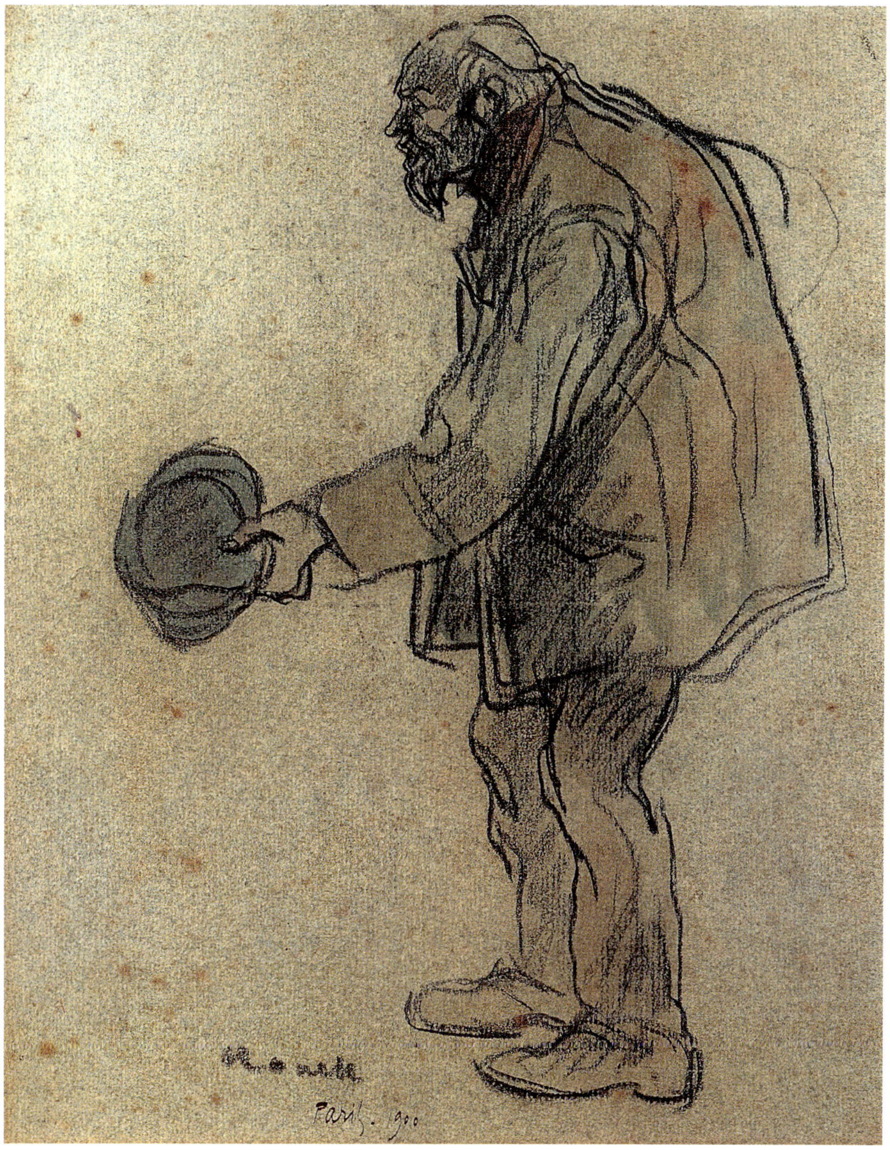
Paris. 1900

24. *Vieja dormida en un banco*, 1900

Carboncillo
26,5 x 21 cm
Firmado y fechado "nonell/Paris 1900" en el ángulo inferior derecho
Colección particular, Barcelona

BIBLIOGRAFÍA: *Pèl & Ploma*, Barcelona, enero de 1902, vol. III, núm. 84, fig. p. 254. • JARDÍ, E., *Nonell*, Barcelona, Polígrafa [1969], p. 321, cat. núm. 250, fig. 250, p. 293; 1984, p. 265, cat. núm. 339, fig. 339, p. 251.

Cuando Nonell en el terreno pictórico aún tenía que manifestar su verdadero talento artístico, ya había alcanzado con sus dibujos una maestría y un dominio absolutos. Los distintos conjuntos que había realizado hasta este momento, como los cretinos, las escenas de su primera estancia en París o los repatriados, le habían proporcionado el favor de una parte de la crítica artística y el rechazo del público. La sutil ironía y la evidente crueldad con las que reflejaba el mundo sórdido de la marginación social –del que esta anciana con un hatillo que dormita en un banco es un claro exponente– chocaba con la estética imperante y con el gusto de sus coetáneos.

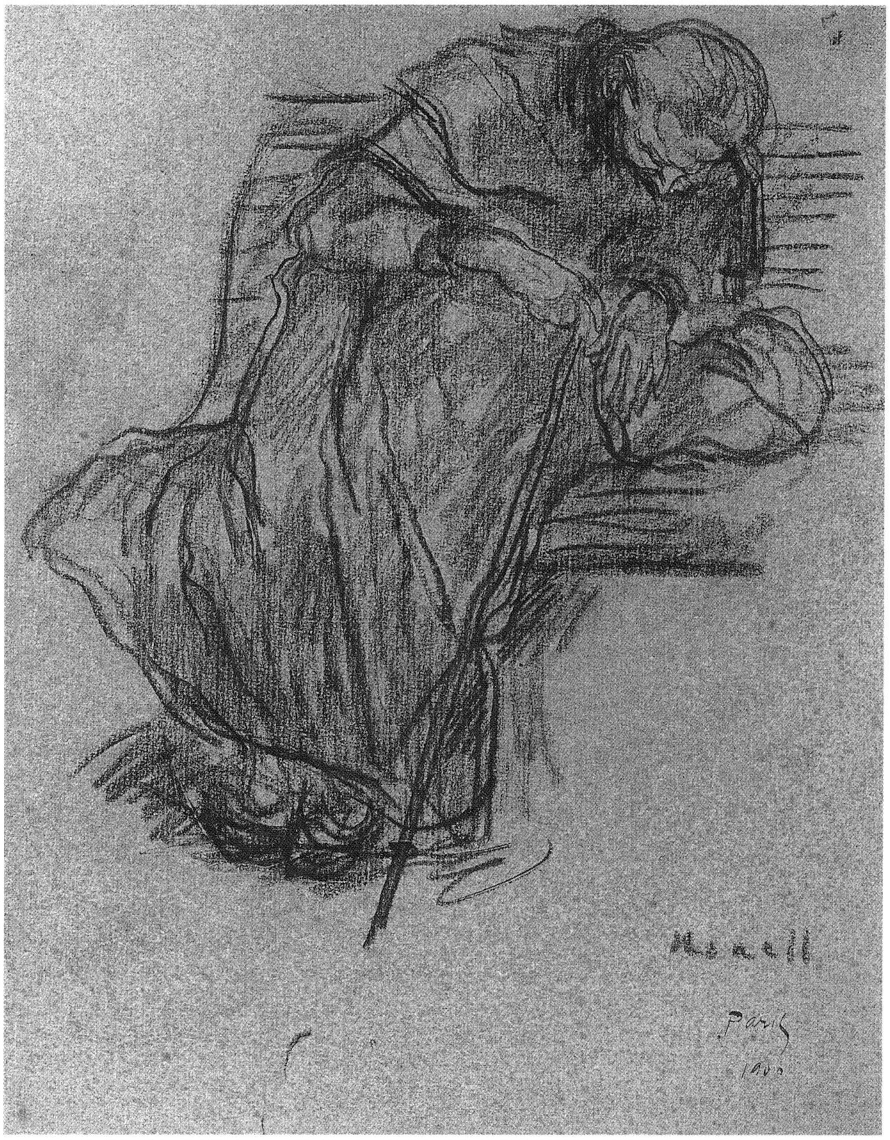
Paris
1900

25. *Playa de Pequín*, 1901

Óleo sobre lienzo
50 x 65 cm
Firmado "nonell-" en el ángulo inferior izquierdo
y firmado y fechado "Nonell.1901" en el reverso
Museo de Montserrat (donación J. Sala Ardiz)

EXPOSICIONES: *Exposició d'Art*, Barcelona, Palacio de Bellas Artes, mayo de 1918. • *Exposició Nonell. Vint-i-una pintures. Sis dibuixos de la col·lecció Josep Sala*, Barcelona, Galeries Laietanes, 16-30 de abril de 1925. • *Los 'Quatre Gats' y su época*, Barcelona, Sala Parés, mayo de 1954. • *Nonell*, Barcelona, Palacio de la Virreina, 16 de junio-31 de agosto de 1981; Madrid, Casa del Monte de Piedad, octubre-noviembre de 1981. • *Barcelona. Madrid. 1898-1998. Sintonías y distancias*, Barcelona, Centro de Cultura Contemporánea, 22 de septiembre de 1997-18 de enero de 1998; Madrid, Círculo de Bellas Artes, 3 de marzo-10 de mayo de 1998.

BIBLIOGRAFÍA: *Exposició d'Art. Catàleg Oficial*, Barcelona, Ayuntamiento de Barcelona, 1918, p. 98, cat. núm. 694. • CARLES, D., "L'obra d'En Nonell", en *La Veu de Catalunya. Pàgina Artística*, Barcelona, 20 de mayo de 1918, núm. 435, p. 5. • CARLES, D., "El pintor Isidre Nonell", en *Vell i Nou*, Barcelona, mayo 1920, vol. I, núm. II, fig. p. 68. • *Exposició Nonell. Vint-i-una pintures. Sis dibuixos de la col·lecció Josep Sala*, Barcelona, Galeries Laietanes, 1925, cat. núm. 8, fig. 8. • RÀFOLS, J.F. "Pensant en l'obra de Nonell", en *Gaseta de les Arts*, Barcelona, 1 de noviembre de 1925, núm. 36, p. 4. • *Art*, Barcelona, julio de 1934, núm. 10, fig. p. 296 (número extraordinario dedicado a Nonell). • RÀFOLS, J.F., "La sinceridad en nuestra pintura de fin de siglo", en *Anales y Boletín de los Museos de Arte de Barcelona*, Barcelona, Ayuntamiento de Barcelona, vol. I, núm. 2, p. 22. • BENET, R., *Los 'Quatre Gats' y su* época, Barcelona, Barna, 1954, cat. núm. 47, fig. 16. • THARRATS, J.J., "Nonell", en *Revista*, Barcelona, 3-9 de junio de 1954, núm. 112, fig. • NONELL, C., *Isidro Nonell, su vida y su obra*, Madrid, Dossat, 1963, p. 202, cat. s/n., fig. IX. • JARDÍ, E., *Nonell*, Barcelona, Polígrafa [1969], p. 304, cat. núm. 23, fig. 23, p. 31; 1984, p. 260, cat. núm. 26, fig. 26, p. 35. • *Nonell*, Barcelona, Ayuntamiento de Barcelona, 1981, p. 33, cat. núm. 14, fig. 14, p. 69; Madrid, Caja de Ahorros y Monte de Piedad de Madrid/Ministerio de Cultura/Ayuntamiento de Barcelona, 1981, p. 33, cat. núm. 14, fig. 14, p. 68. • *Mestres de la pintura catalana. Col·lecció Sala. Museu de Montserrat*, Barcelona, Fundació Caixa de Barcelona, 1986, p. 56, cat. núm. 121, fig. 121, p. 37. • *Barcelona. Madrid. 1898-1998. Sintonías y distancias*, Barcelona, Centro de Cultura Contemporánea/Comunidad de Madrid/Institut d'Edicions, 1997, p. 251, cat. s/n., fig. p. 106.

El barrio de Pequín estaba situado en el extrarradio de Barcelona, junto a Sant Adrià del Besòs. Era una antigua barriada de pescadores que se había creado hacia 1870 cuando se establecieron unas familias chinas. A principios de siglo era ya una zona de barracas que perduraron hasta época reciente. Nonell, que debía de ir a buscar modelos –pobres, desarraigados o gitanas– para sus obras, supo transmitir el ambiente de suciedad y miseria del barrio en esta barraca situada en la playa.

Tanto por la fecha de 1901, que figura en el reverso de la tela, como por el lugar que representa, no hay duda de que Nonell realizó esta tela en Barcelona. El año anterior había regresado de París, estancia que, como ya hemos dicho, fue decisiva para su formación artística. En este sentido, parece evidente en esta pintura el conocimiento y la influencia que recibió de algunos impresionistas y, muy especialmente, de Monet. Precisamente las obras que vio de este artista al llegar a París no le entusiasmaron, pero unos meses después, cuando había tenido ocasión de ver muchos de sus paisajes y especialmente las famosas catedrales, manifestó su entusiasmo a Casellas en una carta fechada el 26 de febrero de 1898 en la que le decía que admiraba especialmente a Monet ya que lo consideraba el más personal, el más moderno y el más genial de los pintores de la escuela impresionista (Archivo Casellas. Publicada por Ll.-E. Bou en *D'Art*, Barcelona, 2 de mayo de 1973).

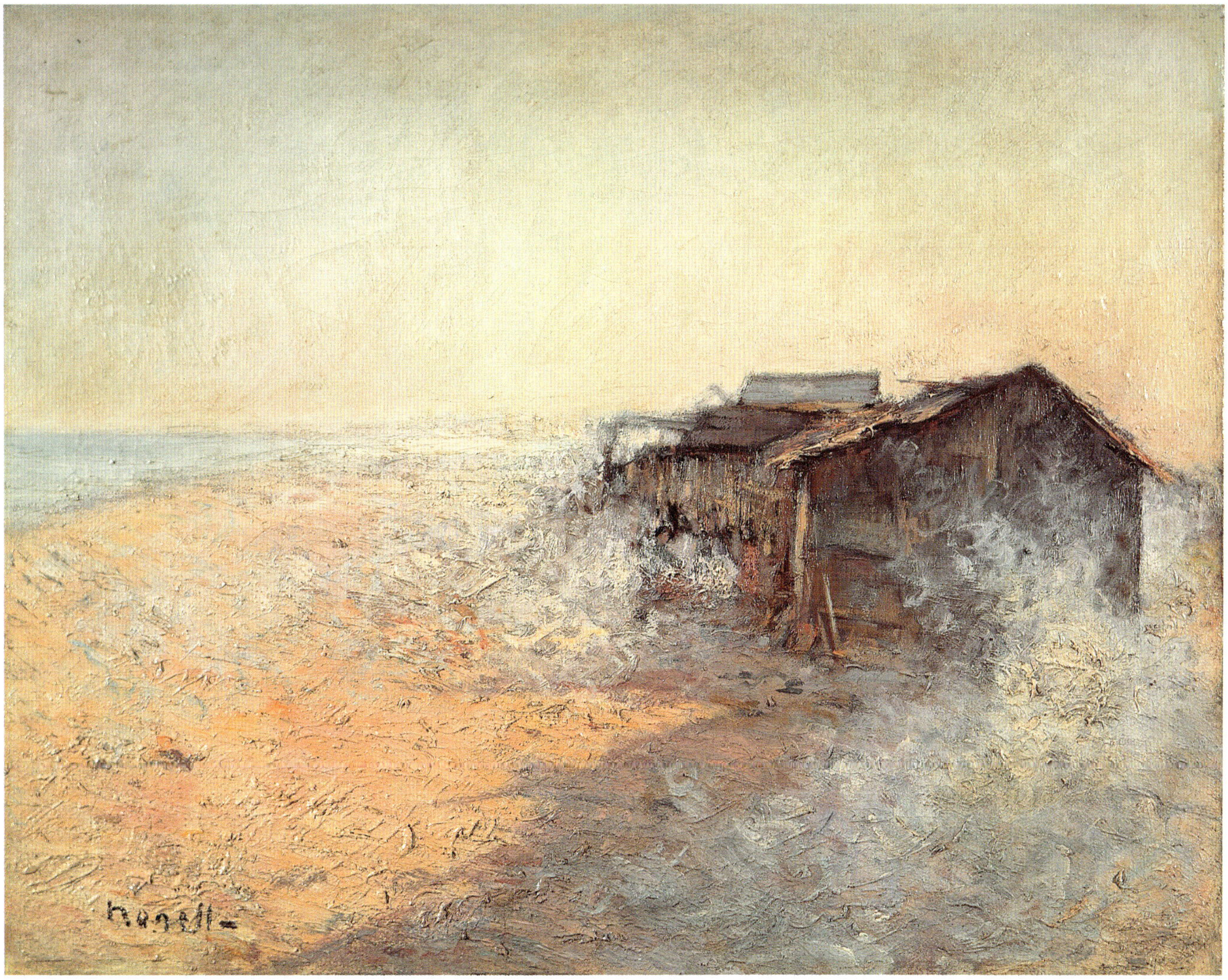
Monet

26. *Gitanilla*, 1901

Óleo sobre lienzo
65,5 x 50 cm
Firmado "nonell" en el ángulo inferior derecho. No fechado
Colección particular, Barcelona

EXPOSICIONES: *Nonell*, Barcelona, Sala Parés, 17 de enero de 1902. • *Salon de la Société Nationales des Beaux-Arts*, París, 1902. • *Exposició d'una gran part de les obres pintades i dibuixades desde'l 1900 per En Nonell*, Barcelona, Faianç Català, 15 de enero-13 de febrero de 1910.

BIBLIOGRAFÍA: *Salon de la Société Nationales des Beaux-Arts*, París, 1902, cat. núm. 892. • ARPOL, "Vida y morts artístiques", en *Papitu*, Barcelona, 16 de febrero de 1910, núm. 64, p. 102-103. • SANTOS TORROELLA, R., "Se cumplen 100 años del nacimiento de Isidro Nonell", en *El Noticiero Universal*, Barcelona, 27 de noviembre de 1973. • JARDÍ, E., *Nonell*, Barcelona, Polígrafa, 1984, p. 262, cat. núm. 153, fig. 153, p. 130.

Pocos días después de clausurarse la exposición Nonell del Faianç Català, la revista *Papitu* (16 de febrero de 1910), de la cual Nonell era colaborador, publicó un artículo en el que se comentaba el éxito de la muestra y el hecho de que se habían vendido más de treinta pinturas. Entre los compradores figuraban algunos de los más destacados coleccionistas, artistas y personalidades diversos de Cataluña. El articulista citaba los nombres de los diversos compradores y, entre ellos, el de Amadeu Hurtado, de quien se precisaba que "ha comprado la primera gitana que Nonell ha pintado en este mundo". Por lo tanto, esta obra, que perteneció al abogado y político citado, es, según esta información, la primera gitana pintada por Isidre Nonell.

Aunque el citado artículo confirma que esta pintura figuró en la exposición del Faianç Català, en el bastidor no se conserva la etiqueta que llevan la mayoría de las obras que estuvieron expuestas. En el reverso de la tela constaba la fecha de la obra –"enero-febrero 1901"–, pero con motivo de un reentelado llevado a cabo en 1953, se transcribió equivocadamente esta fecha y en vez de 1901 se anotó 1907. Este error ha hecho que algunos estudiosos hayan fechado esta tela en 1907. Por último, hay que destacar que en el bastidor se conserva una etiqueta con el nombre del artista y su dirección en francés, que permite identificar esta pintura como la obra que con el título *Gitanilla* presentó en el Salon des Beaux-Arts de París de 1902. Las dos obras que Nonell envió al citado salón habían figurado, pocos meses antes, en la exposición de la Sala Parés de Barcelona.

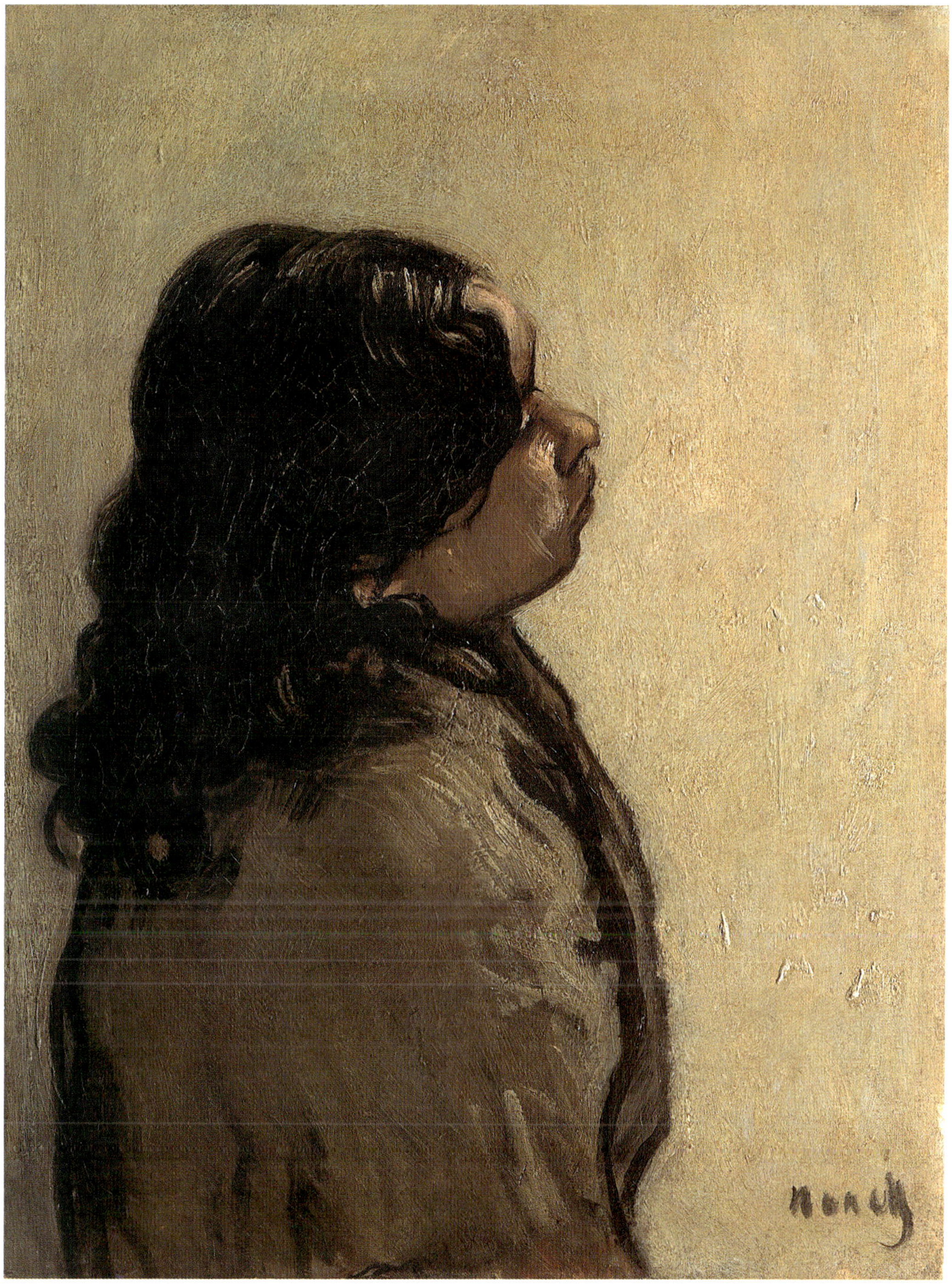
Nonell

27. *Estudio (gitana)*, 1901

Óleo sobre lienzo
55 x 46 cm
Firmado "nonell" en el ángulo inferior derecho y firmado y fechado "Setiembre-1901/n" en el reverso
Oriol Galeria d'Art, Barcelona

EXPOSICIONES: *Nonell*, Barcelona, Sala Parés, 17 de enero de 1902. • *Exposició d'una gran part de les obres pintades i dibuixades desde'l 1900 per En Nonell*, Barcelona, Faianç Català, 15 de enero-13 de febrero de 1910. • *I. Nonell. 14 pinturas*, Barcelona, Sala Gaspar, 9 de diciembre de 1967-6 de enero de 1968.

BIBLIOGRAFÍA: *Art*, Barcelona, julio de 1934, núm. 10, fig. [p. 323] (número extraordinario dedicado a Nonell). • NONELL, C., *Isidro Nonell. Su vida y su obra*, Madrid, Dossat, 1963, p. 207, cat. s/n. • *I. Nonell. 14 pinturas*, Barcelona, Sala Gaspar, 1967, s/p., cat. núm. 3, fig. • JARDÍ, E., *Nonell*, Barcelona, Polígrafa [1969], p. 304, cat. núm. 44, fig. 44, p. 73; 1984, p. 261, cat. núm. 70, fig. 70, p. 61.

La mayor parte de las quince obras que Nonell expuso en la Sala Parés en enero de 1902 representaba gitanas viejas. Aunque no se pueden identificar las obras expuestas en aquella muestra, una crítica sobre esta exposición, publicada en la revista *La perdiu ab salsa* (13 de enero de 1902), reproduce la caricatura de una figura muy similar a la que comentamos, pero de perfil hacia la derecha. Es muy probable, pues, que se trate de la caricatura de esta misma obra o bien que, en todo caso, se trate de la misma modelo. Por lo tanto, es casi seguro que esta pintura debió de participar en la citada exposición.

La intensidad del color amarillo del fondo contribuye a remarcar la silueta de la gitana. Nonell trazó el perfil y las facciones de la figura con pinceladas negras, gruesas y sinuosas, utilizando la misma factura que en el *Retrato de Juli Vallmitjana*, también de 1901. Cabe recordar que en su faceta de dibujante, paralela a su obra pictórica, el artista había consolidado ya una madurez extraordinaria y sus dibujos reflejaban la fuerza de su personalidad. Su trayectoria pictórica, en cambio, no estaba demasiado definida y en los lienzos de este momento se percibe la búsqueda de un estilo personal que configurase su propio lenguaje. El artista, no obstante, no hizo ninguna otra obra con estas características quizás porque el resultado era demasiado caricaturesco.

Esta pintura formó parte de la exposición individual más importante celebrada en vida del artista, que tuvo lugar en el Faianç Català de Barcelona en 1910. En el bastidor se conserva la etiqueta de esta exposición en la que consta el número 108 y el título *Estudi (gitana)*, escrito en color azul.

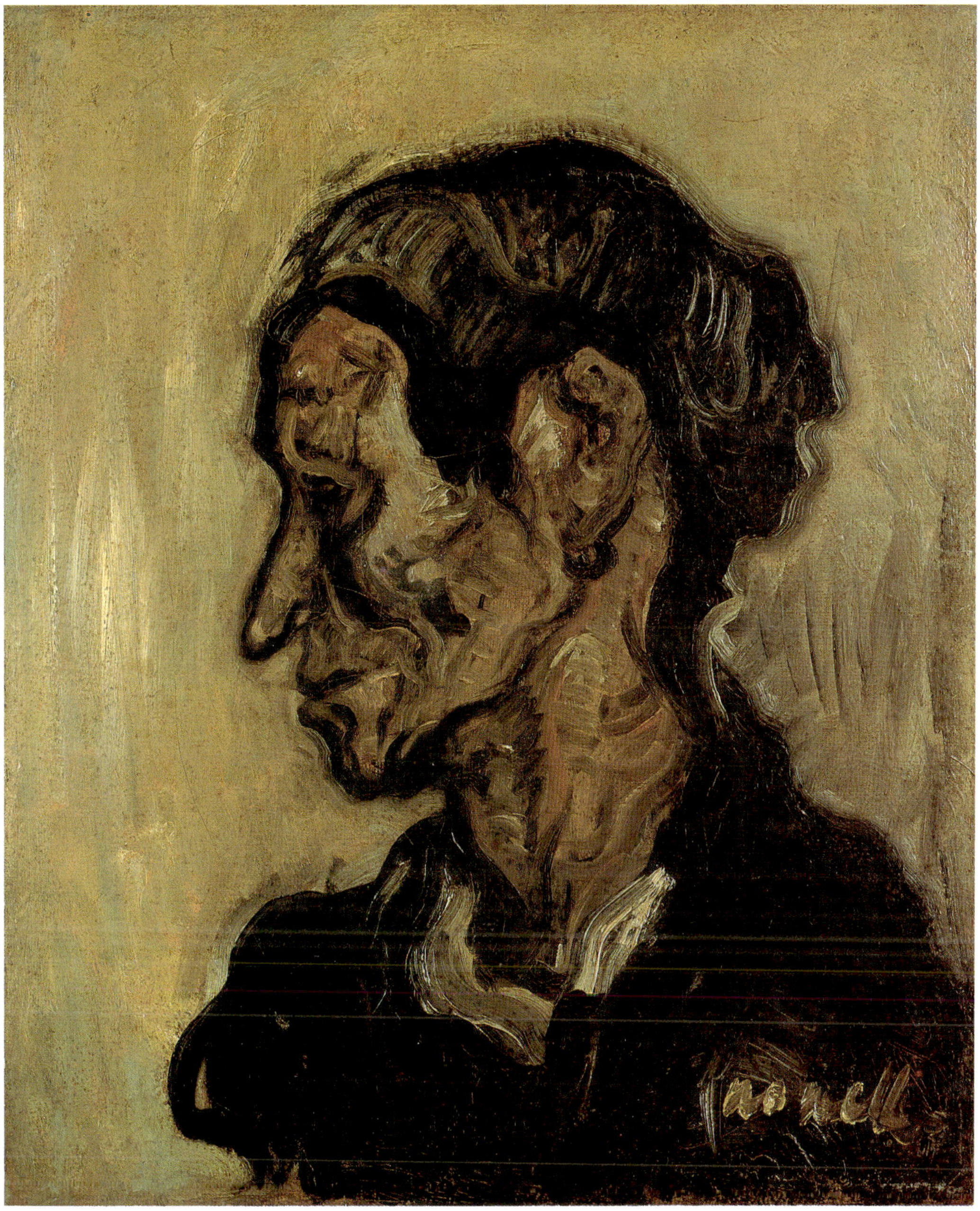

28. *La Sol*, 1901

Óleo sobre lienzo
65,5 x 50 cm
Firmado "nonell-" en el ángulo inferior derecho
y "nonell" en el reverso. No fechado
Colección Alorda-Derksen, Barcelona

EXPOSICIONES: *Nonell*, Barcelona, Sala Parés, 17 de enero de 1902. • *Exposició d'una gran part de les obres pintades i dibuixades desde'l 1900 per En Nonell*, Barcelona, Faianç Català, 15 de enero-13 de febrero de 1910. • *Exposición de Homenaje a Isidro Nonell (1873-1911)*, Barcelona, Sala Barcino, 28 de febrero-21 de marzo de 1948.

BIBLIOGRAFÍA: LAGO, S., "El arte catalán contemporáneo. Isidro Nonell", en *La Esfera*, Madrid, 13 de noviembre de 1915, año II, núm. 98, fig. • PLANA, A., *L'obra d'Isidre Nonell*, Barcelona, Publicacions de La Revista, 1917, p. 162 [núm. 16]. • *Art*, Barcelona, julio de 1934, núm. 10, fig. [p. 299] (número extraordinario dedicado a Nonell). • MERLI, J., *Isidre Nonell*, Barcelona, Junta Municipal de Exposiciones de Arte de Catalunya, 1938, fig. VI. • BENET, R., *Isidro Nonell y su época*, Barcelona, Iberia, 1947, fig. XVI. • *Exposición de Homenaje a Isidro Nonell (1873-1911)*, Barcelona, Sala Barcino, 1948, cat. núm. 53 o 56, fig. • BENET, R., *Historia de la pintura moderna. Simbolismo*, Barcelona, Omega, 1953, fig. • NONELL, C., *Isidro Nonell, su vida y su obra*, Madrid, Dossat, 1963, p. 205, cat. s/n., fig. XVI.

La Sol forma parte de la serie de quince pinturas de gitanos y gitanas que Nonell hizo en el año 1901 y dio a conocer a principios del año siguiente en la Sala Parés en una controvertida muestra que originó más escarnios que elogios. Aunque con anterioridad ya había utilizado gitanos como modelos de sus dibujos, es a partir de 1901 cuando se convierten en tema casi exclusivo de su pintura. Las obras expuestas en la mencionada muestra entraron en conflicto con los gustos del público y de la crítica conservadora y originaron un rechazo general en torno a la pintura de Nonell que perduraría hasta el año 1910. Aunque de esta exposición de 1901 no se publicó catálogo ni las obras se reprodujeron en las crónicas de la exposición, es casi seguro que la obra que nos ocupa formó parte de esta muestra.

Las características de este lienzo, uno de los mejores de aquel momento, definen la pintura de Nonell de entonces: figuras perfectamente perfiladas con un trazo grueso que se destacan sobre un fondo amarillento y colores brillantes aplicados con pinceladas espesas y largas. Si bien alguna de estas características perduraría en la obra de Nonell, tenía en aquel momento carácter experimental y evolucionaría a medida que el artista consolidara su madurez.

Esta pintura formó parte de la exposición individual más importante celebrada en vida del artista, que tuvo lugar en el Faianç Català de Barcelona en 1910. En el bastidor se conserva la etiqueta de esta exposición en la que consta un número ilegible y el título *La Sol*, escrito en color azul.

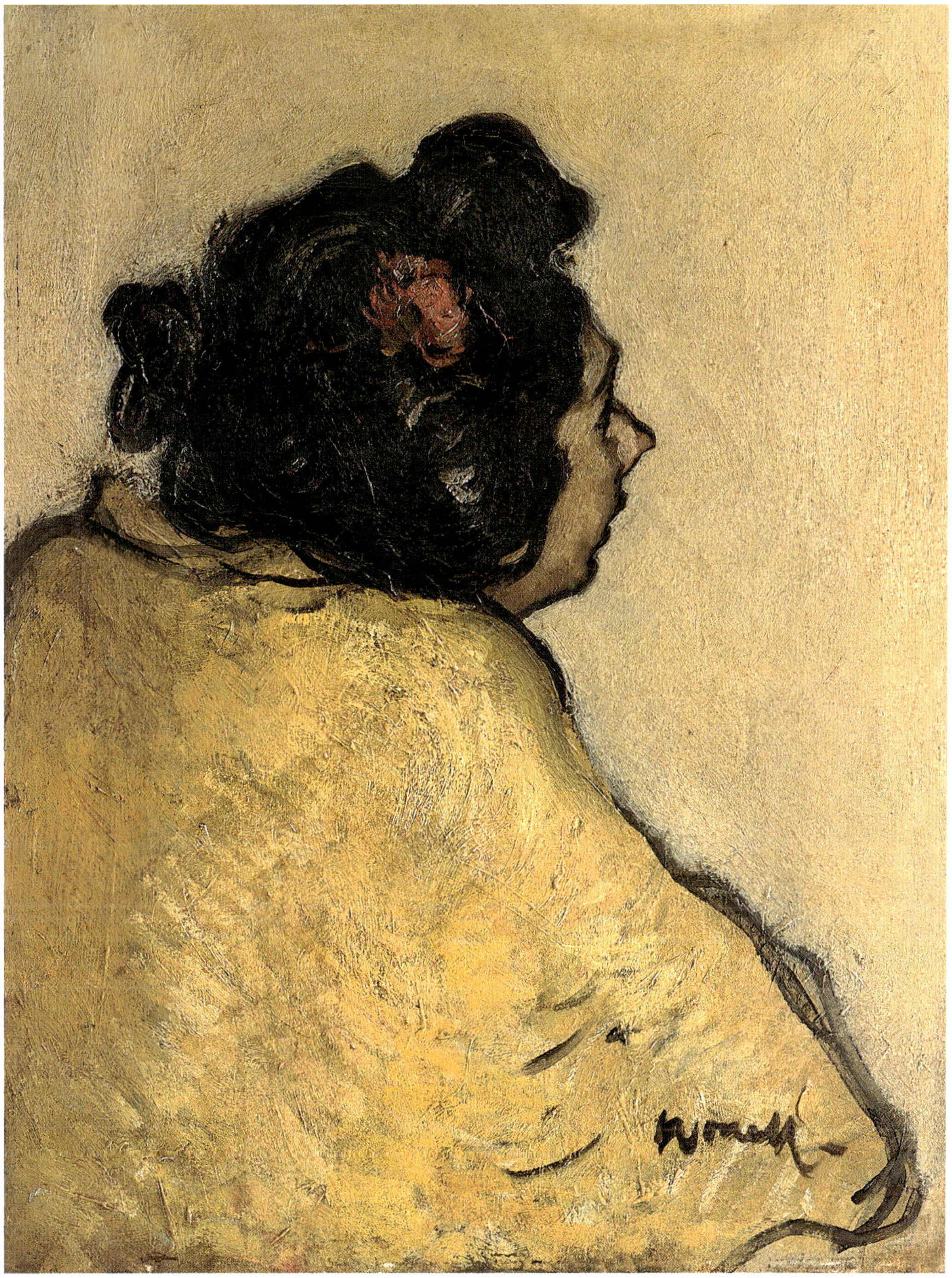

29. *Estudio de gitano*, 1901

Óleo sobre lienzo
73 x 61 cm
Firmado y fechado "nonell/1901" en el ángulo inferior izquierdo y "nonell 1901" en el reverso
Colección particular, Madrid

EXPOSICIONES: *Nonell*, Barcelona, Sala Parés, 17 de enero de 1902. • *Exposició d'una gran part de les obres pintades i dibuixades desde'l 1900 per En Nonell*, Barcelona, Faianç Català, 15 de enero-13 de febrero de 1910. • *Exposición de Homenaje a Isidro Nonell (1873-1911)*, Barcelona, Sala Barcino, 28 de febrero-21 de marzo de 1948. • *Exposición Isidro Nonell, conmemorativa del L Aniversario de la muerte del artista*, Barcelona, Palacio de la Virreina, noviembre de 1962. • *Centro y periferia en la modernización de la pintura española 1880-1918*, Madrid, Palacio Velázquez, 1 de diciembre de 1993-3 de marzo de 1994; Bilbao, Museo de Bellas Artes, 15 de abril-15 de junio de 1994.

BIBLIOGRAFÍA: PLANA, A., *L'obra d'Isidre Nonell*, Barcelona, Publicacions de La Revista, 1917, p. 162 [núm. 13]. • *Art*, Barcelona, julio de 1934, núm. 10, fig. [p. 307] (número extraordinario dedicado a Nonell). • GOICOECHEA, R.E. de, *Isidro Nonell, el impresionista filósofo*, Barcelona, Librería Catalonia, 1938, p. 45, fig. 3 (Índices de Arte Español). • *Exposición de Homenaje a Isidro Nonell (1873-1911)*, Barcelona, Sala Barcino, 1948, cat. núm. 52. • *Exposición Isidro Nonell, conmemorativa del L Aniversario de la muerte del artista*, Barcelona, Junta de Museos, 1962, p. 30, cat. núm. 11. • NONELL, C., *Isidro Nonell, su vida y su obra*, Madrid, Dossat, 1963, p. 163 y 206, cat. s/n. • JARDÍ, E., *Nonell*, Barcelona, Polígrafa [1969], p. 306, cat. núm. 50, fig. 50, p. 79; 1984, p. 261, cat. núm. 81, fig. 81, p. 73. • MENDOZA, C., "Estudio de gitano", en *Centro y periferia en la modernización de la pintura española 1880-1918*, Madrid, Ministerio de Cultura, 1991, p. 148-149, cat. núm. 49, fig. p. 133 y 149.

En el artículo publicado en la revista *La perdiu ab salsa* (13 de enero de 1902) a raíz de la exposición *Nonell* en la Sala Parés en enero de 1902 se cita elogiosamente la pintura en la que el artista utilizó como modelo al pintor Joaquim Mir. Tanto la descripción que se hace de esta obra así como de los rasgos generales del personaje retratado (especialmente del pelo y de la barba) permiten suponer que efectivamente el modelo de la obra que nos ocupa fue Mir, artista con quien Nonell mantuvo una estrecha amistad.

Aunque Joaquim Mir vivía por aquella época en Mallorca, donde residió unos años, pintando los parajes de la isla con una exaltación desenfrenada, en 1901 realizó un viaje a Barcelona a raíz de la exposición individual que celebró en la Sala Parés el mes de octubre, momento en que Nonell podía haber pintado esta obra. La relación entre los dos artistas se inició en la infancia cuando los dos coincidieron en la escuela y, juntos, empezaron a pintar venciendo la resistencia de sus padres que los querían alejar del mundo del arte.

Muy probablemente esta pintura, en cuyo bastidor se conserva una etiqueta con el nombre del artista y su dirección en francés, fue la que, con el título *Gitano*, participó en el Salon des Beaux-Arts de París de 1902. Asimismo, esta obra formó parte de la exposición individual más importante celebrada en vida del artista, que tuvo lugar en el Faianç Català de Barcelona en 1910. En el bastidor se conserva la etiqueta de esta exposición en la que consta el número 63 y el título *Estudi de gitano*, escrito en color azul.

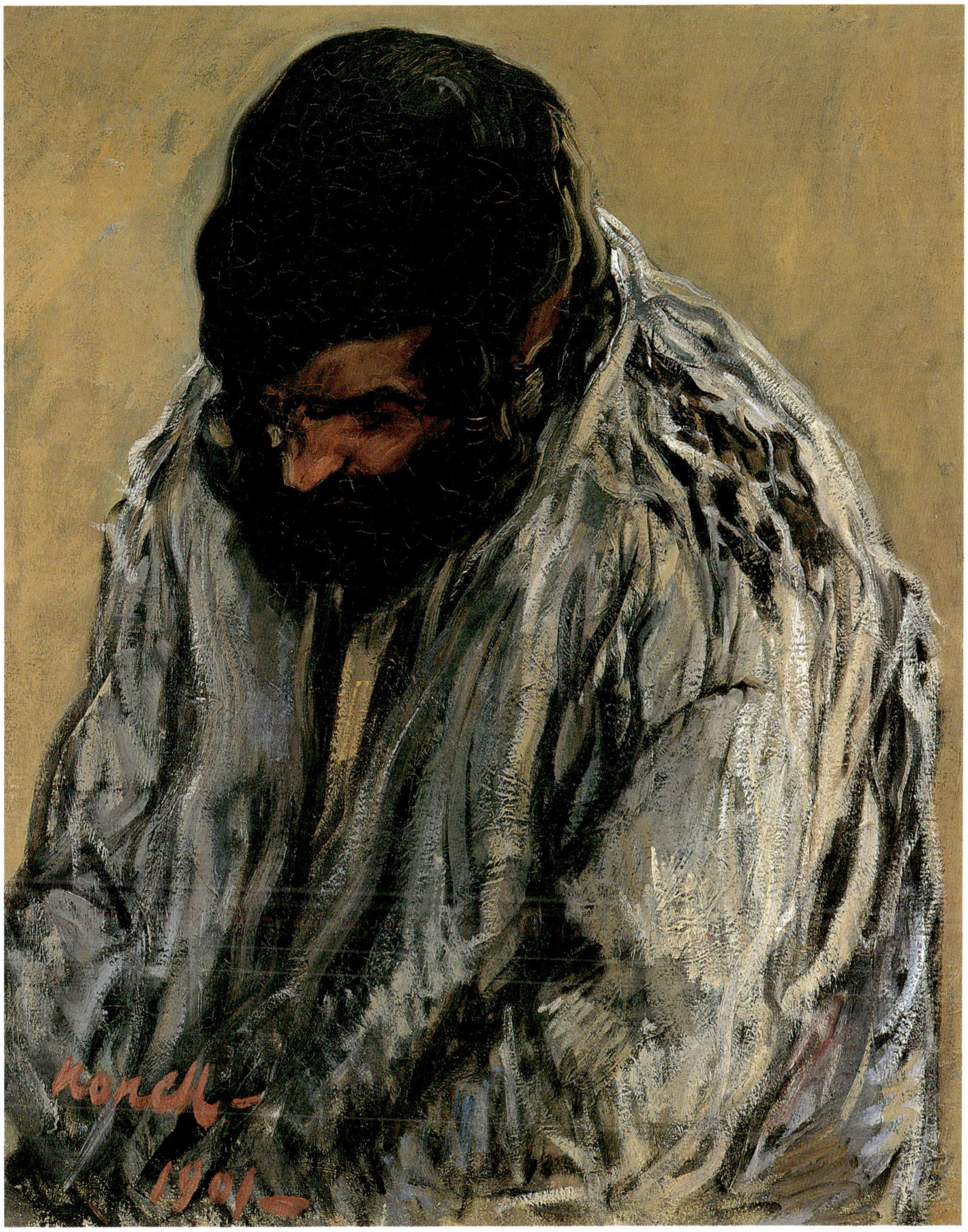
Nonell
1901

30. *Gitano*, 1901

Óleo sobre lienzo
60 x 50 cm
Firmado "nonell" en el ángulo inferior izquierdo
Colección particular

EXPOSICIONES: *Nonell*, Barcelona, Sala Parés, 17 de enero de 1902. • *Los 'Quatre Gats' y su época*, Barcelona, Sala Parés, mayo de 1954.

BIBLIOGRAFÍA: PLANA, A., *L'obra d'Isidre Nonell*, Barcelona, Publicacions de La Revista, 1917, p. 162 [núm. 17]. • *Art*, Barcelona, julio de 1934, núm. 10, fig. [p. 334] (número extraordinario dedicado a Nonell). • BENET, R., *Los 'Quatre Gats' y su época*, Barcelona, Barna, 1954, cat. núm. 48, fig. 20. • NONELL, C., *Isidro Nonell, su vida y su obra*, Madrid, Dossat, 1963, p. 205, cat. s/n., fig. • FONTBONA, F., *Nonell*, Barcelona, Nou Art Thor, 1987, fig. (Gent Nostra).

En la primera monografia dedicada a Nonell, escrita por A. Plana y publicada en 1917, se incluye un "Catálogo de las obras principales de Isidre Nonell", en el que se referencian cuatro obras con el título *Estudio de gitano* de 1901 y un *Gitano viejo* de 1902. La revista *Art* en el número extraordinario dedicado a Nonell reproduce tres, uno de los cuales (*El hombre de la pipa*) Jardí identificó como el retrato de Juli Vallmitjana.

La obra que nos ocupa es uno de los estudios de gitano citados por Plana y, muy probablemente, figuró en la exposición de la Sala Parés de 1902, ya que esta muestra incluía las figuras de gitano que acababa de pintar. Una de las que describe el artículo de la revista *La perdiu ab salsa* (13 de enero de 1902) podría ser esta tela: "menos brillante de color, pero más intensamente sentido en el gesto es el *payet* de la blusa, aquella de cabeza baja [...] Si no fuera que tiene toques de Goya y ligeras capas a lo Rubens, lo señalarían como el mejor de todos".

La atracción que sintió Nonell por pintar personajes marginales (gitanos y gitanas con signos de abatimiento, vendedores ambulantes, viejas decrépitas o gitanillas de Gràcia), muy pronto únicamente se concretó en mujeres gitanas, tal vez porque le permitían aplicar un cromatismo más intenso. Sin embargo, la potencia de esta figura masculina y la seguridad del trazo expresan magistralmente la facilidad de Nonell para plasmar estos personajes, desarraigados y sórdidos, a los que representó con un planteamiento tan alejado de las fórmulas anecdóticas habituales hasta entonces.

Esta pintura perteneció al músico Ricard Vinyes, amigo de Nonell. Vinyes, que vivía en París, en diversas ocasiones se ocupó de las gestiones relativas a la participación de pinturas de Nonell en los Salones de París, cuando éste residía en Barcelona.

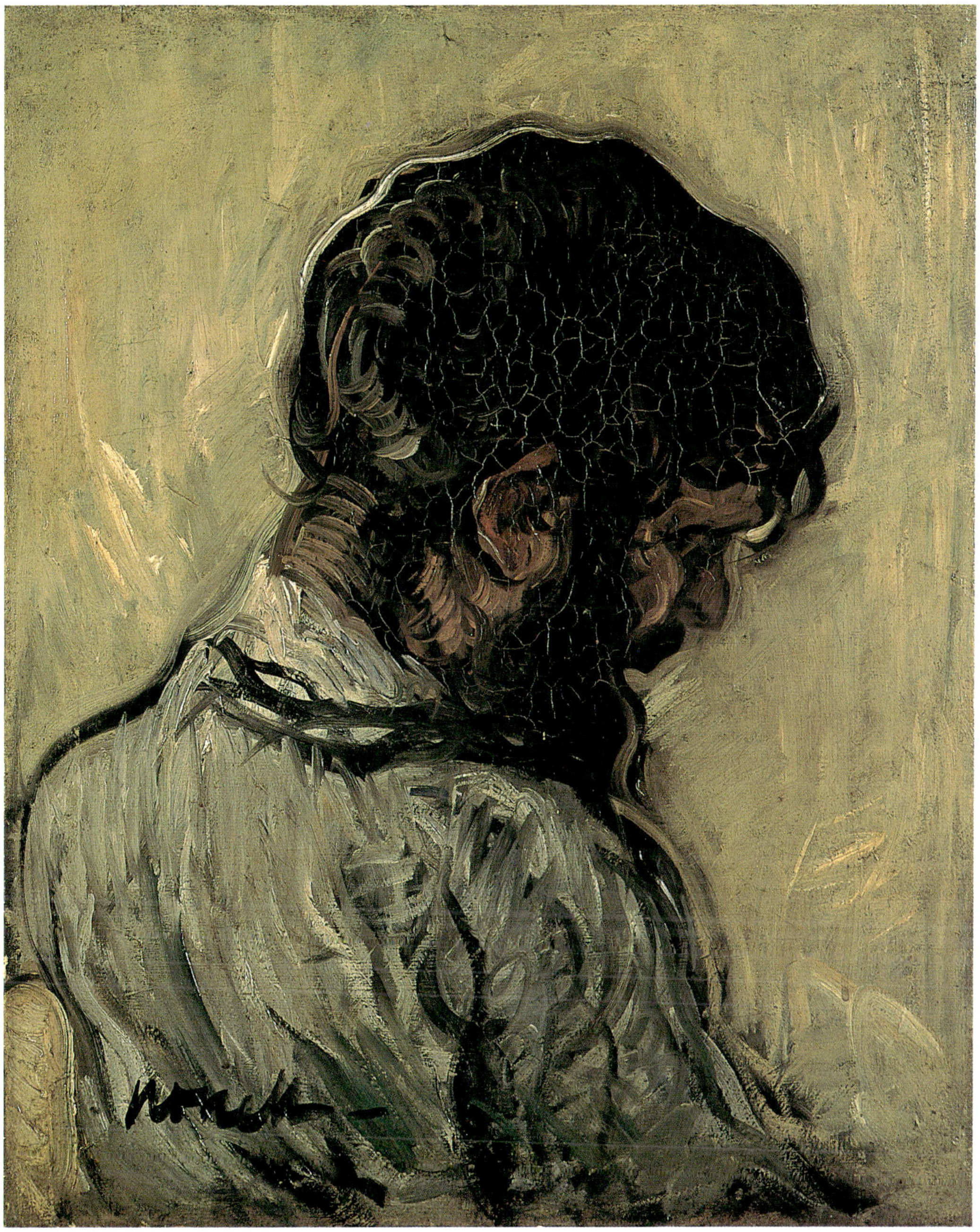

31. *Figura*, 1901

Óleo sobre lienzo
73,5 x 54 cm
Firmado "nonell-" en el ángulo inferior derecho. No fechado
Colección particular, Barcelona

EXPOSICIONES: *Exposicións de algunas obras de Isidro Nonell*, Barcelona, Sala Parés, 7-12 de noviembre de 1903. • *Obres de les col·leccions Valentí i Julià*, Barcelona, La Pinacoteca, otoño de 1928. • *Exposició de pintures i escultures de la col·lecció Joan Valentí*, Barcelona, 30 de septiembre-13 de octubre de 1933. • *Exposición de Homenaje a Isidro Nonell (1873-1911)*, Barcelona, Sala Barcino, 28 de febrero-21 de marzo de 1948. • *Los 'Quatre Gats' y su época*, Barcelona, Sala Parés, mayo de 1954. • *Artistas españoles en la XXVII Exposición Bienal Internacional de Arte de Venecia*, Venecia, Pabellón de España, 1954. • *Arts Council 1962. Modern Spanish Painting*, Londres [Tate Gallery], 1962. • *Exposición Isidro Nonell, conmemorativa del L Aniversario de la muerte del artista*, Barcelona, Palacio de la Virreina, noviembre de 1962. • *Exposición Nacional de Bellas Artes*, Madrid, Palacio del Retiro, 1966 (sala especial dedicada a Nonell). • *Nonell*, Barcelona, Palacio de la Virreina, 16 de junio-31 de agosto de 1981; Madrid, Casa del Monte de Piedad, octubre-noviembre de 1981. • *De Fortuny à Picasso trente ans de peinture espagnole 1874-1906*, Agen, Musée des Beaux-Arts, 5 de noviembre de 1994-19 de febrero de 1995; Nancy, Musée des Beaux-Arts, 13 de marzo-17 de junio de 1995; Castres, Musée Goya, 4 de julio-3 de septiembre de 1995.

BIBLIOGRAFÍA: *Obres de les col·leccions Valentí i Julià*, Barcelona, La Pinacoteca, 1928. • "Pintures i dibuix d'Isidre Nonell", en *Gaseta de les Arts*, Barcelona, diciembre de 1928, año I, núm. 4, fig. p. 13. • *Exposició de pintures i escultures de la col·lecció Joan Valentí*, Barcelona, 1933. • *Art*, Barcelona, julio de 1934, núm. 10, fig. [p. 301] (número extraordinario dedicado a Nonell). • MERLI, J., *Isidre Nonell*, Barcelona, Junta Municipal de Exposiciones de Arte de Catalunya, 1938, fig. V. • BENET, R., *Isidro Nonell y su época*, Barcelona, Iberia, 1947, fig. XVII. • *Exposición de Homenaje a Isidro Nonell (1873-1911)*, Barcelona, Sala Barcino, 1948, cat. núm. 32. • BENET, R., *Historia de la pintura moderna. Simbolismo*, Barcelona, Omega, 1953, fig. p. 101. • BENET, R., *Los 'Quatre Gats' y su* época, Barcelona, Barna, 1954, cat. núm. 50, fig. 19. • *Artistas españoles en la XXVII Exposición Bienal Internacional de Arte de Venecia*, Venecia, 1954, p. 32, cat. núm. 109, fig. p. 14. • *Arts Council 1962. Modern Spanish Painting*, Londres, Arts Council of Great Britain, 1962, cat. núm. 2. • *Exposición Isidro Nonell, conmemorativa del L Aniversario de la muerte del artista*, Barcelona, Junta de Museos, 1962, p. 30, cat. núm. 12, fig. I, p. 53. • CORTÈS, J., "Perennidad de Isidro Nonell", en *Ensayo*, Barcelona, 1962, núm. 14, fig. p. 58. • NONELL, C., *Isidro Nonell, su vida y su obra*, Madrid, Dossat, 1963, p. 206, cat. s/n., fig. XX y CXXVII. • AINAUD DE LASARTE, J., "Isidro Nonell. Barcelona 1873-1911", en *Exposición Nacional de Bellas Artes*, Madrid, Ministerio de Educación Nacional, 1966, p. 18, cat. núm. V, fig. V. • JARDÍ, E., *Nonell*, Barcelona, Polígrafa [1969], p. 306, cat. núm. 51, fig. 51, p 79; 1984, p. 261, cat. núm. 82, fig. 82, p. 73. • CIRICI, A., "Nonell, tornat a mirar", en *Serra d'Or*, Barcelona, 15 de diciembre de 1973, año XV, núm. 171, fig. p. 821. • *Nonell*, Barcelona, Ayuntamiento de Barcelona, 1981, p. 33, cat. núm. 15, fig. 15, p. 70; Madrid, Caja de Ahorros y Monte de Piedad de Madrid/Ministerio de Cultura/Ayuntamiento de Barcelona, 1981, p. 33, cat. núm. 15, fig. 15, p. 69. • FONTBONA, F., *Nonell*, Barcelona, Nou Art Thor, 1987, fig. p. 21 (Gent Nostra). • *De Fortuny à Picasso trente ans de peinture espagnole 1874-1906*, París, Réunion des Musées Nationaux, 1994, cat. núm. 39, fig. p. 90.

Esta gitana dormida, pintada en 1901, presenta las mismas características que la crítica especializada del momento destacó de las obras fechadas en este mismo año que participaron en la primera exposición de Nonell en la Sala Parés: "[...] figuras concebidas al mayor, y pintadas a grandes rasgos, con más preocupación del conjunto que del detalle [...]" (*La Veu de Catalunya*, 5 de enero de 1902); "[...] en algunas cabezas recuerda el trazo brutal y nervioso del ya citado Daumier [...]" (*La Vanguardia*, 9 de enero de 1902). Sin embargo el pintor no la expuso en esta muestra sino que la incluyó en la que celebró en la misma galería a finales de 1903. Algunas crónicas de la exposición hacían referencia a este lienzo como una de las mejores obras expuestas. Opisso consideró que Nonell en esta figura había expresado "un poema de miseria" (*La Vanguardia*, 13 de noviembre de 1903) mientras que el crítico conservador Francesc Casanovas la consideró superior a todo lo que Nonell había pintado hasta entonces: "Nos referimos a la 'Vieja durmiente' que ocupa el centro del testero. Todos los prejuicios de escuela, todos los tiquis-miquis de los puristas se estrellan ante la realidad de aquella figura, que tiene, en primer lugar, cuerpo, que, en segundo lugar, pone en situación al espectador, no tan impresionado por su aspecto de miseria, como por la justa expresión de sueño que envuelve toda la figura; y en último lugar, porque en ese cuadro desaparecen hasta las mismas preocupaciones del autor, que ha dejado de pensar en sí mismo para dejarse absorber por completo de la naturaleza" (*La Publicidad*, 10 de noviembre de 1903).

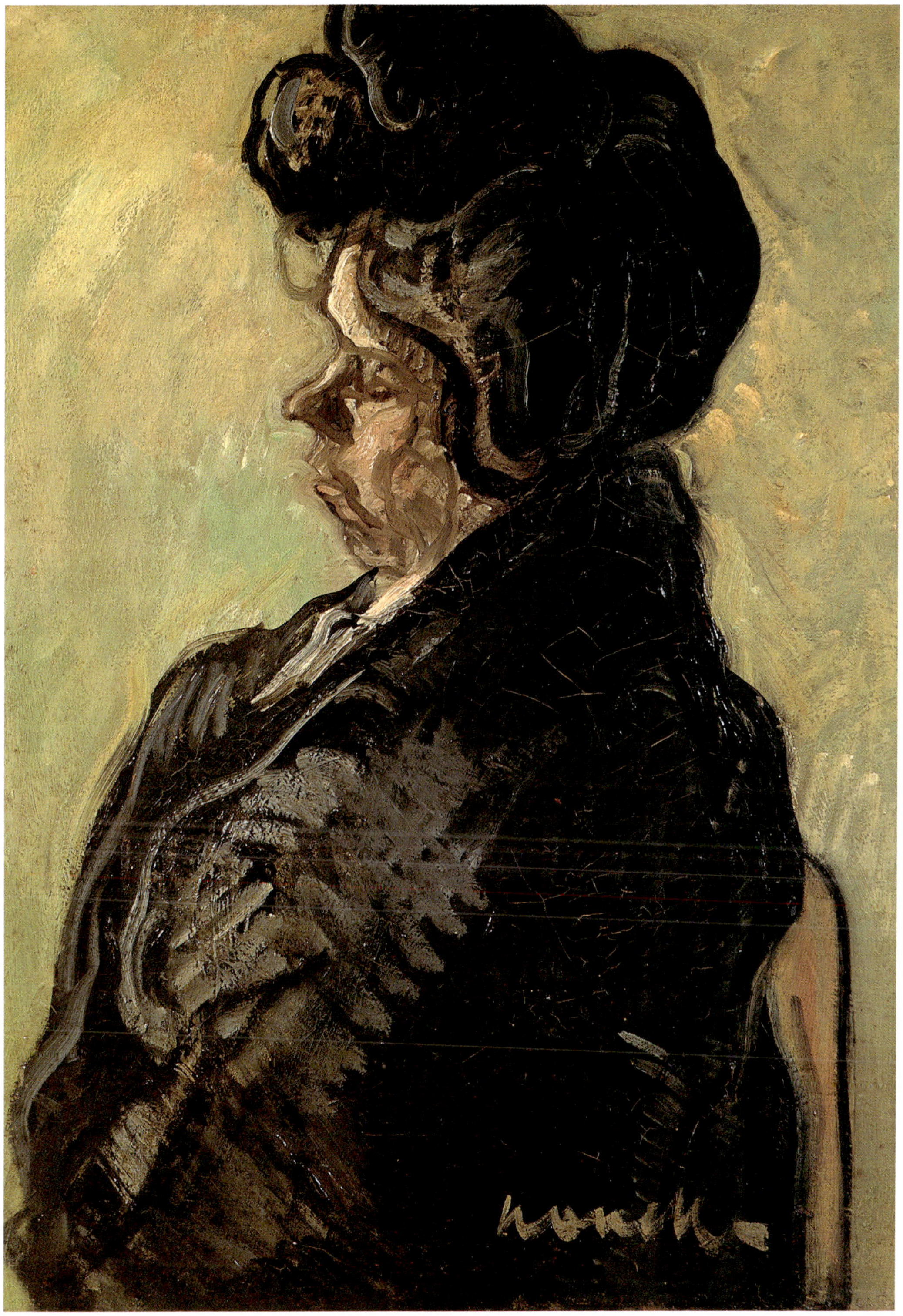

32. *Gitano*, 1902

Óleo sobre lienzo
65 x 50 cm
Firmado y fechado "nonell-/1902" en el ángulo inferior derecho
Colección particular, Barcelona

EXPOSICIONES: *Exposició d'una gran part de les obres pintades i dibuixades desde'l 1900 per En Nonell*, Barcelona, Faianç Català, 15 de enero-13 de febrero de 1910. • *De Fortuny a Togores: entre el classicisme i la modernitat*, Barcelona, Barbié Galería de Arte, octubre de 1996.

BIBLIOGRAFÍA: *De Fortuny a Togores: entre el cassicisme i la modernitat*, Barcelona, Barbié Galeria de Arte, 1996, p. 28, fig. p. 29.

A partir de la primera exposición individual de Nonell en la Sala Parés en enero de 1902, el nombre de Nonell pasó a ocupar un lugar destacado en el panorama del arte catalán del momento y las pinturas ya no necesitaban la firma para que sus coetáneos adivinasen el autor a simple vista. Junto a los comentarios que calificaban sus obras de "buñuelos artísticos", algunos críticos elogiaban su pintura y destacaban sus características formales: pinceladas gruesas delimitando los contornos del modelo, contraste violento del color verdoso del fondo con los negros de la figura, claroscuro, posición ligeramente forzada del modelo y facciones acusadas, como se evidencia en esta figura de gitano, pintada inmediatamente después de la citada exposición de la Sala Parés.

En la crítica publicada en *La Vanguardia* el 13 de noviembre de 1903 a raíz de la exposición Nonell celebrada en la Sala Parés, se cita una pintura que representa "un hombre cubierto con una manta". Aunque no lo podemos afirmar con toda seguridad, es muy probable que la citada referencia aludiera a esta pintura. En el caso de que esta suposición sea acertada, la obra que comentamos sería la que el artista envió al Salon des Indépendants de París en 1904.

Esta pintura formó parte de la exposición individual más importante celebrada en vida del artista, que tuvo lugar en el Faianç Català de Barcelona en 1910. En el bastidor se conserva la etiqueta de esta exposición en la que consta el número 44 y el título *Gitano*, escrito en color azul. Asimismo, una etiqueta manuscrita en francés, con el título y la dirección del artista, indica que la obra se había expuesto en París.

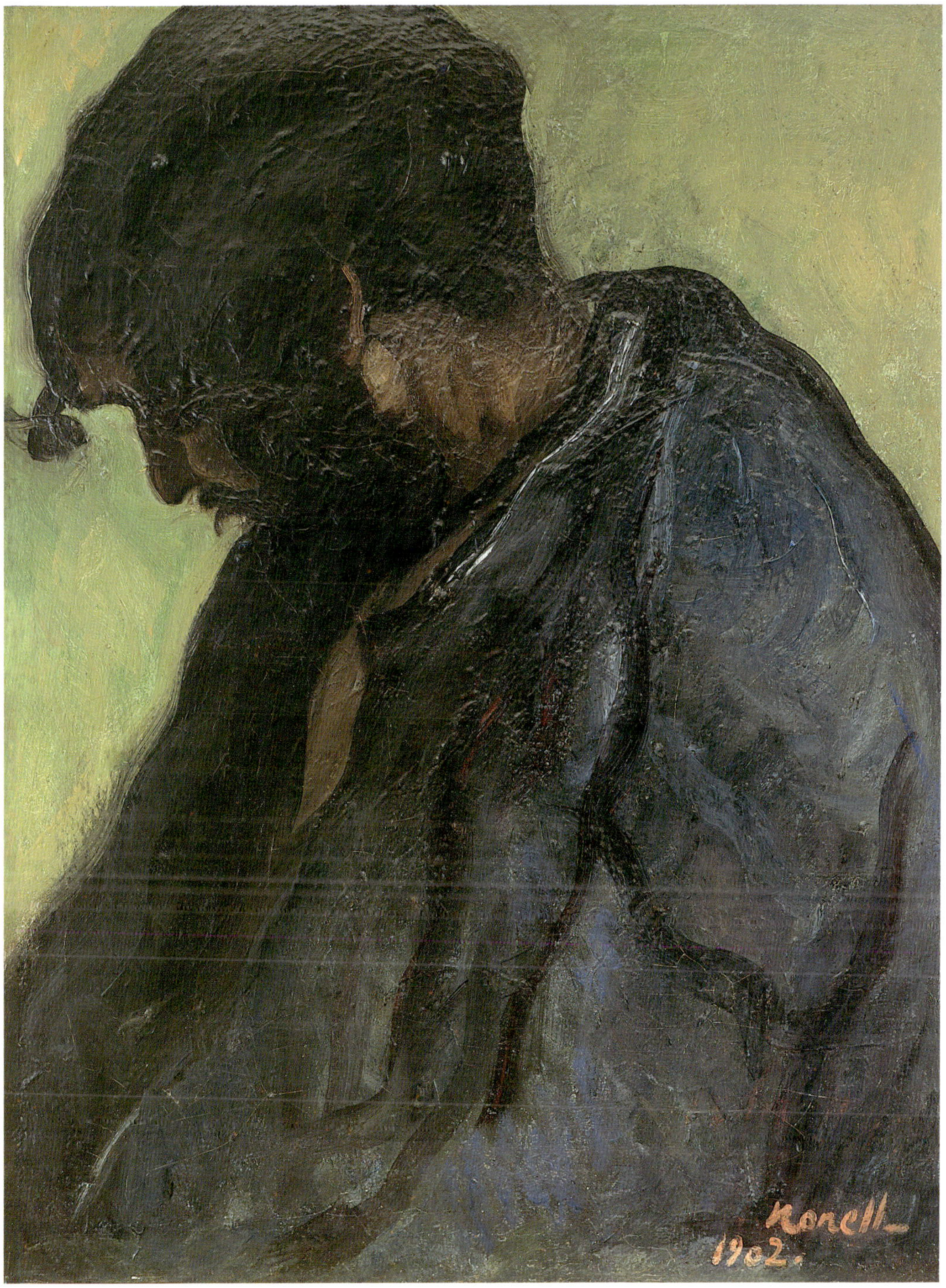
Nonell
1902.

33. *Estudio*, 1902

Óleo sobre lienzo
46 x 38 cm
Firmado y fechado "nonell/1902" en el ángulo inferior izquierdo
y "nonell/1902" en el reverso
Colección particular, Barcelona

BIBLIOGRAFÍA: JARDÍ, E., *Nonell*, Barcelona, Polígrafa [1969], p. 88, cat. núm. 58, fig. 58, p. 306; 1984, p. 261, cat. núm. 78, fig. 78, p. 70.

La insistencia temática en la obra de Nonell, a partir de las primeras figuras de gitanas fechadas en 1901, no supuso una repetición de los mismos esquemas, sino que con el tiempo se fueron produciendo diversas modificaciones tanto en la técnica como en la composición. Generalmente optó por representar bustos de gitana, si bien en alguna ocasión pintó figuras de cuerpo entero o se centró únicamente en la cabeza de una gitana. En la pintura que comentamos, la mujer está cabizbaja en una posición forzada, parecida a otra pintura de este mismo año que no hemos podido localizar, que representa a la misma modelo vista de espaldas pero con la cara de perfil. Nonell se encontraba todavía en una fase de experimentación formal y, a pesar de la aludida repetición temática, buscaba nuevos recursos plásticos.

La obra que nos ocupa refleja la extraordinaria fuerza expresiva de Nonell. Con una economía cromática y formal muy evidente, el artista utilizó el color negro para pintar el pelo, el mantón y perfilar la figura, creando una mancha de negro intenso sobre un fondo azulado; empleó una tonalidad ocre para construir el rostro y aplicó unas pinceladas rojas –el color del vestido– que producen un efecto cromático intenso.

En el reverso, en el bastidor, etiqueta manuscrita en francés con el título y la dirección de Nonell –"Étude / Nonell-Monturiol / 50 rue Baja San Pedro / Barcelone"–. Estos datos figuran habitualmente en las obras que expuso en París. Aunque no se pueda afirmar con seguridad es muy probable que este *Estudio* fuera el que presentara en el Salon des Indépendants de 1904, con el número 1.776 de catálogo.

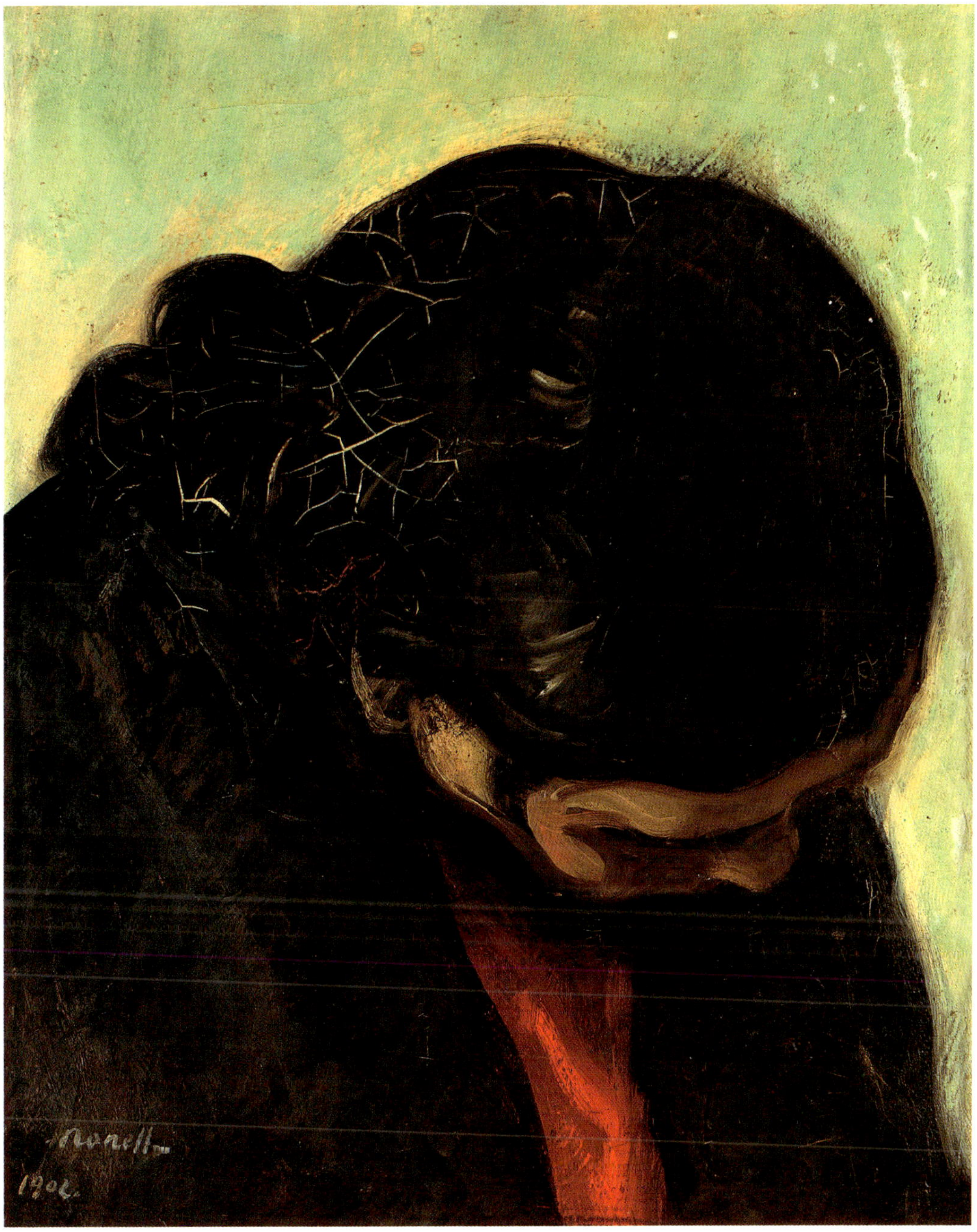

34. *Amparo*, 1902

Óleo sobre tabla
50 x 61,5 cm
Firmado y fechado "nonell/1902" en el ángulo inferior derecho y en el reverso firmado "nonell" dos veces
Colección Gaspar Farreras, Barcelona

EXPOSICIONES: *Exposición de Homenaje a Isidro Nonell (1873-1911)*, Barcelona, Sala Barcino, 28 de febrero-21 de marzo de 1948. • *Exposición Isidro Nonell, conmemorativa del L Aniversario de la muerte del artista*, Barcelona, Palacio de la Virreina, noviembre de 1962. • *I. Nonell. 14 pinturas*, Barcelona, Sala Gaspar, 9 de diciembre de 1967-6 de enero de 1968. • *Nonell*, Barcelona, Palacio de la Virreina, 16 de junio-31 de agosto de 1981; Madrid, Casa del Monte de Piedad, octubre-noviembre de 1981. • *La mirada del 98. Arte y Literatura en la Edad de Plata*, Madrid, Sala Julio González, mayo-junio de 1998; Málaga, Sala Alameda, 2 de octubre-30 de noviembre de 1998.

BIBLIOGRAFÍA: *Art*, Barcelona, julio de 1934, núm. 10, fig. [p. 342] (número extraordinario dedicado a Nonell). • *Exposición de Homenaje a Isidro Nonell (1873-1911)*, Barcelona, Sala Barcino, 1948, cat. núm. 27 o 28. • *Exposición Isidro Nonell, conmemorativa del L Aniversario de la muerte del artista*, Barcelona, Junta de Museos, 1962, p. 30, cat. núm. 13. • NONELL, C., *Isidro Nonell, su vida y su obra*, Madrid, Dossat, 1963, p. 208, cat. s/n. • NONELL, C., *Nonell. Figuras*, Barcelona, Gustavo Gili, 1964, fig. núm.3. • *I. Nonell. 14 pinturas*, Barcelona, Sala Gaspar, 1967, s/p, cat. núm. 4, fig. y fig. en portada. • GARRUT, J.M., "Dos exposiciones dedicadas a Isidro Nonell", en *Miscellanea Barcinonensia*, Barcelona, 1969, año VIII, núm. 23, p. 187. • JARDÍ, E., *Nonell*, Barcelona, Polígrafa [1969], p. 306, cat. núm. 55, fig. 55, p. 86; 1984, p. 261, cat. núm. 89, fig. 89, p. 81. • CERVERA, J.P.h., *Modernismo. The catalan renaissance of the Arts*, Nueva York, Garland Publishing Inc., 1976, fig. 46, p. 315. • *Nonell*, Barcelona, Ayuntamiento de Barcelona, 1981, p. 33, cat. núm. 18, fig. 18, p. 57; Madrid, Caja de Ahorros y Monte de Piedad de Madrid/Ministerio de Cultura/Ayuntamiento de Barcelona, 1981, p. 33, cat. núm. 18, fig. 18, p. 57. • FONTBONA, F., *Nonell*, Barcelona, Nou Art Thor, 1987, fig. p. 25 (Gent Nostra). • COLL, I., "Amparo", en *La mirada del 98. Arte y Literatura en la Edad de Plata*, Madrid, Ministerio de Educación y Cultura/Diputación de Málaga, 1998, p. 205, cat. núm. 125, fig. p. 206.

Como es sabido, Nonell no pintó nunca a las gitanas desde un punto de vista folclórico o de tipismo español, sino que las representaba en una actitud pasiva y ausente que reflejaba su marginación social. Sin embargo, uno de los aspectos que más atraían al pintor eran los colores vivos y atractivos de sus mantones, que contrastan con las figuras tristes y melancólicas de las gitanas.

En esta obra, por ejemplo, el pelo negro y la piel morena de *Amparo* crean un potente y armónico contraste con el amarillo del mantón. Una gruesa pincelada suavemente ondulada y aplicada con una habilidad extraordinaria delimita los dos espacios.

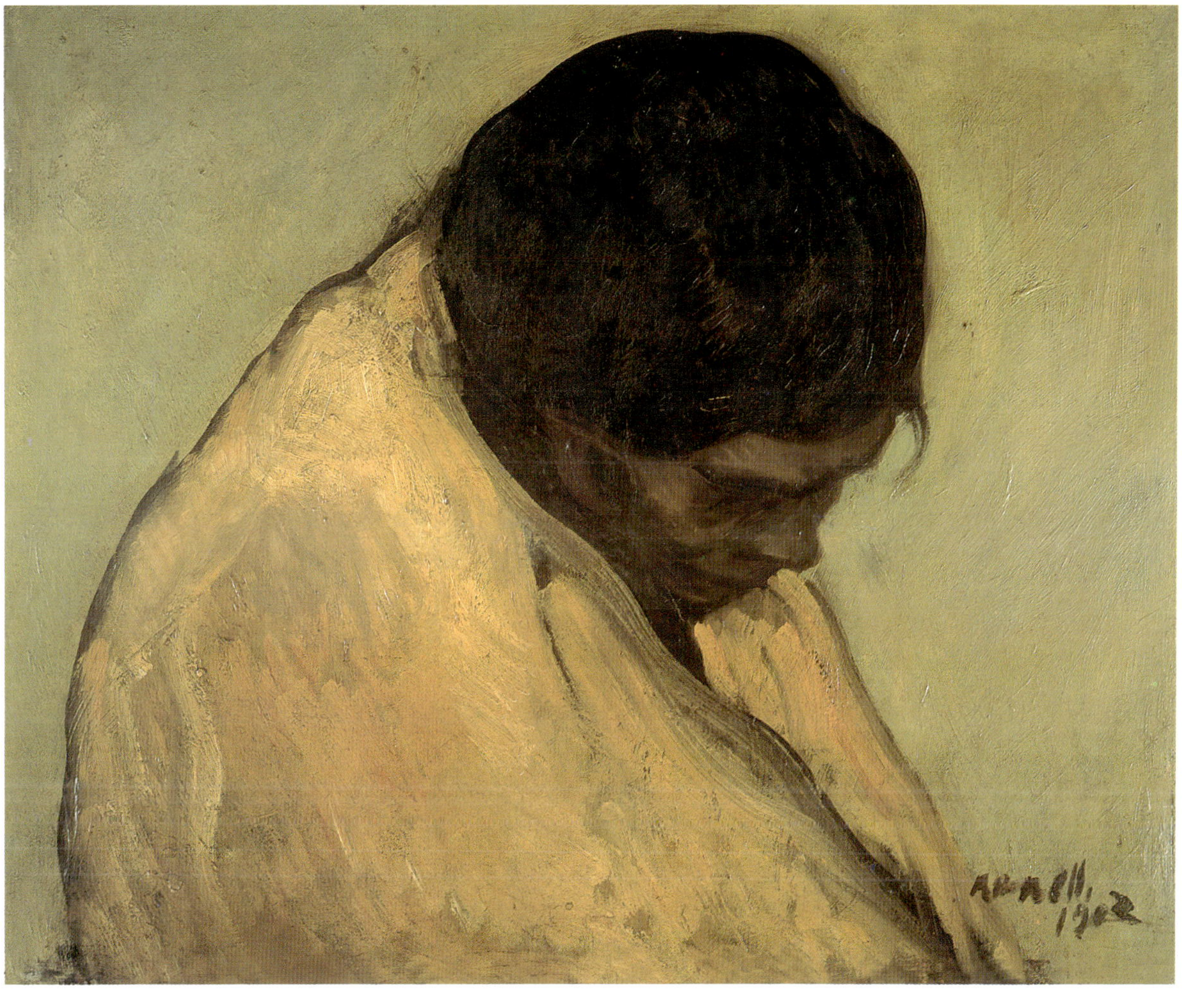

35. *Dos gitanas*, 1902

Lápiz Conté y acuarela
25 x 29 cm
Firmado y fechado "nonell-/n/1902" en el ángulo inferior derecho
Colección Artur Ramon, Barcelona

EXPOSICIONES: *Casagemas i el seu temps*, Barcelona, Galeria Daedalus, 27 de enero-27 de abril de 1979. • *Les noces Catalanes. Barcelona-París. 1870-1970*, París, mayo-julio de 1985.

BIBLIOGRAFÍA: *La Vanguardia*, Barcelona, 1 de enero de 1903. • BLUNT, A. y POOL, P.H., *Picasso the formative years. A study of his sources*, Londres, Study Books, 1962, núm. 75. • *Casagemas i el seu temps*, Barcelona, Daedalus, 1979, cat. núm. 28, fig. p. 37. • GUTIÉRREZ, F., "Casagemas y su tiempo, Picasso intemporal y dos años del tiempo de los dos", en *La Vanguardia*, Barcelona, 25 de marzo de 1979. • *Les noces Catalanes. Barcelona-París. 1870-1970*, París, 1985, p. 108, cat. núm. 109, fig. p. 23. • SCHUMBERGER, E., "París-Barcelone", en *Connaissance des Arts*, París, junio de 1985, núm. 400, fig. p. 90. • JARDÍ, E., *Nonell*, Barcelona, Polígrafa, 1984, p. 265, cat. núm. 339, fig. 339, p. 251.

Nonell había introducido el tema de los gitanos en sus dibujos hacía 1898 ya que en este año participó en el Salon des Beaux-Arts de París con ocho dibujos relativos a gitanos, entre los cuales figuraban *Suicide d'un gitano, Gitanos voleurs, Gitano assassin, Ménage gitano*, etc. Después de abandonar momentáneamente este tema, en 1901 convierte a los gitanos, especialmente a las mujeres de esta raza, en protagonistas casi absolutos de su pintura durante unos años. Por lo que respecta a los dibujos cabe remarcar que estas gitanas vistas de espaldas, preludian, tanto por su estilo como por la utilización de la misma técnica, la serie de gitanas que realizará a partir de 1906.

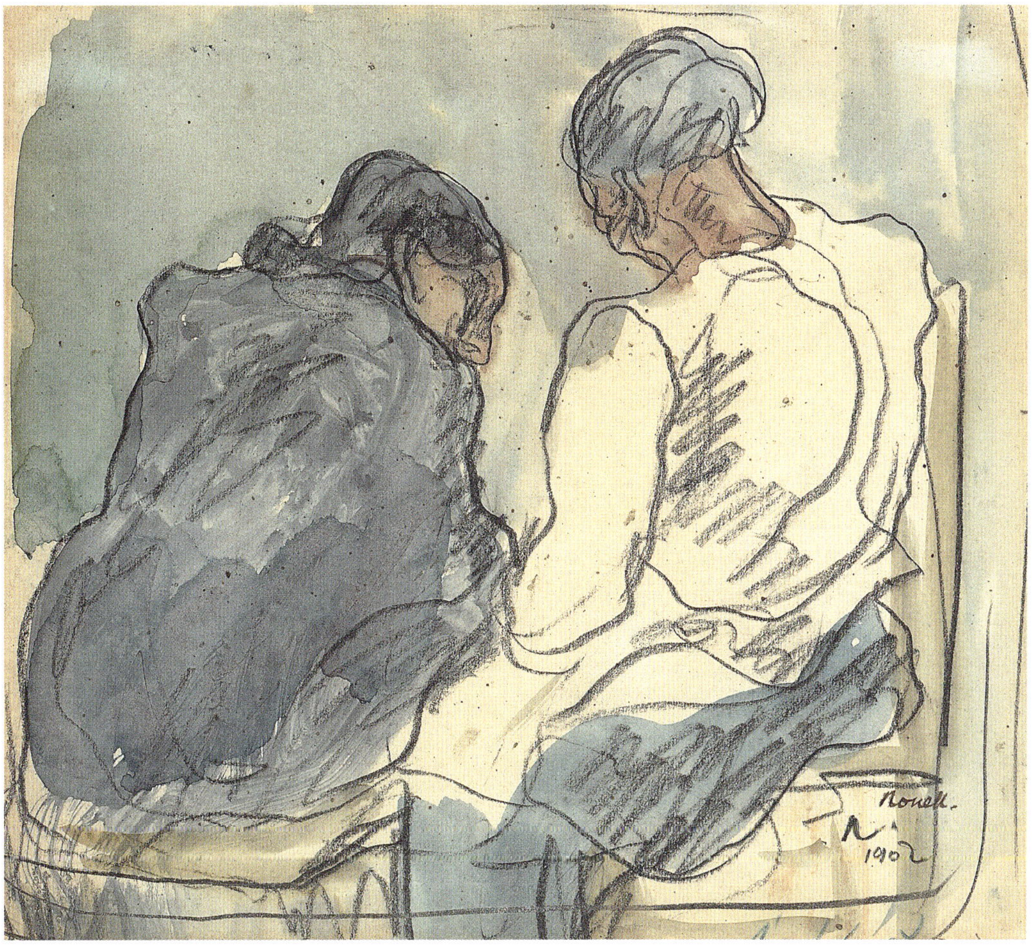
Nonell.
1902

36. *En el Edén*, 1903

Carboncillo
22 x 31,5 cm
Firmado "nonell" en el ángulo inferior derecho. No fechado
Colección particular, Barcelona

BIBLIOGRAFÍA: *Joventut*, Barcelona, 7 de enero de 1904, núm. 204, fig. p. 9. • JARDÍ, E., *Nonell*, Barcelona, Polígrafa [1969], p. 322, cat. núm. 271, fig. 271, p. 295; 1984, p. 265, cat. núm. 361, fig. 361, p. 252.

Nonell se sintió atraído por el público de los espectáculos, generalmente de cabaret, más que por sus artistas. Como tema no era inédito ya que muchos artistas, algunos antes que él y otros coetáneos, lo habían tratado ampliamente. En *La tarde de los domingos en el café concierto*, el primer dibujo de este tema que se conoce de Nonell y que publicó la revista *Barcelona Cómica* (26 de junio de 1897) se percibe una influencia bastante directa de Daumier, mientras que en *El público de concierto barato* y *Los espectadores* (*Pèl & Ploma*, octubre de 1903) su estilo ya era absolutamente personal, en la misma línea de los dibujos que reproducidos en *Forma* (mayo de 1904) o el que nos ocupa que apareció en *Joventut*, con la leyenda: "Al Edén: Encara no han cantat res com *La Pulga*" ("En el Edén: Aún no han cantado nada como *La Pulga*").

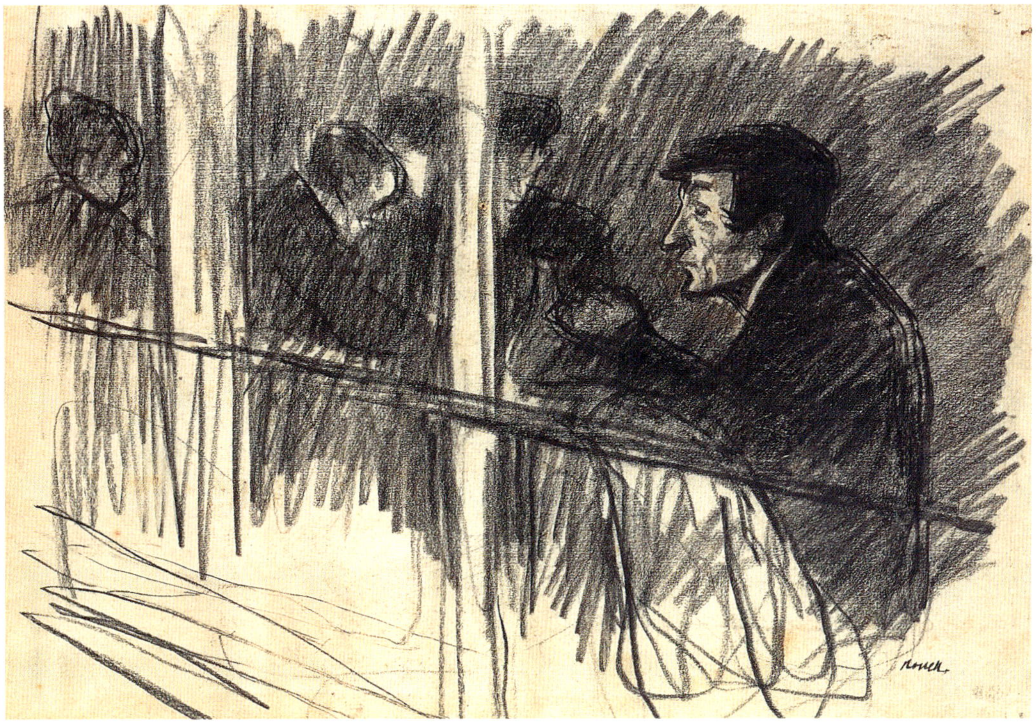

37. *Dolores*, 1902-1903

Óleo sobre lienzo
162 x 131 cm
Firmado y fechado "nonell./1903" en el ángulo inferior izquierdo
y "nonell-/1902" en el reverso
Adquisición de la colección Plandiura, 1932
Museo de Arte Moderno del MNAC, Barcelona
MNAC/MAM 4644

EXPOSICIONES: *Exposición de algunas obras de Isidre Nonell*, Barcelona, Sala Parés, 7 de noviembre de 1903. • *Salon de la Société Nationales des Beaux-Arts*, París, 1904. • Exposición colectiva (organitzada por la revista *Forma*), Barcelona, Sala Parés, octubre de 1904. • *Exposición General de Bellas Artes*, Madrid, 1906. • *Exposició de la Col·lecció Plandiura*, Barcelona, Galeries d'Art ModernyAntiguitats, 15 de octubre-14 de noviembre de 1915. • *Exposició d'Art*, Barcelona, Palacio de Bellas Artes, mayo de 1918. • *1ª Bienal Hispanoamericana de Arte*, Madrid, Palacio de Exposiciones del Retiro, octubre-diciembre de 1951. • *III Bienal Hispanoamericana de Arte. Precursores y Maestros de la Pintura y Escultura Contemporánea*, Barcelona, Palacio Municipal de Exposiciones, 24 de septiembre de 1955-6 de enero de 1956. • *Arts Council 1962. Modern Spanish Painting*, Londres [Tate Gallery], 1962. • *Nonell*, Barcelona, Palacio de la Virreina, 16 de junio-31 de agosto de 1981; Madrid, Casa del Monte de Piedad, octubre-noviembre de 1981.p. 34, cat. núm. 24, fig. 24, p. 72 • *De Greco* a *Picasso. Cinq siècles d'art espagnol* (1), París, Musée du Petit Palais, 10 de octubre de 1987-3 de enero de 1988.

BIBLIOGRAFÍA: OPISSO, A., "Notas de Arte", en *La Vanguardia*, Barcelona, 13 de noviembre de 1903. • *Forma*, 1904, vol. I, núm.1, fig. p. 157. • *Salon de la Société Nationales des Beaux-Arts*, París, 1904, cat. núm. 958. • *Catálogo de la Exposición General de Bellas Artes*, Madrid, Imprenta Alemana,1906, p. 65, cat. núm. 824 • *Exposición de la Colección Plandiura*, Barcelona, 1915, p. 13, cat. núm. 128. • PLANA, A., *L'obra d'Isidre Nonell*, Barcelona, Publicacions de La Revista, 1917, p. 162 [núm. 26]. • *Exposició d'Art. Catàleg Oficial*, Barcelona, Ayuntamiento de Barcelona, 1918, p. 97, cat. núm. 677. • CAPDEVILA, C., "L'Art Modern català a la col·lecció Plandiura", en *Gaseta de les Arts*, Barcelona, octubre de 1928, año I núm. 2, fig. 78, p. 31. • "L'adquisició de la col·lecció Plandiura", en *Butlletí dels Museos d'Art de Barcelona*, Barcelona, diciembre de 1932, vol. II, núm. 19, fig. p. 389. • *Art*, Barcelona, julio de 1934, núm. 10, fig. p. 301 (número extraordinario dedicado a Nonell). • MERLI, J., *Isidre Nonell*, Barcelona, Junta Municipal d'Exposicions de Catalunya, 1938, fig. XII. • *Guía del Museo de Arte Moderno*, Barcelona, Ayuntamiento de Barcelona, 1945, p. 44 y 1953, p. 35. • *1ª Bienal Hispanoamericana de Arte*, Madrid, 1951, cat. núm. 75. • *III Bienal Hispanoamericana de Arte. Precursores y Maestros de la Pintura y Escultura Contemporánea*, Barcelona, 1955, cat. núm. 21. • *Arts Council 1962. Modern Spanish Painting*, Londres, Arts Council of Great Britain, 1962, cat. núm. 1. • NONELL, C., *Isidro Nonell, su vida y su obra,* Madrid, Dossat, 1963, p. 210, cat. s/n., fig. XXIV. • NONELL, C., *Nonell. Figuras*, Barcelona, Gustavo Gili, 1964, fig. 6. • JARDÍ, E., *Nonell*, Barcelona, Polígrafa [1969], p. 306, cat. núm. 56, fig. 56, p. 87; 1974, p. 261, cat. núm. 90, fig. 90, p. 81. • SELVA, J., "La pintura", en *L'Art Català Contemporani*, Barcelona, Proa, 1972, fig. p. 76. • *Nonell*, Barcelona, Ayuntamiento de Barcelona, 1981, p. 34, cat. núm. 24, fig. 24, p. 72; Madrid, Caja de Ahorros y Monte de Piedad de Madrid/Ministerio de Cultura/Ayuntamiento de Barcelona, 1981, p. 34, cat. núm. 21, fig. 21, p. 71. • *Catàleg de pintura segles XIX i XX. Fons del Museu d'Art Modern*, Barcelona, Ayuntamiento de Barcelona 1987, p. 741, cat. núm. 1.869, fig. • *De Greco a Picasso. Cinq siècles d'art espagnol* (1), París, Musée du Petit Palais, 1987, p. 406, cat. núm. 146, fig. 146, p. 407.

La exposición *Nonell* en la Sala Parés en noviembre de 1903, que reunía cinco o seis pinturas y numerosos dibujos, supuso, como ya era habitual, el rechazo de un sector de la crítica pero, en cambio, en opinión de algunos críticos más avanzados, representaba un gran adelanto en su pintura. Incluso alguno de ellos consideraba que las obras de los otros artistas que exponían por entonces en la misma sala no tenían tanta fuerza como las de Nonell. Generalmente es muy difícil identificar las obras que figuraron en las exposiciones de este pintor ya que las crónicas que le dedicaban los diarios y las revistas de la época describían muy vagamente las piezas y no reproducían ninguno de los lienzos expuestos; en todo caso, si había alguna ilustración, se trataba de un dibujo. Así pues, en muy pocas ocasiones se puede documentar con toda seguridad la participación de un lienzo en una exposición. Éste es el caso de la obra que nos ocupa, ya que participó con toda seguridad en la exposición de la Sala Parés en noviembre de 1903 y en el Salon des Beaux-Arts de París de 1904.

Se trata de una pintura importante de aquel momento, que seguramente el artista empezó en 1902 pero no la dio por acabada hasta 1903, tal como se deduce de las dos fechas que aparecen en el lienzo. El formato de esta obra es más grande que el que Nonell había utilizado hasta entonces, probablemente porque se planteó hacer una obra más ambiciosa con una figura de cuerpo entero. Posteriormente representaría también figuras sentadas en una silla, como la que comentamos, pero generalmente dejaba que este elemento sólo se intuyese.

En el reverso figuran una autocaricatura del pintor, una etiqueta con el título y los datos del artista y otra de la Exposición de Arte de Barcelona de 1918, en la que se le dedicó una sala especial.

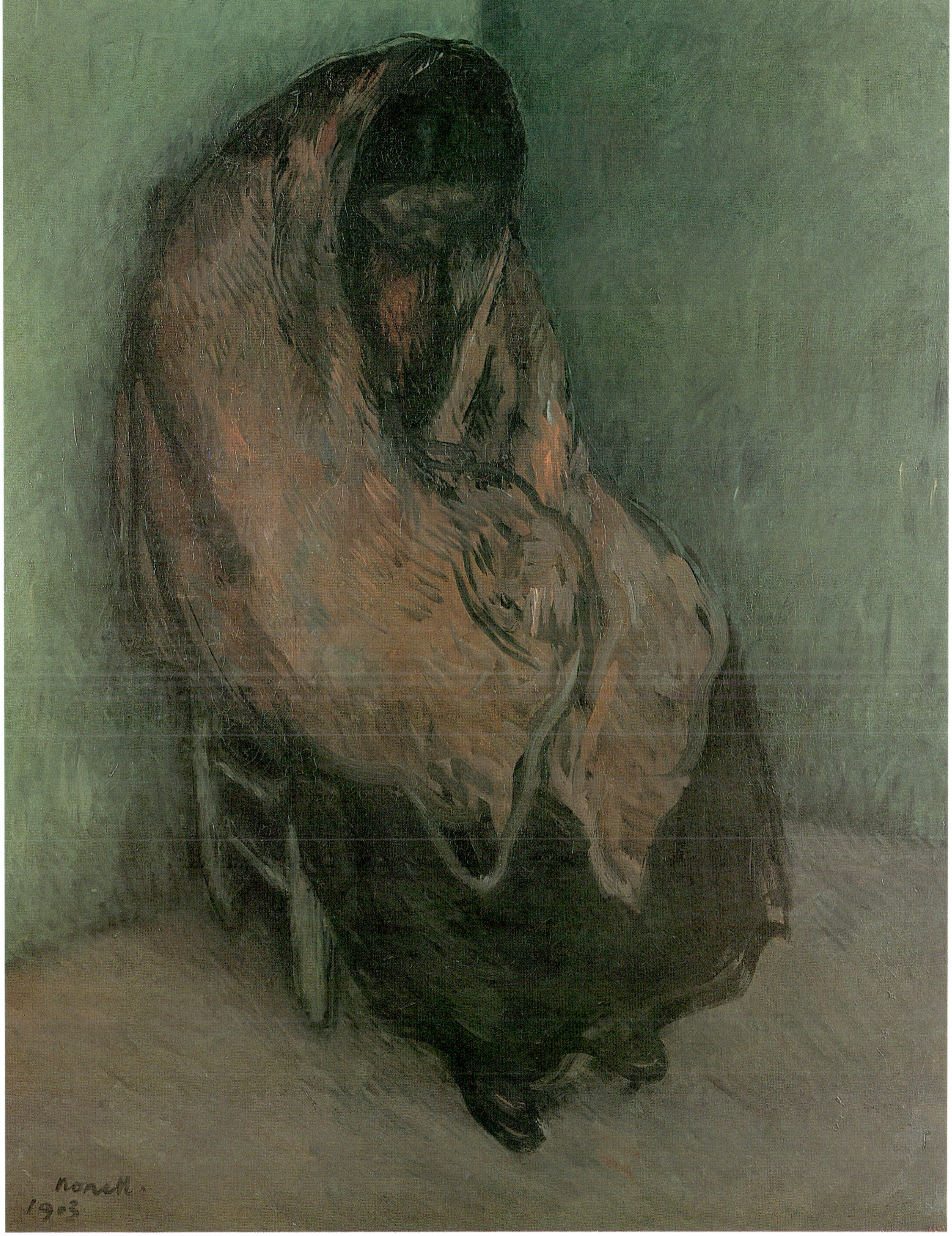
Nonell.
1903

38. *Gitana joven*, 1903

Óleo sobre lienzo
81 x 65,5 cm
Firmado y fechado "nonell./1903" en el ángulo inferior izquierdo
Donación de Jaume Nonell, 1914
Museo de Arte Moderno del MNAC, Barcelona
MNAC/MAM 10921

EXPOSICIONES: *Exposición de algunas obras de Isidre Nonell*, Barcelona, Sala Parés, 7 de noviembre de 1903. • *Salon des Indépendants*, París, 1904. • *Exposició d'una gran part de les obres pintades i dibuixades desde'l 1900 per En Nonell*, Barcelona, Faianç Català, 15 de enero-13 de febrero de 1910. • *Exposició pòstuma de les obres d'En Isidre Nonell*, Barcelona, Galeries del Fayans Català, 15 de mayo de 1912. • *III Bienal Hispanoamericana de Arte. Precursores y Maestros de la Pintura y Escultura Contemporánea*, Barcelona, Palacio Municipal de Exposiciones, 24 de septiembre de 1955-6 de enero de 1956. • *Before Picasso; after Miró*, Nueva York, The Solomon R. Guggenheim Museum, junio de 1960. • *Les sources du XXe siècle. Les Arts en Europe de 1884 à 1914*, París, Musée National d'Art Moderne, 4 de noviembre de 1960-23 de enero de 1961. • *Exposición de pintura catalana desde la prehistoria hasta nuestros dias*, Madrid, Casón del Buen Retiro, Barcelona, Capilla del Hospital, 1962. • *Exposición Isidro Nonell, conmemorativa del L Aniversario de la muerte del artista*, Barcelona, Palacio de la Virreina, noviembre de 1962. • *La época de la Retauración*, Madrid, Palacio Velázquez, junio-septiembre de 1975. • *Art i Modernitat als Països Catalans*, Berlín, Staatliche Kunsthalle, junio-agosto de 1978. • *Cien años de cultura catalana 1880-1980*, Madrid, Palacio Velázquez, junio-octubre de 1980. • *Nonell*, Barcelona, Palacio de la Virreina, 16 de junio-31 de agosto de 1981. • *1881-1981 Picasso i Barcelona*, Barcelona, Saló del Tinell, 23 de octubre de 1981-31 de enero de 1982. • *L'Època dels 'Artistes': Modernisme-Noucentisme. Tresors del Museu d'Art Modern de Barcelona*, Girona, Museu d'Història de la Ciutat, febrero-marzo de 1991. • *Prefiguració del Museu Nacional d'Art de Catalunya*, Barcelona, Museu Nacional d'Art de Catalunya, 27 de julio-30 de noviembre de 1992. • *Gitanos. Pinturas y Esculturas españolas 1870-1940*, Madrid, Real Academia de Bellas Artes de San Fernando, 23 de mayo-18 de junio; Granada, Centro Cultural La General, 22 de junio-20 de julio de 1995. • *La mirada del 98. Arte y Literatura en la Edad de Plata*, Madrid, Sala Julio González, mayo-junio de 1998; Málaga, Sala Alameda, 2 de octubre-30 de noviembre de 1998.

BIBLIOGRAFÍA: *Exposición de algunas obras de Isidre Nonell*, Barcelona, Pèl & Ploma, 1903. • *Salon des Indépendants*, París, 1904, cat. núm. 1780. • "La Primera Pedra del Museu Català", en *Papitu*, Barcelona, 12 de junio de 1912. • PLANA, A., *L'obra d'Isidre Nonell*, Barcelona, Publicacions de La Revista, 1917, p. 162 [núm. 25]. • GUASCH, F., y BATLLE, E., *Catálogo del Museo de Arte Contemporáneo*, Barcelona, Junta de Museos, 1926, p. 155, cat. núm. 1. • *Art*, Barcelona, julio de 1934, núm. 10, fig. [p. 334] (número extraordinario dedicado a Nonell). • JUNOY, J.M., "Artistas de hoy y de ayer", en *Destino*, Barcelona, 15 julio de 1944, núm. 365, fig. s/p. • *III Bienal Hispanoamericana de Arte. Precursores y Maestros de la Pintura y Escultura Contemporánea*, Barcelona, 1955, cat. núm. 27. • *Before Picasso, after Miró*, Nueva York, The Solomon R. Guggeaheim Museum, 1960, cat. s/n. • *Les sources du XXe siècle. Les Arts en Europe de 1884 à 1914*, París, Musée National d'Art Moderne, 1960, p. 178, cat. núm. 529, fig. • *Exposición de pintura catalana desde la prehistoria hasta nuestros dias*, Madrid, Ministerio de Educación Nacional/Ayuntamiento de Barcelona, 1962, cat. núm. 124, fig. • *Exposición Isidro Nonell, conmemorativa del L Aniversario de la muerte del artista*, Barcelona, Junta de Museos, 1962, p. 30, cat. núm. 16. • NONELL, C., *Isidro Nonell, su vida y su obra*, Madrid, Dossat, 1963, p. 211, cat. s/n., fig. XXV. • NONELL, C., *Nonell. Figuras*, Barcelona, Gustavo Gili, 1964, fig. 5. • JARDÍ, E., *Nonell*, Barcelona, Polígrafa [1969], p. 306, cat. núm. 57, fig. 57, p. 87; 1984, p. 261, cat. núm. 91, fig. 91, p. 81. • *La época de la Retauración*, Madrid, 1975, p. 257, cat. núm. 760. • *Art i Modernitat als Països Catalans*, Berlín, Staatliche Kunsthalle, 1978, p. 224, cat. núm. 2. • *Cien años de cultura catalana 1880-1980*, Madrid, Ministerio de Cultura, 1980, p. 63, cat. núm. 1.3.53. • *Nonell*, Barcelona, Ayuntamiento de Barcelona, 1981, p. 34, cat. núm. 23, fig. 23, p. 72. • *1881-1981 Picasso i Barcelona*, Barcelona, CEGE, 1981, p. 117, cat. núm. 4B-4, fig. 4B-4, p. 109. • *Catàleg de pintura segles XIX i XX. Fons del Museu d'Art Modern*, Barcelona, Ayuntamiento de Barcelona, 1987, p. 742, cat. núm. 1.871, fig. • *L'Època dels 'Artistes': Modernisme-Noucentisme. Tresors del Museu d'Art Modern de Barcelona*, Girona, Ayuntamiento de Girona, 1991, p. 89 y 263, cat. núm. 39. • MENDOZA, C., "Gitana jove", en *Prefiguració del Museu Nacional d'Art de Catalunya*, Barcelona, Museu Nacional d'Art de Catalunya, Lunwerg Editores y Olimpíada Cultural, 1992, p. 442-444, cat. núm. 140, fig. p. 443. • *Gitanos. Pinturas y Esculturas españolas 1870-1940*, Granada, Consejería de Educación y Cultura de la Comunidad de Madrid/Fundación Caja de Granada/Fundación Rodríguez Acosta, 1995, p. 36, cat. s/n., fig. p. 37. • MENDOZA, C., "Gitana joven", en *La mirada del 98. Arte y Literatura en la Edad de Plata*, Madrid, Ministerio de Educación y Cultura/Diputación de Málaga, 1998, p. 144, cat. núm. 79, fig.

Gitana joven, pintura que formó parte de la exposición individual que el artista hizo en la Sala Parés en 1903, es representativa de las que realizaba en aquel momento y que fueron violentamente rechazadas por una buena parte del público y de la crítica. Raimon Casellas, desde las páginas de *La Veu de Catalunya* (12 de noviembre de 1903), afirmaba: "Causan verdadera repulsión aquellas medias figuras de mujer dejadas ir sobre una silla de anea, con la cabeza colgando, la espalda encorvada, los brazos caídos como sumidas en un sueño de marmota empapada en alcohol. Es una representación de la bestialidad humana más desgarradora y más sensible, para ser seres femeninos los que encarnan semejante degradación".

En cuanto al tema y a la técnica, las obras de este momento, en el que inicia una nueva etapa pictórica, presentan características comunes. Están pintadas con tonos más oscuros que las de 1901 y 1902, con predominio de los negros, de los verdes oliva, los azules y los terrosos mezclados tanto en la figura como en el fondo, si bien ésta continúa perfectamente delimitada por la potente línea que la recorta y la separa del fondo. Esta línea negra y gruesa que la perfila, contribuye a enfatizar la sensación de aislamiento. Las pinceladas, rectilíneas y entrecruzadas, consiguen la rotundidad de los volúmenes. Ahora las gitanas no van cubiertas por una manteleta sino que las envuelve un mantón que esconde la figura mientras que la cabeza cabizbaja ni tan siquiera permite entrever el rostro. El artista, no obstante, mantiene la misma economía formal y expresiva de las gitanas de los años anteriores y consigue transmitir con rotundidad la miseria, el pesimismo, la soledad más profunda y la introversión de las figuras que representa.

Esta pintura formó parte de la exposición individual más importante celebrada en vida del artista, que tuvo lugar en el Faianç Català de Barcelona en 1910. En el bastidor se conserva la etiqueta de esta exposición en la que consta el número 64 y el título *Jeune gitane*, escrito en color azul. Asimismo, una etiqueta manuscrita en francés, con el título y la dirección del artista, indica que la obra se había expuesto en París.

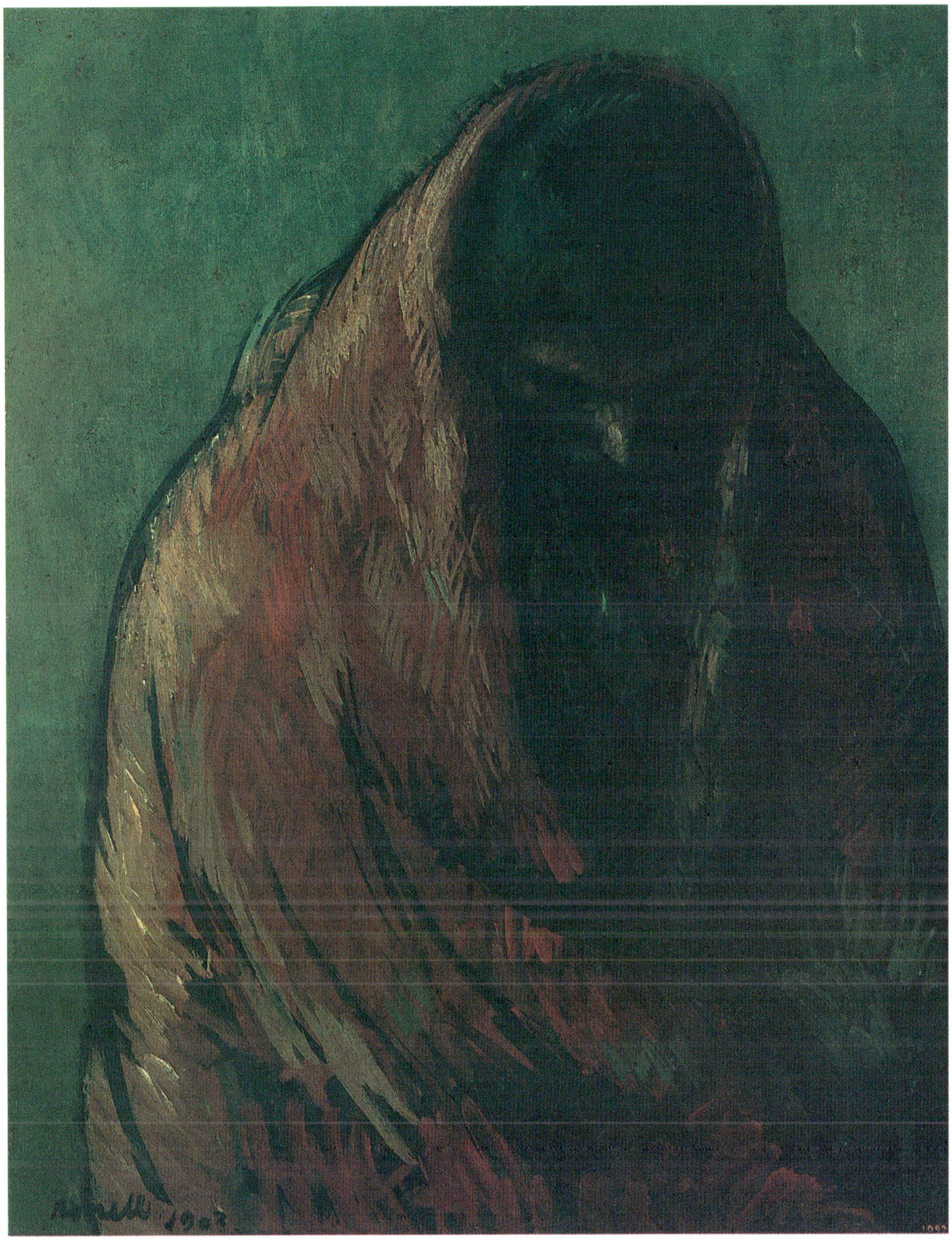

39. *Dos gitanas*, 1903

Óleo sobre lienzo
136 x 136 cm
Firmado y fechado "nonell./1903" en el ángulo inferior derecho y "nonell/1903" en el reverso
Adquisición de la colección Plandiura, 1932
Museo de Arte Moderno del MNAC, Barcelona
MNAC/MAM 4650

EXPOSICIONES: *Exposición de algunas obras de Isidre Nonell*, Barcelona, Sala Parés, 7 de noviembre de 1903. • *Salon des Indépendants*, París, 1905. • *Exposició d'una gran part de les obres pintades i dibuixades desde'l 1900 per En Nonell*, Barcelona, Faianç Català, 15 de enero-13 de febrero de 1910. • *Exposició d'Art*, Barcelona, Palacio de Bellas Artes, mayo de 1918. • *III Bienal Hispanoamericana de Arte. Precursores y Maestros de la Pintura y Escultura Contemporánea*, Barcelona, Palacio Municipal de Exposiciones, 24 de septiembre de 1955-6 de enero de 1956. • *Un Siglo de Arte Aspañol (1856-1956)*, Madrid, Ministerio de Educación Nacional, 1956. • *Before Picasso; after Miró*, Nueva York, The Salomon R. Guggenheim Museum, junio de 1960. • *Les sources du XXe siècle. Les Arts en Europe de 1884 à 1914*, París, Musée National d'Art Moderne, 4 de noviembre de 1960-23 de enero de 1961. • *Exposición Isidro Nonell, conmemorativa del L Aniversario de la muerte del artista*, Barcelona, Palacio de la Virreina, noviembre de 1962. • *Exposició Nacional de Bellas Artes*, Madrid, Palacio del Retiro, 1966 (sala especial dedicada a Nonell). • *Art i Modernitat als Països Catalans*, Berlín, Staatliche Kunsthalle, junio-agosto de 1978. • *Nonell*, Barcelona, Palacio de la Virreina, 16 junio-31 de agosto de 1981; Madrid, Casa del Monte de Piedad, octubre-noviembre de 1981. • *50 ans d'art espagnol 1880-1936*, Burdeos, Galerie des Beaux Arts, 11 de mayo-1 de septiembre de 1984. • *Homage to Barcelona, The City and its art, 1888-1936*, Londres, Hayward Gallery, 14 de noviembre de 1985-23 de febrero de 1986. • *Homenatge a Barcelona. La ciutat i les seves arts 1888-1936*, Barcelona, Palacio de la Virreina, 21 de enero-29 de marzo de 1987. • *Trésors de Barcelone, Picasso, Miró, Dali et leur temps*, Lausana, Fondation de l'Hemitage, 10 de octubre-28 diciembre de 1986. • *De Greco à Picasso. Cinq siècles d'art espagnol* (1), París, Musée du Petit Palais, 10 de octubre de 1987-3 de enero de 1988. • *El Modernisme*, Barcelona, Museo de Arte Moderno, 10 de octubre de 1990-13 de enero de 1991.

BIBLIOGRAFÍA: *Salon des Indépendants*, París, 1905, cat. núm. 3082. • PLANA, A., *L'obra d'Isidre Nonell*, Barcelona, Publicacions de La Revista, 1917, p. 162 [núm. 24]. • *Exposició d'Art. Catàleg Oficial*, Barcelona, Ayuntamiento de Barcelona, 1918, p. 97, cat. núm. 672. • MASERAS, A., "Comentaris a l'obra d'Isidre Nonell", a *Butlletí dels Museos d'Art de Barcelona*, Barcelona, mayo 1933, vol. III, núm. 24, p. 139, fig. • *Art*, Barcelona, julio de 1934, núm. 10, fig. p. 310 (número extraordinario dedicado a Nonell). • GOICOECHEA, R.E. de, *Isidro Nonell, el impresionista filósofo*, Barcelona, Librería Catalonia, 1938, fig. 4, p. 46 (Índices de Arte Español). • MERLI, J., *Isidre Nonell*, Barcelona, Junta Municipal de Exposiciones de Arte de Catalunya, 1938, fig. X. • BENET, R., *Isidro Nonell y su época*, Barcelona, Iberia, 1947, fig. XX. • *III Bienal Hispanoamericana de Arte. Precursores y Maestros de la Pintura y Escultura Contemporánea*, Barcelona, 1955, cat. núm. 22. • *Un Siglo de Arte Español (1856-1956)*, Madrid, Espade, 1956, p. 194, cat. núm. 263. • *Before Picasso; after Miró*, Nueva York, The Salomon R. Guggenheim Museum, 1960, cat. s/n. • *Les sources du XXe siècle. Les Arts en Europe de 1884 à 1914*, París, Musée National d'Art Moderne, 1960, p. 178, cat. núm. 529, fig. • *Exposición Isidro Nonell, conmemorativa del L Aniversario de la muerte del artista*, Barcelona, Junta de Museos, 1962, p. 30, cat. núm. 15. • NONELL, C., *Isidro Nonell, su vida y su obra*, Madrid, Dossat, 1963, p. 209-210, cat. s/n., fig. XXII. • AINAUD DE LASARTE, J., "Isidro Nonell. Barcelona 1873-1911", en *Exposició Nacional de Bellas Artes*, Madrid, Ministerio de Educación Nacional, 1966, p. 18, cat. núm. VI, fig. VI. • JARDÍ, E., *Nonell*, Barcelona, Polígrafa [1969], p. 306, cat. núm. 64, fig. 64, p. 96; 1984, p. 261, cat. núm. 95, fig. 95, p. 85. • "Nonell. Primer centenario", en *Gazeta del Arte*, Madrid/Barcelona, 15 de junio de 1973, año I, núm. 4, fig. portada. • PLA, J., "Isidre Nonell", en *Destino*, Barcelona, 3 de noviembre de 1973, núm. 1.883, fig. p. 30. • *Art i Modernitat als Països Catalans*, Berlín, Staatliche Kunsthalle, 1978, p. 224, cat. núm. 4, fig. p. 7. • *Nonell*, Barcelona, Ayuntamiento de Barcelona, 1981, p. 34, cat. núm. 26, fig. 26 p. 62; Madrid, Caja de Ahorros y Monte de Piedad de Madrid/Ministerio de Cultura/Ayuntamiento de Barcelona, 1981, p. 34, cat. núm. 23, fig. p. 61. • *50 ans d'art espagnol 1880-1936*, Burdeos, Musée des Beaux Arts, 1984, p. 139, cat. núm. 64, fig. • *Homage to Barcelona, The City and its art, 1888-1936*, Londres, Hayward Gallery, 1985, p. 320, cat. núm. 168, fig. 34, p. 37. • *Trésors de Barcelone, Picasso, Miró, Dali et leur temps*, Lausana, Fondation de l'Hemitage, 1986, p. 164, cat. núm. 10, fig. 10. • *Homenatge a Barcelona. La ciutat i les seves arts 1888-1936*, Barcelona, Generalitat de Catalunya, 1987 p. 323, cat. núm. 152, fig. 34, p. 37. • *De Greco à Picasso. Cinq siècles d'art espagnol* (1), París, Musée du Petit Palais, 1987, p. 408, cat. núm. 147, fig. 147, p. 409. • *Catàleg de pintura segles XIX i XX. Fons del Museu d'Art Modern*, Barcelona, Ayuntamiento de Barcelona, 1987, p. 741, cat. núm. 1.870, fig. • *El Modernisme*, 2 vol., Barcelona, Lunwerg, 1990, vol. II, p. 191, cat. núm. 475. • DOÑATE, M., y MENDOZA, C., *Guia Museu d'Art Modern*, Barcelona, Museu Nacional d'Art de Catalunya, 1996, p. 44.

Cuando Nonell empezó a pintar gitanas demostró un interés especial por representar figuras aisladas, quizás porque así podía mostrar mejor la sensación de profunda soledad que quería transmitir. No obstante, el mismo año 1901, cuando este tema centra casi exclusivamente su producción, pintó un lienzo con tres gitanas (Museo de Arte Moderno del MNAC) y al año siguiente otro con cuatro gitanas sobre un fondo azul (colección particular, Madrid); en ambas obras las figuras estan de pie y mantienen actitudes distantes entre ellas. En la obra que comentamos, en la que las dos figuras se muestran profundamente abatidas y totalmente aisladas entre sí, se manifiesta con claridad que a Nonell le interesaba más el volumen y el color que la composición.

Por último hay que destacar el gran formato de este lienzo frente a las dimensiones claramente menores de las telas que había utilizado hasta entonces y que será habitual en los años inmediatamente posteriores. Sin embargo, con posterioridad a 1907, volverá a los formatos más reducidos.

Esta pintura formó parte de la exposición individual más importante celebrada en vida del artista, que tuvo lugar en el Faianç Català de Barcelona en 1910. En el bastidor se conserva la etiqueta de esta exposición en la que consta el número 116 y el título *Deux Gitanes*, escrito en color azul. Asimismo, una etiqueta manuscrita en francés, con el título, la dirección y la autocaricatura del artista, indica que la obra se había expuesto también en el Salon des Indépendants de París de 1905.

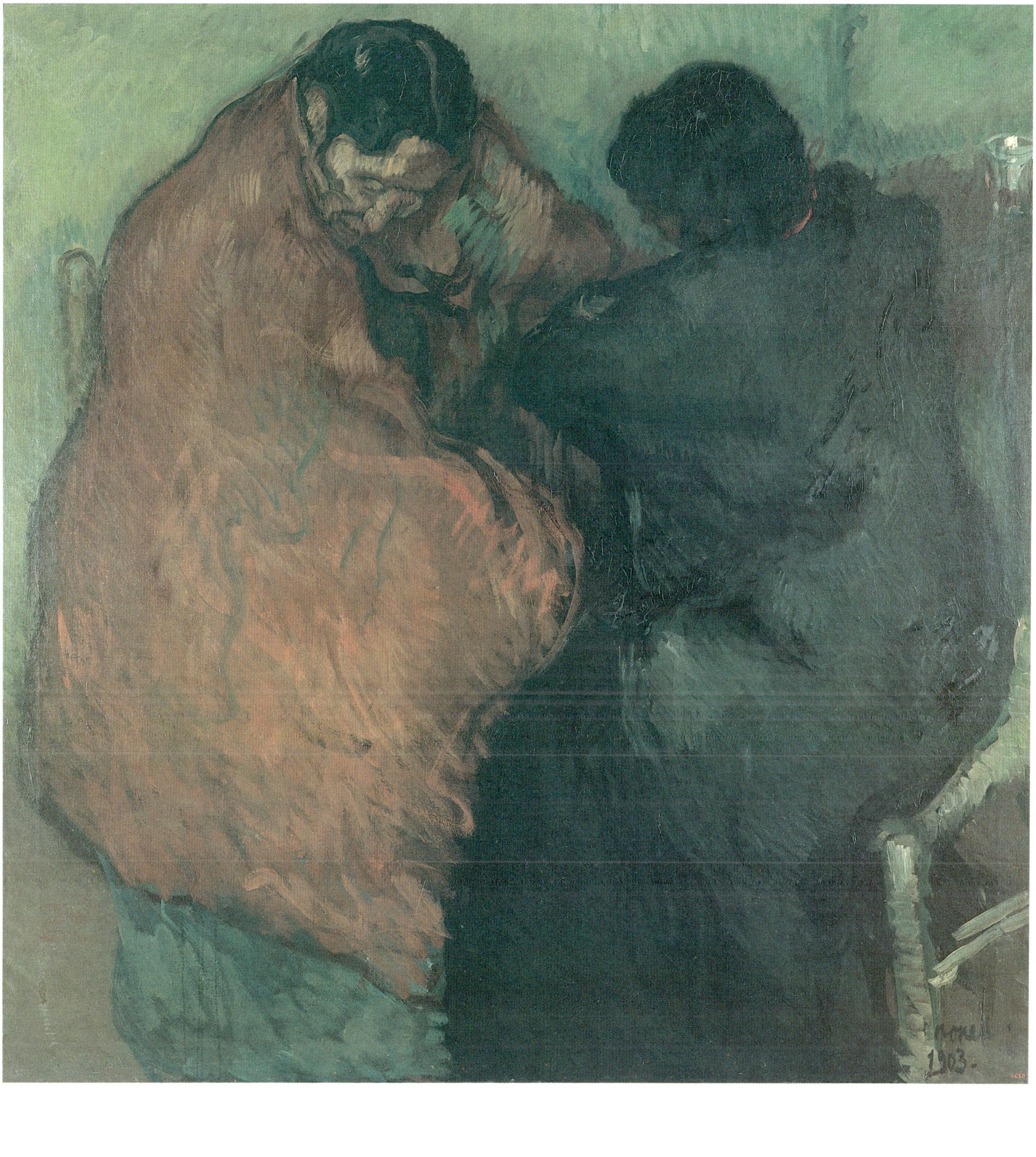

40. *Reposo*, 1903-1904

Óleo sobre lienzo
120 x 120 cm
Firmado y fechado "nonell./1904" en el ángulo inferior derecho y "nonell/1903" con rúbrica y dos caricaturas en el reverso
Adquirido a Francesc Labarta, 1922
Museo de Arte Moderno del MNAC, Barcelona
MNAC/MAM 10924

EXPOSICIONES: *Salon des Indépendants*, París, 1905. • *Exposición colectiva*, Barcelona, Círculo Artístico, enero de 1906. • *Exposición General de Bellas Artes*, Madrid, 1906. • *Artistas españoles en la XXVII Exposición Bienal Internacional de Arte de Venecia*, Venècia, Pabellón de España, 1954. • *III Bienal Hispanoamericana de Arte. Precursores y Maestros de la Pintura y Escultura Contemporánea*, Barcelona, Palacio Municipal de Exposiciones, 24 de septiembre de 1955-6 de enero de 1956. • *Before Picasso; after Miró*, Nueva York, The Salomon R. Guggenheim Museum, junio de 1960. • *Les sources du XXe siècle. Les Arts en Europe de 1884 à 1914*, París, Musée National d'Art Moderne, 4 de noviembre de 1960-23 de enero de 1961. • *Exposición Nacional de Bellas Artes*, Madrid, Palacio del Retiro, 1966 (sala especial dedicada a Nonell). • *Picasso e Dintorni*, Florencia, Palazzo Medici Riccardi, 8 de septiembre-7 de octubre de 1979. • *Cien años de cultura catalana 1880-1980*, Madrid, Palacio Velázquez, junio-octubre de 1980. • *Nonell*, Barcelona, Palacio de la Virreina, 16 de junio-31 de agosto de 1981. • *1881-1981 Picasso i Barcelona*, Barcelona, Saló del Tinell, 23 de octubre de 1981-31 de enero de 1982. • *Arte catalán en el Museo de Arte Moderno de Barcelona*, Madrid, Museo Municipal, octubre-diciembre de 1984. • *Homage to Catalonia. Barcelona Art City*, Kobe, The Hyogo Perfectual, Museum of Modern Art, 11 de abril-17 de mayo de 1987; Kamacura, The Museum of Modern Art, 23 de mayo-28 junio de 1987; Gifu, The Museum of Fine Arts, 11 de julio-23 de agosto de 1987.

BIBLIOGRAFÍA: *Salon des Indépendants*, París, 1905, cat. núm. 3.981. • SARMIENTO, M., "Círculo Artístico", en *La Tribuna*, Barcelona, 23 de enero de 1906. • *Catálogo de la Exposición General de Bellas Artes*, Madrid, Imprenta Alemana, 1906, p. 65, cat. núm. 832. • GUASCH, F., y BATLLE, E., *Catálogo del Museo de Arte Contemporáneo*, Barcelona, Junta de Museos, 1926, cat. núm. 4, p. 155. • *Art*, Barcelona, julio de 1934, núm. 10, fig. p. 297 (número extraordinario dedicado a Nonell). • MERLI, J., *Isidre Nonell*, Barcelona, Junta Municipal d'Exposicions de Catalunya, 1938, fig. XVI. • *Artistas españoles en la XXVII Exposición Bienal Internacional de Arte de Venecia*, Venècia, 1954, p. 32, cat. núm. 13, fig. • *III Bienal Hispanoamericana de Arte. Precursores y Maestros de la Pintura y Escultura Contemporánea*, Barcelona, 1955, cat. núm. 8. • *Before Picasso; after Miró*, Nueva York, The Salomon R. Guggenheim Museum, 1960, cat. s/n. • *Les sources du XXe siècle. Les Arts en Europe de 1884 à 1914*, París, Musée National d'Art Moderne, 1960, p. 178, cat. núm. 530. • NONELL, C., *Isidro Nonell, su vida y su obra*, Madrid, Dossat, 1963, p. 212, cat. s/n. • NONELL, C., *Nonell, Figuras*, Barcelona, Gustavo Gili, 1964, fig. 9. • AINAUD DE LASARTE, J., "Isidro Nonell. Barcelona 1873-1911", en *Exposición Nacional de Bellas Artes*, Madrid, Ministerio de Educación Nacional, 1966, p. 19, cat. núm. X, fig. X. • JARDÍ, E., *Nonell*, Barcelona, Polígrafa [1969], p. 110 y 306, cat. núm. 71, fig. 71, p. 109; 1984, p. 261, cat. núm. 117, fig. 117, p. 105. • *Picasso e Dintorni*, Florencia, Comitato per le Manifestazioni espositive Firenze-Prato, 1979, p. 93, cat. núm. 10, fig. 10, s/p. • *Cien años de cultura catalana 1880-1980*, Madrid, Ministerio de Cultura, 1980, p. 63, cat. núm. 1.3.55. • *Nonell*, Barcelona, Ayuntamiento de Barcelona, 1981, p. 36, cat. núm. 36, fig. 36, p. 75. • *1881-1981 Picasso i Barcelona*, Barcelona, CEGE, 1981, p. 117, cat. núm. 4B 5, fig. 4B-5, p. 106. • *Arte catalán en el Museo de Arte Moderno de Barcelona*, Madrid, Ayuntamiento de Madrid y Concejalía de Cultura, 1984, p. 46, cat. núm. 15, fig. p. 47. • *Homage to Catalonia. Barcelona Art City*, Kobe/Kamacura/Gifu, Generalitat de Catalunya, 1987, p. 104, cat. núm. 37, fig. • *Catàleg de pintura segles XIX i XX. Fons del Museu d'Art Modern*, Barcelona, Ayuntamiento de Barcelona, 1987, p. 744, cat. núm. 1.877, fig. • DOÑATE, M., y MENDOZA, C., *Guia Museu d'Art Modern*, Barcelona, Museu Nacional d'Art de Catalunya, 1996, p. 44.

Nonell utilizó un lienzo cuadrado, formato no demasiado habitual en su producción, de dimensiones considerables para representar a esta gitana sentada en el suelo con la cabeza apoyada sobre los brazos en actitud de dormir. La mujer, vestida de negro y cubierta con un amplio mantón amarillo, destaca sobre un fondo de tonalidades verdosas. La figura ocupa casi la totalidad del lienzo y, junto a ella, aparece un plato con una cuchara, elemento insólito en aquel momento ya que hasta unos años después Nonell no incorporó objetos a sus pinturas, y, además, lo hizo en muy pocas ocasiones. Estos elementos, colocados en primer término, configuran por sí mismos una pequeña naturaleza muerta, que preludia las telas de este género que seis años después se convertirían en un tema repetitivo en la producción del artista.

Esta obra figuró en el Salon des Indépendants de París de 1905, junto con siete lienzos más, y en 1906 formó parte del conjunto de diecisiete obras –nueve óleos y ocho dibujos– que el artista envió a la Exposición Nacional de Bellas Artes de Madrid. El jurado de recompensas de aquella muestra, que otorgó los máximos galardones de aquel año a Álvarez de Sotomayor, Benedito, Cabrera Cantó y Meifrén con obras de caríz anecdótico, premió a Nonell con mención honorífica.

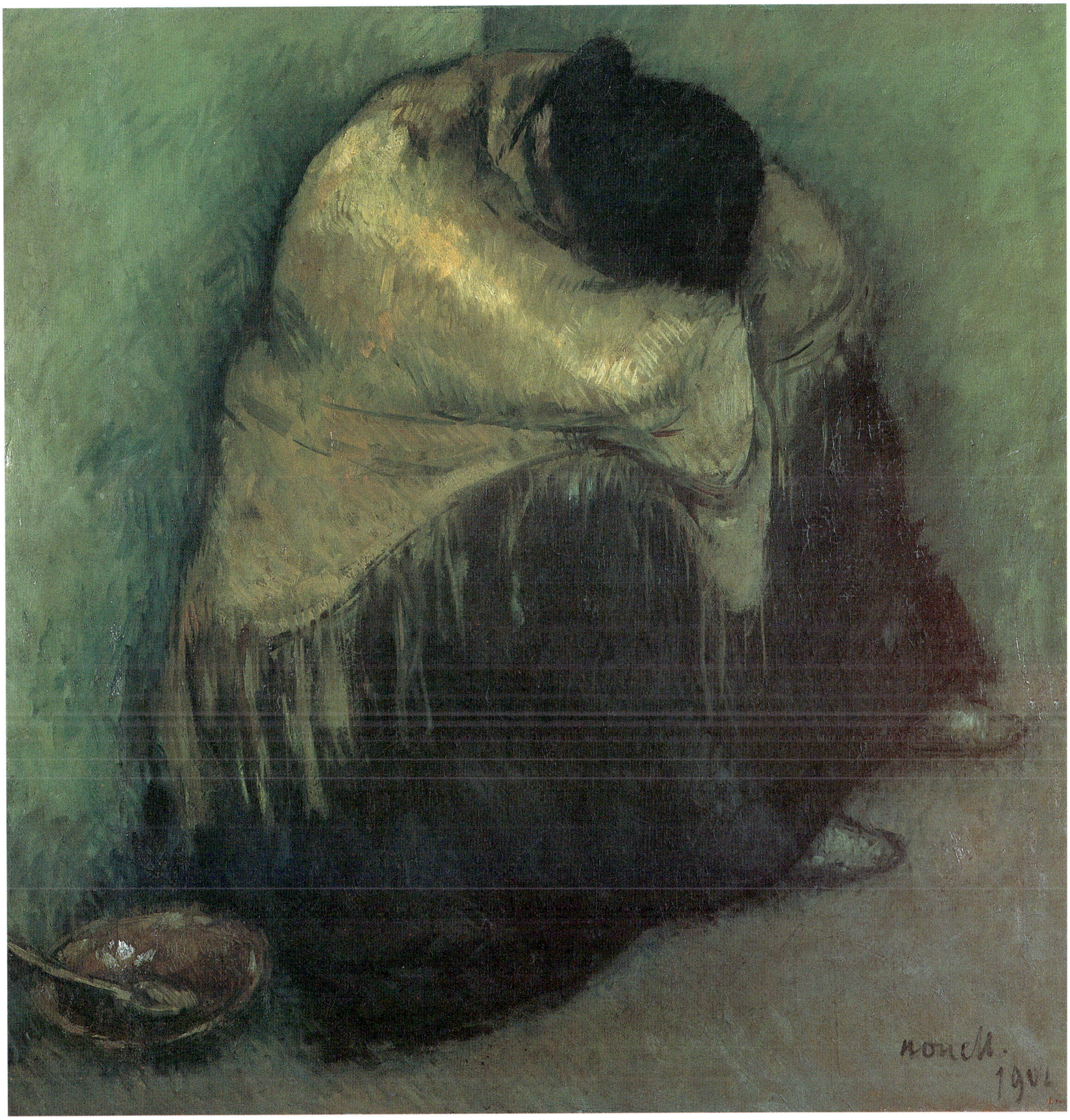
nonell.
1904

41. *Miseria*, 1904

Óleo sobre lienzo
75 x 100 cm
Firmado y fechado "nonell./1904" en el ángulo inferior izquierdo
y "nonell/1904" en el reverso
Adquirido a Francesc Labarta, 1922
Museo de Arte Moderno del MNAC, Barcelona
MNAC/MAM 10923

EXPOSICIONES: *Salon des Indépendants*, París, 1905. • *Exposición General de Bellas Artes*, Madrid, 1906. • *1ª Bienal Hispanoamericana de Arte*, Madrid, Palacio de Exposiciones del Retiro, octubre-diciembre de 1951. • *III Bienal Hispanoamericana de Arte. Precursores y Maestros de la Pintura y Escultura Contemporánea*, Barcelona, Palacio Municipal de Exposiciones, 24 de septiembre de 1955-6 de enero de 1956. • *Exposición Isidro Nonell, conmemorativa del L Aniversario de la muerte del artista*, Barcelona, Palacio de la Virreina, noviembre de 1962. • *Exposición Nacional de Bellas Artes*, Madrid, Palacio del Retiro, 1966 (sala especial dedicada a Nonell). • *Nonell*, Sabadell, Academia de Artes de Sabadell, diciembre de 1972. • *Els Quatre Gats. Art in Barcelona around 1900*, Princeton (Nueva Jersey), The Art Museum, 29 de enero-26 de març de 1978; Washington, Smithonian Institution, 14 de abril-26 de junio de 1978. • *Cien años de cultura catalana 1880-1980*, Madrid, Palacio Velázquez, junio-octubre de 1980. • *Nonell*, Barcelona, Palacio de la Virreina, 16 de junio-31 de agosto de 1981. • *Gitanos. Pinturas y Esculturas españolas 1870-1940*, Madrid, Real Academia de Bellas Artes de San Fernando, 23 de mayo-18 de junio; Granada, Centro Cultural La General, 22 de junio-20 de julio de 1995.

BIBLIOGRAFÍA: *Salon des Indépendants*, París, 1905, cat. núm. 3082. • *Catálogo de la Exposición General de Bellas Artes*, Madrid, Imprenta Alemana, 1906, p. 65, cat. núm. 830. • GUASCH, F., y BATLLE, E., *Catálogo del Museo de Arte Contemporáneo*, Barcelona, Junta de Museos 1926, p. 155, cat. núm. 3. • *Art*, Barcelona, julio de 1934, núm. 10, fig. p. 340 (número extraordinario dedicado a Nonell). • MERLI, J., *Isidre Nonell*, Barcelona, Junta Municipal d'Exposicions de Catalunya, 1938, fig. XI. • *Guía del Museo de Arte Moderno*, Barcelona, Ayuntamiento de Barcelona, 1945, p. 40, y 1953, p. 35. • *1ª Bienal Hispanoamericana de Arte*, Madrid, 1951, cat. núm. 84. • *III Bienal Hispanoamericana de Arte. Precursores y Maestros de la Pintura y Escultura Contemporánea*, Barcelona, 1955, cat. núm. 12. • *Exposición Isidro Nonell, conmemorativa del L Aniversario de la muerte del artista*, Barcelona, Junta de Museos, 1962, p. 31, cat. núm. 18. • NONELL, C., *Nonell. Figuras*, Barcelona, Gustavo Gili, 1964, fig. 12. • AINAUD DE LASARTE, J., "Isidro Nonell, Barcelona 1873-1911", en *Exposición Nacional de Bellas Artes*, Madrid, Ministerio de Educación General, 1966, p. 18, cat. núm. VIII, fig. VIII. • JARDÍ, E., *Nonell*, Barcelona, Polígrafa [1969], p. 306, cat. núm. 70, fig. 70, p. 108-109; 1984, p. 261, cat. núm. 116, fig. 116, p. 104-105. • *Nonell*, Sabadell, Academia de Artes de Sabadell, diciembre de 1972, cat. s/n., fig. s/p. • SOCÍAS, J., "Pintura", en *Modernismo en Cataluña*, Barcelona, Nou Art Thor, 1976, fig. p. 33. • MC CULLY, M., *Els Quatre Gats, Art in Barcelona around 1900*, Princeton University Press, 1978, p. 84, cat. núm. 20, fig. p. 85. • *Cien años de cultura catalana 1880-1980*, Madrid, Ministerio de Cultura, 1980, p. 63, cat. núm. 1.3.54. • *Nonell*, Barcelona, Ayuntamiento de Barcelona, 1981, p. 36, cat. núm. 37, fig. 37, p. 77; Madrid, Caja de Ahorros y Monte de Piedad de Madrid/Ministerio de Cultura/Ayuntamiento de Barcelona, 1981, p. 35, cat. núm. 33, fig. 33, p. 76. • FONTBONA, F., y MIRALLES, F., "Del Modernisme al Noucentisme, 1888-1917", en *Història de l'Art català*, Barcelona, Ed. 62, 1985, vol. VII, fig. p. 125. • *Catàleg de pintura segles XIX i XX. Fons del Museu d'Art Modern*, Barcelona, Ayuntamiento de Barcelona, 1987, p. 744, cat. núm. 1.876, fig. • *Gitanos. Pinturas y Esculturas españolas 1870-1940*, Granada, Consejería de Educación y Cultura de la Comunidad de Madrid/Fundación Caja de Granada/Fundación Rodríguez Acosta, 1995, p. 40, cat. s/n., fig. p. 41.

En la mayoría de las obras pintadas en 1904, Nonell consigue un vivo efecto cromático por la utilización de los rojos, los azules y los amarillos en los vestidos y los pañuelos de las gitanas, logrando de esta manera efectos cromáticos muy vivos. En *Miseria*, en cambio, oscureció de nuevo la paleta y combinó sobrias gamas terrosas, rosadas, verdosas y negras para crear así un clima denso y austero, que acentúa la decrepitud y la miseria a las que alude el título.

Esta obra resume los trazos fundamentales de la búsqueda pictórica que el artista llevaba a cabo y que se percibe en el vigor y la fuerza del dibujo, en la riqueza y la armonía de los colores, en la rotundidad de los volúmenes y en el dominio absoluto del pincel. En definitiva, el artista consigue, una vez más, transmitir con una economía formal la miseria, el pesimismo, la soledad más profunda y la introversión de las figuras que representa.

Una etiqueta manuscrita en francés con el título y la dirección del artista indica que la obra se expuso en París.

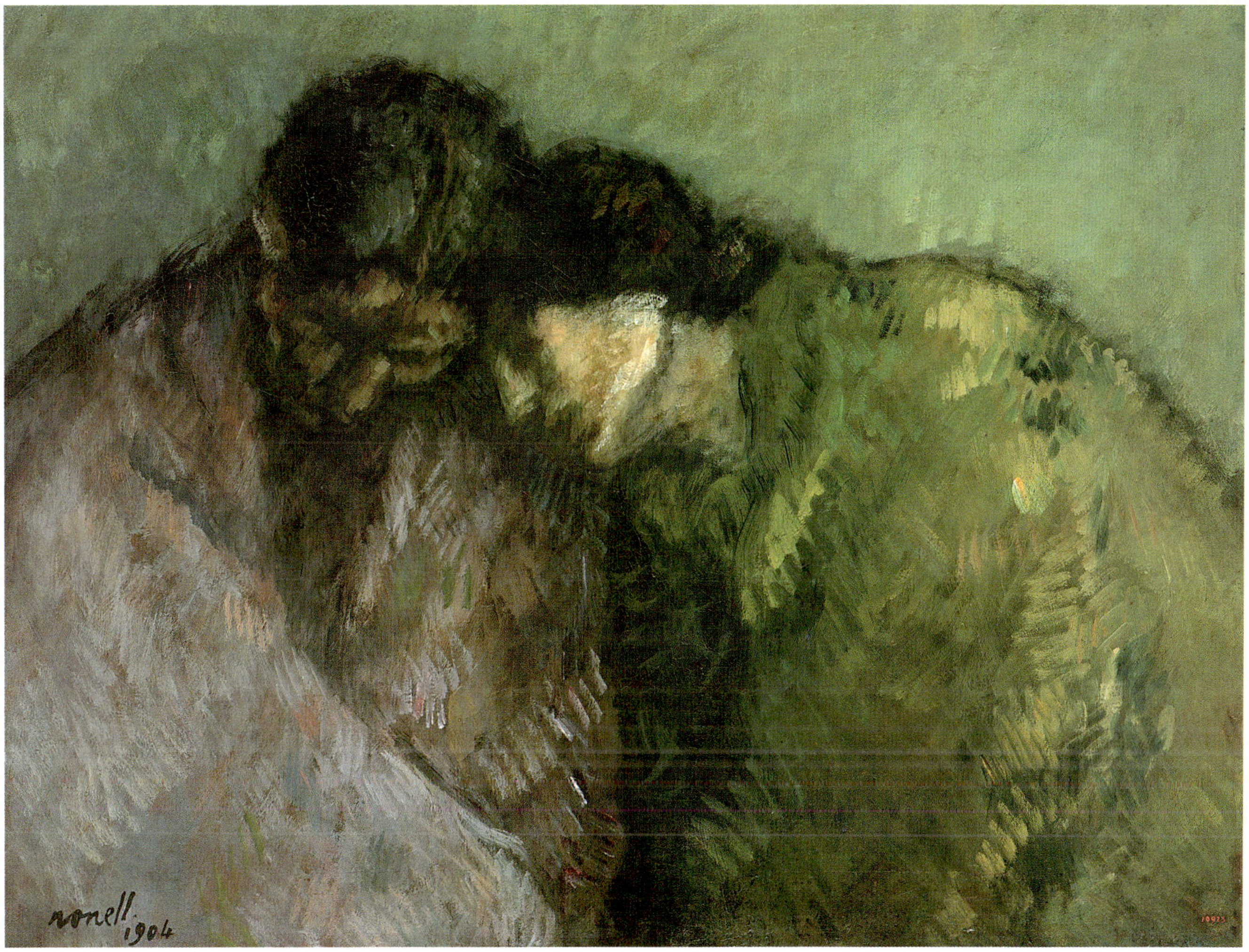
Nonell 1904

42. *La Paloma*, 1904

Óleo sobre lienzo
67 x 54 cm
Firmado y fechado "nonell./1904" en el ángulo inferior izquierdo y "nonell./.1904" en el reverso
Legado Santiago Espona, 1958
Museo de Arte Moderno del MNAC, Barcelona
MNAC/MAM 65622

EXPOSICIONES: *1ª Bienal Hispanoamericana de Arte*, Madrid, Palacio de Exposiciones del Retiro, octubre-diciembre de 1951. • *III Bienal Hispanoamericana de Arte. Precursores y Maestros de la Pintura y Escultura Contemporánea*, Barcelona, Palacio Municipal de Exposiciones, 24 de septiembre de 1955-6 de enero de 1956. • *Peintres espagnols de la realité. École de Paris*, París, Galerie Charpentier, 1962. • *Exposició Nacional de Bellas Artes*, Madrid, Palacio del Retiro, 1966 (sala especial dedicada a Nonell). • *Art i Modernitat als Països Catalans*, Berlín, Staatliche Kunsthalle, junio-agostoo de 1978. • *Nonell*, Barcelona, Palacio de la Virreina, 16 de junio-31 de agosto de 1981; Madrid, Casa del Monte de Piedad, octubre-noviembre de 1981. • *Gargallo y sus amigos españoles*, Zaragoza, Museo Pablo Gargallo, 23 de abril-8 de junio de 1986. • *Trésors de Barcelone, Picasso, Miró, Dali et leur temps*, Lausana, Fondation de l'Hermitage, 10 de octubre-28 diciembre de 1986.

BIBLIOGRAFÍA: *Art*, Barcelona, julio de 1934, núm. 10, fig. [p. 312] (número extraordinario dedicado a Nonell). • MERLI, J., *Isidre Nonell*, Barcelona, Junta Municipal d'Exposicions de Catalunya, 1938, fig. XVII. • *1ª Bienal Hispanoamericana de Arte*, Madrid, 1951, cat. núm. 73. • *III Bienal Hispanoamericana de Arte. Precursores y Maestros de la Pintura y Escultura Contemporánea*, Barcelona, cat. núm. 6. • *Legado Espona*, Barcelona, Junta de Museos, 1958, p. 12, cat. núm. 121. • *Peintres espagnols de la realité. École de Paris*, París, Galerie Charpentier, 1962, s/p., cat. núm. 162-154, fig. • UTRILLO, M., "Isidro Nonell en el Casón del Buen Retiro", en *Blanco y Negro*, Madrid, 28 julio de 1962, núm. 2.621, fig. s/p. • NONELL, C., *Isidro Nonell, su vida y su obra*, Madrid, Dossat, 1963, p. 213, cat. s/n., fig. XXXIV. • AINAUD DE LASARTE, J., "isidro Nonell. Barcelona 1873-1911", en *Exposició Nacional de Bellas Artes*, Madrid, Ministerio de Educación Nacional, 1966, p. 19, cat. núm. XI, fig. XI. • JARDÍ, E., *Nonell*, Barcelona, Polígrafa [1969], p. 116 y 308, cat. núm. 76, fig. 76, p. 116; 1984, p. 261, cat. núm. 111, fig. 111, p. 100. • *Art i Modernitat als Països Catalans*, Berlín, Staatliche Kunsthalle, 1978, p. 224, cat. núm. 3, fig. p. 11. • *Nonell*, Barcelona, Ayuntamiento de Barcelona, 1981, p. 35, cat. núm. 31, fig. 31, p. 74; Madrid, Caja de Ahorros y Monte de Piedad de Madrid/Ministerio de Cultura/Ayuntamiento de Barcelona, 1981, p. 35, cat. núm. 27, fig. 27, p. 73. • *Gargallo y sus amigos españoles*, Zaragoza, Museo Pablo Gargallo, 1986, cat. núm. 36, fig. s/p. • *Trésors de Barcelone, Picasso, Miró, Dali et leur temps*, Lausana, Fondation de l'Hermitage, 1986, p. 164, cat. núm. 8, fig. 8. • *Catàleg de pintura segles XIX i XX. Fons del Museu d'Art Modern*, Barcelona, Ayuntamiento de Barcelona, 1987, p. 745, cat. núm. 1.880, fig.

A lo largo de 1904 Nonell pintó algunos bustos de gitanas de perfil que, aunque mantienen la expresión de tristeza, no manifiestan la profunda actitud de abatimiento que había caracterizado sus producciones anteriores. Entre estas obras se encuentran *La Paloma*, *La Pelona* y *Consuelo* –las tres en el Museo de Arte Moderno del MNAC–. La citada en primer lugar, seleccionada para esta exposición, muestra suficientemente la nueva manera de Nonell de representar a las gitanas que, en lugar de esconder su rostro, lo muestran al descubierto. Asimismo, aunque el artista nunca fue retratista, en pinturas como la que comentamos representa con cierta precisión los rasgos fisonómicos de la figura.

En pinturas como ésta se hacen patentes el talento y el absoluto dominio cromático de Nonell en este momento, en el que su obra, aunque empieza a ser valorada, no ha conseguido todavía traspasar la barrera de la incomprensión que le niega el éxito.

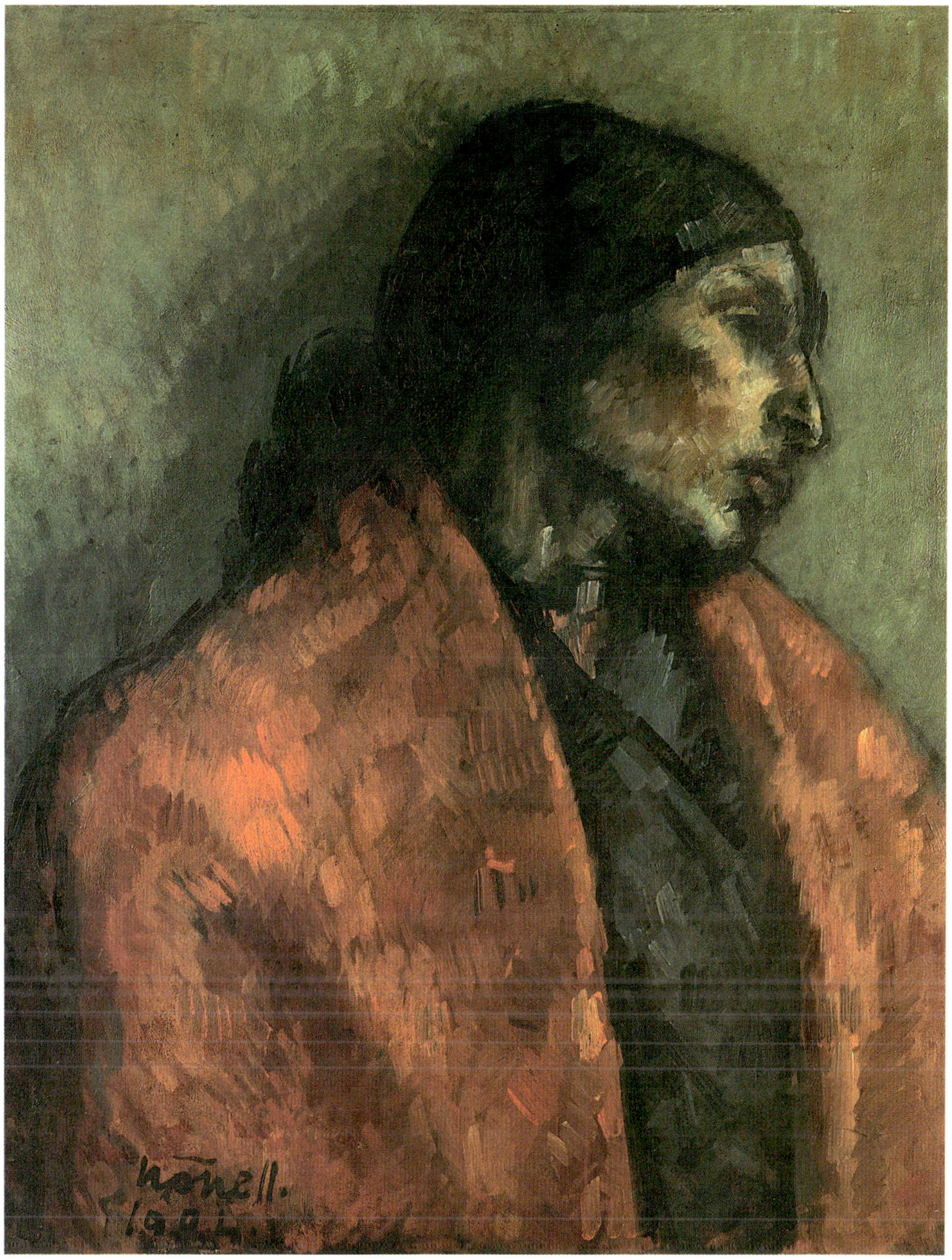

43. *Gitana*, 1904

Óleo sobre lienzo
44 x 33 cm
Firmado y fechado "nonell/1904" en el ángulo inferior izquierdo
Museu de l'Empordà, Figueres

BIBLIOGRAFÍA: *Art*, Barcelona, julio de 1934, núm. 10, fig. [p. 308] (número extraordinario dedicado a Nonell). • MERLI, J., *Isidre Nonell*, Barcelona, Junta Municipal de Exposiciones de Arte de Catalunya, 1938, fig. XVIII. • NONELL, C., *Isidro Nonell, su vida y su obra*, Madrid, Dossat, 1963, p. 214, cat. s/n. • BENET, R., *Isidro Nonell y su época*, Barcelona, Iberia, 1947, fig. XXII. • JARDÍ, E., *Nonell*, Barcelona, Polígrafa [1969], p. 306, cat. núm. 73, fig. 73, p. 112; 1984, p. 261, cat. núm. 109, fig. 109, p. 98. • *Guia de les col·leccions*. Figueres, Consorcio del Museu del Empordà, 1999, fig. p. 83.

En una fotografía realizada por Francesc Serra en el taller del pintor en 1904 aparece el artista en primer término y, tras él, una gitana joven y otra de edad avanzada. Las facciones angulosas y la mandíbula marcada de aquélla permiten identificarla con la de la obra que comentamos. Algunos biógrafos de Nonell afirman que existió una relación estrecha entre esta gitana –llamada Consuelo– y el artista.

Esta obra perteneció al escritor Alexandre Plana, autor de la primera biografía sobre el artista y de la primera catalogación de su obra, ambas publicadas en 1917 en el volumen titulado *L'obra d'Isidre Nonell*, que recoge también diversos estudios de otros autores. La viuda de Alexandre Plana legó esta pintura al Museo de l'Empordà de Figueres.

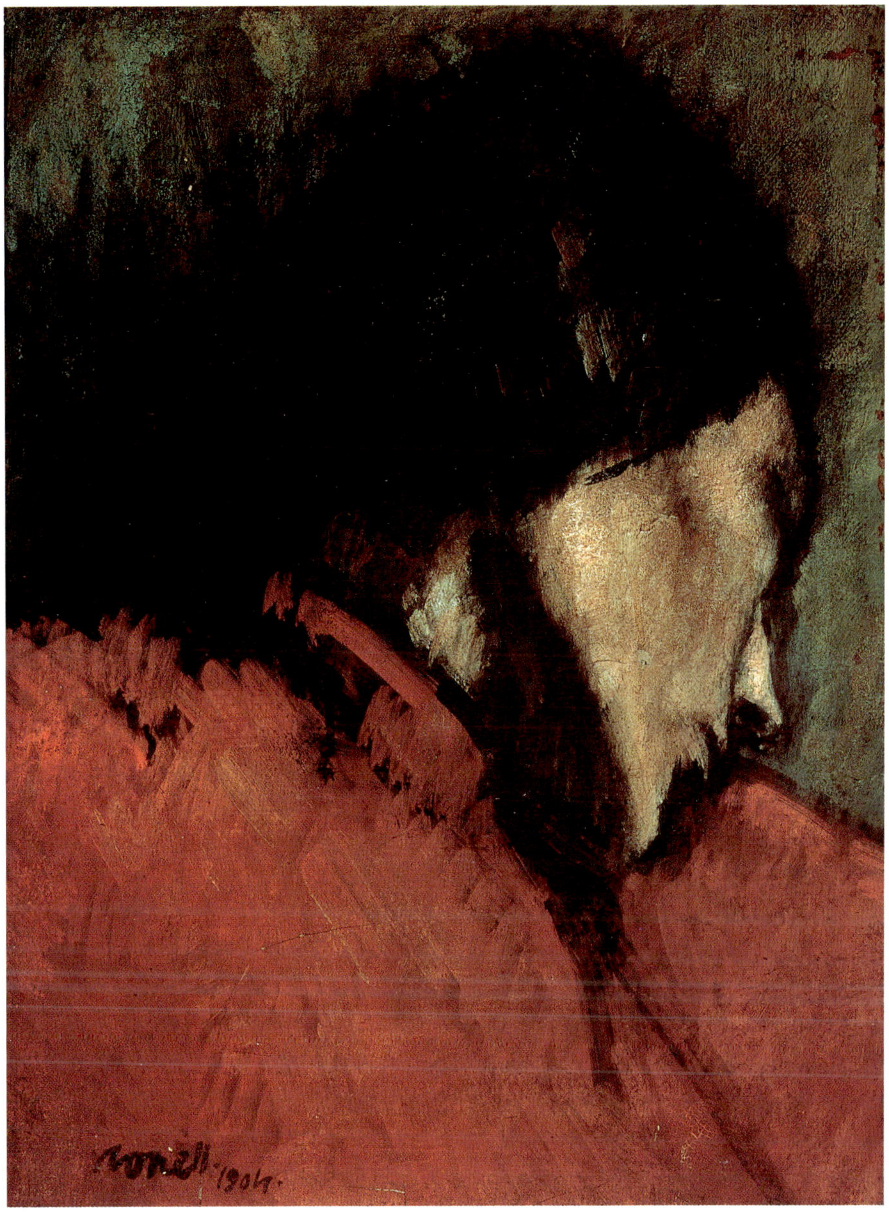
Nonell 1904

44. *Gitanas en el Somorrostro*, 1904

Tinta y acuarela
26,5 x 37 cm
Firmado y fechado "Nonell/1904" en el ángulo inferior izquierdo
Fundación Francisco Godia, Barcelona

EXPOSICIONES: *Nonell*, Barcelona, Palacio de la Virreina, 16 de junio-31 de agosto de 1981; Madrid, Casa del Monte de Piedad, octubre-noviembre de 1981.

BIBLIOGRAFÍA: *Nonell*, Barcelona, Ayuntamiento de Barcelona, p. 49, cat. núm. 159, fig. 159, p. 102; Madrid, Caja de Ahorros y Monte de Piedad de Madrid/Ministerio de Cultura/Ayuntamiento de Barcelona, 1981, p. 48, cat. núm. 141, fig. 141, p. 99.

Nonell utilizaba para realizar sus dibujos diversas técnicas; generalmente en los de gitanas usaba el lápiz Conté o el carboncillo y con la acuarela aplicaba las manchas de color. En algunas ocasiones en lugar del lápiz utilizó la pluma para dibujar con tinta el contorno de las figuras y aplicó con la acuarela tonalidades bastante más estridentes que las habituales. El resultado es tanto o más sugerente ya que el color adquiere una fuerza singular. Precisamente en algunas de las pinturas de 1904, el mismo año que el dibujo que nos ocupa, introduce un rojo intenso (Véase *La Paloma* y *Gitana* (cat. núm. 42 y 43) que permite establecer un claro paralelismo entre su pintura y sus dibujos.

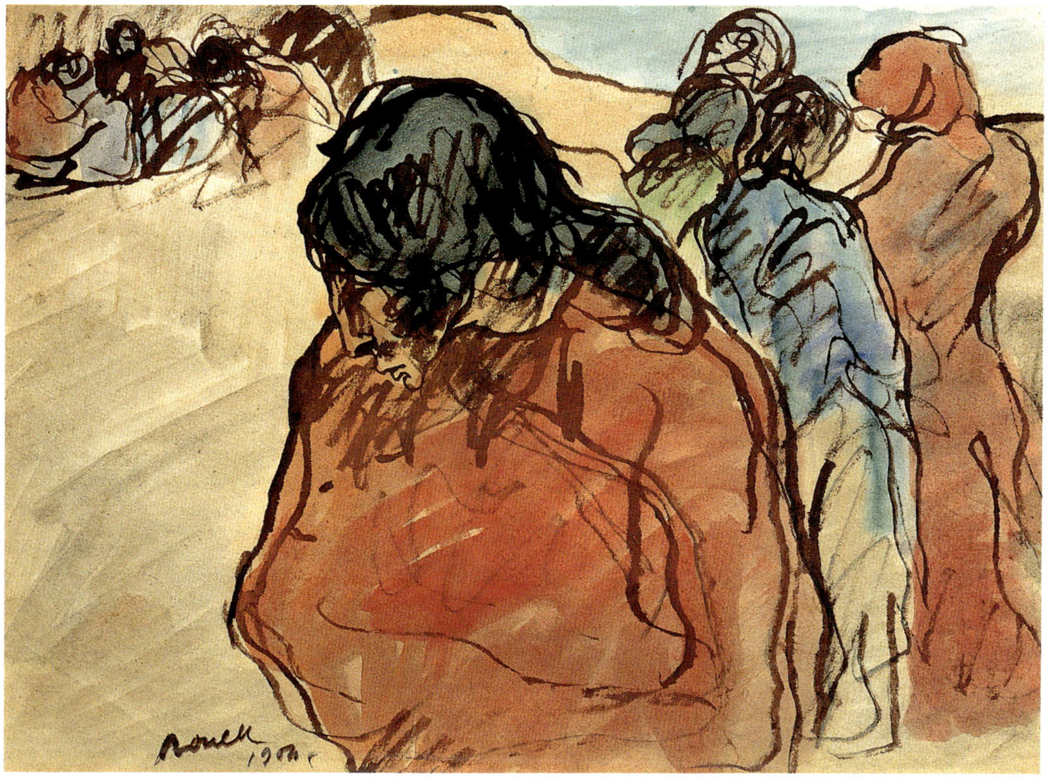

45. *Pareja de gitanos*, 1904

Pluma, pastel y acuarela
19,5 x 16 cm
Firmado y fechado dos veces "n-/1904"
y "nonell/1904" en el ángulo inferior derecho
Adquisición de la colección Plandiura, 1932
Gabinete de Dibujos y Grabados del MNAC, Barcelona
MNAC/GDG 4913

EXPOSICIONES: *Exposición Isidro Nonell, conmemorativa del L Aniversario de la muerte del artista*, Barcelona, Palacio de la Virreina, noviembre de 1962. • *Nonell*, Barcelona, Palacio de la Virreina, 16 de junio-31 de agosto de 1981; Madrid, Casa del Monte de Piedad, octubre-noviembre de 1981.

BIBLIOGRAFÍA: *Exposición Isidro Nonell, conmemorativa del L Aniversario de la muerte del artista*, Barcelona, Junta de Museos, 1962, p. 38, cat. núm. 75. • NONELL, C., *Isidro Nonell, su vida y su obra*, Madrid, Dossat, 1963, p. 254, cat. s/n. • *Nonell*, Barcelona, Ayuntamiento de Barcelona, p., cat. núm., fig. p. ; Madrid, Caja de Ahorros y Monte de Piedad de Madrid/Ministerio de Cultura/Ayuntamiento de Barcelona, 1981, p. 48, cat. núm. 142, fig. 142, p. 99.

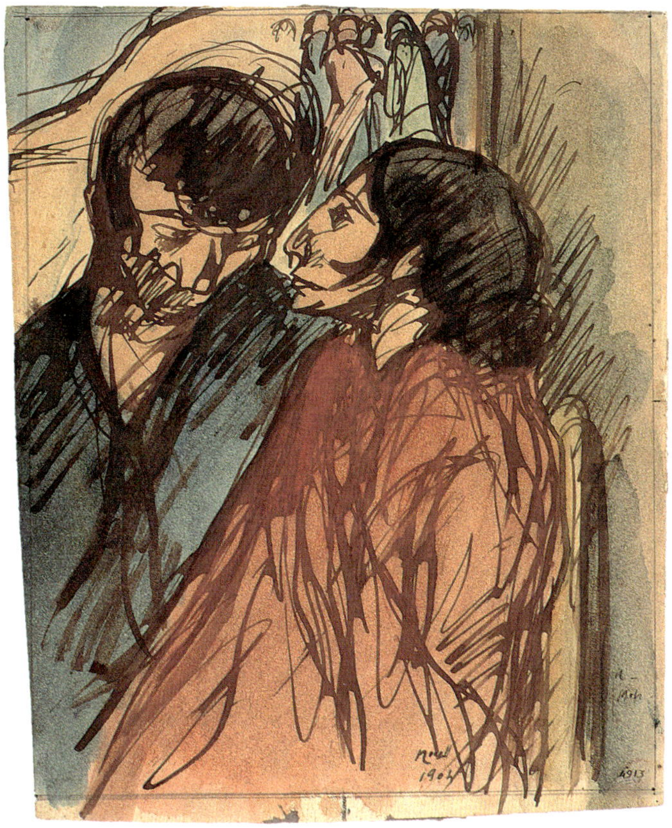

46. *Figura*, 1904

Pluma, pastel y acuarela
22,5 x 16,2 cm
Firmado y fechado "nonell/1904" en el ángulo inferior derecho
Adquisición de la colección Plandiura, 1932
Gabinete de Dibujos y Grabados del MNAC, Barcelona
MNAC/GDG 4912

EXPOSICIONES: *Nonell*, Barcelona, Palacio de la Virreina, 16 de junio-31 de agosto de 1981; Madrid, Casa del Monte de Piedad, octubre-noviembre de 1981.

BIBLIOGRAFÍA: *Nonell*, Barcelona, Ayuntamiento de Barcelona, p. 49-50, cat. núm. 161, fig. 161, p. 102; Madrid, Caja de Ahorros y Monte de Piedad de Madrid/Ministerio de Cultura/Ayuntamiento de Barcelona, 1981, p. 49, cat. núm. 143, fig. 143, p. 99.

Nonell utiliza la misma técnica que otros dibujos de 1904 para representar nuevamente a unas mujeres cretinas. Las facciones de la figura de primer término, así como el característico pañuelo anudado sobre la cabeza, corresponden sin duda a las de las mujeres del valle de Boí afectadas de cretinismo, que Nonell había representado pocos años antes en una serie de dibujos que le dieron a conocer como uno de los más singulares artistas catalanes.

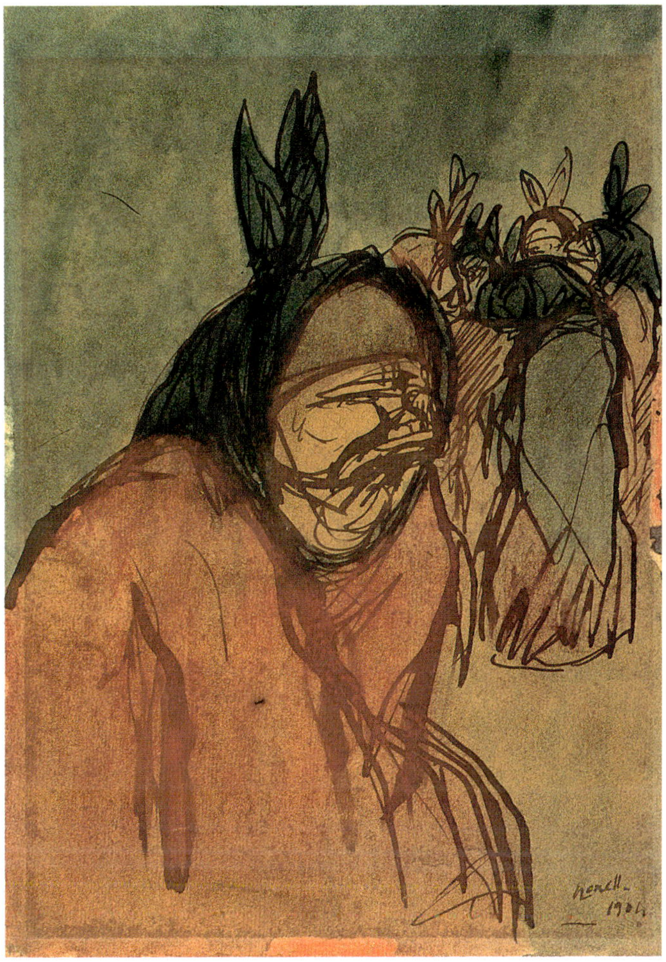

47. *La viuda*, 1904-1905

Óleo sobre lienzo
79 x 64 cm
Firmado y fechado "nonell/1905" en el ángulo inferior derecho
y "nonell/1904" en el reverso
Fundación Francisco Godia, Barcelona

EXPOSICIONES: *Exposición General de Bellas Artes*, Madrid, 1906. • *I. Nonell. 14 pinturas*, Barcelona, Sala Gaspar, diciembre de 1967-6 de enero de 1968.

BIBLIOGRAFÍA: *Catálogo de la Exposición General de Bellas Artes*, Madrid, Imprenta Alemana, 1906, p. 65, cat. núm. 827. • PLANA, A., *L'obra d'Isidre Nonell*, Barcelona, Publicacions de La Revista, 1917, p. 162. • *Art*, Barcelona, julio de 1934, núm. 10, fig. [p. 323] (número extraordinario dedicado a Nonell). • NONELL, C., *Isidro Nonell, su vida y su obra*, Madrid, Dossat, 1963, p. 215, cat. s/n. • *I. Nonell. 14 pinturas*, Barcelona, Sala Gaspar, 1967, s/p., cat. núm. 6, fig. • JARDÍ, E., *Nonell*, Barcelona, Polígrafa [1969], p. 308, cat. núm. 90, fig. 90, p. 136; 1984, p. 262, cat. núm. 134, fig. 134, p. 118.

Las pinturas que Nonell enviaba a los salones de París, a las exposiciones nacionales de Madrid o, incluso, las que figuraban en sus exposiciones individuales son normalmente difíciles de identificar sobre todo por la falta de documentación gráfica de la época. Los catálogos de las exposiciones oficiales nunca reprodujeron sus obras, en la mayoría de las exposiciones individuales hechas en vida del artista ni siquiera se publicó catálogo y las crónicas o críticas de estas muestras que aparecían en los diarios y revistas de entonces tampoco reproducían sus obras o, en todo caso, publicaban alguno de sus dibujos. Otra dificultad a la hora de identificar algunas obras radica en el mismo título de la pintura, ya que es frecuente la repetición de éste en un mismo año –dos *Consuelo* en 1904, dos *Leonor* en 1906, numerosas *Dolores* en diferentes años, etc.– y sobre todo que muchas tenían el título genérico de *Gitana*. Así pues, estas circunstancias complican la reconstrucción de la historia de la pieza. En la obra que nos ocupa, en cambio, los restos de una etiqueta casi ilegible en el bastidor y la fecha 1905 permiten identificarla como *La viuda*, que Plana incluye en su catalogación de 1917. Asimismo este título y las dimensiones de la tela confirman que fue expuesta en Madrid en 1906.

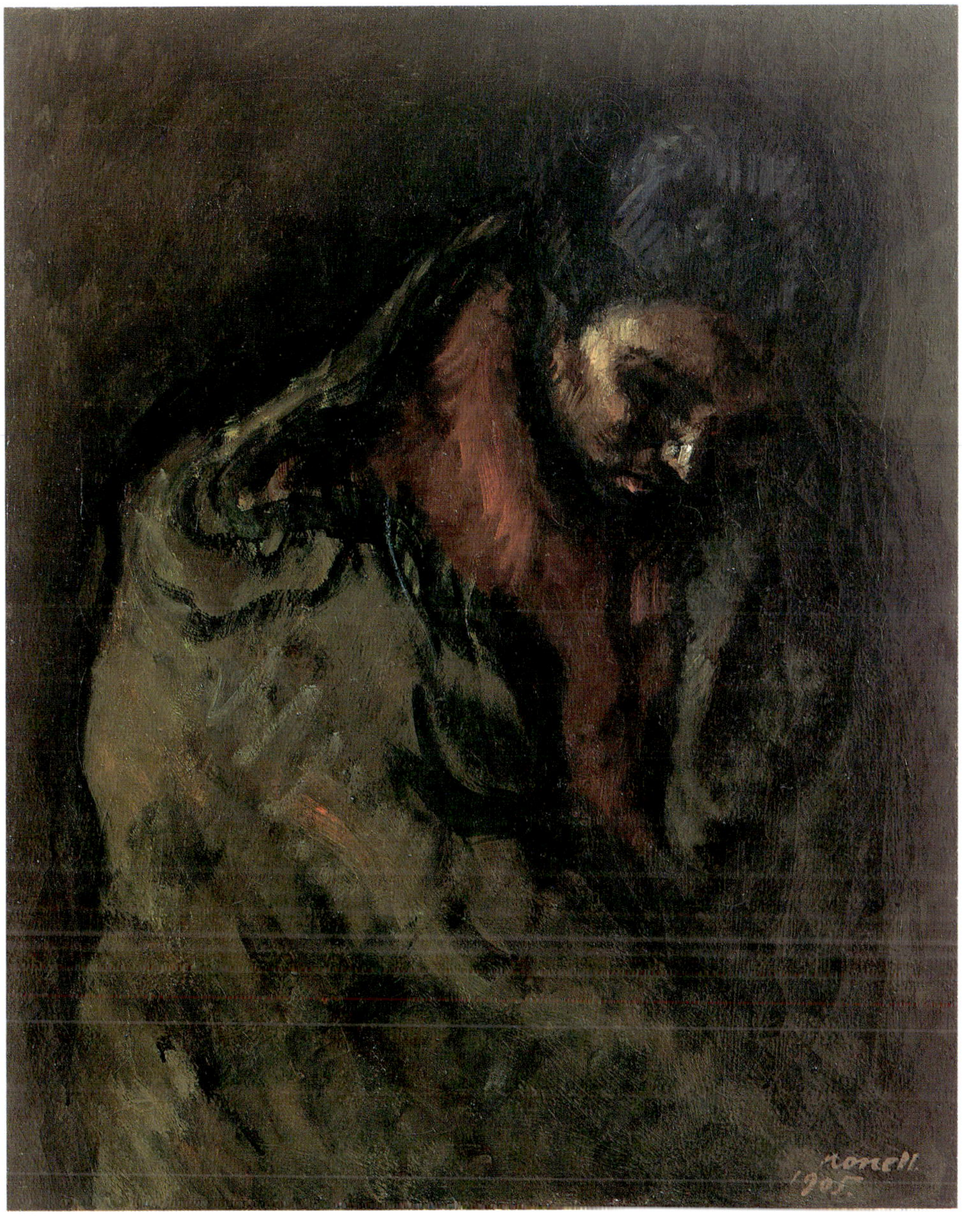

48. *Consuelo*, 1905

Óleo sobre lienzo
171,5 x 113,5 cm
Firmado y fechado "nonell./nov, 1905" en el ángulo inferior derecho
Donación de Trinitat Soler, viuda de Barbey
Museo de Arte Moderno del MNAC, Barcelona
MNAC/MAM 69008

EXPOSICIONES: *V Exposición Internacional de Arte*, Barcelona, 1907. • *Exposición Isidro Nonell, conmemorativa del L Aniversario de la muerte del artista*, Barcelona, Palacio de la Virreina, noviembre de 1962. • *Legados y Donativos a los Museos de Barcelona 1952-1963*, Barcelona, Palacio de la Virreina, diciembre de 1963-enero de 1964. • *Nonell*, Barcelona, Palacio de la Virreina, 16 de junio-31 de agosto de 1981; Madrid, Casa del Monte de Piedad, octubre-noviembre de 1981. • *La huella del 98 en la pintura española contemporánea*, Gijón, Centro Cultural Cajastur, Palacio Revillagigedo, 24 de noviembre de 1998-9 de enero de 1999.

BIBLIOGRAFÍA: JUNYENT, S., "La mort de la gitaneta", en *Joventut*, Barcelona, 23 de noviembre de 1905, p. 749. • *V Exposición Internacional de Arte*, Barcelona, Henrich y Compañía, 1907, p. 25, cat. núm. 17. • *Art*, Barcelona, julio de 1934, núm. 10, fig. [p. 318] (número extraordinario dedicado a Nonell). • *Exposición Isidro Nonell, conmemorativa del L Aniversario de la muerte del artista*, Barcelona, Junta de Museos, 1962, p. 31, cat. núm. 23, fig. 33. • CORTÈS, J., "Perennidad de Isidro Nonell", en *Ensayo*, Barcelona, 1962, núm. 14, fig. p. 57. • *Legados y Donativos a los Museos de Barcelona 1952-1963*, Barcelona, Junta de Museos, 1963, p. 19, cat. núm. 30. • NONELL, C., *Isidro Nonell, su vida y su obra*, Madrid, Dossat, 1963, p. 215, cat. s/n. • NONELL, C., *Nonell, Figuras*, Barcelona, Gustavo Gili, 1964, fig. 10. • JARDÍ, E., *Nonell*, Barcelona, Polígrafa [1969], p. 308, cat. núm. 87, fig. 87, p. 135; 1984, p. 262, cat. núm. 135, fig. 135, p. 119. • BENET, R., "El barcelonismo impaciente de Nonell", en *La Vanguardia*, Barcelona, 25 de noviembre de 1973. • *Nonell*, Barcelona, Ayuntamiento de Barcelona, 1981, p. 36, cat. núm. 40, fig. 40, p. 76; Madrid, Caja de Ahorros y Monte de Piedad de Madrid/Ministerio de Cultura/Ayuntamiento de Barcelona, 1981, p. 36, cat. núm. 36, fig. 36, p. 75. • *Catàleg de pintura segles XIX i XX. Fons del Museu d'Art Modern*, Barcelona, Ayuntamiento de Barcelona, 1987, p. 474, cat. núm. 1.885, fig. • *La huella del 98 en la pintura española contemporánea*, Gijón, 1998, p. 144 y 268, cat. núm. 6, fig. p. 145.

Entre 1905 y 1906 Nonell pintó algunas obras, como *Consuelo*, *Meditando* y *Estudio de gitana* (cat. núm. 48, 53 y 52) de características similares. El pintor colocó en una tela de gran formato una figura de gitana sentada, de frente o de perfil, la recortó sobre un fondo neutro y la silueteó con gruesas pinceladas negras dándole una apariencia monolítica. La pintura que nos ocupa, citada en primer lugar, es la más coloristas de todas ellas.

En muchas ocasiones Nonell titulaba una obra con el nombre de la gitana que le había servido de modelo. Consuelo ya había posado para el pintor el año anterior en dos lienzos, uno de ellos es una media figura perfilada hacia la izquierda (Museo de Arte Moderno del MNAC). En la pintura que nos ocupa se da una circunstancia muy peculiar, ya que Nonell además de firmarla y fecharla, tal como hacía habitualmente, incluyó al lado del año el mes en que la dio por finalizada. Tal vez esta puntualización se deba al hecho de que precisamente en esta fecha Consuelo murió trágicamente. Cabe destacar también que ésta es una de las obras que figuró en la V Exposición Internacional de Arte de Barcelona, celebrada en 1907, y que el autor valoró en 2.500 pesetas. En esta importante muestra, que tuvo lugar en el desaparecido Palacio de Bellas Artes, Nonell había presentado diez óleos, pero el jurado, por razones de espacio, le aceptó solamente cuatro.

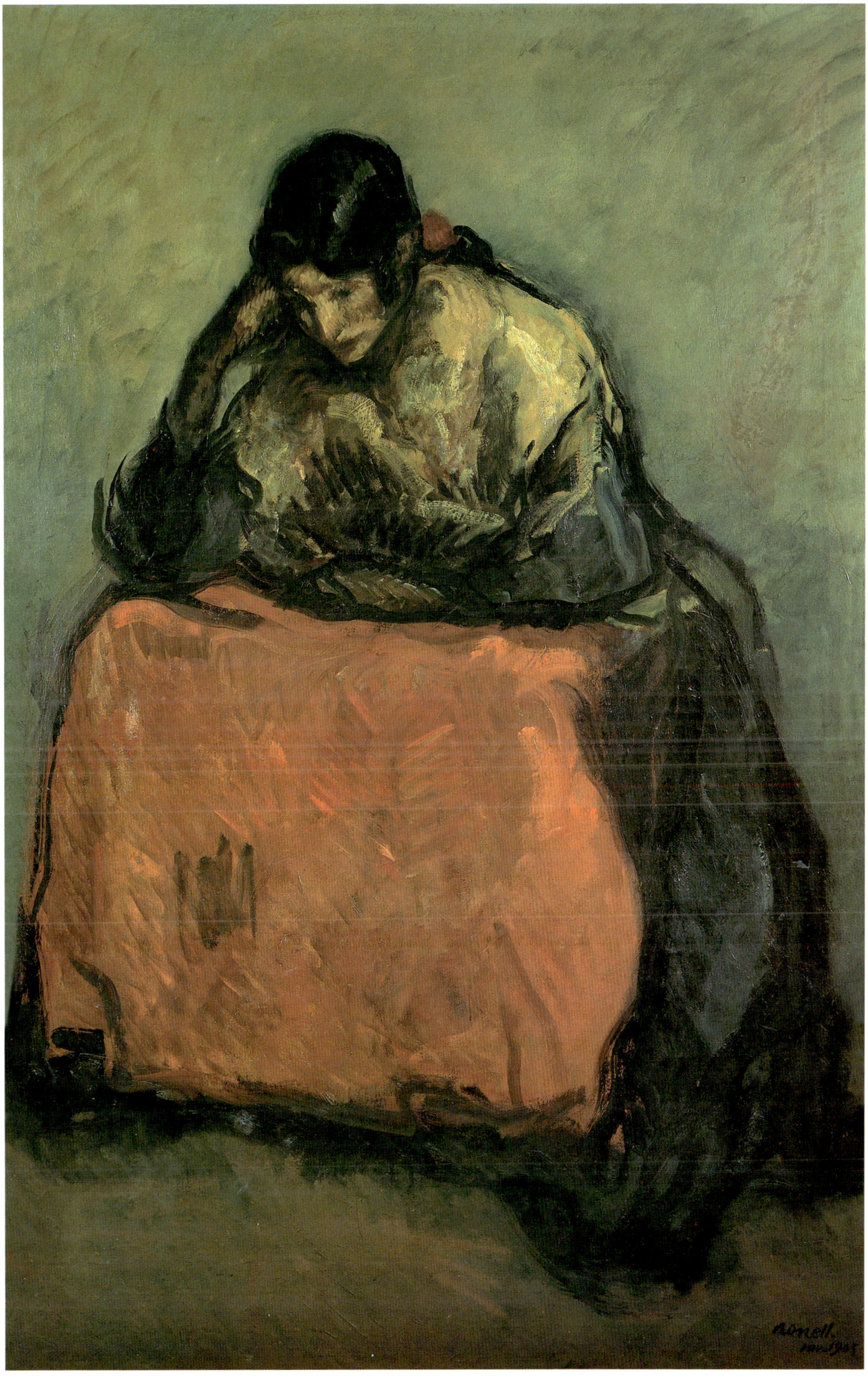

49. *Gitana vieja*, 1905

Óleo sobre lienzo
131 x 116 cm
Firmado y fechado "nonell/1905." en el ángulo inferior derecho
Colección Banc Crèdit Andorrà

EXPOSICIONES: *Exposición Isidro Nonell, conmemorativa del L Aniversario de la muerte del artista*, Barcelona, Palacio de la Virreina, noviembre de 1962.

BIBLIOGRAFÍA: PLANA, A., *L'obra d'Isidre Nonell*, Barcelona, Publicacions de La Revista, 1917, p. 162. • *Art*, Barcelona, julio de 1934, núm. 10, fig. [p. 308] (número extraordinario dedicado a Nonell). • GOICOECHEA, R.E. de, *Isidro Nonell, el impresionista filósofo*, Barcelona, Librería Catalonia, 1938, fig. 7, p. 49 (Índices de Arte Español). • MERLI, J., *Isidre Nonell*, Barcelona, Junta Municipal de Exposiciones de Arte de Catalunya, 1938, fig. XIX. • *Exposición Isidro Nonell, conmemorativa del L Aniversario de la muerte del artista*, Barcelona, Junta de Museos, 1962, p. 31, cat. núm. 22. • NONELL, C., *Isidro Nonell, su vida y su obra*, Madrid, Dossat, 1963, p. 215, cat. s/n. • JARDÍ, E., *Nonell*, Barcelona, Polígrafa [1969], p. 308, cat. núm. 91, fig. 91, p. 137; 1984, p. 262, cat. núm. 137, fig. 137, p. 119.

Tal como ya pusieron de manifiesto algunos críticos de arte coetáneos de Nonell, uno de sus objetivos era pintar la "belleza de la fealdad". La mayor parte de su producción entre 1901 y 1907, aproximadamente, refleja un mundo aparentemente poco atractivo pictóricamente porque, igual que habían hecho otros grandes pintores, como Goya o Daumier, con los que algunos críticos a menudo relacionaron a Nonell, se aleja de los parámetros tradicionales de la búsqueda de la belleza para recrear el mundo miserable de la marginación social. Las figuras de gitanas y, sobre todo las de gitanas viejas, le proporcionaron la posibilidad de representar magistralmente el lado más sórdido, tal como se puede constatar en la obra que nos ocupa. La esencia de su arte se encuentra en su cromatismo –en la extraordinaria armonía de matices y colores–, pero también en el procedimiento que le permitía interpretar la figura casi monolítica con una técnica aparentemente simple pero absolutamente personal.

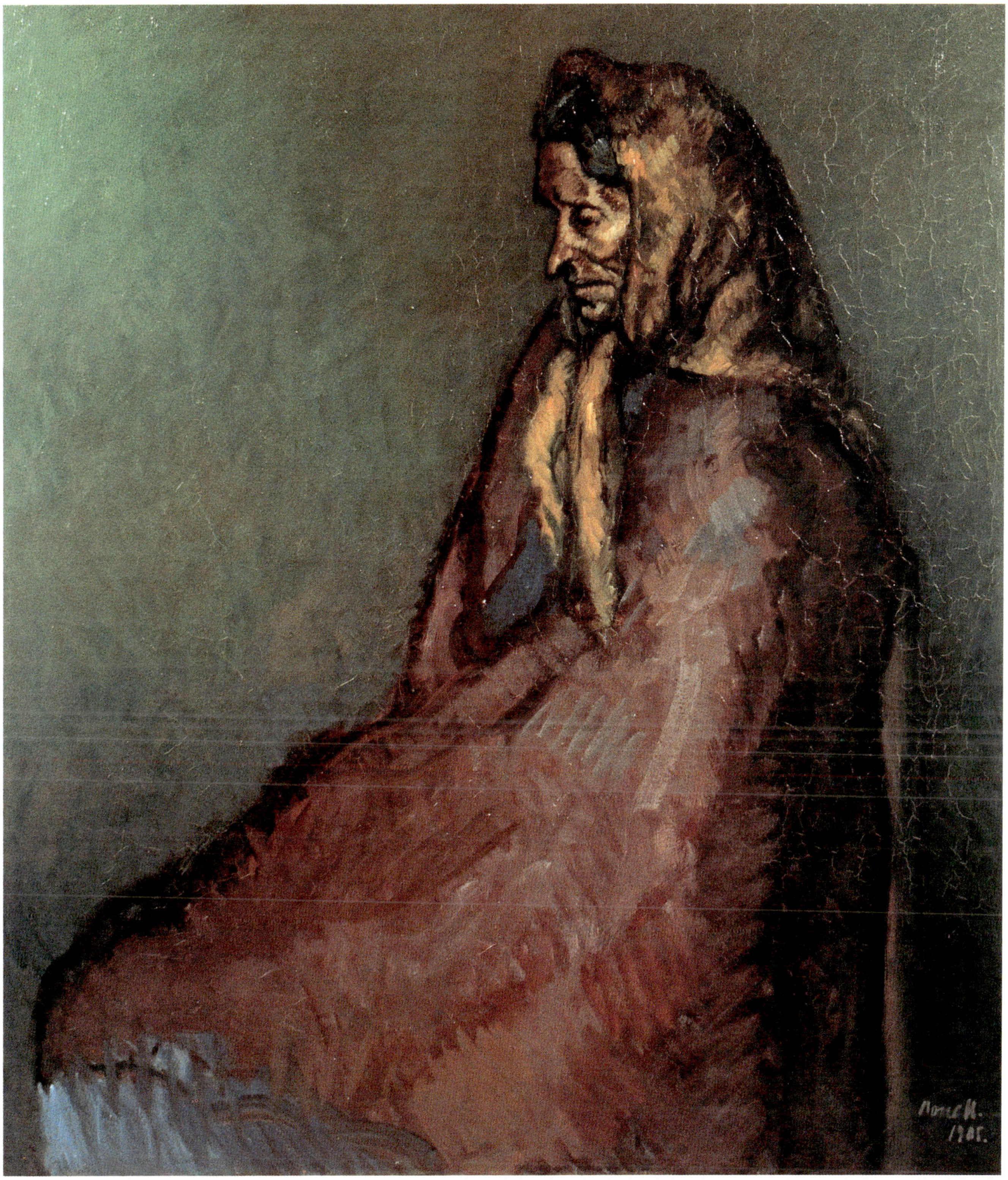

50. *Abatimiento*, 1905

Óleo sobre lienzo
81 x 100 cm
Firmado y fechado "nonell /1905" en el ángulo superior derecho
Depósito Generalitat de Catalunya (dación Godia)
Museo de Arte Moderno del MNAC, Barcelona
MNAC/MAM 200714

EXPOSICIONES: *Exposició d'una gran part de les obres pintades i dibuixades desde'l 1900 per En Nonell*, Barcelona, Faianç Català, 15 de enero-13 de febrero de 1910. • *Pintores de Fama. Navidad 1976*, Barcelona, Sala Parés, diciembre de 1976. • *Col·leccionistes d'Art a Catalunya*, Barcelona, Palacio Robert; Palacio de la Virreina, 22 de junio-22 de julio de 1987. • *Catalan masters of the 20th Century. From Gaudí to Tàpies*, Atlanta, Michael C. Carlos Museum, 27 de abril-2 de junio de 1996; Quebec, Musée du Quebec, 19 de junio-10 de julio de 1996; Saint Petersburg (Florida), Salvador Dali Museum, 27 de julio-22 de septiembre de 1996; Texas, San Antonio Museum of Art, 13 de octubre-11 de diciembre de 1996; Tacoma, Tacoma Museum of Art, enero-abril de 1997.

BIBLIOGRAFÍA: PLANA, A., *L'obra d'Isidre Nonell*, Barcelona, Publicacions de La Revista, 1917, p. 162. • *Pintores de Fama. Navidad 1976*, Barcelona, Sala Parés, 1976, cat. núm. 25. • SANTOS TORROELLA, R., "¿Un nuevo 'Nonell'?", en *El Noticiero Universal*, Barcelona, 21 de diciembre de 1976, fig. p. 13 • JARDÍ, E., *Nonell*, Barcelona, Polígrafa, 1984, p. 261, cat. núm. 115, fig. p. 103. • FONTBONA, F., *Nonell*, Barcelona, Nou Art Thor, 1987, fig. p. 30-31 (Gent Nostra). • *Col·leccionistes d'Art a Catalunya*, Barcelona, Fundación Conde de Barcelona, 1987, p. 94, cat. núm. 75, fig. p. 94 • C. i M.F., "La Generalitat cobra per primer cop un impost de successions amb un conjunt d'obres d'art" en *Avui*, Barcelona, 1994, p. 43. • M.A., Guardia, "La Generalitat cobra en arte un impuesto de sucesiones", en *La Vanguardia*, Barcelona, 14 de julio de 1994, p. 32. • *Catalan masters of the 20th Century. From Gaudí to Tàpies*, Barcelona, Generalitat de Catalunya, 1996, p. 21, cat. s/n., fig. p. 21.

En esta pintura Nonell plantea la misma composición que había utilizado el año anterior en *Miseria* (cat. núm. 41), dos gitanas de medio cuerpo, una apoyada en la espalda de la otra, en una actitud de total abatimiento. No obstante, el resultado difiere porque el artista difumina ligeramente las pinceladas y aplica unas tonalidades cromáticas más intensas y de colores más vivos, especialmente en los pañuelos que llevan en la cabeza. Las dos obras, sin embargo, son un buen ejemplo de la profunda sensibilidad del pintor.

Cuando esta obra se expuso por primera vez, más de setenta años después de que Nonell la hubiera pintado, suscitó algún recelo sobre su autoría. Sin duda se desconocía entonces que esta pieza la incluyó Plana en su catalogación de la obra de Nonell y, lo que aún es más importante, que formó parte de la exposición individual del artista celebrada en el Faianç Català en 1910, como lo demuestra la etiqueta que figura en el bastidor del lienzo, en la que consta el número 70 y el título *Abatimiento*, escrito en color azul.

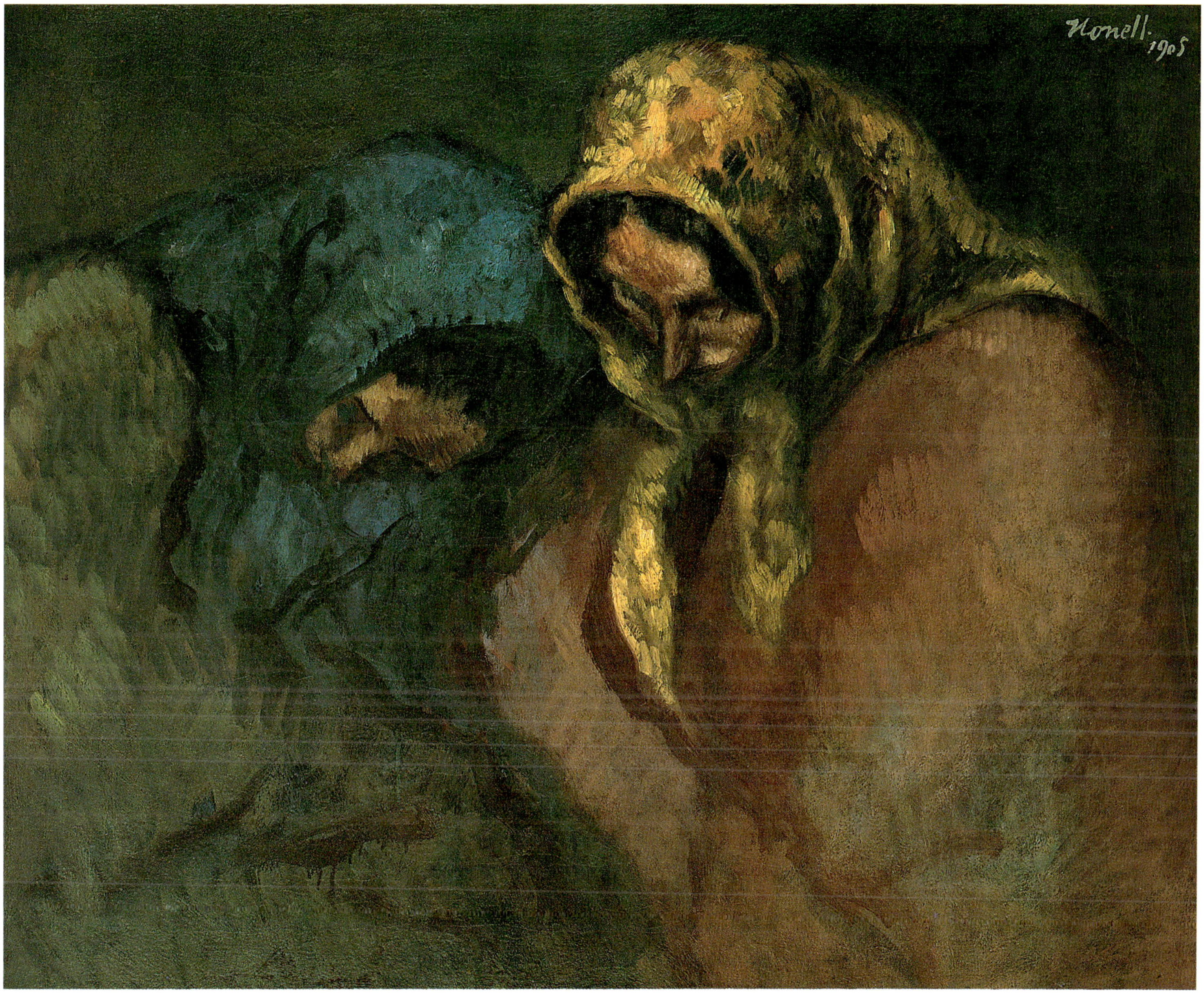
Nonell. 1905

51. *La viuda*, 1905-1906

Óleo sobre lienzo
159,5 x 127 cm
Firmado y fechado "nonell 1906" en el ángulo inferior izquierdo
y "nonell 1905-1906" en el reverso
Colección particular, Barcelona

EXPOSICIONES: *Exposición colectiva*, Barcelona, Círculo Artístico, enero de 1906. • *V Exposición Internacional de Arte*, Barcelona, 1907. • *Obres de les col·leccions Valentí i Julià*, Barcelona, La Pinacoteca, otoño de 1928. • *100 obres de la col·lecció de pintures de D. Santiago Julià*, Barcelona, Sala Parés, 1-14 de octubre de 1935. • *Exposición de Homenaje a Isidro Nonell (1873-1911)*, Barcelona, Sala Barcino, 28 de febrero-21 de marzo de 1948.

BIBLIOGRAFÍA: *V Exposición Internacional de Arte*, Barcelona, Henrich y Compañía, 1907, p. 25, cat. núm. 18. • PLANA, A., *L'obra d'Isidre Nonell*, Barcelona, Publicacions de La Revista, 1917, p. 162. • *Art*, Barcelona, julio de 1934, núm. 10, fig. [p. 345] (número extraordinario dedicado a Nonell). • *100 obres de la col·lecció de pintures de D. Santiago Julià*, Barcelona, Sala Parés, 1935, cat. núm. 60 ó 71. • MERLI, J., *Isidre Nonell*, Barcelona, Junta Municipal de Exposiciones de Arte de Catalunya, 1938, fig. XXIII. • BENET, R., *Isidro Nonell y su época*, Barcelona, Iberia, 1947, fig. XXVIII. • *Exposición de Homenaje a Isidro Nonell (1873-1911)*, Barcelona, Sala Barcino, 1948, cat. núm. 10 ó 11. • NONELL, C., *Isidro Nonell, su vida y su obra*, Madrid, Dossat, 1963, p. 217, cat. s/n. • JARDÍ, E., *Nonell*, Barcelona, Polígrafa [1969], p. 308, cat. núm. 82, fig. 82, p. 130; 1984, p. 232, cat. núm. 128, fig. 128, p. 112.

La extraordinaria sobriedad de esta gitana vestida de negro contrasta con otras obras destacadas de estos mismos años más vibrantes de color. En este lienzo, de apariencia casi monocroma, Nonell utiliza una paleta oscura y consigue un efecto de gran fuerza mediante un intenso foco lumínico en el rostro de la mujer, hacia el que se dirige la mirada del espectador.

La viuda es una de las obras de gran formato que pintó entre 1905 y 1906. A partir del año siguiente utilizaría, en general, lienzos de formato más reducido, si bien con algunas excepciones. Los lienzos de dimensiones mayores los destinaba preferentemente a las exposiciones de carácter oficial. Así en la V Exposición Internacional de Barcelona, la más importante de las que se celebraron en esta ciudad, Nonell participó con cuatro óleos –en realidad presentó diez, pero el jurado de admisión nada más aceptaba cuatro– tres de los cuales eran de medidas considerables. Uno de los expuestos era precisamente *La viuda*, en cuyo bastidor se conserva la etiqueta que lo confirma.

El poco eco que tuvo la presencia de Nonell en aquella importante muestra pone una vez más de manifiesto el rechazo que, en general, todavía producía su pintura, ya que ni fue galardonado con alguna de las numerosas distinciones que otorgó el jurado de la exposición ni se adquirió alguna de sus obras con destino al Museo de Bellas Artes de Barcelona.

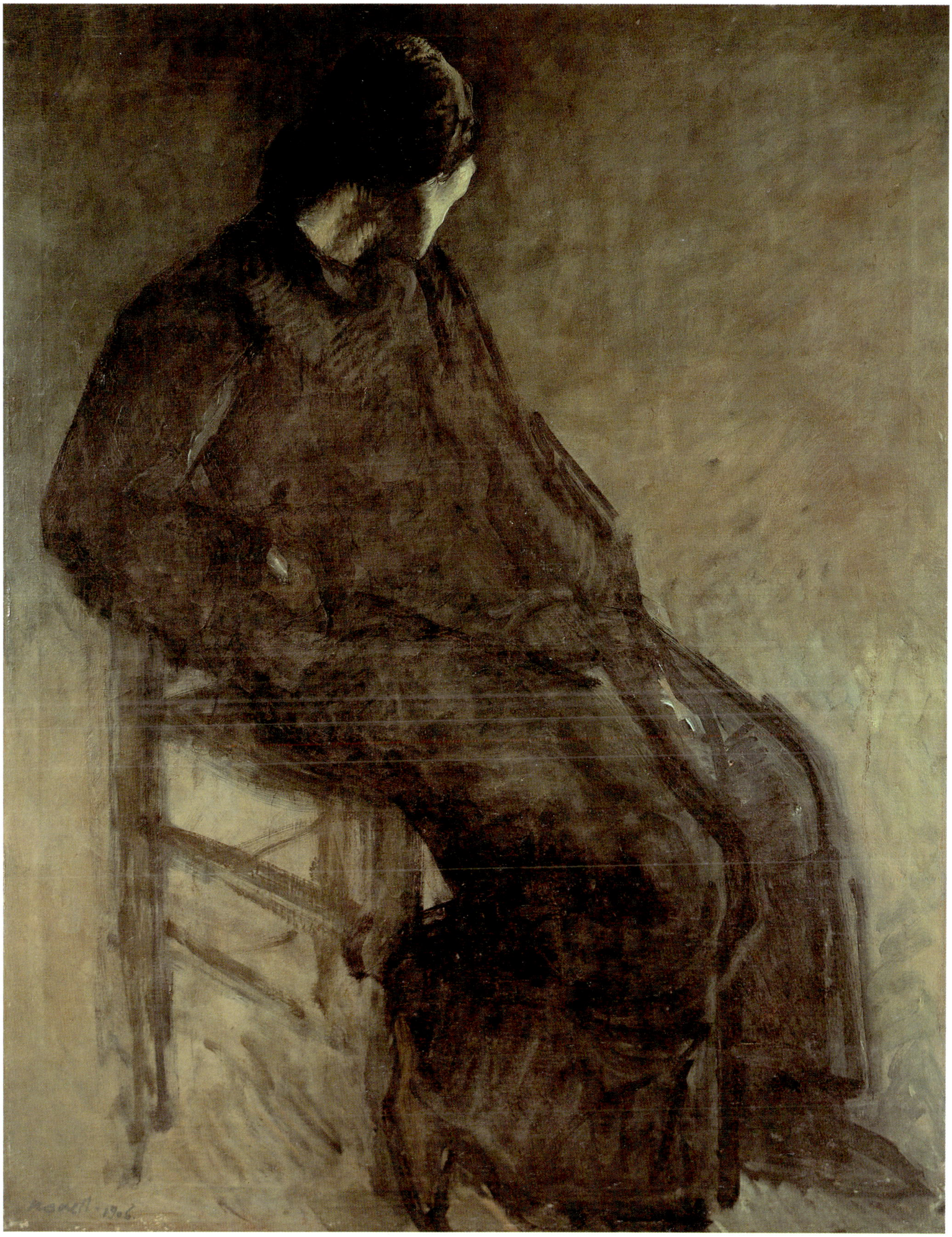

52. *Estudio de gitana*, 1906

Óleo sobre lienzo
185 x 110 cm
Firmado y fechado "nonell/1906" en el ángulo inferior izquierdo y en el reverso
Colección Masaveu

EXPOSICIONES: *V Exposición Internacional de Arte*, Barcelona, 1907. • *Before Picasso; after Miró*, Nueva York, The Salomon R. Guggenheim Museum, junio de 1960. • *Exposición Isidro Nonell, conmemorativa del L Aniversario de la muerte del artista*, Barcelona, Palacio de la Virreina, noviembre de 1962.

BIBLIOGRAFÍA: *V Exposición Internacional de Arte*, Barcelona, Henrich y Compañía, 1907, p. 25, cat. núm. 15. • *Art*, Barcelona, julio de 1934, núm. 10, fig. [p. 344] (número extraordinario dedicado a Nonell). • *Before Picasso; after Miró*, Nueva York, The Salomon R. Guggenheim Museum, 1960, cat. s/n. • *Exposición Isidro Nonell, conmemorativa del L Aniversario de la muerte del artista*, Barcelona, Junta de Museos, 1962, p. 32, cat. núm. 32. • NONELL, C., *Isidro Nonell, su vida y su obra*, Madrid, Dossat, 1963, p. 221, cat. s/n. • *Próximas Subastas*, Madrid, Edmund Peel & Asociados, abril-junio de 1989, fig. portada. • *Pintura Impresionista y Moderna*, Madrid, Edmund Peel & Asociados, 23 de mayo de 1989, cat. núm. 1, fig. y fig. portada.

Esta pintura presenta las mismas características que *Meditando* (cat. núm. 53), óleo fechado el mismo año. Representa una gitana sentada –posiblemente la modelo fue la misma en los dos lienzos– con la cabeza descansando sobre la mano derecha, está perfilada hacia la izquierda y, en primer término, figuran un plato y una cuchara, elementos que ya había representado dos años antes en *Reposo* (cat. núm. 40). El rico cromatismo de Nonell se traduce en esta obra en una exquisita armonía, utilizando básicamente el negro para construir el dibujo y gamas verdes, violetas y azules para crear respectivamente el fondo del lienzo y el cuerpo y la falda de la figura. Los matices que el artista consigue con cada uno de estos colores quedan perfectamente mezclados con la yuxtaposición de las gruesas pinceladas.

Estudio de gitana formó parte de una colección particular de Barcelona. A finales de los años sesenta estuvo depositada en el Museo de Arte Moderno de Barcelona y en 1970 fue devuelta a su propietario. En el reverso lleva la etiqueta de la V Exposición Internacional de Arte de Barcelona de 1907. En esta muestra Nonell fijó el precio de este lienzo, igual que *La viuda* (cat. núm. 51), en 2.500 pesetas, valoración máxima que el artista daba en aquel momento a sus pinturas. En 1989 se subastó en Madrid y se adjudicó por la cantidad más elevada pagada hasta entonces por una pintura de Nonell.

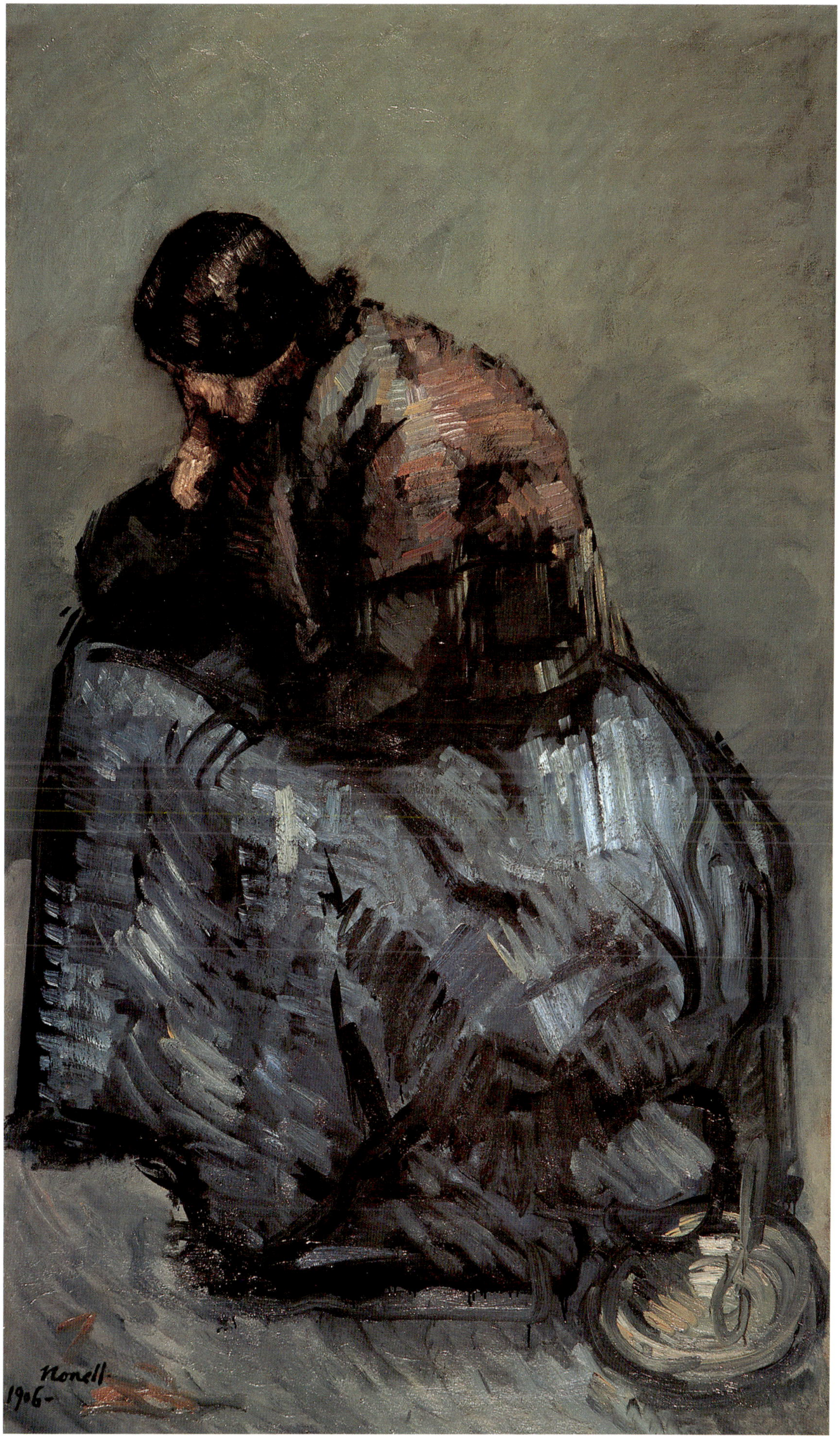
Nonell
1906-

53. *Meditando*, 1906

Óleo sobre lienzo
159 x 126 cm
Firmado y fechado "nonell. /1906." en el ángulo superior derecho
Donación de un grupo de artistas y coleccionistas, 1910
Museo de Arte Moderno del MNAC, Barcelona
MNAC/MAM 10925

EXPOSICIONES: *Exposición colectiva*, Barcelona, Círculo Artístico, enero de 1906. • *Exposició d'una gran part de les obres pintades i dibuixades desde'l 1900 per En Nonell*, Barcelona, Faianç Català, 15 de enero-13 de febrero de 1910. • *Exposició d'Art*, Barcelona, Palacio de Bellas Artes, mayo de 1918. • *III Bienal Hispanoamericana de Arte. Precursores y Maestros de la Pintura y Escultura Contemporánea*, Barcelona, Palacio Municipal de Exposiciones, 24 de septiembre de 1955-6 de enero de 1956. • *Exposición de pintura catalana desde la prehistoria hasta nuestros dias*, Madrid, Casón del Buen Retiro, Barcelona, Capilla del Hospital, 1962. • *Exposición Isidro Nonell, conmemorativa del L Aniversario de la muerte del artista*, Barcelona, Palacio de la Virreina, noviembre de 1962. • *Cien años de cultura catalana 1880-1980*, Madrid, Palacio Velázquez, junio-octubre de 1980. • *Nonell*, Barcelona, Palacio de la Virreina, 16 de junio-31 de agosto de 1981; Madrid, Casa del Monte de Piedad, octubre-noviembre de 1981.

BIBLIOGRAFÍA: "El banquet an en Nonell", en *El Poble Català*, Barcelona, 29 de enero de 1910. • *Exposició d'Art. Catàleg Oficial*, Barcelona, Ayuntamiento de Barcelona, 1918, p. 98, cat. núm. 700. • *Llegats i donacions a la ciutat de Barcelona per obres de cultura*, Barcelona, Ayuntamiento de Barcelona, abril de 1922, p. 97. • GUASCH, F., y BATLLE, E., *Catálogo del Museo de Arte Contemporáneo*, Barcelona, Junta de Museos, 1926, p. 155, cat. núm. 5. • *Guía del Museo de Arte Moderno*, Barcelona, Ayuntamiento de Barcelona, 1945, p. 40, y 1953, p. 35. • *Art*, Barcelona, julio de 1934, núm. 10, fig. [p. 334] (número extraordinario dedicado a Nonell). • *Guía del Museo de Arte Moderno*, Barcelona, Ayuntamiento de Barcelona, 1945, p. 40 y 1953, p. 35. • *III Bienal Hispanoamericana de Arte. Precursores y Maestros de la Pintura y Escultura Contemporánea*, Barcelona, 1955, cat. núm. 5. • *Exposición de pintura catalana desde la prehistoria hasta nuestros dias*, Madrid, Ministerio de Educación Nacional/Ayuntamiento de Barcelona, 1962, fig. 122. • *Exposición Isidro Nonell, conmemorativa del L Aniversario de la muerte del artista*, Barcelona, Junta de Museos, 1962, p. 31, cat. núm. 24. • NONELL, C., *Isidro Nonell, su vida y su obra*, Madrid, Dossat, 1963, p. 217, cat. s/n. • JARDÍ, E., *Nonell*, Barcelona, Polígrafa [1969], p. 134 y 308, cat. núm. 89, fig. 89yp. 135; 1984, p. 262, cat. núm. 133, fig. 133, p. 117. • PLA, J., "Sobre el pintor Isidro Nonell", en *Destino*, Barcelona, 25 de octubre de 1969, núm. 1.673, fig. p. 50. • CIRICI, A., "Nonell, tornat a mirar", en *Serra d'Or*, Barcelona, 15 de diciembre de 1973, año XV, núm. 171, fig. p. 823. • *Exposición de pintura catalana desde la prehistoria hasta nuestros dias*, Madrid, Ministerio de Educación Nacional/Ayuntamiento de Barcelona, 1962, fig. 122. • *Exposición Isidro Nonell, conmemorativa del L Aniversario de la muerte del artista*, Barcelona, Junta de Museos, 1962, cat. núm. 24, p. 31. • *Cien años de cultura catalana 1880-1980*, Madrid, Ministerio de Cultura, 1980, p. 63, cat. núm. 1.356, fig. p. 186. • *Nonell*, Barcelona, Ayuntamiento de Barcelona, 1981, p. 38, cat. núm. 48, fig. 48; Madrid, Caja de Ahorros y Monte de Piedad de Madrid/Ministerio de Cultura/Ayuntamiento de Barcelona, 1981, p. 37, cat. núm. 43, fig. 43, p. 78. • *Catàleg de pintura segles XIX i XX. Fons del Museu d'Art Modern*, Barcelona, Ayuntamiento de Barcelona, 1987, p. 749, cat. núm. 1.888, fig.

Esta pintura presenta una composición y una factura muy similares a la obra anterior, ya que la figura está en una posición parecida, ligeramente de frente, y la gama cromática se centra también en los verdes y azules, si bien las tonalidades son en este lienzo más oscuras. Con todo, en las pinturas de Nonell de 1906 se iba preparando un cambio que se produciría al año siguiente. En este momento las gitanas ya no muestran la misma actitud de profunda postración y abatimiento, sino que van suavizando su expresión, librándose de la gran sordidez y miseria que las caracterizaban en lienzos anteriores.

Meditando formó parte de la exposición individual más importante celebrada en vida del artista, que tuvo lugar en el Faianç Català de Barcelona en 1910. Contrariamente a lo que es habitual, en el bastidor no se conserva la etiqueta que lleva la mayoría de las obras que estuvieron expuestas en esta muestra en la que consta el número y el título, escrito en color azul. No obstante, no existe ninguna duda de que *Meditando* formó parte de esta exposición, ya que fue adquirida por un grupo de admiradores de la obra de Nonell que la donaron al Museo de Barcelona, donde ingresó el 1 de marzo de 1910, poco después de clausurarse la citada exposición. *Meditando* es la primera obra de este artista que ingresó en las colecciones públicas de Barcelona.

El grupo de artistas y coleccionistas –amigos y admiradores de Nonell– que consideró su obra merecedora de figurar en el Museo de su ciudad estaba formado por Santiago Segura, propietario del Faianç y organizador de la exposición, Josep Pous i Pagés, Francesc Pujols, Josep Aragay, Manel Humbert, Lluís Reig, Egozgüe, Labarta (hijo), J. A. Riera, Ramon Casas, Pere Corominas, Oleguer Juyent, Emili Cabot, Miquel Utrillo, Freixas, García Carré, la empresa Saumell, Ignasi Iglésias, Lluís Plandiura, Balcells, Domènec Carles, Miquel Massot, Lluís Bagaria, Pau Gargallo, Reventós e Iu Pascual.

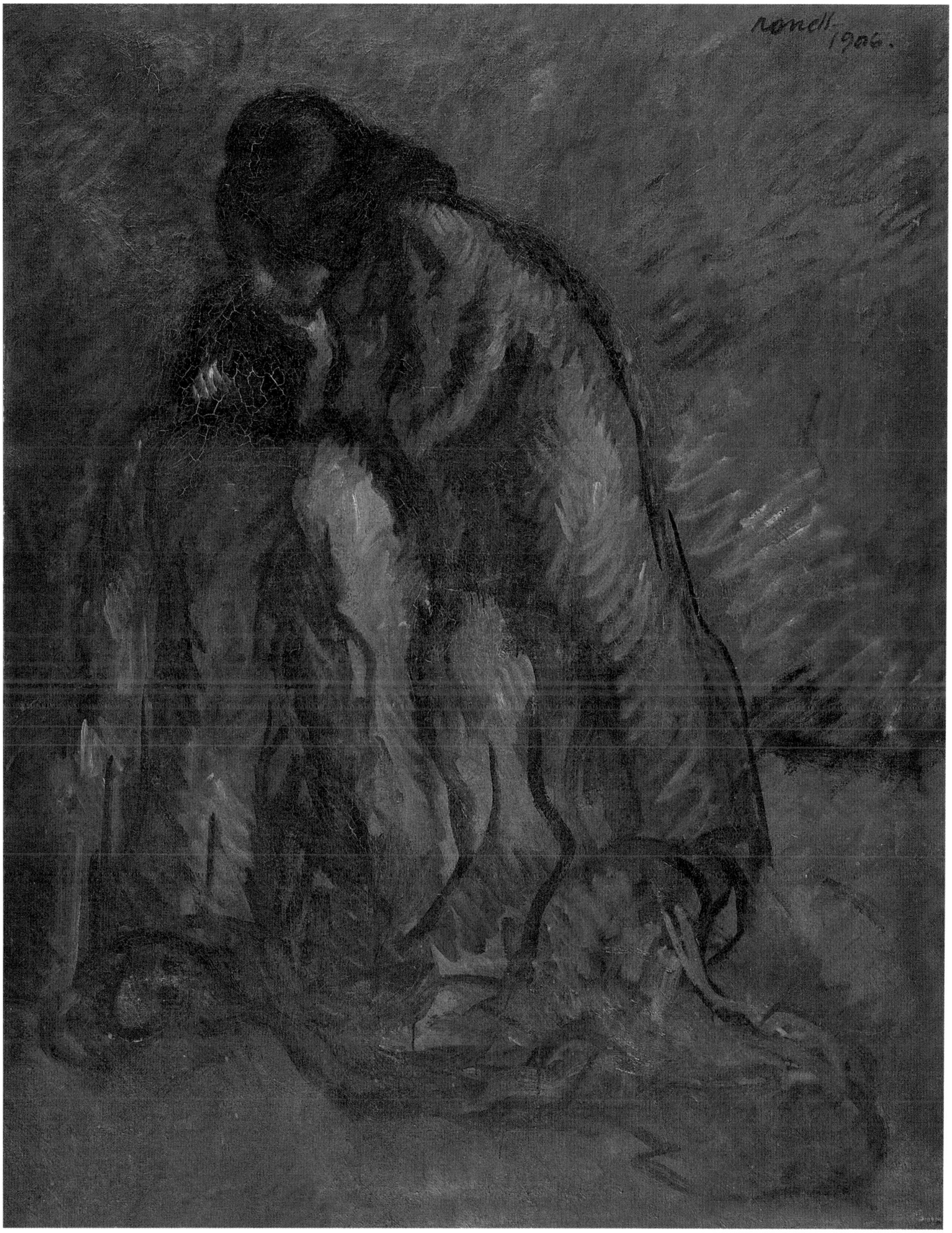
Nonell 1906.

54. *Estudio*, 1906

Óleo sobre lienzo
61 x 50 cm
Firmado y fechado "nonell/1906" en el reverso
Colección Juan Abelló, Madrid

EXPOSICIONES: *Salon des Indépendants*, París, 1907. • *Obras maestras de arte antiguo en la colección Juan Abelló. s. XV- s. XIX*, Santander, Museo de Bellas Artes, 1-30 julio de 1993.

BIBLIOGRAFÍA: *Salon des Indépendants*, París, 1907, cat. núm. 3.670. • *Obras maestras de arte antiguo en la colección Juan Abelló. s. XV- s. XIX*, Santander, Museo de Bellas Artes, 1993, cat. núm. 39, fig.

La predilección que Nonell había mostrado por representar gitanas de cuerpo entero en telas de grandes dimensiones dará paso paulatinamente a una reducción de formatos y a la representación de gitanas de medio cuerpo. Los rostros continúan casi en penumbra y en actitud de abatimiento, pero el pintor introduce algunas gamas cálidas que preludian el predominio de colores intensos de su pintura posterior. Las pinceladas rojas, amarillas y verdes del vestido de la gitana, como un atractivo tapiz multicolor, contrarrestan la sobriedad del conjunto. Este mismo recurso lo utilizó también en otras pinturas del mismo año, como *Soledad* (Museo de Arte Moderno del MNAC), obra de características muy similares a la que comentamos.

Una etiqueta que se conserva en el bastidor indica que esta obra estuvo expuesta en el Salon des Indépendants de París. También consta el título *Estudio nº 6*. Nonell participó con seis óleos en el Salon de 1907 y con otros seis en el de 1908, todos ellos con el título de *Étude*. Por lo tanto, no podemos saber en cuál de esos dos salones figuró la pintura que comentamos. Sin embargo, dado que la pintó en 1906, parece lógico suponer que la expuso en 1907.

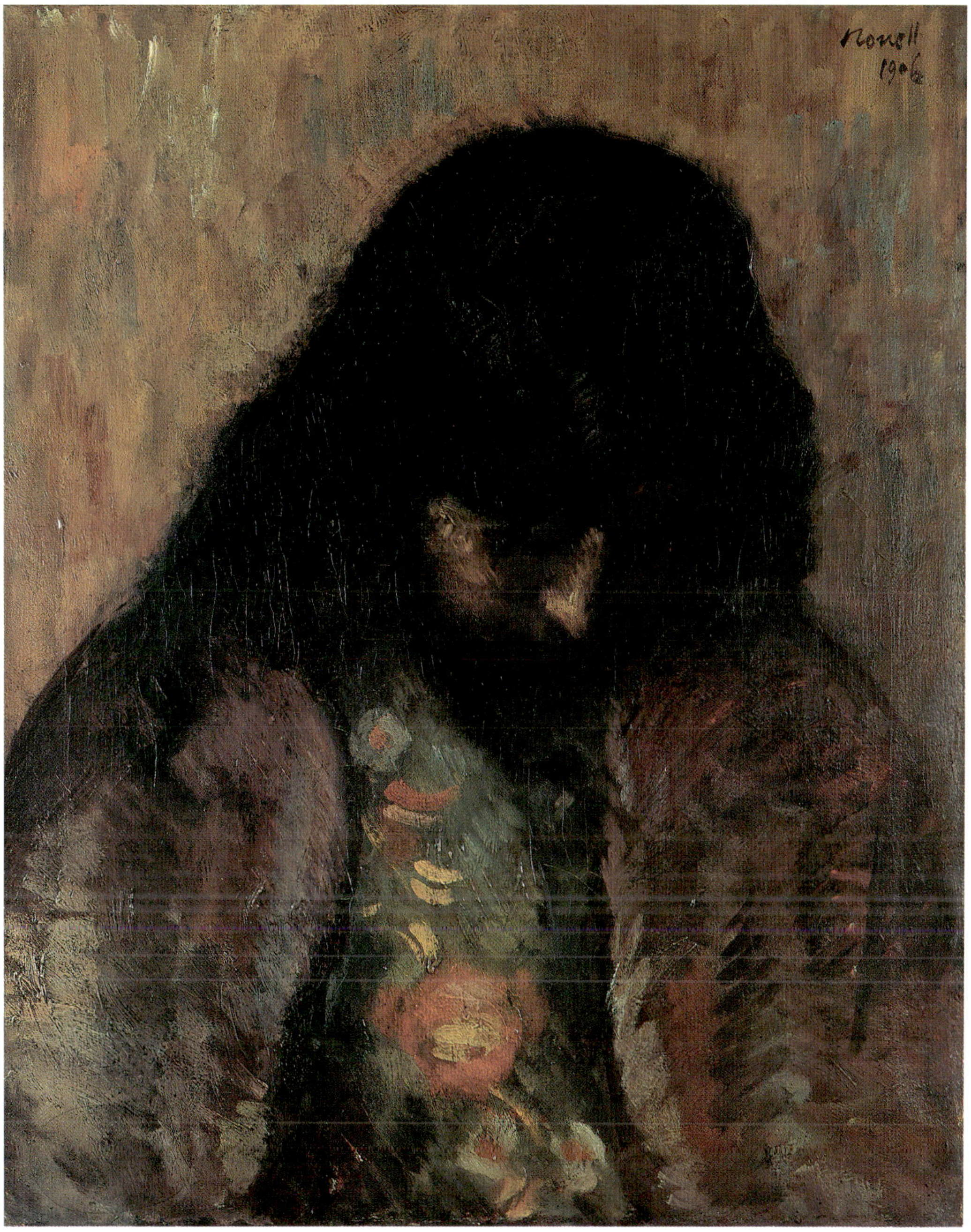
Nonell
1906

55. *La Chata*, 1906

Óleo sobre lienzo
50 x 60,5 cm
Firmado y fechado "nonell./1906" en el ángulo inferior izquierdo y firmado "nonell" en el reverso
Museo de Montserrat (donación J. Sala Ardiz)

EXPOSICIONES: *Exposició Nonell. Vint-i-una pintures. Sis dibuixos de la Colección Josep Sala*, Barcelona, Galeries Laietanes, 16-30 de abril de 1925. • *Before Picasso; after Miró*, Nueva York, The Salomon R. Guggenheim Museum, junio de 1960. • *Nonell*, Barcelona, Palacio de la Virreina, 16 de junio-31 de agosto de 1981; Madrid, Casa del Monte de Piedad, octubre-noviembre de 1981.

BIBLIOGRAFÍA: PLANA, A., *L'obra d'Isidre Nonell*, Barcelona, Publicacions de La Revista, 1917, p. 162, fig. entre p. 92-93. • *Exposició Nonell. Vint-i-una pintures. Sis dibuixos de la Colección Josep Sala*, Barcelona, Galeries Laietanes, 1925, cat. núm. 19, fig. 19. • FLAMA [FOLCH I TORRES, J.], "Pintures d'en Nonell a la Colección Sala", en *Gaseta de les Arts*, Barcelona, 15 de abril de 1925, año II, núm. 23, fig. p. 2. • *Art*, Barcelona, julio de 1934, núm. 10, fig. p. 291 (número extraordinario dedicado a Nonell). • MERLI, J., *Isidre Nonell*, Barcelona, Junta Municipal de Exposiciones de Arte de Catalunya, 1938, fig. XX. • BENET, R., *Isidro Nonell y su época*, Barcelona, Iberia, 1947, fig. XXXIII. • *Before Picasso; after Miró*, Nueva York, The Salomon R. Guggenheim Museum, 1960, cat. s/n. • NONELL, C., *Isidro Nonell, su vida y su obra*, Madrid, Dossat, 1963, p. 220, cat. s/n. • JARDÍ, E., *Nonell*, Barcelona, Polígrafa [1969], p. 310, cat. núm. 103, fig. 103, p. 148-149; 1984, p. 262, cat. núm. 155, fig. 155, p. 132-133. • *Nonell*, Barcelona, Ayuntamiento de Barcelona, 1981, p. 37, cat. núm. 44, fig. 44, p. 78; Madrid, Caja de Ahorros y Monte de Piedad de Madrid/Ministerio de Cultura/Ayuntamiento de Barcelona, 1981, p. 36-37, cat. núm. 40, fig. 40, p. 77. • *Mestres de la pintura catalana. Colección Sala. Museo de Montserrat*, Barcelona, Fundació Caixa de Barcelona, 1986, p. 56, cat. núm. 125, fig. 125, p. 39.

En esta pintura Nonell modifica la posición habitual con la que representa a las gitanas y sitúa la figura apoyada sobre una mesa. El tratamiento de la cabeza –negro intenso el pelo y manchas negras con pinceladas terrosas para las carnaciones del rostro– y del fondo –en tonos verde bronce– crean un efecto visual de claroscuro que contrasta con el cromatismo del vestido de la gitana. Nonell supo extraer de la paleta sutiles coloraciones de carmines deslucidos, ocres turbios y tonos dorados y asalmonados y unió armónicamente todos estos matices mediante pinceladas cortas, entrecruzadas o paralelas. *La Chata* es una de las obras en las que mejor se aprecia que el artista ha prescindido de una estructuración previa de la figura para servirse únicamente del color y de la pincelada.

Esta pintura formó parte de la exposición individual más importante celebrada en vida del artista, que tuvo lugar en el Faianç Català de Barcelona en 1910. En el bastidor se conserva la etiqueta de esta exposición en la que consta el número 55 y el título *La Chata*, escrito en color azul. Otra etiqueta en el reverso, con los datos de la empresa editora, indica que estuvo en el Salon des Indépendants de París.

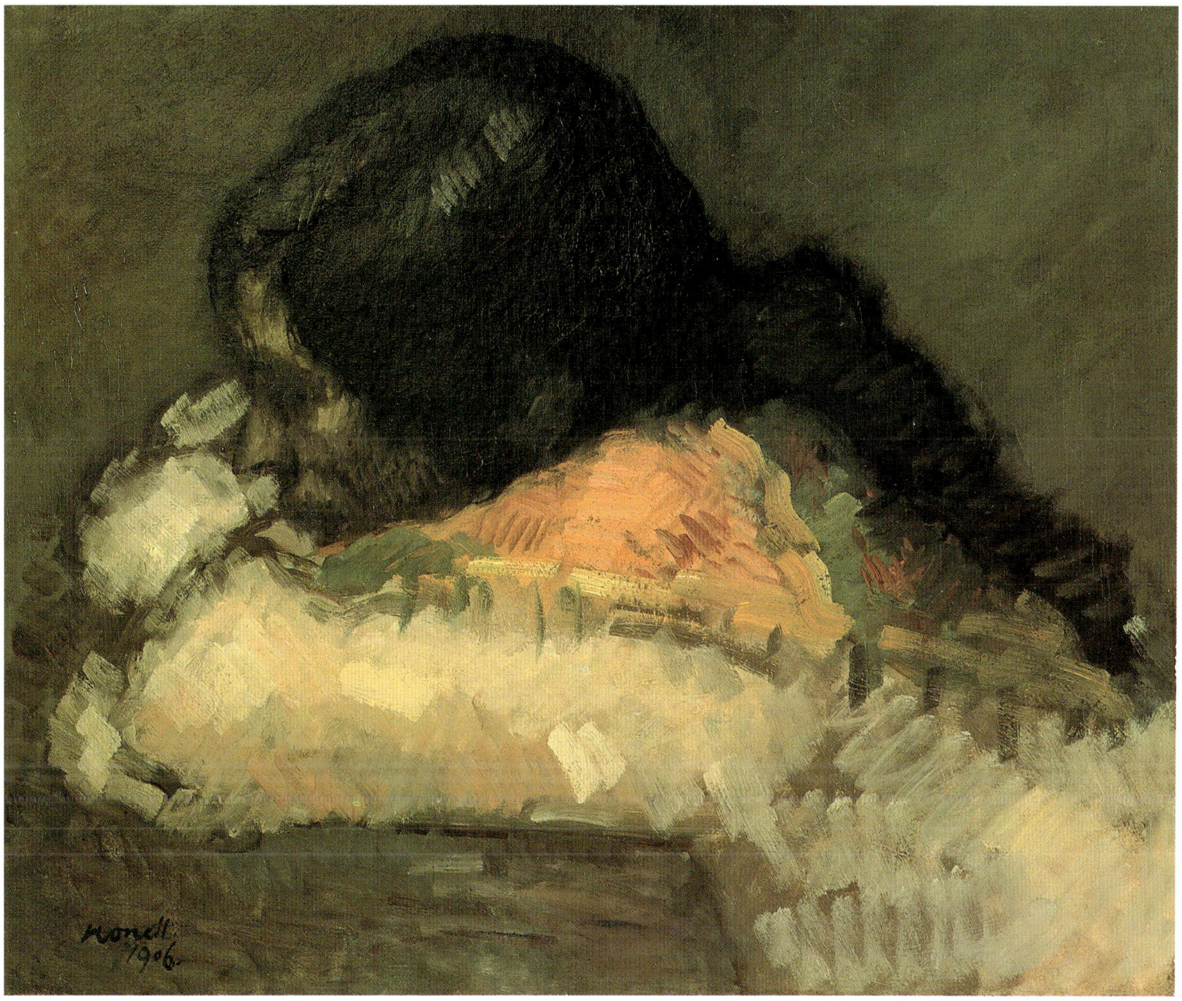
Nonell
1906

56. *Estudio*, 1906

Óleo sobre lienzo
100,5 x 80,5 cm
Firmado y fechado "nonell./1906" en el ángulo inferior dere
y firmado "nonell" en el reverso
Donación de Jaume Nonell, 1914
Museo de Arte Moderno del MNAC, Barcelona
MNAC/MAM 10930

EXPOSICIONES: *Exposició d'una gran part de les obres pintades i dibuixades desde'l 1900 per En Nonell*, Barcelona, Faianç Català, 15 de enero-13 de febrero de 1910. • *Exposició pòstuma de les obres d'En Isidre Nonell*, Barcelona, Galeries del Fayans Català, 15 de mayo de 1912. • *Exposició d'Art*, Barcelona, Palacio de Bellas Artes, mayo de 1918. • *III Bienal Hispanoamericana de Arte. Precursores y Maestros de la Pintura y Escultura* Contemporánea, Barcelona, Palacio Municipal de Exposiciones, 24 de septiembre de 1955-6 de enero de 1956. • *Picasso, Nonell, Manolo*, Ginebra, Musée d'Art et d'Histoire, 17 de marzo-6 de mayo de 1956. • *Arts Council 1962. Modern Spanish Painting*, Londres [Tate Gallery], 1962. • *Exposición Isidro Nonell, conmemorativa del L Aniversario de la muerte del artista*, Barcelona, Palacio de la Virreina, noviembre de 1962. • *Exposició Nacional de Bellas Artes*, Madrid, Palacio del Retiro, 1966 (sala especial dedicada a Nonell). • *Homenaje a Isidro Nonell*, Barcelona, Sala Nonell, febrero de 1976. • *Picasso e Dintorni*, Florencia, Palazzo Medici Riccardi, 8 de septiembre-7 de octubre de 1979. • *Nonell*, Barcelona, Palacio de la Virreina, 16 de junio-31 de agosto de 1981. • *1881-1981 Picasso i Barcelona*, Barcelona, Saló del Tinell, 23 de octubre de 1981-31 de enero de 1982. • *50 ans d'art espagnol 1880-1936*, Burdeos, Galerie des Beaux Arts, 11 de mayo-1 de septiembre de 1984. • *Homage to Barcelona, The city and its art 1888-1936*, Londres, Hayward Gallery, 14 de noviembre de 1985-23 de febrero de 1986; *Homenatge a Barcelona. La ciutat i les seves arts 1888-1936*, Barcelona Palacio de la Virreina, 21 enero-29 marzo 1987; *Homage to Catalonia. Barcelona Art City*, Kobe, The Hyogo Perfectual, Museum of Modern Art, 11 de abril-17 de mayo de 1987; Kamacura, The Museum of Modern Art, 23 de mayo-28 junio de 1987; Gifu, The Museum of Fine Arts, 11 de julio-23 de agosto de 1987.

BIBLIOGRAFÍA: "La Primera Pedra del Museu Català", en *Papitu*, Barcelona, 12 de junio de 1912. • *Exposició d'Art. Catàleg Oficial*, Barcelona, Ayuntamiento de Barcelona, 1918, p. 98, cat. núm. 695. • *Llegats i donacions a la ciutat de Barcelona per obres de cultura*, Barcelona, Ayuntamiento de Barcelona, abril de 1922, p. 98. • GUASCH, F., y BATLLE, E., *Catálogo del Museo de Arte Contemporáneo*, Barcelona, Junta de Museos, 1926, cat. núm. 10, p. 156. • *Art*, Barcelona, julio de 1934, núm. 10, fig. [p. 348] (número extraordinario dedicado a Nonell). • MERLI, J., *Isidre Nonell*, Barcelona, Junta Municipal de Exposiciones de Arte de Catalunya, 1938, fig. XXIV. • *III Bienal Hispanoamericana de Arte. Precursores y Maestros de la pintura y Escultura* Contemporánea, Barcelona, 1955-1956, cat. núm. 4, fig. • *Picasso, Nonell, Manolo*, Ginebra, Musée d'Art et d'Histoire, 1956, p. 20, cat. núm. 52. • *Arts Council 1962. Modern Spanish Painting*, Londres, Arts Council of Great Britain, 1962, cat. núm. 5, fig. • *Exposición Isidro Nonell, conmemorativa del L Aniversario de la muerte del artista*, Barcelona, Junta de Museos, 1962, p. 32, cat. núm. 26. • NONELL, C., *Isidro Nonell, su vida y su obra*, Madrid, Dossat, 1963, p. 218, cat. s/n. • NONELL, C., *Nonell, Figuras*, Barcelona, Gustavo Gili, 1964, fig. 11. • AINAUD DE LASARTE, J., "Isidro Nonell. Barcelona 1873-1911", en *Exposición Nacional de Bellas Artes*, Madrid, Ministerio de Educación Nacional, 1966, p. 20, cat. núm. XVI, fig. XVI. • JARDÍ, E., *Nonell*, Barcelona, Polígrafa [1969], p. 153 y 310, cat. núm. 107, fig. 107, p. 152; 1984, p. 262, cat. núm. 152, fig. 152, p. 129. • *Homenaje a Isidro Nonell*, Barcelona, Sala Nonell, 1976, cat. núm. 2, fig. s/p. • *Picasso e Dintorni*, Florencia, Comitato per le Manifestazioni espositive Firenze-Prato, 1979, p. 91, cat. núm. 8, fig. 8 s/p. • FONTBONA, F., *Nonell*, Barcelona, Nou Art Thor, 1987, fig p. 33 (Gent Nostra). • *Nonell*, Barcelona, Ayuntamiento de Barcelona, 1981, p. 37, cat. núm. 46, fig. 46, p. 63. • *1881-1981 Picasso i Barcelona*, Barcelona, CEGE, 1981, p. 240, cat. núm. 8B-16, fig. 8B-16, p. 234. • *50 ans d'art espagnol 1880-1936*, Burdeos, Musée des Beaux Arts, 1984, p. 140, cat. núm. 65, fig. p. 140 y 58. • *Homage to Barcelona, The city and its art 1888-1936*, Londres, Arts Council of Great Britain, 1985, p. 320, cat. núm. 169. • *Homenatge a Barcelona. La ciutat i les seves arts 1888-1936*, Barcelona, Generalitat de Catalunya, 1987, p. 323, cat. núm. 153, fig. 171, p. 166. • *Homage to Catalonia. Barcelona Art City*, Kobe/Kamacura/Gifu, Barcelona, Generalitat de Catalunya, 1987, p. 105, cat. núm. 38, fig. p. 105. • *Catàleg de pintura segles XIX i XX. Fons del Museu d'Art Modern*, Barcelona, Ayuntamiento de Barcelona, 1987, p. 750, cat. núm. 1.890, fig. • DOÑATE, M., y MENDOZA, C., *Guia Museu d'Art Modern*, Barcelona, Museu Nacional d'Art de Catalunya, 1996, p. 11 y 44.

Aunque el cambio en la pintura de Nonell se percibe con claridad en las obras que realizó a partir de 1907 y 1908, en algunas obras anteriores a estas fechas se apuntan ya variaciones en el lenguaje del artista que le conducirían a una nueva etapa artística. En este sentido *Estudio* es probablemente una de las pinturas decisivas para comprender la evolución de la obra de Nonell. Aunque *Estudio*, habitualmente conocida como *La Manuela*, mantiene los rasgos que mejor caracterizan el lenguaje de Nonell hasta entonces, como el fondo neutro y la representación de la figura de medio cuerpo y de perfil, la gitana ya no oculta su rostro ni su cuerpo se esconde bajo un amplio manto; su rostro, representado con múltiples y pequeñas pinceladas, denota tristeza y melancolía, pero ya ha abandonado la sordidez y la marginalidad de sus figuras anteriores.

Esta pintura formó parte de la exposición individual más importante celebrada en vida del artista, que tuvo lugar en el Faianç Català de Barcelona en 1910. En el bastidor se conserva la etiqueta de esta exposición en la que consta el número 118 y el título *Étude*, escrito en color azul. Una etiqueta en el reverso, con el título de la obra en francés, permite suponer que esta obra figuró en el Salon des Indépendants de París de 1907 o de 1908. El hecho de que todas las obras de Nonell expuestas en aquellos salones se titularan *Étude* impide precisar en cuál de los dos participó la pintura que nos ocupa.

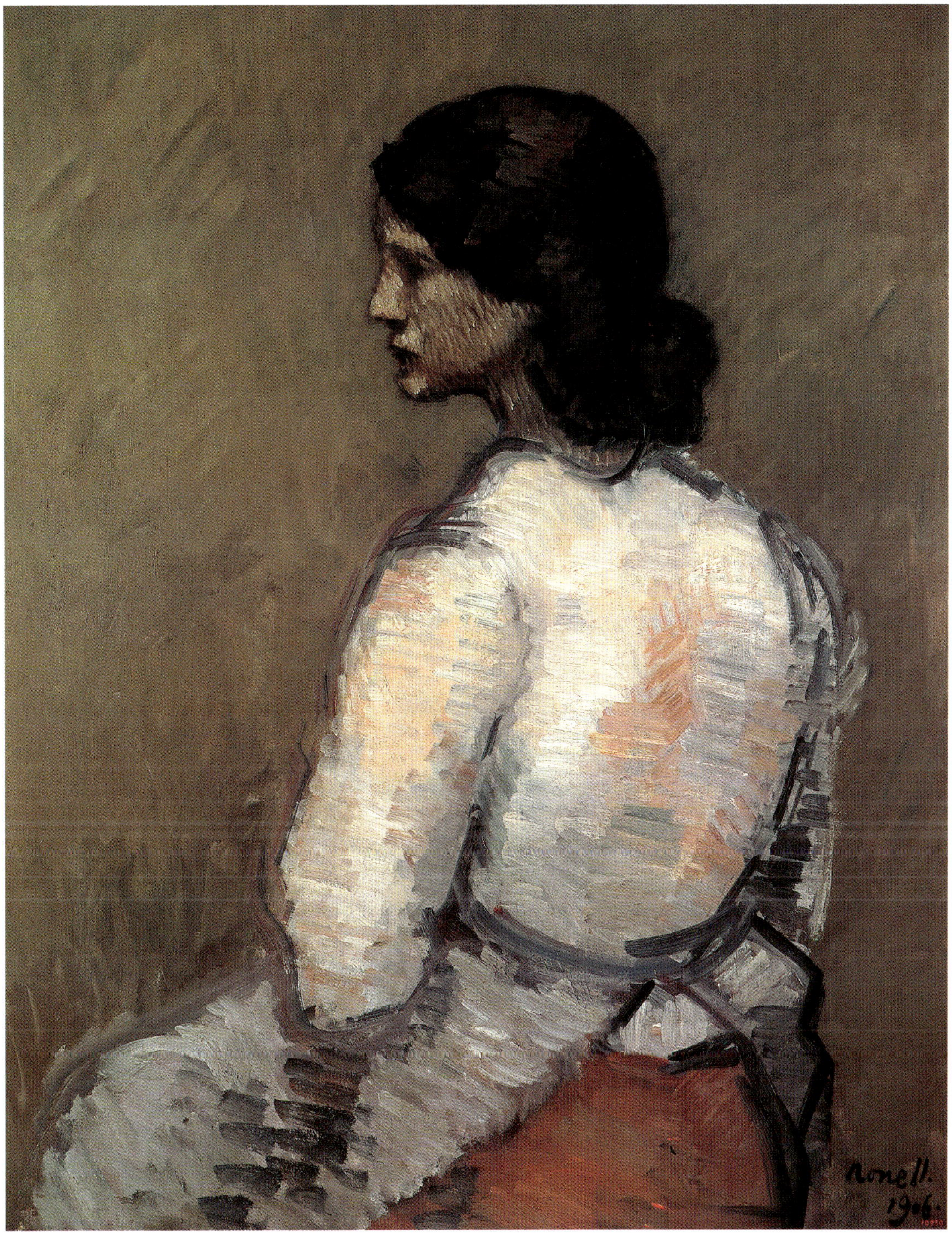
Nonell.
1906.

57. *La Juana*, 1906

Óleo sobre lienzo
61 x 50 cm
Firmado y fechado "nonell/1906" en el ángulo superior derecho
y firmado "nonell" en el reverso
Museo Nacional Centro de Arte Reina Sofía, Madrid

EXPOSICIONES: *Exposició d'una gran part de les obres pintades i dibuixades desde'l 1900 per En Nonell*, Barcelona, Faianç Català, 15 de enero-13 de febrero de 1910. • *Salon des Indépendants*, París, 1910. • *Exposició d'obres de la col·lecció d'en Ferran Benet*, Barcelona, Galeries Laietanes, 4-17 de octubre de 1930. • *Exposición Nacional de Bellas Artes*, Madrid, Palacio del Retiro, 1966 (sala especial dedicada a Nonell). • *Pintura española. Siglo XX*, Ciudad de México, Museo de Arte Moderno, octubre-diciembre de 1978. • *De Fortuny à Picasso trente ans de peinture espagnole 1874-1906*, Agen, Musée des Beaux-Arts, 5 de noviembre de 1994-19 de febrero de 1995; Nancy, Musée des Beaux-Arts, 13 de marzo-17 de junio de 1995; Castres, Musée Goya, 4 de julio-3 de septiembre de 1995.

BIBLIOGRAFÍA: *Salon des Indépendants*, París, 1910, cat. núm. 3855. • PLANA, A., *L'obra d'Isidre Nonell*, Barcelona, Publicacions de La Revista, 1917, p. 162. • *Art*, Barcelona, julio de 1934, núm. 10, fig. [p. 324] (número extraordinario dedicado a Nonell). • MERLI, J., *Isidre Nonell*, Barcelona, Junta Municipal de Exposiciones de Arte de Catalunya, 1938, fig. XXVII. • BENET, R., *Isidro Nonell y su época*, Barcelona, Iberia, 1947, fig. XXXI. • NONELL, C., "Isidro Nonell, post-impresionista catalán", en *Ateneo*, Madrid, 25 de octubre de 1952, núm. 20. • NONELL, C., *Isidro Nonell, su vida y su obra*, Madrid, Dossat, 1963, p. 170 y 219 cat. s/n., fig. XLI. • AINAUD DE LASARTE, J., "Isidro Nonell. Barcelona 1873-1911", en *Exposición Nacional de Bellas Artes*, Madrid, Ministerio de Educación Nacional, 1966, p. 20, cat. núm. XVII, fig. XVII. • JARDÍ, E., *Nonell*, Barcelona, Polígrafa [1969], p. 310, cat. núm. 102, fig. 102, p. 147; 1984, p. 262, cat. núm. 150, fig. 150, p. 127. • *Catálogo. Museo Español de Arte Contemporáneo*, Madrid, Ministerio de Cultura, 1983, vol. II, p. 109, cat. s/n. • *De Fortuny à Picasso trente ans de peinture espagnole 1874-1906*, París, Réunion des Musées Nationaux, 1994, p. 91, cat. núm. 40, fig.

Esta obra, como *Estudio* (cat. núm. 56), anuncia ya el cambio que muy pronto se producirá en la pintura de Nonell. El artista dejará de representar figuras femeninas de raza gitana y, en la mayoría de los casos, en actitud de profundo abatimiento para utilizar como modelos a mujeres de su entorno cotidiano, de las que representa rasgos precisos de sus rostros hasta ahora semiescondidos. Asimismo hay que destacar la gran simplicidad técnica con la que representa el vestido blanco de la modelo, mientras su rostro está trabajado minuciosamente con múltiples pinceladas que crean un efecto de claroscuro.

Esta pintura formó parte de la exposición individual más importante celebrada en vida del artista, que tuvo lugar en el Faianç Català de Barcelona en 1910. En el bastidor se conserva la etiqueta de esta exposición en la que consta el número 1 y el título *La Juana*, escrito en color azul. Una etiqueta en el reverso con el título y los datos del artista en francés indica que esta obra se expuso en París. Dado que Nonell participó en el Salon des Indépendants de 1905 y de 1910 con sendas obras tituladas *La Juana*, es indudable que la pintura que comentamos, fechada en 1906, tenía que ser la que figuró en el de 1910.

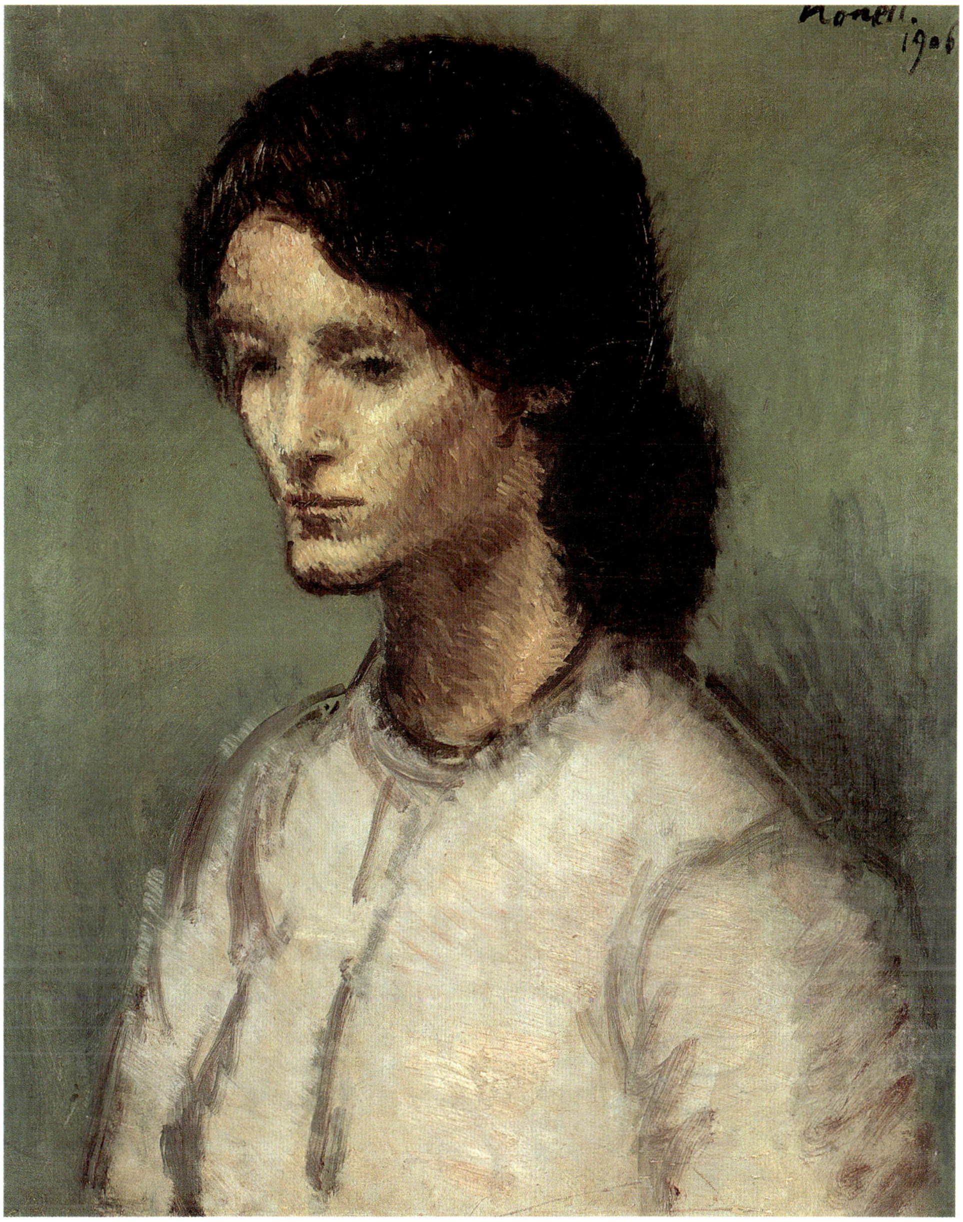

58. *Mendigo ciego*, 1906

Lápiz Conté y acuarela
48 x 29,5 cm
Firmado "nonell" en la parte inferior derecha. No fechado
Adquisición de la colección Plandiura, 1932
Gabinete de Dibujos y Grabados del MNAC, Barcelona
MNAC/GDG 4910

EXPOSICIONES: *Exposició de la col·lecció Plandiura*, Barcelona, Galeries d'Art Modern i Antiguitats, 15 de octubre-11 de noviembre de 1915. • *Exposición Isidro Nonell, conmemorativa del L Aniversario de la muerte del artista*, Barcelona, Palacio de la Virreina, noviembre de 1962. • *Nonell*, Barcelona, Palacio de la Virreina, 16 de junio-31 de agosto de 1981; Madrid, Casa del Monte de Piedad, octubre-noviembre de 1981.

BIBLIOGRAFÍA: *Exposició de la col·lecció Plandiura*, Barcelona, 1915, p. 8, cat. núm. 24. • *Exposición Isidro Nonell, conmemorativa del L Aniversario de la muerte del artista*, Barcelona, Junta de Museos, 1962, p. 44, cat. núm. 140. • NONELL, C., *Isidro Nonell, su vida y su obra*, Madrid, Dossat, 1963, p. 264, cat. s/n. • *Nonell*, Barcelona, Ayuntamiento de Barcelona, p. 50, cat. núm. 169, fig. 169, p. 103; Madrid, Caja de Ahorros y Monte de Piedad de Madrid/Ministerio de Cultura/Ayuntamiento de Barcelona, 1981, p. 49, cat. núm. 151, fig. 151, p. 100.

Entre 1910 y 1915 el coleccionista Lluís Plandiura adquirió dieciocho óleos y diez dibujos de Nonell que en 1932 pasaron a formar parte del Museo de Arte de Cataluña junto a la totalidad de su colección. La indiscutible calidad del conjunto de obras de Nonell se pone de manifiesto en este dibujo en el que su autor supo aunar el dominio de la técnica con una gran expresividad.

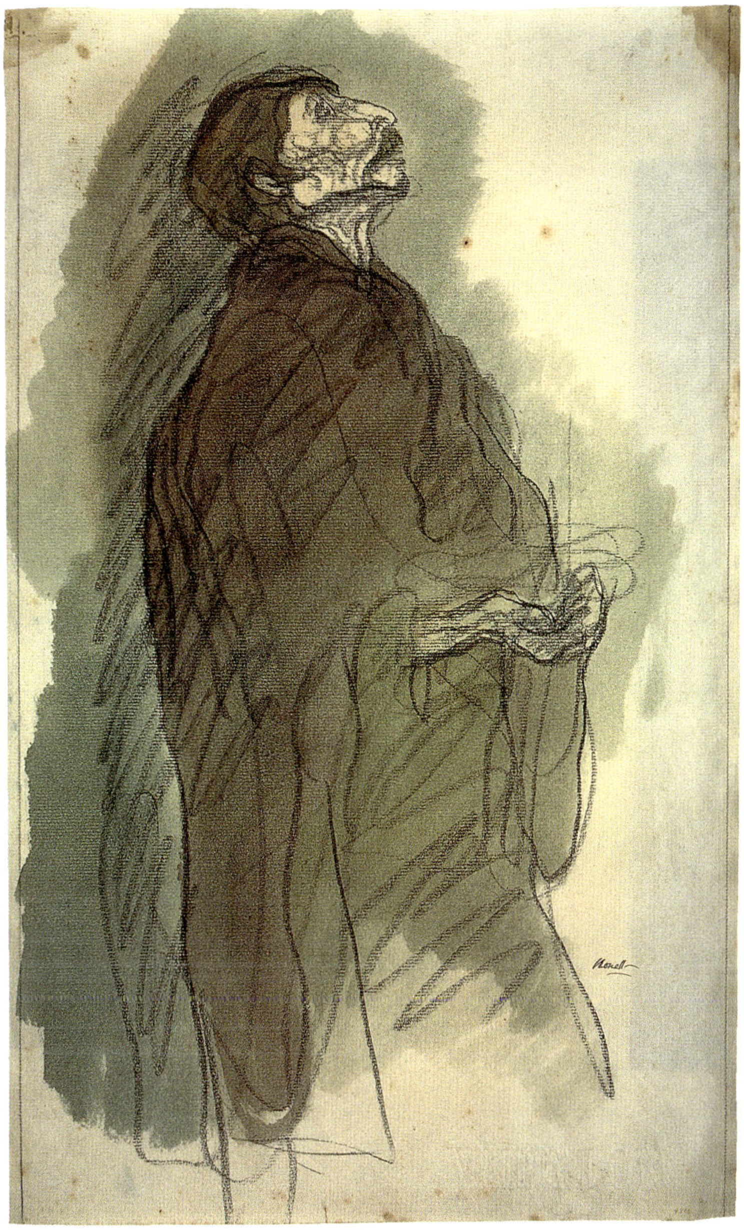

59. *Gitana de pie*, 1906

Lápiz Conté y acuarela
48 x 30,3 cm
Firmado y fechado "nonell/-1906" en el ángulo inferior derecho
Adquisición de la colección Plandiura, 1932
Gabinete de Dibujos y Grabados del MNAC, Barcelona
MNAC/GDG 4901

EXPOSICIONES: *Exposició de la col·lecció Plandiura*, Barcelona, Galeries d'Art Modern i Antiguitats, 15 de octubre-11 de noviembre de 1915. • *Exposición Isidro Nonell, conmemorativa del L Aniversario de la muerte del artista*, Barcelona, Palacio de la Virreina, noviembre de 1962. • *Nonell*, Barcelona, Palacio de la Virreina, 16 de junio-31 de agosto de 1981; Madrid, Casa del Monte de Piedad, octubre-noviembre de 1981.

BIBLIOGRAFÍA: *Exposició de la col·lecció Plandiura*, Barcelona, 1915, p. 8, cat. núm. 25. • *Exposición Isidro Nonell, conmemorativa del L Aniversario de la muerte del artista*, Barcelona, Junta de Museos, 1962, p. 39, cat. núm. 79. • NONELL, C., *Isidro Nonell, su vida y su obra*, Madrid, Dossat, 1963, p. 258, cat. s/n. • MONARD, J., *Dibujos de Nonell*, Madrid, Ibérico Europeo de Ediciones, 1970, fig. p. 26. • *Nonell*, Barcelona, Ayuntamiento de Barcelona, p. 50, cat. núm. 168, fig. 168, p. 103; Madrid, Caja de Ahorros y Monte de Piedad de Madrid/Ministerio de Cultura/Ayuntamiento de Barcelona, 1981, p. 49, cat. núm. 150, fig. 150, p. 100.

Paralelamente a las gitanas pintadas en 1906, Nonell realizó una magnífica serie de dibujos del mismo tema utilizando lápiz Conté o carboncillo y acuarela. Pero si en este mismo año empieza a prescindir en su pintura de las figuras de cuerpo entero para concentrarse especialmente en las gitanas de medio cuerpo, en sus dibujos, en cambio las representa de pie, en actitudes diversas, pero siempre con gran fuerza expresiva. Cabe reseñar, sin embargo, que a pesar de la indiscutible calidad de estas obras, Nonell no las dio a conocer en aquel mismo momento. Su intensa actividad como dibujante, que había reflejado en diversas exposiciones individuales y colectivas desde sus inicios hasta 1903, pasó a un segundo término, y hasta 1909 no volvió a exponer dibujos.

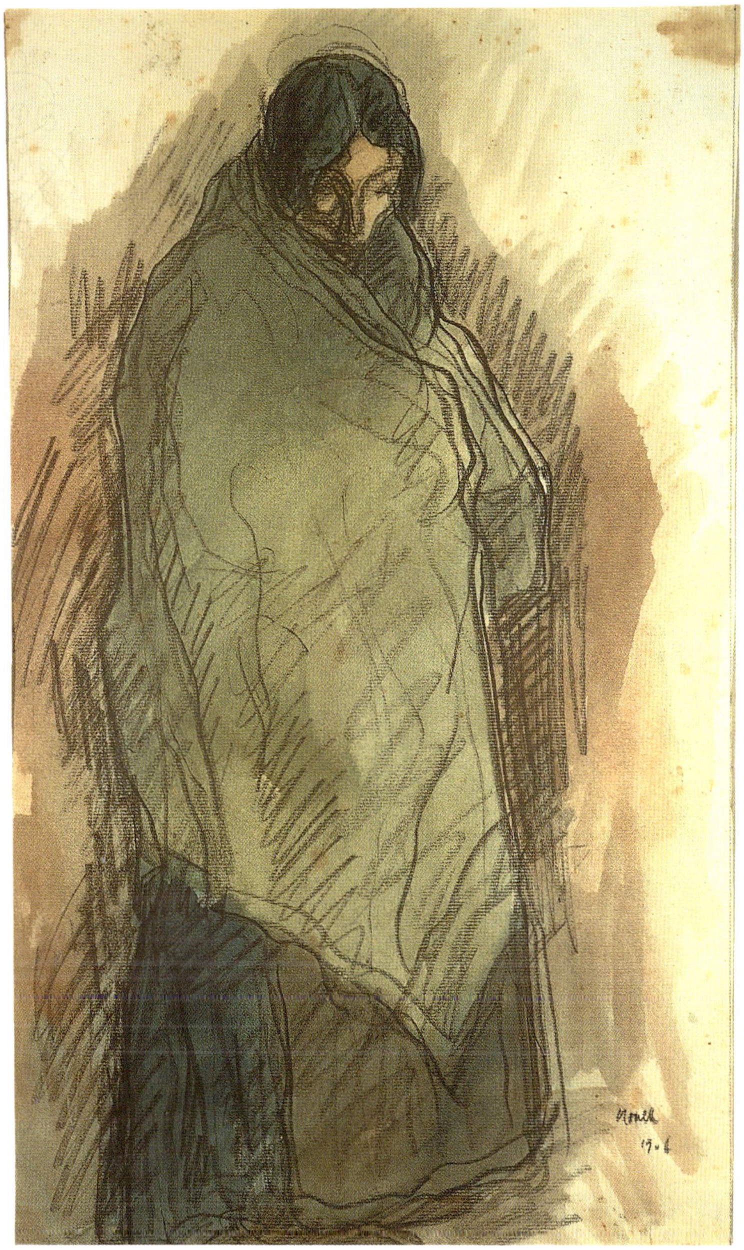

60. *Gitana*, 1906

Lápiz Conté y acuarela
48,2 x 30,4 cm
Firmado y fechado "nonell/1906" en el lado inferior derecho
Adquisición de la colección Plandiura, 1932
Gabinete de Dibujos y Grabados del MNAC, Barcelona
MNAC/GDG 4908

EXPOSICIONES: *Exposició de la col·lecció Plandiura*, Barcelona, Galeries d'Art Modern i Antiguitats, 15 de octubre-11 de noviembre de 1915. • *Exposición Isidro Nonell, conmemorativa del L Aniversario de la muerte del artista*, Barcelona, Palacio de la Virreina, noviembre de 1962. • *Nonell*, Barcelona, Palacio de la Virreina, 16 de junio-31 de agosto de 1981; Madrid, Casa del Monte de Piedad, octubre-noviembre de 1981.

BIBLIOGRAFÍA: *Exposició de la col·lecció Plandiura*, Barcelona, 1915, p. 8, cat. núm. 24. • *Exposición Isidro Nonell, conmemorativa del L Aniversario de la muerte del artista*, Barcelona, Junta de Museos, 1962, p. 39, cat. núm. 80. • NONELL, C., *Isidro Nonell, su vida y su obra*, Madrid, Dossat, 1963, p. 257, cat. s/n. • *Nonell*, Barcelona, Ayuntamiento de Barcelona, p. 50, cat. núm. 167, fig. 167, p. 103; Madrid, Caja de Ahorros y Monte de Piedad de Madrid/Ministerio de Cultura/Ayuntamiento de Barcelona, 1981, p. 49, cat. núm. 149, fig. 149, p. 100.

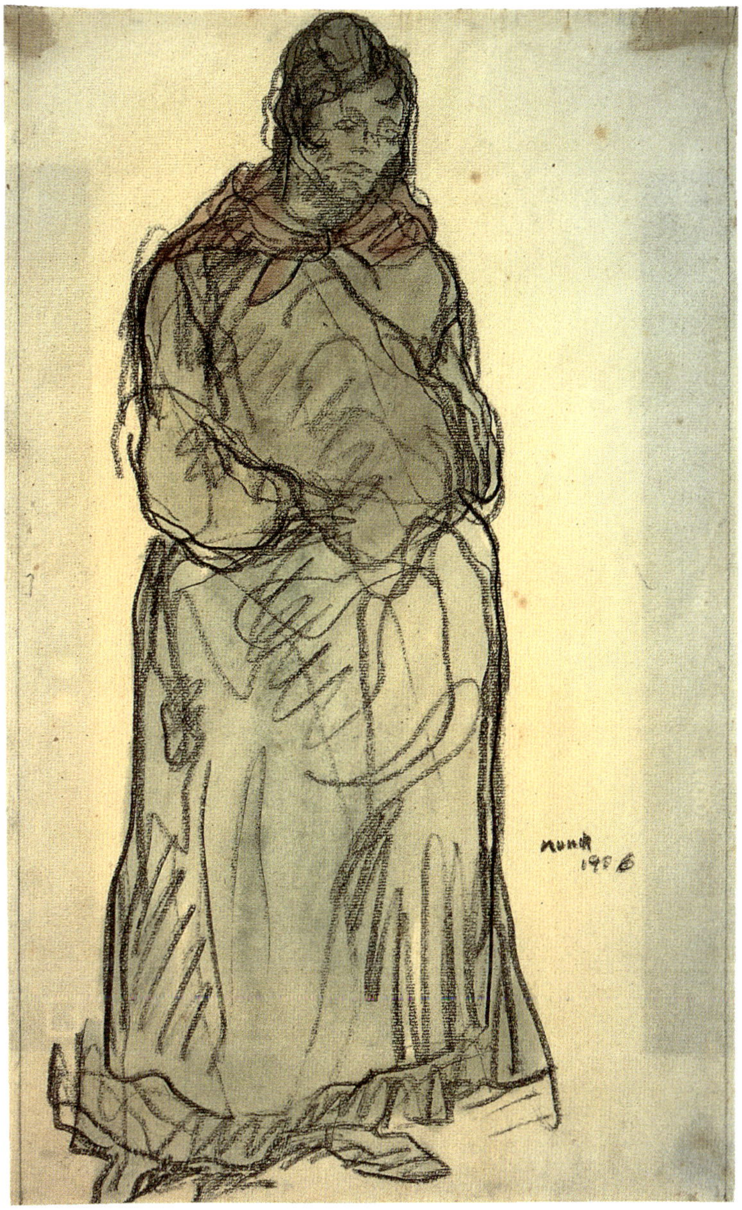
Munch
1906

61. *Una buscona*, 1906

Lápiz Conté y acuarela
48,2 x 30,6 cm
Firmado y fechado "nonell/1906" en el ángulo inferior izquierdo
Donación Jaume Nonell, 1914
Gabinete de Dibujos y Grabados del MNAC, Barcelona
MNAC/GDG 26875

EXPOSICIONES: *Exposició pòstuma de les obres d'en Isidre Nonell*, Barcelona, Galeries Faianç Català, 15 de mayo de 1912. • *Exposición Isidro Nonell, conmemorativa del L Aniversario de la muerte del artista*, Barcelona, Palacio de la Virreina, noviembre de 1962. • *Nonell*, Barcelona, Palacio de la Virreina, 16 de junio-31 de agosto de 1981; Madrid, Casa del Monte de Piedad, octubre-noviembre de 1981.

BIBLIOGRAFÍA: "La Primera Pedra del Museu Català", en *Papitu*, Barcelona, 12 de junio de 1912. • *Exposición Isidro Nonell, conmemorativa del L Aniversario de la muerte del artista*, Barcelona, Junta de Museos, 1962, p. 39, cat. núm. 85. • NONELL, C., *Isidro Nonell, su vida y su obra*, Madrid, Dossat, 1963, p. 257, cat. s/n. • *Nonell*, Barcelona, Ayuntamiento de Barcelona, p. 50, cat. núm. 162, fig. 162, p. 103; Madrid, Caja de Ahorros y Monte de Piedad de Madrid/Ministerio de Cultura/Ayuntamiento de Barcelona, 1981, p. 49, cat. núm. 144, fig. 144, p. 100. •

En la parte inferior izquierda del dibujo consta el número 26 que corresponde a la relación de dibujos procedentes de la donación de Jaume Nonell. En esta relación, que incluye los siete óleos y los veintidós dibujos seleccionados por Miquel Utrillo y por los miembros de la Associació Les Arts i Els Artistes, las obras aparecen con los títulos originales, puestos por el mismo artista.

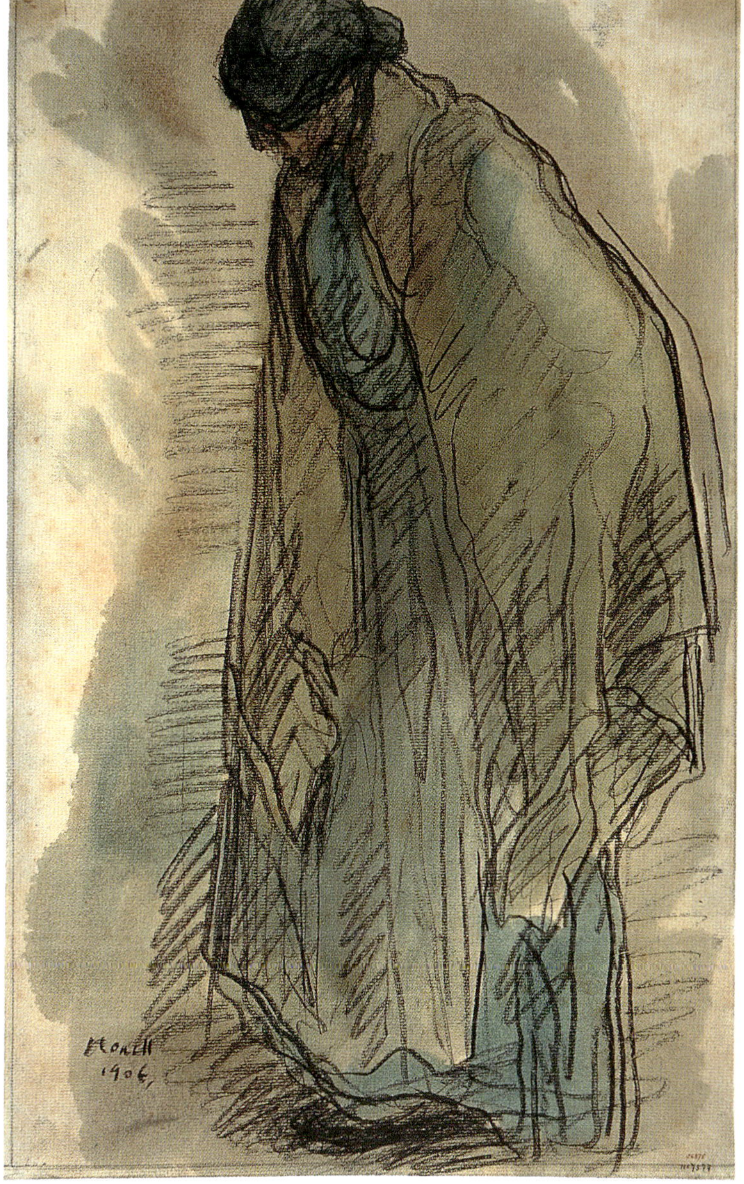
Nonell
1906,

62. *La del cántaro*, 1906

Carboncillo y acuarela
47,5 x 29,4 cm
Firmado y fechado "nonell/1906" en el ángulo inferior derecho
Donación Jaume Nonell, 1914
Gabinete de Dibujos y Grabados del MNAC, Barcelona
MNAC/GDG 26853

EXPOSICIONES: *Exposició pòstuma de les obres d'en Isidre Nonell*, Barcelona, Galeries Faianç Català, 15 de mayo de 1912. • *Exposición Isidro Nonell, conmemorativa del L Aniversario de la muerte del artista*, Barcelona, Palacio de la Virreina, noviembre de 1962. • *Art i modernitat als Països Catalans*, Berlín, Staatliche Kunsthalle, junio-julio de 1978. • *Nonell*, Barcelona, Palacio de la Virreina, 16 de junio-31 de agosto de 1981; Madrid, Casa del Monte de Piedad, octubre-noviembre de 1981.

BIBLIOGRAFÍA: "La Primera Pedra del Museu Català", en *Papitu*, Barcelona, 12 de junio de 1912. • *Exposición Isidro Nonell, conmemorativa del L Aniversario de la muerte del artista*, Barcelona, Junta de Museos, 1962, p. 39, cat. núm. 82. • *Art i Modernitat als Països Catalans*, Berlín, Staatliche Kunsthalle, 1978, p. 224, cat. núm. 8, fig. p. 27. • *Nonell*, Barcelona, Ayuntamiento de Barcelona, p. 50, cat. núm. 165, fig. 165, p. 103; Madrid, Caja de Ahorros y Monte de Piedad de Madrid/Ministerio de Cultura/Ayuntamiento de Barcelona, 1981, p. 49, cat. núm. 147, fig. 147, p. 100.

En el reverso del papel figura un boceto de gitana al lápiz Conté y en la parte inferior izquierda del dibujo consta el número 27 (?) que corresponde a la relación de dibujos procedentes de la donación de Jaume Nonell.

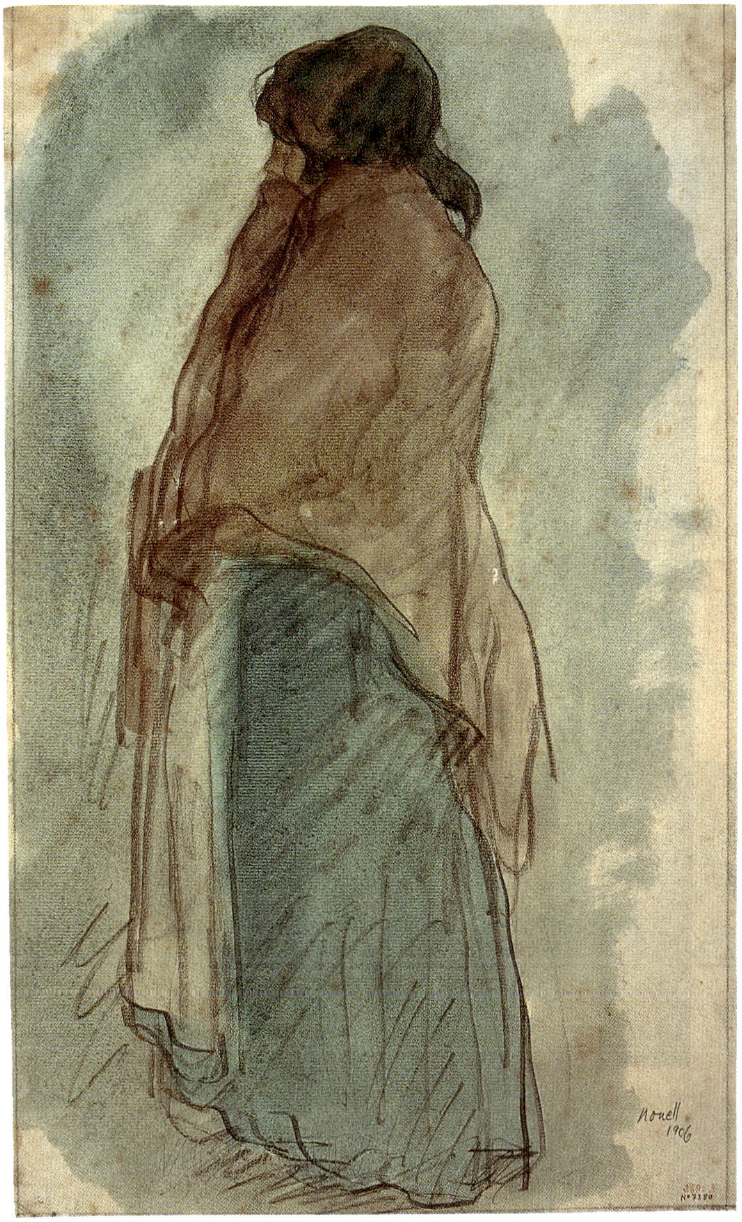
Nonell
1906

63. *Malos negocios*, 1906

Lápiz Conté y acuarela
48,6 x 31,8 cm
Firmado y fechado "nonell/1906" al lado inferior derecho
Donación Jaume Nonell, 1914
Gabinete de Dibujos y Grabados del MNAC, Barcelona
MNAC/GDG 26874

EXPOSICIONES: *Exposició pòstuma de les obres d'en Isidre Nonell*, Barcelona, Galeries Faianç Català, 15 de mayo de 1912. • *Exposición Isidro Nonell, conmemorativa del L Aniversario de la muerte del artista*, Barcelona, Palacio de la Virreina, noviembre de 1962. • *Nonell*, Barcelona, Palacio de la Virreina, 16 de junio-31 de agosto de 1981; Madrid, Casa del Monte de Piedad, octubre-noviembre de 1981.

BIBLIOGRAFÍA: "La Primera Pedra del Museu Català", en *Papitu*, Barcelona, 12 de junio de 1912. • *Exposición Isidro Nonell, conmemorativa del L Aniversario de la muerte del artista*, Barcelona, Junta de Museos, 1962, p. 39, cat. núm. 84. • NONELL, C., *Isidro Nonell, su vida y su obra*, Madrid, Dossat, 1963, p. 257, cat. s/n. • NONELL, C., *Nonell. Figuras*, Barcelona, Gustavo Gili, 1964, fig. 1. • *Nonell*, Barcelona, Ayuntamiento de Barcelona, p. 50, cat. núm. 163, fig. 163, p. 103; Madrid, Caja de Ahorros y Monte de Piedad de Madrid/Ministerio de Cultura/Ayuntamiento de Barcelona, 1981, p. 49, cat. núm. 145, fig. 145, p. 100.

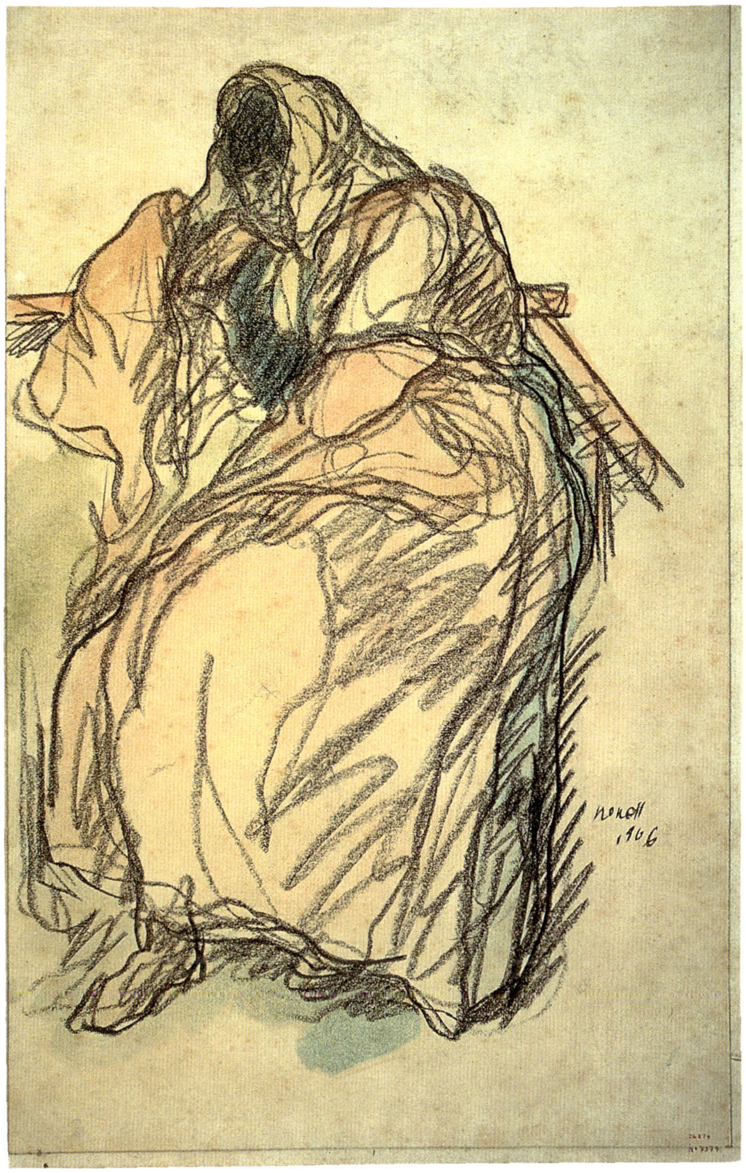
Nonell
1906

64. *A la espera*, 1906

Carboncillo y acuarela
48,2 x 30,5 cm
Firmado y fechado "nonell 1906" en el ángulo superior derecho
Donación Jaume Nonell, 1914
Gabinete de Dibujos y Grabados del MNAC, Barcelona
MNAC/GDG 26873

EXPOSICIONES: *Exposició pòstuma de les obres d'en Isidre Nonell*, Barcelona, Galeries Faianç Català, 15 de mayo de 1912. • *Exposición Isidro Nonell, conmemorativa del L Aniversario de la muerte del artista*, Barcelona, Palacio de la Virreina, noviembre de 1962. • *Nonell*, Barcelona, Palacio de la Virreina, 16 de junio-31 de agosto de 1981; Madrid, Casa del Monte de Piedad, octubre-noviembre de 1981.

BIBLIOGRAFÍA: "La Primera Pedra del Museu Català", en *Papitu*, Barcelona, 12 de junio de 1912. • *Exposición Isidro Nonell, conmemorativa del L Aniversario de la muerte del artista*, Barcelona, Junta de Museos, 1962, p. 39, cat. núm. 83. • *Nonell*, Barcelona, Ayuntamiento de Barcelona, p. 50, cat. núm. 164, fig. 164, p. 103; Madrid, Caja de Ahorros y Monte de Piedad de Madrid/Ministerio de Cultura/Ayuntamiento de Barcelona, 1981, p. 49, cat. núm. 146, fig. 146, p. 100.

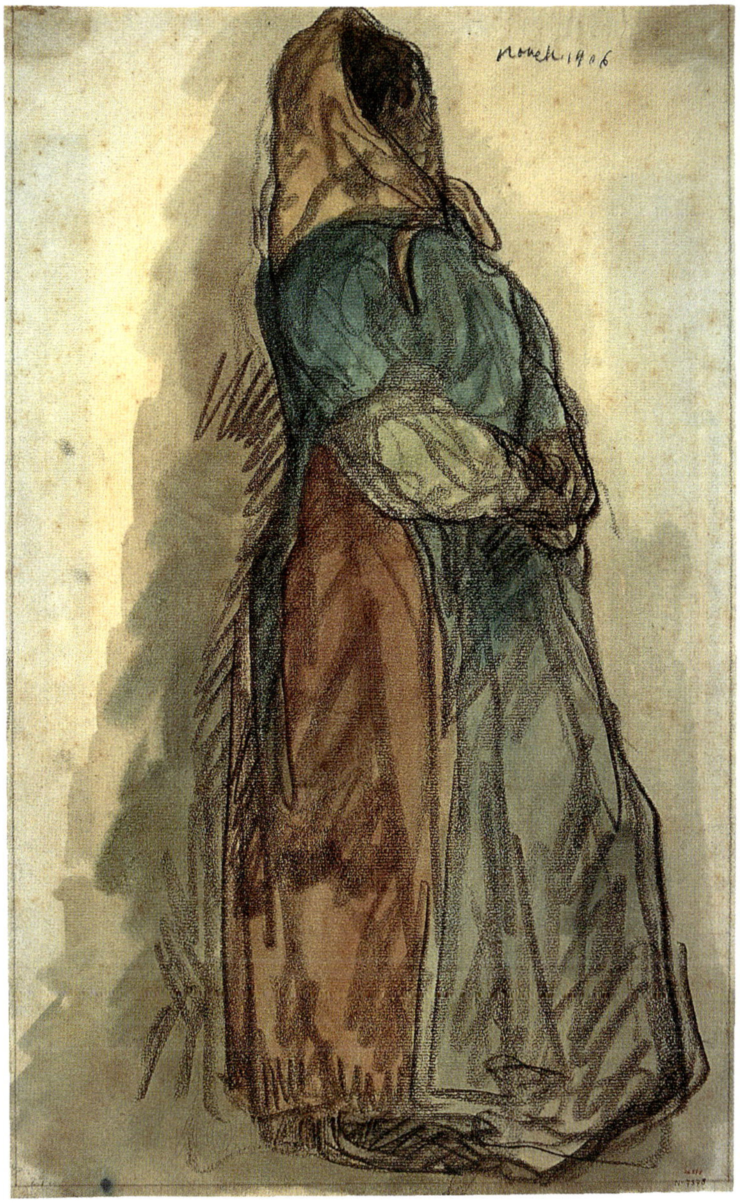

65. *Quién caerá*, 1906

Lápiz Conté y acuarela
47,4 x 29,6 cm
Firmado y fechado "nonell/1906" al lado inferior derecho
Donación Jaume Nonell, 1914
Gabinete de Dibujos y Grabados del MNAC, Barcelona
MNAC/GDG 26852

EXPOSICIONES: *Exposició pòstuma de les obres d'en Isidre Nonell*, Barcelona, Galeries Faianç Català, 15 de mayo de 1912. • *Exposición Isidro Nonell, conmemorativa del L Aniversario de la muerte del artista*, Barcelona, Palacio de la Virreina, noviembre de 1962.

BIBLIOGRAFÍA: "La Primera Pedra del Museu Català", en *Papitu*, Barcelona, 12 de junio de 1912. • *Exposición Isidro Nonell, conmemorativa del L Aniversario de la muerte del artista*, Barcelona, Junta de Museos, 1962, p. 39, cat. núm. 81. • NONELL, C., *Isidro Nonell, su vida y su obra*, Madrid, Dossat, 1963, p. 257, cat. s/n. • PONS, A., PARCERISAS, P., y GIRALT-MIRACLE, D., *Homes, terres, paisatges...*, Barcelona, HMB, 1981, fig. p. 44. • *Nonell*, Barcelona, Ayuntamiento de Barcelona, p. 50, cat. núm. 166, fig. 166, p. 103; Madrid, Caja de Ahorros y Monte de Piedad de Madrid/Ministerio de Cultura/Ayuntamiento de Barcelona, 1981, p. 49, cat. núm. 148, fig. 148, p. 100.

En el reverso del papel figura el boceto de una gitana al lápiz Conté y en la parte inferior izquierda del dibujo consta el número 34 que corresponde a la relación de dibujos procedentes de la donación de Jaume Nonell.

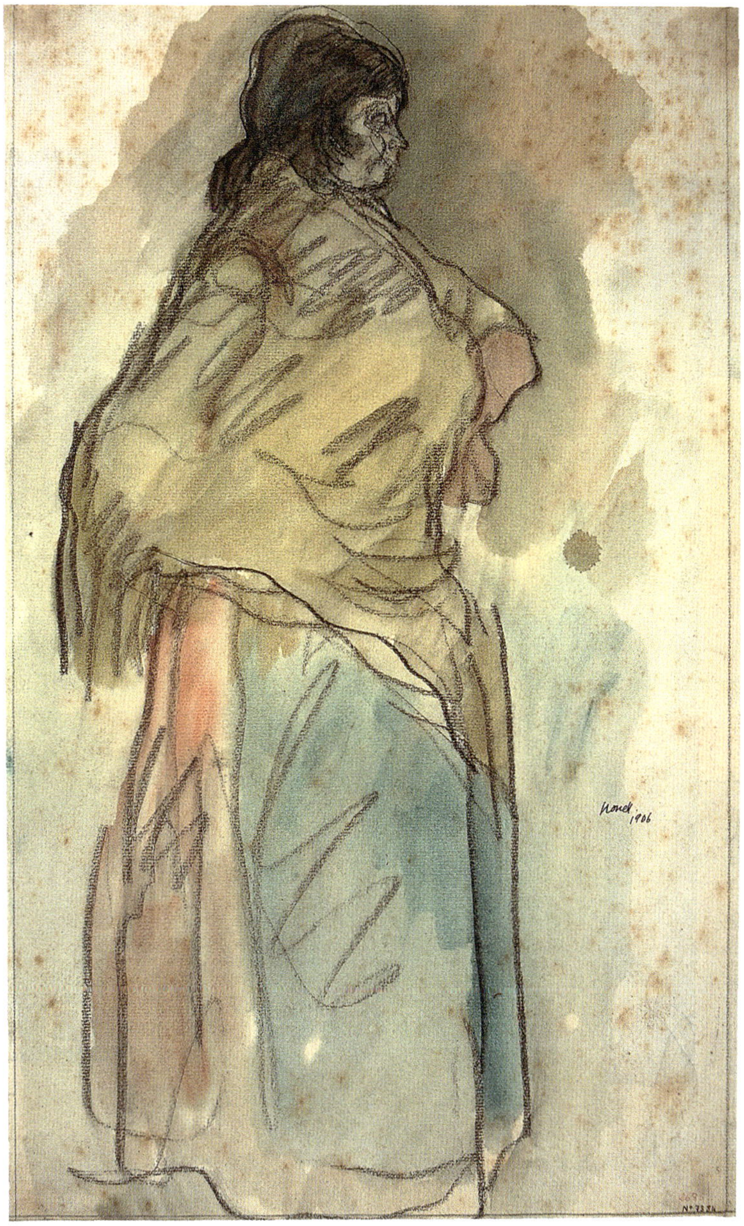
1906

66. *Gitana*, 1907

Óleo sobre lienzo
211 x 111,5 cm
Firmado y fechado "nonell/1907" en el ángulo superior derecho y "nonell. 1907." en el reverso
Colección Masaveu

EXPOSICIONES: *Exposició d'una gran part de les obres pintades i dibuixades desde'l 1900 per En Nonell*, Barcelona, Faianç Català, 15 de enero-13 de febrero de 1910. • *Exposición Isidro Nonell, conmemorativa del L Aniversario de la muerte del artista*, Barcelona, Palacio de la Virreina, noviembre de 1962.

BIBLIOGRAFÍA: PLANA, A., *L'obra d'Isidre Nonell*, Barcelona, Publicacions de La Revista, 1917, p. 163. • *Art*, Barcelona, julio de 1934, núm. 10, fig. [p. 344] (número extraordinario dedicado a Nonell). • BENET, R., *Isidro Nonell y su época*, Barcelona, Iberia, 1947, fig. XXIX. • *Exposición Isidro Nonell, conmemorativa del L Aniversario de la muerte del artista*, Barcelona, Junta de Museos, 1962, p. 33, cat. núm. 35. • NONELL, C., *Isidro Nonell, su vida y su obra*, Madrid, Dossat, 1963, p. 224, cat. s/n., fig. LI. • *Próximas Subastas*, Madrid, Edmund Peel & Asociados, abril-junio de 1989, fig. • *Pintura Impresionista y Moderna*, Madrid, Edmund Peel & Asociados, 23 de mayo de 1989, cat. núm. 2, fig.

En algunas publicaciones figura esta obra con el título de *Casi una cariátide*. Probablemente fue Rafael Benet quien en la monografía que dedicó al pintor en 1947 dio por primera vez este título a la pintura. Por nuestra parte hemos preferido titularla *Gitana*, ya que así la denominó el artista, tal como evidencia la etiqueta que se conserva en el bastidor de la obra.

Gitana es una obra de características similares a *Estudio de gitana* y *Meditando* (cat. núm. 52 y 53), ambas de 1906, aunque la que comentamos es de tonalidades más cálidas que aquéllas.

Esta pintura, que estuvo depositada en el Museo de Arte Moderno de Barcelona de 1969 a 1970, formó parte de la exposición individual más importante celebrada en vida del artista, que tuvo lugar en el Faianç Català de Barcelona en 1910. En el bastidor se conserva la etiqueta de esta exposición en la que consta el número 110 y el título *Gitana*, escrito en color azul.

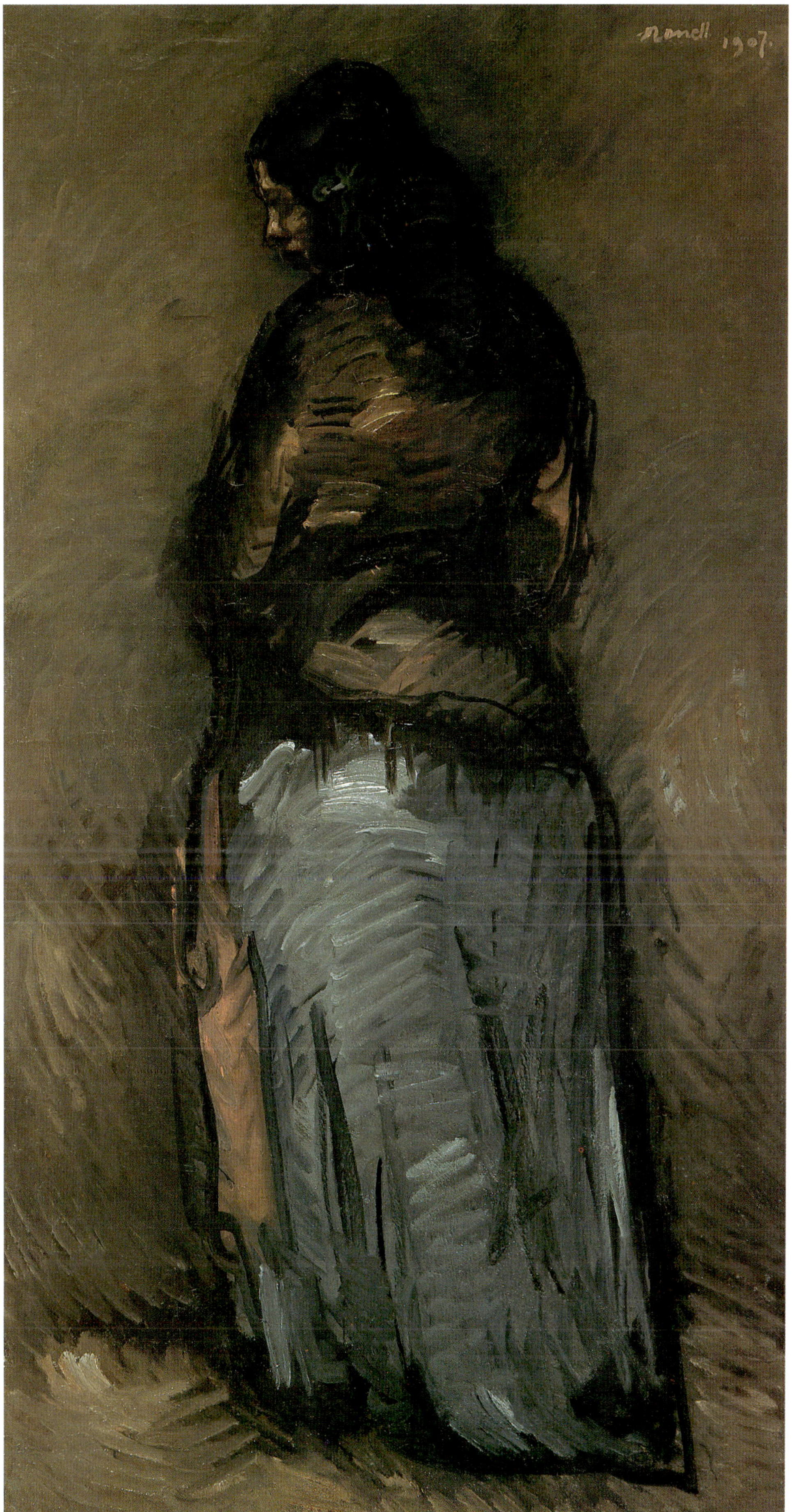

67. *Cabeza de gitana*, 1907

Óleo sobre cartón
73,5 x 52,5 cm
Firmado y fechado "nonell./1907" en el ángulo superior derecho
Colección particular, Huesca

EXPOSICIONES: *Exposició d'una gran part de les obres pintades i dibuixades desde'l 1900 per En Nonell*, Barcelona, Faianç Català, 15 de enero-13 de febrero de 1910. • *Exposición de cien pinturas de la Colección Barbey*, Barcelona, 25 de octubre-14 de noviembre de 1952.

BIBLIOGRAFÍA: *Art*, Barcelona, julio de 1934, núm. 10, fig. [p. 307] (número extraordinario dedicado a Nonell). • *Exposición de cien pinturas de la Colección Barbey*, Barcelona, 25 de octubre-14 de noviembre de 1952, cat s/núm. • NONELL, C., *Isidro Nonell, su vida y su obra*, Madrid, Dossat, 1963, p. 224, cat. s/n. •

Esta obra perteneció a la colección de Josep Barbey, una de las más destacadas de arte catalán moderno, que, tras la muerte de su propietario, se dispersó. Barbey llegó a reunir unos quince óleos de Nonell, cuatro de los cuales figuraron en una exposición que se celebró en 1930 en la Sala Parés de Barcelona y que mostró una selección de las obras más relevantes de dicha colección. Aunque en el catálogo de aquella exposición se incluía una figura de Nonell de 1907, no podemos asegurar que se trate de la que nos ocupa, ya que Barbey tenía otras tres pinturas de este artista fechadas también en 1907. En 1952, fallecido ya Josep Barbey, se expuso de nuevo lo mejor de su colección. Aunque el catálogo correspondiente no especifica ni los títulos ni las fechas de las obras seleccionadas, es muy probable que en esta nueva ocasión se expusiera la pintura que comentamos, ya que el número de obras expuestas era muy superior al que se había exhibido en 1930.

Nonell utiliza en esta pintura las tonalidades azules de algunas obras de los años anteriores, pero rompe con la sobriedad cromática de estas gamas azuladas mediante los reflejos luminosos que inciden en el rostro de la gitana y en el colorido de las mangas.

Por último cabe destacar que esta pintura formó parte de la exposición individual más importante celebrada en vida del artista, que tuvo lugar en el Faianç Català de Barcelona en 1910. En el bastidor se conserva la etiqueta de esta exposición en la que constaba el número y el título, actualmente ilegibles.

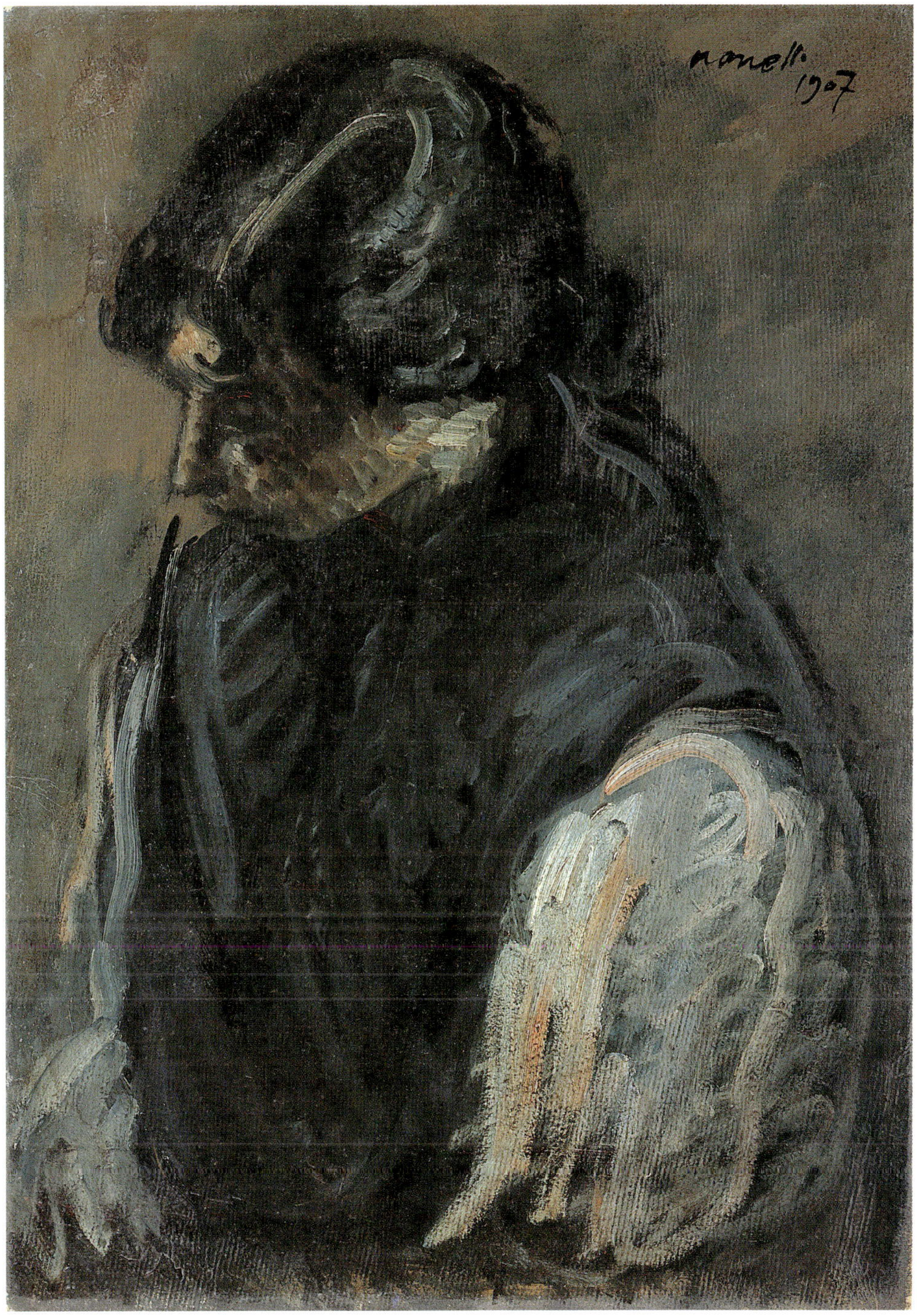
Nonell
1907

68. *Maruja*, 1907

Óleo sobre lienzo
84 x 63 cm
Firmado y fechado "nonell 1907" en el ángulo superior derecho y "nonell" en el reverso
Sala d'Art Artur Ramon, Barcelona

EXPOSICIONES: *Exposició d'una gran part de les obres pintades i dibuixades desde'l 1900 per En Nonell*, Barcelona, Faianç Català, 15 de enero-13 de febrero de 1910.

BIBLIOGRAFÍA: PLANA, A., *L'obra d'Isidre Nonell*, Barcelona, La Revista, 1917, p. 163 [núm. 77]. • *Art*, Barcelona, julio de 1934, núm. 10, fig. p. [335] (número extraordinario dedicado a Nonell). • NONELL, C., *Isidro Nonell, su vida y su obra*, Madrid, Dossat, 1963, p. 224, cat. s/n. • JARDÍ, E., *Nonell*, Barcelona, Polígrafa [1969], p. 310, cat. núm. 108, fig. 108, p. 162; 1984, p. 262, cat. núm. 157, fig. 157, p. 134.

Aunque el rojo intenso del mantón de esta gitana tiene un gran protagonismo en este lienzo, la capacidad de Nonell para aplicar gamas cromáticas perfectamente armonizadas, así como la acertada utilización de la luz sobre el rostro de la mujer, le permitieron equilibrar el impacto del color rojo con el azul del pañuelo floreado y las tonalidades terrosas de las carnaciones. El distinto tratamiento de la pincelada, larga y suelta en el mantón, corta y metódica en la cabeza, conforman un estilo peculiar de aparente simplicidad. Nonell consigue una vez más transmitir su sensibilidad a través de un dominio técnico indiscutible.

Esta pintura formó parte de la exposición individual más importante celebrada en vida del artista, que tuvo lugar en el Faianç Català de Barcelona en 1910. En el bastidor se conserva la etiqueta de esta exposición en la que consta el número 62 y el título *Maruga* (sic), escrito en color azul.

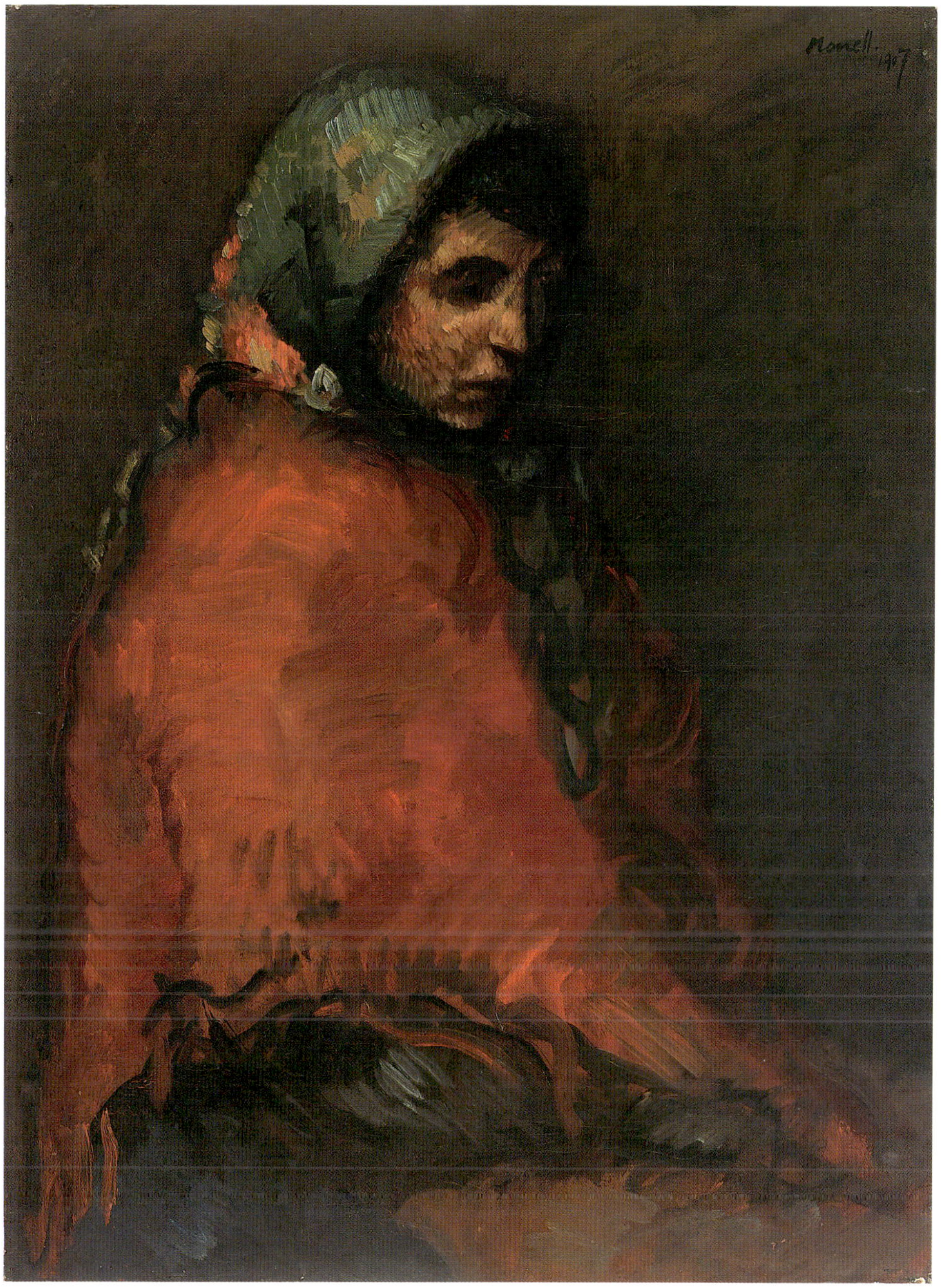
Monell 1907

69. *Mujer*, 1907

Óleo sobre lienzo
60,5 x 49,5 cm
Firmado y fechado "nonell./1907." en el ángulo superior derecho
Colección Artur Ramon, Barcelona

EXPOSICIONES: *Exposició d'una gran part de les obres pintades i dibuixades desde'l 1900 per En Nonell*, Barcelona, Faianç Català, 15 de enero-13 de febrero de 1910.

BIBLIOGRAFÍA: Arpol, "Vida y morts artístiques", en *Papitu*, Barcelona, 16 de febrero de 1910, núm. 64, p. 102-103. • *Art*, Barcelona, julio de 1934, núm. 10, fig. [p. 307] (número extraordinario dedicado a Nonell). • MERLI, J., *Isidre Nonell*, Barcelona, Junta d'Exposicions d'Art de Catalunya, 1938, fig. XXVIII. • NONELL, C., *Isidro Nonell, su vida y su obra*, Madrid, Dossat, 1963, p. 225, cat. s/n. • JARDÍ, E., *Nonell*, Barcelona, Polígrafa [1969], p. 310, cat. núm. 113, fig. 113, p. 165; 1984, p. 262, cat. núm. 165, fig. 165, p. 139.

Con motivo de la clausura de la exposición Nonell realizada en enero de 1910 en el Faianç Català, la revista satírica *Papitu* (16 de febrero de 1910) publicó un artículo, que ya hemos citado al comentar la obra *Gitanilla* (cat. núm. 26), en el que se hacía eco del éxito de la muestra y muy especialmente del éxito de ventas. Nonell, que hasta entonces no había vendido ninguna de sus pinturas en Barcelona, vio en esta ocasión cómo los más destacados coleccionistas catalanes –Lluís Plandiura y Josep Sala, entre otros– adquirían algunas de sus obras. Uno de los compradores fue el escritor y periodista Josep Pous i Pagès (1873-1952), colaborador de la revista *Catalunya Artística* y del periódico *El Poble Català*r, y autor de una amplia producción teatral y literaria en lengua catalana. El citado artículo comenta que: "Ha comprado Pous i Pagès. Nos alegramos de que el amable Pous i Pagès no sea un potentado, porque los que modestamente también querían un Nonell, se habrían quedado sin". Aunque no se especifica el número de obras que adquirió, no hay duda de que la obra que nos ocupa, que en 1934 continuaba en la colección del escritor, fue adquirida en la citada exposición del Faianç Català, a pesar de que, como ocurre con alguna otra obra presente en esta muestra, no lleva la etiqueta correspondiente a esta exposición.

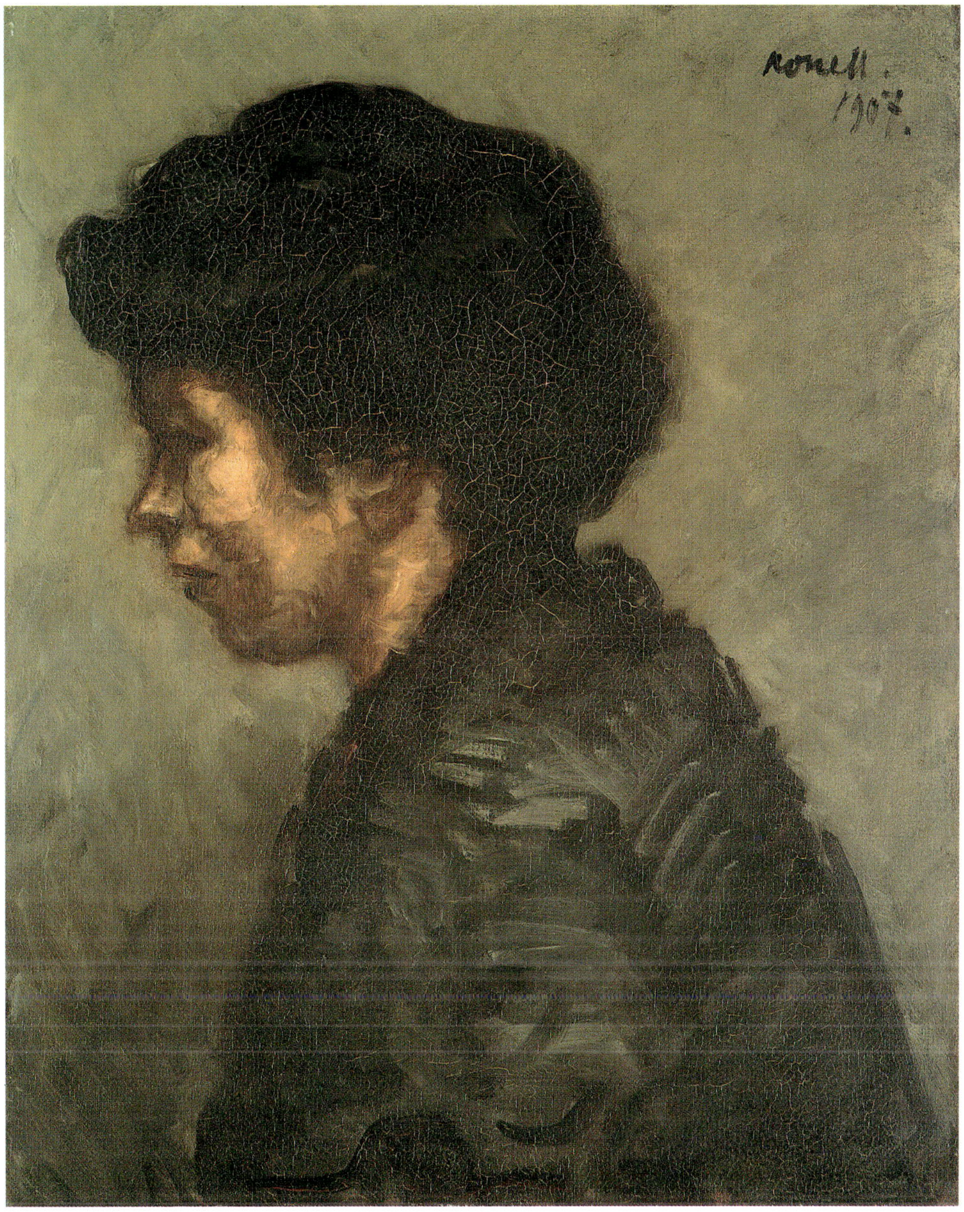

70. *Angustias*, 1907

Óleo sobre lienzo
53 x 64 cm
Firmado y fechado "nonell/1907" en el ángulo superior derecho
y "nonell" en el reverso
Colección particular, Terrassa

EXPOSICIONES: *V Exposicións Internacional de Arte e Indústrias Artísticas*, Barcelona, 1907. • *Obres de les col·leccions Valentí i Julià*, Barcelona, La Pinacoteca, otoño de 1928.

BIBLIOGRAFÍA: *V Exposicións Internacional de Arte e Industrias Artísticas*, Barcelona, Henrich y Compañía, 1907, p. 25, núm. 16. • "Pintura i dibuix d'Isidre Nonell", en *Gaseta de les Arts*, Barcelona, diciembre de 1928, año I, núm. 4, fig. p. 13. • *Art*, Barcelona, julio de 1934, núm. 10, fig. [p. 346] (número extraordinario dedicado a Nonell). • JARDÍ, E., *Nonell*, Barcelona, Polígrafa [1969], p. 310, cat. núm. 123, fig. 123, p. 176-177; 1984, p. 262, cat. núm. 170, fig. 170, p. 144-145.

Una etiqueta que se conserva en el bastidor de esta pintura ha permitido identificarla como la obra que con el título *Angustias* formó parte de la Exposición Internacional de Barcelona de 1907. Nonell había presentado en esta importante muestra diez óleos, de los cuales sólo se expusieron cuatro (*Estudio de Gitana, Angustias, Consuelo* y *La viuda*, cat. núm. 52, 70, 48 y 51), que era el máximo permitido. La que nos ocupa, de dimensiones más reducidas que las otras tres, refleja magistralmente el lenguaje artístico del pintor en su etapa de madurez. La serenidad que transmite la figura así como la sobriedad cromática de este lienzo lo alejan de las características hasta entonces habituales en el artista y, de alguna manera, contribuyen a fijar sus nuevos parámetros, en los que las actitudes de abatimiento y resignación desaparecen definitivamente de su obra.

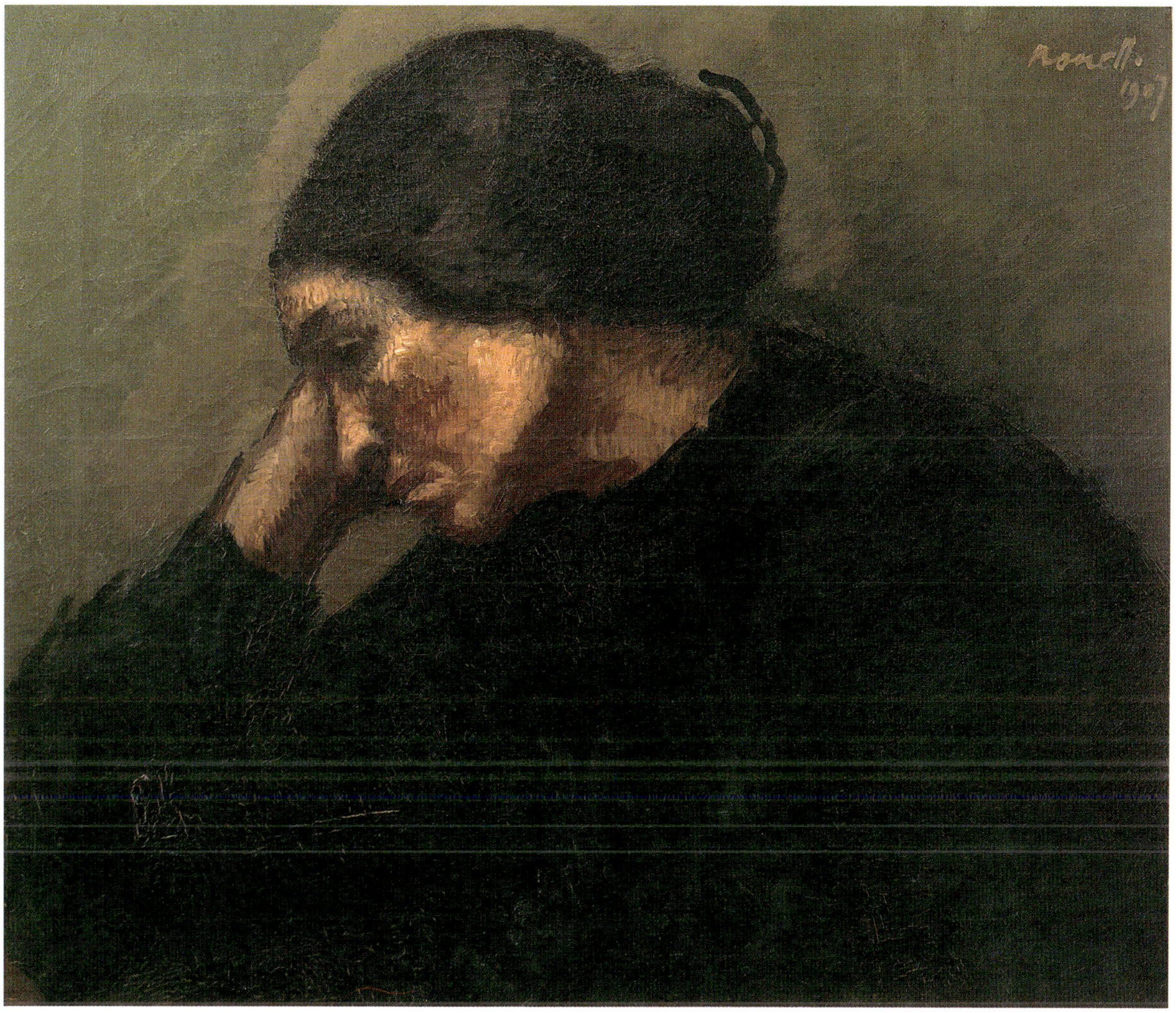
Nonell
1907

71. *Figura*, 1907

Óleo sobre lienzo
61 x 50 cm
Firmado y fechado "nonell./1907" en el ángulo superior derecho
y "Nonell" en el reverso
Museu de Montserrat (Donación X. Busquets)

EXPOSICIONES: *Exposición Isidro Nonell, conmemorativa del L Aniversario de la muerte del artista*, Barcelona, Palacio de la Virreina, noviembre de 1962.

BIBLIOGRAFÍA: *Exposición Isidro Nonell, conmemorativa del L Aniversario de la muerte del artista*, Barcelona, Junta de Museos, 1962, p. 33, cat. núm. 37. • CORTÈS, J., "Perennidad de Isidro Nonell", en *Ensayo*, Barcelona, 1962, núm. 14, fig. p. 59. • JARDÍ, E., *Nonell*, Barcelona, Polígrafa [1969], p. 312, cat. núm. 130, fig. 130, p. 182; 1984, p. 262, cat. núm. 182, fig. 182, p. 154.

En esta pintura el artista insiste en el camino que había iniciado el año anterior, en obras como *Estudio* o *La Juana* (cat. núm. 56 y 57). Esta *Figura* coincide con las dos obras mencionadas tanto en la técnica como en la representación claramente definida del rostro. Asimismo se evidencia ya con claridad el progresivo abandono de la paleta oscura, que había dominado su producción anterior, y la decidida utilización de las tonalidades claras.

Al mismo tiempo la coincidencia de la modelo así como del tratamiento técnico de esta pintura con el singular *Estudio de desnudo* (cat. núm. 72) permiten afirmar con poco riesgo de equivocarnos que la obra mencionada en último lugar, una de las pocas que el artista no fechó, debió de ser realizada, como la que comentamos, en 1907.

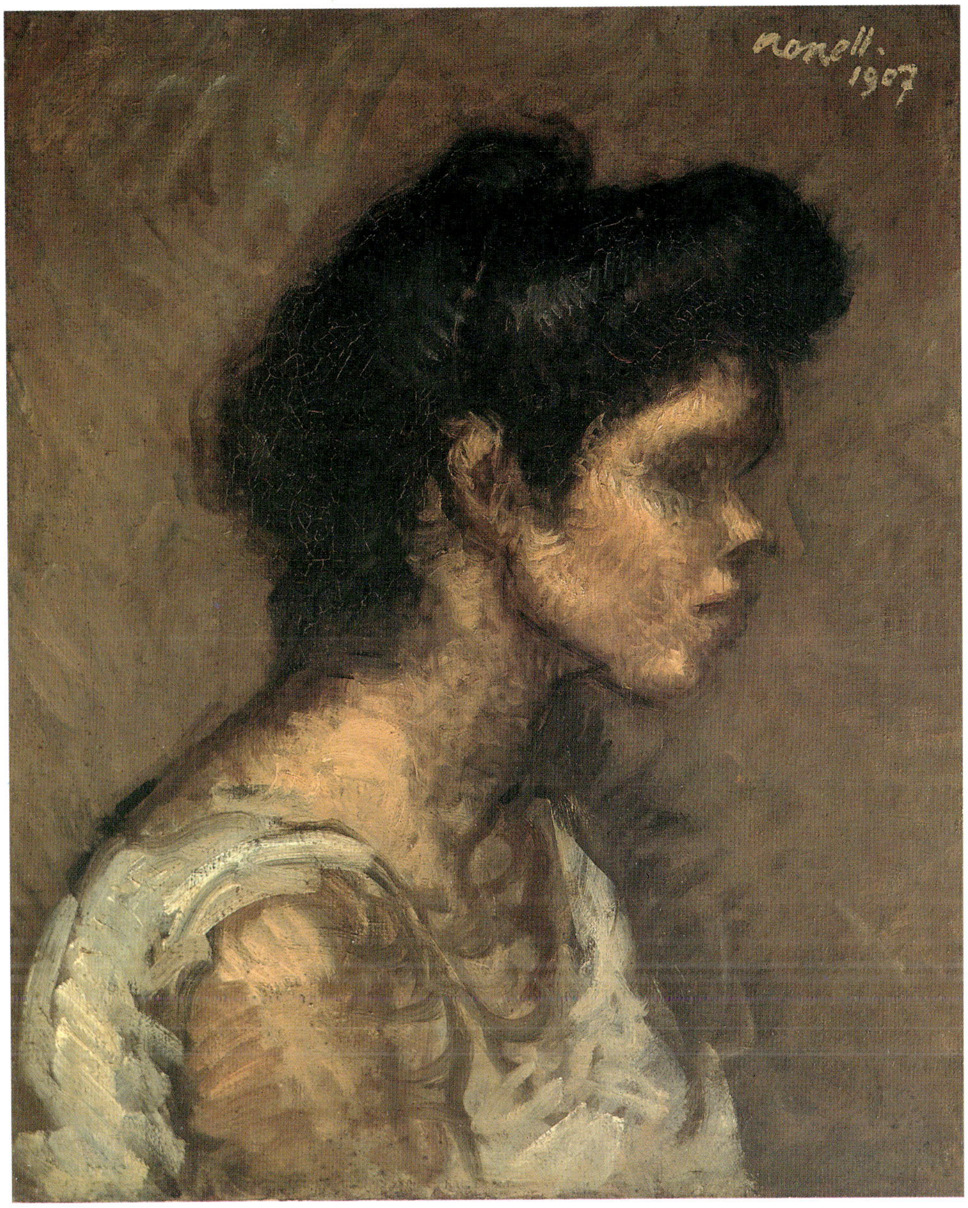
nonell.
1907

72. *Estudio de desnudo*, 1907

Óleo sobre lienzo
120 x 120 cm
Firmado "nonell" en el reverso. No fechado
Colección particular, Barcelona

EXPOSICIONES: *La Col·lecció Graupera*, Barcelona, Sala Parés, 25 de octubre de 1935. • *Exposición Isidro Nonell, conmemorativa del L Aniversario de la muerte del artista*, Barcelona, Palacio de la Virreina, noviembre de 1962. • *I. Nonell. 14 pinturas*, Barcelona, Sala Gaspar, diciembre de 1967-enero de 1968. • *Nonell*, Barcelona, Palacio de la Virreina, 16 de junio-31 de agosto de 1981.

BIBLIOGRAFÍA: *Art*, Barcelona, julio de 1934, núm. 10, fig. [p. 318] (número extraordinario dedicado a Nonell). • *La Col·lecció Graupera*, Barcelona, Sala Parés, 1935, cat. núm. 5. • *Exposición Isidro Nonell, conmemorativa del L Aniversario de la muerte del artista*, Barcelona, Junta de Museos, 1962, p. 33, cat. núm. 39. • NONELL, C., *Isidro Nonell, su vida y su obra*, Madrid, Dossat, 1963, p. 226, cat. s/n., fig. LIV. • *I. Nonell. 14 pinturas*, Barcelona, Sala Gaspar, 1967, s/p., cat. núm. 10, fig. • CORTÈS, J., "Arte y Artistas. Nonell", en *La Vanguardia*, Barcelona, 24 de diciembre de 1967. • *Nonell*, Barcelona, Ayuntamiento de Barcelona, 1981, p. 39, cat. núm. 56, fig. 56, p. 59. • JARDÍ, E., *Nonell*, Barcelona, Polígrafa [1969], p. 316, cat. núm. 183, fig. 183, p. 260; 1984, p. 263, cat. núm. 259, fig. 259, p. 217. • JARDÍ, E., "Isidro Nonell", en *Picasso, Barcelona, Catalunya*, Barcelona, Quaderns L'Avenç, 1981.

La mayoría de los estudiosos coinciden en afirmar que Nonell pintó dos figuras femeninas desnudas. Aunque no nos es posible confirmar con seguridad esta afirmación, lo cierto es que nada más se conocen dos lienzos de esta temática: el busto femenino titulado *Estudio*, que formó parte de la colección Rogent y actualmente pertenece a una colección particular de Barcelona, y el que nos ocupa. Por lo tanto se trata de una obra singular en la producción pictórica de Nonell, que además evidencia la utilización decidida de una paleta más clara y de una pincelada más vibrante. En *Estudio de desnudo* Nonell utiliza el mismo formato que en *Reposo* (cat. núm. 40) y, como en ésta, incluye también un plato, a modo de naturaleza muerta, en un extremo de la composición.

Aunque la obra que comentamos es una de las pocas pinturas de Nonell no fechadas, la gran semejanza técnica así como la coincidencia de modelo con *Figura* (cat. núm. 71) de 1907 permiten afirmar casi con toda seguridad que este *Estudio de desnudo* fue pintado también en 1907.

La etiqueta que se conserva en el bastidor con los datos del artista escritos en francés confirma que esta pintura figuró en el Salon des Indépendants de París de 1907 o 1908, ya que todas las obras que expuso Nonell en los citados salones se titulaban *Estudio*.

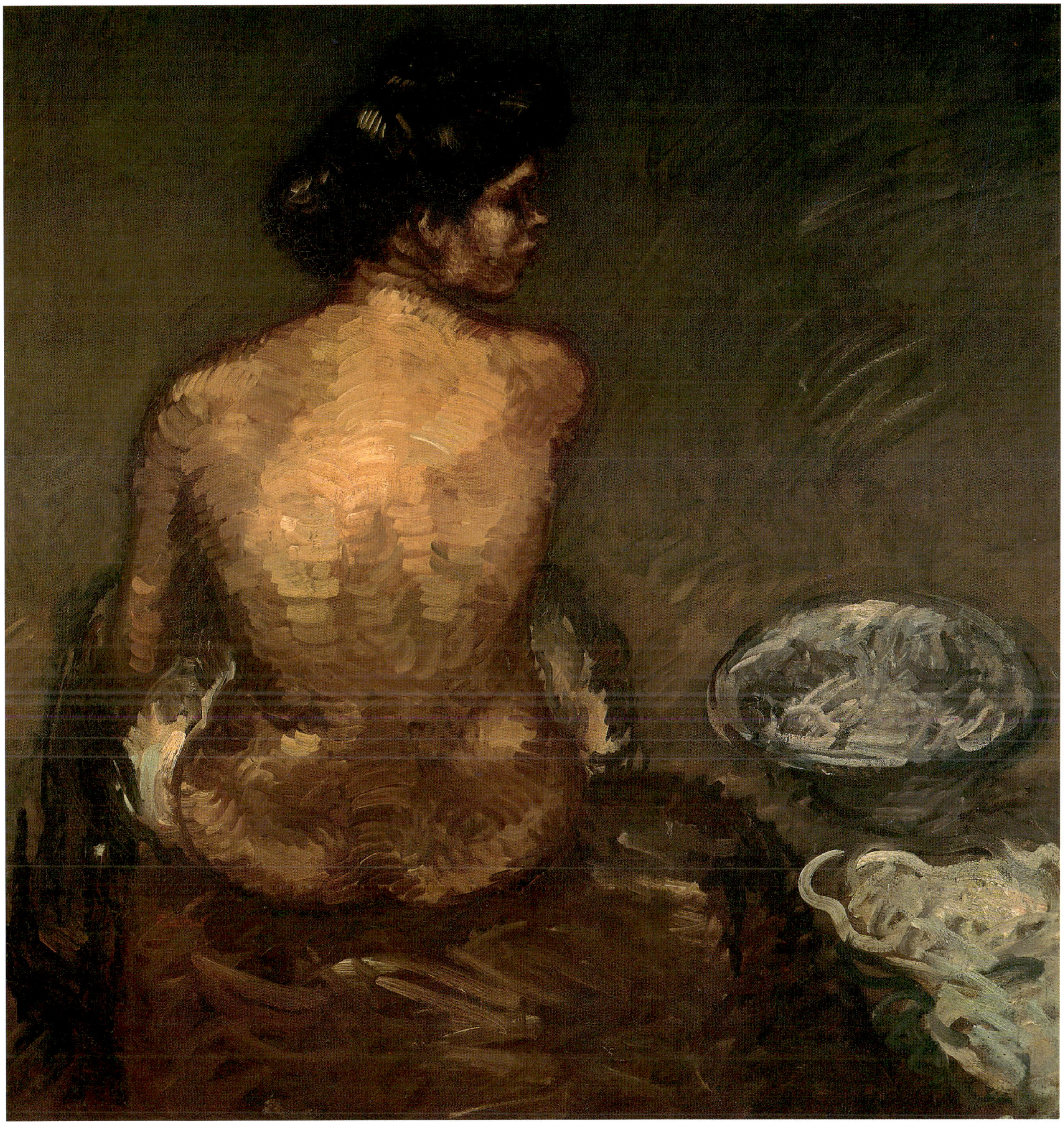

73. *Inocencia*, 1908

Óleo sobre lienzo
81 x 66 cm
Firmado y fechado "nonell./1908" en el ángulo superior derecho
y "nonell" en el reverso
Colección particular, Barcelona

EXPOSICIONES: *Exposició d'una gran part de les obres pintades i dibuixades desde'l 1900 per En Nonell*, Barcelona, Faianç Català, 15 de enero-13 de febrero de 1910. • *Exposició de pintures i escultures de la col·lecció Joan Valentí*, Barcelona, 30 de septiembre-13 de octubre de 1933. • *Before Picasso; after Miró*, Nueva York, The Solomon R. Guggenheim Museum, junio de 1960. • *Exposición Isidro Nonell, conmemorativa del L Aniversario de la muerte del artista*, Barcelona, Palacio de la Virreina, noviembre de 1962. • *Nonell*, Barcelona, Palacio de la Virreina, 16 de junio-31 de agosto de 1981; Madrid, Casa del Monte de Piedad, octubre-noviembre de 1981. • *El Modernisme*, Barcelona, Museo de Arte Moderno, 10 de octubre de 1990-13 de enero de 1991.

BIBLIOGRAFÍA: PLANA, A., *L'obra d'Isidre Nonell*, Barcelona, Publicacions de La Revista, 1917, fig. 163 [núm. 92]. • *Exposició de pintures i escultures de la col·lecció Joan Valentí*, Barcelona, 1933, fig. • SOLDEVILA, C., *Figures de Catalunya*, Barcelona, Aedos, 1955, fig. p. 349. • *Before Picasso; after Miró*, Nueva York, The Solomon R. Guggenheim Museum, 1960, cat. s/n. • *Exposición Isidro Nonell, conmemorativa del L Aniversario de la muerte del artista*, Barcelona, Junta de Museos, 1962, p. 33, cat. núm. 43. • NONELL, C., *Isidro Nonell, su vida y su obra*, Madrid, Dossat, 1963, p. 228, cat. s/n., fig. LVII. • JARDÍ, E., *Nonell*, Barcelona, Polígrafa [1969], p. 312, cat. núm. 143, fig. 143, p. 205; 1984, p. 263, cat. núm. 205, fig. 205, p. 169. • *Nonell*, Barcelona, Ayuntamiento de Barcelona, p. 40, cat. núm. 61, fig. 61, p. 85; Madrid, Caja de Ahorros y Monte de Piedad de Madrid/Ministerio de Cultura/Ayuntamient de Barcelona, 1981, p. 39, cat. núm. 55, fig. 55, p. 83. • *El Modernisme*, 2 vol., Barcelona, Lunwerg, 1990, vol. II, p. 191, cat. núm. 476, fig. 476, p. 254.

A juzgar por el escaso número de obras de 1908 que Alexandre Plana incluyó en la primera catalogación de las pinturas de Nonell –tres óleos– no fue este un año muy prolífico en la producción del pintor. En estudios posteriores figura un número mayor de obras realizadas en 1908, año del que actualmente se conocen por lo menos diez pinturas, cantidad con todo muy inferior a la producción de los años inmediatamente anteriores y posteriores. Pero si en 1906 y 1907 Nonell mostró una mayor diversidad cromática y compositiva dentro de su habitual reiteración temática, en estas pinturas de 1908 refleja una visión más compacta y unitaria. Las modelos ya no son gitanas; las gamas cromáticas se reducen casi exclusivamente a los blancos y azules, claros y nacarados, y las figuras aparecen en actitudes más libres. En este sentido *Inocencia* representa perfectamente esta nueva mirada del artista.

Esta pintura formó parte de la exposición individual más importante celebrada en vida del artista, que tuvo lugar en el Faianç Català de Barcelona en 1910. En el bastidor se conserva la etiqueta de esta exposición en la que consta el número 100 y el título *Ignocencia* (sic), escrito en color azul.

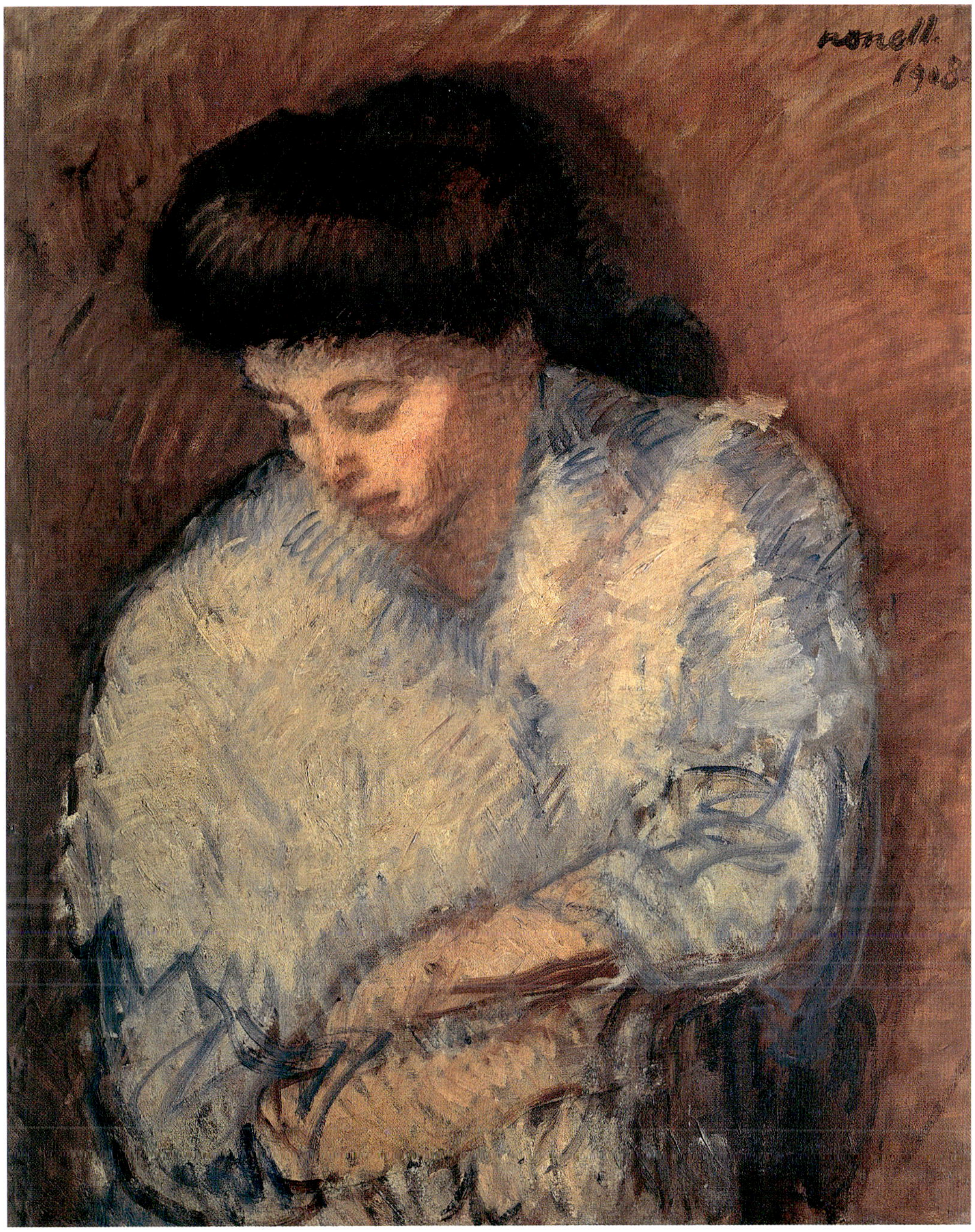
nonell.
1908

74. *Figura reclinada*, 1908

Óleo sobre tela
81 x 100 cm
Firmado y fechado "nonell./1908" en el ángulo superior y firmado "nonell" en el reverso
Adquirido a Josep Maria Jordà, 1921
Museo de Arte Moderno del MNAC, Barcelona
MNAC/MAM 10931

EXPOSICIONES: *1ª Bienal Hispanoamericana de Arte*, Madrid, Palacio de Exposiciones del Retiro, octubre-diciembre de 1951. • *III Bienal Hispanoamericana de Arte. Precursores y Maestros de la Pintura y Escultura Contemporánea*, Barcelona, Palacio Municipal de Exposiciones, 24 de septiembre de 1955-6 de enero de 1956. • *Exposición Isidro Nonell, conmemorativa del L Aniversario de la muerte del artista*, Barcelona, Palacio de la Virreina, noviembre de 1962. • *Exposició Nacional de Bellas Artes*, Madrid, Palacio del Retiro, 1966 (sala especial dedicada a Nonell). • *Picasso e Dintorni*, Florencia, Palazzo Medici Ricardi, 8 de septiembre-7 de octubre de 1979. • *Nonell*, Barcelona, Palacio de la Virreina, 16 de junio-31 de agosto de 1981; Madrid, Casa del Monte de Piedad, octubre-noviembre de 1981. • *Catalunya en la España Moderna, 1714-1983*, Madrid, Centro Cultural de la Villa de Madrid, 24 de mayo-24 de junio de 1983. • *50 ans d'art espagnol 1880-1936*, Burdeos, Galerie des Beaux Arts, 11 de mayo-1 de septiembre de 1984. • *Pintura dibuix i obra gràfica del Museu d'Art Modern de Barcelona* (en ruso), Moscú, Academia de Bellas Artes, junio-julio de 1987; Leningrad, Academia de Bellas Artes, julio-agosto de 1987.

BIBLIOGRAFÍA: GUASCH, F., y BATLLE, E., *Catálogo del Museo de Arte Contemporáneo*, Barcelona, Junta de Museos, 1926, p. 156, cat. núm. 11. • *Art*, Barcelona, julio de 1934, núm. 10, fig. [p. 331] (número extraordinario dedicado a Nonell). • JUNOY, J., "Isidre Nonell", en *Catalunya*, Buenos Aires, septiembre de 1934, núm. 48, fig. p. 10. • *1ª Bienal Hispanoamericana de Arte*, Madrid, 1951, cat. núm. 74. • *III Bienal Hispanoamericana de Arte. Precursores y Maestros de la Pintura y Escultura Contemporánea*, Barcelona, 1955, cat. núm. 3. • *Exposición Isidro Nonell, conmemorativa del L Aniversario de la muerte del artista*, Barcelona, Junta de Museos, 1962, p. 33, cat. núm. 41. • JARDÍ, E., *Nonell i altres assaigs*, Barcelona, Selecta, 1958, p. 44. • FOLCH I TORRES, J., "En el cinquentenario de la muerte de Nonell", en *Destino*, Barcelona, 8 de diciembre de 1962, núm. 1.322, fig. p. 35. • NONELL, C., *Isidro Nonell, su vida y su obra*, Madrid, Dossat, 1963, p. 227, cat. s/n. • AINAUD DE LASARTE, J., "Isidro Nonell. Barcelona 1873-1911", en *Exposició Nacional de Bellas Artes*, Madrid, Ministerio de Educación Nacional, 1966, p. 21, cat. núm. XXI, fig. • JARDÍ, E., *Nonell*, Barcelona, Polígrafa [1969], 312, cat. núm. 145, fig. 145, p. 206-207. • CIRICI, A., "Nonell, tornat a mirar", en *Serra d'Or*, Barcelona, 15 de diciembre de 1973, año XV, núm. 171, fig. p. 825. • *Picasso e Dintorni*, Florencia, Comitato per le Manifestazioni espositive Firenze-Prato 1979, p. 91, cat. núm. 9, fig. 9 s/p. • *Nonell*, Barcelona, Ayuntamiento de Barcelona, 1981, p. 37, cat. núm. 59, fig. 59, p. 83; Madrid, Caja de Ahorros y Monte de Piedad de Madrid/Ministerio de Cultura/Ayuntamiento de Barcelona, 1981, p. 39, cat. núm. 53, fig. 53, p. 81. • *Catalunya en la España Moderna, 1714-1983*, Barcelona, Generalitat de Catalunya, 1983, p. 175, cat. s/n., fig. p. 165. • *50 ans d'art espagnol 1880-1936*, Burdeos, 1984, p. 141, cat. núm. 66, fig. • *Pintura dibuix i obra gràfica del Museu d'Art Modern de Barcelona* (en ruso), Moscú, 1987, cat. núm. 32, fig. • *Catàleg de pintura segles XIX i XX. Fons del Museu d'Art Modern*, Barcelona, Ayuntamiento de Barcelona, 1987, p. 755, cat. núm. 1.898, fig.

Este lienzo perteneció al escritor, periodista y crítico de arte Josep M. Jordà, defensor acérrimo de Casas y Rusiñol, primero, y de Nonell y otros pintores de su misma generación, después. En las páginas de *La Publicidad* publicó diversos artículos sobre Nonell. Especialmente interesante es el que escribió a raíz de la exposición del Faianç Català (20 de enero de 1910) en el que lamentaba la intransigencia del público catalán y de algunos críticos de arte ante la obra de Nonell y afirmaba que "Isidro Nonell es para mí el más interesante, el más digno de estudio y atención, el más fuerte, el más sólido, el más sincero y el más convencido de los pintores catalanes". Más adelante analizaba el cambio que se había producido en su pintura: "Parece haber querido en este último año ensayar otros temas distintos. Las tonalidades oscuras, las figuras envueltas en sombras, han cedido la plaza á las visiones de la luz desparramándose sobre los objetos, dulcificando los contornos, descomponiéndose en tonos azulados sobre los desnudos y la inmaculada blancura de las ropas. Algunas de estas obras son una verdadera delicia y aún aquellas que parecen menos resueltas, aquellas que constituyen solo estudios y que parece ha abandonado el pintor, son fragmentariamente de un extraordinario valor artístico. [...] Ejemplo de ello el estudio de mujer medio desnuda donde hay detalles que son un verdadero encanto". Es muy probable que en esta última frase aluda a la obra que nos ocupa, que había formado parte de la colección de este crítico.

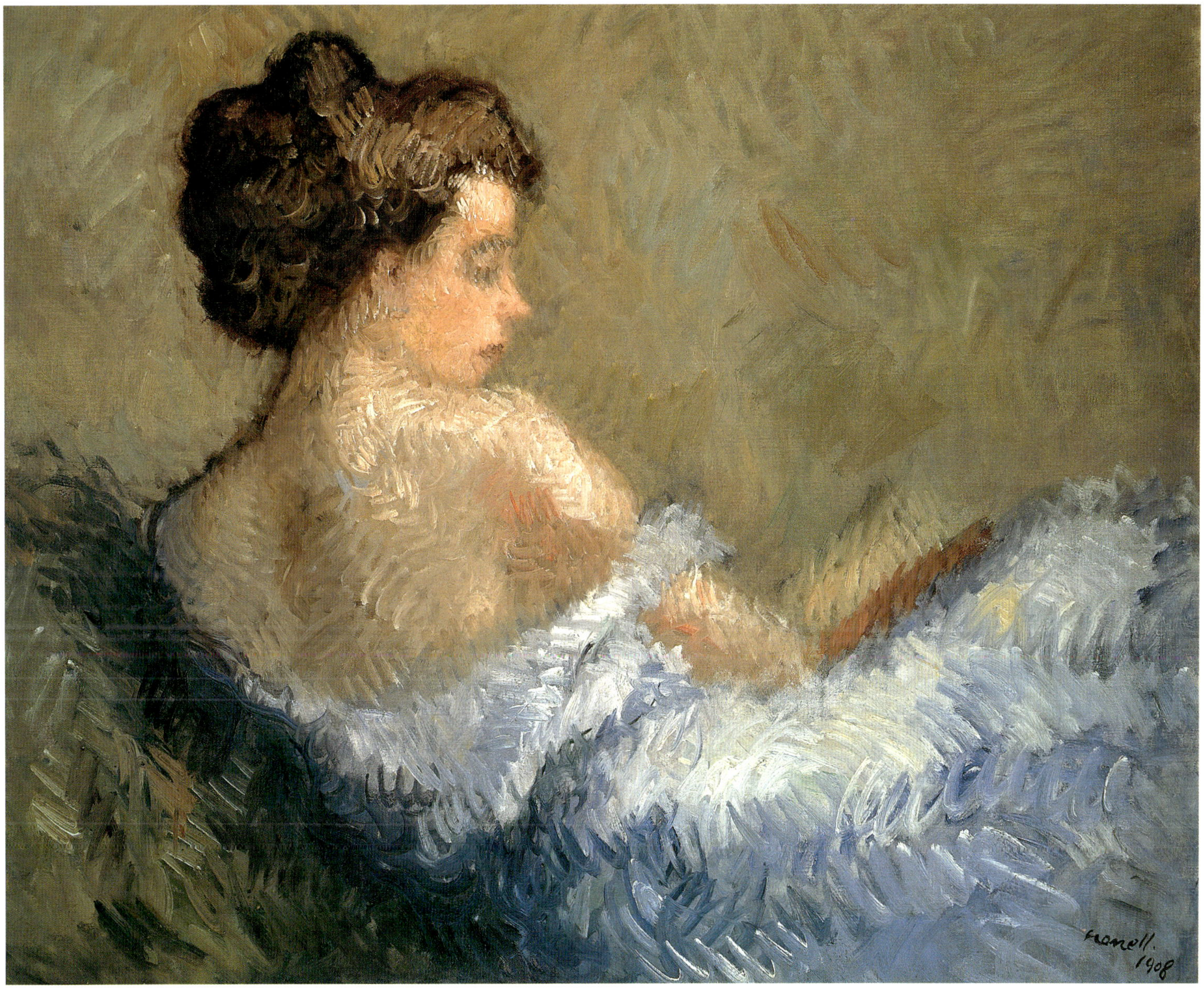
Nonell.
1908

75. *Estudio*, 1908

Óleo sobre lienzo
66 x 53,5 cm
Firmado y fechado "nonell./1908" en el ángulo inferior derecho
y firmado "nonell" en el reverso
Colección particular, Barcelona

EXPOSICIONES: *Salon de la Société des Artistes Indépendants*, París, 1908. • *Exposició d'una gran part de les obres pintades i dibuixades desde'l 1900 per En Nonell*, Barcelona, Faianç Català, 15 de enero-13 de febrero de 1910. • *Exposición Isidro Nonell, conmemorativa del L Aniversario de la muerte del artista*, Barcelona, Palacio de la Virreina, noviembre de 1962.

BIBLIOGRAFÍA: *Salon de la Société des Artistes Indépendants*, París, 1908, cat. núm. 4480-4485. • PLANA, A., *L'obra d'Isidre Nonell*, Barcelona, Publicacions de La Revista, 1917, p. 163. • *Art*, Barcelona, julio de 1934, núm. 10, fig. p. [306] (número extraordinario dedicado a Nonell). • NONELL, C., "Isidro Nonell post-impresionista catalán", en *Ateneo*, Madrid, 25 de octubre de 1952, núm. 20. • *Exposición Isidro Nonell, conmemorativa del L Aniversario de la muerte del artista*, Barcelona, Junta de Museos, 1962, p. 34, cat. núm. 44. • NONELL, C., *Isidro Nonell, su vida y su obra*, Madrid, Dossat, 1963, p. 226-227, cat. s/n., fig. LVI. • JARDÍ, E., *Nonell*, Barcelona, Polígrafa [1969], p. 312, cat. núm. 142, fig. 142, p. 203; 1984, p. 263, cat. núm. 204, fig. 204, p. 168. •

A diferencia de las otras obras de Nonell fechadas en 1908, esta pintura es la única que representa una figura de cuerpo entero. Se trata de un estudio muy abocetado en el que el rostro femenino aparece completamente desdibujado. Sin embargo esta obra no debe considerarse inacabada sino que obedece a un recurso del artista para rehuir el detalle y centrar el interés del lienzo en las delicadas armonías cromáticas. Por otra parte hay que destacar que la figura de una mujer leyendo es atípica en la producción de este artista, que rechazó incorporar cualquier tipo de anécdota en sus lienzos, y, por lo tanto, constituye una excepción en su producción pictórica. Aunque en los años posteriores Nonell repitió en varias ocasiones figuras femeninas sentadas, se alejó del planteamiento de la obra que nos ocupa al utilizar tonalidades muy cálidas y al incorporar, en algunos casos, naturalezas muertas al fondo de la composición.

Esta pintura formó parte de la exposición individual más importante celebrada en vida del artista, que tuvo lugar en el Faianç Català de Barcelona en 1910. En el bastidor se conserva la etiqueta de esta exposición en la que consta el número 43 y el título *Étude*, escrito en color azul. Asimismo una etiqueta en francés de la empresa O. Delille Expediteur, con el título y la dirección del artista en Barcelona, indica que la obra se expuso en el Salon des Indépendants de París. Sin duda la pintura que comentamos fue una de las seis obras expuestas en el Salon de 1908, todas ellas tituladas *Estudio*.

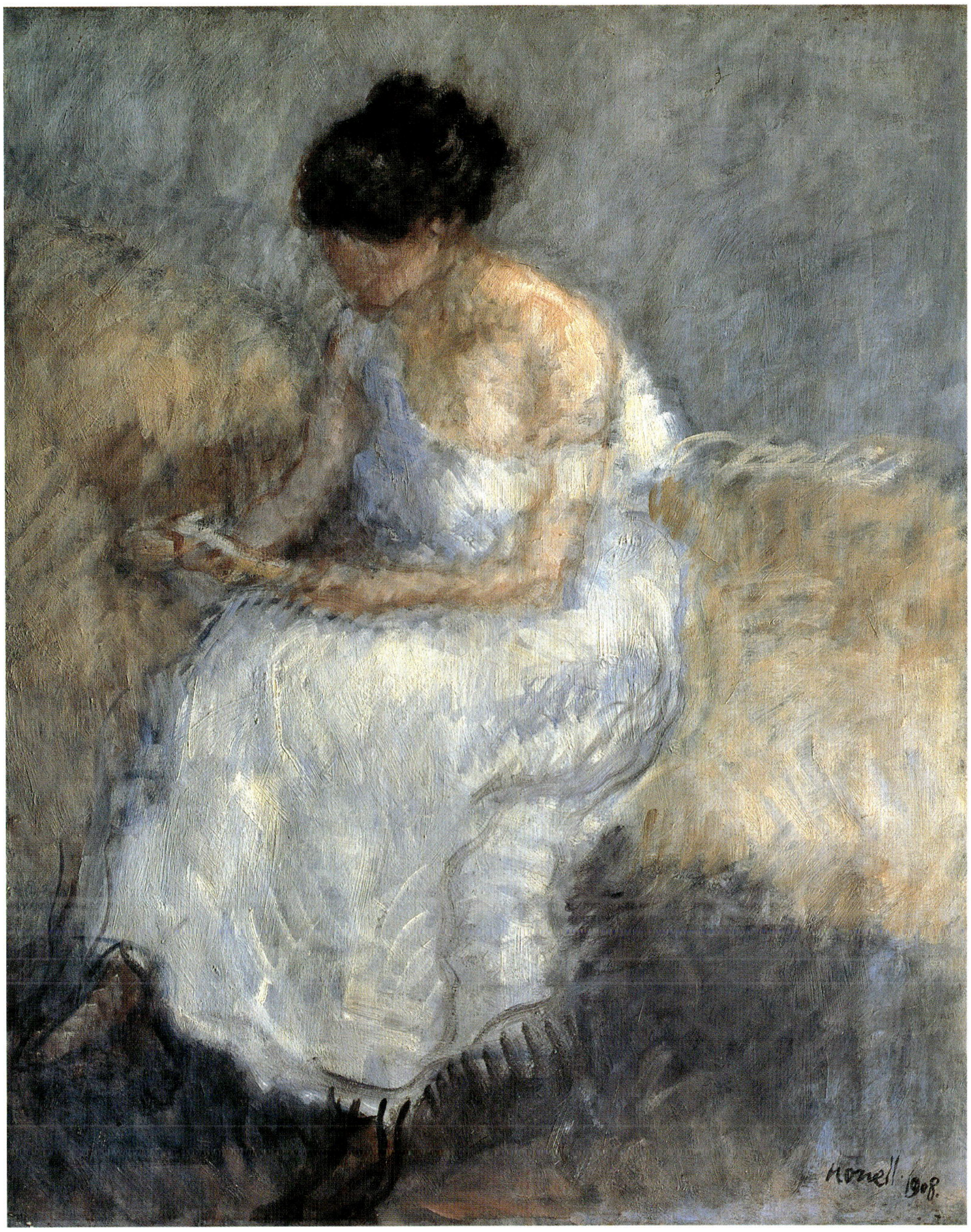
Nonell 1908.

76. *Estudio*, 1908

Óleo sobre lienzo
54 x 66 cm
Firmado y fechado "nonell./1908" en el ángulo inferior derecho
Adquisición de la colección Plandiura, 1932
Museo de Arte Moderno del MNAC, Barcelona
MNAC/MAM 4658

EXPOSICIONES: *Salon des Indépendants*, París, 1908. • *Exposició de la Col·lecció Plandiura*, Barcelona, Galeries d'Art Modern i Antiguitats, 15 de octubre-14 de noviembre de 1915. • *III Bienal Hispanoamericana de Arte. Precursores y Maestros de la Pintura y Escultura Contemporánea*, Barcelona, Palacio Municipal de Exposiciones, 24 de septiembre de 1955-6 de enero de 1956. • *Before Picasso; after Miró*, Nueva York, The Solomon R. Guggenheim Museum, junio de 1960. • *Les sources du XXe siècle. Les Arts en Europe de 1884 à 1914*, París, Musée National d'Art Moderne, 4 de noviembre de 1960-23 de enero de 1961. • *Exposición Isidro Nonell, conmemorativa del L Aniversario de la muerte del artista*, Barcelona, Palacio de la Virreina, noviembre de 1962. • *Exposición de pintura catalana desde la prehistoria hasta nuestros días*, Madrid, Casón del Buen Retiro, Barcelona, Capilla del Hospital, 1962. • *Exposición Nacional de Bellas Artes* Madrid Palacio del Retiro, 1966 (sala especial dedicada a Nonell). • *Pintura Española del Siglo XX*, Méjico, Museo de Arte Moderno, octubre-diciembre de 1978. • *Cien años de cultura catalana 1880-1980*, Madrid, Palacio Velázquez, junio-octubre de 1980. • *Nonell*, Barcelona, Palacio de la Virreina, 16 de junio-31 de agosto de 1981; Madrid, Casa del Monte de Piedad, octubre-noviembre de 1981. • *Trésors de Barcelona, Picasso, Miró, Dalí et leur temps*, Lausana, Fondation de l'Hermitatge, 10 de octubre-28 de diciembre de 1986. • *Homage to Barcelona. The city and its art 1888-136*, Londres, Hayward Gallery 14 de noviembre de 1985-23 de febrero de 1986. • *Homenatge a Barcelona, La ciutat i les seves arts 1888-1936*, Barcelona, Palacio de la Virreina, 21 de enero-29 de marzo de 1987.

BIBLIOGRAFÍA: *Salon des Indépendants*, París, 1908, cat. núm. 4.480-4.485 • RODRÍGUEZ CODOLÀ, M., "Isidro Nonell", en *Museum*, Barcelona [febrero] de 1911, vol. I, fig. p. 110. • *Exposició de la Col·lecció Plandiura*, Barcelona, 1915, p. 13, cat. núm. 136. • PLANA, A., *L'obra d'Isidre Nonell*, Barcelona, Publicacions de La Revista, 1917, p. 163 [núm. 93]. • MASERAS, A., "Comentaris a l'obra d'Isidre Nonell", en *Butlletí dels Museus d'Art de Barcelona*, Barcelona, 1933, fig. p. 140. • *Art*, Barcelona, julio de 1934, núm. 10, fig. p. 292 (número extraordinario dedicado a Nonell). • MERLI, J., "Isidre Nonell", en *Mestres catalans d'ahir i d'avui*, Barcelona, 1938, fig. XXIX. • *Guía del Museo de Arte Moderno*, Barcelona, 1945, p. 41 y 1953, p. 36. • BENET, R., *Isidro Nonell y su época*, Barcelona, Iberia, 1947, fig. XXXV. • *III Bienal Hispanoamericana de Arte. Precursores y Maestros de la Pintura y Escultura Contemporánea*, Barcelona, 1955, cat. núm. 28. • *Before Picasso; after Miró*, Nueva York, The Solomon R. Guggenheim Museum, 1960, cat. s/n. • *Les sources du XXe siècle. Les Arts en Europe de 1884 à 1914*, París, Musée National d'Art Moderne, 1960, p. 178, cat. núm. 531. • *Exposición Isidro Nonell, conmemorativa del L Aniversario de la muerte del artista*, Barcelona, Junta de Museos, 1962, p. 33, cat. núm. 42. • *Exposición de pintura catalana desde la prehistoria hasta nuestros días*, Madrid, Ministerio de Educación Nacional/Ayuntamiento de Barcelona, 1962, cat. núm. 120, fig. 120. • NONELL, C., *Isidro Nonell, su vida y su obra*, Madrid, 1963, p. 226, cat. s/n., fig. LV. • AINAUD DE LASARTE, J., "Isidro Nonell. Barcelona 1873-1911", en *Exposición Nacional de Bellas Artes* Madrid, Ministerio de Educación Nacional, 1966, p. 21, cat. núm. XX, fig. XX. • NONELL, C., "Isidro Nonell, el precursor", en *Glosa*, Barcelona, septiembre de 1968, año XVI, núm. 171, fig. p. 36-37. • JARDÍ, E., *Nonell*, Barcelona, Polígrafa [1969], p. 313, cat. núm. 138, fig. p. 198-199. • *Pintura Española del Siglo XX*, Méjico, Ministerio de Cultura España, 1978, s/cat. s/n. • *Cien años de cultura catalana, 1880-1980*, Madrid, Ministerio de Cultura, 1980 p. 81, cat. núm. 2.3.3. • *Nonell*, Barcelona, Ayuntamiento de Barcelona, 1981, p. 40, cat. núm. 63, fig. portada; Madrid, Caja de Ahorros y Monte de Piedad de Madrid/Ministerio de Cultura/Ayuntamiento de Barcelona, 1981, p. 39, cat. núm. 57, fig. 57, p. 84. • MUR, P., *La Asociación de Artistas Vascos*, Bilbao, 1985, fig. p. 54. • *Trésors de Barcelona, Picasso, Miró, Dalí et leur temps*, Lausana, Fondation de l'Hermitatge, 1986, p. 164, cat. núm. 11, fig. 11. • *Homage to Barcelona. The city and its art 1888-1936*, Londres, Arts Council of Great Britain, 1985, p. 320, cat. núm. 170, fig. p. 162. • *Homenatge a Barcelona, La ciutat i les seves arts 1888-1936*, Barcelona, Generalitat de Catalunya, 1987, p. 323, cat. núm. 154, fig. fig. 167, p. 162. • *Catàleg de pintura segles XIX i XX. Fons del Museu d'Art Modern* Barcelona, Ayuntamiento de Barcelona, 1987, p. 753-754, cat. núm. 1.896, fig. p. 753.

El crítico de arte Manuel Rodríguez Codolà, en un artículo publicado en la revista *Museum* a raíz de la muerte de Nonell, pronosticaba un lento proceso de recuperación de su obra porque, según él, "el juicio definitivo, en cosas de arte, tarda en venir, y antes de llegar á él, se pasa por una serie de fases depuradoras, en las cuales se va quedando únicamente cuanto tiene valor substantivo". Sin embargo, contrariamente a lo que suponía Rodríguez Codolà, la obra de Nonell, tan rechazada en vida del artista, no tuvo que pasar por ninguna fase depuradora, como sucede efectivamente con muchos artistas, sino que inmediatamente después de su prematura muerte empezó a mitificarse la figura del pintor y a valorarse merecidamente su obra. La pintura que comentamos, que aparece reproducida en el citado artículo, contribuyó decisivamente a situar al pintor en un lugar privilegiado. La calidad de su factura, su armoniosa exaltación cromática, fruto de la renovación de su paleta, y, en definitiva, su extraordinaria fuerza expresiva la han convertido sin duda en una de las mejores y más conocidas obras de Nonell.

Cabe reseñar también, desde un punto de vista más anecdótico, que *Estudio* ha tenido títulos diversos. Así en el citado artículo de Rodríguez Codolà aparece como *La siesta*, mientras que el pintor y crítico de arte Rafael Benet la incluyó entre las ilustraciones de su monografía sobre Nonell con el sugerente título de *Estructuras polícromas en claro*. Lo cierto es que el título original es *Estudio*, tal como consta en la etiqueta del Salon des Indépendants de París de 1908, que figura en el reverso del lienzo. Por último cabe decir que esta obra perteneció a Miquel Utrillo.

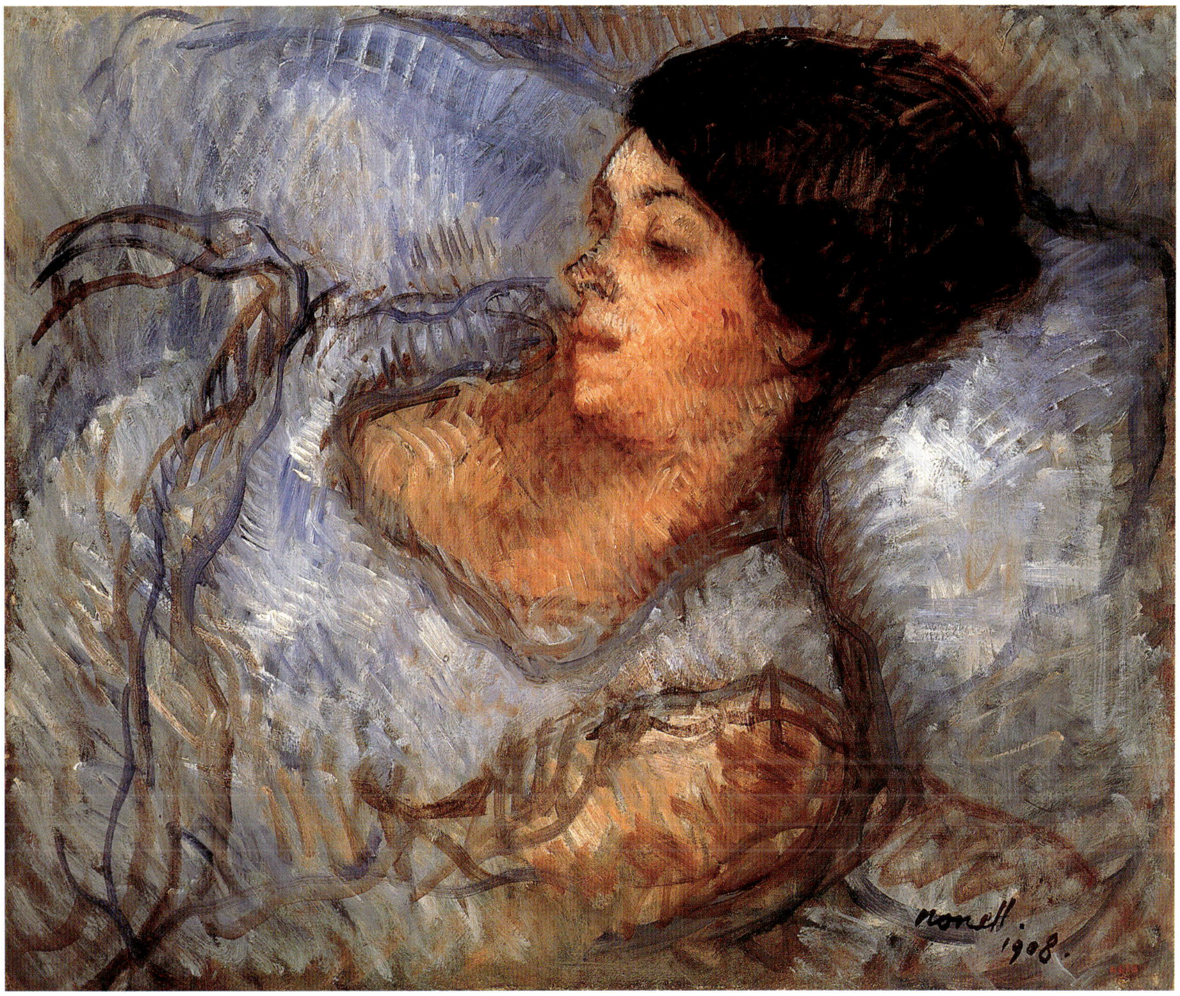
nonell. 1908.

77. *Barracas*, 1908

Sanguina, pastel y acuarela
31 x 48,1 cm
Firmado y fechado "nonell/1908" en el ángulo inferior derecho
Adquisición de la colección Plandiura, 1932
Gabinete de Dibujos y Grabados del MNAC, Barcelona
MNAC/GDG 4909

EXPOSICIONES: *Exposició de la col·lecció Plandiura*, Barcelona, Galeries d'Art Modern i Antiguitats, 15 de octubre-11 de noviembre de 1915. • *Exposición Isidro Nonell, conmemorativa del L Aniversario de la muerte del artista*, Barcelona, Palacio de la Virreina, noviembre de 1962. • *Nonell*, Barcelona, Palacio de la Virreina, 16 de junio-31 de agosto de 1981; Madrid, Casa del Monte de Piedad, octubre-noviembre de 1981.

BIBLIOGRAFÍA: *Exposició de la col·lecció Plandiura*, Barcelona, 1915, p. 8, cat. núm. 28. • *Exposición Isidro Nonell, conmemorativa del L Aniversario de la muerte del artista*, Barcelona, Junta de Museos, 1962, p. 40, cat. núm. 95. • NONELL, C., *Isidro Nonell, su vida y su obra*, Madrid, Dossat, 1963, p. 261, cat. s/n. • *Nonell*, Barcelona, Ayuntamiento de Barcelona, p. 51, cat. núm. 180, fig. 180, p. 105; Madrid, Caja de Ahorros y Monte de Piedad de Madrid/Ministerio de Cultura/Ayuntamiento de Barcelona, 1981, p. 50, cat. núm. 163, fig. 163, p. 102.

Paralelamente a sus dibujos de gitanas, Nonell quiso representar también la miseria de su entorno. Por esta razón dibujó en diversas ocasiones las barracas del Somorrostro, barrio situado en la playa de Barcelona, entre la Barceloneta y Poblenou. Nonell frecuentaba este lugar donde según testimonios de la época "Muchos días, con Juli Vallmitjana, iba por la playa de Somorrostro, Pekin, donde encontraba los tipos que quería dibujar" (M. Verdaguer, *Medio siglo de vida barcelonesa*, Barcelona, 1957). Tanto su amigo Juli Vallmitjana, autor de numerosas obras de teatro ambientadas en el mundo de los gitanos, como el propio Nonell, encontraba allí personajes para sus obras. Pero este último hallaba también la sordidez de un mundo marginal que refleja perfectamente en los dos dibujos de este tema, el que nos ocupa y el inmediatamente posterior.

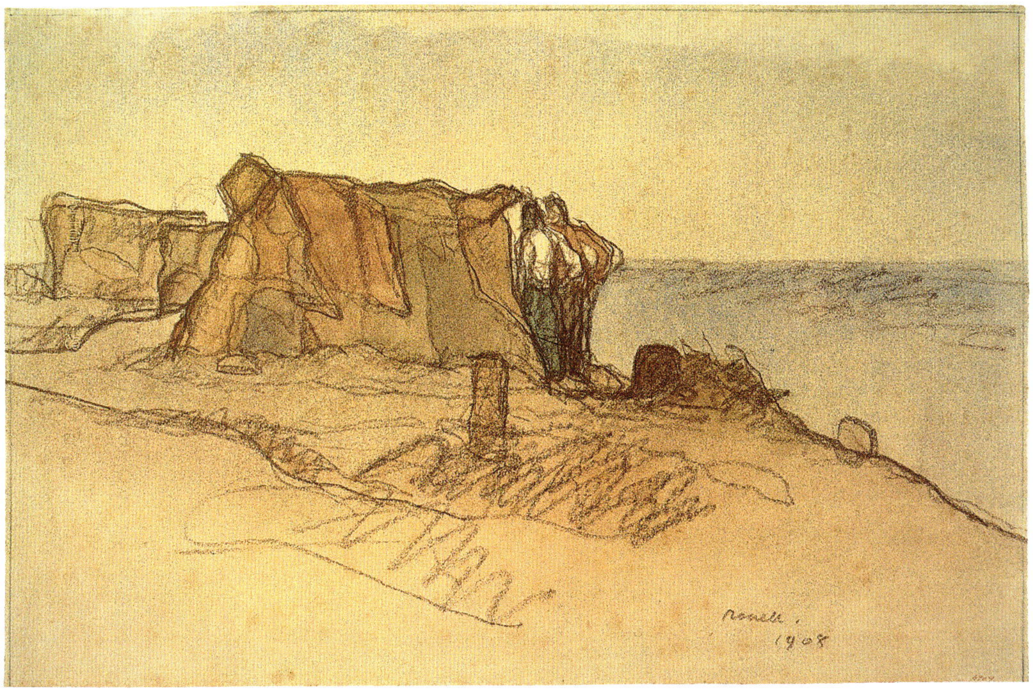

78. *Barracas del Somorrostro*, 1908

Sanguina y lápices de colores
32 x 49,5
Firmado y fechado "nonell-/1908" en el ángulo inferior derecho
Fondo Museos
Gabinete de Dibujos y Grabados del MNAC, Barcelona
MNAC/GDG 44159

EXPOSICIONES: *Exposición Isidro Nonell, conmemorativa del L Aniversario de la muerte del artista*, Barcelona, Palacio de la Virreina, noviembre de 1962. • *Les dessins des Musées de Barcelone: de Nonell a Picasso*, Toulouse, Musée Paul Dupuy, 1961-1962. • *Art i modernitat als Països Catalans*, Berlín, Staatliche Kunsthalle, junio-julio de 1978. • *Nonell*, Barcelona, Palacio de la Virreina, 16 de junio-31 de agosto de 1981; Madrid, Casa del Monte de Piedad, octubre-noviembre de 1981.

BIBLIOGRAFÍA: *Exposición Isidro Nonell, conmemorativa del L Aniversario de la muerte del artista*, Barcelona, Junta de Museos, 1962, p. 40, cat. núm. 99. • *Les dessins des Musées de Barcelone: de Nonell a Picasso*, Toulouse, 1961. • JARDÍ, E., *Nonell*, Barcelona, Polígrafa [1969], p. 312, cat. núm. 147, fig. 147, p. 210; 1984, p. 263, cat. núm. 208, fig. 208, p. 172. • *Art i modernitat als Països Catalans*, Berlín, Staatliche Kunsthalle, 1978, p. 224, cat. núm. 6, fig. p. 96. • *Nonell*, Barcelona, Ayuntamiento de Barcelona, p. 51, cat. núm. 181, fig. 181, p. 105; Madrid, Caja de Ahorros y Monte de Piedad de Madrid/Ministerio de Cultura/Ayuntamiento de Barcelona, 1981, p. 50, cat. núm. 164, fig. 164, p. 102. • FONTBONA, F., *Nonell*, Barcelona, Nou Art Thor, 1987, fig p. 42 (Gent Nostra).

En este dibujo, de características similares al catalogado con el número anterior, Nonell capta el entorno degradado en el que vivían los gitanos y representa su sordidez, como ya lo había hecho anteriormente en el óleo *La playa de Pekin* (cat. núm. 25) y en los dibujos que publicó la revista *Pèl & Ploma* en enero de 1902.

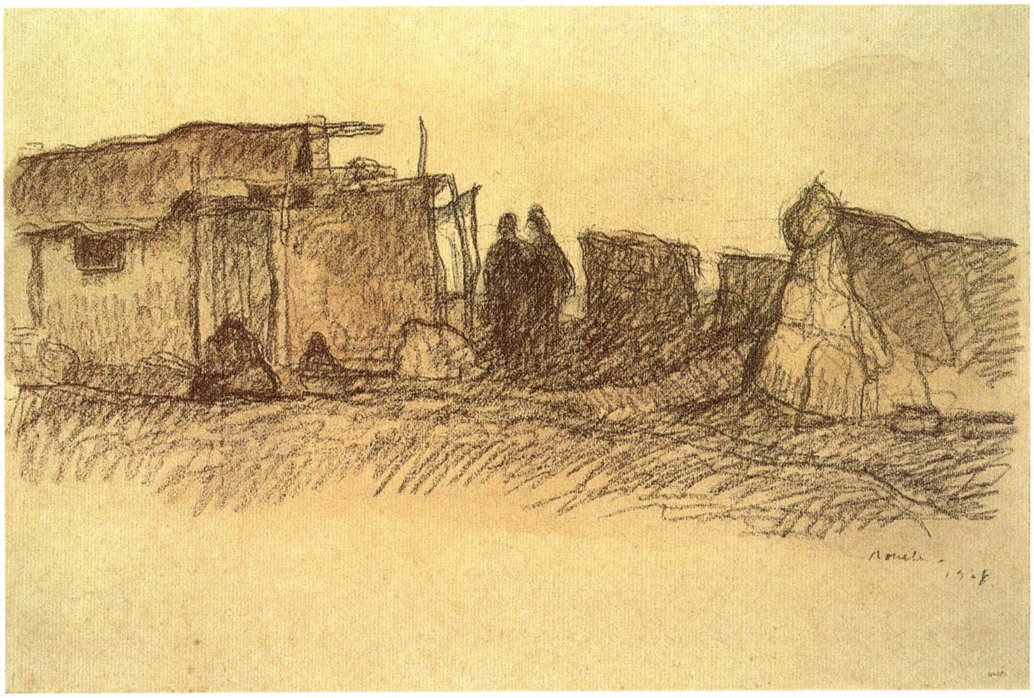

79. *Gitana de espaldas*, 1908

Pastel y acuarela
48 x 32 cm
Firmado y fechado "nonell/1908" en la parte inferior izquierda
Adquisición de la colección Plandiura, 1932
Gabinete de Dibujos y Grabados del MNAC, Barcelona
MNAC/GDG 4903

EXPOSICIONES: *Exposició de la col·lecció Plandiura*, Barcelona, Galeries d'Art Modern i Antiguitats, 15 de octubre-11 de noviembre de 1915. • *Exposición Isidro Nonell, conmemorativa del L Aniversario de la muerte del artista*, Barcelona, Palacio de la Virreina, noviembre de 1962. • *Nonell*, Barcelona, Palacio de la Virreina, 16 de junio-31 de agosto de 1981; Madrid, Casa del Monte de Piedad, octubre-noviembre de 1981. • *Modernisme. Noucentisme. L'època dels artistes*, Girona, Museu d'Història de la Ciutat, febrero-marzo de 1991.

BIBLIOGRAFÍA: *Exposició de la col·lecció Plandiura*, Barcelona, 1915, p. 8, cat. núm. 27. • *Exposición Isidro Nonell, conmemorativa del L Aniversario de la muerte del artista*, Barcelona, Junta de Museos, 1962, p. 40, cat. núm. 93. • NONELL, C., *Isidro Nonell, su vida y su obra*, Madrid, Dossat, 1963, p. 260, cat. s/n. • *Nonell*, Barcelona, Ayuntamiento de Barcelona, p. 51, cat. núm. 177, fig. 177, p. 104; Madrid, Caja de Ahorros y Monte de Piedad de Madrid/Ministerio de Cultura/Ayuntamiento de Barcelona, 1981, p. 50P, cat. núm. 160, fig. 160, p. 101. • *Modernisme. Noucentisme. L'època dels artistes*, Girona, Ayuntamiento de Girona, 1991, p. 137, cat. núm. 81, fig.

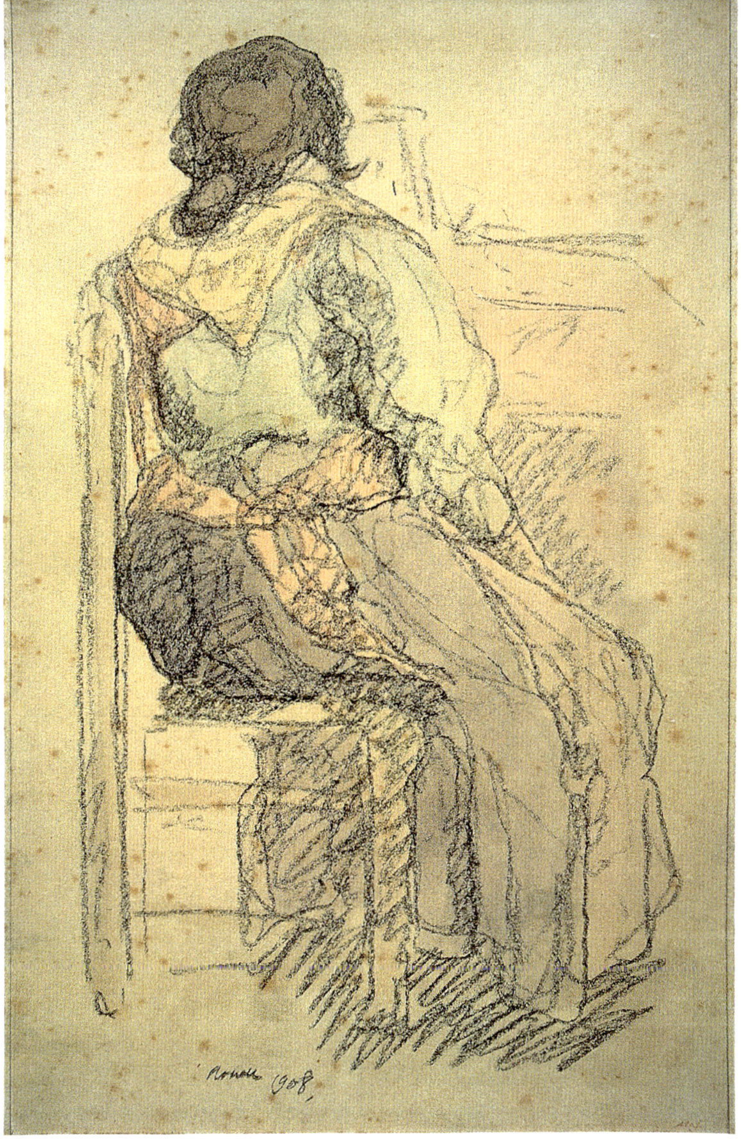

80. *Gitana peinándose*, *ca.* 1909

Sanguina
49 x 32 cm
Ni firmado ni fechado
Adquisición de la colección Plandiura, 1932
Gabinete de Dibujos y Grabados del MNAC, Barcelona
MNAC/GDG 4907

EXPOSICIONES: *Exposició de la col·lecció Plandiura*, Barcelona, Galeries d'Art Modern i Antiguitats, 15 de octubre-11 de noviembre de 1915. • *Nonell*, Barcelona, Palacio de la Virreina, 16 de junio-31 de agosto de 1981; Madrid, Casa del Monte de Piedad, octubre-noviembre de 1981.

BIBLIOGRAFÍA: *Exposició de la col·lecció Plandiura*, Barcelona, 1915, p. 8, cat. núm. 29. • NONELL, C., *Isidro Nonell, su vida y su obra*, Madrid, Dossat, 1963, p. 259, cat. s/n. • GAYA NUÑO, J.A., *La pintura española del siglo XX*, Madrid, Ibérico Europea de Ediciones, 1970, fig. p. 38. • MONARD, J., *Dibujos de Nonell*, Madrid, Ibérico Europeo de Ediciones, 1970, fig. p. 27. • *Nonell*, Barcelona, Ayuntamiento de Barcelona, p. 51, cat. núm. 179, fig. 179, p. 104; Madrid, Caja de Ahorros y Monte de Piedad de Madrid/Ministerio de Cultura/Ayuntamiento de Barcelona, 1981, p. 50, cat. núm. 162, fig. 162, p. 102.

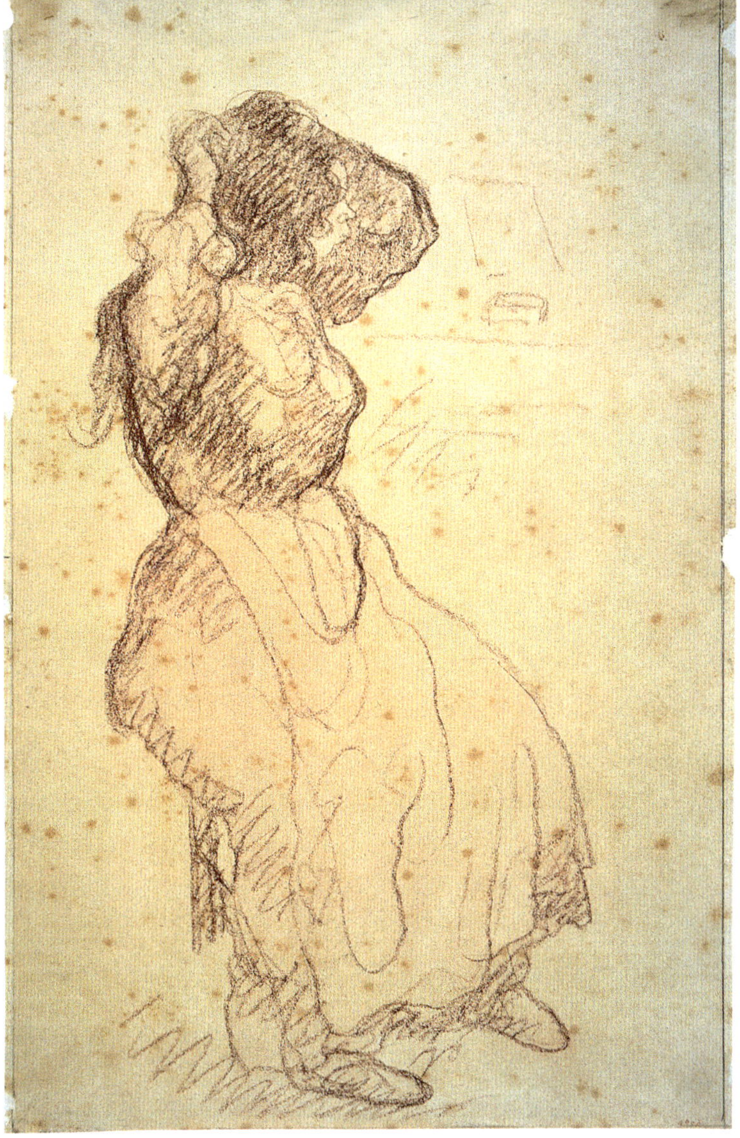

81. *Gitana con mantón*, 1909

Óleo sobre lienzo
73 x 59,5 cm
Firmado y fechado "nonell/1909" en el ángulo superior derecho
Colección Masaveu

EXPOSICIONES: *III Bienal Hispanoamericana de Arte. Precursores y Maestros de la Pintura y Escultura Contemporánea*, Barcelona, Palacio Municipal de Exposiciones, 24 de septiembre de 1955-6 de enero de 1956. • *Exposición Isidro Nonell, conmemorativa del L Aniversario de la muerte del artista*, Barcelona, Palacio de la Virreina, noviembre de 1962. • *Homenaje a Isidro Nonell*, Barcelona, Sala Nonell, 13-26 de febrero de 1976; Madrid, 27 de abril de 1976. • *Subhasta a benefici del Reial Cercle Artístic*. Barcelona. Sala Brock, junio de 1982. • *Pintura Impresionista y Moderna*, Madrid, Edmund Peel & Asociados, 21 de junio de 1990.

BIBLIOGRAFÍA: *Art*, Barcelona, julio de 1934, núm. 10, fig. [p. 347] (número extraordinario dedicado a Nonell) • *III Bienal Hispanoamericana de Arte. Precursores y Maestros de la Pintura y Escultura Contemporánea*, Barcelona, 1955, cat. núm. 35. • *Exposición Isidro Nonell, conmemorativa del L Aniversario de la muerte del artista*, Barcelona, Junta de Museos, 1962, p. 34, cat. núm. 47. • NONELL, C., *Isidro Nonell, su vida y su obra*, Madrid, 1963, p. 230, cat. s/n. • *Homenaje a Isidro Nonell*, Barcelona, 13-26 de febrero de 1976; Madrid, 27 de abril de 1976, cat. fig. • JARDÍ, E., *Nonell*, Barcelona, Polígrafa [1969], p. 314, cat. núm. 155, fig. 155, p. 219; 1984, p. 263, cat. núm. 232, fig. 232, p. 187. • *Subhasta a benefici del Reial Cercle Artístic*. Barcelona. Sala Brock, 1982, cat. núm. • *Pintura Impresionista y Moderna*, Madrid, Edmund Peel & Asociados, 1990, cat. núm. 14, fig.

En una etapa en la que las figuras de gitanas han desaparecido prácticamente de su producción pictórica, Nonell representa de nuevo a una de ellas, vestida de rojo y cubierta con un pañolón de gamas azules. Desde el punto de vista cromático se aprecia perfectamente la diferencia de tonalidades respecto a las que el artista utilizaba en sus obras anteriores a 1907. Seguramente la paulatina desaparición de las gitanas de su pintura a partir de la fecha mencionada está relacionada con el cambio que se produce en su paleta, aunque no hay duda de que Nonell supo extraer matices insospechados de un tema tan reiterativo y aparentemente monótono.

Esta pintura perteneció al Real Círculo Artístico de Barcelona, donde ingresó con posterioridad a la muerte del artista y con anterioridad a 1927. En el bastidor se conservan restos de papel que, aunque no es posible asegurarlo, podrían corresponder a la etiqueta de la exposición individual de Nonell en el Faianç Català de 1910.

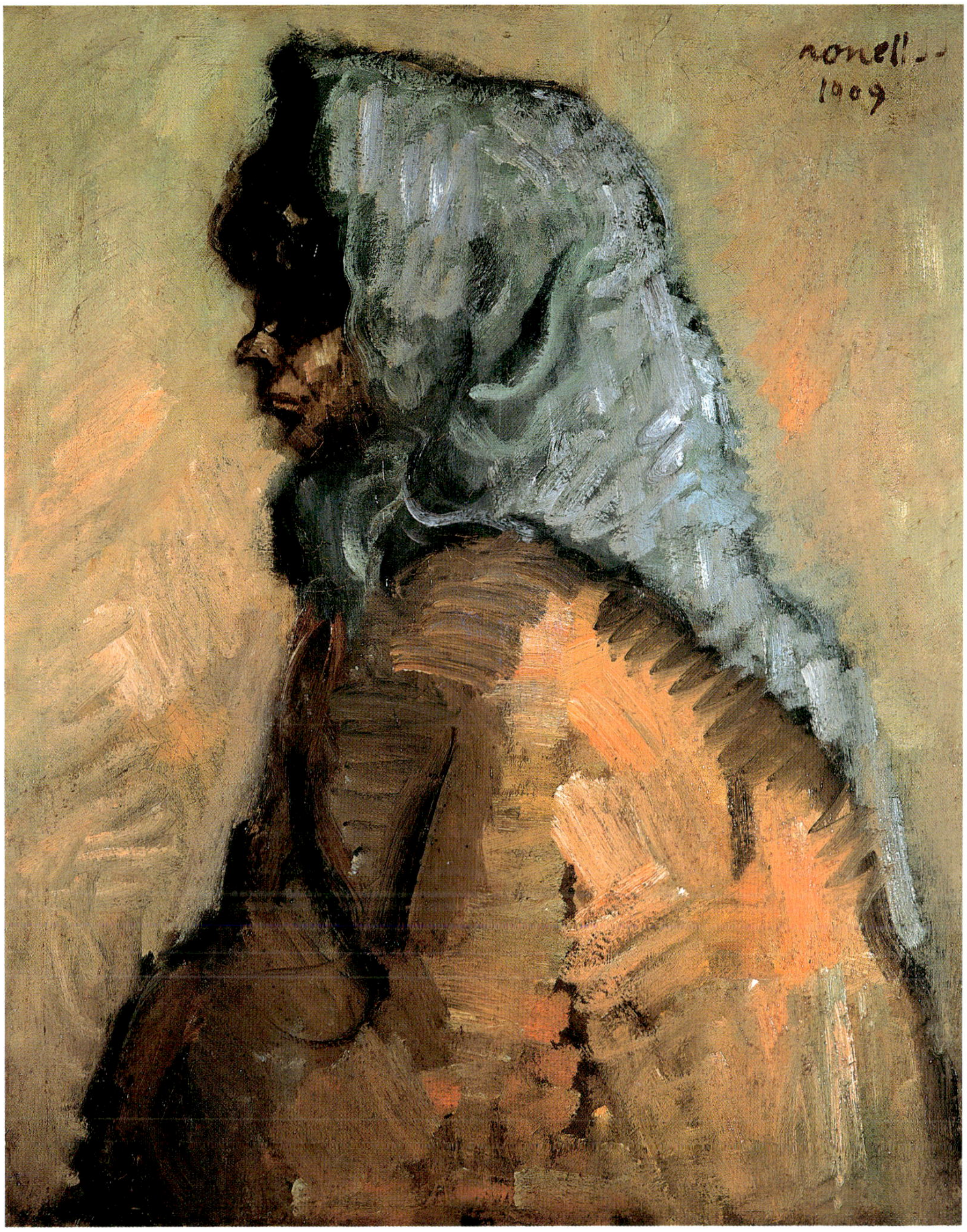
nonell
1909

82. *Lola*, 1909

Óleo sobre lienzo
69,9 x 58,5 cm
Firmado y fechado "nonell./1909" en el ángulo inferior derecho y "nonell" en el reverso
Colección particular, Barcelona

EXPOSICIONES: *Exposició d'una gran part de les obres pintades i dibuixades desde'l 1900 per En Nonell*, Barcelona, Faianç Català, 15 de enero-13 de febrero de 1910.

BIBLIOGRAFÍA: PLANA, A., *L'obra d'Isidre Nonell*, Barcelona, Publicacions de La Revista, 1917, p. 163 [núm. 99]. • *Art*, Barcelona, julio de 1934, núm. 10, fig. [p. 332] (número extraordinario dedicado a Nonell). • BENET, R., *Isidro Nonell y su época*, Barcelona, Iberia, 1947, fig. XXXVI. • NONELL, C., *Isidro Nonell, su vida y su obra*, Madrid, Dossat, 1963, p. 230, cat. s/n. • JARDÍ, E., *Nonell*, Barcelona, Polígrafa [1969], p. 315, cat. núm. 161, fig. 161, p. 236; 1984, p. 263, cat. núm. 236, fig. 236, p. 190. • BORRÀS, M.L., *Coleccionistas de Arte en Catalunya*, Biblioteca de La Vanguardia [1987], fig. p. 193.

Esta pintura perteneció al coleccionista Lluís Plandiura, que la adquirió con posterioridad a 1932, año en que su importante colección de arte catalán medieval y moderno fue adquirida por las instituciones catalanas con destino al Museo de Arte de Cataluña. El afán de Plandiura por el coleccionismo le llevó a adquirir inmediatamente después nuevas obras y, entre otras pinturas, la que comentamos pasó muy pronto a formar parte de su nueva colección que llegaría a reunir piezas tan destacadas como, por ejemplo, la paradigmática pintura del modernismo catalán *Pere Romeu y Ramon Casas en un tándem*, de Ramon Casas que ingresaría en el Museo de Barcelona con posterioridad a la muerte de Plandiura.

En 1934 *Lola* pertenecía ya a Plandiura, como consta en el número monográfico que la revista *Art* dedicó a Nonell aquel año. Asimismo podemos afirmar que esta pintura formó parte del centenar de obras que dicho coleccionista depositó en el Museo de Barcelona durante la guerra civil, como demuestra el número de recuperación, que figura en el ángulo inferior derecho de la tela, dado por el Museo a las obras que salvaguardó durante este período.

Cabe reseñar también que Nonell pintó en el mismo año 1909 otro lienzo de características muy parecidas al que nos ocupa con la misma modelo y el mismo título, obra que había pertenecido precisamente a Plandiura con anterioridad a 1932 y, por lo tanto, ingresó en el Museo de Barcelona aquel año junto con el resto de la mencionada colección. La extraordinaria similitud entre estas dos pinturas ha hecho que en algunas publicaciones se hayan confundido ambas obras. En cualquier caso, la pintura que comentamos es claramente representativa de la nueva andadura de Nonell, en la que se evidencia la utilización de una paleta clara donde se incorporan tonalidades cálidas –el rosa del vestido y el rojo de la flor con la que se adorna el pelo– que cada vez se impondrán más en su obra posterior.

Esta pintura formó parte de la exposición individual más importante celebrada en vida del artista, que tuvo lugar en el Faianç Català de Barcelona en 1910. En el bastidor se conserva la etiqueta de esta exposición en la que consta el número 25 y el título *Lola*, escrito en color azul.

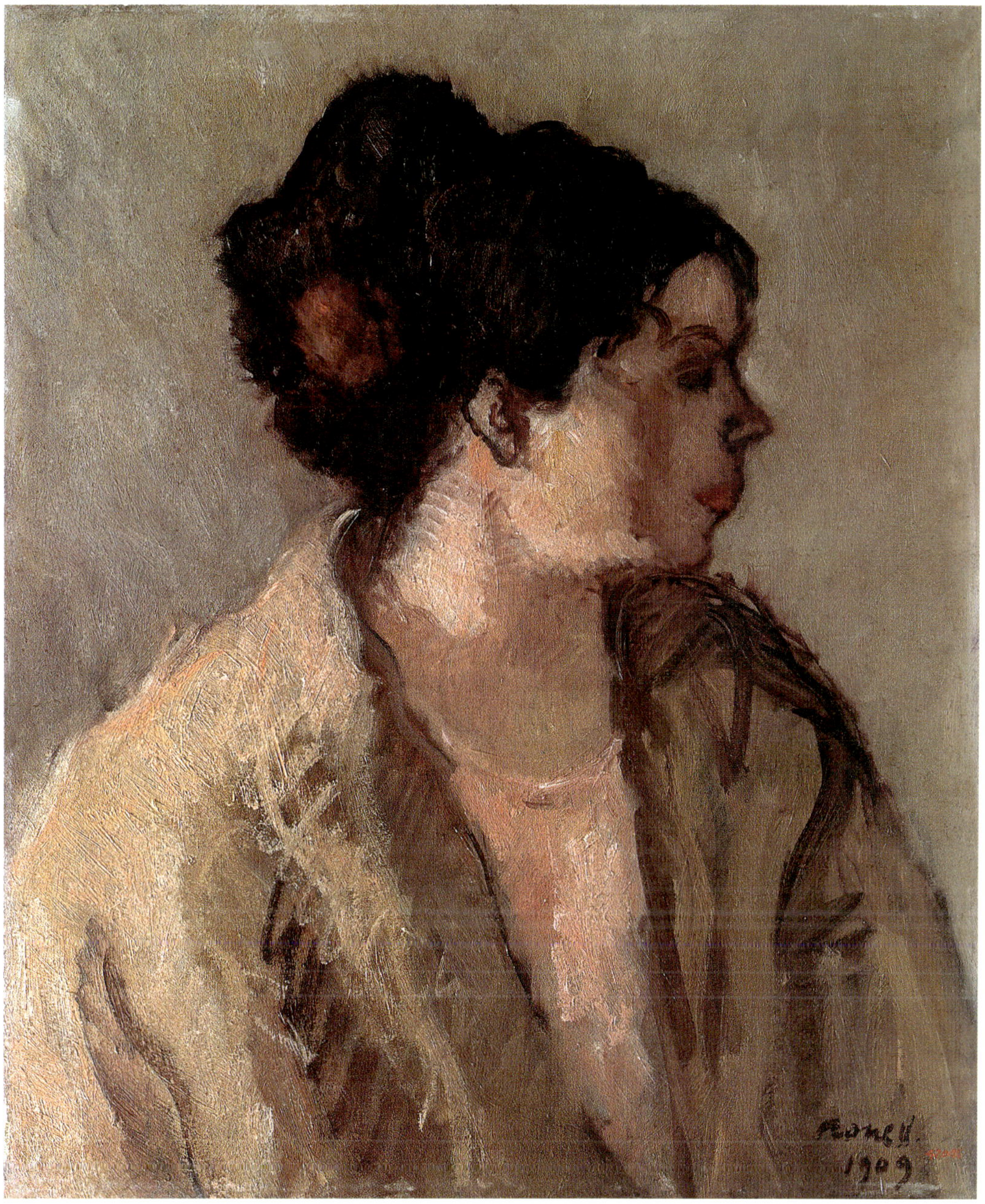

83. *Gitana roja*, 1909

Óleo sobre lienzo
119 X 119 cm
Firmado y fechado "nonell/1909." en el ángulo inferior izquierdo
Colección particular, Barcelona

EXPOSICIONES: *Exposició d'una gran part de les obres pintades i dibuixades desde'l 1900 per En Nonell*, Barcelona, Faianç Català, 15 de enero-13 de febrero de 1910. • *La col·lecció Graupera*, Barcelona, Sala Parés, 25 de octubre de 1935.

BIBLIOGRAFÍA: *Art*, Barcelona, julio de 1934, núm. 10, fig. [p. 337] (número extraordinario dedicado a Nonell). • *La col·lecció Graupera*, Barcelona, Sala Parés, 1935, cat. núm. 2. • CIRICI, A., *El Arte Modernista Catalán*, Barcelona, Aymà, 1951, fig. p. 362.

La riqueza cromática de la paleta de Nonell se pone nuevamente de manifiesto al representar a esta gitana sentada con distintas tonalidades rojizas en el vestido, la pañoleta y el mantón. Nonell mantiene el trazo negro que dibuja y perfila la figura sobre un fondo de gruesas pinceladas y le da volumen con los carmines gastados, como desteñidos, dando al lienzo un carácter monocromo que confiere singularidad a esta obra.

En cuanto a la historia de esta pintura, sólo podemos precisar que perteneció a Ramón Graupera, que reunió una colección selecta, aunque no muy numerosa, con obras de Ramon Casas, Hermenegild Anglada Camarasa, Joaquim Mir, Joaquim Sunyer y Pablo Picasso, entre otros artistas. En la exposición de esta colección, que se celebró en la Sala Parés de Barcelona en 1935, la obra que nos ocupa figuró con el título de *Amparo*. También formaron parte de esta colección dos pinturas, que actualmente pertenecen al Museo de Arte Moderno del MNAC, y la obra *Estudio de desnudo* (cat. núm. 72).

Esta pintura formó parte de la exposición individual más importante celebrada en vida del artista, que tuvo lugar en el Faianç Català de Barcelona en 1910. En el bastidor se conserva la etiqueta de esta exposición en la que consta el número 85 (?) y el título *Gitana roija* (sic), escrito en color azul.

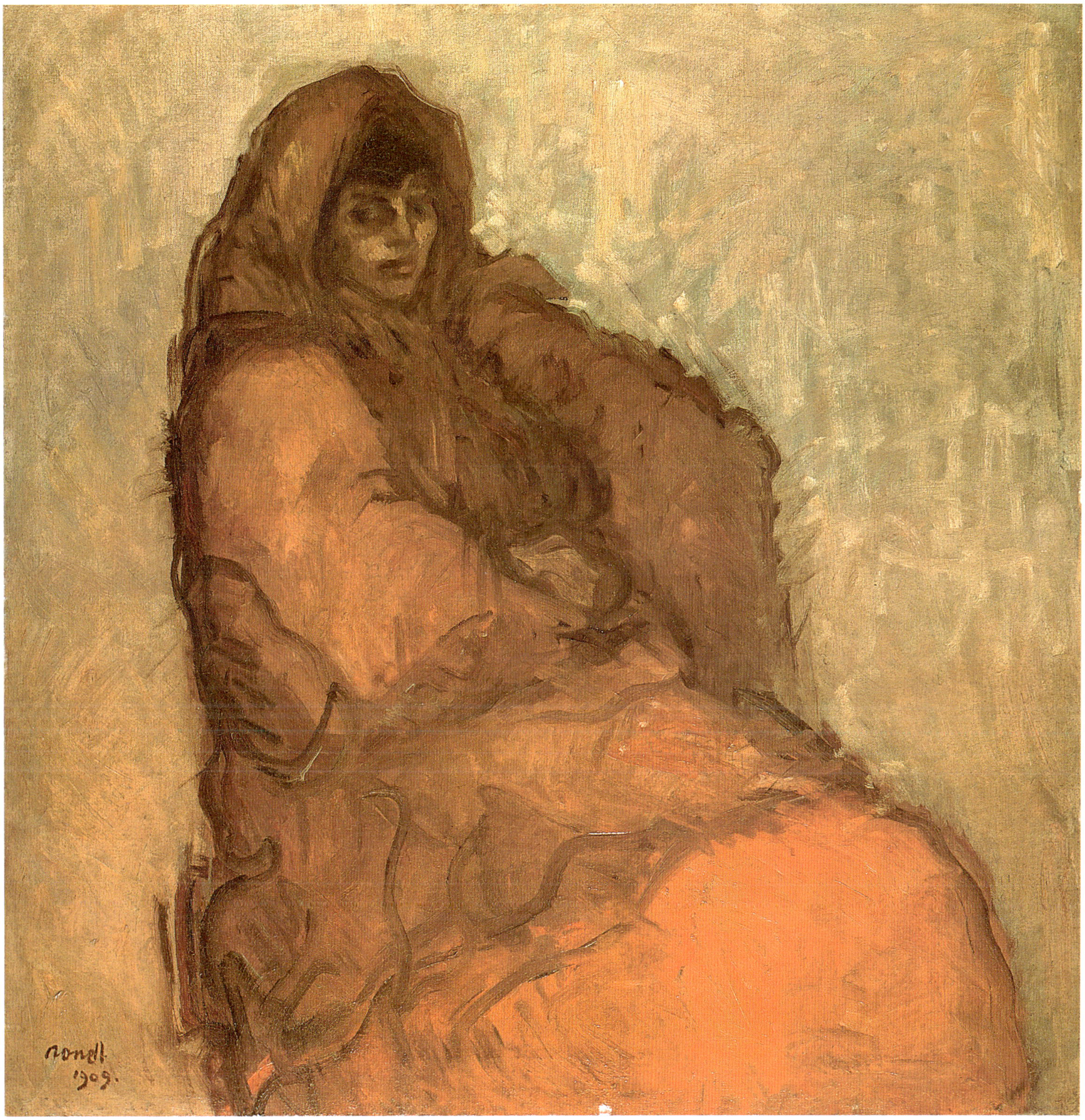
1909.

84. *Pobretería*, 1909

Tinta, acuarela y *gouache*
33 x 37 cm
Firmado y fechado "nonell/1909" en la parte inferior central
Adquisición de la colección Plandiura, 1932
Gabinete de Dibujos y Grabados del MNAC, Barcelona
MNAC/GDG 4904

EXPOSICIONES: *Exposició de la col·lecció Plandiura*, Barcelona, Galeries d'Art Modern i Antiguitats, 15 de octubre-11 de noviembre de 1915. • *Exposición Isidro Nonell, conmemorativa del L Aniversario de la muerte del artista*, Barcelona, Palau de la Virreina, noviembre de 1962. • *Nonell*, Barcelona, Palau de la Virreina, 16 de junio-31 de agosto de 1981; Madrid, Casa del Monte de Piedad, octubre-noviembre de 1981.

BIBLIOGRAFÍA: *Papitu*, Barcelona, 23 de junio de 1909, núm. 31, fig. p. 493. • *Exposició de la col·lecció Plandiura*, Barcelona, 1915, p. 8, cat. núm. 33. • *Exposición Isidro Nonell, conmemorativa del L Aniversario de la muerte del artista*, Barcelona, Junta de Museos, 1962, p. 41, cat. núm. 111. • NONELL, C., *Isidro Nonell, su vida y su obra*, Madrid, Dossat, 1963, p. 274. • BOZAL, V., "Isidro Nonell en el Modernismo", en *Artes*, Madrid, octubre de 1966, fig. p. 10. • JARDÍ, E., *Nonell*, Barcelona, Polígrafa [1969], p. 324, cat. núm. 289, fig. 289, p. 297 (1ª ed.); 1984, p. 265, cat. núm. 379, fig. 379, p. 254 (2ª ed.). • JARDÍ, E., *Nonell*, Barcelona, Taber, 1970, fig. 13, p. 35. • PONS, A., PARCERISAS, P., y GIRALT-MIRACLE, D., *Homes, terres, paisatges…*, Barcelona, HMB, 1981, fig. p. 80. • *Nonell*, Barcelona, Ayuntamiento de Barcelona, 1981, p. 54, cat. núm. 213, fig. 213, p. 108; Madrid, Caja de Ahorros y Monte de Piedad de Madrid/Ministerio de Cultura/Ayuntamiento de Barcelona, 1981, p. 54, cat. núm. 200, fig. 200, p. 106.

Fundada por el crítico de arte, pintor y dibujante Feliu Elias (*Apa*), la revista humorística *Papitu* (1908-1912) tuvo en su primera y efímera etapa una gran calidad artística y literaria, gracias a sus destacados colaboradores, entre los que destacaban los escritores Francesc Pujols, J. Mª. López-Picó, J. Carner y Xenius (E. d'Ors). Las ilustraciones corrían a cargo, entre otros, de Apa, Nogués, Humbert, Labarta, Gris, Gargallo, Junoy y Nonell.

Entre los meses de enero de 1909 y 1911, es decir poco antes de la muerte de Nonell, *Papitu* publicó cuarenta y dos dibujos de este artista, algunos de los cuales estaban firmados con el seudónimo de *Noé*. En el reverso de la mayoría de los dibujos originales el propio Nonell escribió la leyenda que debía figurar al pie de la ilustración, que en algunas ocasiones se modificó. Asimismo, esta revista se hizo amplio eco del éxito del pintor en la exposición individual que se celebró en enero de 1910 en las Galeries del Faianç Català y, a raíz de su muerte, le dedicó un número en el que se incluían algunos dibujos, un escrito del propio Nonell y diversos artículos dedicados a glosar su figura.

En el reverso de este dibujo Nonell escribió: "–Le monsieur de l'autre jour est venu pour nous dire qu'il guerirà les yeux de gosse pour rien. Dis-lui qu'il s'occupe de ses affaires et qu'il n'empêche de gagner la vie aux pauvres".

Al pie de la reproducción de la revista Papitu figura la leyenda: "–Ha tornat aquell senyor qui diu que curarà de franc la vista de la mossa. ¿Què li diré si torna? / –Digali que's cuidi d'ell i que deixi guanyar la vida als pobres" ("–Ha vuelto aquel señor que dice que curará gratis la vista de la moza. ¿Qué le diré si vuelve? / –Díle que se cuide de él y que deje ganarse la vida a los pobres").

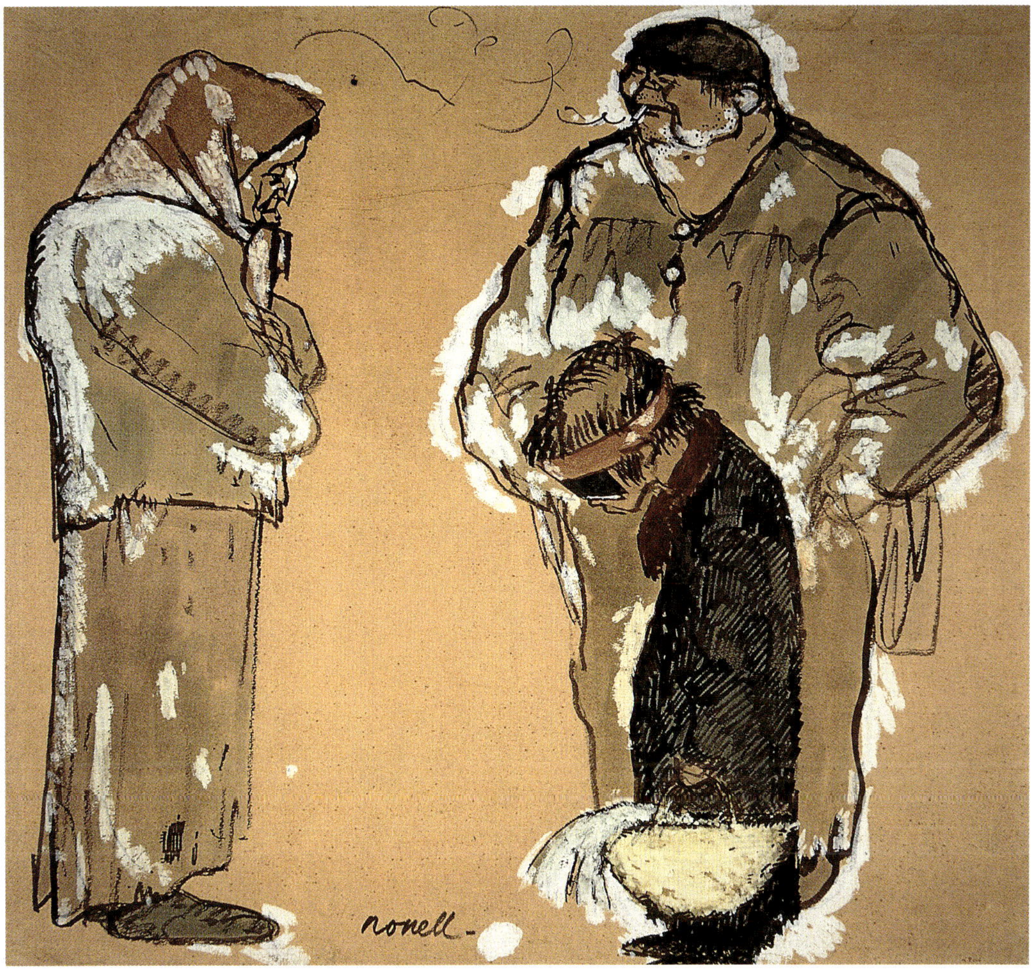
nonell

85. *Pidiendo caridad*, 1909

Tinta, lápiz y guache
33,5 x 24 cm
Firmado "nonell" en el ángulo superior izquierdo. No fechado
Colección particular, Barcelona

EXPOSICIONES: *Col·leccionistes d'Art a Catalunya*, Barcelona, Palacio Robert-Palacio de La Virreina, 22 de junio-22 de julio [de 1987].

BIBLIOGRAFÍA: *Papitu*, Barcelona, 11 de agosto de 1909, año II, núm. 37, fig. p. 600. • JARDÍ, E., *Nonell*, Barcelona, Polígrafa, 1969, p. 316, cat. núm. 176, fig. 176 y 292, p. 251 y 297; 1984, fig. 382, p. 255. • JARDÍ, E., *Nonell*, Barcelona, Taber, 1970, fig. 15, p. 39, • *Col·leccionistes d'Art a Catalunya*, Barcelona, Fundación Conde de Barcelona [1987], p. 225, cat. núm. 285, fig. p. 225.

En el reverso Nonell escribió: "–J'ai dèjà exploté le marchot, le cul-de-jatte, l'aveugle.... Quel domage que je ne sois pas une femme, j'exploiterais la veuve aux quinze enfants–". "Are podré reposar un tem[porada] de fe de cego. Fare de rep[atriat] / ó bé/ Si no fós que ja soc massa [...] deixaria de fe de cego i tornaria a fer de repatriat" ("Ahora podré descansar una tem[porada] de hacer de ciego. Haré de rep[patriado] / o bien / si no fuera que ya soy demasiado [...] dejaría de hacer de ciego y volvería a hacer de repatriado").

Al pie de la reproducción de la revista *Papitu* figura la leyenda: "–Gracies a Deu que podré deixar de fer de cego... Aviat podré fer de repatriat que no es tant pesat" ("–Gracias a Dios que podré dejar de hacer de ciego... Pronto podré hacer de repatriado que no es tan pesado").

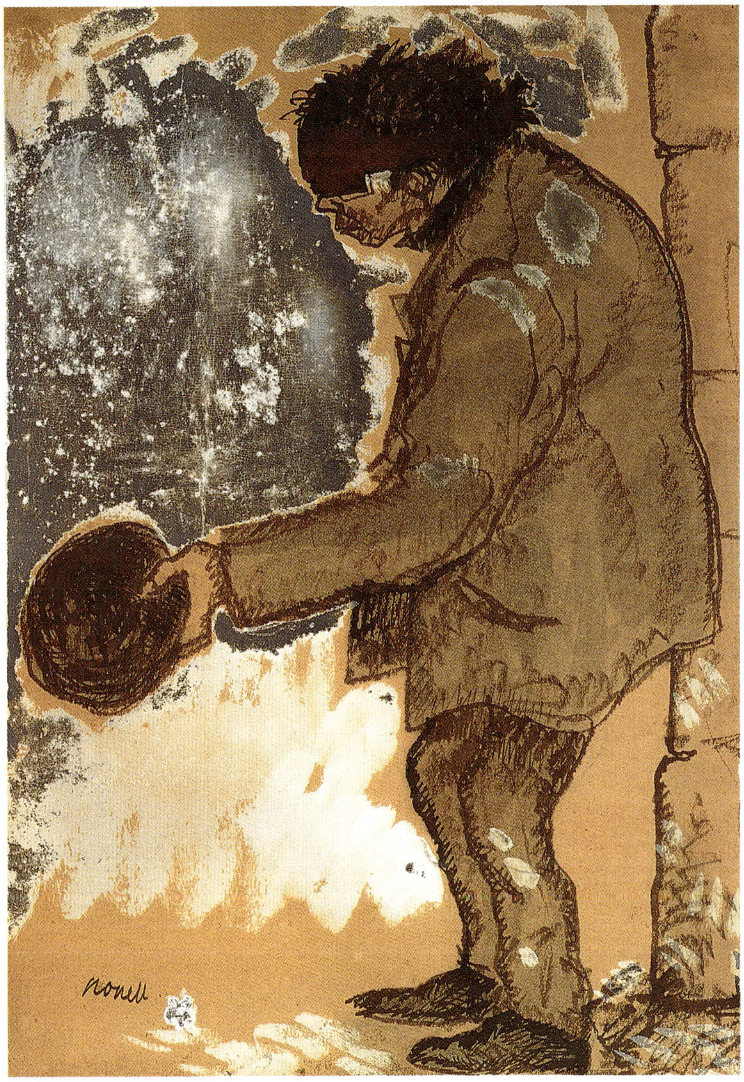
nonell

86. *Comercio de importación*, 1909

Ploma, acuarela y guache
32,6 x 39,6 cm
Firmado "nonell" en el ángulo inferior derecho
y "nonell" en el reverso. No fechado
Legado Partagàs, 1945
Gabinete de Dibujos y Grabados del MNAC, Barcelona
MNAC/GDG 41007

EXPOSICIONES: *Exposición Isidro Nonell, conmemorativa del L Aniversario de la muerte del artista*, Barcelona, Palacio de la Virreina, noviembre de 1962. • *Nonell*, Barcelona, Palacio de la Virreina, 16 de junio-31 de agosto de 1981; Madrid, Casa del Monte de Piedad, octubre-noviembre de 1981.

BIBLIOGRAFÍA: *Papitu*, Barcelona, 13 de octubre de 1909, núm. 46, fig. p. 745. • *Exposición Isidro Nonell, conmemorativa del L Aniversario de la muerte del artista*, Barcelona, Junta de Museos, 1962, p. 42, cat. núm. 120. • NONELL, C., *Isidro Nonell, su vida y su obra*, Madrid, Dossat, 1963, p. 270 y 275, cat. s/n. • JARDÍ, E., *Nonell*, Barcelona, Polígrafa [1969], p. 324, cat. núm. 300, fig. 300, p. 297; 1984, p. 266, cat. núm. 390, fig. 390, p. 255. • JARDÍ, E., *Nonell*, Barcelona, Taber, 1970, fig. 25, p. 59. • *Nonell*, Barcelona, Ayuntamiento de Barcelona, 1981, p. 54, cat. núm. 215, fig. 215, p. 108; Madrid, Caja de Ahorros y Monte de Piedad de Madrid/Ministerio de Cultura/Ayuntamiento de Barcelona, 1981, p. 54, cat. núm. 203, fig. 203, p. 106. •

Al pie de la reproducción de la revista *Papitu* figura la leyenda: "COMERS D'IMPORTACIÓ: / –M'en vaig a Melilla, diu que hi ha molt negoci a fer per nosaltres" ("COMERCIO DE IMPORTACIÓN: / –Me voy a Melilla, dice que hay mucho negocio para nosotros–").

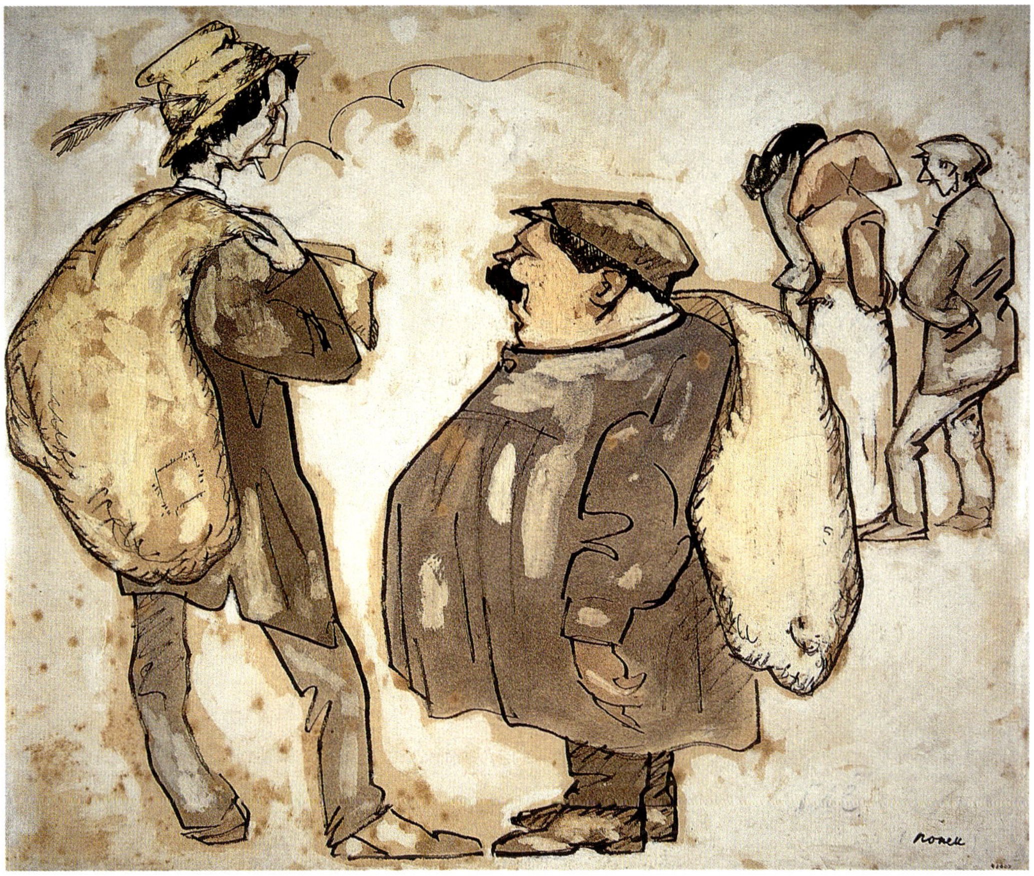

87. *Pareja conversando*, 1909

Sanguina y guache
32 x 49 cm
Firmado y fechado "noé/09./I Nonell" en el ángulo inferior derecho
Colección particular, Barcelona

BIBLIOGRAFÍA: *Papitu*, Barcelona, 20 de octubre de 1909, año II núm. 47, fig. p. 760. • NONELL, C., *Isidro Nonell, su vida y su obra*, Madrid, Dossat, 1963, p. 275. • JARDÍ, E., *Nonell*, Barcelona, Polígrafa [1969], p. 324, cat. núm. 311, fig. 311, p. 298; 1984, p. 266, cat. núm. 391, fig. 391, p. 255.

Al pie de la reproducción a la revista *Papitu* figura la leyenda: "–No pot ser qu'haig de mantenir a la família/ –Bé, dòna" ("–No puede ser que tenga que mantener a la familia / –Bueno, mujer").

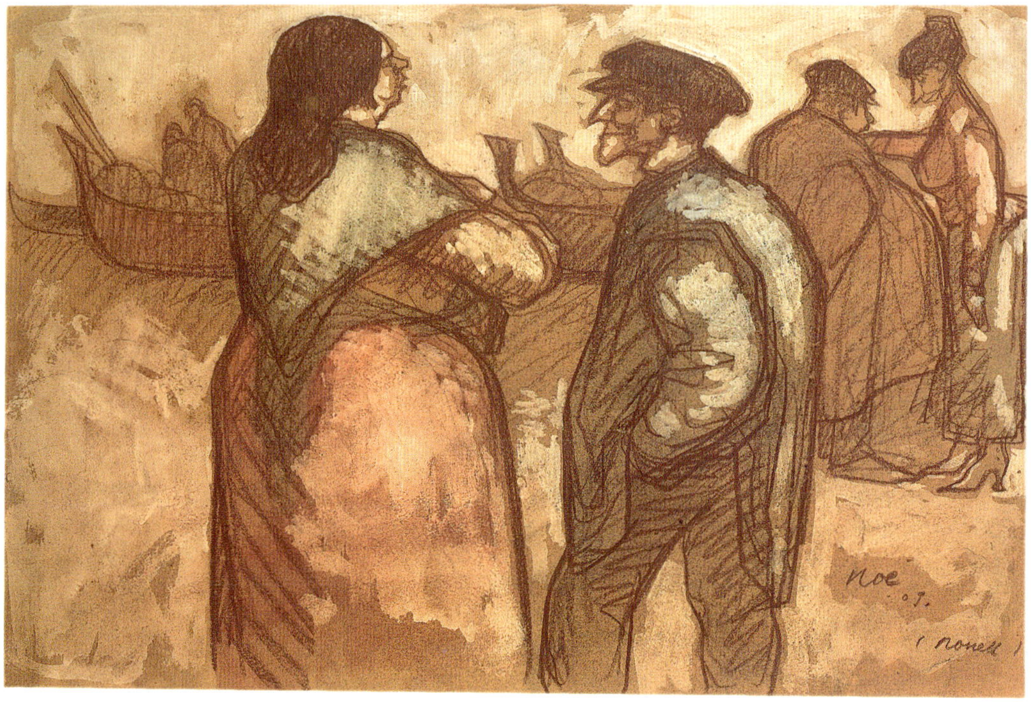

88. *Por la calle*, 1909

Sanguina y guache
32,9 x 32,6 cm
Firmado y fechado "noé./09" y "nonell" en el ángulo inferior izquierdo
Donación Jaume Nonell, 1914
Gabinete de Dibujos y Grabados del MNAC, Barcelona
MNAC/GDG 43901

EXPOSICIONES: *Exposició pòstuma de les obres d'en Isidre Nonell*, Barcelona, Galeries Faianç Català, 15 de mayo de 1912. • *Exposición Isidro Nonell, conmemorativa del L Aniversario de la muerte del artista*, Barcelona, Palacio de la Virreina, noviembre de 1962. • *Nonell*, Barcelona, Palacio de la Virreina, 16 de junio-31 de agosto de 1981; Madrid, Casa del Monte de Piedad, octubre-noviembre de 1981.

BIBLIOGRAFÍA: *Papitu*, Barcelona, 24 de noviembre de 1909, núm. 52, fig. p. 843. • "La Primera Pedra del Museu Català", en *Papitu*, Barcelona, 12 de junio de 1912. • *Exposición Isidro Nonell, conmemorativa del L Aniversario de la muerte del artista*, Barcelona, Junta de Museos, 1962, p. 42, cat. núm. 125. • NONELL, C., *Isidro Nonell, su vida y su obra*, Madrid, Dossat, 1963, p. 265 y 276, cat. s/n. • JARDÍ, E., *Nonell*, Barcelona, Polígrafa [1969], p. 326, cat. núm. 306, fig. 306, p. 298; 1984, p. 266, cat. núm. 396, fig. 396, p. 256. • JARDÍ, E., *Nonell*, Barcelona, Taber, 1970, fig. 28, p. 65. • PONS, A., PARCERISAS, P., y GIRALT-MIRACLE, D., *Homes, terres, paisatges...*, Barcelona, HMB, 1981, fig. p. 43. • *Nonell*, Barcelona, Ayuntamiento de Barcelona, p. 54-55, cat. núm. 216, fig. 216, p. 109; Madrid, Caja de Ahorros y Monte de Piedad de Madrid/Ministerio de Cultura/Ayuntamiento de Barcelona, 1981, p. 54, cat. núm. 204, fig. 204, p. 107.

En la parte inferior izquierda del dibujo consta el número 38 que corresponde a la relación de dibujos procedentes de la donación de Jaume Nonell. El papel ha sido recortado por el lado derecho.

En el reverso Nonell escribió: "Ja no'm sentirà més en *Il Trovatore* ni en *La Favorita*; he perdut la veu. –Vosté ray que parla l'italià com un canari" ("Ya no me oirá más en *Il Trovatore* ni en *La Favorita*; he perdido la voz. –Menos mal que Usted habla italiano como un canario"). Y tachado: "–Ay don Noé y com li ha crescut la panxa amb poc temps / –No m'en parli. Mai més podré fer am gracia aquella famosa caiguda de D. Luis Mejía en el Tenorio" ("–Ay! Don Noé y cómo le ha crecido la barriga en poco tiempo / –No me diga. Jamás podré hacer con gracia aquella famosa caída de D. Luís Mejía en el Tenorio").

Al pie de la reproducción a la revista *Papitu* figura la leyenda: "–Ja no'm sentirà més ni en *Il Trovatore* ni en *La Favorita*; he perdut la veu. / –Vostè rai, que parla l'Italià com un canari" ("–Ya no me oirá más ni el *Il Trovatore* ni en *La Favorita*; he perdido la voz. / –Menos mal que Usted habla Italiano como un canario").

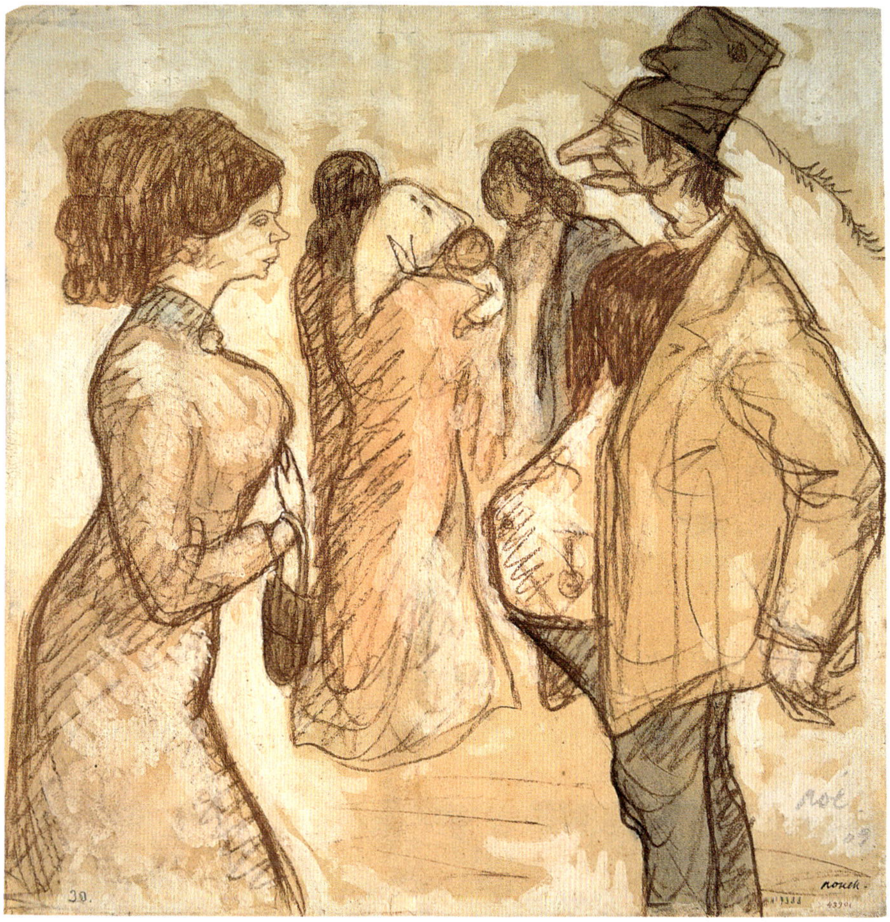

89. *Gitanos*, 1909

Sanguina y guache
32,5 x 45 cm
Firmado y fechado "noé-09- (nonell)" en la parte inferior central
Legado Partagàs, 1945
Gabinete de Dibujos y Grabados del MNAC, Barcelona
MNAC/GDG 41008

EXPOSICIONES: *Exposición Isidro Nonell, conmemorativa del L Aniversario de la muerte del artista*, Barcelona, Palacio de la Virreina, noviembre de 1962. • *Nonell*, Barcelona, Palacio de la Virreina, 16 de junio-31 de agosto de 1981; Madrid, Casa del Monte de Piedad, octubre-noviembre de 1981.

BIBLIOGRAFÍA: *Papitu*, Barcelona, 29 de diciembre de 1909, núm. 57, fig. p. 919. • *Exposición Isidro Nonell, conmemorativa del L Aniversario de la muerte del artista*, Barcelona, Junta de Museos, 1962, p. 42, cat. núm. 121. • NONELL, C., *Isidro Nonell, su vida y su obra*, Madrid, Dossat, 1963, p. 269 y 277, cat. s/n. • JARDÍ, E., *Nonell*, Barcelona, Polígrafa [1969], p. 312, cat. núm. 148, fig. 148 y 313, p. 211 y 299; 1984, p. 266, cat. núm. 403, fig. 403, p. 256. • JARDÍ, E., *Nonell*, Barcelona, Taber, 1970, fig. p. 32. • FONTBONA, F., "Isidre Nonell y el Posmodernismo", en *Destino*, Barcelona, 3 de noviembre de 1973, núm. 1.883, fig. p. 32. • *Nonell*, Barcelona, Ayuntamiento de Barcelona, 1981, p. 54, cat. núm. 212, fig. 212, p. 108; Madrid, Caja de Ahorros y Monte de Piedad de Madrid/Ministerio de Cultura/Ayuntamiento de Barcelona, 1981, p. 53-54, cat. núm. 199, fig. 199, p. 106.

En el reverso figura un boceto de la cabeza del personaje masculino del dibujo *Por la calle* (cat. núm. 88), y escrito por el mismo Nonell se lee: "–El gat es una menja deliciosa. El gos es deixa menjar. El lloro… el lloro… els animals savis no son comestibles" ("–El gato es un manjar delicioso. El perro se deja comer. El loro… el loro… los animales sabios no son comestibles"), y tachado:"Els animals savis no son comestibles. El gat es una menja deliciosa. El gos es deixa menjar. Però el lloro si es qu'ha mort de vellesa només serveix per espatllar la dentadura ó per adornar els barrets de les senyoras. Ey! Si no ha mort en temps de muda" ("Los animales sabios no son comestibles. El gato es un manjar delicioso. El perro se deja comer. Pero el loro si es que ha muerto de viejo nada más sirve para cepillar la dentadura o para adornar los sombreros de las señora. ¡Eh! Si no ha muerto en tiempo de muda").

Al pie de la reproducción de la revista *Papitu* figura la leyenda: "–Noi, m'hi trobo bé fent de pobre. Treballo pel meu compte i ningú m'explota" ("–Chico, me encuentro bien haciendo de pobre. Trabajo por mi cuenta y nadie me explota").

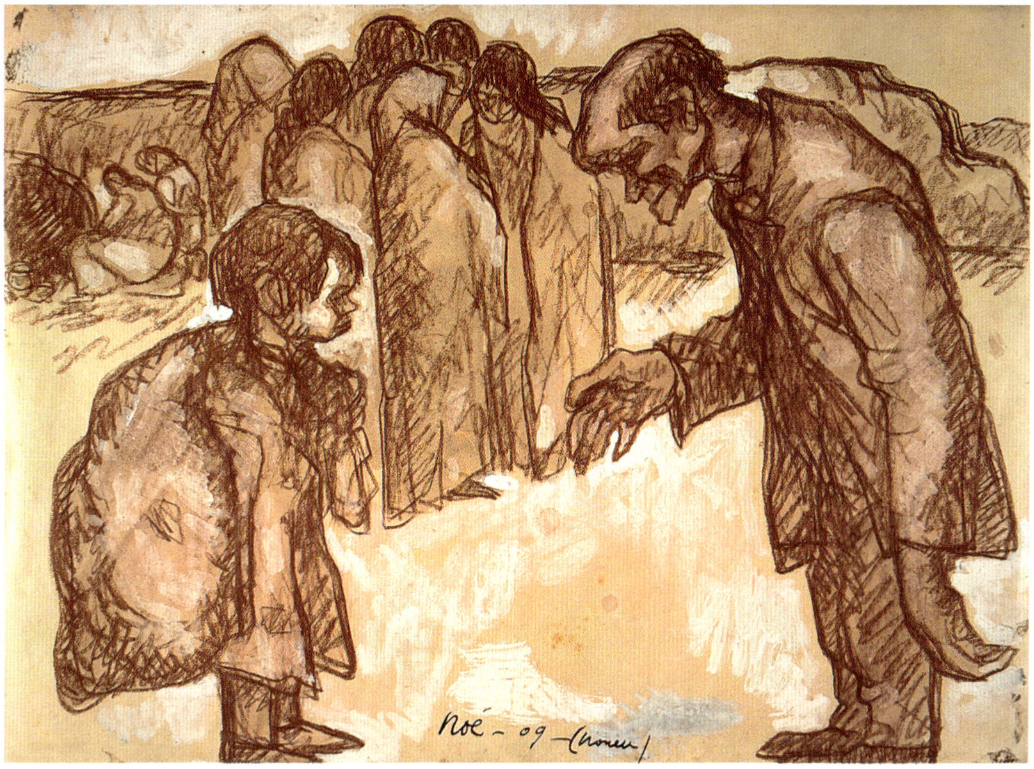

90. *Noche de Navidad*, 1909

Lápiz Conté y guache
31 x 44 cm
Firmado y fechado "noé/09" en el ángulo inferior izquierdo
Colección particular, Barcelona

EXPOSICIONES: *Los 'Quatre Gats' y su época*, Barcelona, Sala Parés, mayo 1954. • *Before Picasso; after Miró*, Nueva York, The Salomon R. Guggenheim Museum, 21 de junio de 1960. • *Nonell*, Barcelona, Palacio de la Virreina, 16 de junio-31 de agosto de 1981; Madrid, Casa del Monte de Piedad, octubre-noviembre de 1981.

BIBLIOGRAFÍA: *Papitu*, Barcelona, 29 de diciembre de 1909, núm. 57, fig. p. 923. • BENET, R., *Los 'Quatre Gats' y su época*, Barcelona, Ed. Barna, 1954, cat. núm. 99, p. 62. • *Before Picasso; after Miró*, Nueva York, The Salomon R. Guggenheim Museum, 1960, cat. s/n. • NONELL, C., *Isidro Nonell, su vida y su obra*, Madrid, Dossat, 1963, p. 269 y 277, cat. s/n., fig. CXXV. • JARDÍ, E., *Nonell*, Barcelona, Polígrafa [1969], p. 326, cat. núm. 314, fig. 14, p. 299; 1984, p. 266, cat. núm. 404, fig. 404, p. 257. • JARDÍ, E., *Nonell*, Barcelona, Taber, 1970, fig. 30, p. 68-69. • *Nonell*, Barcelona, Ayuntamiento de Barcelona, p. 55, cat. núm. 218, fig. 218, p. 109; Madrid, Caja de Ahorros y Monte de Piedad de Madrid/Ministerio de Cultura/Ayuntamiento de Barcelona, 1981, p. 54-55, cat. núm. 206, fig. 206, p. 107.

Al dibujo se le ha añadido un papel por la parte superior. En el reverso Nonell escribió: "...La misèria que passa / Quina mala gent en aquest *poble* / No hi ha manera de guanyar-se la *vida* / Vida en aquest poble de genet sense entranyes / [ilegible] ja qie si no ens deixan demanar caritat... [ilegible]" ("...La miseria que pasa / Que mala gente en este *pueblo* / No hay manera de ganarse la *vida* / Vida en este pueblo de caballeros sin entrañas / [ilegible] ya que si no nos dejan pedir caridad... [ilegible]").

Al pie de la reproducción de la revista *Papitu* figura la leyenda: "NIT DE NADAL: –Altra vegada a caminar... An aqueix poble ni's pot robar, ni guanyarshi la vida" ("NOCHE DE NAVIDAD: –Otra vez a caminar... En este pueblo no se puede ni robar, ni ganarse la vida").

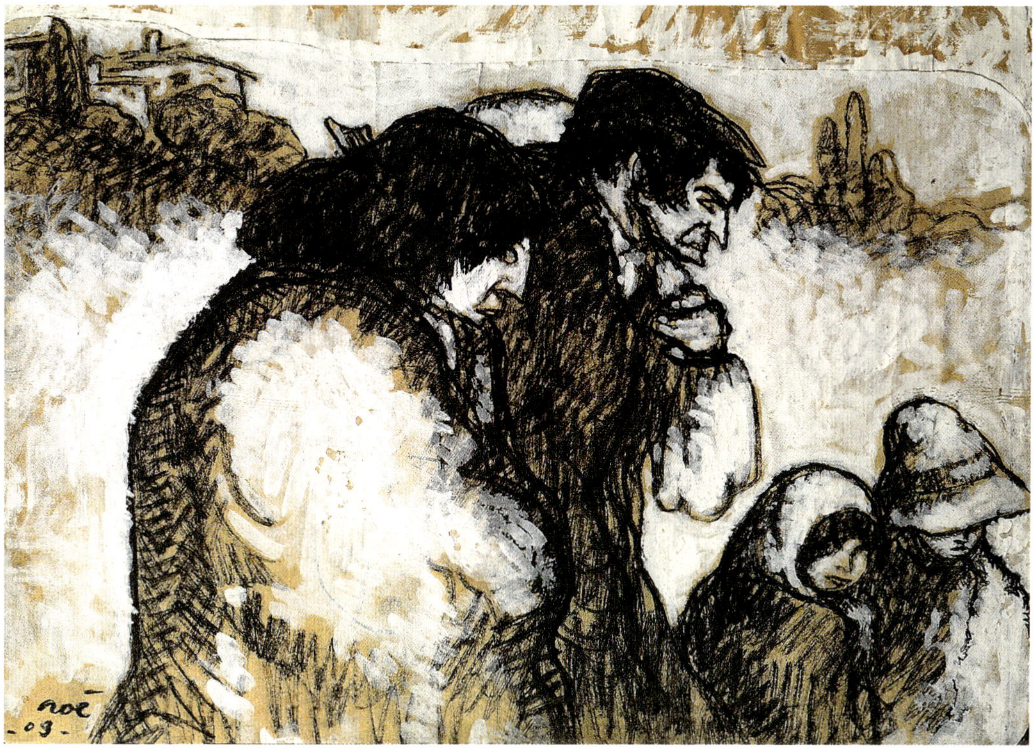
noé
-09-

91. *Blanca*, 1910

Óleo sobre lienzo
81 x 65,5 cm
Firmado y fechado "nonell/1910" en el ángulo superior derecho
Colección particular, Barcelona

EXPOSICIONES: *Exposició d'una gran part de les obres pintades i dibuixades desde'l 1900 per En Nonell*, Barcelona, Faianç Català, 15 de enero-13 de febrero de 1910. • *L'avantguarda a Catalunya 1900-1985*, Barcelona, Galeria Dau al Set, febrero de 1985.

BIBLIOGRAFÍA: PLANA, A., *L'obra d'Isidre Nonell*, Barcelona, Publicacions de La Revista, 1917, p. 164 [núm. 129]. • *Art*, Barcelona, julio de 1934, núm. 10, fig. [p. 329] (número extraordinario dedicado a Nonell). • JARDÍ, E., *Nonell*, Barcelona, Polígrafa [1969], p. 316, cat. núm. 181, fig. 181, p. 257; 1984, p. 263, cat. núm. 255, fig. 255, p. 214. • *L'avantguarda a Catalunya 1900-1985*, Barcelona, 1985, fig. s/p.

Las pinturas de Nonell realizadas entre 1909 y 1910 son cruciales para entender lo que habría podido ser la obra de plenitud del pintor si su prematura muerte no hubiera truncado una trayectoria tan brillante. A una edad en que la mayoría de los artistas, si bien ha conseguido definir un lenguaje propio, tiene todavía una parte muy importante de su obra por realizar, Nonell había logrado expresarse con un estilo completamente personal, basado en el justo equilibrio entre una técnica inconfundible de raíz impresionista, una pincelada fluida y pastosa, una composición simple pero efectiva y un atractivo, armónico y a veces deslumbrante cromatismo. Apenas llegado a la madurez optó por representar un nuevo tipo de mujer, generalmente de facciones muy marcadas, como la modelo de este lienzo, en la que demuestra la maestría que había alcanzado en el último tramo de su vida.

Esta pintura formó parte de la exposición individual más importante celebrada en vida del artista, que tuvo lugar en el Faianç Català de Barcelona en 1910. En el bastidor se conserva la etiqueta de esta exposición en la que consta el número III y el título *Blanca*, escrito en color azul. Posteriormente perteneció a Joan Vicens, coleccionista que reunió diversas obras de Nonell, entre ellas la que figura también en esta exposición con el título de *La Sol* (cat. núm. 28).

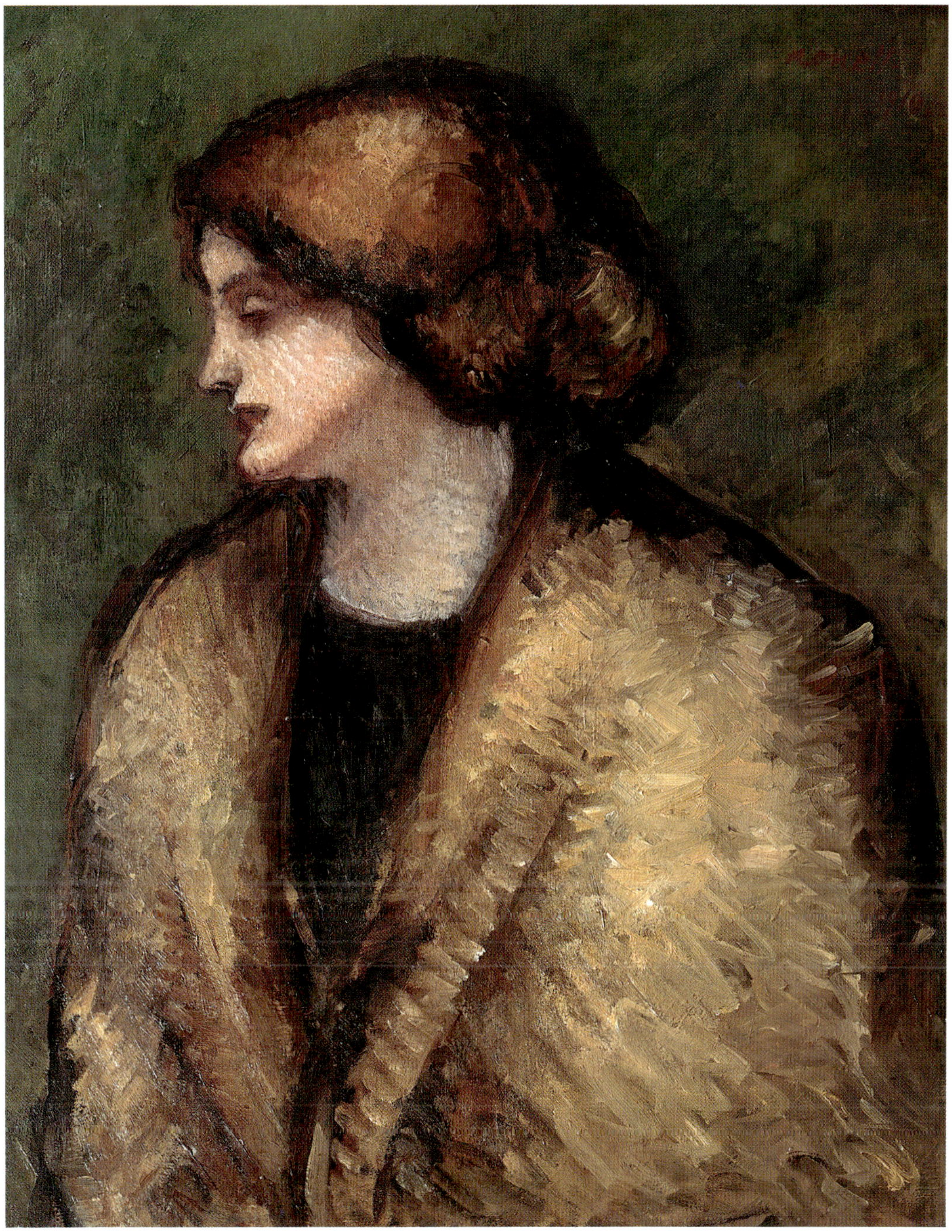

92. *Lasitud*, 1910

Óleo sobre lienzo
57 x 72,5 cm
Firmado y fechado "nonell./1910" en el ángulo inferior derecho
y "nonell./1910" en el reverso
Legado Santiago Espona, 1958
Museo de Arte Moderno del MNAC, Barcelona
MNAC/MAM 65623

EXPOSICIONES: *Exposició d'una gran part de les obres pintades i dibuixades desde'l 1900 per En Nonell*, Barcelona, Faianç Català, 15 de enero-13 de febrero de 1910. • *Exposició d'obres de la col·lecció Ferran Benet*, Barcelona, 4 de octubre de 1930. • *Exposición Isidro Nonell, conmemorativa del L Aniversario de la muerte del artista*, Barcelona, Palacio de la Virreina, noviembre de 1962. • *Nonell*, Barcelona, Palacio de la Virreina, 16 de junio-31 de agosto de 1981; Madrid, Casa del Monte de Piedad, octubre-noviembre de 1981.

BIBLIOGRAFÍA: PLANA, A., *L'obra d'Isidre Nonell*, Barcelona, Publicacions de La Revista, 1917, p. 164 [núm 132]. • *Art*, Barcelona, julio de 1934, núm. 10, fig. p. 305 (número extraordinario dedicado a Nonell). • BENET, R., *Isidro Nonell y su época*, Barcelona, Iberia 1947, fig. XXXVII. • *Llegat Espona*, Barcelona, Junta de Museos, 1958, p. 12, cat. núm. 122. • *Exposición Isidro Nonell, conmemorativa del L Aniversario de la muerte del artista*, Barcelona, Junta de Museos, 1962, p. 35, cat. núm. 53, fig. 6, p. 59. • CORTÈS, J., "Perennidad de Isidro Nonell", en *Ensayo*, Barcelona, 1962, núm. 14, fig. p. 59. • NONELL, C., *Isidro Nonell, su vida y su obra*, Madrid, Dossat, 1963, p. 233, cat. s/n., fig. LXVIII. • JARDÍ, E., *Nonell*, Barcelona, Polígrafa [1969], p. 242 y 314, cat. núm. 167, fig. 167, p. 243; 1984, p. 263, cat. núm. 245, fig. 245, p. 203. • SANTOS TORROELLA, R., "Isidro Nonell", en *El arte español en las publicaciones Roca*, ?, 1974, vol. 2, fig. 6. • *Nonell*, Barcelona, Ayuntamiento de Barcelona, 1981, p. 41, cat. núm. 73, fig. 73, p. 89; Madrid, Caja de Ahorros y Monte de Piedad de Madrid/Ministerio de Cultura/Ayuntamiento de Barcelona, 1981, p. 41, cat. núm. 68, fig. 68, p. 87. • *Catàleg de pintura segles XIX i XX. Fons del Museu d'Art Modern*, Barcelona, Ayuntamiento de Barcelona, 1987, p. 759, cat. núm. 1.907, fig.

La colección de pinturas de Nonell del Museo de Arte Moderno del MNAC es sin duda la más completa de este artista, tanto por el número de obras que reúne –cuarenta y tres óleos y ciento cincuenta dibujos que abarcan casi toda su evolución– como por la calidad de las mismas. Un número importante de estas pinturas procede de la colección Plandiura, varias de ellas forman parte de la donación que el hermano del pintor hizo en 1914 a través de la Associació Les Arts i Els Artistes, de la cual formaba parte Nonell, y otras proceden de diversas donaciones, adquisiciones y legados. La obra que nos ocupa perteneció a la colección Espona, aunque con anterioridad había formado parte, según consta en el número monográfico de la revista *Art*, de la colección de Ferran Benet, una de las más destacadas de los años treinta, que posteriormente se dispersó.

Esta pintura formó parte de la exposición individual más importante celebrada en vida del artista, que tuvo lugar en el Faianç Català de Barcelona en 1910. En el bastidor se conserva la etiqueta de esta exposición en la que consta el número 20 y el título *Lassitud*, escrito en color azul.

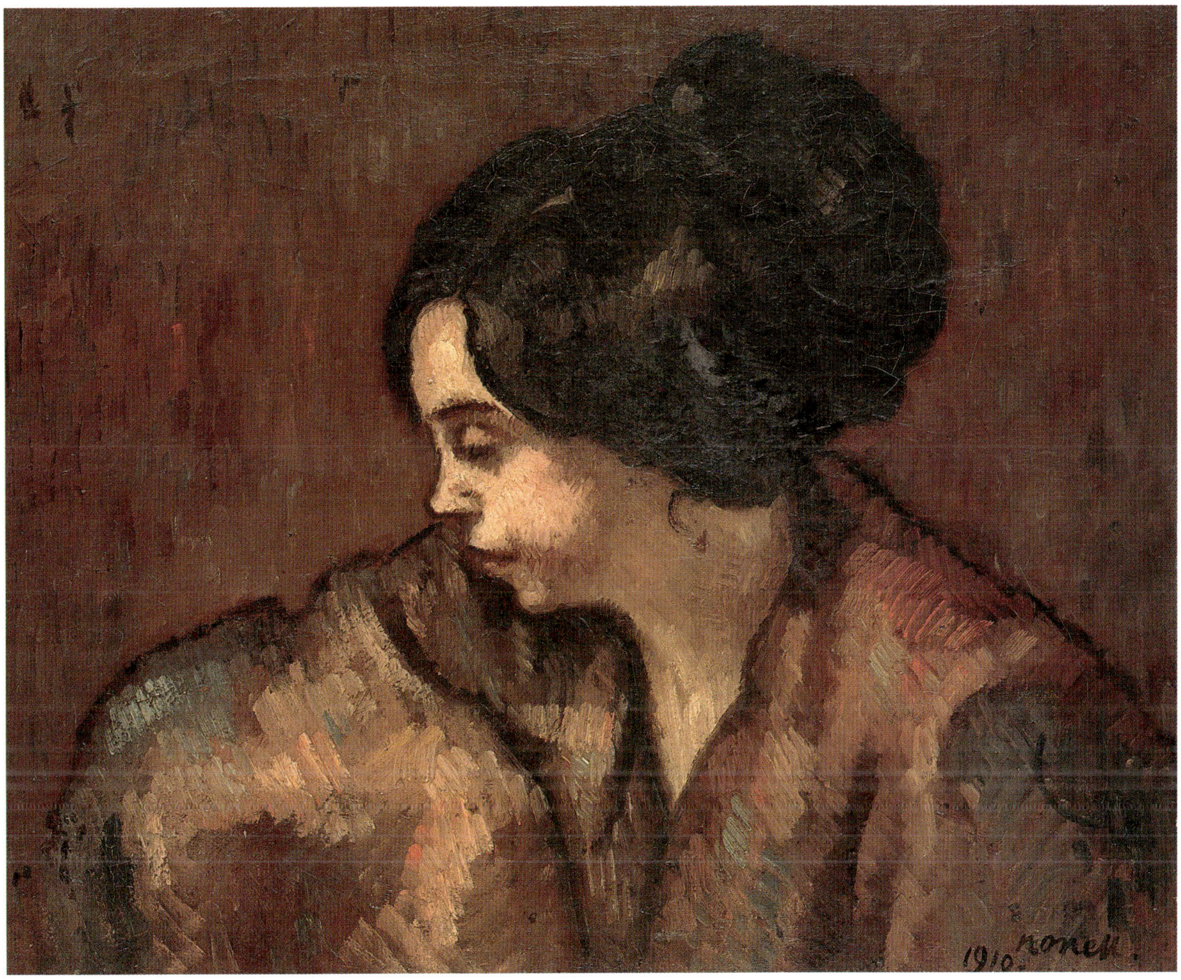
1910 Nonell.

93. *Flores*, 1910

Óleo sobre lienzo
100 x 80,5 cm
Firmado y fechado "nonell-1910-" en el ángulo superior izquierdo y "nonell./1910" en el reverso
Legado Santiago Espona, 1958
Museo de Arte Moderno del MNAC, Barcelona
MNAC/MAM 65619

EXPOSICIONES: *Exposició d'una gran part de les obres pintades i dibuixades desde'l 1900 per En Nonell*, Barcelona, Faianç Català, 15 de enero-13 de febrero de 1910. • *Venda de pintures, dibuixos i ceràmiques de la col·lecció M. Utrillo*, Barcelona, Sala Parés, 16-30 de junio de 1934. • *Pintores de fama*, Barcelona, Sala Parés, 1-12 de marzo de 1947. • *Nonell*, Barcelona, Palacio de la Virreina, 16 de junio-31 de agosto de 1981; Madrid, Casa del Monte de Piedad, octubre-noviembre de 1981.

BIBLIOGRAFÍA: PLANA, A., *L'obra d'Isidre Nonell*, Barcelona, Publicacions de La Revista, 1917, p. 164 [núm. 133]. • *Venda de pintures, dibuixos i ceràmiques de la col·lecció M. Utrillo*, Barcelona, Sala Parés, 1934, cat. núm. 1 • *Art*, Barcelona, julio de 1934, núm. 10, fig. [p. 329] (número extraordinario dedicado a Nonell). • *Pintores de fama*, Barcelona, Sala Parés, 1947, cat. núm. 16. • GASCH, S., *Expansió de l'Art català al món*, Barcelona, Imprenta Clarasó 1953, fig. entre p. 14-15. • *Llegat Espona 1958*, Barcelona, Junta de Museos, p. 12, cat. núm. 118. • NONELL, C., *Isidro Nonell, su vida y su obra*, Madrid, Dossat, 1963, p. 231, cat. s/n. JARDÍ, E., *Nonell*, Barcelona, Polígrafa [1969], p. 266 y 316, cat. núm. 187, fig. 366; 1984, p. 264, cat. núm. 273, fig. 273, p. 234. • *Nonell*, Barcelona, Ayuntamiento de Barcelona, 1981, p. 41, cat. núm. 74, fig. 74, p. 88; Madrid, Caja de Ahorros y Monte de Piedad de Madrid/Ministerio de Cultura/Ayuntamiento de Barcelona, 1981, p. 41, cat. núm. 69, fig. 69, p. 86. • UTRILLO, M., "Mis testimonios y recuerdos. Algo referente a la exposición Nonell", en *El Eco de Sitges*, Sitges, 8 de julio de 1981 • *Catàleg de pintura segles XIX i XX. Fons del Museu d'Art Modern*, Barcelona, Ayuntamiento de Barcelona, 1987, p. 759, cat. núm. 1.906, fig. • FONTBONA, F., *Nonell*, Barcelona, Nou Art Thor, 1987, fig p. 45 (Gent Nostra).

Es interesante observar que entre los primeros compradores de obras de Nonell figuran varios artistas, algunos bastante alejados de los planteamientos de su pintura. Plana cita los nombres de Zuloaga, Odilon Redon, Utrillo, Ramon Casas y Josep M. Sert. Los tres últimos adquirieron pinturas de Nonell en la exposición del Faianç, mientras que los dos primeros debieron de comprarlas en París. Es probable que Redon tuviera algún dibujo de los que se expusieron en la galería de Vollard en 1898. En cuanto a la obra que comentamos, formó parte de la colección del pintor, crítico de arte y promotor cultural Miquel Utrillo, que la conservó hasta 1934. Utrillo, amigo de Casas y Rusiñol, escribió algunos artículos muy elogiosos dedicados a Nonell –en 1898 en *Luz* y en 1902 en *Pèl & Ploma*– e intervino en la selección de las obras que la familia del pintor donó al Museo en 1914. Con la elección de *Flores*, Utrillo, que poseía una reducida pero muy selecta colección de obras de sus amigos, demostró su preferencia por la última etapa de Nonell.

Esta pintura formó parte de la exposición individual más importante celebrada en vida del artista, que tuvo lugar en el Faianç Català de Barcelona en 1910. En el bastidor se conserva la etiqueta de esta exposición en la que consta el número 82 y el título *Flores* escrito en color azul.

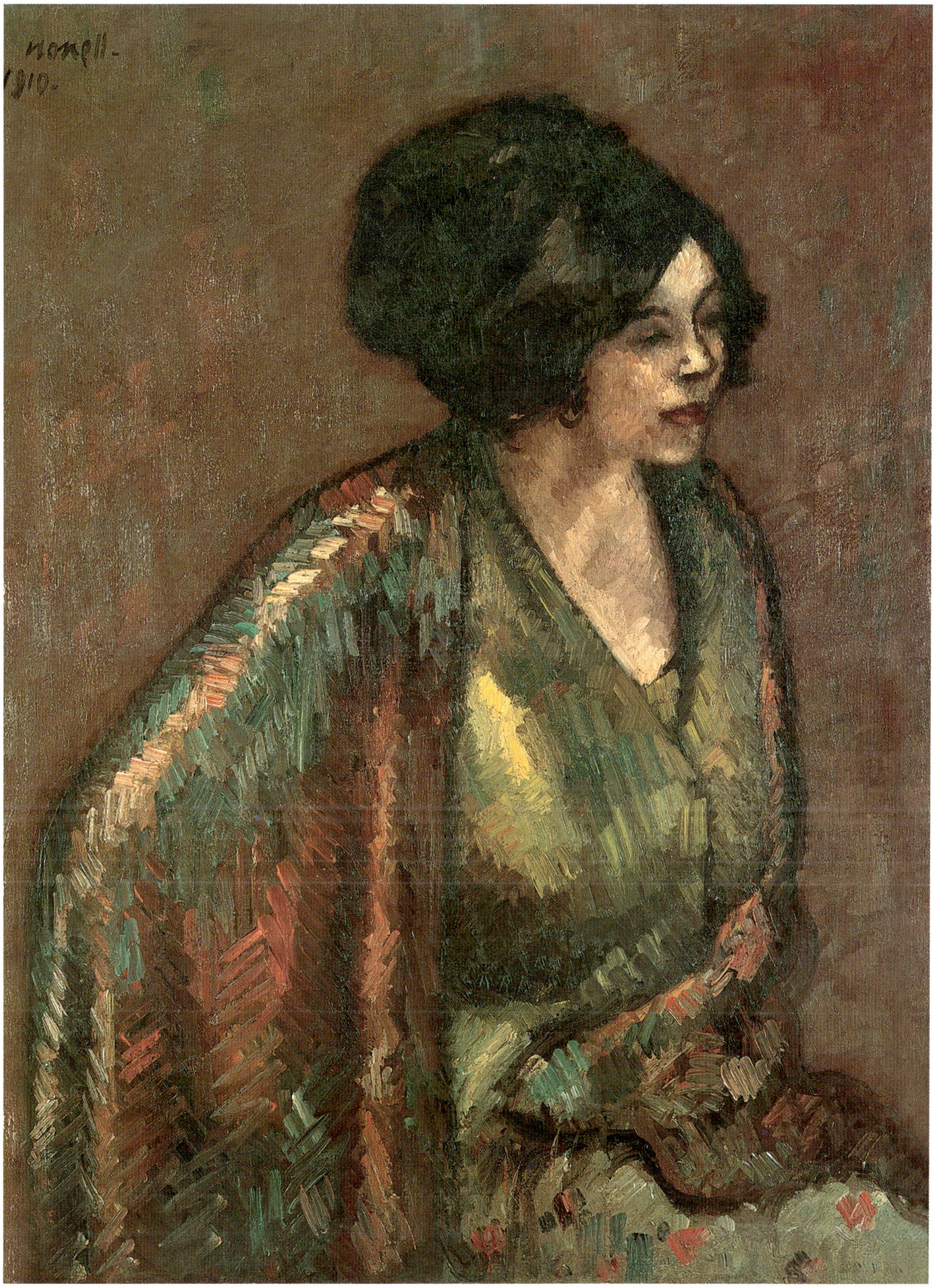
nonell
1910

94. *Doloretes*, 1910

Óleo sobre lienzo
71 x 57
Firmado y fechado "nonell/1910" en el ángulo inferior derecho y en el reverso
Colección particular, Barcelona

EXPOSICIONES: *Exposició d'una gran part de les obres pintades i dibuixades desde'l 1900 per En Nonell*, Barcelona, Faianç Català, 15 de enero-13 de febrero de 1910. • *Exposició de la col·lecció Plandiura*, Barcelona, Galeries d'Art Modern i Antiguitats, 15 de octubre-11 de noviembre de 1915. • *Nonell*, Sabadell, Academia de Bellas Artes, 2-14 de diciembre de 1972.

BIBLIOGRAFÍA: PLANA, A., *L'obra d'Isidre Nonell*, Barcelona, Publicacions de La Revista, 1917, p. 163 [núm. 115 o 130]. • *Exposició de la col·lecció Plandiura*, Barcelona, 1915, p. 14, cat. núm. 140. • JARDÍ, E., *Nonell*, Barcelona, Polígrafa, 1984, p. 264, cat. núm. 261, fig. 261, p. 219. • *Nonell*, Sabadell, Academia de Bellas Artes, 1972, fig. 2.

En la exposición del Faianç Català, que hemos citado tantas veces, figuraron diversas obras fechadas en 1910. Teniendo en cuenta que esta exposición abrió sus puertas el 15 de enero de aquel año, es lógico suponer que en realidad Nonell pintó parte de estas obras el año anterior y las terminó justo a tiempo para incluirlas en la muestra. En todo caso eran sus obras más recientes y sin duda tenía un interés especial en dar a conocer las pinturas de esta nueva etapa. Es posible que fuera en esta exposición donde Lluís Plandiura adquiriese la pintura que nos ocupa, ya que en 1915 la incluyó, junto a otras diecisiete telas de Nonell, en la exposición de su colección. Posteriormente esta obra fue adquirida por su primo y socio J. Carreras, que la conservó siempre.

Alexandre Plana cataloga dos obras fechadas en 1910 con el título de *Doloretes* –diminutivo catalán del nombre de la modelo–: la obra que comentamos y otro lienzo que pertenece a una colección particular de Barcelona. Ambas obras representan a la misma mujer, si bien en posturas distintas, y están pintadas con la misma gama cromática de tonos cálidos –marrones, tostados y sienas– sobre la que destacan las manchas multicolores de la blusa, mostrando un extraordinario dominio del color. Su estilo alcanza en este momento una gran maestría, evidente en obras como la que nos ocupa, que sitúa al pintor en un lugar de privilegio en el panorama del arte catalán de su época.

Esta pintura formó parte de la exposición individual más importante celebrada en vida del artista, que tuvo lugar en el Faianç Català de Barcelona en 1910. En el bastidor se conserva la etiqueta de esta exposición en la que consta el número 109 y el título *Doloretes*, escrito en color azul.

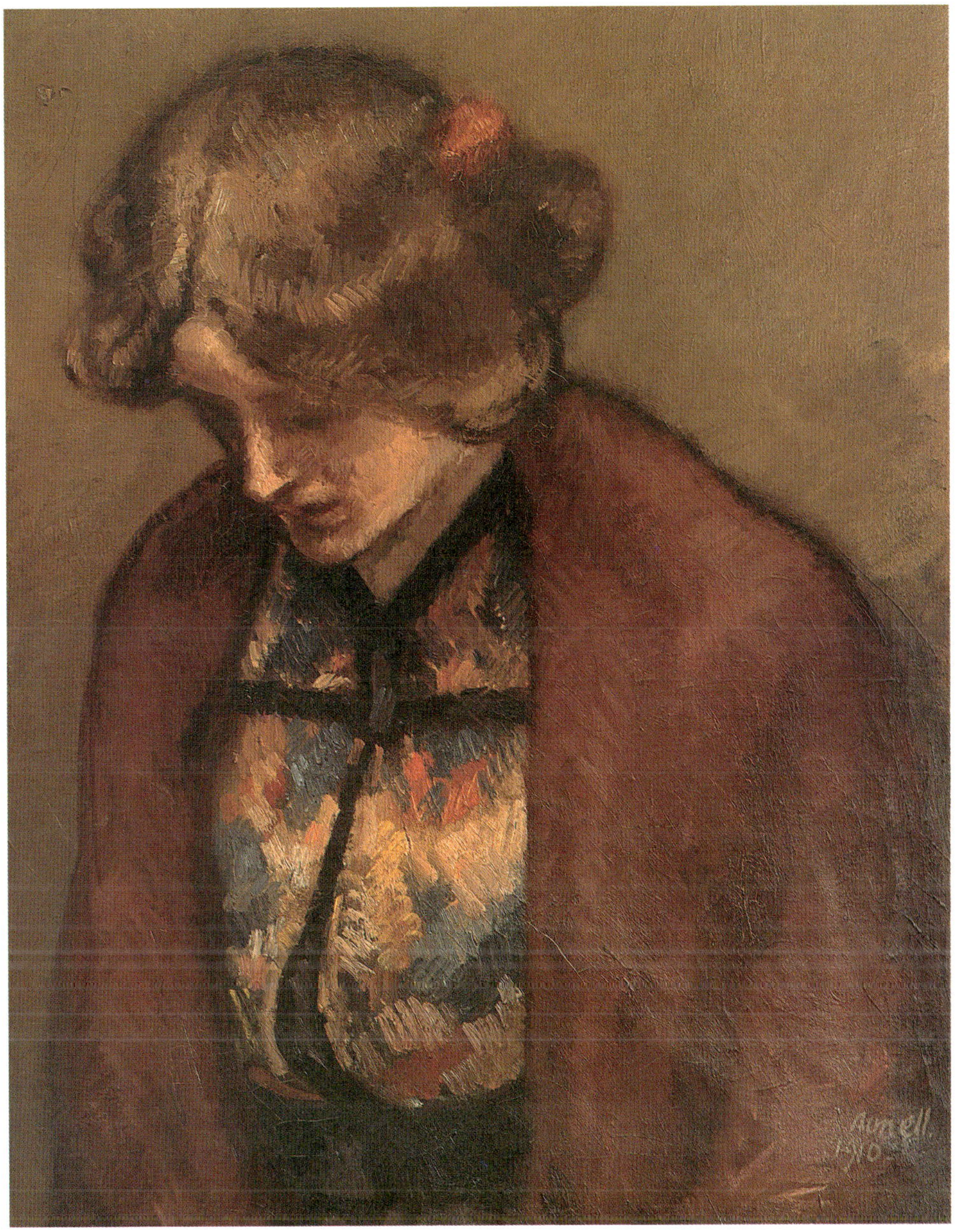

95. *Lola*, 1910

Óleo sobre lienzo
59 x 72 cm
Firmado y fechado "nonell./1910." en el ángulo superior izquierdo y "Nonell 1910" en el reverso
Colección particular, Barcelona

EXPOSICIONES: *Exposició d'una gran part de les obres pintades i dibuixades desde'l 1900 per En Nonell*, Barcelona, Faianç Català, 15 de enero-13 de febrero de 1910. • *Exposición Isidro Nonell, conmemorativa del L Aniversario de la muerte del artista*, Barcelona, Palacio de la Virreina, noviembre de 1962.

BIBLIOGRAFÍA: PLANA, A., *L'obra d'Isidre Nonell*, Barcelona, Publicacions de La Revista, 1917, p. 128 [núm. 126 o 127], fig. entre p. 164-165. • *Art*, Barcelona, julio de 1934, núm. 10, fig. p. 327 (número extraordinario dedicado a Nonell). • MERLI, J., *Isidre Nonell*, Barcelona, Junta d'Exposicions d'Art de Catalunya, 1938, fig. XXI. • BENET, R., *Isidro Nonell y su época*, Barcelona, Iberia, 1947, fig. XLIII. • *Exposición Isidro Nonell, conmemorativa del L Aniversario de la muerte del artista*, Barcelona, Junta de Museos, 1962, p. 35, cat. núm. 54. • NONELL, C., *Isidro Nonell, su vida y su obra*, Madrid, Dossat, 1963, p. 232, cat. s/n. • JARDÍ, E., *Nonell*, Barcelona, Polígrafa [1969], p. 314, cat. núm. 171, fig. 171, p. 246-247; 1984, p. 263, cat. núm. 253, fig. 253, p. 210-211.

Cuando Nonell expuso en el Faianç Català más de un centenar de pinturas fechadas entre 1901 y 1910, que suscitaron encendidos elogios, no sólo mostraba una amplia antología de su obra y la evolución que se había producido en ella, sino que especialmente presentaba su última etapa, prácticamente desconocida hasta entonces. En algunas de las críticas que se publicaron a raíz de esta exposición se ponía un énfasis especial en destacar el conjunto de obras de esta última etapa que para muchos suponía un auténtico descubrimiento. Ciertamente Nonell representaba a sus figuras inundadas de una luz que esfumaba sus contornos y matizaba las delicadas armonías cromáticas.

En este sentido, la obra que nos ocupa supone la culminación de este nuevo lenguaje del artista, porque en ella se condensan magistralmente sus mejores cualidades pictóricas. El logrado equilibrio entre la composición, la riqueza cromática y la técnica "nonelliana" reflejan el extraordinario grado de madurez alcanzado por el artista.

En cuanto a la historia de este lienzo, cabe destacar que en 1917, cuando Alexandre Plana publicó la primera catalogación de obras de Nonell, esta obra pertenecía aún a la familia del pintor, lo cual no es de extrañar, ya que el grueso de su producción quedó en el taller del artista en el momento de su muerte. Por otra parte el propio Plana incluye en el mencionado catálogo varias pinturas tituladas *Lola*. Lola fue una de las modelos que posó en diversas ocasiones para el pintor en los dos últimos años de su vida.

Esta pintura formó parte de la exposición individual más importante celebrada en vida del artista, que tuvo lugar en el Faianç Català de Barcelona en 1910. En el bastidor se conserva la etiqueta de esta exposición en la que consta el número 91 y el título *Lola*, escrito en color azul.

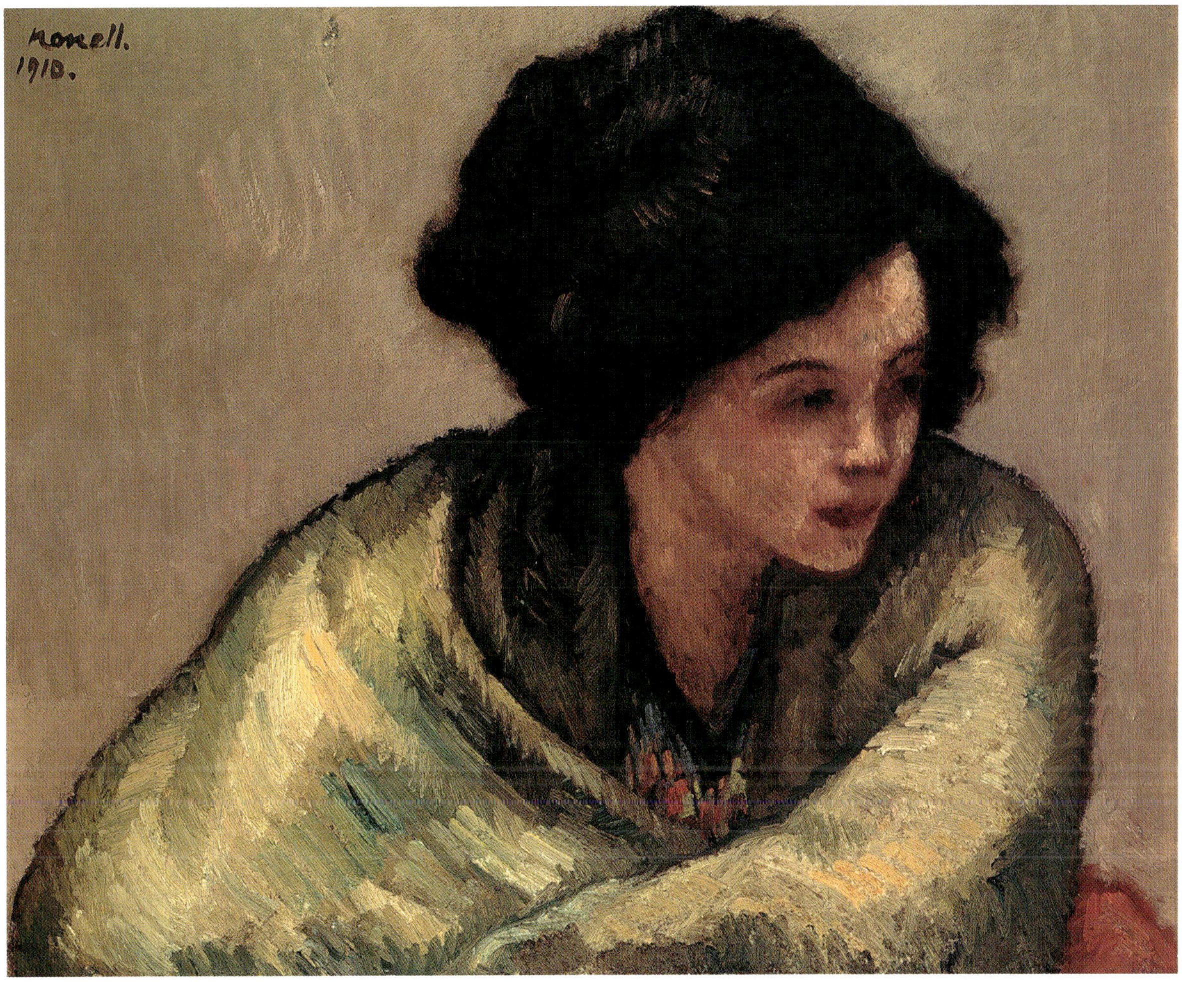
Nonell.
1910.

96. *Assumpció*, 1910

Óleo sobre cartón
74 x 51 cm
Firmado y fechado "Nonell./1910." en el ángulo inferior derecho
Museu de Montserrat (donación J. Sala Ardiz)

EXPOSICIONES: *Exposició d'una gran part de les obres pintades i dibuixades desde'l 1900 per En Nonell*, Barcelona, Faianç Català, 15 de enero-13 de febrero de 1910. • *Exposició d'Art*, Barcelona, Palacio de Bellas Artes, mayo de 1918. • *Exposició Nonell. Vint-i-una pintures. Sis dibuixos de la col·lecció Josep Sala*. Barcelona, Galeries Laietanes, 16-30 de abril de 1925. • *Los 'Quatre Gats' y su época*, Barcelona, Sala Parés, mayo de 1954. • *15 cuadros de la Col·lección Sala*, Barcelona, Sala Parés, 1956. • *1ª Bienal Hispanoamericana de Arte*, Madrid, Palacio de Exposiciones del Retiro, 12 de octubre de 1951. • Syra 72

BIBLIOGRAFÍA: JUNOY, J., *Arte y Artistas*, Barcelona, Librería L'Avenç, 1912, fig. lám. V, p. entre 28-29. • *Exposició d'Art. Catàleg Oficial*, Barcelona, Ayuntamiento de Barcelona, 1918, cat. núm. 691. • "Noia de la manta", en *D'Ací D'Allà*, Barcelona, septiembre de 1920, núm. 9, fig. p. 833. • FOLCH I TORRES, J., "Pintures d'en Nonell a la col·lecció Sala", en *Gaseta de les Arts*, abril de 1925, año II, núm. 23, fig. portada. • *Exposició Nonell. Vint-i-una pintures. Sis dibuixos de la col·lecció Josep Sala*. Barcelona, Galeries Laietanes, 1925, cat. núm. 14. • BENET, R., "Nonell, avui", en *La Veu de Catalunya*, Barcelona, 25 de abril de 1925, p. 4. • *D'Aci D'Allà*, Barcelona, junio de 1929, núm. 138, fig. portada. • *Art*, Barcelona, julio de 1934, núm. 10, fig. [p. 349] (número extraordinario dedicado a Nonell). • MERLI, J., *Isidro Nonell*, Barcelona, Junta d'Exposicions d'Art de Catalunya, 1938, fig. XXXIII. • GOICOECHEA, R.E. de, *Isidro Nonell, el impresionista filósofo*, Barcelona, Librería Catalonia, 1938 (Índices de Arte Español). • BENET, R., *Isidro Nonell y su época*, Barcelona, Iberia, 1947, fig. XLVI y portada. • *1ª Bienal Hispanoamericana de Arte*, Madrid, 1951, cat. núm. 90. • *Los 'Quatre Gats' y su época*, Barcelona, Sala Parés, 1954, cat. núm. 51. • *15 cuadros de la Col·lección Sala*, Barcelona, Sala Parés, 1956, cat. núm. 13. • NONELL, C., *Isidro Nonell, su vida y su obra*, Madrid, Dossat, 1963, p. 231, cat. s/n., fig. LXIII. • JARDÍ, E., *Nonell*, Barcelona, Polígrafa, 1984, p. 264, cat. núm. 262, fig. 262, p. 221. • *Mestres de la pintura catalana. Col·lecció Sala. Museu de Montserrat*, Barcelona, Fundació Caixa de Barcelona, 1986, p. 41, cat. núm. 127, fig. 127, p. 41.

El extraordinario dominio pictórico que Nonell alcanzó en su última época se materializó en unas obras más acabadas y más definitivas que las de las gitanas realizadas unos años antes. En 1909-1910 consiguió sintetizar los diversos elementos plásticos y equilibrar el volumen con los perfiles y el color con la calidad de la materia; las carnaciones adquirieron una nueva textura y, en definitiva, su pintura se tornó más depurada y al mismo tiempo más optimista y más serena. De esta época data la obra que nos ocupa, calificada por algunos especialistas como la mejor pintura de Nonell. Sin embargo, parece evidente que en la producción de este pintor hay un número bastante elevado de obras que por su extraordinaria calidad y fuerza expresiva son perfectamente equiparables a ésta.

Esta pintura formó parte de la exposición individual más importante celebrada en vida del artista, que tuvo lugar en el Faianç Català de Barcelona en 1910. En el bastidor se conserva la etiqueta de esta exposición en la que consta el número 22 y el título *Assumpció*, escrito en color azul.

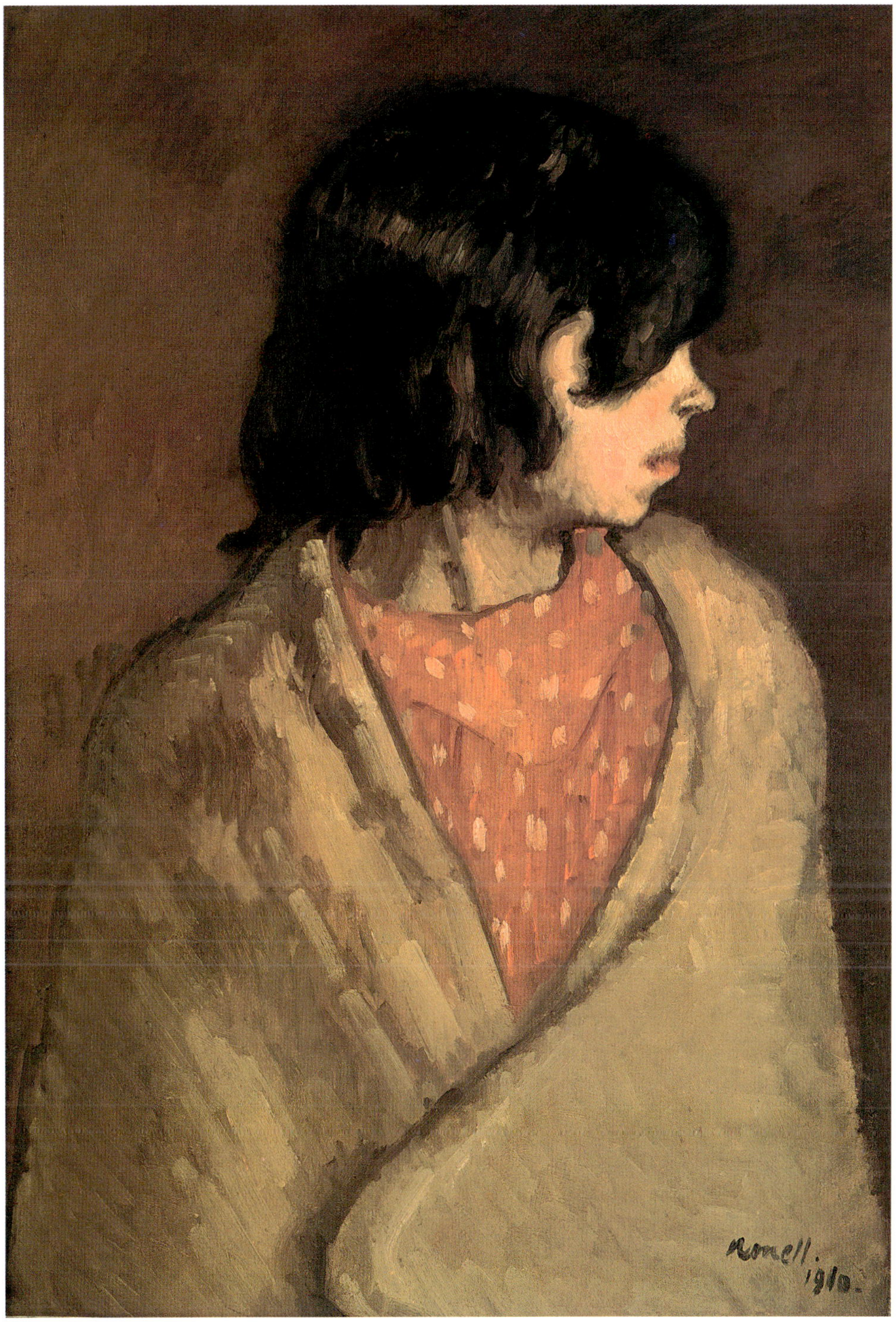
Nonell. 1910.

97. *Assumpció*, 1910

Óleo sobre lienzo
61,5 x 50,5 cm
Firmado y fechado "nonell./1910" en el ángulo superior derecho
Legado Domènec Teixidó, 1961
Museo de Arte Moderno del MNAC, Barcelona
MNAC/MAM 69040

EXPOSICIONES: *Exposició d'una gran part de les obres pintades i dibuixades desde'l 1900 per En Nonell*, Barcelona, Faianç Català, 15 de enero-13 de febrero de 1910. • *Exposició Nonell. Vint-i-una pintures. Sis dibuixos de la col·lecció Josep Sala*. Barcelona, Galeries Laietanes, 16-30 de abril de 1925. • *Exposición Isidro Nonell, conmemorativa del L Aniversario de la muerte del artista*, Barcelona, Palacio de la Virreina, noviembre de 1962. • *Legados y Donativos a los Museos de Barcelona 1952-1963*, Barcelona, Palacio de la Virreina, diciembre 1963-enero 1964. • *Exposición Nacional de Bellas Artes*, Madrid, Palacio del Retiro, 1966 (sala especial dedicada a Nonell). • *Nonell*, Barcelona, Palacio de la Virreina, 16 de junio-31 de agosto de 1981; Madrid, Casa del Monte de Piedad, octubre-noviembre de 1981.

BIBLIOGRAFÍA: PLANA, A., *L'obra d'Isidre Nonell*, Barcelona, Publicacions de La Revista, 1917, p. 163 [núm. 124]. • *Exposició Nonell. Vint-i-una pintures. Sis dibuixos de la col·lecció Josep Sala*. Barcelona, Galeries Laietanes, 1925, cat. núm. 18. • FOLCH I TORRES, J., "Pintures d'en Nonell a la col·lecció Sala", en *Gaseta de les Arts*, abril de 1925, año II, núm. 23, fig. p. 3 • *Art*, Barcelona, julio de 1934, núm. 10, fig. [p. 333] (número extraordinario dedicado a Nonell). • BENET, R., *Isidro Nonell y su época*, Barcelona, Iberia, 1947, fig. XXXIX. • *Exposición Isidro Nonell, conmemorativa del L Aniversario de la muerte del artista*, Barcelona, Junta de Museos, 1962, p. 34, cat. núm. 49. • CORTÈS, J., "Perennidad de Isidro Nonell", en *Ensayo*, Barcelona, 1962, núm. 14, fig. p. 61. • SANTOS TORROELLA, R., "Isidro Nonell", en *Ensayo*, Barcelona 1962, núm. 14, fig. p. 61. • FOLCH I TORRES, J., "En el cincuentenario de la muerte de Nonell", en *Destino*, Barcelona, 8 de diciembre de 1962, núm. 1.322, fig. p. 33. • *Legados y Donativos a los Museos de Barcelona 1952-1963*, Barcelona, Junta de Museos, 1963, p. 19, cat. núm. 31, fig. 1, p. 177. • NONELL, C., *Isidro Nonell, su vida y su obra*, Madrid, Dossat, 1963, p. 231, cat. s/n., fig. LXIV. • AINAUD DE LASARTE, J., "Isidro Nonell. Barcelona 1873-1911", en *Exposición Nacional de Bellas Artes* Madrid, Ministerio de Educación Nacional, 1966, p. 23, cat. núm. XXVII, fig. XXVII. • NONELL, C., "Isidro Nonell, el precursor", en *Glosa*, Barcelona, septiembre de 1968, año XVI, núm. 171, p. 13. • JARDÍ, E., *Nonell*, Barcelona, Polígrafa [1969], p. 315, cat. núm. 173, fig. 173, p. 249; 1984, p. 263, cat. núm. 257, fig. 257, p. 215. • *Nonell*, Barcelona, Ayuntamiento de Barcelona, 1981, p. 41,cat. núm. 72, fig. 72, p. 88; Madrid, Caja de Ahorros y Monte de Piedad de Madrid/Ministerio de Cultura/Ayuntamiento de Barcelona, 1981, p. 41, cat. núm. 67, fig. 67, p. 86. • *Catàleg de pintura segles XIX i XX. Fons del Museu d'Art Modern*, Barcelona, Ayuntamiento de Barcelona, 1987, p. 760, cat. núm. 1.908, fig.

Esta obra y la anterior son las dos únicas pinturas en las que la modelo del pintor es una niña. Estas obras, aunque fechadas en 1910, probablemente las hizo el año anterior, ya que figuraron en la exposición del Faianç Català inaugurada a mediados de enero de 1910. Las dos obras pertenecieron a Josep Sala Ardiz. Sin embargo la pintura que comentamos pasó hacia los años cincuenta a formar parte de la colección Teixidó, y en 1961 ingresó como legado en el Museo de Arte Moderno de Barcelona. En *Assumpció* se reflejan las mejores cualidades del artista, que se podrían concretar en la rotundidad con que dibujó la silueta, la simplicidad con la que plasmó sus rasgos juveniles y su deliciosa armonía cromática.

Esta pintura formó parte de la exposición individual más importante celebrada en vida del artista, que tuvo lugar en el Faianç Català de Barcelona en 1910. En el bastidor se conserva la etiqueta de esta exposición en la que consta el número 86 y el título *Assumpció*, escrito en color azul.

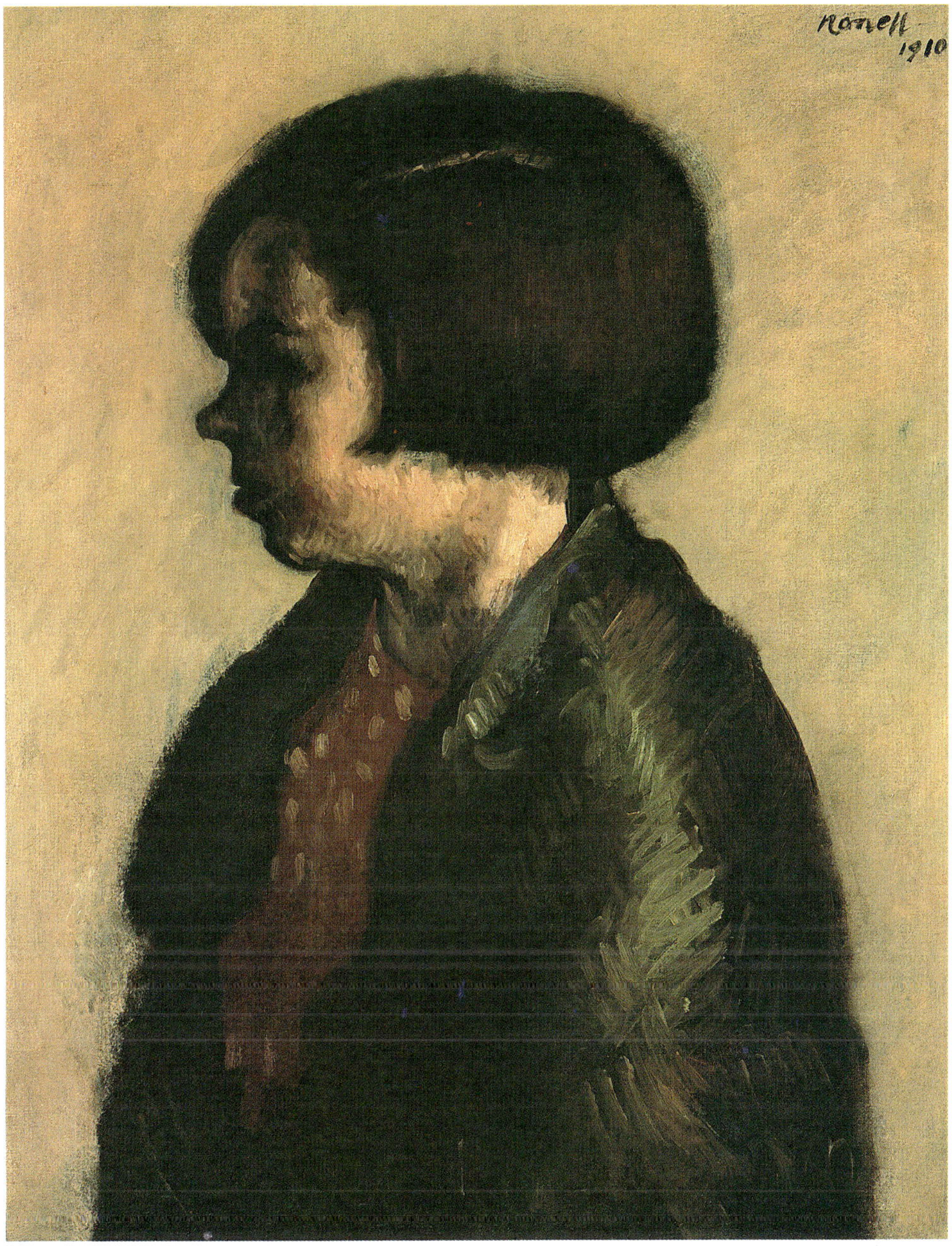
Nonell
1910

98. *Mujer*, 1910

Óleo sobre cartón
75 x 51,5 cm
Firmado y fechado "nonell./1910." en el ángulo superior derecho
Colección particular, Barcelona

EXPOSICIONES: *Obres de les col·leccions Valentí i Julià*, Barcelona, La Pinacoteca, otoño de 1928. • *Exposición Nacional de Bellas Artes*, Madrid, Palacio del Retiro, 1966 (sala dedicada a Nonell). • *Nonell*, Barcelona, Palacio de la Virreina, 16 de junio-31 de agosto de 1981; Madrid, Casa del Monte de Piedad, octubre-noviembre de 1981.

BIBLIOGRAFÍA: *Obres de les col·leccions Valentí i Julià*, Barcelona, La Pinacoteca, 1928. • *Art*, Barcelona, julio de 1934, núm. 10 [p. 311] (número extraordinario dedicado a Nonell). • NONELL, C., *Isidro Nonell, su vida y su obra*, Madrid, Dossat, 1963, p. 233, cat. s/n., fig. LXIX. • AINAUD DE LASARTE, J., "Isidro Nonell. Barcelona 1873-1911", en *Exposición Nacional de Bellas Artes*, Madrid, Ministerio de Educación Nacional, 1966, p. 22, cat. núm. XXV, fig. XXV. • JARDÍ, E., *Nonell*, Barcelona, Polígrafa [1969], p. 316, cat. núm. 190, fig. 190, p. 269; 1984, p. 264, cat. núm. 274, fig. 274, p. 235. • *Nonell*, Barcelona, Ayuntamiento de Barcelona, 1981, p. 41, cat. núm. 70, fig. 70, p. 88; Madrid, Caja de Ahorros y Monte de Piedad de Madrid/Ministerio de Cultura/Ayuntamiento de Barcelona, 1981, p. 40, cat. núm. 65, fig. 65, p. 86.

A diferencia de las otras obras de 1910 que figuran en esta exposición, esta pintura y la siguiente no figuraron en la muestra del Faianç Català, la primera que tuvo realmente repercusión y que situó a Nonell entre los mejores artistas de la pintura de aquel momento. El hecho de que estas dos pinturas no participasen en la citada muestra probablemente obedece a que fueron realizadas con posterioridad a febrero de 1910. Sin duda el éxito de la exposición debió de llevar a Nonell a continuar su incansable actividad pictórica con más intensidad, si cabe, que antes de la mencionada muestra. Por lo tanto, la obra que nos ocupa puede situarse en un momento especialmente brillante de su trayectoria, en el que realizaría la magnífica serie de bodegones.

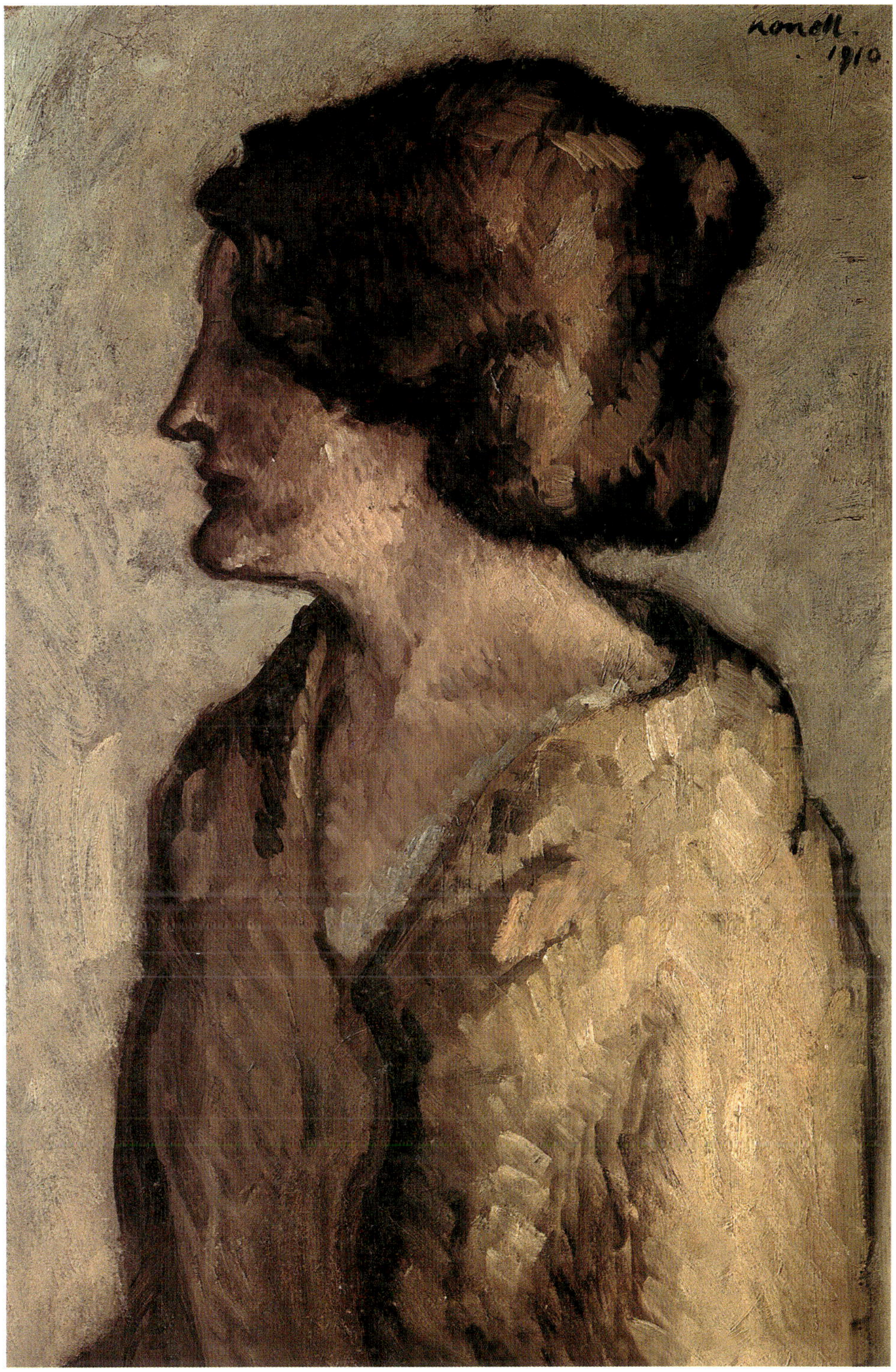
Nonell.
1910.

99. *Mujer*, 1910

Óleo sobre cartón
75 x 52,5 cm
Firmado "nonell" en el ángulo inferior izquierdo. Firmado y fechado "nonell/1910" en el reverso
Colección particular, Barcelona

EXPOSICIONES: *Obres de les col·leccions Valentí i Julià*, Barcelona, La Pinacoteca, otoño de 1928. • *Artistas españoles en la XXVII Exposición Bienal Internacional de Arte de Venecia*, Venecia, Pabellón de España, 1954. • *Exposición Isidro Nonell, comemorativa del L Aniversario de la muerte del artista*, Barcelona, Palacio de la Virreina, noviembre de 1962. • *Exposición Nacional de Bellas Artes*, Madrid, Palacio del Retiro, 1966 (sala dedicada a Nonell). • *Nonell*, Barcelona, Palacio de la Virreina, 16 de junio-31 de agosto de 1981; Madrid, Casa del Monte de Piedad, octubre-noviembre de 1981.

BIBLIOGRAFÍA: *Obres de les col·leccions Valentí i Julià*, Barcelona, La Pinacoteca, 1928. • *Art*, Barcelona, julio de 1934, núm. 10, fig. [p. 342] (número extraordinario dedicado a Nonell). • *Artistas españoles en la XXVII Exposición Bienal Internacional de Arte de Venecia*, Venecia, 1954, p. 32, cat. núm. 110, fig. p. 16. • *Exposición Isidro Nonell, conmemorativa del L Aniversario de la muerte del artista*, Barcelona, Junta de Museos, 1962, p. 34, cat. núm. 50. • NONELL, C., *Isidro Nonell, su vida y su obra*, Madrid, Dossat, 1963, p. 224, cat. s/n., fig. LII. • AINAUD DE LASARTE, J., "Isidro Nonell. Barcelona 1873-1911", en *Exposición Nacional de Bellas Artes*, Madrid, Ministerio de Educación Nacional, 1966, p. 32, cat. núm. XXIV, fig. XXIV. • JARDÍ, E., *Nonell*, Barcelona, Polígrafa [1969], p. 312, cat. núm. 139, fig. 139, p. 200. • CIRICI, A., "Nonell, tornat a mirar", en *Serra d'Or*, Barcelona, 15 de diciembre de 1973, año XV, núm. 171, fig. p. 823. • *Nonell*, Barcelona, Ayuntamiento de Barcelona, 1981, p. 42, cat. núm. 76, fig. 76, p. 89; Madrid, Caja de Ahorros y Monte de Piedad de Madrid/Ministerio de Cultura/Ayuntamiento de Barcelona, 1981, p. 41, cat. núm. 71, fig. 71, p. 87.

Al igual que la obra inmediatamente anterior, Nonell debió de realizarla con posterioridad a su exposición individual de 1910. Asimismo es muy probable que pintara estas dos telas simultáneamente a los bodegones, ya que utilizó gamas cromáticas parecidas. La comparación entre estos lienzos y, por ejemplo, el bodegón del arenque (cat. núm. 104) permite comprobar que efectivamente Nonell utilizó los mismos tonos violáceos y tostados.

La energía pictórica con la que realizó su serie de bodegones en los meses que precedieron a su muerte se refleja también en estos lienzos, que probablemente son las últimas figuras pintadas por Nonell.

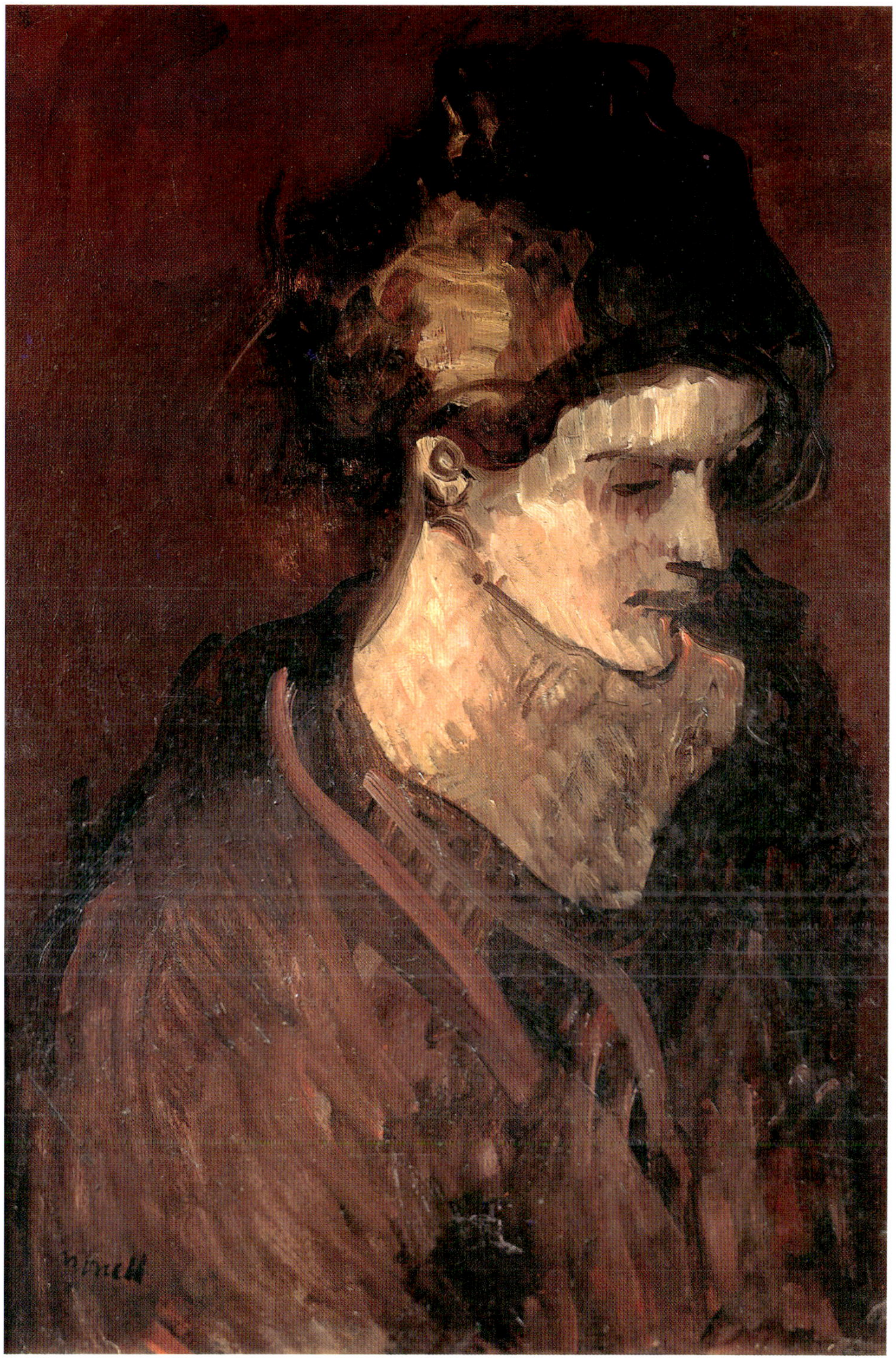

100. *Bodegón*, 1910

Óleo sobre lienzo
54,5 x 67 cm
Firmado en el reverso "nonell" con rúbrica
Adquisición de la colección Plandiura, 1932
Museo de Arte Moderno del MNAC, Barcelona
MNAC/MAM 4643

EXPOSICIONES: *Saló de les Arts y els Artistes*, Barcelona, Fayans Català, 25 de febrero-12 de marzo de 1911. • *Exposició pòstuma de les obres d'En Isidre Nonell*, Barcelona, Galeries del Fayans Català, 15 de mayo de 1912. • *Exposició de la Col·lecció Plandiura*, Barcelona, Galeries d'Art Modern i Antiguitats, 15 de octubre-11 de noviembre de 1915. • *Exposició d'Art*, Barcelona, Palacio de Bellas Artes, mayo de 1918. • *Artistas españoles en la XXVII Exposición Bienal Internacional de Arte de Venecia*, Venecia, Pabellón de España, 1954. • *III Bienal Hispanoamericana de Arte. Precursores y Maestros de la Pintura y Escultura Contemporánea*, Barcelona, Palacio Municipal de Exposiciones, 24 de septiembre de 1955-6 de enero de 1956. • *Nonell*, Barcelona, Palacio de la Virreina, 16 de junio-31 de agosto de 1981; Madrid, Casa del Monte de Piedad, octubre-noviembre de 1981.

BIBLIOGRAFÍA: BRUNET, L., "Artistas que desaparecen", en *El Liberal*, Barcelona, 27 de febrero de 1911. • PLANA, A., "Crónica d'art", en *Revista de Catalunya*, Barcelona, 22 de mayo de 1912, núm. 8, p. 127. • JUNOY, J., *Arte y Artistas*, (Primera serie), Barcelona, Librería L'Avenç, 1912, p. 21-21 • *Exposició de la Col·lecció Plandiura*, Barcelona, 1915, p. 14, cat. núm. 141, 142 o 143. • PLANA, A., *L'obra d'Isidre Nonell*, Barcelona, Publicacions de La Revista, 1917, p. 164, cat. s/n. • *Exposició d'Art. Catàleg Oficial*, Barcelona, Ayuntamiento de Barcelona, 1918, p. 97, cat. núm. 688. • *Art*, Barcelona, julio de 1934, núm. 10, fig. [p. 328] (número extraordinario dedicado a Nonell). • *Guía del Museo de Arte Moderno*, Barcelona, 1945, p. 41 y 1953, p. 35. • *Artistas españoles en la XXVII Exposición Bienal Internacional de Arte de Venecia*, Venecia, 1954, p. 32, cat. núm. 116. • *III Bienal Hispanoamericana de Arte. Precursores y Maestros de la Pintura y Escultura Contemporánea*, Barcelona, 1955, cat. núm. 17. • NONELL, C., *Isidro Nonell, su vida y su obra*, Madrid, Dossat, 1963, p. 234, cat. s/n., fig. LXXIII. • JARDÍ, E., *Nonell*, Barcelona, Polígrafa [1969], p. 314, cat. núm. 162, fig. 162, p. 237; 1984, p. 263, cat. núm. 243, fig. 243, p. 199. • *Nonell*, Barcelona, Ayuntamiento de Barcelona, 1981, p. 42, cat. núm. 81, fig. 81, p. 58; Madrid, Caja de Ahorros y Monte de Piedad de Madrid/Ministerio de Cultura/Ayuntamiento de Barcelona, 1981, p. 42, cat. núm. 76, fig. 76, p. 58. • *Catàleg de pintura segles XIX i XX. Fons del Museu d'Art Modern*, Barcelona, Ayuntamiento de Barcelona, 1987, p. 756, cat. núm. 1.901, fig.

El bodegón es un género que habitualmente no se asocia con la obra de Nonell. Sin embargo la investigación pictórica que llevó a cabo este artista se materializó en los últimos meses de su vida en doce naturaleza muertas, que indiscutiblemente forman parte de lo mejor de su producción. Después de la exposición del Faianç, sin abandonar la representación de las figuras femeninas que lo habían conducido al triunfo, decidió experimentar con este género, más alejado aún de cualquier anécdota que las representaciones de las gitanas o de aquellas otras mujeres absolutamente impersonales. Quizás por ello, al escoger los objetos para pintar, rechazó aquellos objetivamente más decorativos –flores, determinados frutos, etc.– y seleccionó otros más prosaicos –pimientos, castañas, arenques…–. Una vez más, como en las pinturas de las etapas anteriores, la austeridad, la sobriedad y una cierta sensación de pobreza y desolación vuelven a ser las características más evidentes de su obra.

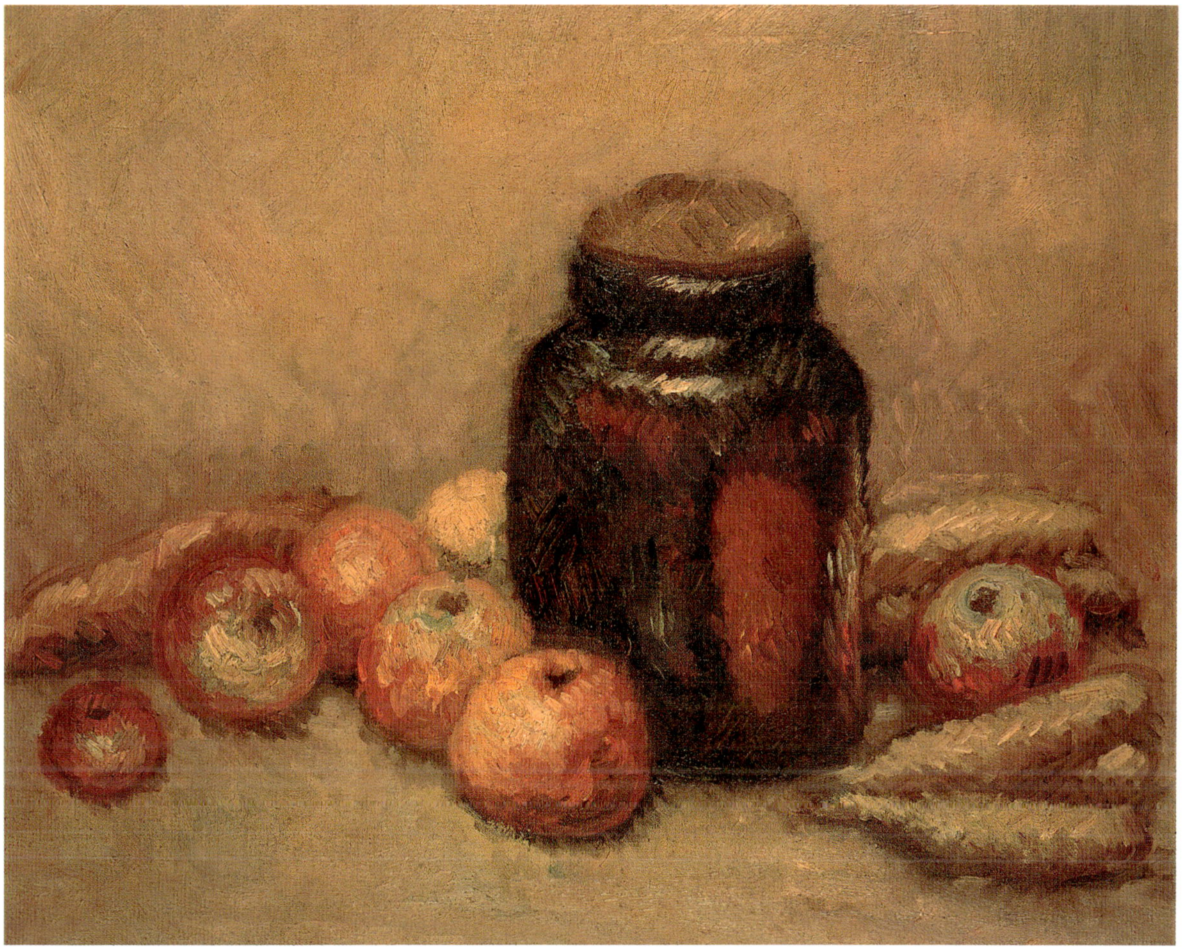

101. *Bodegón*, 1910

Óleo sobre lienzo
54,5 x 66,5 cm
Firmado y fechado "nonell/1910" en el ángulo inferior izquierdo y "nonell" en el reverso
Adquisición de la colección Plandiura, 1932
Museo de Arte Moderno del MNAC, Barcelona
MNAC/MAM 4647

EXPOSICIONES: *Saló de les Arts i els Artistes*, Barcelona, Fayans Català, 25 de febrero-12 de marzo de 1911. • *Exposició pòstuma de les obres d'En Isidre Nonell*, Barcelona, Galeries del Fayans Català, 15 de mayo de 1912. • *Exposició de la Col·lecció Plandiura*, Barcelona, Galeries d'Art Modern i Antiguitats, 15 de octubre-11 de noviembre de 1915. • *Exposició d'Art*, Barcelona, Palacio de Bellas Artes, mayo de 1918. • *III Bienal Hispanoamericana de Arte. Precursores y Maestros de la Pintura y Escultura Contemporánea*, Barcelona, Palacio Municipal de Exposiciones, 24 de septiembre de 1955-6 de enero de 1956. • *Nonell*, Barcelona, Palacio de la Virreina, 16 de junio-31 de agosto de 1981; Madrid, Casa del Monte de Piedad, octubre-noviembre de 1981. • *L'Època dels 'Artistes': Modernisme-Noucentisme. Tresors del Museu d'Art Modern de Barcelona*, Girona, Museu d'Història de la Ciutat, febrero-marzo de 1991.

BIBLIOGRAFÍA: BRUNET, L., "Artistas que desaparecen", en *El Liberal*, Barcelona, 27 de febrero de 1911. • PLANA, A., "Crónica d'art", en *Revista de Catalunya*, Barcelona, 22 de mayo de 1912, núm. 8, p. 127. • JUNOY, J., *Arte y Artistas*, (Primera serie) Barcelona, Librería L'Avenç, 1912, p. 21-21, fig. VI, entre p. 32-33. • *Exposició de la Col·lecció Plandiura*, Barcelona, 1915, p. 14, cat. núm. 143. • PLANA, A., *L'obra d'Isidre Nonell*, Barcelona, Publicacions de La Revista, 1917, p. 164, cat. s/n. • *Exposició d'Art. Catàleg Oficial*, Barcelona, Ayuntamiento de Barcelona, 1918, p. 97, cat. núm. 689. • ORS, E. d', *Mi Salón de Otoño*, Madrid, Revista de Occidente, 1924, suplemento núm. 1, fig. III. • MASERAS, A., "Comentaris a l'obra d'Isidre Nonell a *Butlletí dels Museus d'Art de Barcelona*, mayo de 1933, p. 138, fig. • *Art*, Barcelona, julio de 1934, núm. 10, fig. [p. 341] (número extraordinario dedicado a Nonell). • BENET, R., *Isidro Nonell y su época*, Barcelona, Iberia, 1947, fig. XLVIII. • *III Bienal Hispanoamericana de Arte. Precursores y Maestros de la Pintura y Escultura Contemporánea*, Barcelona, 1955, cat. núm. 20. • NONELL, C., *Isidro Nonell, su vida y su obra*, Madrid, Dossat, 1963, p. 235, cat. s/n., fig. LXXVI. • JARDÍ, E., *Nonell*, Barcelona, Polígrafa [1969], p. 240 y 314, cat. núm. 165, fig. 165, p. 241; 1984, p. 263, cat. núm. 239, fig. 239, p. 195 . • *Nonell*, Barcelona, Ayuntamiento de Barcelona, 1981, p. 42, cat. núm. 79, fig. 79, p. 90; Madrid, Caja de Ahorros y Monte de Piedad de Madrid/Ministerio de Cultura/Ayuntamiento de Barcelona, 1981, p. 42, cat. núm. 74, fig. 74, p. 88. • *Catàleg de pintura segles XIX i XX. Fons del Museu d'Art Modern*, Barcelona, Ayuntamiento de Barcelona, 1987, p. 757, cat. núm. 1.902, fig. • *L'Època dels 'Artistes': Modernisme-Noucentisme. Tresors del Museu d'Art Modern de Barcelona*, Girona, Ayuntamiento de Girona, febrero-marzo de 1991, p. 92 y 264, cat. núm. 42. • ORS, E. d', *Mis salones*, Madrid, Aguilar, s/d., fig. p. 32.

Alexandre Plana, al que ya hemos mencionado repetidamente, afirmaba en una crónica que escribió a raíz de la exposición individual de Nonell de 1912 el interés que los admiradores del pintor mostraron por los bodegones que se expusieron después de su muerte. Plana, tras constatar que constituían lo mejor de la producción pictórica del artista, afirmaba: "Son doce telas maravillosas. Nada más sencillo, nada más humilde en la composición, nada de una mayor riqueza: unas jarras de barro, unos tarros de cristal, pimientos, cebollas, unos arenques, castañas... dispuestos sin ningún efecto buscado de antemano, con mucha naturalidad. Y especialmente la más prodigiosa abundancia de colores que los ojos humanos puedan gozar. Estos doce cuadros hacen que suene doloroso, vivamente doloroso, el recuerdo de la muerte de Isidre Nonell. [...] Ellos nos dan una luz de lo que el arte de Nonell habría sido en la nueva época que se abría en su trabajo". (*Revista de Catalunya*, 22 mayo 1912).

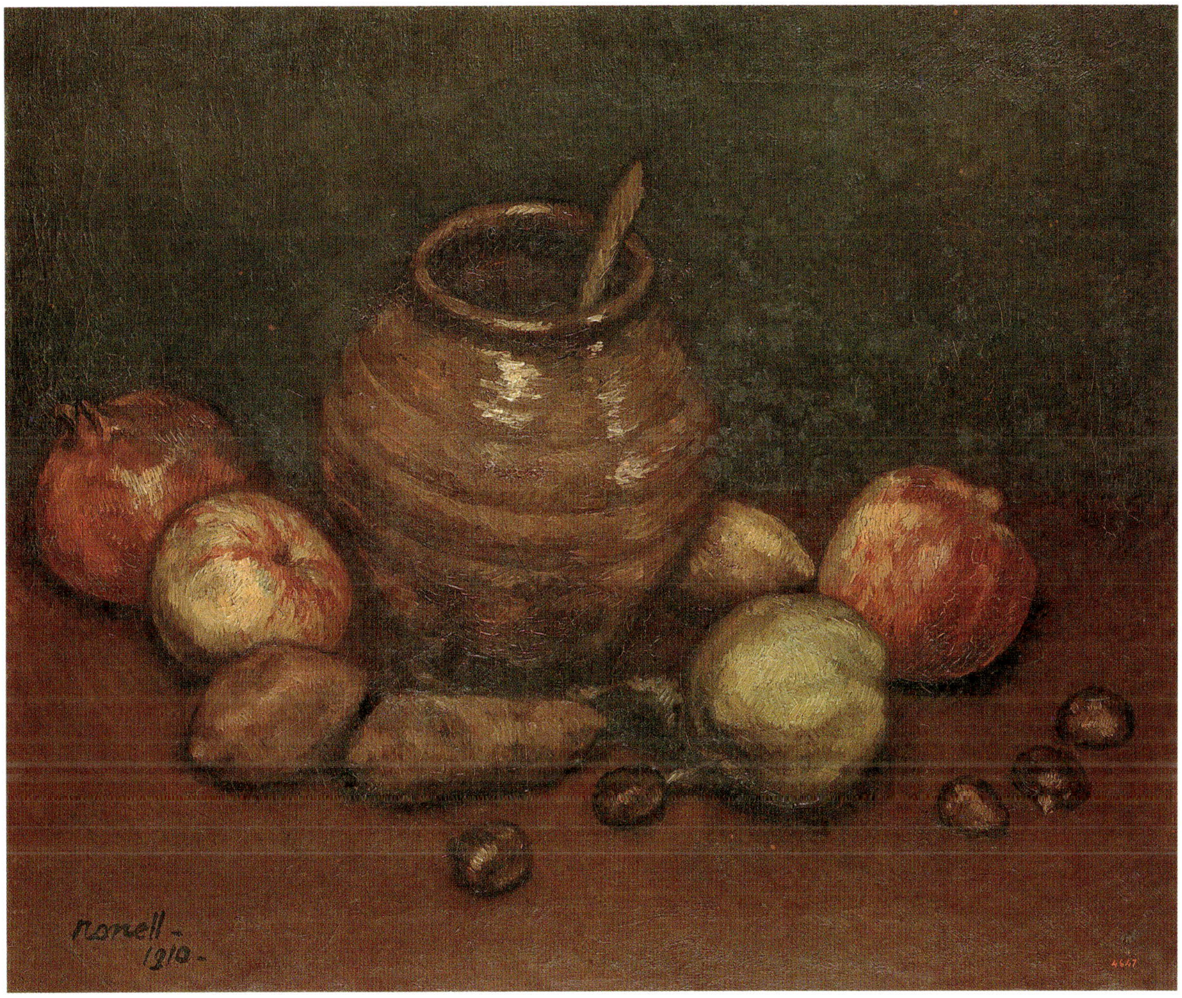

102. *Bodegón*, 1910

Óleo sobre lienzo
54 x 46 cm
Firmado y fechado "nonell./1910." en el ángulo inferior derecho
Colección particular, Barcelona

EXPOSICIONES: *Saló de les Arts i els Artistes*, Barcelona, Faianç Català, 25 de febrero-12 de marzo de 1911. • *Exposició pòstuma de les obres d'En Isidre Nonell*, Barcelona, Galeries del Faianç Català, 15 de mayo de 1912. • *Exposició Nonell. Vint-i-una pintures. Sis dibuixos de la Col·lecció Josep Sala*, Barcelona, Galeries Laietanes, 16-30 de abril de 1925.

BIBLIOGRAFÍA: BRUNET, L., "Artistas que desaparecen", en *El Liberal*, Barcelona, 27 de febrero de 1911. • PLANA, A., "Crónica d'art", en *Revista de Catalunya*, Barcelona, 22 de mayo de 1912, núm. 8, p. 127. • JUNOY, J., *Arte y Artistas*, (Primera serie) Barcelona, Librería L'Avenç, 1912, p. 21-21. • PLANA, A., *L'obra d'Isidre Nonell*, Barcelona, Publicacions de La Revista, 1917, p. 164, cat. s/n. • *Exposició Nonell. Vint-i-una pintures. Sis dibuixos de la Col·lecció Josep Sala*, Barcelona, Galeries Laietanes, 1925, cat. núm. 17. • FOLCH I TORRES, J., "Pintures d'en Nonell a la Col·lecció Sala", en *Gaseta de les Arts*, Barcelona, 15 de abril de 1925, núm. 23, fig. p. 2. • BENET, R., "Nonell, avui", en *La Veu de Catalunya*, 23 de abril de 1925, p. 4. • *Art*, Barcelona, julio de 1934, núm. 10, fig. p. 300 (número extraordinario dedicado a Nonell). • MERLI, J., *Isidre Nonell*, Barcelona, Junta d'Exposicions d'Art de Catalunya, 1938, fig. XXXV. • NONELL, C., *Isidro Nonell, su vida y su* obra, Madrid, Dossat, 1963, p. 236, cat. s/n., fig. LXXVIII. • JARDÍ, E., *Nonell*, Barcelona, Polígrafa, 1984, p. 263, cat. núm. 267, p. 227.

El triunfo que obtuvo Nonell en su exposición individual de 1910 cerró en cierto modo un ciclo vital del artista. No es difícil imaginar que el pintor, que no buscaba el éxito comercial sino que más bien lo rehuía, decidiera en aquel momento terminar una etapa para evitar el estancamiento en la representación de la figura femenina, que en aquel momento el público ya había aceptado. Su interés por representar un nuevo tema, el bodegón, al que dedicaría la que iba a ser la última etapa de su actividad, parece estar relacionado con una mayor intelectualización de su arte. Probablemente si la muerte no hubiera truncado su carrera, Nonell habría profundizado aún más en la esquematización de su pintura.

Esta esquematización ya se percibe en la obra que nos ocupa, en la que representó una serie de elementos –una granada, unas cebollas, un pan, un vaso de vino y un plato con arenques– con la misma economía formal con la que plantea su serie de los bodegones. Asimismo aplica pinceladas rectilíneas y utiliza una gama de colores cálidos.

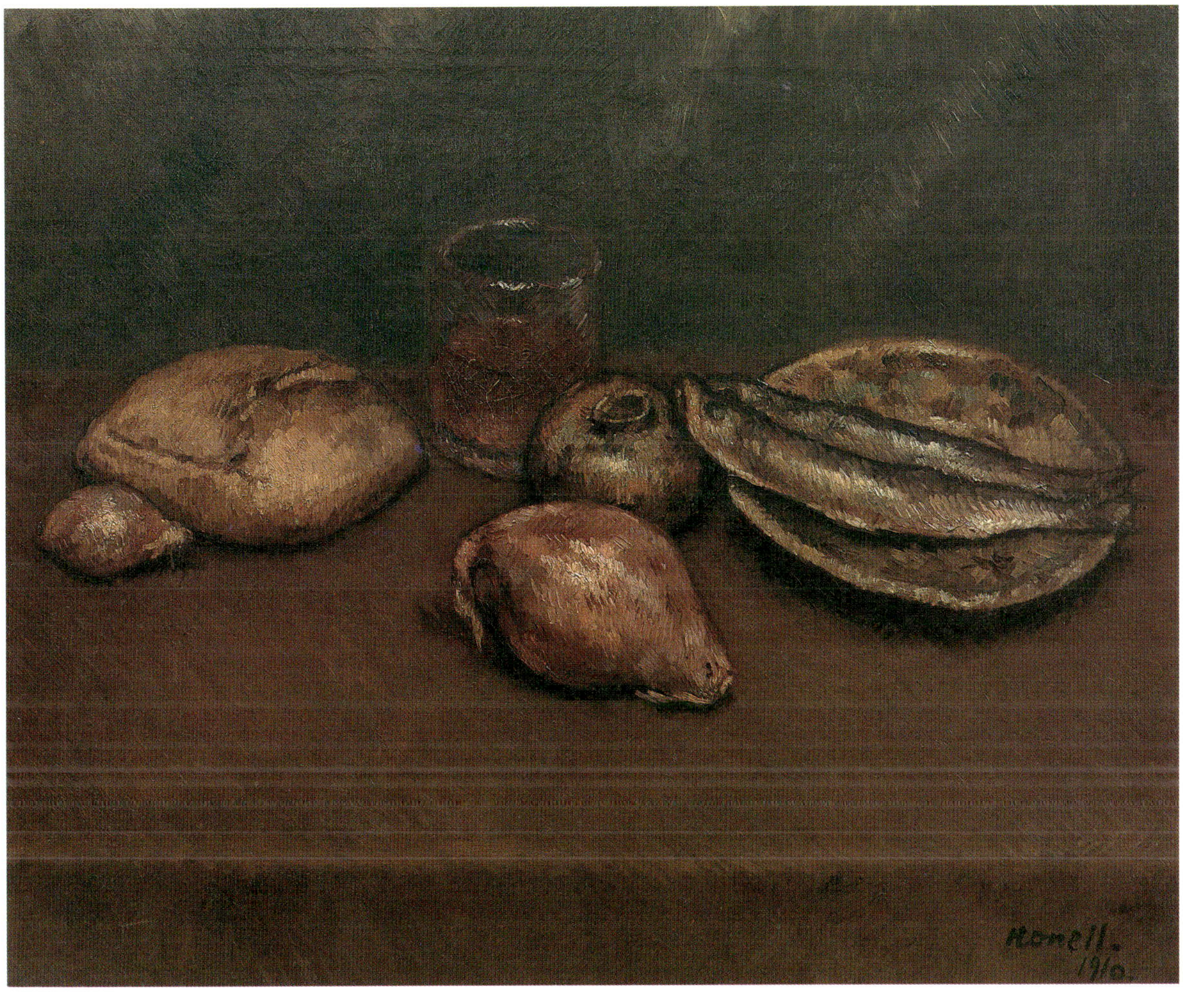

103. *Bodegón*, 1910

Óleo sobre lienzo
32 x 40 cm
Firmado y fechado "nonell../1910." en el ángulo inferior derecho
Legado, 1956
Biblioteca Museo Víctor Balaguer, Vilanova i la Geltrú

EXPOSICIONES: *Saló de les Arts i els Artistes*, Barcelona, Faianç Català, 25 de febrero-12 de marzo de 1911. • *Exposició pòstuma de les obres d'En Isidre Nonell*, Barcelona, Galeries del Faianç Català, 15 de mayo de 1912.

BIBLIOGRAFÍA: BRUNET, L., "Artistas que desaparecen", en *El Liberal*, Barcelona, 27 de febrero de 1911. • PLANA, A., "Crónica d'art", en *Revista de Catalunya*, Barcelona, 22 de mayo de 1912, núm. 8, p. 127. • JUNOY, J., *Arte y Artistas* (Primera serie) Barcelona, Librería L'Avenç, 1912, p. 21-22. • PLANA, A., *L'obra d'Isidre Nonell*, Barcelona, Publicacions de La Revista, 1917, p. 164, cat. s/n. • *Art*, Barcelona, julio de 1934, núm. 10, fig. [p. 304] (número extraordinario dedicado a Nonell). • MERLI, J., *Isidre Nonell*, Barcelona, Junta d'Exposicions d'Art de Catalunya, 1938, fig. XXXIV. • NONELL, C., *Isidro Nonell, Su vida y su obra*, Madrid, Dossat, 1963, p. 236, cat. s/n., fig. LXXXI. • JARDÍ, E., *Nonell*, Barcelona, Polígrafa, 1969, p. 264, cat. núm. 269, fig. 269, p. 229. • SOCÍAS, J., *Pintura catalana en el 'Castell de La Geltrú'*, Barcelona, Selecta, 1977, p. 216, cat. núm. 169, fig. p. 215.

Cuando poco después de la muerte de Nonell se expusieron por primera vez sus bodegones, diversos especialistas, entusiasmados ante lo que calificaron de obras maestras, analizaron su significado dentro de la producción del pintor. Uno de ellos, Josep M. Junoy, comentaba que en los bodegones que Nonell había pintado en los ocho o nueve meses que precedieron a su muerte, había concentrado toda su energía pictórica en un solo sentimiento. Añadía: "Nonell ha representado en estos clásicos bodegones, con una justa y equilibrada agrupación, [...] las granadas y los limones, y las manzanas y los pimientos y las cebollas irisadas como un desnudo de Rubens, y las pardas castañas relucientes, y un trozo de pan y un queso encima de una mesa, y dos arenques en un plato, y ventrudas jarras de tierra y azules potes de vidrio [...]. Cada cosa está en su sitio, con su color propio y con su propio sabor. [...] Los sentidos todos parecen concentrarse en el sentido de la vista, y de la vista pasar al tacto –como si se os llenaran los dedos de la sabrosa grasa de los embutidos–, y en el mismo paladar sentís el ácido picante sabor de esos pepinillos en vinagre y el salobre gusto de los arenques. Uno a uno, los rojos granos de granada van reventándose frescos y azucarados en los labios..." (*Arte & Artistas*, Barcelona, 1912, p. 20-21).

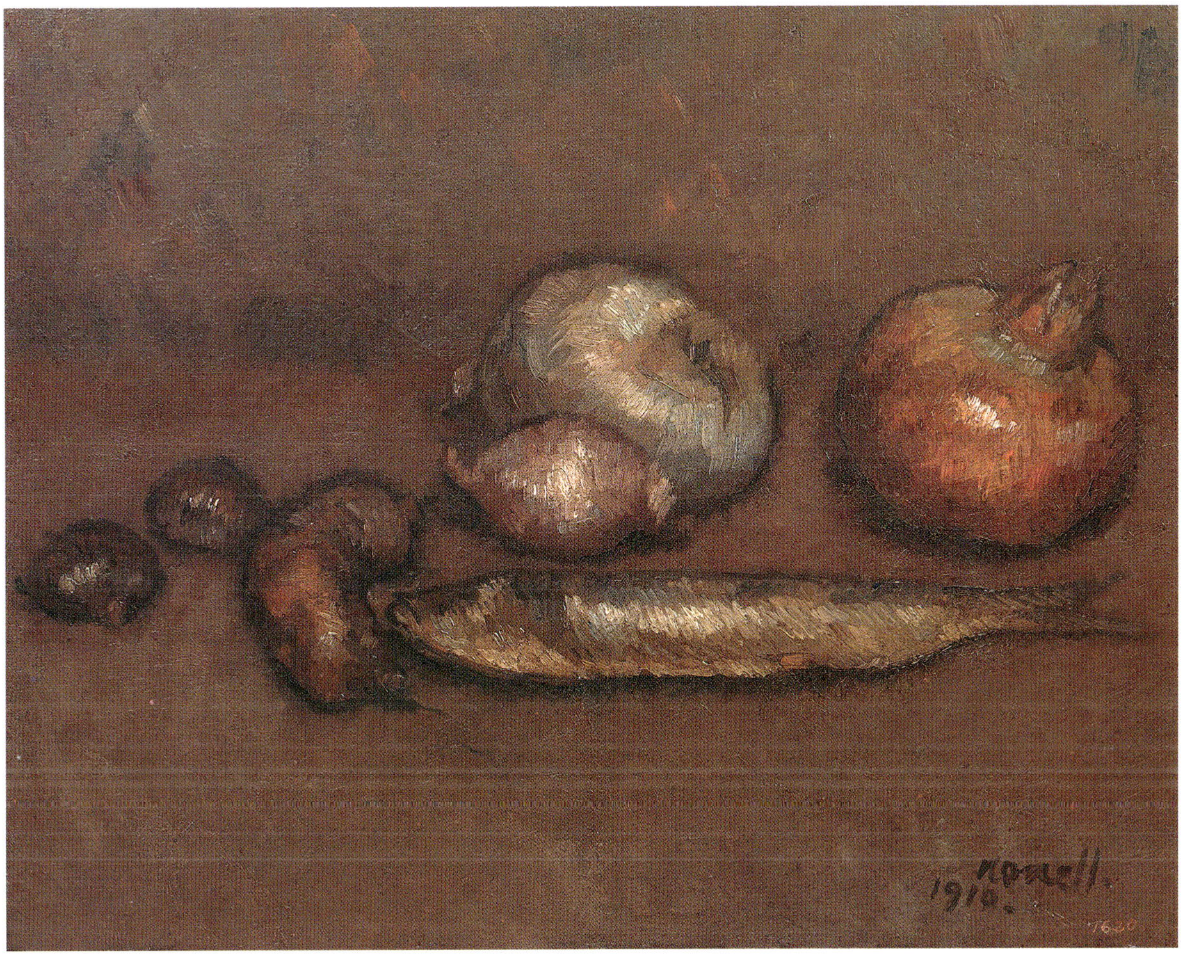

104. *Bodegón con cebollas y arenque*, 1910

Óleo sobre lienzo
45 x 68 cm
Firmado y fechado "nonell 1910" en el ángulo inferior izquierdo
Donación de Jaume Nonell, 1914
Museo de Arte Moderno del MNAC, Barcelona
MNAC/MAM 10922

EXPOSICIONES: *Saló de les Arts i els Artistes*, Barcelona, Faianç Català, 25 de febrero-12 de marzo de 1911. • *Exposició pòstuma de les obres d'En Isidre Nonell*, Barcelona, Galeries del Faianç Català, 15 de mayo de 1912. • *1ª Bienal Hispanoamericana de Arte*, Madrid, Palacio de Exposiciones del Retiro, 12 de octubre de 1951. • *III Bienal Hispanoamericana de Arte. Precursores y Maestros de la Pintura y Escultura Contemporánea*, Barcelona, Palacio Municipal de Exposiciones, 24 de septiembre de 1955-6 de enero de 1956. • *Arts Council 1962. Modern Spanish Painting*, Londres, Tate Gallery, 1962. • *Exposición Isidro Nonell, conmemorativa del L aniversari de la mort de l'artista*, Barcelona, Palacio de la Virreina, noviembre de 1962. • *Exposición Nacional de Bellas Artes*, Madrid, Palacio del Retiro, 1966 (Sala especial dedicada a Nonell). • *Cien años de cultura catalna 1880-1980*, Madrid, Palacio Velázquez, junio-octubre de 1980. • *Nonell*, Barcelona, Palacio de la Virreina, 16 de junio-31 de agosto de 1981; Madrid, Casa del Monte de Piedad, octubre-noviembre de 1981. • *Barceló-Barcelona. Miguel Barceló, Pintures de 1985 a 1987*, Barcelona, Antic Teatre de la Casa de La Caritat, 27 de noviembre de 1987-24 de enero de 1988. • *El bodegón español. De Zurbarán a Picasso*, Bilbao, Museo de Bellas Artes de Bilbao, 3 de diciembre de 1999-19 de abril del 2000.

BIBLIOGRAFÍA: BRUNET, L., "Artistas que desaparecen", en *El Liberal*, Barcelona, 27 de febrero de 1911. • PLANA, A., "Crónica d'art", en *Revista de Catalunya*, Barcelona, 22 de mayo de 1912, núm. 8, p. 127. • JUNOY, J., *Arte y Artistas*, (Primera serie) Barcelona, Librería L'Avenç, 1912, p. 21-21. • PLANA, A., *L'obra d'Isidre Nonell*, Barcelona, Publicacions de La Revista, 1917, p. 164, cat. s/n., fig. entre p. 156-157. • CARLES, D., "El pintor Isidre Nonell", en *Vell i Nou*, Barcelona, mayo 1920, vol. I, num. II, fig. p. 69. • *Llegats i donacions a la ciutat de Barcelona per obres de cultura*, Barcelona, Ayuntamiento de Barcelona, abril de 1922, p. 98. • WOERMANN, *Historia del Arte*, Madrid, Saturnino Calleja, 1925, vol. VI, fig. 546, p. 751. • GUASCH, F., y BATLLE, E., *Catálogo del Museo de Arte Contemporáneo*, Barcelona, Junta de Museos, 1926, p. 155, cat. núm. 2. • MASERAS, A., "Comentaris a l'obra d'Isidre Nonell", en *Butlletí dels Museus d'Art de Barcelona*, mayo 1933, vol. III, núm. 24, p. 141, fig. • *Art*, Barcelona, julio de 1934, núm. 10, fig. p. 320 (número extraordinario dedicado a Nonell). • MERLI, J., "Elogi de la natura morta", en *Art*, Barcelona, diciembre 1934, vol. II, núm. 3, fig. p. 67. • MERLI, J., *33 pintors catalans*, Barcelona, Generalitat de Catalunya, 1937, fig. p. 19. • GOICOECHEA, R.E. de, *Isidro Nonell, el impresionista filósofo*, Barcelona, Librería Catalonia, 1938, fig. 13, p. 56 (Índices de Arte Español). • MERLI, J., *Isidre Nonell*, Barcelona, Junta Municipal d'Exposicions d'Art, 1938, fig. XXXVI. • *Guía del Museo de Arte Moderno*, Barcelona, 1945, p. 41 y 1953, p. 35. • BENET, R., *Isidro Nonell y su época*, Barcelona, Iberia, 1947, fig. XLIX. • *I Bienal Hispanoamericana de Arte. Precursores y Maestros de la Pintura y Escultura Contemporánea*, Madrid, 1951, p. 219, cat. núm. 72. • *III Bienal Hispanoamericana de Arte. Precursores y Maestros de la Pintura y Escultura Contemporánea*, Barcelona, 1955, cat. núm. 10. • *Exposición Isidro Nonell, conmemorativa del L aniversari de la mort de l'artista*, Barcelona, Junta de Museos, 1962, p. 35, cat. múm, 56, fig. 6, p. 58. • FOLCH I TORRES, J., "En el cincuentenario de la muerte de Nonell", en *Destino*, Barcelona, 8 diciembre de 1962, núm. 1.322, fig. p. 32. • CORTÈS, J., "Perennidad de Isidro Nonell", en *Ensayo*, Barcelona, 1962, núm. 14, fig. p. 60. • *Arts Council 1962. Modern Spanish Painting*, Londres, Arts Council of Great Britain, 1962, cat. núm. 4, fig. • NONELL, C., *Isidro Nonell, su vida y su obra*, Madrid, Dossat, 1963, p. 234, cat. s/n., fig. LXXII. • AINAUD DE LASARTE, J., "Isidro Nonell, Barcelona 1873-1911", en *Exposición Nacional de Bellas Artes*, Madrid, Ministerio de Educación Nacional, 1966, p. 23, cat. núm. XXVIII, fig. XXVIII. • JARDÍ, E., *Nonell*, Barcelona, Polígrafa [1969], p. 314, cat. núm. 163, fig. 163, p. 238-239; 1984, p. 263, cat. núm. 238, fig. 238, p. 192-193. • *Cien años de cultura catalana 1880-1980*, Madrid, Ministerio de Cultura, 1980, p. 63, cat. núm. 1.3.58. • *Nonell*, Barcelona, Ayuntamiento de Barcelona, 1981, p. 42, cat. núm. 78, fig. 78, p. 91; Madrid, Caja de Ahorros y Monte de Piedad de Madrid/Ministerio de Cultura/Ayuntamiento de Barcelona, 1981, p. 42, cat. núm. 73, fig. 73, p. 89. • *Catàleg de pintura segles XIX i XX. Fons del Museu d'Art Modern*, Barcelona, Ayuntamiento de Barcelona, 1987, p. 758, cat. núm. 1.904, fig. • *Barceló-Barcelona. Miguel Barceló, Pintures de 1985 a 1987*, Barcelona, 1987, p. 92, cat. núm. 3. • MENDOZA, C., "Isidre Nonell. Bodegón", en *El bodegón español. De Zurbarán a Picasso*, Bilbao, 1999, p. 217, cat. núm. 51, fig. p. 216.

La serie de bodegones pintada por Nonell en los últimos meses de su vida fue muy bien acogida por la crítica, que la consideró incluso superior a la de las gitanas. Si la muerte no hubiera truncado su carrera artística, muy probablemente estos bodegones, que se consideran la culminación de su obra, hubieran marcado el inicio de una nueva etapa.

La obra que comentamos es probablemente el mejor bodegón de los doce que hizo y una de las mejores pinturas del conjunto de su producción. La reducción de los elementos que integran esta naturaleza muerta a un simple arenque junto a unas cebollas permite a Nonell exhibir una maestría absoluta en su particular técnica pictórica y un protagonismo casi exclusivo del color.

Plana, primer biógrafo de Nonell y uno de sus coetáneos que mejor entendió la obra del artista, definió así el impulso creador de esta última etapa de Nonell: "En unos meses pinta Nonell las telas más admirables, como si antes de morir tuviera que señalar un alto vuelo en su ascensión de artista. Como nunca llegaba a ser profundo el color de sus cuadros. Un ardor y una fiebre de producir lo empujaba. En poco tiempo pintó la serie de los bodegones, que son como un grito de alegría y de optimismo y el inicio de una genial pujanza. Libre de toda preocupación, alcanzaba su pintura una riqueza insospechada. Era como un hilo de luz que se torna raudal y disuelve las nieblas" (Plana, A., *L'obra d'Isidre Nonell*, Barcelona, Publicacions de La Revista, 1917, p. 76).

Por último, hay que señalar que, con motivo de esta exposición, la obra que nos ocupa ha sido intervenida por el Centro de Restauración del MNAC para hacer desaparecer las huellas de un parcheado anterior.

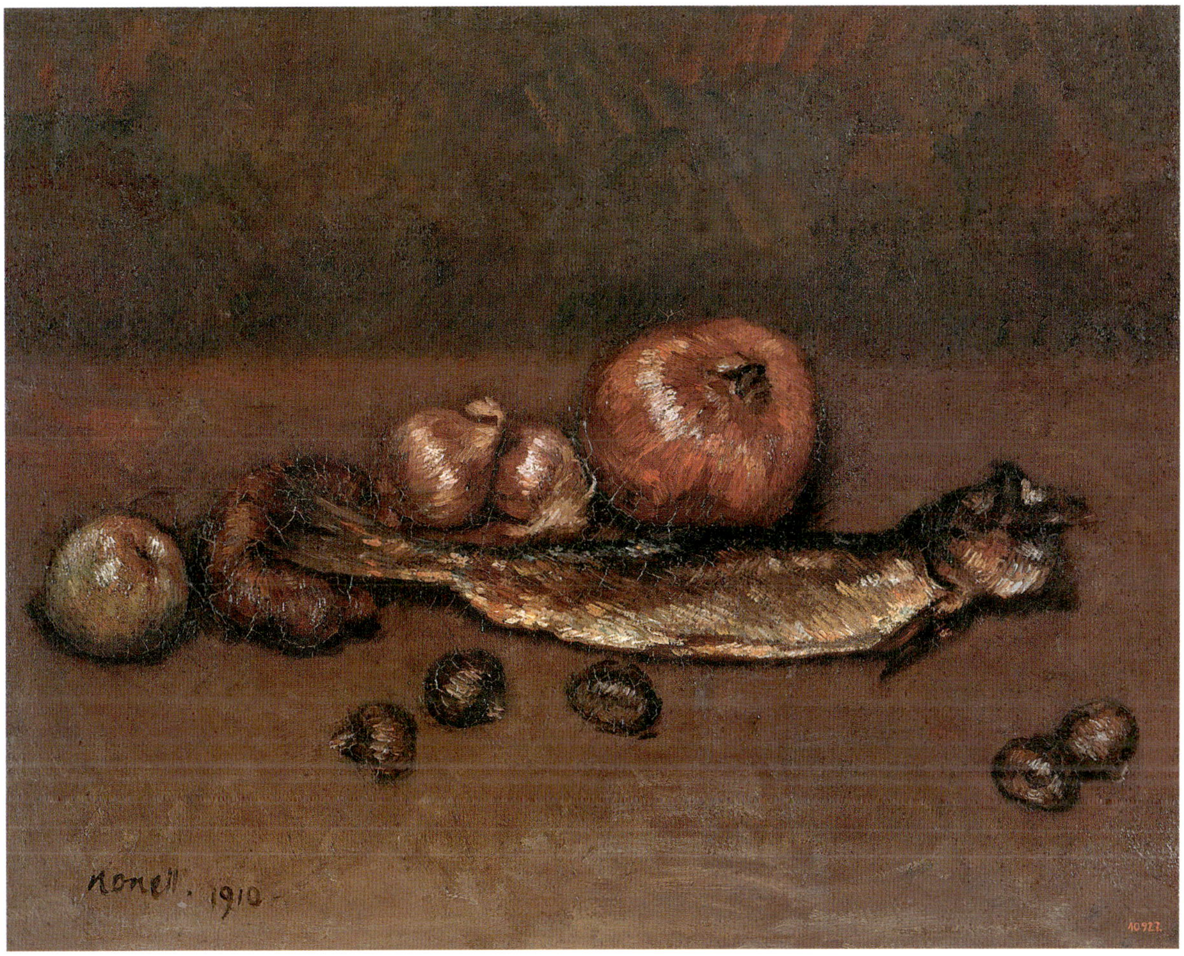
Nonell. 1910

1872 Isidre Nonell Monturiol nace en Barcelona el día 30 de noviembre. Su padre, Isidre Nonell Torras, había nacido en Arenys de Mar, pero se había instalado en Barcelona donde tenía un negocio de elaboración y venta de fideos y pastas de sopa en el número 50 (hoy 38) de la calle Sant Pere Més Baix. Se había casado muy joven con Francesca Jaurés Picó, también de Arenys, con la que en 1867 tuvo un hijo, Jaume, hermanastro del pintor. Después del fallecimiento de su esposa, Isidre Nonell Torras contrajo nuevo matrimonio con Àngela Monturiol Francàs. En el momento del nacimiento del pintor, su padre tenía 28 años y su madre 18. En el Registro Civil de Barcelona consta inscrito con los nombres de Juan Eduardo pero en el Libro de Bautismos de la Catedral, donde fue bautizado el día 8 de diciembre, figura como Isidro Eduardo. Siete años después el matrimonio Nonell Monturiol tuvo otro hijo al que pusieron por nombre Joaquim.

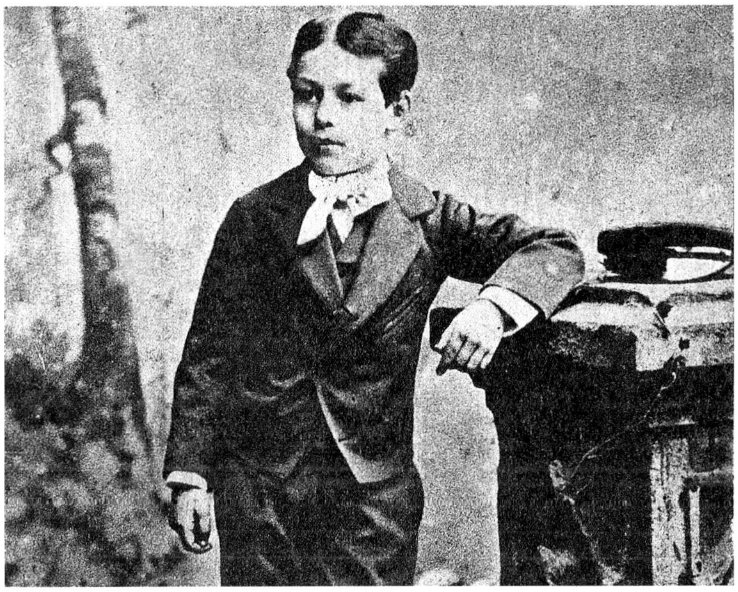

Isidre Nonell en su niñez

El ambiente menestral de la familia –el abuelo paterno y un tío del futuro pintor eran también fabricantes de pasta de sopa y el abuelo materno, hojalatero– auguraba a Isidre un futuro en el negocio familiar. Sin embargo su vocación artística se manifestó ya en la escuela por su predilección por el dibujo y su rechazo a las matemáticas.

Fue alumno del colegio de San Miguel de la Ronda de San Pedro, donde coincidió unos cursos con Joaquim Mir, cuyo padre tenía un negocio de artículos de sastrería y mercería en la calle de la Ciudad. La amistad entre los dos jóvenes, que querían ser artistas, se reforzó seguramente porque ambos tuvieron que vencer las respectivas resistencias paternas a las vocaciones artísticas de sus hijos. La poca afición de Nonell por el estudio motivó un cambio de escuela ya que, según testimonio de Joan Llongueras, hizo los últimos cursos en la escuela que Josep Martínez Aguiló tenía en la calle Trafalgar, esquina Méndez Núñez.

1884 El padre de Nonell accedió a que su hijo asistiera a clases de dibujo en la academia que Josep Mirabent, pintor especializado en flores y frutas, tenía en la plazoleta que forma la calle Montcada junto al paseo del Borne.

1886 Deja la academia Mirabent y asiste algunos cursos a la que aquel mismo año había abierto el pintor Gabriel Martínez Altés, en el cuarto piso de una casa de la plaza de Santa Ana. Allí conoce al futuro pintor Xavier Nogués y se gana la admiración de sus compañeros con caricaturas de personajes de la época.

1888 El curso 1888/89 se matricula, junto con Mir, en la Escuela de Aplicación, enseñanza secundaria que se impartía en Llotja y que equivalía a estudios de artes y oficios. La mayor parte de asignaturas eran muy especializadas (cerámica, carpintería, metalistería, tejidos...), pero Nonell y Mir únicamente debieron de asistir a les clases de Dibujo General Artístico. Otros artistas catalanes frecuentaron también esta escuela, quizás como complemento de los estudios de Llotja. En el curso anterior, por ejemplo, estaban matriculados Juli Vallmitjana, Gaspar Homar y Olaguer Junyent y en el 1891/92 Ricard Canals, Julio González, Xavier Gosé y Emili Fontbona, entre otros.

1890 Nonell y Mir reciben durante dos años clases de técnica artística del pintor Lluís Graner en el taller que éste tenía en el número 44 de la calle de Sant Pere Més Baix. Graner, diez años mayor que Nonell, había estudiado en Llotja, ampliando después sus estudios en Madrid y París, ciudad esta última en la que se instalaría de nuevo en 1894. En muy pocos años, gracias a

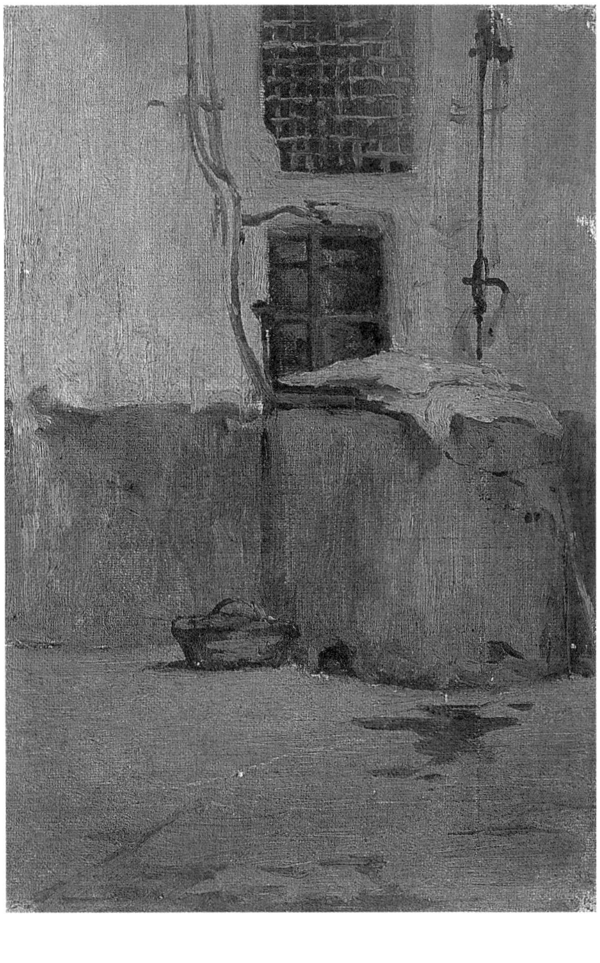

El pozo, col. particular

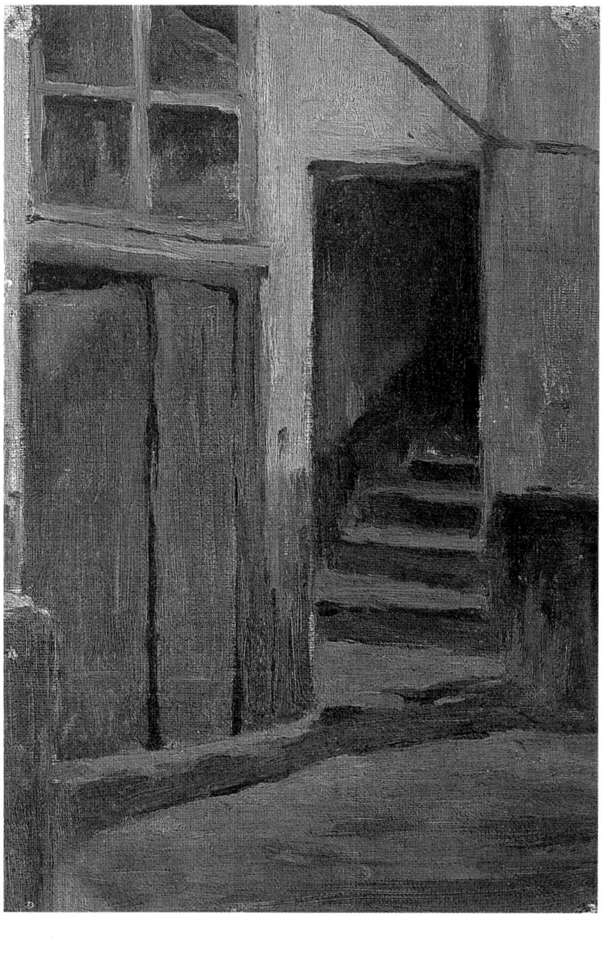

Escalera, col. particular

sus primeros éxitos profesionales, se había empezado a labrar un cierto prestigio que afianzaría unos años después con sus pinturas sombrías, tenebrosas y con sorprendentes efectos lumínicos. Es lógico que, al regresar de su primera estancia en París y montar una academia en su taller, vecino al domicilio de Nonell, éste y Mir se sintieran atraídos tanto por su temperamento entusiasta como por su pintura efectista. Al parecer, la predilección de Nonell por los desheredados y miserables, la adquirió al ver los modelos –pobres de la calle– que posaban para Graner.

Pinta *El patio*, lienzo que perteneció a los Museos de Barcelona y que desapareció durante la guerra civil.

1891 Participa en la Exposición General de Bellas Artes de Barcelona con la pintura *Interior* (53 x 69 cm) que figura en el catálogo con el número 385. Esta obra, la primera que exponía públicamente, no mereció ningún comentario de la crítica de arte.

1892 El 4 de febrero aparece por primera vez una referencia sobre Nonell en la prensa. *La Vanguardia* publica una crónica de una exposición colectiva de la Sala Parés, en la que participaba Nonell con unas notas en las que, según el comentarista, sigue las huellas de Rusiñol, pero sin lograr su armonía de color. Sin embargo destaca un interior con una hilandera por su realismo y augura al artista un buen futuro. Pocos días después el crítico de arte Joaquim Cabot en su reseña de *La Veu de Catalunya* elogia los estudios de Nonell, pero considera que su obra más importante, un patio encañizado, es demasiado pintoresco y poco estético. Sin embargo cree que tiene condiciones y que mejorará cuando supere su actual "estado plagiario".

1893 Participa con un paisaje y cuatro o cinco dibujos en la primera exposición organizada por la Academia Artística Libre, entidad creada en este mismo año por un grupo de jóvenes artistas catalanes para contribuir a mejorar el ambiente barcelonés. Uno de sus objetivos –hacer una exposición anual de las obras de sus socios– no tuvo continuidad y únicamente se celebró esta primera muestra que reunía casi un centenar de obras, en gran parte de artistas desconocidos. Los críticos valoraron positivamente las aportaciones de Casas y Rusiñol, que participaron para mostrar su solidaridad con la iniciativa, y destacaron unánimemente las obras de Nonell, entre los artistas jóvenes.

Se matricula en la escuela de Llotja en los cursos 1893/94 y 1894/95 y tiene como condiscípulos a Mir, Sunyer, Canals y Torres-García, entre otros. Asisten a las asignaturas de anatomía, perspectiva, estética, historia del arte, dibujo, paisaje y figura.

Nonell, junto con algunos amigos y compañeros de la escuela, como Mir, Canals, Adrià Gual, Ramon Pichot, Juli Vallmitjana y Sunyer, influenciados por las lecturas de Zola, descubre el paisaje de los suburbios de Barcelona, concretamente el de Sant Martí de Provençals. Allí pinta algunos paisajes con marcados efectos lumínicos en la línea de la pintura naturalista.

1894 Pinta un estudio al óleo de dimensiones reducidas que representa a un grupo de artistas de la Academia Artística Libre delante de una modelo desnuda. La figura de la izquierda se identifica, a pesar de su tono caricaturesco, con Rusiñol.

Presenta la pintura *Al atardecer* (83 x 79 cm) a la Segunda Exposición General de Bellas Artes de Barcelona. Raimon Casellas, el crítico más destacado de aquel momento, la consideró una de las notas de paisaje más personales de la exposición. En el mismo artículo, publicado en *La Vanguardia*, Casellas señalaba también que el color cadmio había inundado las telas de Nonell y de algunos de sus compañeros (Mir, Pichot, Canals, Sardà, Sunyer y Sans). Unos años más tarde, en un artículo dedicado al pintor Joaquim Mir recordaba que fue precisamente en la exposición del 1894 cuando las obras rutilantes de aquellos jóvenes artistas "amarilleaban", razón por la cual los escépticos visitantes de la sala del Palacio de Bellas Artes, donde estaban agrupados estos artistas, la llamaron *sala del safrà* ("sala del azafrán"). También el crítico conservador Francesc Miquel i Badia, antimodernista militante, utilizó las páginas del *Diario de Barcelona* para atacar con mucha ironía a estos jóvenes pintores que, según su opinión, se ponían gafas de cristal verde y amarillo para que las pinturas tuviesen estos colores.

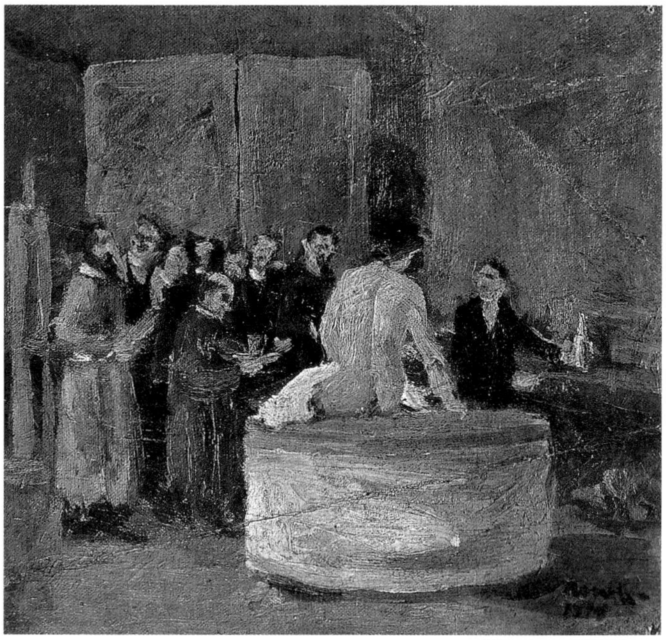

Academia Artística Libre de Barcelona, 1894

Expone un paisaje y dibujos en la exposición del Círculo Artístico que tuvo lugar en el mes de mayo.

A partir de septiembre empieza a colaborar en *La Vanguardia* con dibujos de tipos y escenas populares. La iniciativa partió seguramente de Casellas que entonces era el crítico de arte de aquel periódico. Hasta finales de año aparecieron seis dibujos con el título genérico de *Tipos populares de Barcelona*.

1895 La actividad pictórica de Nonell continúa centrada en el paisaje de los alrededores de Barcelona, especialmente en el de Sant Martí de Provençals y en el de Montjuïc. Alterna sus paisajes a pleno sol con acentuados contrastes de luz y sombra con otros más tristes que reflejan las vaporosas neblinas de la atmósfera.

A lo largo de este año participa con tres paisajes en la XII Exposición Extraordinaria de la Sala Parés, también con tres en la Exposición General de Bellas Artes de Madrid –donde acude por primera vez– y con otros tres en la exposición de Bellas Artes del Círculo Artístico de Barcelona. Los críticos calificaron su obra *Niebla y sol*, expuesta en la primera de las muestras citadas, como el mejor paisaje de Nonell de aquel momento.

Participa en la Exposición Humorística de Bellas Artes, organizada por la sociedad del Niu Guerrer. Las dos obras que presentó, firmadas con el seudónimo *Nyèbit*, fueron premiadas con dos medallas.

El popular semanario humorístico *L'Esquella de la Torratxa* publica varios dibujos de Nonell en el último número de octubre y en el Almanaque de 1896.

1896 A lo largo de este año el diario *La Vanguardia* publica tres dibujos de Nonell. El primero *El parque en enero*, fechado dos años antes, se publica en el suplemento de Año Nuevo. Participa en la Exposición de Bellas Artes de Barcelona con dos pinturas: *Sol de mañana* (103 x 118 cm) y *Al atardecer. Sant Martí de Provençals* (124 x 173 cm). El jurado le concede una Mención Honorífica. Su hermano Joaquim, que padecía alguna minusvalía y tenia crisis epilépticas, también participaba en esta exposición con un paisaje, lo cual es bastante curioso ya que no se dedicó a la pintura. Tal vez el verdadero autor de la obra era Isidre y dejó que fuera su hermano quien firmara la pintura y el boletín de admisión para participar en el certamen.

Durante el verano pasa unas semanas en Caldes de Boí con Canals y Juli Vallmitjana, cuya familia regentaba el balneario de aquella localidad. Aunque el objetivo de esta estancia en el Pirineo catalán era trabajar en el balneario, alternaron la administración de éste con la labor artística. Nonell pintó algún paisaje de su entorno –en *Port de Caldes* ofrecía una impresión de la áspera sierra de Boí– aunque el impacto que le causaron los habitantes del valle afectados de cretinismo le llevó a dedicarse casi obsesivamente a dibujar escenas relacionadas con la vida de estos seres deformes.

En octubre celebra su primera exposición individual en el Salón de La Vanguardia, ubicado en el vestíbulo de la redacción del periódico en la Rambla de los Estudios. La muestra reunía los dibujos que había publicado en el mismo periódico desde 1894 y la serie de dibujos de los cretinos de Boí, que acababa de realizar.

1897 *La Vanguardia* publica, en el suplemento de Año Nuevo, el dibujo *L'Anunciata (composición)*, que representa una anunciación en un suburbio de Barcelona. En este mismo año colabora en las revistas *La Saeta* y *Barcelona Cómica.*

Precisamente *Barcelona Cómica* publica el 16 de enero un artículo de Luis Ruiz de Velasco sobre los cretinos, a propósito de los dibujos de Nonell expuestos poco antes. En él se describe la enfermedad del cretinismo y sus consecuencias a partir de los últimos estudios científicos sobre el tema. Los cinco dibujos de Nonell que publica dicha revista ilustran magistralmente su degeneración física.

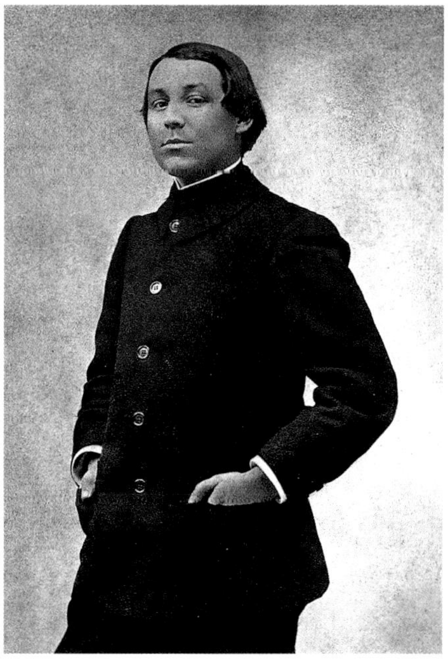

Nonell hacia 1897-1898

En febrero marcha a París con su amigo Ricard Canals y se instalan en el Hotel de Bruxelles –rue de Clichy 85– el mismo en el que se había alojado Rusiñol en otoño de 1889, cuando estuvo por primera vez en París. Nonell contaba con la ayuda familiar para vivir ya que su padre le mandaba cien francos mensuales, cantidad que su madre completaba con aportaciones puntuales. En París, Nonell y Canals se encontraron con Sunyer, amigo de Llotja, que se había instalado allí hacia unos meses.

La primera impresión de París desilusiona a Nonell y, al mismo tiempo, el contacto directo con las pinturas de los artistas franceses que admiraba en Barcelona, le produce un cierto desengaño. En una carta que manda a Casellas el 3 de marzo le comenta que Millet y Corot le dejan indiferente y, en cambio, le interesan Wisthler, Sargent, Carrière y, especialmente, Puvis de Chavannes. Los impresionistas –Monet, Degas, Pissarro, Manet y Renoir– en un primer momento lo decepcionan, pero más adelante cuando tendrá ocasión de ver más obras cambia de opinión y llega a sentir un verdadero entusiasmo por los dos primeros.

Visita una de les academias de pintura más conocida de París, la Academia Colarosi, que habían frecuentado diversos artistas, y equipara su enseñanza a la que se imparte en aquel momento en Barcelona, tanto en el Círculo Artístico como en Llotja.

Presenta en el Salon des Beaux-Arts, conocido también como el *Salon du Champ de Mars*, doce dibujos de cretinos (*Crétins à la sortie des vêpres*, *Les femmes de joie chez les crétins*, *Prés du foyer*, *Crétins de Bohí*, *En route pour le travaill*, *Couple amoureux*, *Chapelle ardente d'un crétin*, *Solitude*, *Allant à la fontaine*, *A la messe*, *Crétins de Taull* y *Berger crétin*). El jurado le pidió que él mismo seleccionara seis por razones de espacio. Canals presentaba temas españoles que serían habituales de este momento de su producción. Nonell se negó a cultivar estos temas que algunos marchantes, como Durand-Ruel, imponían por razones comerciales.

En París se relaciona con otros artistas catalanes como Sunyer o Joan Ossó y con los intelectuales anarquistas Alexandre Cortada y Jaume Brossa, vinculados a la revista *L'Avenç*.

En junio, Pere Romeu abre en Barcelona Els Quatre Gats. Una de las primeras actividades del establecimiento es una exposición de dibujos y pinturas. De Nonell, futuro parroquiano, hay una serie de nueve dibujos anteriores a su estancia en París –cinco de los cuales formaban parte de la colección de Alexandre Riera– que representaban la vida miserable de los barrios viejos y de los arrabales.

A finales de año participa, junto con Canals, en la XV exposición de *Peintres Impressionnistes et Symbolistes* que se celebra anualmente en la galería parisiense de Le Barc de Boutteville. El objetivo de estas exposiciones era reunir la obra de los jóvenes artistas no admitidos en los salones oficiales. Nonell expuso *Femme et enfants crétins* y *Effet de soleil.*

1898 Expone conjuntamente con su amigo Canals en la Galerie Le Bac de Boutteville de París. La exposición, que tiene lugar del 5 de enero al 5 de febrero, incluye treinta y una obras de Canals y cincuenta y siete de Nonell –dibujos de cretinos, escenas de París, gitanos y croquis– cuya relación aparece en el catálogo precedida de un prólogo escrito por Delphi Fabrice. La prensa de París, como *Le Moniteur des Arts*, *La Vie Moderne*, *La Fronde*, *Le Journal*, *Le Jour* o *Le Figaro*, publicaron reseñas de la muestra, algunas reproducidas en diarios de Barcelona. Los críticos de arte Frantz Jourdain, Gustave Geffroy y Arsene Alexandre relacionaron los dibujos de Nonell con Goya. También la revista inglesa *The Studio* publicó un comentario de la exposición, destacando especialmente los dibujos de los cretinos.

En una carta a Casellas, fechada el 26 de febrero, Nonell reconoce que la exposición de París había superado sus expectativas. En esta misma carta le comenta su cambio de opinión sobre los impresionistas, ya que después de haber tenido ocasión de ver obras importantes de Degas, Monet y Manet, muestra una gran admiración por sus pinturas así como por los dibujos de Toulouse-Lautrec y Daumier.

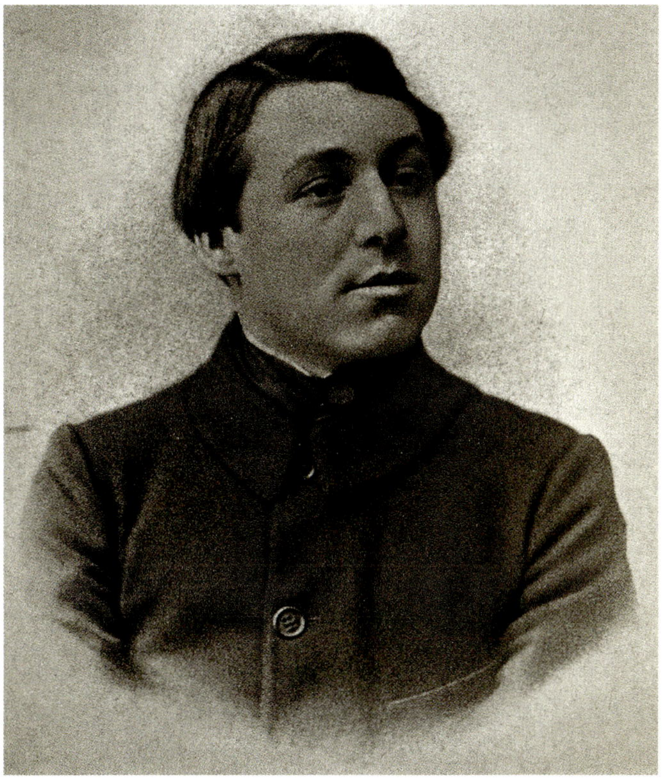

Nonell hacia 1898

Nonell lee el famoso manifiesto "J'Accuse" que Zola publica en *L'Aurore* a raíz del caso Dreyfus y sigue apasionadamente este asunto en las páginas de este periódico, manifestándose partidario de Zola.

Colabora esporádicamente en las revistas *La vie Moderne* de París y *Madrid Cómico* de Madrid.

Presenta ocho dibujos en el Salón de París. En esta ocasión ya no son dibujos de cretinos, como en el año anterior, sino gitanos (*Jeune gitane*, *Jeunes filles gitanes*, *Gitane fumant*, *Suicide d'un gitano*, *Gitano fou*, *Gitanos voleurs*, *Gitano assassin* y *Ménage gitano*). Es la última vez que expone dibujos en los salones de París ya que a partir del año siguiente participara con pinturas.

Expone dibujos de temas parisienses en la IV Exposición de Bellas Artes e Industrias Artísticas de Barcelona.

En verano, seguramente después de julio, regresa a Barcelona. Su peculiar indumentaria sorprende a sus amigos: lleva cabellera a la romana, vestido de *rapin* (estudiante de arte) con corbatas negras que daban tres vueltas a su cuello, chalecos fantásticos y pantalones anchos abrochados sobre los zapatos con una hilera de botones.

El diario *La Publicidad* reproduce cuatro dibujos de Nonell, ilustrando un artículo que describe la llegada del navío *Los Andes* al puerto de Barcelona con repatriados de la guerra de Cuba. Nonell dibujó a estos soldados, muchos heridos, enfermos o mutilados, mientras deambulaban por el puerto a la espera del retorno a sus hogares.

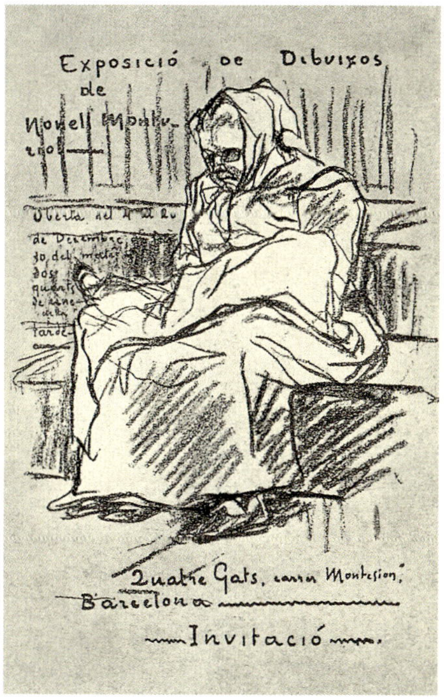

Exposición en Els Quatre Gats

En diciembre expone en Els Quatre Gats un conjunto de ochenta dibujos, que unos meses después expondrá en París. Eran dibujos tristes, conmovedores y amargos que representaban, como ya era habitual en su producción, la miseria y la degeneración humanas. A su colección de cretinos añadía ahora la de los repatriados de la guerra de Cuba y escenas de las calles de París. La prensa destacaba la originalidad de las técnicas utilizadas para colorear y dar carácter a sus dibujos –especialmente a los "fritos"– y se hacía eco de la indiferencia del público por la obra de Nonell. La exposición de Els Quatre Gats, a pesar de constituir un auténtico fracaso, contribuyó definitivamente a situar a Nonell, en su faceta de dibujante, en un lugar destacado del arte catalán de aquel momento. A ello contribuyeron los artículos que publicaron a raíz de esta exposición Utrillo (*A. L. de Barán*) en la revista *Luz*, Josep M. Jordà en el diario *La Publicidad* y Alfredo Opisso en *La Vanguardia*. Este último apareció en enero del año siguiente en la sección *Arte y Artistas Catalanes* que Opisso dedicaba a analizar la obra de los más destacados artistas y que posteriormente se publicó en forma de libro.

1899 A principio de año se va de nuevo a París, esta vez sin su amigo Canals. En esta segunda estancia alquila un taller en el número 49 de la rue Gabrielle. La revista *Quatre Gats*, publicada por Pere Romeu, reproduce en su portada del número 4 (2 de marzo) un dibujo de Nonell. Las portadas de los números anteriores eran de Casas, Mir y Pichot, respectivamente.

En abril expone en la galería del prestigioso marchante Ambroise Vollard en la rue Laffitte. La colección de dibujos que integraba la muestra, que Nonell tituló *España después de una guerra*, era prácticamente la misma que había expuesto en Els Quatre Gats. En las mismas fechas en la sala principal de la galería se exponían obras de Charles Dulac, pintor, dibujante y litógrafo especializado en la representación de catedrales, que había fallecido a finales del año anterior. Nonell, a falta de otras posibilidades, tuvo que conformarse con exponer en un altillo de esta galería que hasta entonces nunca se había utilizado para acoger exposiciones. El mismo Nonell reconocía, en una carta a Casellas del 26 de abril, que era una sala mal iluminada y de difícil acceso. En consecuencia la exposición pasó prácticamente desapercibida y sólo la visitaron los amigos de Nonell y algunos clientes de Vollard. Joan Brull, pintor simbolista que ejercía de crítico de arte en la revista *Joventut* y que mostró siempre un manifiesto rechazo por la obra de Nonell, describió su visita a la exposición de la galería Vollard en un artículo que publicó en 1901 en la citada revista.

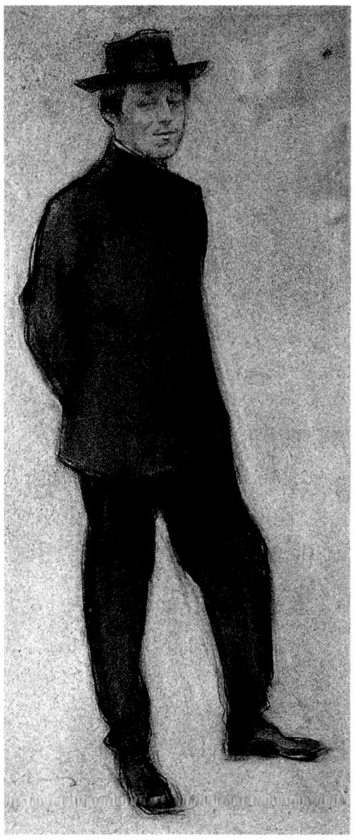

Retrato de Nonell por Ramón Casas

En octubre se expone en la Sala Parés la galería iconográfica de Ramon Casas, en la que figura el retrato de Nonell. Seguramente Casas le retrató el año anterior, después del retorno de aquél de París, cuando los dos artistas coincidían en Els Quatre Gats.

1900 Regresa definitivamente a Barcelona a finales de octubre, un mes después que Picasso y Casagemas se hubieran instalado en París. Precisamente al volver Nonell a Barcelona les cedió su taller de la rue Gabrielle. Una carta de aquéllos a Ramón Reventós, fechada el 25 de octubre y entregada personalmente por Nonell, ha permitido establecer la fecha aproximada de su regreso. Por lo que se refiere a la posibilidad de un tercer viaje de Nonell a París, apuntada por algún especialista, no hay ninguna prueba que lo confirme.

Se instala en un taller del número 28 de la calle Comercio, en el mismo edificio que tiene también su estudio su amigo Josep Ossó, pintor fracasado que había estado también en París y que, según Nonell, imitaba su estilo. Con el tiempo Ossó dejó la pintura para dedicarse a la restauración de obras de arte. Aunque Nonell mantuvo unos años este taller y posteriormente se trasladó a otro en el barrio de Gràcia, siempre que participaba en una exposición oficial hacía constar la dirección de la residencia familiar, donde de hecho vivió siempre. La revista *Álbum Salón* publica un dibujo de Nonell.

1901 Desde su regreso a Barcelona se dedica casi exclusivamente a la pintura y realiza la mayor parte de las obras que expone en enero del año siguiente en la Sala Parés. Su trayectoria hasta aquel momento había dado lugar a una producción pictórica escasa, básicamente centrada en el paisaje, pero su faceta como dibujante le había proporcionado un prestigio mucho más sólido. En este año se concentró en la renovación de su lenguaje pictórico desarrollando un estilo personal a través de la representación de gitanas, como tema exclusivo de su producción.

La revista *Arte Joven*, publicada en Madrid por Francesc d'A. Soler y Picasso, reproduce un dibujo de Nonell en su primer número.

Le invitan a participar en una exposición colectiva que se celebrará en una pequeña galería de arte de la rue Tailbout de París. A finales de año participa en una exposición colectiva en la Sala Parés.

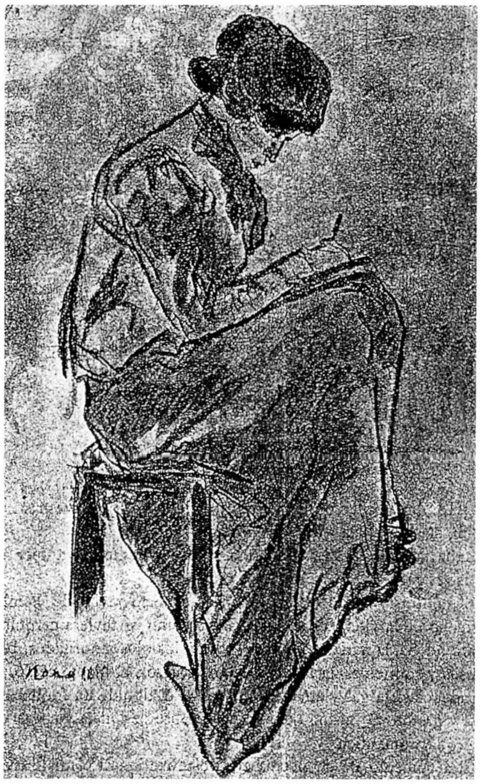

Dibujo de Nonell publicado en *Arte Joven*, 1901

1902 El 5 de enero se inaugura en la Sala Parés de Barcelona una exposición Nonell que reunió 15 obras. Esta es su primera exposición individual de pintura y en ella da a conocer el trabajo realizado desde su regreso a Barcelona centrado en su totalidad en la representación de gitanos, especialmente mujeres de esta raza. Aunque algunos críticos, como Utrillo, Opisso y Juñer Vidal, elogian su trabajo y reconocen su poderosa personalidad, en general supuso un fracaso porque una vez más los críticos conservadores –alguno definió la pintura de Nonell de delirio artístico– y el público rechazaron una pintura que se alejaba totalmente de sus parámetros estéticos.

La revista *Pèl & Ploma* le dedica el número del mes de enero. Incluye un artículo de Utrillo, que firma con el seudónimo *Pinzell*, el retrato de Nonell dibujado por Casas, treinta dibujos de Nonell incluyendo el de la cubierta y el escrito de Eugeni d'Ors "La fí de l'Isidro Nonell", relato espeluznante en el que unos personajes deformes acaban devorando a quien los ha retratado.

Después de tres años de ausencia del Salón de París participa de nuevo con *Gitano* y *Gitanilla*. Las dos obras habían figurado a primeros de año en la exposición de la Sala Parés.

En mayo participa con dos obras en una exposición organizada por la asociación *Art i Pàtria* y en junio expone de nuevo en la Sala Parés, aunque en esta ocasión la muestra no tuvo tanta repercusión como la que había celebrado en la misma sala en enero.

La revista *Catalunya Artística* pública ocho dibujos de Nonell en el número del 6 de noviembre y uno en el del día 20.

1903 Nonell expone nuevas obras en la Sala Parés. Sus ocho lienzos de gitanas coincidían con pinturas simbolistas de Joan Brull y con un conjunto de ex libris de Triadó. Sebastià Junyent, amigo de Nonell, escribió una reseña de estas exposiciones para *Joventut*, revista de la que Brull era crítico habitual. Con el título de *La cueva encantada*, Junyent plasmaba con tintes literarios el profundo contraste entre la producción de los dos primeros. También Carles Juñer Vidal en *El Liberal* contraponía las obras de estos dos artistas y tomaba partido por la de Nonell, al que consideraba un verdadero artista frente a la superficialidad de la obra de Brull.

Participa con cinco lienzos –*Soledad*, *Gitano*, *Amparo*, *Étude* y *Femme espagnole* (cat. núm. 268 a 272)– en la décima exposición de *La Libre Esthétique* que se celebra en Bruselas del 26 de febrero al 29 de marzo. En la misma muestra participan, entre otros, los pintores Jacques-Emile Blanche, Degouve de Nuncques, Maurice Denis, Moreau-Nelaton, Théo Van Rysselberghe y los catalanes Pau Roig y Santiago Rusiñol. Regoyos, que había participado en años anteriores, no expuso ninguna obra en esta edición.

En abril, el periódico *La Tribuna* publica un artículo de Manuel Sarmiento en el que describe su visita al taller de Nonell. Se trata de uno de los pocos escritos que muestran la faceta más humana y cotidiana del pintor.

Hasta entonces Nonell había participado en el Salon des Beaux-Arts, uno de los salones tradicionales y conservadores de los que se celebraban en París; a partir de este año, en cambio, e ininterrumpidamente hasta 1910, preferirá exponer en el Salon des Indépendants en el que exponen los artistas más avanzados. En la edición de este año presenta ocho pinturas (*Deux-Gitanes*, *Gitane*, *Carmen*, *Dolores*, *Consuelo*, *Esmeralda*, *Pepita* y *Lola*). Georges Thomas adquiere *Esmeralda*.

En septiembre viaja a Madrid con el pintor Sebastià Junyent y el músico Joan Gay. En el transcurso del viaje se detienen en Zaragoza, Sigüenza y Guadalajara, ciudades en las que visitan el patrimonio arquitectónico. El día 9 llegan a Madrid; durante cuatro días recorren el Museo del Prado, objetivo principal del viaje, donde admiran con especial interés las obras de Velázquez, Ticiano, Goya y El Greco. Dedican otro día a visitar la ermita de San Antonio de la Florida y, antes de regresar, hacen una excursión a Toledo. Según Junyent, que va anotando sus impresiones en una libreta, quedaron maravillados ante el *Entierro del Conde Orgaz* del Greco. *Pèl & Ploma* incluye siete dibujos de Nonell en su número del mes de octubre.

El 6 de noviembre se inaugura una nueva exposición de Nonell en la Sala Parés que reunía dibujos y pinturas, tres de las cuales participarán el año siguiente en el Salón de París. Como es habitual en sus exposiciones no se publica catálogo, aunque en esta ocasión la revista *Pèl & Ploma* imprime una invitación que incluye uno de los dibujos expuestos. Esta es la última vez que expone individualmente en la Sala Parés, a partir de ahora sólo participará en alguna exposición colectiva. Sin duda, la razón de esta ruptura es el poco éxito de ventas de sus obras. Hasta este momento sólo había vendido algunas pinturas en París, nunca en Barcelona.

A propósito de esta última exposición aparecen diversas críticas en la prensa. Quizás la más sorprendente es la de Casellas cuya actitud negativa frente a las obras de Nonell contrasta con el apoyo que le proporcionó en sus inicios. A partir de este momento se produjo un evidente rechazo de Casellas hacía la pintura de Nonell, incomprensible teniendo en cuenta el papel que había asumido en defensa del arte catalán más avanzado. El motivo de este cambio de actitud ha dado lugar a distintas interpretaciones.

El escritor Rafael Nogueras Oller, también a raíz de esta exposición, publica un escrito en el diario *La Tribuna* del 23 de noviembre, en el que, a modo de fragmento teatral, ofrece con mirada penetrante el contraste entre la actitud frívola y de rechazo de los espectadores y los sentimientos de las gitanas.

Modelos de Nonell en su taller, 1904 (fotografía de F. Serra)

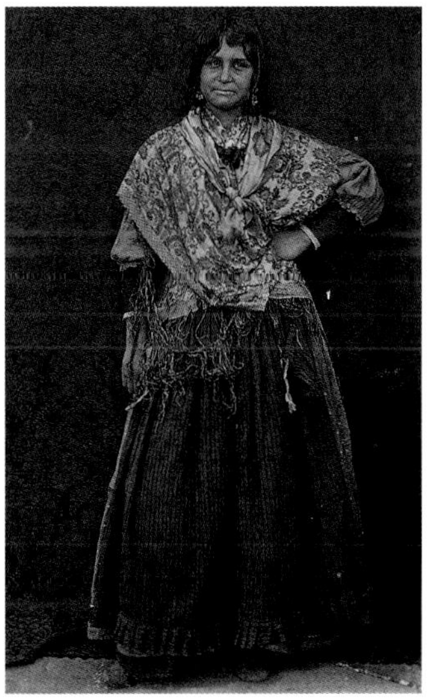

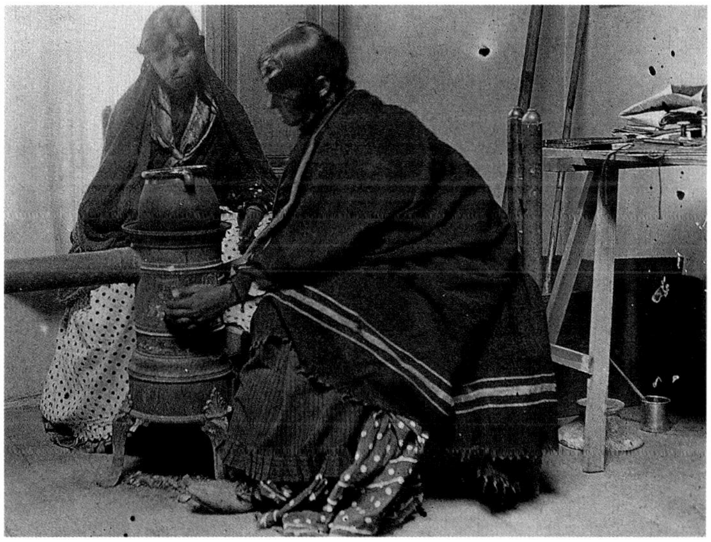

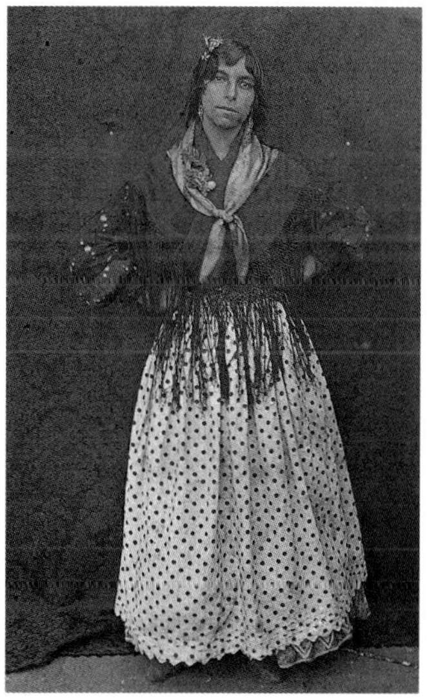

1904 La actividad de Nonell continua centrada en la pintura de gitanas que dará a conocer en los siguientes años en diversas colectivas. Participa en la Exposición Nacional de Madrid con once obras (*Soledad*, *Dolores*, *Estudio*, *Gitana*, *Mujer sentada*, *Consuelo*, *Sol de invierno*, *En el café*, *Pobres de París*, *Idem de Barcelona*, *Apuntes de café-concierto*, estos últimos dibujos). El jurado, que premió con Medallas de Primera Clase a Chicharro, Casas, Martínez Cubells y Benedito, concedió a Nonell una de las cien Meciones Honoríficas de pintura. Merecieron este mismo premio, entre otros, Regoyos, Vázquez Díaz y muchos pintores actualmente olvidados.

Presenta *Dolores* en el Salon des Beaux-Arts y *Vieille gitane*, *Ètude*, *Gitano*, *Consuelo*, *Ètude de Gitano* y *Jeune gitane* en el Salon des Indépendants. Tres de estas pinturas se habían expuesto ya en la Sala Parés de Barcelona el año anterior. Las características más destacadas de las pinturas que expone en estos años, se pueden resumir en el uso preferente de telas de gran formato con gamas cromáticas oscuras, especialmente en los fondos, aplicadas con gruesas pinceladas, que representan a gitanas en actitud de abatimiento y con los rostros ocultos.

La revista *Forma* publica en su número de mayo ocho dibujos de Nonell. En octubre esta misma publicación, considerada la mejor revista ilustrada de aquellos años en nuestro país, organiza una exposición en la sala Parés en la que se reúnen obras de artistas muy diversos. El núcleo de la muestra estaba formado por los retratos de Casas realizados durante su estancia en Madrid y se mostraban obras de Sorolla, Meifrén, Muñoz Degrain, Beruete, Baroja, Torné Esquius, Zorn, Sert y Nonell. De este último concretamente se exponían *Consuelo* y *Julia*.

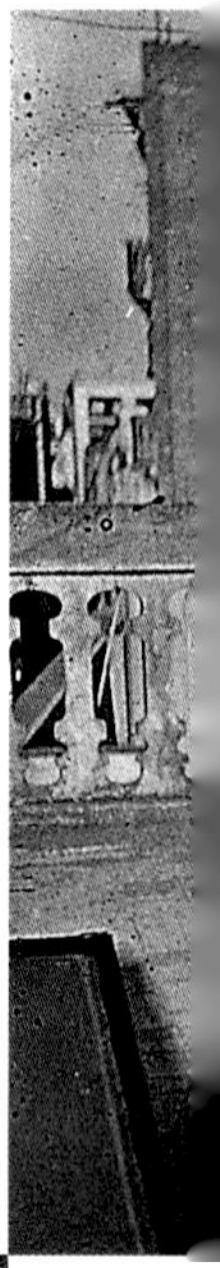

En las páginas de la revista *Catalunya Artística* surge una polémica a raíz de la crítica de la exposición de la revista *Forma* escrita por el pintor, dibujante y decorador Joaquim Renart en la que vierte un duro juicio sobre Nonell. La respuesta del dibujante Bagaria en defensa de Nonell fue contestada por Renart con un largo artículo en el que elogiaba sus paisajes y dibujos anteriores a 1902, pero reiteraba su opinión sobre sus pinturas de gitanas. Ya fallecido Renart, se publicó su *Diario (1918-1961)*, en el que, en 1923, se arrepentía vivamente de la citada polémica y rectificaba su criterio sobre las gitanas de Nonell.

Nonell se apunta a una iniciativa, lamentablemente frustrada, para crear una sociedad de artistas jóvenes que debía llamarse "asociación de pintores y escultores catalanes" y que tenía por objetivo promover una exposición anual y conseguir que artistas extranjeros tuvieran facilidades para exponer en Barcelona. Su primer proyecto era organizar una exposición que debía celebrarse en febrero del año siguiente.

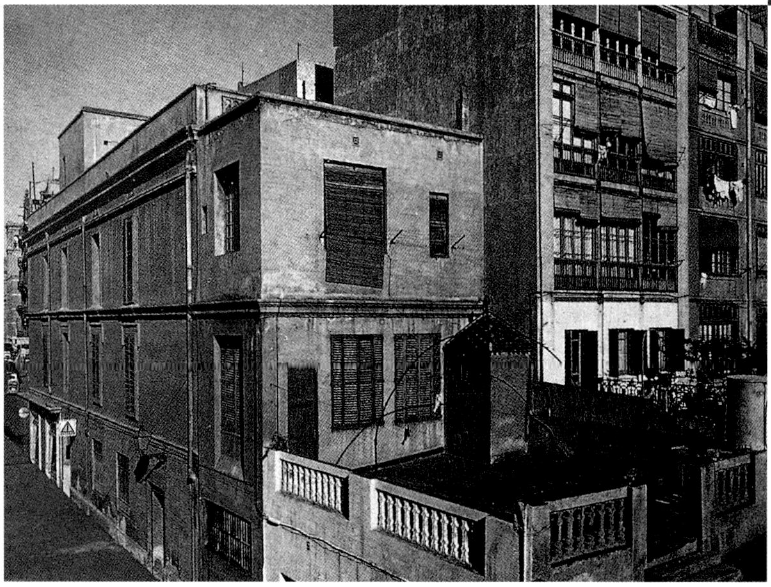

Taller de Nonell en la calle Sant Marc de Gràcia

1905 La revista *Joventut* reproduce dos pinturas recientes de Nonell, *Gitana* y *Abatida*, en el número de año nuevo. Aunque no se conoce la fecha exacta, probablemente en esta época dejó el taller de la calle Comercio y se trasladó al que había ocupado Josep Rocarol, un amigo de Picasso, en la calle Sant Marc de Gràcia con balcones a la calle Mayor, que conservó hasta su muerte. Era frecuente ver delante de la casa a las gitanas que le hacían de modelo, esperando la llegada del pintor.

Participa en los Salones de París. Envía ocho pinturas al Salon des Indépendants (*Repos*, *Deux Gitanes*, *Gitane en deuil*, *La Chata*, *Dormeuse*, *Dolores*, *La Chicharra* y *Juana*) y cinco al Salon d'Automne (*Consuelito*, *La Mona*, *Carmela*, *Gitane* y *Ètude*).

Eugeni d'Ors publica en Ediciones El Banquete, de Madrid, el libro *La muerte de Isidre Nonell seguida de otras arbitrariedades y de la oración de Madona Blanca María*, en el que recopila distintos artículos publicados anteriormente. El dedicado a Nonell, traducido del catalán por Enrique Díez-Canedo, reproduce seis dibujos del pintor.

El 10 de junio *La Publicidad* reproduce una carta de Nonell a Josep M. Jordà, crítico de arte de este periódico, en la que, a propósito de una exposición Regoyos que se celebraba en aquel momento en la Sala Parés, recuerda que en 1894 un grupo de amigos y admiradores de Regoyos (Rusiñol, Casas, Pichot, Brull y Carreras) había comprado una pintura de aquél en la Exposición de Bellas Artes de Barcelona para donarla al museo de esta ciudad, pero fue rechazada por la Comisión de Bellas Artes. Dado que esta obra permanecía en depósito en casa del decorador Josep Pascó, Nonell planteaba la posibilidad de que la Junta de Bellas Artes aceptara finalmente la donación y por fin, después de tantos años, el lienzo de Regoyos pasara a ocupar merecidamente un lugar en el museo. La petición de Nonell no surtió ningún efecto y la obra en cuestión, *El mes de María en Bruselas*, actualmente forma parte de una colección particular.

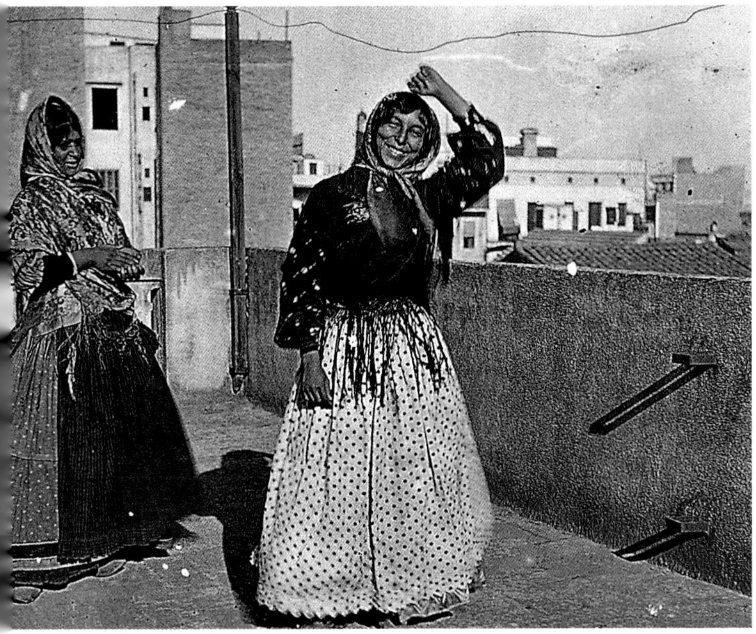

Gitanas en la azotea del taller de Gràcia, 1908 (fotografía de F. Serra)

Consuelo, la modelo predilecta de Nonell, muere a consecuencia de un trágico accidente. Sebastià Junyent publica un sentido artículo sobre esta gitana en las páginas de *Joventut* (23 de noviembre de 1905). Consuelo y su abuela aparecen en la conocida fotografía de Nonell en su taller, realizada por Francesc Serra el año anterior.

1906 Ante la falta de importantes exposiciones de carácter oficial, el Círculo Artístico de Barcelona celebra a primeros de año en su local social una exposición de obras (estudios y impresiones más que obras acabadas) de artistas diversos. Los cronistas de la exposición destacan las obras de Nonell entre las más sobresalientes.

Participa de nuevo en la Exposición General de Bellas Artes de Madrid. En esta ocasión presenta nueve pinturas (*Dolores*, *La Chata*, *La Mona*, *La Viuda*, *Carmela*, *Consuelito*, *Miseria*, *Melancolía* y *Reposo*) y ocho dibujos. El jurado le concede, como en 1904, una Mención Honorífica. También, como tiene por costumbre, expone en el Salon des Indépendants de París *La Chinina*, *Angustias*, *Gertrudis*, *La Chaparro* y *La Morena*. La mayoría de obras expuestas, tanto en París como en Madrid, datan de años anteriores. Sin embargo algunas de las más recientes reflejan ya el cambio que se ha empezado a producir en sus pinturas: gamas cromáticas más claras, pinceladas aplicadas metódicamente, formato más reducido o figuras representadas de medio cuerpo.

Colabora en el Álbum con el que la Comisión Ejecutiva del homenaje al rey Alfonso XIII le obsequia con motivo de su boda. Este Álbum reúne cincuenta dibujos y acuarelas de los más destacados artistas catalanes.

1907 El Círculo Artístico celebra una muestra de las mismas características que la del año anterior en la que Nonell colabora de nuevo. A lo largo de este año también concurre a diversas manifestaciones organizadas por entidades vinculadas a Barcelona: Artistas Independientes, Cercle de Sant Lluc, Círculo Ecuestre. A finales de año el Círculo Artístico organiza una

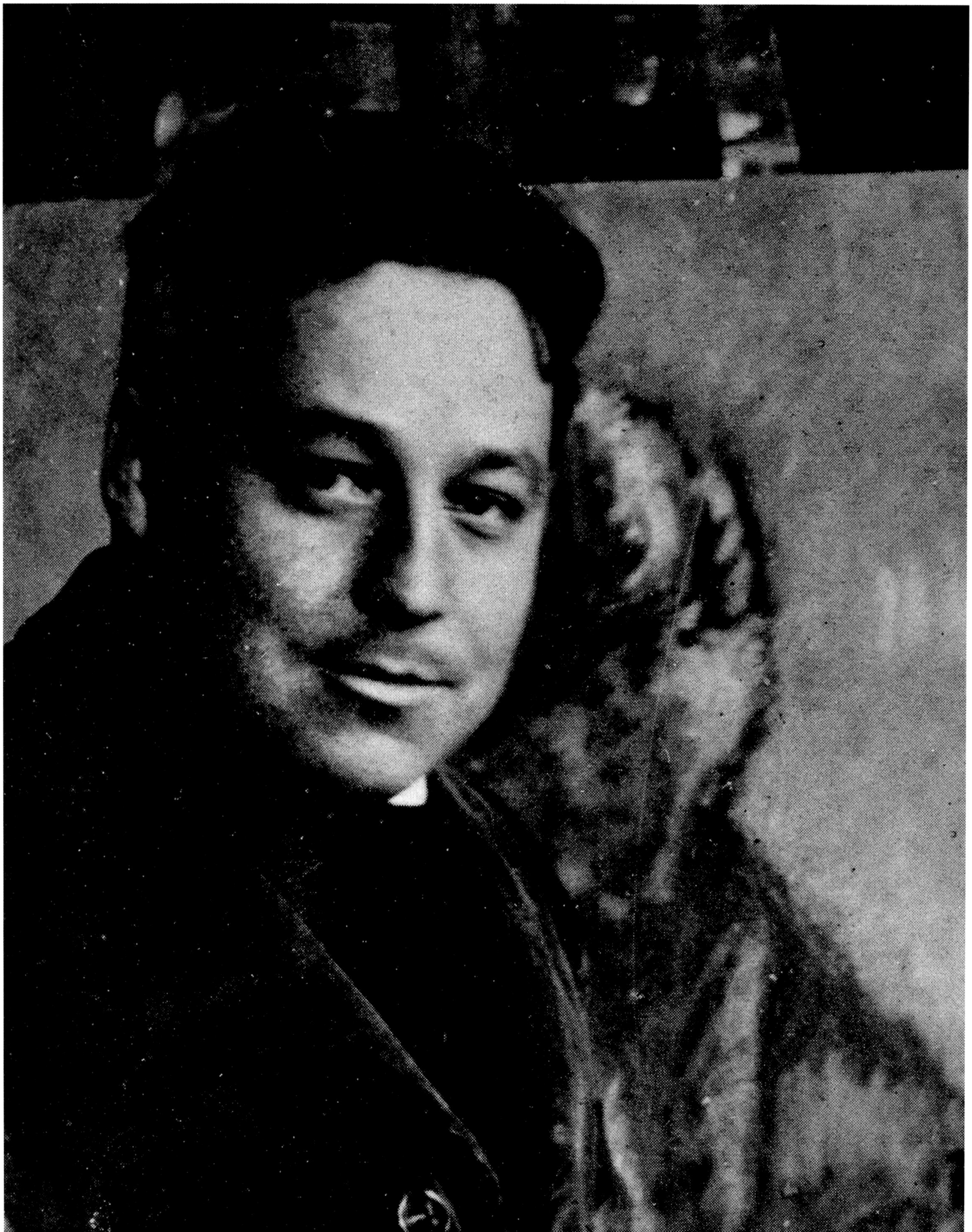

Nonell en su taller, 1908

exposición de autorretratos de artistas españoles en la que figuran dos autocaricaturas de Nonell. En sus últimos años Nonell recurrió con frecuencia a este genero y se representó con mucha ironía, obeso y con aspecto bonachón.

El acontecimiento artístico más importante de este año en Barcelona es la V Exposición Internacional de Arte organizada por el Ayuntamiento de la ciudad. Desde 1898 no se celebraba ninguna muestra de esta magnitud y en esta ocasión se consiguió una participación de artistas extranjeros de primer orden. Nonell presentó diez obras de las que sólo le admitieron cuatro (*Estudio de gitana*, *Angustias*, *Consuelo* y *La viuda*), número máximo permitido a cada participante. Estas obras, junto a las de Regoyos, Pichot, Canals y Opisso, entre otros, compartieron una sala decorada por Adrià Gual. El jurado de recompensas no incluyó a Nonell entre la relación de artistas premiados. Participa con seis pinturas, todas con el título de *Étude*, en el Salon des Indépendants de París.

1908 Participa con tres obras en la Exposición General de Bellas Artes de Madrid y con seis en el Salon des Indépendants de París. Todas estas pinturas, como las que expuso el año anterior en este mismo Salon, se titulan *Estudio*. En ellas se percibe el cambio que se había ido gestando durante los dos últimos años en su obra pictórica y que se concreta en la introducción de los blancos y azules luminosos y en la utilización de modelos de raza blanca. Las gitanas dejarán de ser las protagonistas de sus lienzos.

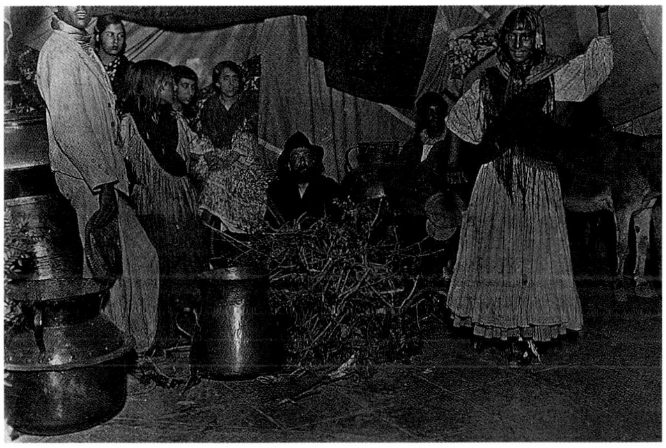

Gitanos en el taller de Nonell, 1908

Durante cuatro años había dejado de colaborar en revistas ilustradas de Barcelona. En este año reemprende su faceta de ilustrador con un dibujo que aparece en *La Campana Catalana*, el mes de marzo.

A finales de año inicia su colaboración en la revista humorística *Papitu*. Esta revista, fundada en 1908 por el pintor, dibujante y crítico de arte Feliu Elias, contó durante su primera época con destacados colaboradores literarios y artísticos. Cabe recordar las magníficas ilustraciones del propio Elias (*Apa*), Nogués, Humbert, Labarta, Junoy, Gargallo, Juan Gris o Nonell, entre otros. El primer dibujo que Nonell realizó para esta publicación apareció en el último número del año.

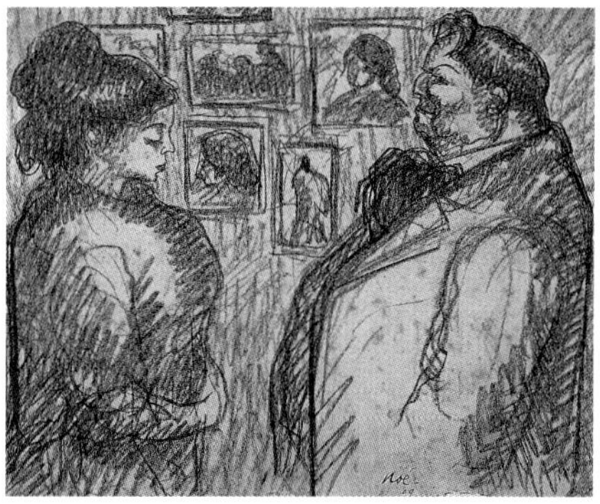

Autocaricatura en *Papitu*, 1909

1909 A lo largo del año la revista *Papitu* publica treinta y cuatro dibujos de Nonell. Utilizando una técnica similar en todos ellos (tinta, lápiz o sanguina, acuarela y *gouache*) plasmó una amplia galería de tipos populares, personajes grotescos, caricaturas y autocaricaturas, que iban acompañados de una frase humorística (un chiste) a veces irónica, a veces amarga. El mismo Nonell escribió algunas de estas leyendas, aunque también corrían a cargo de los colaboradores literarios de la revista. Habitualmente firmó estos dibujos con su apellido pero utilizó también el seudónimo de *Josué*, en los números de septiembre y primer número de octubre de este año, y, inmediatamente pasó a utilizar el de *Noé*, tal como el mismo indicó en el primer dibujo que firmó con este seudónimo. Un año después volvió a firmar sus dibujos de *Papitu* con su propio nombre.

En febrero tiene lugar una exposición conjunta de dibujos de Nonell y del pintor Joan Colom en la Sala Dalmau, galería puesta en marcha el año anterior en el establecimiento de antigüedades que su propietario, Josep Dalmau, tenía en la calle del Pi de Barcelona. Más adelante cuando trasladó su galería a la calle Portaferrissa, Dalmau organizaría las exposiciones más avanzadas de Barcelona. Las reseñas de esta exposición permiten corroborar el distinto criterio que se aplicaba a Nonell si se trataba de comentar una exposición de sus pinturas o de sus dibujos. Esta última faceta era, en general, mucho más valorada. También participa en el Salon des Indépendants con dos obras (*Soledad* y *Ètude*).

A la representación de figuras femeninas de medio cuerpo, con su técnica característica y colores intensos, añade ahora figuras de cuerpo entero, generalmente sentadas, que incorporan, en alguna ocasión pequeños bodegones al fondo de la composición.

1910 Continúa colaborando con la revista *Papitu*, aunque el número de dibujos publicados en este año, trece, es bastante inferior al del año anterior. El día 15 de enero se inaugura una exposición Nonell en las Galeries del Faianç Català de Barcelona. Es su primera muestra individual de pintura desde 1903, ya que la del año anterior era únicamente de dibujos, y estaba formada por un centenar largo de pinturas, realizadas a partir de 1900, y un número considerable de dibujos. La exposición supuso un éxito rotundo para el pintor tanto desde el punto de vista de la crítica, que unánimemente reconoció el triunfo del artista, como desde el punto de vista comercial ya que por primera vez Nonell conseguía vender sus pinturas en Barcelona. Según las crónicas publicadas en aquel momento vendió más de treinta obras.

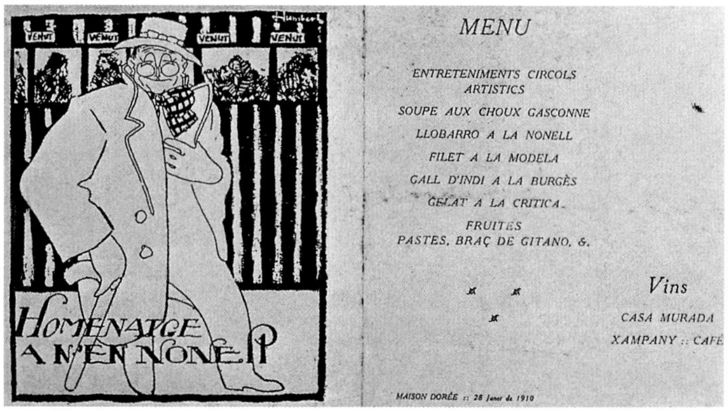

Díptico impreso con motivo del homenaje a Nonell, 1910

Un grupo de artistas, amigos de Nonell, organizan un homenaje para celebrar su éxito. Este homenaje consiste en una cena que tuvo lugar en la Maison Dorée el 28 de enero. De allí surge la iniciativa de adquirir una obra con destino al Museo de Bellas Artes de Barcelona. Para hacer efectiva esta donación algunos de sus amigos y admiradores compran *Meditando* que figura en la exposición del Faianç y la ceden al Museo. Era la primera pintura de Nonell que ingresaba en el Museo de su ciudad.

Participa por última vez en el Salon des Indepéndents de París, las obras seleccionadas son: *Lola*, *Coralito*, *La Chavala*, *Juana*, *Julia* y *Ètude*. Asimismo las dos obras que figuran en la Exposición Nacional de Pintura, Escultura y Arquitectura de Madrid (*Lola* y *Victoria*), son las últi-

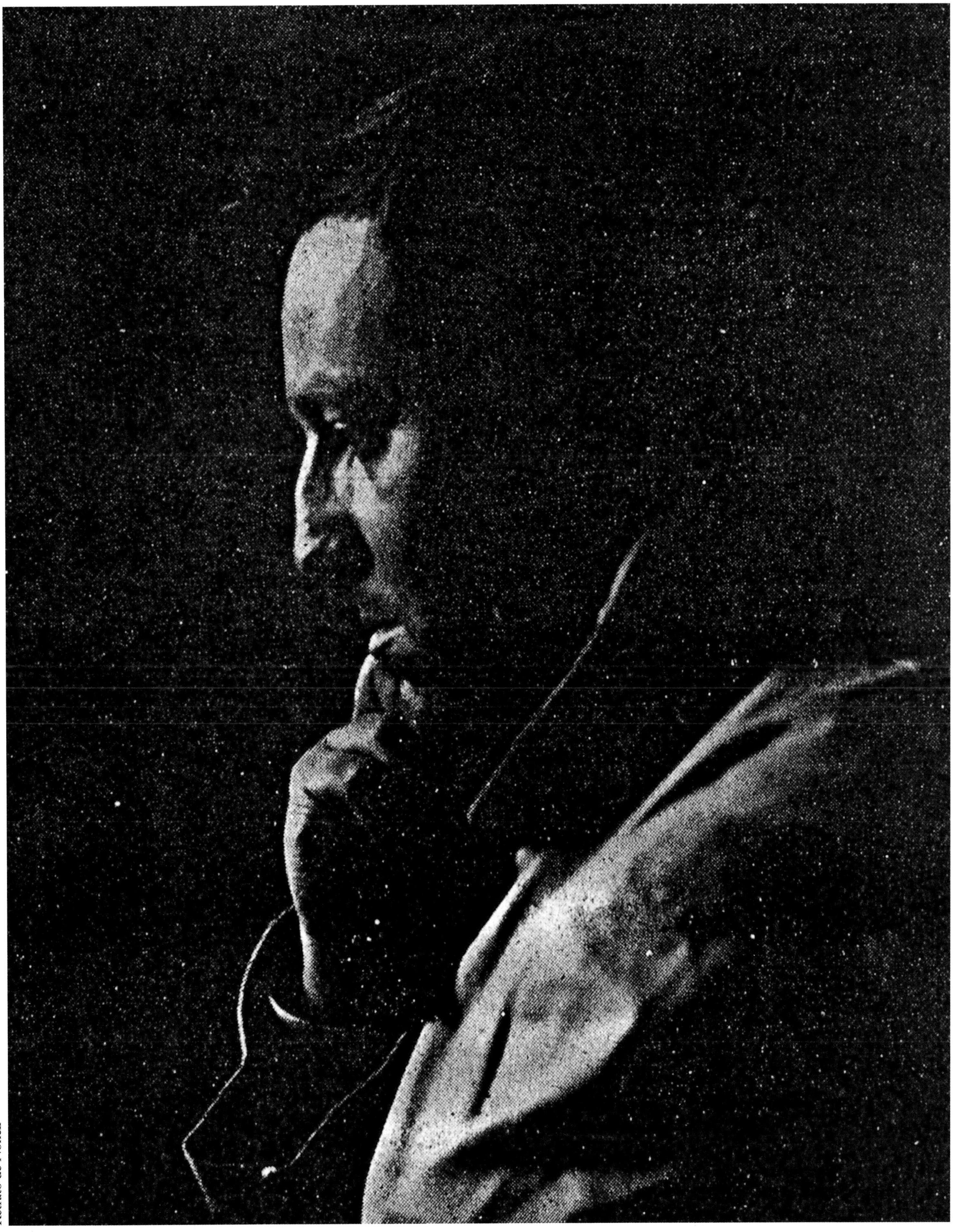

Retrato de Nonell

mas que se exponen en esta ciudad en vida del artista. En esta ocasión el fallo del jurado, muy discutido por un grupo de intelectuales y artistas, no incluyó a Nonell entre los numerosos premios concedidos.

Autocaricatura en *Papitu*, 1911

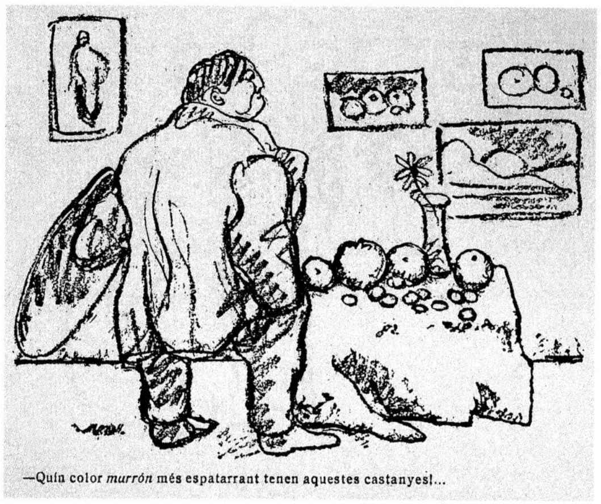

Un grupo de artistas catalanes afines al nuevo ideario del *noucentisme* (Canals, Casanovas, Humbert, Nogués, Sunyer y Nonell, entre otros) fundan la Associació Les Arts i Els Artistes. Nonell, que formó parte de la primera junta de esta asociación, intervino en la primera exposición colectiva de esta entidad que se celebró en mayo en el Faianç Català.

En los últimos meses Nonell se dedica a pintar, casi obsesivamente, bodegones. Alexandre Plana, su primer biógrafo, autor también de la primera catalogación de sus obras, contabilizó doce lienzos dedicados a este tema.

1911 *Papitu* publica ocho dibujos de Nonell en los números de enero. Impulsado por Eugeni d'Ors, el editor Joaquim Horta publica el *Almanac dels Noucentistes* en el que se incluye el dibujo de una gitana de Nonell. Muere a consecuencia de un tifus el día 11 de febrero.

En el Faianç Català tiene lugar la segunda exposición de la Associació Les Arts i Els Artistes, en la que Nonell participa con catorce obras que había seleccionado él mismo. Sus compañeros, a modo de homenaje, exponen, fuera de catálogo, los bodegones pintados en los últimos meses. Los críticos de arte los definen como auténticas obras maestras y como el inicio de una nueva etapa, truncada por la prematura muerte del artista. A partir de aquel momento Nonell se convertiría en una de las primeras figuras del arte de nuestro país.

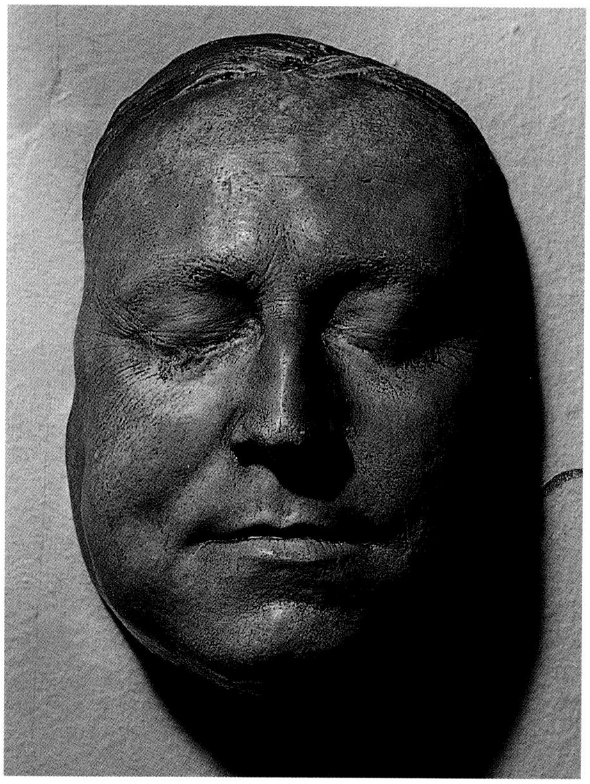

Gargallo, *Máscara de Nonell*, 1910

EPISTOLARIO

En este apartado se incluyen las cartas (traducidas del catalán) que conocemos escritas por Nonell: cinco dirigidas al crítico de arte Raimon Casellas desde París publicadas con anterioridad por Ll.-E. Bou en la revista *D'Art*, núm. 2, 1973; una al escritor y pintor Juli Vallmitjana (inédita); dos al pianista Ricard Viñes (inéditas); una al crítico de arte Josep Maria Jordà, que se publicó en el diario *La Publicidad* el 10 de junio de 1905; y por último, una al filósofo Francesc Pujols, que reprodujo Enric Jardí en su monografía sobre el pintor.

• • •

PARÍS, 3 DE MARZO DE 1897

Sr. D. R. Casellas.

Muy Sr. mío y amigo: Hasta ahora no empiezo a hacerme cargo de lo que es París. Todos estos días los he pasado desconcertado y casi completamente desilusionado. Me parecía mentira que esto fuese el París que me imaginaba en Barcelona.

Fui al museo del Louvre y lo que creía que más me entusiasmaba me dejaba completamente frío. Lo de C. Monet, Degas, Pissarro, Manet, Renoir, etc., incluso lo encontraba flojo. Ahora que todo ésto lo he visto con detención me gusta mucho más que al principio, pero de todas formas para mí no es tan grande como creía. De Monet especialmente tenía otro concepto. Quizás cuando vea más obras (las que he visto son pocas y dicen que no son de las mejores) me entusiasmará.

Las que de verdad me han gustado han sido Puvis de Chavannes, Whistler, Sargent y Carrière. El primero sin duda es el más grande de los pintores que ahora viven.

En los periódicos que he visto por tiendas y quioscos abundan mucho los dibujos insípidos y de artistas malos y en las tiendas de los marchantes, los cuadros de los Masrieras más o menos bien trabajados son los que más se ven. Esto ha hecho que me sintiera orgulloso y que a la vez me desanimara.

Tuvimos la desgracia de ir los primeros días a un concierto y de que éste fuese malo. Hasta ayer no estuvimos en un cabaret donde me parece que se hace arte. Esto, de haber estado en Montmartre y de ver en casa de algunos marchantes dibujos de Forain, Ibels, Steilen, etc., me hace comprender que hay otro París que hasta ahora no había visto.

Esto de Montmartre me ha gustado mucho y nuestro barrio (vivimos en el Hotel de Bruxelles) me ha parecido, ahora que empiezo a darme cuento, lo más bonito.

Sunyer y algún otro amigo me han visto los dibujos de los cretinos y me han dicho que incluso aquí en París quedan como una cosa nueva. Si tuviera la suerte de que gustasen y de que hablasen de ellos me parece que seguro me ganaría la vida. Porque dicen que aquí lo que se compra y se paga es la firma y si uno no la acredite es inútil que coma y que trabaje, a la gente le da igual lo que uno haga.

Envío al Champ de Mars doce dibujos; los títulos son los siguientes:

1 *Cretins à la sortie des vêpres.*
2 *Les feue de joie chez les cretins.*
3 *Prés du foyer.*
4 *Crétins de Bohi.*
5 *En route pour le travail.*
6 *Couple amoureux.*
7 *Chapelle ardente d'un Crétin.*
8 *Solitide.*
9 *Allant à la fontaine.*
10 *A la messe.*
11 *Cretins de Taully*
12 *Berger Cretin*

Una de las cosas que más gracia me ha hecho han sido los cocheros.

Los rapins son una gente que más que gracia dan asco. Posan mucho, visten raro y todos van a la Academia y según me han dicho los que han visto los trabajos de los de la Academia Oficial, lo que hacen no esta mejor de lo que hacen los de nuestra Llotja.

Yo estuve en una Academia, la de Colarossi y el mundo se me vino abajo. Tiene (y creo que todas son así) el mismo carácter que el Circul Artístich y que las clases de Llotja. Prescindiendo de si lo hacen mejor o peor no se ve ningún chico que dibuje con libertad o estilo, o que intente hacer algo diferente de lo acostumbrado. Todos trabajan piensan y hacen lo mismo y un buen número de academias colocadas aquí no se distinguen en nada de las menciones ganadas al Natural enLlotja. Sunyer (que dicho sea de paso, está muy bien y no necesita nada) al llevar más tiempo aquí se ha podido hacer más cargo de lo que digo y piensa lo mismo que yo. Y me decía que aún no había visto ninguna nota de color de ningún joven que se pudiera comparar con muchas de la que hacen los jóvenes en Barcelona.

Pronto empezaré a trabajar y a hacer monigotes, veremos qué saldrá de todo esto. Disponga de su amigo y afm. servidor

I. Nonell

• • •

PARÍS, 30 DE MARZO 1898

Sr. R. Casellas

Muy Sr. mío y amigo: En el Champ de Mars me han aceptado todos los dibujos que he enviado. Me han escrito que de los 12 dibujos escogiera 6 para exponer pues no tienen sitio suficiente.

He cambiado bastante la opinión que tenía al principio de París. Cada día me va gustando más. Monet ya me entusiasma y Degas también. En casa de Durand-Ruel he visto una mujer pintada por Renoir que está muy bien. En la misma casa hay una exposición de cuadros y dibujos de Regoyos. Cuatro de los principales cuadros que tienen allí ya los había expuesto en Barcelona. Lo demás es de poca importancia y muy inferior.

Disponga de su amigo q.b.s.m.

I. Nonell

• • •

PARÍS, 26 DE FEBRERO DE 1898

Sr. D. Raimond Casellas.

Muy Sr. mío y estimado amigo: No le hablaré mucho de nuestra exposición pues creo que ya lo han hecho bastante los periódicos. Yo creo que alguno de los elogios que nos dirigen son inmerecidos o cuando menos exagerados. Algunos incluso tienen poca gracia. Los elogios es cosa que empalaga especialmente cuando son hechos por personas que más valdría que se callasen. Nuestro éxito se debe en buena parte a que nuestros dibujos tratan temas españoles. La bailadora, el torero, el guitarrista, etc., etc., atraen al crítico y al amateur parisino. Los cretins y los estudios de gente pobre atraen a cierta clase de críticos pero no animan a los compradores. Éstos no se diferencian a los de Barcelona. Entusiastas de colores bullangueros y asuntos al alcance de todas las inteligencias. De todas maneras no nos podemos quejar de nuestra exposición. Ha superado nuestros deseos.

He tenido ocasión de ver cuadros de Degas, Monet, Manet. Creo que la primera vez que le escribí le dije que estos pintores no me entusiasmaban. No tiene nada de extraño que dijera esto. Acostumbrado a ver la pintura mansa que sin excepción hacen los pintores de Barcelona, los Degas, Monets, Pissarros y Manets me parecieron revolucionarios e insubstanciales. Los que son insubstanciales y nada revolucionarios son los pacíficos y burgueses pintores barceloneses.

De Degas he visto además de los cuadros que expone a menudo en casa Durand-Ruel, la colección que tiene el Conde Camondo. La mayoría son estudios de bailarinas (como usted ya sabe) admirables. De Monet he visto también muchos paisajes y las famosas catedrales. De Manet infinidad de estudios y cuadros. Estos tres son indudablemente los jefes de la escuela impresionista. Yo admiro a los tres y sus obras tanto por la visión como por la factura son obras de tres genios. Admiro especialmente lo de C. Monet pues lo considero el más personal, el más moderno y el más genial.

De los dibujantes uno de los que más me ha interesado ha sido Lautrec. Lo que hace se resiente del arte japonés, pero esto no es ningún defecto. Sus dibujos son, sin duda, los que tienen más carácter y los temas que escoge aunque son insubstanciales impresionan más intensamente que las obras de otros dibujantes que escogen temas más sensacionales. Prefiero los dibujantes que comprenden la decoración sin hacer uso del adorno y de la caligrafía porque lo que Mucha gasta es tan empalagoso que llega a cansar.

Unos que también llegan a cansar son Forain y Willette. Este par ya hace años que han dado todo lo que podían dar y lo que hacen ahora lo hacen por rutina o solamente para hacer dinero. Muchos dibujos de Forain parecen gacetillas y muchas de Willette desdibujos.

Lo de Steilen se resiente del mismo mal de estos dos e Ibels es uno de los dibujantes más desiguales que he visto, a veces hace cosas que están muy bien, pero hace otras que son detestables. Una de las plagas más grandes es la multitud de dibujantes de adorno que imitan a Mucha. Como si o tuviéramos bastante con él.

He visto las estampas japonesas que hay en el Louvre, las del Conde Camondo y las que hay en un Museo que está cerca del Trocadero. Las primeras que vi fueron las del Louvre y enseguida me conquistaron. He ido viendo las otras y cada día ha sido más grande la admiración que he sentido por los japoneses. Eran verdaderos artistas y hablando de ellos uno se olvida de que existen Forain, Lautrec, Mucha, etc.

Un dibujante ya muerto que me entusiasma es Daumier y otro también muerto que me enfría es Gavarni.

La visita continua que he hecho al Museo del Louvre me ha reconciliado con los pintores antiguos. Por ellos sentía un poco de desprecio, el que me habían contagiado amigos de Barcelona que yo creía que tenían un buen criterio. Los pintores antiguos son los maestros de los modernos. Tanto Ticiano como Boticelli como Velázquez y Ribera como Watteau y Chardin y muchos otros me han entusiasmado. No me ha enardecido Rubens y el que me ha dejado completamente frío es el Greco con su fraile gris y no será porque no me lo haya mirado muchas veces con las mejores intenciones del mundo y con la mejor disposición para entusiasmarme. De todas maneras creo que no es el Louvre donde tiene que admirarse al Greco.

A medida que van pasando los días me voy convenciendo de lo útil que es conocer París. Sobretodo por los artistas. ¡Cuantas preocupaciones se desvanecen! Uno se forma el criterio por sí mismo sin que nadie le empuje: uno ve, observa y estudia con sus propios ojos, piensa por su cuenta y dice lo que piensa sin tapujos.

Tengo hechos una docena de dibujos para el Salón del Champ de Mars. Son de gitanos vistos por el lado trágico. Un gitano que se mata clavándose un cuchillo en el cuello, otro que sigue a una pareja con el cuchillo en la boca y con los ojos de malintencionado, gitanos que pasan corriendo por delante de un cementerio, muertos de miedo, un gitano loco y jorobado bailando con un mal espíritu, gitanos celosos, gitanos ladrones, etc., etc. Estoy contento de esta colección. Quizá no gustará tanto como la de los cretinos, pero yo de todas maneras estaré convencido de que es mejor.

A la exposición de Barcelona envío veinte croquis hechos en París y que casi todos ha estado expuestos aquí. Están hechos con facilidad, caricatureando bastante y aún así son más bien tristes que alegres. Ya los verá.

Lo de Zola me ha apasionado excesivamente, he leído el formidable "J'Accuse" y todas las Sessions de la cour d'assisses en el diario *L'Aurore*. Como es natural soy partidario de Zola.

Muchas gracias por los dos artículos que nos dedicó en *La Vanguardia*.

Yo ya he cumplido gustosamente lo que le prometí al principio de nuestra exposición. Usted ¿me contestarà?

Disponga de su afm. amigo y s.s.

I. Nonell.

HOTEL DE BRUXELLES. 85 RUE DE CLICHY

• • •

PARÍS, 26 DE ABRIL DE 1899

Sr. D. Raimond Casellas.

Muy Sr. mío y querido amigo:

No le he escrito antes, pues al cabo de pocos días de encontrarme en París había decidido ir a Barcelona después de haber hecho mi exposición de dibujos.

Por lo tanto hubiera sido inútil hablarle de dibujar en la "Veu de Catalunya". El resultado flojo de mi exposición debido principalmente a la precipitación con que ha sido instalada en local poco apropiado me ha decidido a procurar quedarme en París. Muchas razones también me deciden a hacerlo así.

Si usted cree posible y conveniente para su Diario que yo envié de vez en cuando algún dibujo lo haré con mucho gusto en las condiciones siguientes: que han de ser dos dibujos, por lo menos, los que me publicarán durante el mes, por cada uno cobraré treinta francos y me serán devueltos los originales.

Mi deseo sería publicar en su periódico una serie de escenas populares de París, esto lo haría mucho mejor y sin duda tendría más interés artístico, pues los dibujos de actualidad que tendría que hacer de memoria e inspirados en los dibujos que se publicasen en revistas e ilustraciones repugnan a mi conciencia de Artista.

Los dibujos irían acompañados de una explicación más o menos larga a la que ustedes ya procurarían dar una forma publicable.

Le ruego que me comunique lo más pronto posible lo que haya decidido. Como le he dicho al principio, mi exposición me ha dado un resultado un poco flojo. Me he visto obligado a hacerla antes del mes de mayo por miedo a la apertura de los Salones y me he tenido que contentar con el local que he encontrado, no con el que deseaba; había llegado a París demasiado tarde y todas las salas de Durand-Ruel (donde yo quería hacerla) estaban comprometidas. Como usted ya sabe la he hecho en Can Vollard (casa bastante conocida), pero en el primer piso; allí, hasta ahora, nadie había expuesto. En los bajos había la exposición de Dulac (pintor místico ya muerto) de quien dicen tenía mucho talento, aunque los pintores no se lo crean. En los bajos no había ningún anuncio de mi Exposición (pues la sala estaba alquilada a Dulac) y la gente no sabía que existieran mis dibujos que han sido arrinconados en una salita oscura y aislada y que solamente han recibido las visitas de mis amigos y de las personas a las que Vollard avisaba.

Los periódicos que he recibido ahora (que no son muchos) que hablan de mí, o bien anuncian simplemente la Exposición o bien repiten más o menos lo que el año pasado me dijeron. Le mando una muestra.

Nada más por hoy. Disponga de su afm. amigo y s.

I. Nonell

85 RUE DE CLICHY 85.

• • •

PARÍS, 6 DE MAYO DE 1899

Sr. D. Raimond Casellas.

Muy Sr. mío y querido amigo: hace 8 o 10 días tuve el gusto de escribirle. Como no he tenido respuesta supongo que no ha recibido mi carta.

Entre otras cosas le decía que no le había escrito antes porque no estaba decidido a quedarme en París, ahora ya lo estoy y por si acaso usted creyera conveniente para su diario que yo dibujase en él, hablaba de las siguientes condiciones. Mandaría por lo menos 2 dibujos al mes y cobraría 30 fs. por cada uno y me devolverían los originales.

Los temas serían más que de actualidad, tomados de la vida popular parisina.

Me hará un gran favor si me contesta lo más pronto posible

Disponga de su afm. y s.s.

Nonell

85 RUE DE CLICHY. 85.

• • •

MARTES

Amigo Vallmitjana:

La cuestión del taller esta igual que cuando tu regresaste a Cadaqués. Le pregunte al l'Ossó hace pocos días y me dijo que ya lo dejará, pero que aún le queda para un mes. Me repitió que quería marcharse de Barcelona. Creo que no se le puede creer en nada y que hasta que no este fuera de Barcelona no pienses en poder tener su taller.

Si tu te mueres de asco en Cadaqués no se lo que he de hacer yo en Barcelona. Tu al menos respiras aires sanos que yo no respiro más que los de la calle Llàstics, Jaume Giralt y contornos.

Hace unos dos días le dije a Ossó que lo que él pintaba se parecía a lo que pintaba yo. Con mucha sangre fría me dijo que cuando pinta no piensa en nadie y que si pensara en

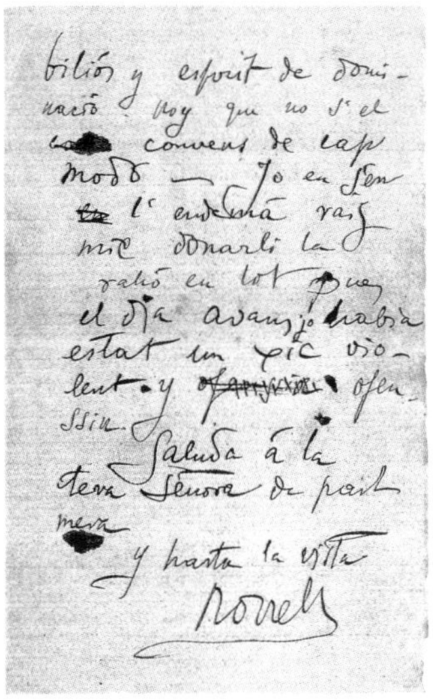

bilió y esforç de domi-
nació. Hoy que no s'el
convenç de cap
modo — Jo en fem
l'endemà vaig
mic donarli la
raó en tot que
el dia avans jo habia
estat un pic vio-
lent y [illegible] ofen-
ssiu.
Saluda á la
teva Senora de part
meva
y hasta la vista
Nonell

alguien no sería en mí sino en otros ya que él ha visto mucho. Le dije que era mucho más cómodo pensar en mí que en los verdaderos genios.

Nada, que él se quedó tan satisfecho y ni tan siquiera se tomó la molestia de enfadarse.

Yo me excité porque si me descuido me dice que soy yo quien le imitó. Nada ya te lo contaré cuando vengas ya que cuando le dije esto es que estaba medio mona. Somos tan amigos como antes pues cree que decirle esto es una cuestión de mi carácter: ambicioso, amargado y espíritu dominante. De verdad que no se le convence de ninguna manera. Al día siguiente le di la razón a medias en todo ya que el día anterior yo había estado un poco violento y ofensivo.

Saludos a tu esposa de mi parte y hasta la vista

Nonell

• • •

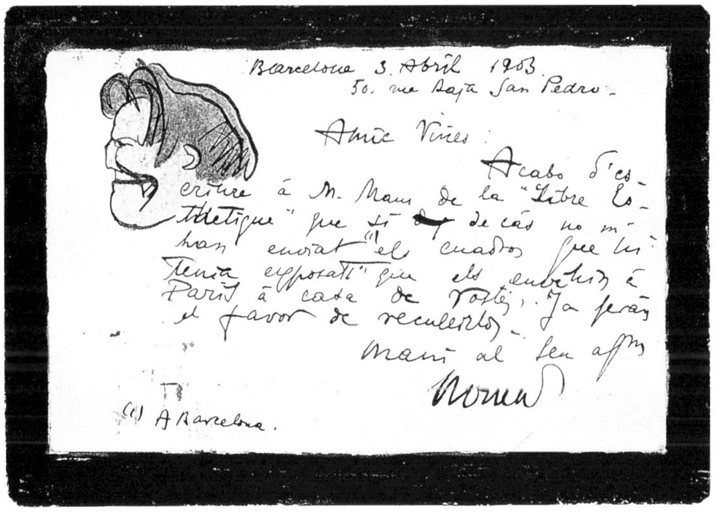

Barcelona 3 Abril 1903
50. rue Baja San Pedro
Amic Viñes:
Acabo d'escriure á M. Maus de la "Libre Esthetique" que si de cás no m'han enviat (1) els cuadros que tenia expposatt que els enviin á París á casa de Vostés. Ja feràn el favor de recullerlos.
Mani al seu afm
Nonell
(1) A Barcelona.

BARCELONA 3 ABRIL 1903

50 RUE BAJA SAN PEDRO

Amigo Viñes:

Acabo de escribir a M. Maus de la "Libre Esthetique" que si acaso no me han enviado (1) los cuadros que tenia expuestos que los envíen a París a casa de Ustedes. Ya harán el favor de recogerlos.

Mande a su afm

Nonell

(1) A Barcelona

• • •

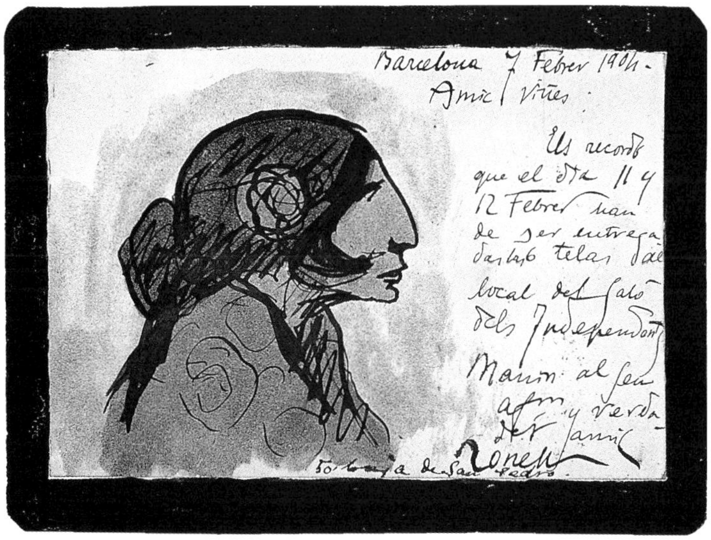

Barcelona 7 Febrer 1904.
Amic Viñes:
Us recordo que el dia 11 y 12 Febrer han de ser entregadas las 6 telas al local del Saló dels Independents.
Manin al seu afm y verdader amic
Nonell
50 baja de San Pedro

BARCELONA 7 FEBRERO 1904

Amigo Viñes:

Les recuerdo que el dia 11 y 12 Febrero han de ser entregadas las 6 telas al local del Salón de los Indépendants.

Manden a su afm y verdadero amigo

Nonell

50 BAJA DE SAN PEDRO

• • •

BARCELONA 10 JUNIO

Amigo Jordà: La pequeña exposición de Regoyos en can Parés me ha recordado que hace 10 o 12 años unos cuantos pintores y *amateurs* habían comprado para regalarlo al Museo de Barcelona uno de los cuadros que Regoyos tenía expuestos en una de aquellas exposiciones internacionales que se hacían aquí.

El Jurado o Comisión de Bellas Artes de aquella época de ideas artísticas, mezquinas y carrinclonas, no quiso ni regalada la pintura de Regoyos (una iglesia de Bruselas, según creo) y el cuadro, según me dijeron unos cuantos años después de esto, quedó depositado en casa de Pasco.

Ahora que la Comisión de Bellas Artes no tiene el carácter del Jurado de aquella época ¿no se podría hacer lo necesario para que el cuadro del simpático Regoyos figurara en el Museo de Barcelona?

Si desde tu diario quisieras recordar a la actual Comisión de Bellas Artes todo lo que acabo de decirte y lograr que la tela de nuestro amigo Regoyos ocupe el lugar que se merece, satisfacerás, me parece a mí, al artista, a los que compraron el cuadro y a los admiradores del pintor. De pasada, ya sabes tu que el Museo de Barcelona no está sobrado de buena pintura para que deje de recoger ésta.

A mí me parece que habiéndose aceptado otros donativos, como el del marqués de Alella, por ejemplo, bien se pueda aceptar el decentísimo y notable de algunos pintores y *amateurs*.

Agradeciéndote por adelantado lo que hagas por este asunto, te desea salud

Nonell.

[Publicada en *La Publicidad*, Barcelona, 10 de junio de 1905]

• • •

Sr. Pujols
(no muy urgente, pero un poco)

Amigo Pujols:
no se si Apa pensará en decir algo de mi exposición en el "Papitu"

En caso de que no se acordara querría hacerme el favor de hablar en el próximo número sea en broma o en serio, directa o indirectamente o como quiera usted?

Gracias y mande a su afm

Nonell

GRACIA-JUEVES A LAS 10 MAÑANA.

20 ENERO 1910

• • •

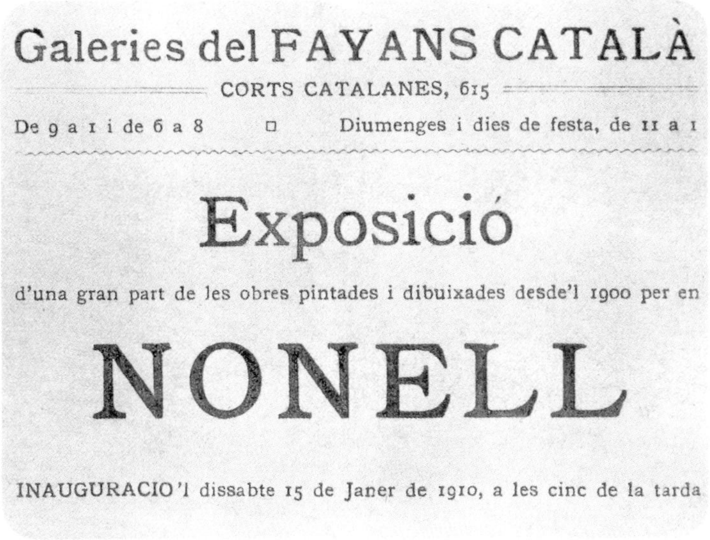

Galeries del FAYANS CATALÀ
CORTS CATALANES, 615
De 9 a 1 i de 6 a 8 □ Diumenges i dies de festa, de 11 a 1

Exposició

d'una gran part de les obres pintades i dibuixades desde'l 1900 per en

NONELL

INAUGURACIO'l dissabte 15 de Janer de 1910, a les cinc de la tarda

De la importante exposición individual de Nonell en las Galeries del Faianç Català de Barcelona no se publicó catálogo. Conocedores de que los organizadores de la citada exposición adhirieron una etiqueta inconfundible en el bastidor de las pinturas, hemos intentado confeccionarlo a partir de todas las obras que conocemos con la etiqueta en cuestión.

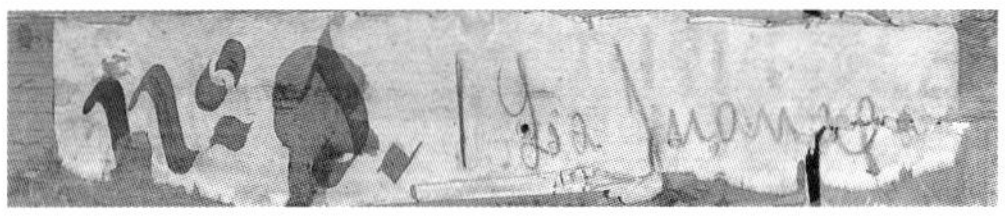

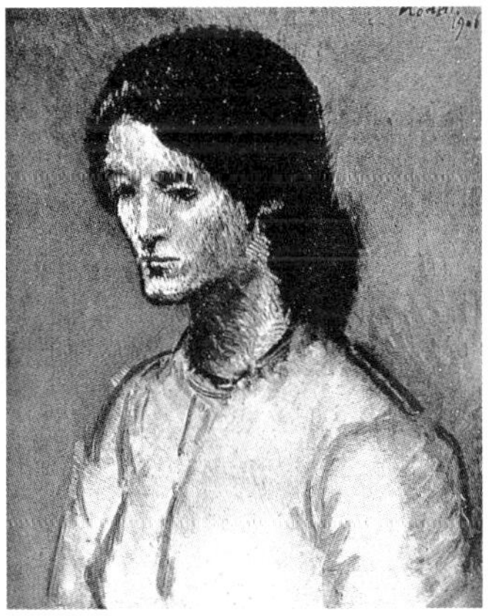

1

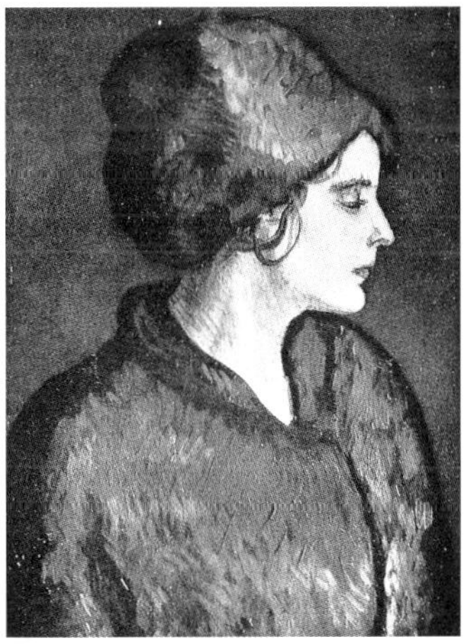

5

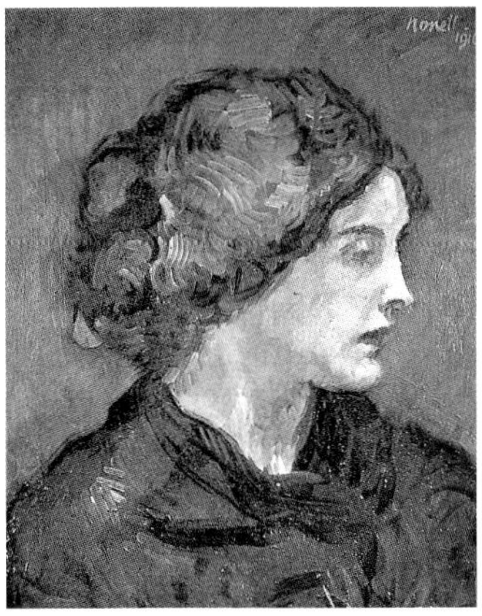

6

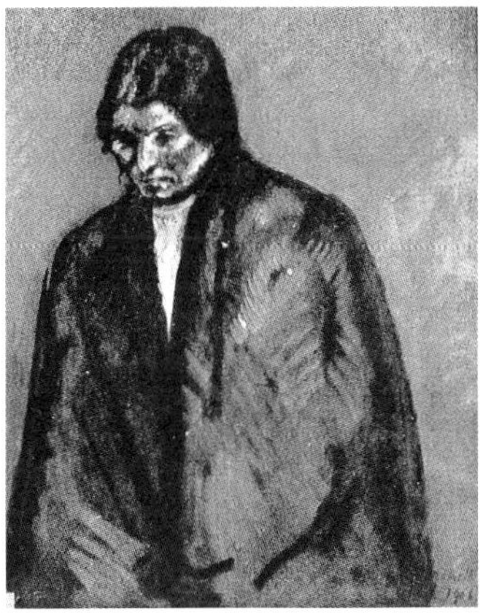

10

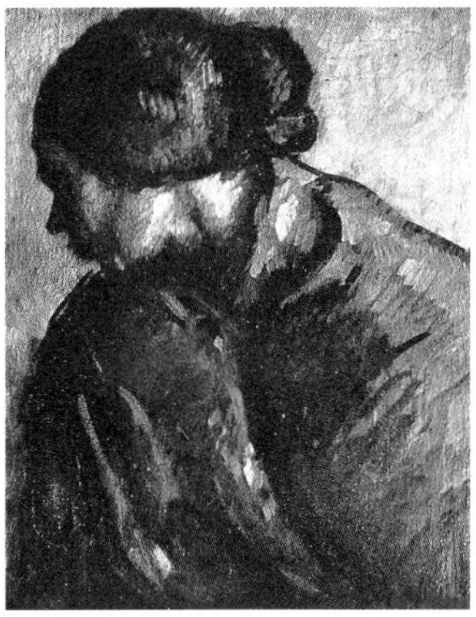

12

1. *La Juana*, 1906
Museo Nacional Centro de Arte Reina Sofía

5. *Dolors* [título ilegible], 1910
Colección Santander Central Hispano

6. *Dolors*, 1910
Colección particular

10. *La Tana*, 1906
Museo de Arte Moderno del MNAC

12. *Dolores*, 1905
Museo de Arte Moderno del MNAC

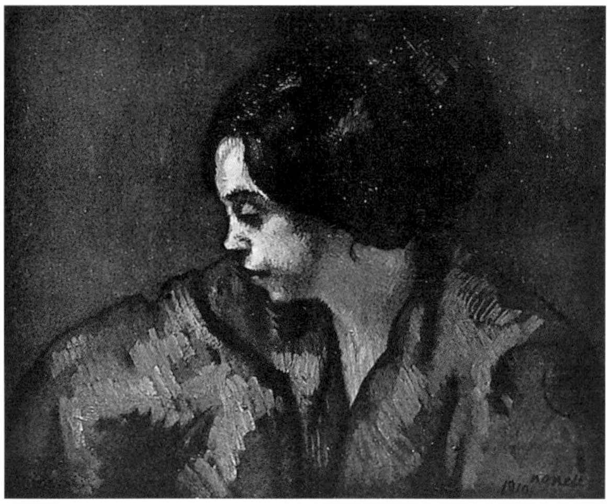

13

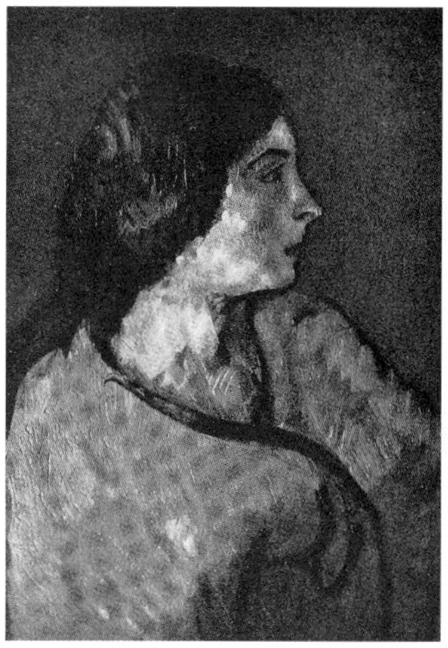

17

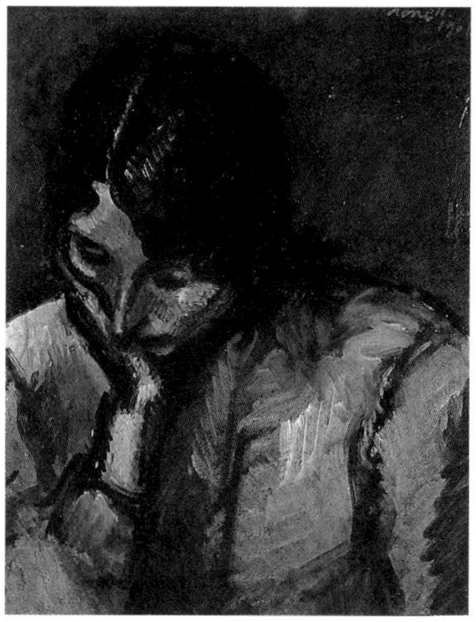

18

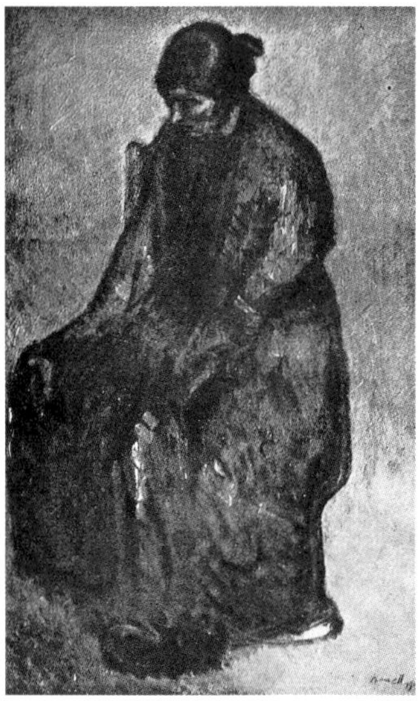

20

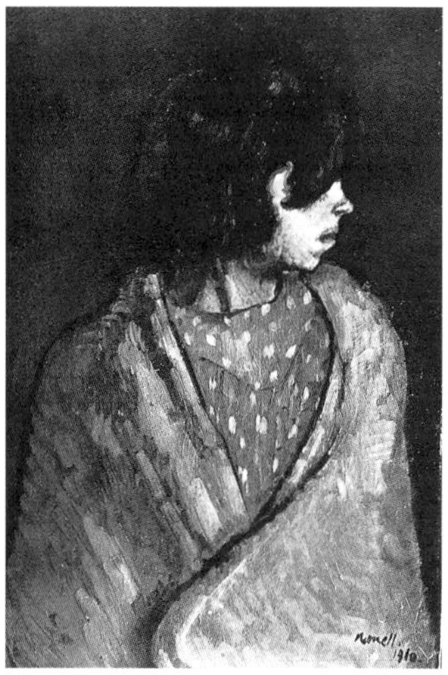

22

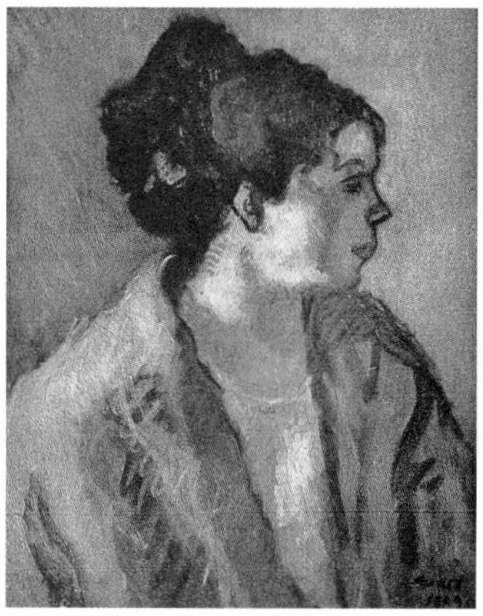

25

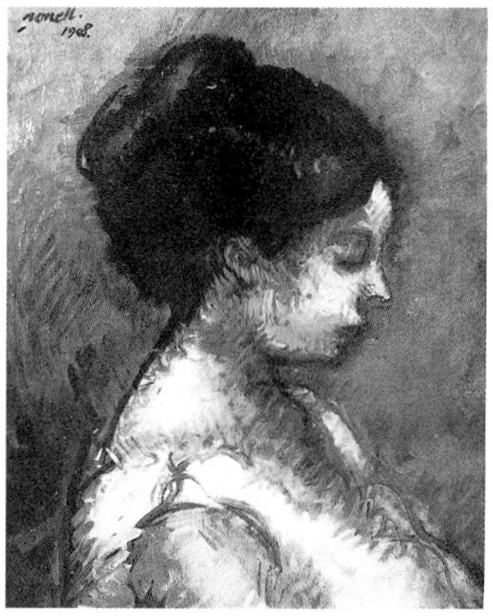

35

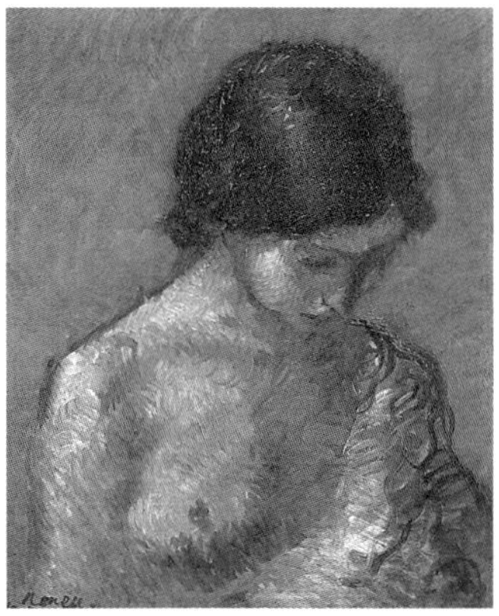

38

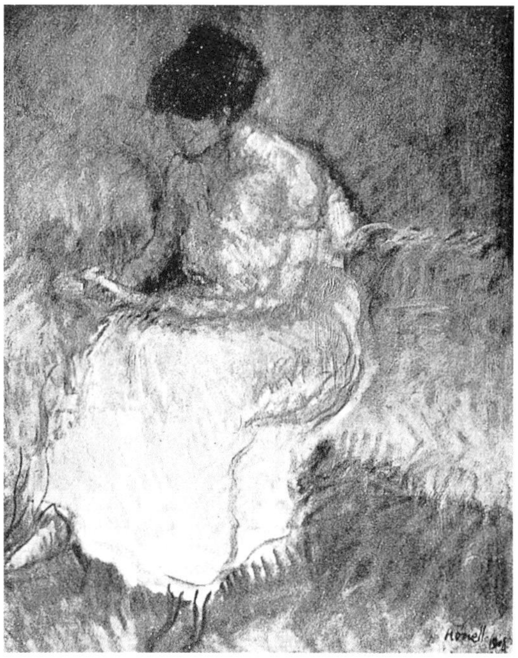

43

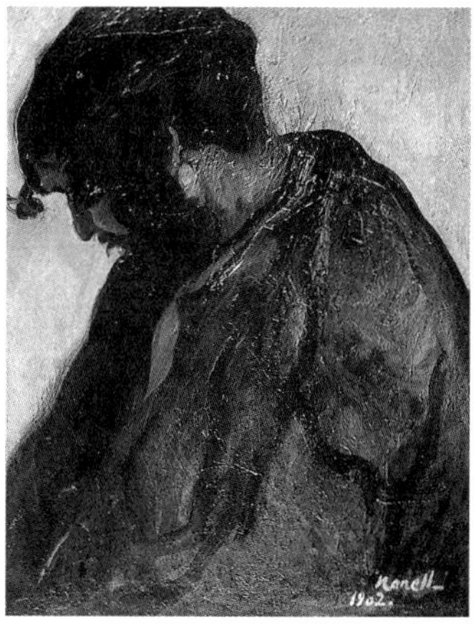

44

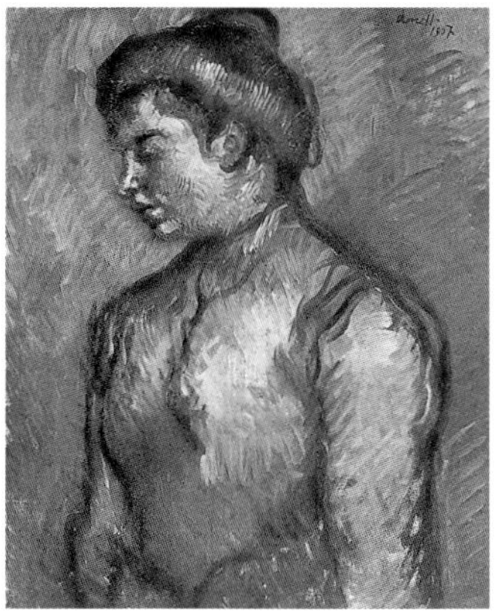

46

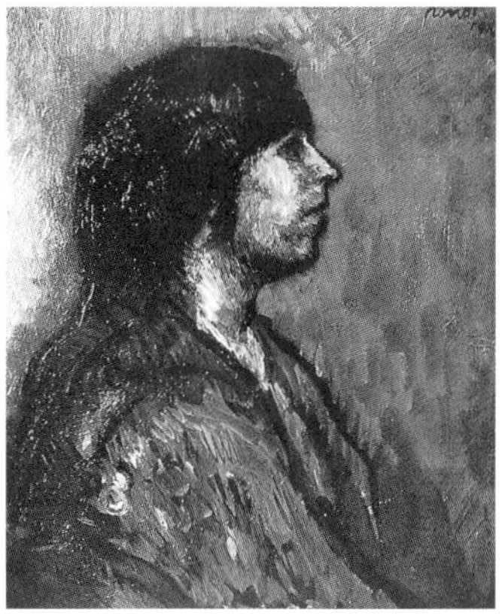

48

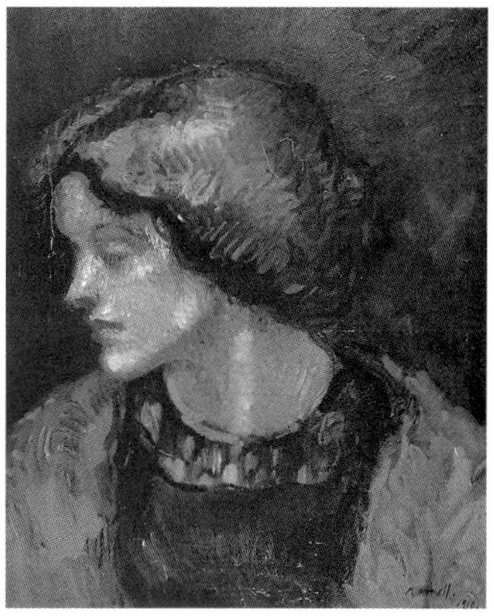

51

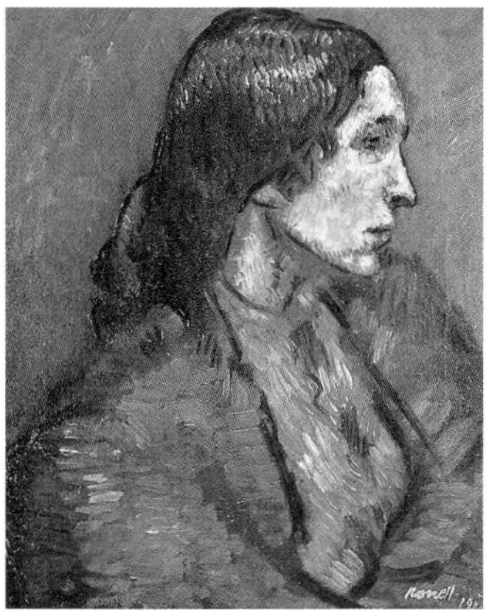

54

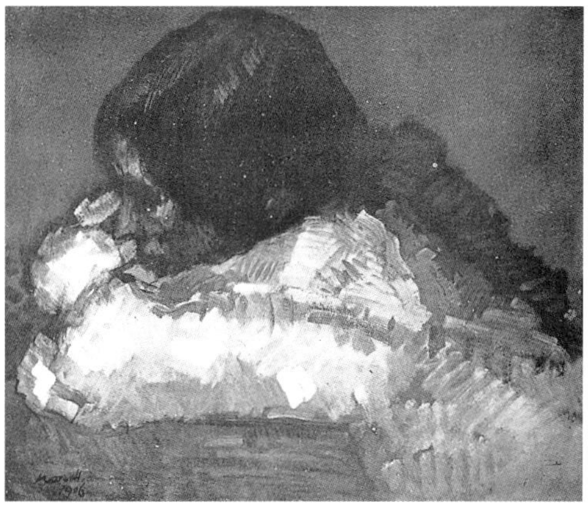

55

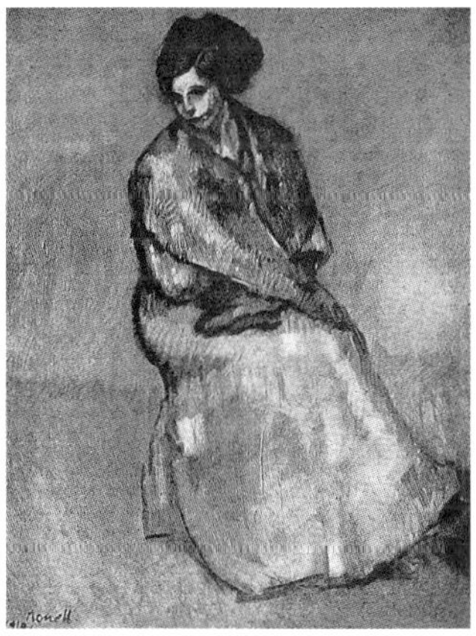

57

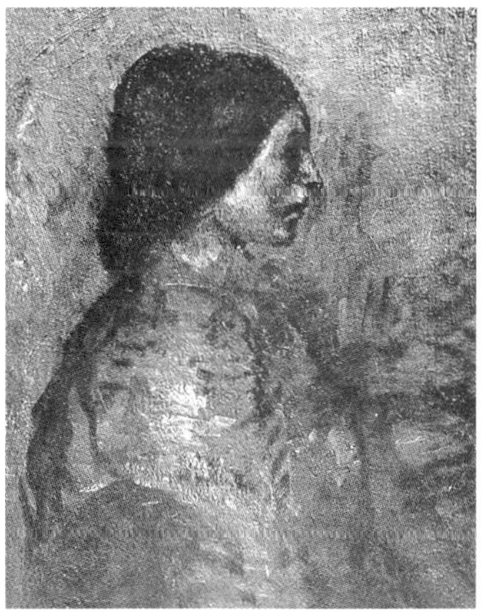

59

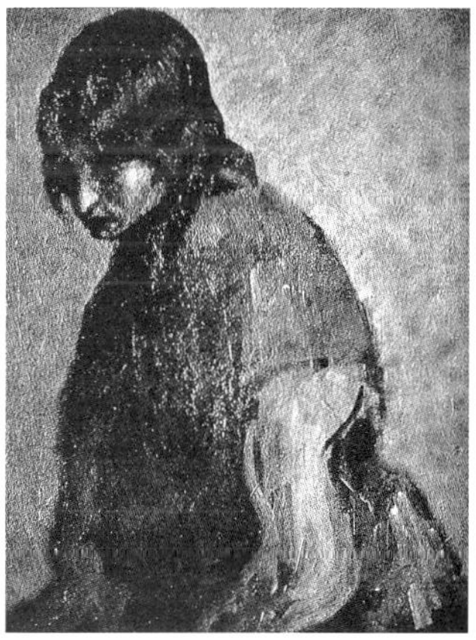

60

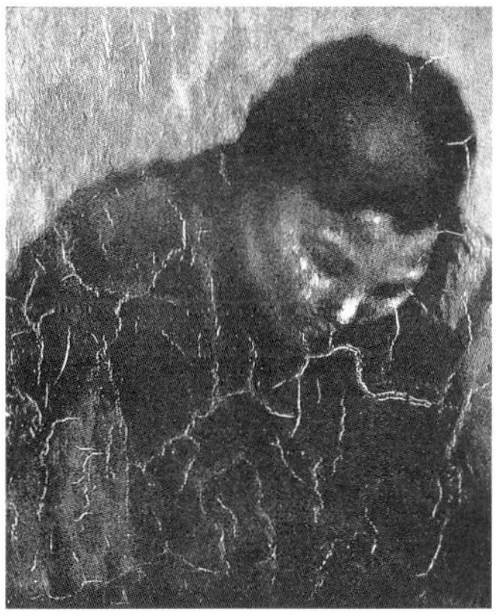

62 (?)

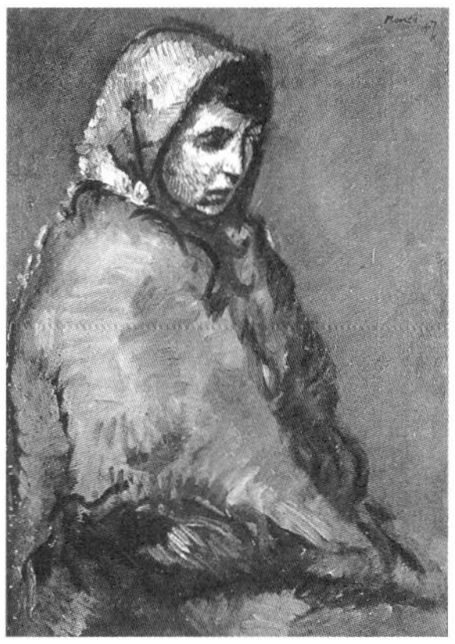

62 (?)

13. *Lascitut*, 1910
Museo de Arte Moderno del MNAC

17. *Remei*, 1909
Colección Banco de Sabadell

18. *Gitana*, 1905
Colección particular

20. *Soledad*, 1905
Colección particular

22. *Assumpció*, 1910
Museo de Montserrat

25. *Lola*, 1909
Colección particular

35. *Julia*, 1908
Museo de Arte Moderno del MNAC

38. *Estudi devillat* [sic], 1907
Colección particular

43. *Ètude*, 1908
Colección particular

44. *Gitano*, 1901
Colección particular

46. *Gracieta*, 1907
Museo de Arte Moderno del MNAC

48. *Estudio*, 1906
Museo de Arte Moderno del MNAC

51. *Edelmira*, 1910
Colección particular

54. *Pepita*, 1907
Colección desconocida

55. *La Chata*, 1906
Museo de Montserrat

57. *Lola*, 1910
Colección particular

59. *Rosario*, 1906
Colección desconocida

60. *Carmen*, 1905
Museo de Arte Moderno del MNAC

62 (?). *Gitana*, 1904
Colección particular

62 (?). *Maruga* [sic], 1907
Colección particular

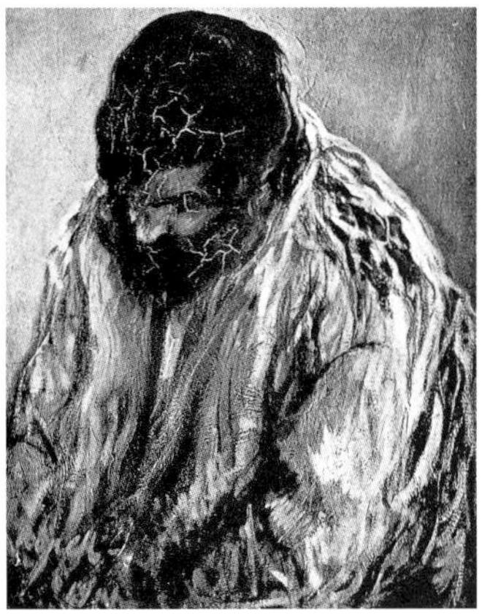
63

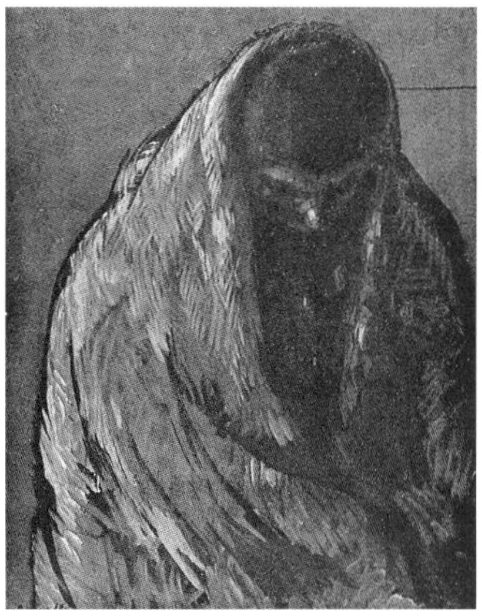
64

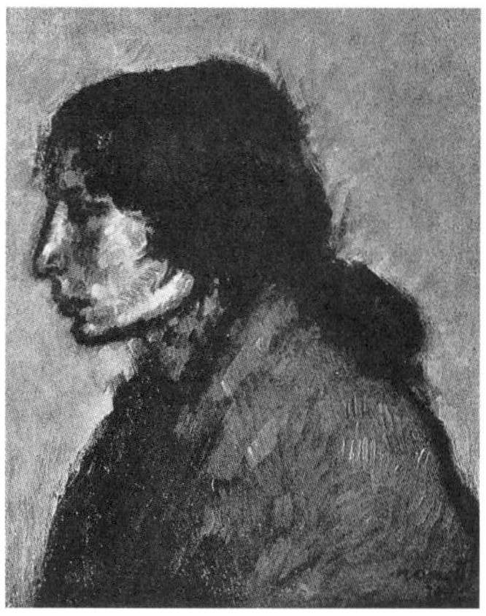
66

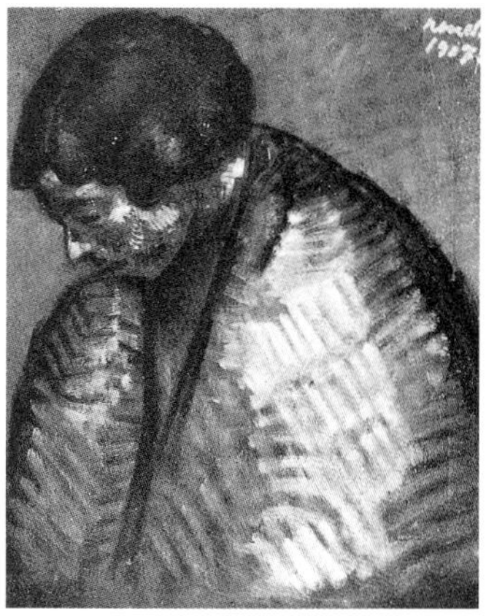
68

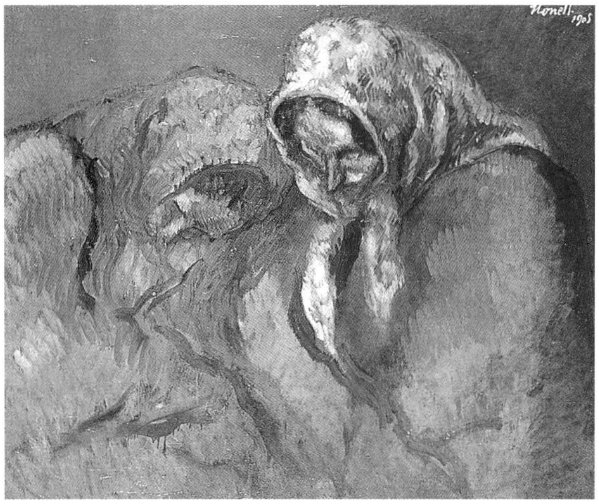
70

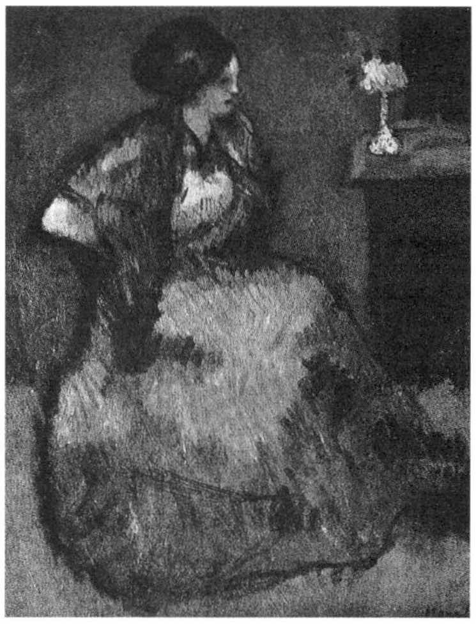
74

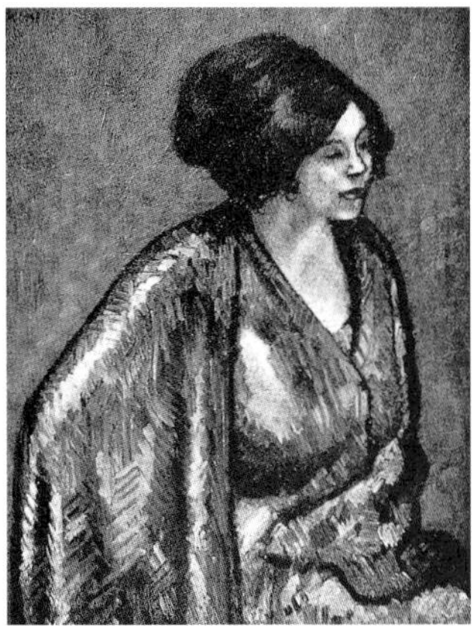
82

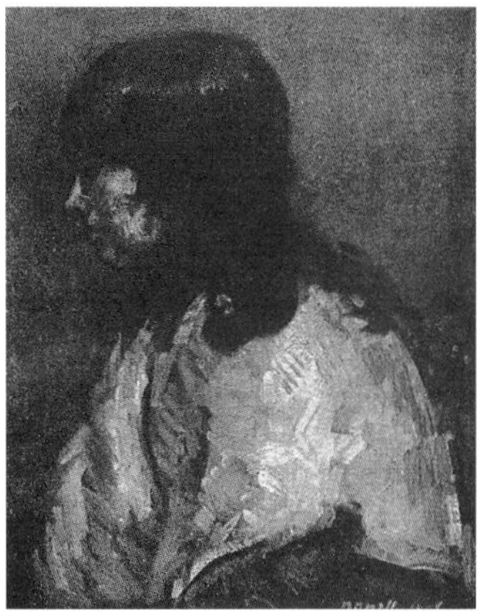
85

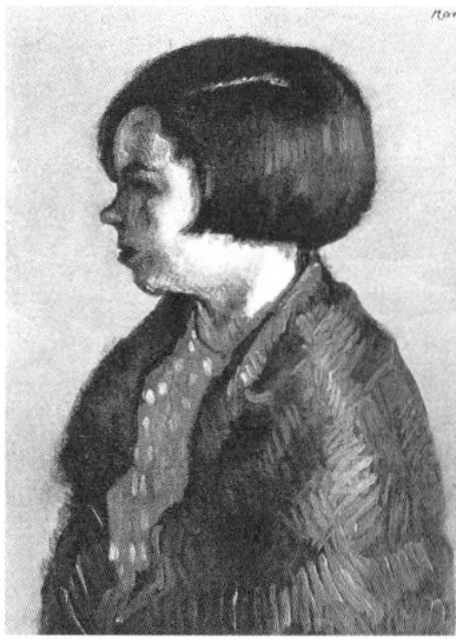
86

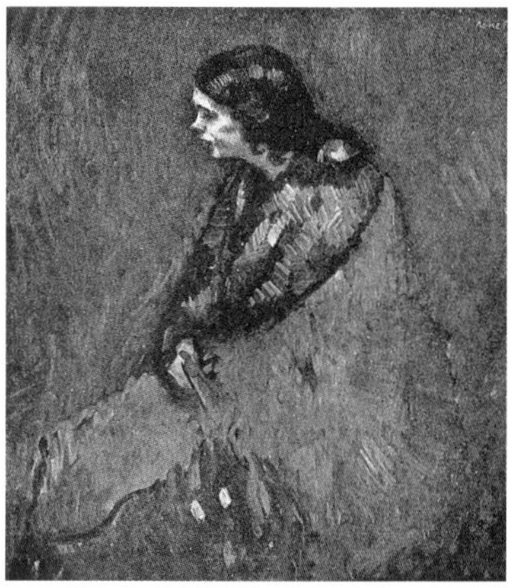
87

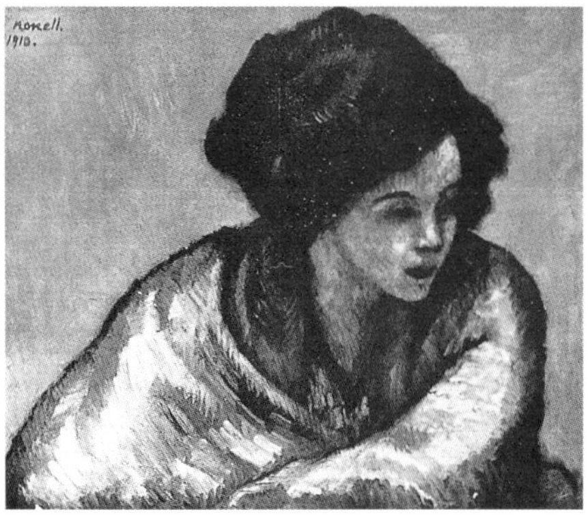
91

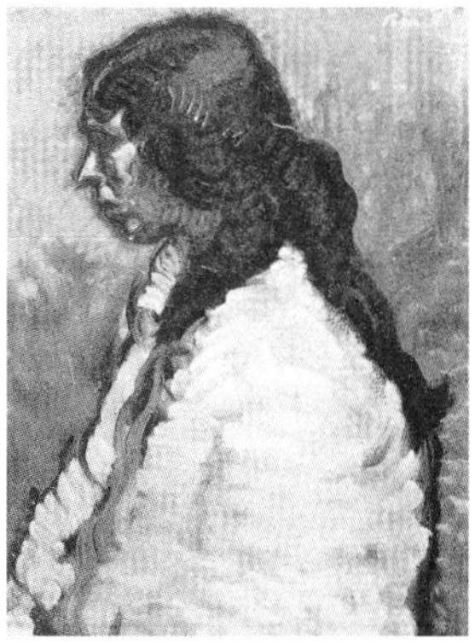
96

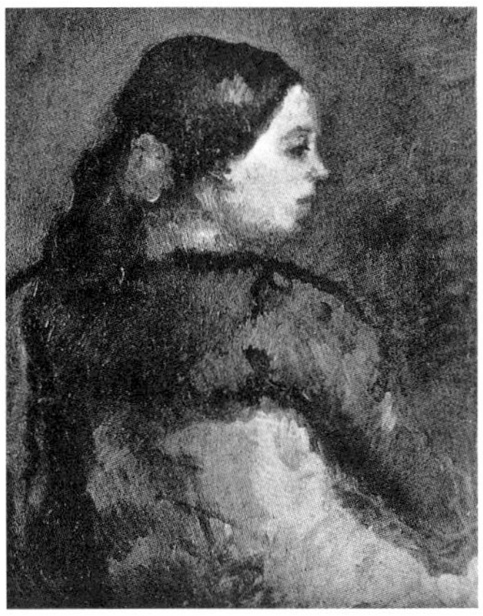

97

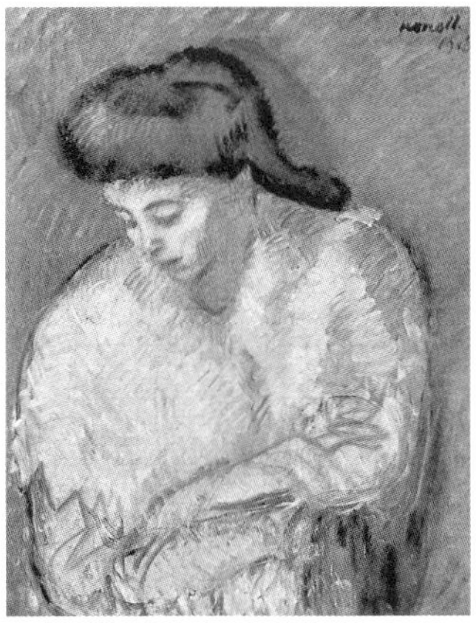

100

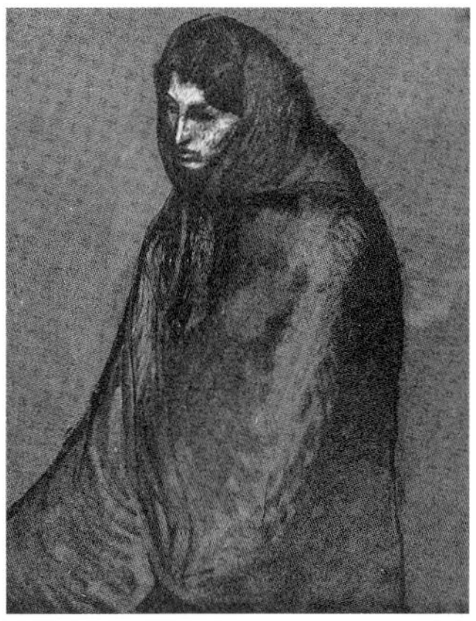

101

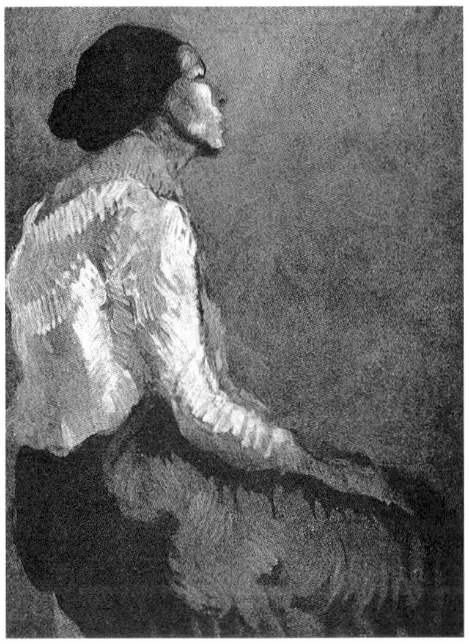

102

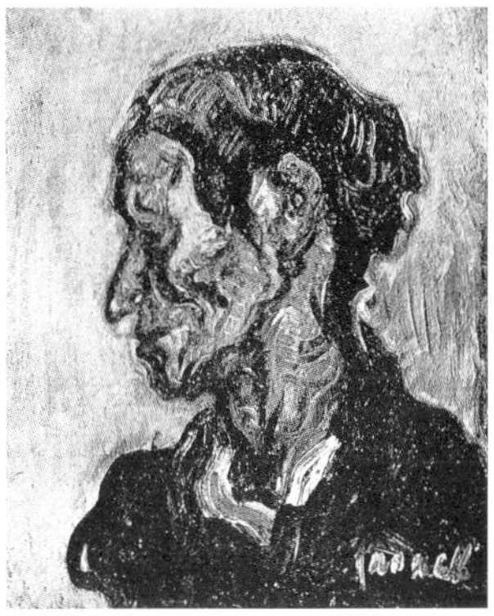

108

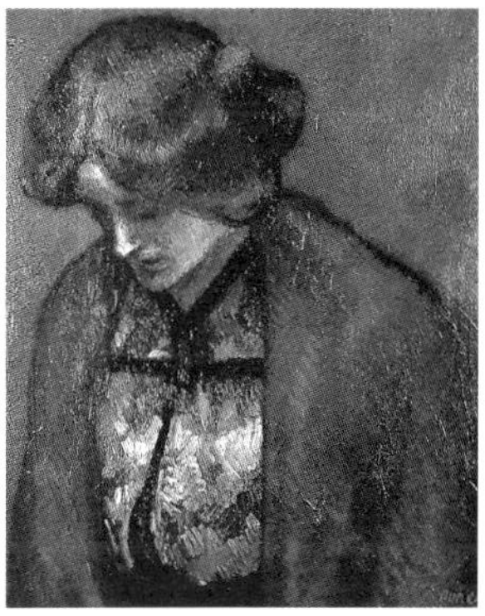

109

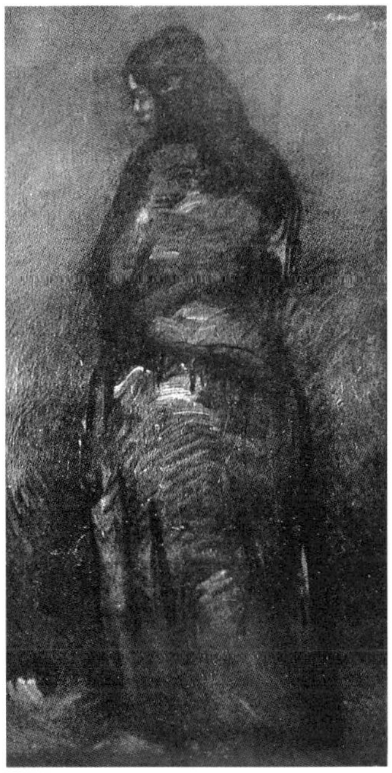

110

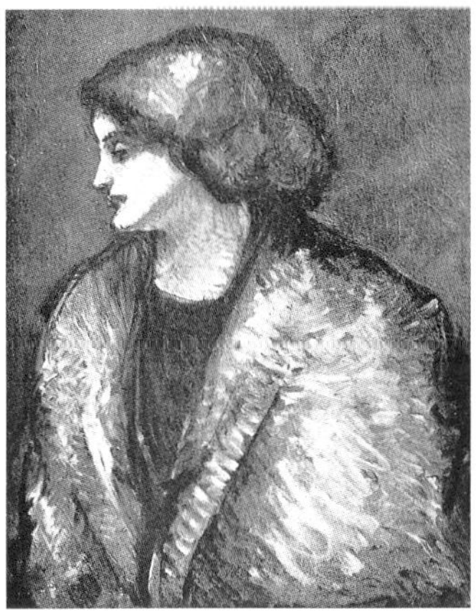

111

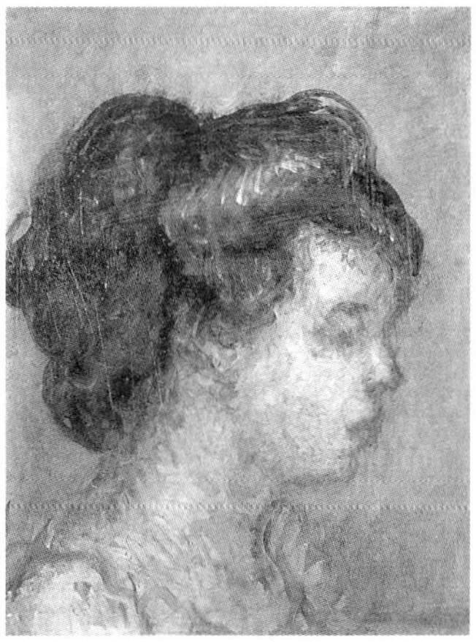

115

63. *Estudio de gitano*, 1901
Colección particular

64. *Jeune Gitane*, 1903
Museo de Arte Moderno del MNAC

66. *Consuelo (Gitana)*, 1904
Museo de Arte Moderno del MNAC

68. *La viuda*, 1907
Colección particular

70. *Abatiment*, 1905
Museo de Arte Moderno del MNAC

74 (?). *Esperança*, 1910
Museu de l'Empordà, Figueres

82. *Flores*, 1910
Museo de Arte Moderno del MNAC

85. *Angustias*, 1906
Museu de Montserrat

86. *Asunció*, 1910
Museo de Arte Moderno del MNAC

87. *Victòria*, 1910
Museo de Montserrat

91. *Lola*, 1910
Colección particular

96. *Trini (Gitana)*, 1907
Museo de Arte Moderno del MNAC

97. *Menina*, 1909
Colección particular

100. *Ignocencia* [sic], 1908
Colección particular

101. *Amparo*, 1904
Museo de Arte Moderno del MNAC

102. *Gitane*, 1902
Colección particular

108. *Estudi, Gitana*, 1901
Colección particular

109. *Doloretes*, 1910
Colección particular

110. *Gitana*, 1907
Colección Masaveu

111. *Blanca*, 1910
Colección particular

115. *Estudi*, 1908
Colección particular

116. *Deux gitanes*, 1903
Museo de Arte Moderno del MNAC

117 (?). *Gitana (roija)* [sic], 1909
Colección particular

118. *Ètude*, 1906
Museo de Arte Moderno del MNAC

122. *Figura*, 1910
Colección desconocida

123. *Gitana dels clavells,* 1901
Museo de Montserrat

126. *La Pilar*, 1907
Museo de Arte Moderno del MNAC

132. *Gertrudis*, 1905
Colección particular

* Número ilegible. *La Tana*, 1907
Colección Fundación F. Godia

** Número ilegible. *La Sol*, 1901
Colección particular

*** Número y título ilegible, 1907
Colección particular

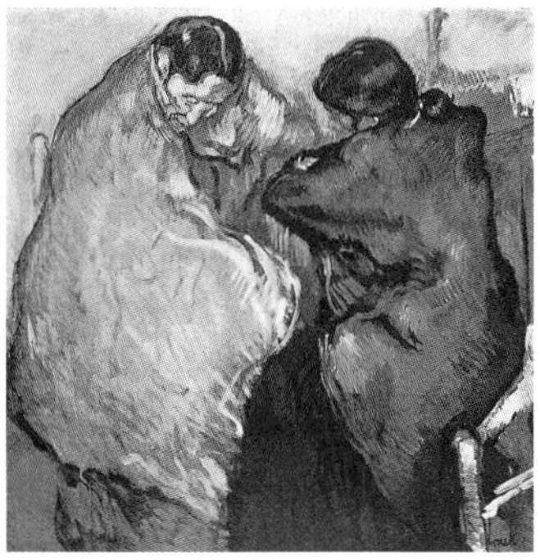
116

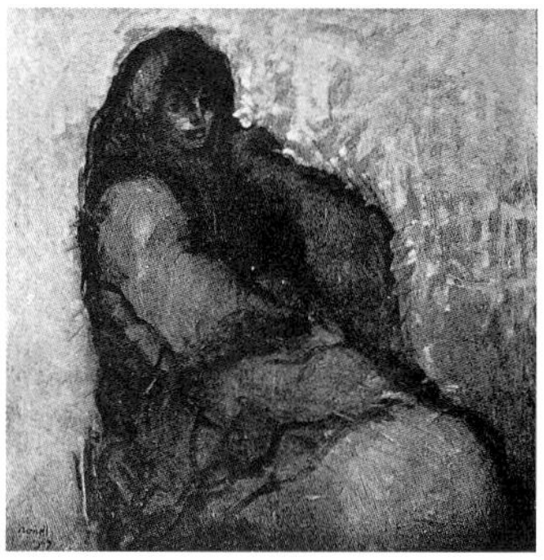
117 (?)

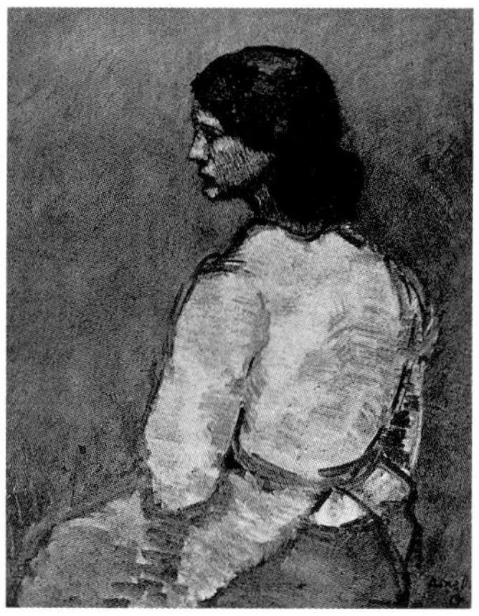
118

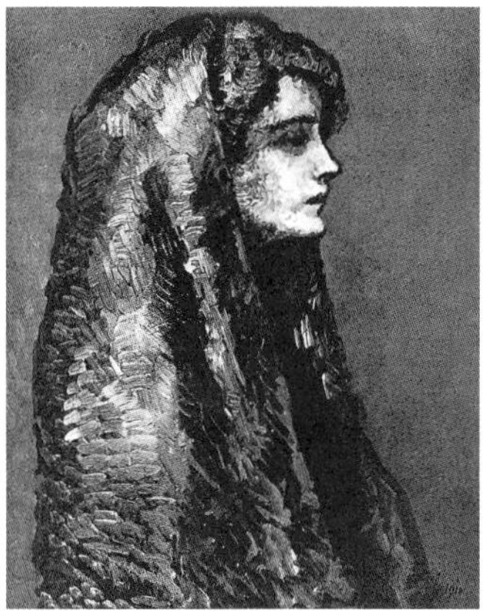
122

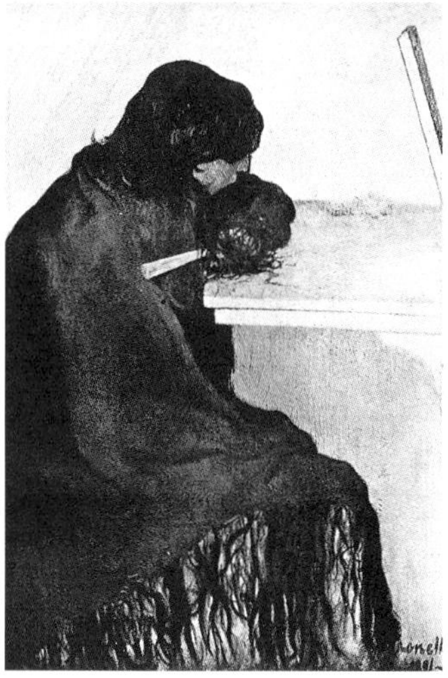
123

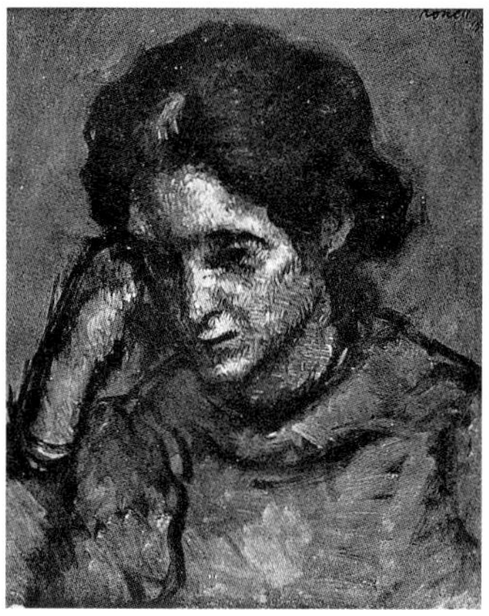
126

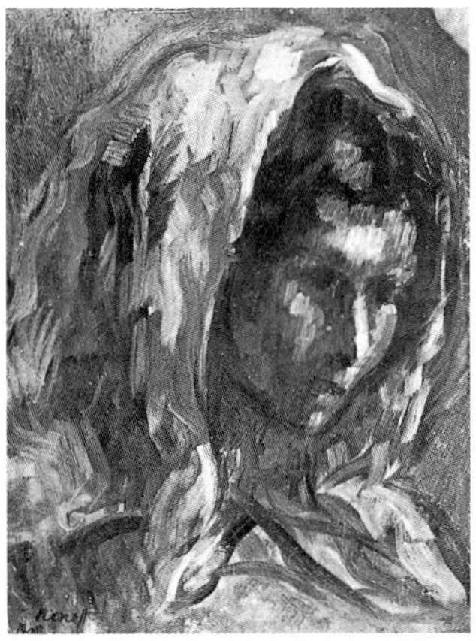
132

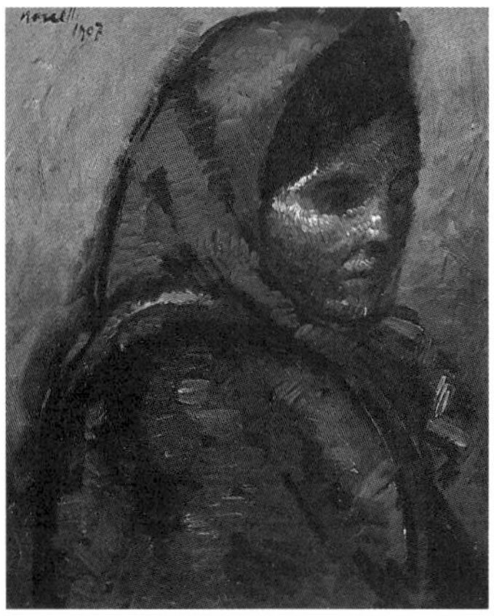
*

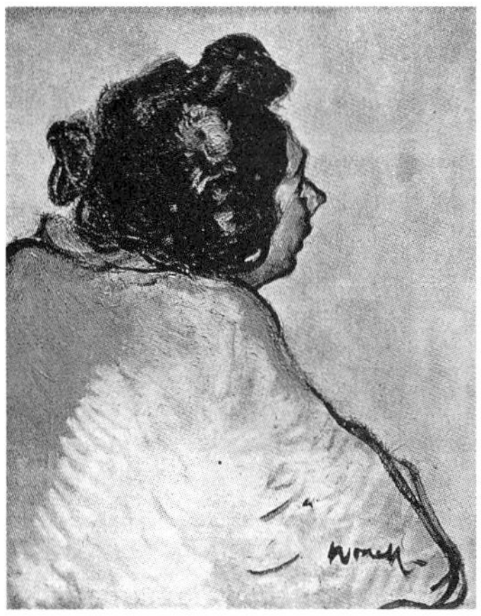
**

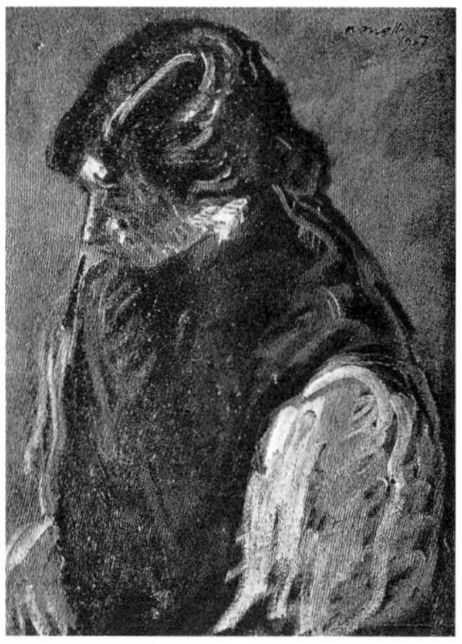
***

DIBUJOS DE NONELL EN LA PRENSA

En esta relación figuran los dibujos de Nonell en la prensa. Se incluyen tanto los que el artista hizo con destino a la prensa como los que ilustraron periódicos y revistas del momento.

1894

La Vanguardia, 8 de septiembre de 1894.
"Tipos populares barceloneses: A les taules de carn de la Boqueria."

La Vanguardia, 20 de septiembre de 1894.
"Tipos populares de Barcelona: Idilis de la plaça Real."

La Vanguardia, 28 de septiembre de 1894.
"Tipos populares de Barcelona: Genteta de barri."

La Vanguardia, Barcelona, 30 de septiembre de 1894.
"Tipos populares de Barcelona: El cafè dels quatre vents."

La Vanguardia, Barcelona, 11 de octubre de 1894.
"Tipos populares de Barcelona: Coix y ferit, com me veya… ¿quín recurs em quedava sinó anar al Hospici en cotxo? / Ben fet, Jan; fora donar gasto al fills. ¿Quand jo no'm pugui guanyar las vessas… cap á las Hermanitas falta gent!"

La Vanguardia, Barcelona, 9 de diciembre de 1894.
"Un pobre de la Boqueria."

1895

L'Esquella de la Torratxa, Barcelona, 25 de octubre de 1895.
"UNA VISITA: Veus, aquest senyor, encare que no té fills, es això que en diuen un pare de família."
"POBRES: Són les tres i només han fet un duro? Vaja aquest ofici cada dia va més per terra."
"BALL DE PATACÓ: Que no balles, Petita? Tu si que ballaràs aviat si el Xato s'adona de que et plantes aquí al davant."
"VETES I FILS RETIRATS: Que diguin el que vulguin: em sembla que treballar així encare ha de ser bo pel cos."

Almanac de la Campana de Gràcia per a 1896, Barcelona, 1895, fig. p. 15 y 85.
"¡Pobres cessants! Si a lo menos haguessen aprés l'ofici dels seus pares, ara sabrian guanyarse les vesses."
"Bon cor y mala escorsa."

Almanach de la Esquella de la Torratxa per a 1896, Barcelona, 1895, fig. p. 94 y 109.
"Prenent la fresca."
"Invalit."

1896

La Vanguardia, Barcelona, 1 de enero de 1896.
"El parque en enero: sol solet / Vinen's a veure, vinen's a veure / Sol solet / Vinen's a veure, que tenim fred."

L'Esquella de la Torratxa, Barcelona, 16 de octubre de 1896.
"A la presó calla i estigues quiet. Ja el veuràs el teu pare."

La Vanguardia, Barcelona, 25 de octubre de 1896.
"ESCENAS DE LAS AFUERAS: Les xinxes del *Vapor Nou* / esperen les de *Can Gana* / el punt de reunió / és la Riera de en Malla (Romance)."

La Vanguardia, Barcelona, 29 de octubre de 1896.
"ESCENAS POPULARES: Siendo estos parques y jardines propiedad de todos los ciudadanos… la 'señá' Antonia, que es ciudadana, se instala, cada tarde, como en su casa, en el banco de su predilección, alternando las cabezadas de sueño con los primores de la aguja."

1897

La Vanguardia, Barcelona, 1 de enero de 1897.
"La Anunciación en el suburbio: ('Gloria in Excelsis')."

La Saeta, Barcelona, 7 de enero de 1897, núm. 320.
"En el parque."
"Tomando el sol."
La Saeta, Barcelona, 22 de abril de 1897, núm. 335.
"Un copista en el Museo del Louvre."
La Saeta, Barcelona, 29 de abril de 1897, núm. 336.
"Los cocheros de París."
La Saeta, Barcelona, 20 de mayo de 1897, núm. 339.
"Rapins (Estudiantes de la Academia de Bellas Artes de París)."
Barcelona Cómica, Barcelona, 26 de junio de 1897.
"La tarde de los domingos en el café concierto."
Barcelona Cómica, Barcelona, 7 de agosto de 1897.
"Los restos del rancho."
Barcelona Cómica, Barcelona, 11 de septiembre de 1897.
"La última primavera."
Barcelona Cómica, Barcelona, 4 de diciembre de 1897.
"Pescadores de caña."
Almanaque del Madrid Cómico para el Año 1898, Madrid, 1897, fig. p. 31.
"El Mentidero."

1898

Madrid Cómico, Madrid, 1 de enero de 1898, núm. 776.
Sin título.
La Vie Moderne, París, 13 de febrero de 1898.
Sin título.
Madrid Cómico, Madrid, 13 de agosto de 1898, núm. 808, fig. p. 599.
"La vendedora de pájaros."
Madrid Cómico, Madrid, 22 de octubre de 1898, núm. 818, fig. p. 738.
"En los jardines de Luxemburgo."
Luz, Barcelona, diciembre de 1898, núm. 10.
Sin título.

1899

Quatre Gats, Barcelona, 2 de marzo de 1899.
Sin título.

1900

Album Salón, Barcelona, 1900, fig. p. 186.
"Dones en un bosc."

1901

Arte Joven, Madrid, 31 de marzo de 1901, núm. 1, fig.
Sin título.

1902

Pèl & Ploma, Barcelona, enero de 1902, núm. 84.
"El cantó mes pobre de Pekin (suburbis de Barcelona)."
"Pobre ceguet."
"El barri de Pekin (suburbis de Barcelona)."
"Un pobre de París."
"Esperant la sort sentat."
"Barraca de captaire am parroquia."
"Café de carretó."
"Al recó de un portal."
"Això del repatriado, ja no pica."
"A la villette."
"El pobre que a vingut de mes lluny"
"Tres cossos, repartits entre set animes."
"Pobre de classe passiva."
"Si fos mes vell!"
"Si fos esguerrada!"
"El somni, es l'imatge de la mort." (3 dibujos)
"L'últim somni."
Sin título (4 dibujos).
La Vanguardia, Barcelona, 1 de enero de 1902 (suplemento artístico).
Sin título.
Catalunya Artística, Barcelona, 6 de noviembre de 1902, núm. 125.
"La gent no està per romansos."
"El pobre que ha vingut de mes lluny."
"Si ara fos a fer."
"Ab cinch centims cada mes, fa de Providencia."
"Al llindar de la mort."
"¡Si fos esguerrada!"
"Cuant seré grant."
"Si fos mes vell."
Catalunya Artística, Barcelona, 20 de noviembre de 1902, núm. 127.
Sin título.

1903

La Vanguardia, Barcelona, 1 de enero de 1903 (suplemento artístico).
Sin título.
Pèl & Ploma, Barcelona, octubre de 1903, núm. 98.
"La garantia del ordre."
"El públic de concert barat."
"Els espectadors." (4 dibujos)
"L'embadalit."
El Liberal, Barcelona, 19 de octubre de 1903.
"Hivern a la tardor."
Ilustració Catalana, Barcelona, 8 de noviembre de 1903.
Sin título (4 dibujos)

1904

Joventut, Barcelona, 7 de enero de 1904.
"Al Eden:encare no han cantat res com *La Pulga*."
"Vell gareno."
La Publicidad, Barcelona, 6 de abril de 1904 (ed. mañana), fig. p. 3.
"Un mendigo."
"Un repatriado."
Forma, Barcelona, mayo de 1904, núm. 4.
"En la cazuela."
"En el merendero."
Sin título (6 dibujos)

1908

La Campana Catalana, Barcelona, 27 de marzo de 1908.
"La veu dels rotllos."
Papitu, Barcelona, 30 de diciembre de 1908, núm. 6, fig. p. 92.
"Filleta, paciencia: a mi que ja no'm podia tocar més que la loteria, ja ho veus, ni la loteria'm vol tocar."

1909

Papitu, Barcelona, 20 de enero de 1909, núm. 9, fig. p. 145.
"Com més el vesteixen am les deixes dels rics més pobre sembla."
Papitu, Barcelona, 27 de enero de 1909, núm. 10, fig. p. 158.
"Val més anar sola que mal acompanyada, però jo, la veritat, ja estic tipa de anar sola."
Papitu, Barcelona, 10 de febrero de 1909, núm. 12, fig. portada.
"Primer que deixar de renegar me faré frare."
Papitu, Barcelona, 10 de marzo de 1909, núm. 16, fig. p. 259.
"Complint am l'iglesia."
Papitu, Barcelona, 17 de marzo de 1909, núm. 17, fig. p. 272.
"Y pensar que jo també he enganyat al marit!"
Papitu, Barcelona, 19 de mayo de 1909, núm. 26, fig. portada.
"Agenollémse que venen a cobrar les cadires."
Papitu, Barcelona, 16 de junio de 1909, núm. 30, fig. p. 481-482.
"–Quines cames, quines cames! Què ho fa que

tens aquestes cames? / Oh! Es que no tinc memoria."

"PSICOLOGIA: Ay bon Jesuset! Aquesta senyora tant maca que fa dugues hores que's confesa deu ser una de aquelles que surten a les noveles."

Papitu, Barcelona, 23 de junio de 1909, núm. 31, fig. p. 493.

"Ha tornat aquell senyor qui diu que curarà de franc la vista de la mossa / ¿Què li diré si torna? / Digali que's cuidi de ell y que deixi guanyar la vida als pobres."

Papitu, Barcelona, 30 de junio de 1909, núm. 32, fig. p. 509.

"EL REY DE LA CREACIÓ: –Y tu, ¿de que vols fer? / –Jo rai... no m'hi amoino gens: quan tingui vint anys viuré de les dònes."

Papitu; Barcelona, 7 de julio de 1909, núm. 33, fig. p. 528.

Autocaricatura.

Papitu, Barcelona, 11 de agosto de 1909, núm. 37, fig. p. 600.

"Gracies a Deu que podré deixar de fer de cego... Aviat podré fer de repatriat que no es tant pesat."

Papitu, Barcelona, 25 de agosto de 1909, núm. 39, fig. p.635.

Sin título.

Papitu, Barcelona, 1 de septiembre de 1909, núm. 40, fig. p. 651.

"M'ha dit la gitana que desconfiés de les rosses perquè em volen sols pel quartos, en canvi m'ha assegurat que hi ha una morena que s'està morint per la meva elegància."

Papitu, Barcelona, 7 de septiembre de 1909, núm. 41, fig. p. 669.

"Tu amb ulleres. I ara! Què t'has tornat curt de vista o curt de gambals? / No. Es que vull escriure les meves memòries."

Papitu, Barcelona, 22 de septiembre de 1909, núm. 43, fig. p.695 y 698.

"LA PASSA: Ja has repassat el llibre de caixa? / Sí, senyor Cendra / Doncs busqui'm un consonant a 'sabó'."

Papitu, Barcelona, 29 de septiembre de 1909, núm. 44, fig. p. 713.

"ELS ENVEJOSOS: Si m'hagués decidit a fer comèdia en castellà a hores de ara ja tindria la reputació i els brillants de la Bella Otero."

Papitu, Barcelona, 6 de octubre de 1909, núm. 45, fig. p. 730.

"Sí, tant tu com el 'Garbat' sou bon parell de borratxos! / Ja, però ell és dels que no ho saben dissimular."

"UNA DESGRÀCIA MAI VE SOLA: Pobret! Ara se'm torna sord com una tàpia... Passo treballs grans per dir-li amb signes "Rateta meva"!"

Papitu, Barcelona, 13 de octubre de 1909, núm. 46, fig. p. 745.

"Me'n vaig a Melilla: diu que hi ha molt negoci a fer per nosaltres."

Papitu, Barcelona, 20 de octubre de 1909, núm. 47, fig. p. 760.

"No pot ser: que haig de mantenir la família / Bé, dona."

Papitu, Barcelona, 27 de octubre de 1909, núm. 48, fig. p. 783.

"Vàrem votar en blanc perquè don Alejandro no ens havia pas dit que votéssim els republicans / Però, i si arriben a guanyar els clericals? / D. Alejandro no ens havia dit res..."

Papitu, Barcelona, 10 de noviembre de 1909, núm. 50, fig. portada.

"És veritat que corren un parell de atracadors pel barri? / Si senyor, però no s'espanti. Si per cas els troba els hi dóna un parell de pessetones i el deixaran passar."

Papitu, Barcelona, 17 de noviembre de 1909, núm. 51, fig. p. 823.

"No les entendreu mai les coses de aquest món. A mi, per nano, no em varen voler per soldat i en canvi, en Weyler, que ho és més que jo, ja fa una pila de anys que és general."

"DÉU APRETA PERÒ NO ESCANYA: Ja has dinat? / No, però em sembla que avui soparem."

Papitu, Barcelona, 24 de noviembre de 1909, núm. 52, fig. p. 843.

"Ja no em sentirà més ni en *Il Trovatore* ni en *La Favorita*; he perdut la veu / Vostè rai que parla l'italià com un canari."

Papitu, Barcelona, 1 de diciembre de 1909, núm. 53, fig. p. 858 y 860.

"ELECCIONS: Senyor! Feu que guanyin els de la 'Lliga', que han fet tot el que han pogut per a desagraviar-vos. Si no han fusellat més liberalots no ha sigut per culpa de ells."

"PRIVILEGI: Dos dies sense menjar? Sempre ho he dit que els pobres eren més resistens que nosaltres!"

Papitu, Barcelona, 8 de diciembre de 1909, núm. 54, fig. p. 878.

"L'arrencaqueixal xerra bé eh? Faria un bon diputat."

Papitu, Barcelona, 15 de diciembre de 1909, núm. 55, fig. portada.

"Quina manera de mal acostumar els sants; per una pulmonia senzilla dos ciris. Què faràs quan ne tinguis una de doble?"

Papitu, Barcelona, 22 de diciembre de 1909, núm. 56, fig. p.906 y 910.

"Nois, us tindreu que tornar a pintar el 'pavo republicano' / Aquest any rai que ens hem afartat de pollastres de convent."

"Sap què m'han dit? Que el senyor Nèstor acaba de matar la seva sogra de dos trets / Quin simple! Ves qui li fa fer tant soroll essent metge com és!"

Papitu, Barcelona, 29 de diciembre de 1909, núm. 57, fig. p. 919 y 923.

"Noi, m'hi trobo bé fent de pobre. Treballo pel meu compte i ningú m'explota."

"NIT DE NADAL: Altra vegada a caminar. En aquest poble no es pot robar ni guanyars'hi la vida."

1910

Almanaque de Papitu para 1911, Barcelona, 1910.

"Dos escenas callejeras".

Autocaricatura.

Papitu, Barcelona, 2 de marzo de 1910, núm. 66, fig. p. 132.

"La pintura dóna molt... Sembla mentida que se'n queixin / Quina pintura fa vostè, què diu això? / Un servidor és fabricant de colors."

L'Esquella de la Torratxa, Barcelona, 18 de marzo de 1910, fig. p. 169.

"La gitaneta."

Papitu, Barcelona, 23 de marzo de 1910, núm. 69, fig. p. 181.

"EL DEL DIJOUS SANT: Està vist; les senyores que van tot l'any en cotxe aquest dia volen anar a peu i els que anem a peu, el Dijous Sant volem anar en tranvia. No ens entendrem mai."

Papitu, Barcelona, 6 de abril de 1910, núm. 71, fig. p. 213.

"No et dones vergonya, amb els teus anys, de viure encara de les dones? / Amb els meus anys?... Encara té més mèrit."

Papitu, Barcelona, 11 de mayo de 1910, núm. 76, fig. p. 296.

"LES CAPTAIRES: Què vares guanyar ahir? / Trenta cèntims / I avui? / Oh! Avui les eleccions."

L'Esquella de la Torratxa, Barcelona, 25 de mayo de 1910.
"Dormint."

Papitu, Barcelona, 16 de noviembre de 1910, núm. 103, fig. p. 730.
"LES VELLS: És trista la vellesa... Ves? Ja no podem viure a l'esquena de les dones a la nostra edat! / Oh! Tu rai que tens una mossa de quinze anys."

Papitu, Barcelona, 23 de noviembre de 1910, núm. 104, fig. p. 749.
"Vaja, que amb tantes estàtues com t'encarreguen, aviat et faràs cèlebre i potser, encara quan et moris et faran la teva / Mira, em sabria greu, perquè l'hauria de fer un altre."

Papitu, Barcelona, 30 de noviembre de 1910, núm. 105, fig. p. 765.
"És un ambicios que vol guanyar masses diners. Es farà malbé la salut en quatre dies / Que treballa molt? / Pitjor; hi ha quatre dones que el mantenen."

Papitu, Barcelona, 7 de diciembre de 1910, núm. 106, fig. p. 781.
"Pero qué tens que sempre estàs tan trist? / Què vols que tingui? Remordiments. Quan penso que aleshores de la 'Setmana Tràgica' hi va haver tants que es feren rics i jo sols vaig saber afanar uns 'candeleros' de llautó!"

Papitu, Barcelona, 14 de diciembre de 1910, núm. 107, fig. contraportada.
"ELS BARRIS POBRES: Què hi ha? Què passa? / Res: un home que ha mort de fam / I per un home que mor de mort natural, tants badocs!"
"Ximple!... Que no ho veus que és massa jove per a tu una noia de quinze anys? / Això rai! Esperarè que en tingui vint-i-cinc."

Papitu, Barcelona, 28 de diciembre de 1910, núm. 109, fig. p. 822 y 825.
"Li he dit que feia tres mesos que havia quedat sense feina, que em moro de gana, que fa tres dies que no menjo... / I què ha respost? Que veiès de referme perquè estava molt dèbil i que quan estigués més fort ja miraria de donar-me feina."
"NADAL: Ja has dinat? / Avui ja se sap que no es dina perquè tothom té millor "teca" i, clar, ningú deixa res."

1911

Almanach de la Esquella de la Torratxa per a 1912, Barcelona, 1911, fig. p. 69.
"Inanició."

Papitu, Barcelona, 4 de enero de 1911, núm. 110, fig. p. 11.
"I vós haveu estat a casa de aquest marquès tan ric? / Ja ho crec! Fins m'ha ensenyat una petaca de pell de 'negrito' de quan el seu pare feia fortuna a Amèrica."

Papitu, Barcelona, 11 de enero de 1911, núm. 111, fig. p. 20-21 y 29.
"Ja ho saps que han apallissat el 'Tremendo'? / I ara! ¿No deien que era tan valent?"
"GROTESCS: L'home sec: No sé pas com vos ho feu per a estar tan alegre; sempre teniu ganes de riure. L'home gras: Amic meu: més val riure que fer riure."
"MAI PLOU A GUST DE TOTHOM: Quina llàstima! Un xicot que domina tres llengues i que no'm serveixi per a fer pantomimes!"

Papitu, Barcelona, 18 de enero de 1911, núm. 112, fig. p. 43 y 45.
"Vaja, que l'home que pega una dona mereix qui li donguin garrot. No pas si pega a la pròpia. / Ah! Això ja és altra cosa!"
"Quin color 'marrón' més espaterrant que tenen aquestes castanyes."

Papitu, Barcelona, 25 de enero de 1911, núm. 113, fig. p. 53.
"IBERIA: I vostès, gitanes, ja saben el Parenostre? / Ja ho crec, i de totes maneres que el sabem, fins pel dimoni."

EXPOSICIONES

En esta relación se han incluido también aquellas exposiciones en las que, aunque Nonell compartió la sala con algún otro artista, su colaboración fue muy notable; de hecho, estas exposiciones fueron consideradas por la crítica del momento como exposiciones individuales.

EXPOSICIONES INDIVIDUALES

(*El asterisco indica que no se publicó catálogo.)

***Dibujos de Nonell*, Barcelona, Saló de La Vanguardia, octubre de 1896.

Exposition d'oeuvres de Ricardo Canals & Nonell-Monturiol, París, Galerie Le Barc de Boutteville, 5 de enero-5 de febrero de 1898 (57 obras).

***Exposició de dibuixos de Nonell Monturiol*, Barcelona, Saló dels Quatre Gats, 4-20 de diciembre de 1898 (invitación).

***Dibujos de Nonell Monturiol*, París, Galerie A. Vollard, abril de 1899.

***Exposició Nonell* (con Gili y Roig), Barcelona, Sala Parés, 5 de enero de 1902 (15 obras).

***Exposició Nonell* (con Agrassot y Soler de les Casas), Barcelona, Sala Parés, junio de 1902.

***Exposició Nonell* (con Brull y Triadó), Barcelona, Sala Parés, 17-29 de enero de 1903 (8 obras).

***Exposición Isidro Nonell* (con Xiró y Bagaria), Barcelona, Sala Parés, 7-12 de noviembre de 1903 (invitación de *Pèl & Ploma*) (dibujos y 6 pinturas).

Exposició Nonell-Exposició Colom, Barcelona, Sala Dalmau, 17-28 de febrero de 1909 (10 dibujos).

***Exposició d'una gran part de les obres pintades i dibuixades desde'l 1900 per En Nonell*, Barcelona, Faianç Català, 15 de enero-13 de febrero de 1910 (invitación).

***Exposició Pòstuma de les obres d'en Isidre Nonell*, Barcelona, Galeries del Faianç Català (óleos), Can Reig (dibujos), 15 de mayo de 1912 (invitación).

***Exposició de dibuixos i pintures d'Isidre Nonell organitzada pel Saló del Nou Ambient*, Barcelona, Sala Dalmau, 15-28 de febrero de 1922.

Exposició Nonell. Vint-i-una pintures. Sis dibuixos de la Col·lecció Josep Sala, Barcelona, Galeries Laietanes, 16-30 de abril de 1925 (21 óleos y 6 dibujos).

Recull d'obras d'en Isidre Nonell. Pintures i Dibuixos, Barcelona, Galeries Dalmau, 30 de mayo-19 de junio de 1925 (20 óleos y 40 dibujos).

***Exposición Isidro Nonell. Cuadros y Dibujos*, Barcelona, El Camarín, s/fecha [1927] (invitación) (8 óleos y 15 dibujos).

***99 Dibujos de Nonell*, Barcelona, Galeries Laietanes/Sala Joan Merli, 15-29 de diciembre de 1928 (invitación).

***Exposición de Dibujos*, Barcelona, Galeries Laietanes, 9-23 de febrero de 1929.

Exposició Isidre Nonell: pintures i dibuixos, Barcelona, Sala Gaspar, 10-28 de diciembre de 1932.

Primera Exposición Isidro Nonell (1873-1911). Academia Breve de Crítica de Arte, Madrid, Galerías Biosca, 16-31 de julio de 1941 (8 óleos).

Exposición Homenaje Nonell, Barcelona, Salón de Arte Rovira, noviembre de 1942.

Exposición de Homenaje a Isidro Nonell (1873-1911), Barcelona, Sala Barcino, 28 de febrero-21 de marzo de 1948 (56 óleos).

Nonell 1873-1911, Barcelona, Syra, diciembre de 1955 (dibujos).

Exposición Isidro Nonell, conmemorativa del L Aniversario de la muerte del artista, Barcelona, Palau de la Virreina, noviembre de 1962 (56 óleos, 117 dibujos y 1 litografía).

I. Nonell 1873-1911. 14 pinturas, Barcelona, Sala Gaspar, 9 de diciembre de 1967-6 de enero de 1968 (14 óleos).

33 dibujos procedentes de la colección F. Benet, Barcelona, Sala Parés, 23 de mayo-8 de junio de 1969.

Exposició Nonell, Sabadell, Acadèmia de Belles Arts, 2-14 de diciembre de 1972.

Homenaje a Isidro Nonell, Barcelona, Sala Nonell, 13-26 de febrero de 1976; Madrid, 27 de abril de 1976 (15 óleos y 29 dibujos).

Exposición Homenaje Isidre Nonell. I Feria Nacional de Dibujo, Barcelona, I Feria Nacional de Dibujo, abril de 1976 (17 dibujos).

I. Nonell. Dibuixos acolorits, sanguines i tintes, Barcelona, Oriol Galeria d'Art, noviembre de 1977.

Nonell, Barcelona, Palau de la Virreina, 16 de junio-31 de agosto de 1981 (81 óleos y 140 dibujos); Madrid, Casa del Monte de Piedad, octubre-noviembre de 1981 (76 óleos y 135 dibujos).

EXPOSICIONES COLECTIVAS

(*Las referencias marcadas con un asterisco corresponden a las exposiciones de las cuales, o no se publicó catálogo, o bien no nos ha sido posible consultarlo.)

1891

Primera Exposición General de Bellas Artes, Barcelona, 1891 (1 obra).

1892

**Exposició col·lectiva*, Barcelona, Sala Parés, febrero de 1892 (1 obra).

**Exposició col·lectiva*, Barcelona, Sala Parés, abril de 1892.

1893

**Academia Artística Libre*, Barcelona, Sala Parés, mayo de 1893 (5 obras).

1894

Segunda Exposición General de Bellas Artes, Barcelona, Palau de Belles Arts, 1894 (1 obra).

**Exposición colectiva*, Barcelona, Círculo Artístico, mayo de 1894 (1 obra).

1895

XII Exposición Extraordinaria de Bellas Artes, Barcelona, Sala Parés, enero de 1895 (3 obras).

Exposición General de Bellas Artes, Madrid, 1895 (3 obras).

Exposició Humorística de Belles Arts, Barcelona, Niu Guerrer, 1 de agostoo-15 septiembre de 1895 (2 obras).

Círculo Artístico. Exposición de Bellas Artes, Barcelona, Sala Parés, 7-28 de noviembre de 1895 (3 obras).

1896

XIII Exposición Extraordinaria, Barcelona, Sala Parés, enero de 1896 (2 obras).

**Estudios y bocetos del Círculo Artístico*, Barcelona, Sala Parés, 12 de marzo de 1896 (1 obra).

Tercera Exposición General de Bellas Artes, Barcelona, Palau de Belles Arts, 1896, p. 77 (2 obras).

**Exposició col·lectiva*, Barcelona, Sala Parés, diciembre de 1896 (1 obra).

1897

XIV Exposición Extraordinaria de Bellas Artes, Barcelona, Sala Parés, enero de 1897 (2 obras).

Salon de la Société Nationale des Beaux-Arts, París, 1897 (6 obras).

Breu relació dels Dibuixos & Estudis al oli que alguns pintors parroquians han exposat a la Sala Gran dels Quatre Gats, Barcelona, Saló dels Quatre Gats, 11-18 de julio de 1897 (9 obras).

Quinzième Exposition des Peintres Impressionistes et Symbolistes, París, Galerie La Barc de Boutteville, diciembre de 1897 (2 obras).

1898

IV Exposición de Bellas Artes e Industrias Artísticas, Barcelona, 1898 (4 obras).

Salon de la Société Nationale des Beaux-Arts, París, 1898 (8 obras).

**Estudios y bocetos*, Barcelona, Círculo Artístico, marzo de 1898.

1900

**Exposició d'Art Íntim* (Círcol Artístic), Barcelona, Sala Parés, abril de 1900.

1901

**Exposició col·lectiva*, Barcelona, Sala Parés, noviembre de 1901 (2 obras).

1902

**Exposició col·lectiva*, Barcelona, Sala Parés, 19-26 de enero de 1902 (8 obras).

**Exposició col·lectiva*, Barcelona, Sala Parés, abril de 1902 (1 obra).

2ª Exposició Art i Pàtria, Barcelona, Saló de Càtedra de l'Ateneu, mayo de 1902 (2 obras).

Salon de la Société Nationale des Beaux-Arts, París, 1902 (2 obras).

1903

Salon des Indépendants, París, 1903 (8 obras).

La Libre Esthétique. Catalogue de la dixième Exposition à Bruxelles, Bruselas, 26 de febrero-29 de marzo de 1903 (5 obras).

**Exposició col·lectiva*, Barcelona, Sala Parés, mayo de 1903 (1 obra)

1904

Catálogo de la Exposición Nacional de Bellas Artes, Madrid, 1904, p. 55-56 (11 obras).

Salon des Indépendants, París, 1904 (6 obras).

Salon de la Société Nationale des Beaux-Arts, París, 1904 (1 obra).

**Exposició col·lectiva* (organitzada per la revista *Forma*), Barcelona, Sala Parés, octubre de 1904.

1905

Salon des Indépendants, París, 1905 (8 obras).

Salon d'Automne, París, 1905 (5 obras).

1906

**Exposició col·lectiva*, Barcelona, Círculo Artístico, enero de 1906.

Exposición General de Bellas Artes, Madrid, 1906 (16 obras).

Salon des Indépendants, París, 1906 (5 obras).

Exposició de les modernes arts y lletres catalanes, Barcelona, Lliga Regionalista de Barcelona, mayo de 1906 (2 obras).

**Trabajos artísticos para el album de boda del Rey Alfonso XIII*, Barcelona, Sala Parés, mayo de 1906 (1 obra).

1907

**Estudios y bocetos*, Barcelona, Círculo Artístico, marzo de 1907.

V Exposición Internacional de Arte, Barcelona, 1907 (4 obras).

Salon des Indépendants, París, 1907 (6 obras).

I Exposició de Belles Arts d'artistes independents, Barcelona, Círcol de propietaris de Gràcia, 1907 (7 obras).

**Exposició col·lectiva del Cercle de Sant Lluc*, Barcelona, Sala Parés, mayo de 1907 (1 obra).

Manifestación Artística de 1907, Barcelona, Círculo Ecuestre, mayo-junio de 1907 (1 obra).

Exposición de auto-retratos de artistas españoles, Barcelona, Círculo Artístico, diciembre de 1907-enero de 1908 (2 obras).

1908

Exposición General de Bellas Artes e Industrias Artísticas, Madrid, 1908 (3 obras).

Salon des Indépendants, París, 1908 (6 obras).

1909

Salon des Indépendants, París, 1909 (2 obras).

**Exposición colectiva de dibujantes*, Barcelona, Saló Reig, diciembre de 1909.

1910

Exposición Nacional de Pintura, Escultura y Arquitectura, Madrid, 1910 (2 obras).

Salon des Indépendants, París, 1910 (6 obras).

Saló de les Arts i els Artistes, Barcelona, Faianç Català, 30 de abril-31 de mayo de 1910.

1911

Saló de les Arts i els Artistes, Barcelona, Faianç Català, 25 de febrero-12 de marzo, 1911 (17 obras).

**Exposición Tómbola Casellas*, Barcelona, Faianç Català, 15-24 de marzo de 1911.

1915

Exposició de la Col·lecció Plandiura, Barcelona, Galeries d'Art Modern i Antiguitats, 15 de octubre-14 de noviembre de 1915 (28 obras).

1917

**Exposició d'art espanyol i català en benefici dels legionaris alinanòfils al front de batalla francès*, Barcelona, Galeries Laietanes, 12-15 de febrero de 1917.

1918

Exposició d'Art, Barcelona, Palau de Belles Arts, mayo de 1918 (27 obras).

1919

Primera Exposición Internacional de Pintura y Escultura, Bilbao, agosto-septiembre de 1919 (14 obras).

1921

Exposicão d'Arte Catalã, Lisboa, Sociedade Nacional de Bellas Artes, 1-30 de noviembre de 1921 (3 obras).

1922

Tentoonstelling van Katalaansch Kunst, Maatschappij, Arti et Amicitiae, 30 de septiembre-29 de octubre de 1922 (3 obras).

1925

Liquidació d'un important lot de quadros antics, Barcelona, Galeries Dalmau, 14-27 de febrero de 1925 (1 obra).

Exposició de dibuixos i aquarel·les, Barcelona, La Pinacoteca, 14-27 de noviembre de 1925.

1927

Els Mestres de la Pintura Catalana, Barcelona, La Pinacoteca, 5-18 de marzo de 1927 (2 obras).

Exposició d'una important col·lecció de quadros antics i moderns, Barcelona, La Pinacoteca, 23 de abril-6 de mayo de 1927 (2 obras).

Exposició Col·lectiva, Barcelona, La Pinacoteca, 12-26 de noviembre de 1927 (4 obras).

1928

Grandiosa subhasta d'Antiguitats i Objectes d'Art, Barcelona, Sala Parés, 2-8 de junio de 1928 (3 obras).

**Obres de les col·leccions Valentí i Julià*, Barcelona, La Pinacoteca, otoño de 1928.

Exposició-Venda de quadros antics i moderns, Barcelona, Galeries Dalmau, 10-23 de noviembre de 1928 (2 obras).

Pintura Catalana. Exposició Retrospectiva, Barcelona, La Pinacoteca, 10-23 de noviembre de 1928 (1 obra).

Subhasta d'Art, Barcelona, Barcelona, Sala Parés, 17-23 de noviembre de 1928 (1 obra).

1929

Exposició de Dibuixos, Barcelona, Sala Joan Merli (Galeries Laietanes), 9-23 de febrero de 1929 (3 obras).

Obres originals, Barcelona, La Pinacoteca, 28 de septiembre-11 de octubre de 1929 (1 obra).

1930

Exposició d'obres de la Col·lecció Barbey, Barcelona, Sala Parés 27 de septiembre de 1930 (4 obras).

Exposició d'obres de la col·lecció d'en Ferran Benet, Barcelona, Galeries Laietanes, 4-17 de octubre de 1930.

Venda d'una escollida col·lecció de pintura moderna catalana i altres escoles, Barcelona, 6-19 de diciembre de 1930 (1 obra).

1932

Exposició d'una selecta col·lecció dels millors pintors moderns, Barcelona, La Pinacoteca, 18 de junio-1 de julio de 1932 (1 obra).

1933

Extraordinària Subhasta d'Art Modern, Barcelona, Sala Parés, marzo de 1933 (1 obra).

Pintura Catalana de la col·lecció Ròmul Bosch, Barcelona, Establiments Maragall, 3-16 de junio de 1933 (1 obra).

**Exposició d'Artistes Catalans Contemporanis*, Barcelona, Galeries d'Art Syra [1933] (2 obras).

Exposició de pintures de la Col·lecció Joan Valentí, Barcelona, Sala Parés, 30 de septiembre-13 de octubre de 1933 (21 obras).

Cent obres de la col·lecció de pintures de D. Santiago Julià, Barcelona, Sala Parés, 1-14 de octubre de 1933 (3 obras).

Cinquantenari de la Sala Parés. Dibuixos barcelonins..., Barcelona, 4-17 de noviembre de 1933.

1934

Antics de la Sala Parés, Barcelona, Sala Parés, 24 de febrero-9 de marzo de 1934 (3 obras).

Venda de pintures, dibuixos i ceràmiques de la Col·lecció M. Utrillo, Barcelona, Sala Parés, 16-30 de junio de 1934 (3 obras).

Exposició de pintures i escultures de la Col·lecció F. Uriach, Barcelona, Sala Parés, 29 de septiembre-12 octubre de 1934 (2 obras).

1935

Venda d'una col·lecció de pintura catalana, Barcelona, Sala Parés, 23 de marzo-15 de abril de 1935 (1 obra).

La Col·lecció Graupera, Barcelona, Sala Parés, 25 de octubre de 1935.

1936

Exposició i Venda de la Col·lecció M. Bosch. Pintura Antiga i Moderna, Barcelona, Sala Parés, 25 de enero-7 de febrero de 1936 (1 obra).

L'Art Espagnol Contemporain (peinture et sculpture), París, Jeu de Paume, 12 de febrero-marzo de 1936 (1 obra).

Com adquirir bons quadres... de firmes d'art contemporani, Barcelona, Sala Parés, 29 de febrero-13 de marzo de 1936 (2 obras).

1937

Exposició d'Art d'Obres salvades per la CNT-FAI, Barcelona, Secció de Belles Arts de professions liberals, 10 de abril-2 de mayo de 1937 (2 obras).

**Diez Artistas Catalanes*, Buenos Aires, Galería Müller, 25 de octubre de 1937.

1939

Pintores del 1900, Barcelona, Sala Parés, 2-30 de diciembre de 1939 (3 obras).

35 Obras seleccionadas de pintura y escultura, Barcelona, Sala Parés, 30 de diciembre de 1939-8 de enero de 1940 (2 obras).

1940

Pinturas escogidas de artistas de varias escuelas, Barcelona, Sala Parés, 1-30 de julio de 1940 (1 obra).

Pintores de Ayer y de Hoy, Barcelona, Sala Parés, 5-28 de octubre de 1940 (1 obra).

1941

Colección de pintura de firmas notables, Barcelona, Sala Parés, 29 de marzo-13 de abril de 1941.

Pintores de Fama del XIX y XX, Barcelona, Sala Parés, 27 de diciembre de 1941-6 de enero de 1942 (2 obras).

1942

Pintores de Fama, Barcelona, Sala Parés, 24 de octubre-4 de noviembre de 1942 (2 obras).

Pintores de Fama, Barcelona, Sala Parés, 23 de diciembre de 1942-6 de enero de 1943 (1 obra).

1943

Pintores de Fama de finales del XIX y del XX, Barcelona, Sala Parés, 23 de diciembre de 1943-6 de enero de 1944 (2 obras).

1944

Pintura Antigua y Moderna, Barcelona, Sala Parés, 31 de marzo-13 de abril de 1944 (1 obra).

Primera Exposición de Pintores de Fama, Barcelona, Sala Parés, 23 octubre-1 de noviembre de 1944 (1 obra).

Exposición de la Colección de Dibujos Antiguos y Modernos del Excmo. Sr. Vizconde de Güell, Barcelona, Palacio de la Virreina, noviembre de 1944 (1 obra).

1945

Venda d'una Col·lecció de Pintura Catalana en la Sala Parés, Barcelona, Sala Parés, 23 de marzo-15 de abril de 1945.

1946

Pintura Catalana de Maestros Desaparecidos, Barcelona, Galeries Syra, 31 de enero-8 de febrero de 1946 (1 obra).

Gran Exposición de Pintores de Fama, Barcelona, Sala Parés, 29 de noviembre de 1946-3 de diciembre de 1946 (1 obra).

1947

Exposición de Pintores de Fama, Barcelona, Sala Parés, 15-26 de enero de 1947 (1 obra).

Gran Exposición de Pintores de Fama, Barcelona, Sala Parés, 1-12 de marzo de 1947 (1 obra).

Exposición de Pinturas de la Colección del Sr. Don Santiago Julià Bernet, Barcelona, Real Círculo Artístico, 15-30 de noviembre de 1947 (1 obra).

1948

Pintores de Fama, Barcelona, Sala Parés, 17-27 de enero de 1948 (1 obra).

Gran Exposición. Pintores de Fama, Barcelona, Sala Parés, 29 de noviembre-3 de diciembre de 1948 (1 obra).

1949

Pintores de Fama con obras de grandes maestros del siglo pasado y contemporáneos, Barcelona, Sala Parés, 15-26 de enero de 1949 (2 obras).

Pintores de Fama, Barcelona, Sala Parés, 15-26 de octubre de 1949 (5 obras).

1950

Varia Artística, Barcelona, Sala Parés, 26 de octubre-1 de noviembre de 1950 (7 obras).

1951

Pintores de Fama, Barcelona, Sala Parés, 9-29 de junio de 1951 (1 obra).

1ª Bienal Hispanoamericana de Arte, Madrid, Palacio de Exposiciones del Retiro, octubre-diciembre de 1951, p. 219-220 (8 obras).

1952

Exposición de cien pinturas pertenecientes a la colección Barbey, Barcelona, Galeries San Jorge, 25 octubre-14 de noviembre de 1952 (1 obra).

1953

* *Selecció d'obres de la Col·lecció Sala*, Barcelona, Sala Parés, octubre de 1953.

1954

Los 'Quatre Gats' y su época, Barcelona, Sala Parés, mayo de 1954 (8 obras).

Artistas Españoles en la XXVII Exposición Bienal Internacional de Arte de Venecia, Venecia, Pabellón de España, 1954 (1 obra).

1955

III Bienal Hispanoamericana de Arte. Precursores y Maestros de la Pintura y Escultura Contemporánea, Barcelona, Palacio Municipal de Exposiciones, 24 de septiembre de 1955-6 de enero de 1956 (56 obras).

1956

Pintores de Fama, Barcelona, Sala Parés, 4-23 de febrero de 1956 (5 obras).

Picasso, Nonell, Manolo, Ginebra, Musée d'Art et d'Histoire, 17 de marzo-6 de mayo de 1956 (1 obra).

15 cuadros de la Colección Sala, Barcelona, Sala Parés, 13-26 de octubre de 1956 (2 obras).

Un Siglo de Arte Español (1856-1956), Madrid, Ministerio de Educación Nacional, 1956 (3 obras).

1957

Maestros de la Pintura Catalana, Barcelona, Sala Parés, 2-15 de noviembre de 1957 (3 obras).

1958

IIIª Feria del Dibujo, Barcelona, Real Círculo Artístico, 23-30 de septiembre de 1958 (1 obra).

Legado Espona, Barcelona, Saló del Tinell, 1958 (5 obras).

1960

Exposición Extraordinaria de cuadros célebres de pintores catalanes, Barcelona, Sala Parés, 12-24 de marzo de 1960 (3 obras).

Before Picasso; after Miró, Nueva York, The Salomon Guggenheim Museum, junio de 1960 (1 obra).

Pintores de Fama, Barcelona, Sala Parés, 4-24 de junio de 1960 (2 obras).

Pintores de Fama, Barcelona, Sala Parés, 29 de octubre-11 de noviembre de 1960 (1 obra).

Les sources du XX siècle. Les Arts en Europe de 1884 à 1914, París, Musée National d'Art Moderne, 4 de noviembre de 1960-23 de enero de 1961 (4 obras).

Navidad 1960, Barcelona, Sala Parés, 16-31 de diciembre de 1960 (1 obra).

1961

Pintores de Fama, Barcelona, Sala Parés, 14-25 de enero de 1961 (3 obras).

1962

Modern Spanish Painting. Arts Council 1962, Londres [Tate Gallery], 1962 (5 obras).

Exposición de pintura catalana desde la prehistoria hasta nuestros días, Madrid, Casón del Buen Retiro; Barcelona, Capella de l'Hospital, 1962 (5 obras).

Peintres espagnols de la realité. École de Paris, París, Galerie Charpentier, 1962.

* *Tríptico (Nonell, Humbert, Sisquella)*, Madrid, Galería El Cisne, 6-22 de noviembre de 1962.

1963

Legados y Donativos a los Museos de Barcelona 1952-1963, Barcelona, Palau de la Virreina, diciembre de 1963-enero de 1964 (2 obras).

Pintores de Fama, Barcelona, Sala Parés, 16-29 de marzo de 1963 (2 obras).

1965

Pintores de Fama, Barcelona, Sala Parés, 19-25 de febrero de 1965 (1 obra).

Pintores de Fama, Barcelona, Sala Parés, 22 de mayo-3 de junio de 1965 (5 obras).

1966

Exposición Nacional de Bellas Artes, Madrid, Palacio del Retiro, 1966 (Sala especial dedicada a Nonell).

Gran Exposición de pintores de Fama, Barcelona, Sala Parés, 3-8 de diciembre de 1966 (1 obra).

1967

Pintores de Fama, Barcelona, Sala Parés, abril de 1967 (3 obras).

1968

Pintores de Fama, Barcelona, Sala Parés, 18-31 de mayo de 1968 (3 obras).

1969

33 Dibuixos Nonell, Barcelona, Sala Parés, 23 de mayo-8 de junio de 1969.

Pintores de Fama, Barcelona, Sala Parés, 15-27 de noviembre de 1969 (3 obras).

1971

Exposición Época del Sr. Parés, Barcelona, Sala

Parés, 11 de diciembre de 1971-10 de enero de 1972 (1 obra).

1972

Horas Felices de la Pintura Catalana, Barcelona, Sala Parés, 9-26 de diciembre de 1972 (1 obra).

Cien dibujos de la Colección Rosendo Partagás, Barcelona, Sala de exposiciones de la Editora Nacional, 9 de noviembre-7 de diciembre de 1972 (1 obra).

1973

Cien dibujos de la Colección de J. A. Samaranch, Barcelona, Editora Nacional, 6-20 de junio de 1973.

1974

Cien dibujos de la colección J.A. Samaranch, Granollers, Sala de Cultura de la Caja de Ahorros Provincial de la Diputación de Barcelona, 25 de mayo-5 de junio de 1974 (21 obras).

Pintores de Fama, Barcelona, Sala Parés, 7-27 de diciembre de 1974 (1 obra).

1975

La época de la Restauración, Madrid, Palacio Velázquez, junio-septiembre de 1975.

1976

Pintura Catalana. Siglos XIX y XX, Barcelona, Sala Parés, 7-18 de mayo de 1976 (1 obra).

Pintores de Fama. Navidad 1976, Barcelona, Sala Parés, diciembre de 1976 (1 obra).

1977

Centenari de la Sala Parés, Barcelona, Sala Parés, 10-27 de marzo de 1977 (2 obras).

Xavier Nogués i altres pintors de l'època, Barcelona, Sala Parés, 15 de diciembre de 1977-7 de enero de 1978 (1 obra).

Sis obres mestres de la pintura catalana, Barcelona, Sala Parés, 15 de diciembre de 1977-7 de enero de 1978 (1 obra).

1978

Els Quatre Gats. Art in Barcelona around 1900, Princeton (Nueva Jersey), The Art Museum, 29 de enero-26 de marzo de 1978; Washington, Smithsonian Institution, 14 de abril-26 de junio de 1978 (3 obras).

Pintores de Fama. Pintura catalana s. XIX-XX, Barcelona, Galería El Cisne, 30 de mayo-20 de junio de 1978 (1 obra).

Art i Modernitat als Països Catalans, Berlín, Staatliche Kunsthalle, junio-agosto de 1978, p. 224 (1 obra).

Pintura Española del siglo XX, Ciudad de Méjico, Museo de Arte Moderno, octubre-diciembre de 1978 (1 obra).

Extraordinaria de Navidad 1978, Barcelona, Sala Parés, 13 de diciembre de 1978-5 de enero de 1979 (1 obra).

1979

Casagemas i el seu temps, Barcelona, Galería Daedalus, 27 de enero-27 de abril de 1979 (4 obras).

Picasso e Dintorni, Florencia, Palazzo Medici Riccardi, 8 de septiembre-7 de octubre de 1979 (4 obras).

Petits Formats, Barcelona, Sala Parés, 25 de octubre-10 de noviembre de 1979 (1 obra).

1980

Cien años de cultura catalana 1880-1980, Madrid, Palacio Velázquez, junio-octubre de 1980 (4 obras).

* *L'avant-garde catalane et 'Els 4 Gats'*, París, Centre d'Estudis Catalans de la Universitat de la Sorbona, 1980.

1981

1881-1981 Picasso i Barcelona, Barcelona, Saló del Tinell, 23 de octubre de 1981-31 de enero de 1982.

1982

Subhasta a benefici del Reial Cercle Artístic, Barcelona, Sala Brock, junio de 1982.

1983

Els Autoretrats del Museu d'Art Modern, Barcelona, Museo de Arte Moderno, abril-junio de 1983 (1 obra).

Catalunya en la España Moderna 1714-1983, Madrid, Centro Cultural de la Villa de Madrid, 24 de mayo-24 de junio de 1983 (2 obras).

1984

50 ans d'Art Espagnol 1880-1936, Burdeos, Galerie des Beaux-Arts, 11 de mayo-1 septiembre de 1984, p. 139-142 (4 obras).

Arte catalán en el Museo de Arte Moderno de Barcelona, Madrid, Museo Municipal, octubre-diciembre de 1984 (1 obra).

1985

L'Avantguarda a Catalunya 1900-1985, Barcelona, Galeria Dau al Set, febrero de 1985 (1 obra).

Pintura Antigua Impresionista y Moderna, Madrid, Sotheby's, 27 de febrero de 1985 (2 obras).

Homage to Barcelona. The city and its art 1888-1936, Londres, Hayward Gallery, 14 de noviembre de 1985-23 de febrero de 1986 (2 obras).

1986

Exposició Art Català s. XIX-XX, Barcelona, Palau Robert, 21 de febrero-23 de marzo de 1986 (1 obra).

Gargallo y sus amigos españoles, Zaragoza, Museo Pablo Gargallo, 23 de abril-8 de junio de 1986.

Exposició Colectiva, Barcelona, Oriol Galeria d'Art, [junio de] 1986, p. 61-63 (3 obras).

Trésors de Barcelone, Picasso, Miró, Dalí et leur temps, Lausana, Fondation de l'Hermitage, 10 octubre-28 de diciembre de 1986, p. 164 (1 obra).

* *Exposición Extraordinaria de Navidad*, Barcelona, Sala Parés, 12 de diciembre de 1986-11 de enero de 1987.

1987

Homenatge a Barcelona. La ciutat i les seves Arts 1888-1936, Barcelona, Palau de la Virreina, 21 de enero-29 de marzo de 1987.

Homage to Catalonia. Barcelona Art City, Kobe, The Hyogo Prefectural Museum of Modern Art, 11 de abril-17 de mayo de 1987; Kamakura, The Museum of Modern Art, 23 de mayo-28 de junio de 1987; Gifu, The Museum of Fine Arts, 11 de julio-23 de agosto de 1987.

Col·leccionistes d'Art a Catalunya, Barcelona, Palau Robert-Palau de la Virreina, 22 de junio-22 de julio [de 1987], p. 224-225 (3 obras).

Pintura, dibuix i obra gràfica del Museu d'Art Modern de Barcelona (en ruso), Moscú, Academia de Bellas Artes, junio-julio de 1987; Leningrado, Academia de Bellas Artes, julio agosto de 1987 (3 obras).

Barceló-Barcelona. Miquel Barceló Pintures de 1985 a 1987, Barcelona, Antic Teatre de la Casa de La Caritat, 27 de noviembre de 1987-24 de enero de 1988 (1 obra).

Exposició inaugural. Pintors de Fama, Barcelona, Sala Parés, 1-18 de octubre de 1987 (2 obras).

De Greco a Picasso. Cinq siècles d'Art Espagnol, París, Musée du Petit Palais, 10 de octubre de 1987-3 de enero de 1988, p. 408-409, cat. núm. 147, fig. 147.

1989

Modernismen Katalonien, Estocolmo, Kulturhuset, abril-mayo de 1989, p. 87-88 (2 obras).

Próximas Subastas, Madrid, Edmund Peel & Asociados, abril-junio de 1989 (1 obra).

Pintura Impresionista y Moderna, Madrid, Edmund Peel & Asociados, 23 de mayo de 1989 (3 obras).

1990

Próximas Subastas, Madrid, Edmund Peel & Asociados, febrero-abril de 1990 (1 obra).

Pintura Impresionista y Moderna, Madrid, Edmund Peel & Asociados, 21 de junio de 1990 (2 obras).

El espacio privado. Cinco siglos en veinte palabras, Madrid, Sala Julio González, octubre-diciembre de 1990 (2 obras).

El Modernisme, Barcelona, Museo de Arte Moderno, 10 de octubre de 1990-13 de enero de 1991, p. 83-84 y p. 190-192 (7 obras).

L'artista al seu taller, Barcelona, Palau de la Virreina, 26 de octubre-16 de diciembre de 1990 (2 obras).

1991

L'Època dels 'Artistes': Modernisme-Noucentisme. Tresors del Museu d'Art Modern, Girona, Museu d'Història de la Ciutat, febrero-marzo de 1991 (4 obras).

Di Gaudí a Picasso. El Modernisme Catalano, Milán, Fondazione Giorgio Ciri, 1 de septiembre-24 de noviembre de 1991 (2 obras).

1992

Prefiguració del Museu Nacional d'Art de Catalunya, Barcelona, Museu Nacional d'Art de Catalunya, 27 de julio-30 de noviembre de 1992 (1 obra).

La Col·lecció Raimon Casellas, Barcelona, Museu Nacional d'Art de Catalunya, 28 de julio-20 de septiembre de 1992; Madrid, Museo del Prado, enero-abril de 1993 (6 obras).

Un Any d'Adquisicions, Donacions i Recuperacions, Barcelona, Museu Nacional d'Art de Catalunya, 16 de diciembre de 1992-22 de febrero de 1993 (1 obra).

1993

Obras maestras de arte antiguo en la colección Juan Abelló, Santander, Museo de Bellas Artes, 1-30 de julio de 1993 (1 obra).

Centro y Periferia en la modernización de la pintura española (1888-1918), Madrid, Palacio de Velázquez, 1 de diciembre de 1993-3 de marzo de 1994; Bilbao, Museo de Bellas Artes, 15 de abril-15 de junio de 1994 (1 obra).

1994

De Fortuny à Picasso trente ans de peinture espagnole 1874-1906, Agen, Musée des Beaux-Arts, 5 de noviembre de 1994-19 de febrero de 1995; Nancy, Musée des Beaux-Arts, 13 de marzo-17 de junio de 1995; Castres, Musée Goya, 4 de julio-3 de septiembre de 1995.

1995

Gitanos. Pinturas y Esculturas españolas 1870-1940, Madrid, Real Academia de Bellas Artes de San Fernando, 23 de mayo-18 de junio de 1995; Granada, Centro Cultural La General, 22 de junio-20 de julio de 1995 (6 obras).

L'Últim XIX i el primer XX dibuixen, Barcelona, Sala d'Art Arturo Ramon, 22 de junio-16 de septiembre de 1995 (3 obras).

1996

Catalan masters of the 20th Century. From Gaudí to Tàpies, Atlanta, Michael C. Carlos Museum, 27 de abril-2 de junio de 1996; Quebec, Musée du Quebec, 19 de junio-10 de julio de 1996; San Petersburgo; Florida, Salvador Dalí Museum, 27 de julio-22 de septiembre de 1996; Texas, San Antonio Museum of Art, 13 de octubre-11 de diciembre de 1996; Tacoma, Tacoma Museum of Art, enero-abril de 1997.

De Fortuny a Togores: entre el classicisme i la modernitat, Barcelona, Barbié Galería de Arte, octubre de 1996 (1 obra).

1997

Pintura Simbolista en España (1890-1930), Madrid, Fundación Cultural Mapfre Vida, 18 de febrero-6 de abril de 1997 (10 obras).

Barcelona-Madrid. 1898-1998. Sintonias y distancias, Barcelona, Centre de Cultura Contemporània, 22 de septiembre de 1997-18 de enero de 1998; Madrid, Círculo de Bellas Artes, 3 de marzo-10 de mayo de 1998 (1 obra).

Colección Pedro Masaveu. Pintores del siglo XIX, Gijón, Centro Cultural Caja de Asturias, diciembre de 1997-enero de 1998 (2 obras).

1998

La mirada del 98. Arte y Literatura en la Edad de Plata, Madrid, Sala Julio González, mayo-junio de 1998; Málaga, Sala Alameda, 2 de octubre-30 de noviembre de 1998 (1 obra).

Plástica y texto en torno al 98, Madrid, Círculo de Bellas Artes, 15 de octubre-3 de diciembre de 1998 (1 obra).

La mirada complacida. La mirada inquieta, La Coruña, Museo de Bellas Artes de La Coruña, 12 de noviembre de 1998-31 de enero de 1999 (1 obra).

La huella del 98 en la pintura española contemporánea, Gijón, Centro Cultural Cajastur-Palacio Revillagigedo, 24 de noviembre de 1998-9 de enero de 1999 (1 obra).

1999

Els Quatre Gats i els seus artistes (1897-1903), Barcelona, XXIII Saló Antiquaris de Barcelona, mayo de 1999 (1 obra).

XXIII Saló Antiquaris, Barcelona, Fira de Barcelona, 13-21 de marzo de 1999 (2 obras).

El bodegón español. De Zurbarán a Picasso, Bilbao, Museo de Bellas Artes, 3 de diciembre de 1999-19 de abril del 2000 (2 obras).

BIBLIOGRAFÍA

LIBROS Y ARTÍCULOS DE CATÁLOGOS

MONOGRAFÍAS

BARBETA, J., "Nonell, l'home i l'artista", en *Nonell*, Barcelona, Ajuntament de Barcelona, 1981, p. 10-19 (catálogo de exposición).

BENET, R., *Isidro Nonell y su época*, Barcelona, Iberia, 1947.

CASELLAS, R., "El colorisme d'en Nonell", en *L'obra d'Isidre Nonell*, Barcelona, Publicacions de La Revista, 1917, p. 95-101 (publicado completo en *La Veu de Catalunya. Página Artística* el 27 de enero de 1910).

ELIAS, F., "Situació d'en Nonell en la pintura moderna", en *L'obra d'Isidre Nonell*, Barcelona, Publicacions de La Revista, 1917, p.113-133.

FABRICE, D., "Deux impressionistes. Nonell-Monturiol et Ricardo Canals", en *Exposition d'oeuvres de Ricardo Canals & Nonell-Monturiol*, París, 1898, p. 2-5 (catálogo de exposición).

FOLCH I TORRES, J., "L'unitat en l'obra d'en Nonell", en *L'obra d'Isidre Nonell*, Barcelona, Publicacions de La Revista, 1917, p. 137-143.

FONTBONA, F., *Nonell*, Barcelona, Nou Art Thor, 1987 (Colección Gent Nostra).

GOICOECHEA, R.E. de, *Nonell, el impresionista filósofo*, Barcelona, Llibreria Catalonia, 1938.

JARDÍ, E., *Nonell i altres assaigs*, Barcelona, Selecta, 1958.

JARDÍ, E., *Nonell*, Barcelona, Polígrafa [1969]; 2ª edición 1984.

JARDÍ, E., *Nonell. Grandes dibujantes*, Barcelona, Tàber, 1970.

JORI, R., "L'influència d'en Nonell en la pintura catalana", en *L'obra d'Isidre Nonell*, Barcelona, Publicacions de La Revista, 1917, p. 147-152.

MATES, J., *Isidre Nonell* (monografía inédita).

MERLI, J., *Isidre Nonell*, Barcelona, Junta d'Exposicions d'Art de Catalunya, 1938.

NONELL, C., *Isidro Nonell. Su vida y su obra*, Madrid, Dossat, 1963.

NONELL, C., *Nonell, Figuras*, Barcelona, Gustavo Gili, 1964.

ORS, E. d', *La muerte de Isidro Nonell seguida de otras arbitrariedades…*, Madrid, Ediciones El Banquete, 1905, p. 15-83.

ORS, E. d', "Prólogo", en *L'obra d'Isidre Nonell*, Barcelona, Publicacions de La Revista, 1917, p. 9-20.

ORS, E. d', *Crónicas de la ermita*, Barcelona, Plaza & Janés, 1966.

ORS, E. d', "Papers anteriors al Glosari", en CASTELLANOS, Jordi (ed.), *Obra Catalana de'Eugeni d'Ors*, Barcelona, Quaderns Crema, 1994, p. 65-72.

PLA, J., "Isidre Nonell (1873-1911)", en *Homenots. Primera sèrie*, Barcelona, Destino, 1980, p. 239-272.

PLANA, A. (ed.), *L'obra d'Isidre Nonell*, Barcelona, Publicacions de La Revista, 1917.

PUJOLS, F., "La valor de combat de l'obra d'en Nonell", en *L'obra d'Isidre Nonell*, Barcelona, Publicacions de La Revista, 1917, p. 81-110.

REVENTÓS, R., "El pretés humorisme d'en Nonell. El sensualisme de la seva obra", en *L'obra de d'Isidre Nonell*, Barcelona, Publicacions de La Revista, 1917, p. 89-93.

VAYREDA, F., "La tècnica d'Isidre Nonell", en *L'obra d'Isidre Nonell*, Barcelona, Publicacions de La Revista, 1917, p. 103-110.

GENERALES

AINAUD DE LASARTE, J., "Isidro Nonell. Barcelona 1873-1911", en *Exposición Nacional de Bellas Artes 1966*, Madrid, Ministerio de Educación Nacional, 1966.

Almanach dels Noucentistes, Barcelona, J. Horta, 1911, fig. s/p.

Apollinaire, G., *Chroniques d'art (1902-1918)*, París, Gallimard, 1960.
Biblioteca Museu. Víctor Balaguer. Guia, Vilanova i la Geltrú, Biblioteca Museu Víctor Balaguer, 1999, p. 19.
Blunt, A.; Pool, Ph., *The Picasso the formative years. A study of his sources*, Londres, Study Books, 1962.
Bosch, J.F., "Inauguración de otra Sala de Exposiciones", en *El Año Artístico Barcelonés*, Barcelona, 1942-1943.
Borràs, M.L., *Coleccionistas de Arte en Cataluña*, Barcelona, Biblioteca de La Vanguardia, 1987, p. 97, 136, 193 y 207.
Callicó, F., *L'Art i la Revolució social*, Barcelona, Imprenta Industrial, 1936, p. 64 y 132.
Casellas, R., *Etapes Estètiques*, Barcelona, Societat Catalana d'Edicions, 1916, II, p. 30 y 131.
Castellanos, J., *Raimon Casellas i el Modernisme*, 2 vol., Barcelona, Publicacions de l'Abadia de Montserrat, 1983.
Catàleg de pintura segles XIX i XX. Fons del Museu d'Art Modern, Barcelona, Ajuntament de Barcelona, 1987, I, p. 72-74, fig.; II, p. 740-760.
Catálogo del Museo Español de Arte Contemporáneo, Madrid, Ministerio de Cultura, 1983, p. 109, cat. s/núm.
Cervera, J.Ph., *Modernismo. The Catalan Renaissance of the Arts*, Nova York, Garland Publishing Inc., 1976.
Cirici, A., *El Arte Modernista Catalán*, Barcelona, Aymà, 1951.
Cirlot, J.E., *Pintura catalana contemporánea*, Barcelona, Omega, 1961, p. 12.
Cortés, J., "Perennidad de Isidro Nonell", en *Setanta anys de vida barcelonina*, Barcelona, Selecta, 1980, p. 193-196.
Dibujos y Apuntes, Barcelona, La Vanguardia, s/d.
Doñate, M., "Les activitats artístiques d'Els Quatre Gats", en *Picasso i els 4 Gats. La clau de la modernitat*, Barcelona, Lunwerg, 1995, p. 230-231 (catálogo de exposición).
Doñate, M.; Mendoza, C., *Guia del Museu d'Art Modern*, Barcelona, Museu Nacional d'Art de Catalunya, Proa/Enciclopèdia Catalana, 1996, p. 44.
Ferrater, G., "Isidro Nonell", en *Sobre pintura*, Barcelona, Seix Barral, 1981, p.351-360.
Flaquer, S.; Pagès, M.T., *Inventari d'Artistes Catalans que participaren als Salons de París fins l'any 1914*, Barcelona, Biblioteca de Catalunya, 1986, p. 270-274.
Fontbona, F., *La crisi del Modernisme Artístic*, Barcelona, Curial, 1975.
Fontbona, F., *El Paisatgisme a Catalunya*, Barcelona, Destino, 1979.
Fontbona, F.; Miralles, F., *Del Modernisme al Noucentisme*, Barcelona, Edicions 62, 1985 (Història de l'Art Català, VII).
Fontbona, F., "Las opciones postmodernistas", en *Colección Banco Hispano Americano*, Madrid, Fundación Banco Hispano Americano, 1990, p. 226-228, fig. p. 227.
Francés, J., "La Obra de Isidro Nonell", en *El Año Artístico. 1917*, Madrid, 1918, p. 317-322.
Francés, J., "La exposición de Barcelona", en *El Año Artístico. 1918*, Madrid, 1919, p. 232, fig. p. 231.
Francés, J., "Algunos pintores catalanes modernos", en *El Año Artístico. 1919*, Madrid, 1920, p. 209.
Francés, J., "Memoranda", en *El Año Artístico. 1922*, Madrid, 1923, p. 34.
Francés, J., "Pintura Catalana: El Concurso Plandiura", en *El Año Artístico. 1923-24*, Madrid, 1925, p. 14.
Francés, J., "Exposiciones", en *El Año Artístico. 1925-1926*, Barcelona, 1927, p. 225.
Galwey, E., "En Nonell a Can Parés", en *El que he vist a Can Parés*, Barcelona, Publicacions del Cinquantenari de la Sala Parés, 1934, p. 60-66.
Garrut, J.M., *Dos siglos de pintura catalana s. XIX i XX*, Madrid, Ibérico Europea de Ediciones, 1974.
Gasch, S., *Col·lecció Isern Dalmau*, Barcelona, 1948.
Gasch, S., *Expansió de l'Art Català al món*, Barcelona, 1953, fig. entre p. 14 y 15.
Gosling, N., *Paris 1900-1914*, Londres, The Miracolous Years, 1978
Guasch, F.; Batlle, E., *Catálogo del Museo de Arte Contemporáneo*, Barcelona, 1926, p. 155-156, cat. núm. I-II.
Guía del Museo de Arte Moderno, Barcelona, Ajuntament de Barcelona, 1945, p. 40 y 41; 1953, p. 35 y 36.
Guia de les col·leccions, Figueres, Consorci del Museu de l'Empordà, 1999, p. 112, fig. p. 83 i 112.
Jardí, E., *Història dels Quatre Gats*, Barcelona, Aedos, 1951.
Jardí, E., "Isidro Nonell", en *Picasso, Barcelona, Catalunya*, Barcelona, Quaderns L'Avenç, 1981.
Junyent, S., *Llibreta manuscrita de l'Arxiu Adelina Junyent* [apartado correspondiente al *Viage de Sebastián Junyent y Isidro Nonell a Madrid, setiembre de 1903*].
Junoy, *Arte & Artistas. Primera serie*, Barcelona, Librería L'Avenç, 1912, p. 17-19.
Larco, J., *La pintura española moderna y contemporánea*, Madrid, Castillo, 1964
Llegats i Donacions a la Ciutat de Barcelona per Obres de Cultura, Barcelona, Ajuntament de Barcelona, 1922, p. 97-98.
Llongueras, J., *Evocaciones y Recuerdos de mi primera vida musical en Barcelona*, Barcelona, Llibreria Dalmau, 1944, p. 88 y 92.
Maragall, J.A., *Història de la Sala Parés*, Barcelona, Selecta, 1975.
Masoliver, J.R., *Maestros de la pintura española contemporánea*, Madrid, Aguado, 1952.
Mendoza, C., "Estudio de gitano", en *Centro y Periferia en la modernización de la pintura española 1880-1918*, Madrid, Ministerio de Cultura, 1991, p.148-149 (catálogo de exposición).
Mendoza, C., "Natura morta", en *Un Any d'Adquisicions, Donacions i Recuperacions*, Barcelona, Museu Nacional d'Art de Catalunya, 1992, p. 130-132 (catálogo de exposición).
Mendoza, C., "Isidre Nonell i Monturiol", en *La Col·lecció Raimon Casellas Dibuixos i Gravats del Barroc al Modernisme*, Barcelona, Museu Nacional d'Art de Catalunya, 1992, p. 226-230 (catálogo de exposición).
Mendoza, C., "Isidre Nonell. Bodegón", en *El bodegón español. De Zurbarán a Picasso*, Bilbao, 1999, p. 217, cat. núm. 51, fig. p. 216 (catálogo de exposición).
Merli, J., *33 pintors catalans*, Barcelona, Romargraf, 1976, p. 17 y 19.
Mestres de la pintura catalana. Col·lecció Sala. Museu de Montserrat, Barcelona, Fundació Caixa de Barcelona, 1986, p. 56, fig. p. 36-41.
Montmany, A.; Navarro, M.; Tort, M., *Repertori d'Exposicions d'Art a Catalunya (fins l'any 1938)*, Barcelona, Institut d'Estudis Catalans, 1999, p. 244-245 (Memòries de la Secció Històrico-Arqueològica, LI).
Museo de Bellas Artes de Bilbao. Maestros Antiguos y Modernos, Bilbao, Fundación BBK, 1999, p. 170, fig. p. 171.
Museu de Montserrat. Guia de visita, Barcelona, Publicacions de l'Abadia de Montserrat, 1998, p. 58-59.

NONELL, Mn.S., *'Cal Bonminyó' de la família Nonell de Mataró. D'una horta a una església 1769-1916*, Mataró, Caixa Laietana, s/a [1998].
OLIVIER, F., *Picasso et ses amis*, París, Librairie Stok, 1933, p. 24-25.
OPISSO, A., "Isidro Nonell", en *Arte y artistas catalanes*, Barcelona, La Vanguardia, 1900, p. 125-136.
PALAU I FABRE, J., *Picasso i els seus amics catalans*, Barcelona, Aedos, 1971.
PALAU I FABRE, J., *Picasso a Catalunya*, Barcelona, Polígrafa, 1975.
PALAU I FABRE, J., *Picasso vivent (1881-1907)*, Barcelona, Polígrafa, 1975.
PANTORBA, B. de, *Historia y crítica de las Exposiciones Nacionales de Bellas Artes celebradas en España*, Madrid, Ramon Garcia Rama, 1980.
PASSARELL, J., *Homes i coses de la Barcelona d'abans*, Barcelona, Pòrtic, 1974, p. 269-270.
PERUCHO, J., *Papitu*, Barcelona, Tàber, 1968.
PUJOLS, F., "N'Isidre Nonell, 1914", en *Recull d'articles*, Barcelona, Publicacions de La Revista, 1921, p. 127-131.
Els Quatre Gats i els seus artistes, Barcelona, XXIII Saló d'Antiquaris de Barcelona, 1999, fig. p. 23 y 36.
RÀFOLS, J.F., *El arte modernista en Barcelona*, Barcelona, Librería Dalmau, 1943.
RÀFOLS, J.F., *Modernismo y modernistas*, Barcelona, Destino, 1949.
RENART, J., *Diari 1918-1961*, Barcelona, Destino, 1975, p. 119, 136 y 351.
RICHARSON, J., *Picasso: una biografía*, Madrid, Alianza Editorial, 1995.
SABARTÉS, J., *Picasso. Retratos y Recuerdos*, Madrid, Afrodisio Aguado, 1953, p. 23.
SALA, T.M., *Junyent*, Barcelona, Edicions Nou Art Thor, 1988 (Gent Nostra, 62).
SELVA, J., "La pintura", en *L'Art Català Contemporani*, Barcelona, Proa, 1976.
SERRA, F., "Isidro Nonell Monturiol", en *Nuestros Artistas. Reportaje gráfico, documental y anecdótico*, Barcelona, Edimar, 1954.
SERRA, F., *L'artista al seu taller*, Barcelona, Lunwerg, 1990, p. 92-93.
SOCIAS, J., *Pintura catalana en el 'Castell de la Geltrú'*, Barcelona, Selecta, 1976, p. 211-216, fig. p. 216-217.
SOLÀ, Ll., *Papitu (1908-1937)*, Bruguera, 1968, p. 19 y 21.
SOLÀ, Ll., *L'humor català. La premsa humorística I*, Barcelona, Bruguera, 1978, p. 20, 56 y 303-304; y *II*, 1979, p. 116-118 y 132.
SOLDEVILA, C., *Figures de Catalunya*, Barcelona, Aedos, 1955.
SUCRE, J.M., *Memorias*, Barcelona, Barna, 1963, II, p. 45-46.
VERDAGUER, M., "Isidro Nonell y su mundo", en *Medio siglo de vida barcelonesa*, Barcelona, Barna, 1957, p. 117-133.
VIDAL, P., "Isidre Nonell", en *Els singulars anecdòtics*, Barcelona, J. Horta, 1920, p. 93-97.
VIDAL, P., *L'Assaig de la vida*, Barcelona, L'Estel, 1934, p. 143-144, 215-216 y 288.
VINTRÓ, A., *Cincuanta dibuixants de Catalunya que formaren època*, Barcelona, Glosa, 1981, p. 96-101.
WARNOD, J., *Le Bateau-Lavoir 1892-1914*, París, Les Presses de la Connaissance, 1975.

CATÁLOGOS DE EXPOSICIONES

INDIVIDUALES

Exposition d'oeuvres de Ricardo Canals & Nonell-Monturiol, París, Galerie Le Barc de Boutteville, 1898, cat. núm. 1-57.
Exposició Nonell Exposició Colom, Barcelona, Sala Dalmau, 1909, cat. núm. 1-10.
Exposició Nonell. Vint-i-una pintures. Sis dibuixos de la Col·lecció Josep Sala, Barcelona, Galeries Laietanes, 1925, cat. núm. 1-21 (pinturas) y cat. núm. 1-6 (dibujos).
Recull d'obres d'en Isidre Nonell. Pintures i Dibuixos, Barcelona, Galeries Dalmau, 1925, cat. núm. 1-20 (óleos) y cat. núm. 1-40 (dibujos).
Exposició Isidre Nonell: pintures i dibuixos, Barcelona, Sala Gaspar, 1932.
Primera Exposición Isidro Nonell (1873-1911). Academia Breve de Crítica de Arte, Madrid, Galerías Biosca, 1941, cat. núm. 1-8.
Exposición Homenaje Nonell, Barcelona, Salón de Arte Rovira, 1942.
Exposición de Homenaje a Isidro Nonell (1873-1911), Barcelona, Sala Barcino, 1948, cat. núm. 1-56.
Nonell 1873-1911, Barcelona, Galeries d'Art Syra, 1955.
Exposición Isidro Nonell, conmemorativa del L Aniversario de la muerte del artista, Barcelona, Palau de la Virreina, 1962, cat. núm. 1-56 (óleos) y cat. núm. 1-117 (dibujos).
I. Nonell 1873-1911. 14 pinturas, Barcelona, Sala Gaspar, 1967, cat. núm. 1-14.
33 dibujos procedentes de la colección F. Benet, Barcelona, Sala Parés, 1969.
Exposició Nonell, Sabadell, Academia de Belles Arts, 1972.
Homenaje a Isidro Nonell, Barcelona, Sala Nonell, 1976; Madrid, 1976 cat. núm. 1-15 (óleos) y cat. núm. 1-29 (dibujos).
Exposición Homenaje Isidre Nonell. I Feria Nacional de Dibujo, Barcelona, I Feria Nacional de Dibujo, 1976, cat. núm. 1-17.
I. Nonell. Dibuixos acolorits, sanguines i tintes, Barcelona, Oriol Galeria d'Art, 1977.
Nonell, Barcelona, Ayuntamiento de Barcelona, 1981, cat. núm. 1-81 (óleos) y cat. núm. 82-221 (dibujos); Madrid, Caja de Ahorros y Monte de Piedad, 1981, cat. núm. 1-76 (óleos) y cat. núm. 77-135 (dibujos).

COLECTIVAS

1891
Primera Exposición General de Bellas Artes, Barcelona, 1891, p. 141, cat. núm. 385, .
1894
Segunda Exposición General de Bellas Artes, Barcelona, 1894, p. 64, cat. núm. 192.
1895
XII Exposición Extraordinaria de Bellas Artes, Barcelona, Sala Parés, 1895, cat. núm. 64-66.
Exposición General de Bellas Artes, Madrid, 1895, p. 142, cat. núm. 808-810.
Exposició Humorística de Belles Arts, Barcelona, Niu Guerrer, 1895.
Círculo Artístico. Exposición de Bellas Artes, Barcelona, Sala Parés, 1895, cat. núm. 74-76.
1896
XIII Exposición Extraordinaria, Barcelona, Sala Parés, 1896, cat. núm. 74-75.
Tercera Exposición General de Bellas Artes, Barcelona, 1896, p. 77, cat. núm. 305-306.
1897
XIV Exposición Extraordinaria de Bellas Artes, Barcelona, Sala Parés, 1897, cat. núm. 74-75.
Salon de la Société Nationale des Beaux-Arts, París, 1897, cat. núm. 1.649-1.654.
Breu relació dels Dibuixos & Estudis al oli que alguns pintors parroquians han exposat a la Sala Gran dels Quatre Gats, Barcelona, 1897.
Quinzième Exposition des Peintres Impressionistes

et Symbolistes, París, Galerie La Barc de Boutteville, 1897, p. 14, cat. núm. 72-73.

1898

IV Exposición de Bellas Artes e Industrias Artísticas, Barcelona, 1898, p. 133, cat. núm. 791-794.

Salon de la Société Nationale des Beaux-Arts, París, 1898, cat. núm. 1.724-1.731.

1902

2ª Exposició Art i Pàtria, Barcelona, Ateneo, 1902.

Salon de la Société Nationale des Beaux-Arts, París, 1902, cat. núm. 891-892.

1903

Salon des Indépendants, París, 1903, cat. núm. 1.861-1.868.

La Libre Esthétique. Catalogue de la dixième Exposition à Bruxelles, Bruselas, 1903, p. 38, cat. núm. 268-272.

1904

Catálogo de la Exposición Nacional de Bellas Artes, Madrid, 1904, p. 55-56, cat. núm. 963-973.

Salon des Indépendants, París, 1904, cat. núm. 1.775-1.780.

Salon de la Société Nationale des Beaux-Arts, París, 1904, cat. núm. 958.

1905

Salon des Indépendants, París, 1905, cat. núm. 3.081-3.088.

Salon d'Automne, París, 1905, cat. núm. 1.168-1.172.

1906

Exposición General de Bellas Artes, Madrid, 1906, p. 65-66, cat. núm. 824-840.

Salon des Indépendants, París, 1906, cat. núm. 3.713-3.717.

Exposició de les modernes arts y lletres catalanes, Barcelona, Lliga Regionalista de Barcelona, 1906, cat. núm. 4 y 157.

1907

V Exposición Internacional de Arte, Barcelona, 1907, p. 25, cat. núm. 15-18.

Salon des Indépendants, París, 1907, cat. núm. 3.665-3.670.

I Exposició de Belles Arts d'artistes independents, Barcelona, 1907, s./p., cat. núm. 1-7.

Manifestación Artística de 1907, Barcelona, Círculo Ecuestre, 1907, cat. núm. 41.

Exposición de auto-retratos de artistas españoles, Barcelona, Círculo Artístico, 1907, p. 250, cat. núm. 180-181.

1908

Exposición General de Bellas Artes e Industrias Artísticas, Madrid, 1908, p. 45, cat. núm. 566-568.

Salon des Indépendants, París, 1908, cat. núm. 4.480-4.485.

1909

Salon des Indépendants, París, 1909, cat. núm. 1.184-1.185.

1910

Exposición Nacional de Pintura. Escultura y Arquitectura, Madrid, 1910, p.42, cat. núm. 443-444.

Salon des Indépendants, París, 1910, cat. núm. 3.852-3.857.

Saló de les Arts i els Artistes, Barcelona, Faianç Català, 1910.

1911

Saló de les Arts i els Artistes, Barcelona, Faianç Català, 1911.

1915

Exposició de la Col·lecció Plandiura, Barcelona, Galeries d'Art Modern i Antiguitats, 1915, p. 8 y 13-14, cat. núm. 24-35 y 126-143.

1918

Exposició d'Art, Barcelona, 1918, p. 97, cat. núm. 673-700, fig. núm. 34.

1919

Primera Exposición Internacional de Pintura y Escultura, Bilbao, 1919, p. 24, cat. núm. 280-294.

1921

Exposicào d'Arte Català, Lisboa, Sociedade Nacional de Bellas Artes, 1921, p. 18, cat. núm. 121-123.

1922

Tentoonstelling van Katalaansch Kunst, Maatschappij, Arti et Amicitiae, 1922, p. 7, cat. núm. 57-59.

1925

Liquidació d'un important lot de quadros antics, Barcelona, Galeries Dalmau, 1925, cat. núm. 16.

Exposició de dibuixos i aquarel·les, Barcelona, 1925.

1927

Els Mestres de la Pintura Catalana, Barcelona, La Pinacoteca, 1927, cat. núm. 3-4.

Exposició d'una important col·lecció de cuadros antics i moderns, Barcelona, La Pinacoteca, 1927, cat. núm. 22-23.

Exposició Col·lectiva, Barcelona, La Pinacoteca, 1927, cat. núm. 37-40.

1928

Grandiosa subhasta d'Antiguitats i Objectes d'Art, Barcelona, Sala Parés, 1928, cat. núm. 250-252.

Exposició-Venda de quadros antics i moderns, Barcelona, Galeries Dalmau, 1928, cat. núm. 25-26.

Pintura Catalana. Exposició Retrospectiva, Barcelona, La Pinacoteca, 1928, cat. núm. 14.

Subhasta d'Art, Barcelona, Barcelona, Sala Parés, 1928, cat. núm. 270.

1929

Exposició de Dibuixos, Barcelona, Sala Joan Merli (Galeries Laietanes), 1929, cat. núm. 21-23.

Obres originals, Barcelona, La Pinacoteca, 1929, cat. núm. 11.

1930

Exposició d'obres de la Col·lecció Barbey, Barcelona, Sala Parés, 1930, cat. núm. 9-12.

Exposició d'obres de la col·lecció d'en Ferran Benet, Barcelona, Galeries Laietanes, 1930.

Venta d'una escollida col·lecció de pintura moderna catalana i altres escoles, Barcelona, 1930, cat. núm. 10.

1932

Exposició d'una selecta col·lecció dels millors pintors moderns, Barcelona, La Pinacoteca, 1932, cat. núm. 40.

1933

Extraordinària Subhasta d'Art Modern, Barcelona, Sala Parés, 1933, cat. núm. 30.

Pintura Catalana de la col·lecció Ròmul Bosch, Barcelona, Establiments Maragall, 1933, cat. núm. 36.

Exposició d'artistes catalans contemporanis, Barcelona, Galeries d'Art Syra [1933], cat. núm. 11-12.

Exposició de pintures de la Col·lecció Joan Valentí, Barcelona, Sala Parés, 1933, cat. núm. 29-50, fig.

Cent obres de la col·lecció de pintures de D. Santiago Julià, Barcelona, Sala Parés, 1933, cat. núm. 70-72.

Cinquantenari de la Sala Parés. Dibuixos barcelonins..., Barcelona, 1933.

1934

Antics de la Sala Parés, Barcelona, Sala Parés, 1934, cat. núm. 8-10.

Venda de pintures, dibuixos i ceràmiques de la Col·lecció M. Utrillo, Barcelona, Sala Parés, 1934, cat. núm. 1-3.

Exposició de pintures i escultures de la Col·lecció F. Uriach, Barcelona, Sala Parés, 1934, cat. núm 18-19.

1935

Venda d'una col·lecció de pintura catalana, Barcelona, Sala Parés, 1935, cat. núm. 57.

La Col·lecció Graupera, Barcelona, Sala Parés, 1935.

1936

Exposició i Venda de la Col·lecció M. Bosch. Pintura Antiga i Moderna, Barcelona, Sala Parés, 1936, cat. núm. 43.

L'Art Espagnol Contemporain (peinture et sculpture), París, Jeu de Paume, 1936, p. 18, cat. núm. 177 bis.

Com adquirir bons quadres… de firmes d'art contemporani, Barcelona, Sala Parés, 1936, cat. núm. 4 y 5.

1937

Exposició d'Art d'Obres salvades per la CNT-FAI, Barcelona, 1937, cat. núm. 266-267.

1939

Pintores del 1900, Barcelona, Sala Parés, 1939, cat. núm. 7-9.

35 Obras seleccionadas de pintura y escultura, Barcelona, Sala Parés, 1940, cat. núm. 19-20.

1940

Pinturas escogidas de artistas de varias escuelas, Barcelona, Sala Parés, 1940, cat. núm. 5.

Pintores de Ayer y de Hoy, Barcelona, Sala Parés, 1940, cat. núm. 8.

1941

Colección de pinturas de firmas notables, Barcelona, Sala Parés, 1941.

Pintores de Fama del XIX y XX, Barcelona, Sala Parés, 1941, cat. núm. 33 y 47.

1942

Pintores de Fama, Barcelona, Sala Parés, 1942, cat. núm. 33-34.

Pintores de Fama, Barcelona, Sala Parés, 1942, cat. núm. 16, fig.

1943

Pintores de Fama de finales del XIX y del XX, Barcelona, Sala Parés, 1943, cat. núm. 13-14, fig.

1944

Pintura Antigua y Moderna, Barcelona, Sala Parés, 1944, cat. núm. 33, fig.

Primera Exposición de Pintores de Fama, Barcelona, Sala Parés, 1944, cat. núm. 33, fig.

Exposición de la Colección de Dibujos Antiguos y Modernos del Excmo. Sr. Vizconde de Güell, Barcelona, Ayuntamiento de Barcelona, 1944, cat. núm. 118.

1945

Venda d'una Col·lecció de Pintura Catalana en la Sala Parés, Barcelona, Sala Parés, 1945.

1946

Pintura Catalana de Maestros Desaparecidos, Barcelona, Galeries d'Art Syra, 1946, cat. núm. 30.

Gran Exposición de Pintores de Fama, Barcelona, Sala Parés, 1946, cat. núm. 26.

1947

Exposición de Pintores de Fama, Barcelona, Sala Parés, 1947, cat. núm. 47-48.

Gran Exposición de Pintores de Fama, Barcelona, Sala Parés, 1947, cat. núm. 16, fig.

Exposición de Pinturas de la Colección del Sr. Don Santiago Julià Bernet, Barcelona, Real Círculo Artístico, 1947, cat. núm. 66-67.

1948

Pintores de Fama, Barcelona, Sala Parés, 1948, cat. núm. 40-41.

Gran Exposición. Pintores de Fama, Barcelona, Sala Parés, 1948, cat. núm. 26.

1949

Pintores de Fama con obras de grandes maestros del siglo pasado y contemporáneos, Barcelona, Sala Parés, 1949, cat. núm. 47-48.

Pintores de Fama, Barcelona, Sala Parés, 1949, cat. núm. 14-18, fig. núm. 17.

1950

Varia Artística, Barcelona, Sala Parés, 1950, cat. núm. 8-14, fig.

1951

Pintores de Fama, Barcelona, Sala Parés, 1951, cat. núm. 54.

Iª Bienal Hispanoamericana de Arte, Madrid, 1951, p. 219-220, cat. núm. 72-91, fig. núm. 83.

1952

Exposición de cien pinturas de la colección Barbey, Barcelona, Galerías San Jorge, 1952, cat. s/núm., fig.

1954

Los 'Quatre Gats' y su época, Barcelona, Sala Parés, 1954, fig. 14-21.

Artistas Españoles en la XXVII Exposición Bienal Internacional de Arte de Venecia, Venecia, 1954, p. 32, cat. núm. 13, fig.

1955

III Bienal Hispanoamericana de Arte. Precursores y Maestros de la Pintura y Escultura Contemporánea, Barcelona, 1955, cat. núm. 1-55.

1956

Pintores de Fama, Barcelona, Sala Parés, 1956, cat. núm. 7-11.

Picasso, Nonell, Manolo, Ginebra, Musée d'Art et d'Histoire, 1956, p. 20, cat. núm. 52.

15 cuadros de la Colección Sala, Barcelona, Sala Parés, 1956.

Un Siglo de Arte Español (1856-1956), Madrid, Ministerio de Educación Nacional, 1956, p. 194-195, cat. núm. 263, 265 y 267.

1957

Maestros de la Pintura Catalana, Barcelona, Sala Parés, 1957, cat. núm. 29-31.

1958

IIIª Feria del Dibujo, Barcelona, Real Círculo Artístico, 1958.

Legado Espona, Barcelona, Junta de Museos de Barcelona, 1958, p. 12, cat. núm. 118-122.

1960

Exposición Extraordinaria de cuadros célebres de pintores catalanes, Barcelona, 1960, cat. núm. 7-9, fig. núm. 8 y 9.

Before Picasso; after Miró, Nueva York, The Salomon Guggenheim Museum, 1960, cat. s./núm.

Pintores de Fama, Barcelona, Sala Parés, 1960, cat. núm. 26-27.

Pintores de Fama, Barcelona, Sala Parés, 1960, cat. núm. 39.

Les sources du XXème siècle. Les Arts en Europe de 1884 à 1914, París, Musée National d'Art Moderne, 1960, p. 178, cat. núm. 528-531.

Navidad 1960, Barcelona, Sala Parés, 1960.

1961

Pintores de Fama, Barcelona, Sala Parés, 1961, cat. núm. 9-11.

1962

Modern Spanish Painting. Arts Council 1962, Londres [Tate Gallery], 1962, cat. núm. 1-5, fig. núm. 4-5.

Exposición de pintura catalana desde la prehistoria hasta nuestros días, Madrid, Ministerio de Educación Nacional/Ayuntamiento de Barcelona, 1962, cat. núm. 120-124, fig.

Peintres espagnols de la realité. École de Paris, París, Galerie Charpentier, 1962.

Exposición de pinturas pertenecientes a la Colección Barbey, Barcelona, Galerías San Jorge, 1962.

1963

Legados y Donativos a los Museos de Barcelona 1952-1963, Barcelona, Junta de Museos de Barcelona, 1963, p. 17 y 19, cat. núm. 30-31, fig. 1.

Pintores de Fama, Barcelona, Sala Parés, 1963, cat. núm. 26-27.

1965

Pintores de Fama, Barcelona, Sala Parés, 1965, cat. núm. 3, fig.

Pintores de Fama, Barcelona, Sala Parés, 1965, cat. núm. 11-15, fig.

1966

Exposición Nacional de Bellas Artes, Madrid, 1966 (Sala especial dedicada a Isidro Nonell), cat. núm. I-XXVIII (óleos), cat. núm. XXIX-XXI (dibujos).

Gran Exposición de pintores de Fama, Barcelona, Sala Parés, 1966, fig.

1967

Pintores de Fama, Barcelona, Sala Parés, 1967.

1968

Pintores de Fama, Barcelona, Sala Parés, 1968, cat. núm. 1-3, fig. portada.

1969

33 Dibuixos Nonell, Barcelona, Sala Parés, 1969.

Pintores de Fama, Barcelona, Sala Parés, 1969, cat. núm. 14-16.

1971

Exposición Época del Sr. Parés, Barcelona, Sala Parés, 1972, cat. núm. 39.

1972

Horas Felices de la Pintura Catalana, Barcelona, Sala Parés, 1972.

Cien dibujos de la Colección Rosendo Partagás, Barcelona, Editora Nacional, 1972, cat. núm. 68, fig.

1973

Cien dibujos de la Colección de J.A. Samaranch, Barcelona, Editora Nacional, 1973.

1974

Cien dibujos de la colección J.A. Samaranch, Granollers, Caja de Ahorros Provincial de la Diputación de Barcelona, 1974, cat. núm.60-81.

Pintores de Fama, Barcelona, Sala Parés, 1974.

1975

La época de la Restauración, Madrid, 1975.

1976

Pintura Catalana. Siglos XIX y XX, Barcelona, Sala Parés, 1976, cat. núm. 36, fig. portada.

Pintores de Fama. Navidad 1976, Barcelona, Sala Parés, 1976, cat. núm. 25, fig.

1977

Centenari de la Sala Parés, Barcelona, Sala Parés, 1977, cat. núm. 44-45, fig. núm. 45.

Xavier Nogués i altres pintors de l'època, Barcelona, Sala Parés, 1978, cat. núm.

Sis obres mestres de la pintura catalana, Barcelona, Sala Parés, 1977, cat. núm.

1978

Els Quatre Gats. Art in Barcelona around 1900, Princeton, University Press, 1978, p. 82-87, cat. núm.19-21.

Pintores de Fama. Pintura catalana s. XIX-XX, Barcelona, Galería El Cisne, 1978, cat. núm.

Art i Modernitat als Països Catalans, Berlín, Staatliche Kunsthalle, 1978, p. 224, cat. núm. 2.

Pintura Española del siglo XX, Ciudad de Méjico, Museo de Arte Moderno, 1978, p. s./núm.

Extraordinaria de Navidad 1978, Barcelona, Sala Parés, 1978, cat. núm.

1979

Casagemas i el seu temps, Barcelona, Galería Daedalus, 1979, p. 37-39, cat. núm. 27-30.

Picasso e Dintorni, Florencia, 1979, cat. núm. 8-11, fig.

Petits Formats, Barcelona, Sala Parés, 1979, cat. núm.

1980

Cien años de cultura catalana 1880-1980, Madrid, Ministerio de Cultura, 1980, p. 63, cat. núm. 1.3.51-1.3.56, fig. p. 186 y 201.

1981

1881-1981 Picasso i Barcelona, Barcelona, Ayuntamiento de Barcelona, 1981.

1982

Subhasta a benefici del Reial Cercle Artístic, Barcelona, Sala Brock, 1982.

1983

Els Autoretrats del Museu d'Art Modern, Barcelona, Ayuntamiento de Barcelona, 1983, cat. núm. 89.

Catalunya en la España Moderna 1714-1983, Madrid, Generalitat de Catalunya, 1983, p. 166 y 174, fig.

1984

50 anys d'Art Espagnol 1880-1936, Burdeos, Galerie des Beaux-Arts, 1984, p. 139-142, cat. núm. 64-67, fig.

Arte catalán en el Museo de Arte Moderno de Barcelona, Madrid, Ayuntamiento de Madrid, 1984, p. 46, cat. núm. 15, fig. p. 47.

1985

L'Avantguarda a Catalunya 1900-1985, Barcelona, Galeria Dau al Set, 1985, fig.

Pintura Antigua, Impresionista y Moderna, Madrid, Sotheby's, 1985, cat. núm. 55 y 57, fig.

Homage to Barcelona. The city and its art 1888-1936, Londres, Arts Council of Great Britain, 1985, p. 320, cat, núm. 168-169.

1986

Exposició Art Català s. XIX-XX, Barcelona, Grupo Banco Hispano Americano, 1986, p. 60-63, fig.

Gargallo y sus amigos españoles, Zaragoza, Ayuntamiento de Zaragoza, 1986.

Exposición Colectiva, Barcelona, Oriol Galeria d'Art, 1986, p. 61-63.

Trésors de Barcelone, Picasso, Miró, Dalí et leur temps, Lausana, Fondation de l'Hermitage, 1986, p. 164, cat. núm. 8, fig. núm. 8.

1987

Homenatge a Barcelona. La ciutat i les seves Arts 1888-1936, Barcelona, Ayuntamiento de Barcelona, 1987.

Homage to Catalonia. Barcelona Art City, Barcelona, Generalitat de Catalunya, 1987, p. 104-105, cat. núm. 36-38, fig.

Col·leccionistes d'Art a Catalunya, Barcelona, Generalitat de Catalunya y Fundación Condes de Barcelona [1987], p. 224-225, cat. núm. 284-286.

Pintura, dibuix i obra gràfica del Museu d'Art Modern de Barcelona (en ruso), Moscú, Academia de Bellas Artes, 1987, cat. núm. 32-34.

Barceló-Barcelona. Miquel Barceló Pintures de 1985 a 1987, Barcelona, 1987, cat. núm. 3.

Exposició inaugural. Pintors de Fama, Barcelona, Sala Parés, 1987, cat. núm. 41-42, fig.

De Greco à Picasso. Cinq siècles d'Art Espagnol, París, Musée du Petit Palais, 1987, p. 408-409, cat. núm. 147, fig. 147.

1989

Modernismen Katalonien, Estocolmo, Kulturhuset, 1989, p. 87-88.

Próximas Subastas, Madrid, Edmund Peel & Asociados, 1989, fig. portada.

Pintura Impresionista y Moderna, Madrid, Edmund Peel & Asociados, 1989, cat. núm. 1-3, fig.

1990

Próximas Subastas, Madrid, Edmund Peel & Asociados, 1990, cat. s/núm.

Pintura Impresionista y Moderna, Madrid, Edmund Peel & Asociados, 1990, cat. núm. 14-15, fig.

El espacio privado. Cinco siglos en veinte palabras, Madrid, 1990, p. 74-75, fig.

El Modernisme, 2 vol., Barcelona, Lunwerg, 1990, II, p. 83-84 y p. 190-192, cat. núm. 188-191 y cat. núm. 474-476, fig.

L'artista al seu taller, Barcelona, Ayuntamiento de Barcelona, 1990, fig. p. 92-93.

1991

L'Època dels 'Artistes': Modernisme-Noucentisme. Tresors del Museu d'Art Modern, Girona, Ayuntamiento de Girona, 1991, p. 89-92 y 263-264, cat. núm. 39-42, fig.

Di Gaudí a Picasso. Il Modernisme Catalano, Milán, Fondazione Giorgio Ciri, 1991, p. 56 y 65, cat. núm. 6 y 15.

1992

Prefiguració del Museu Nacional d'Art de Catalunya, Barcelona, Museu Nacional d'Art de Catalunya y Olimpíada Cultural, 1992, p. 442-444, cat. núm. 140, fig.

Prefiguración del Museu Nacional d'Art de Catalunya, Barcelona, Museu Nacional d'Art de Catalunya, Lunwerg y Olimpíada Cultural, 1992, p. 442-444, cat. núm. 140, fig.

La Col·lecció Raimon Casellas, Barcelona, Museu Nacional d'Art de Catalunya, 1992, p. 226-230, cat. núm. 201-206.

Un Any d'Adquisicions, Donacions i Recuperacions, Barcelona, Museu Nacional d'Art de Catalunya, 1992, p. 129-132, cat. núm. 22, fig.

1993

La colección Raimon Casellas, Madrid, Museo del Prado, 1993, p. 226-230, cat. núm. 201-206.

Obras maestras de arte antiguo en la colección Juan Abelló, Santander, Museo de Bellas Artes, 1993, cat. núm. 39, fig.

Pintors de Fama, Barcelona, Sala Parés, 1993.

Centro y Periferia en la modernización de la pintura española (188-1918), Madrid, Ministerio de Educación y Ciencia, 1993, p. 148, cat. núm. 49, fig.

1994

De Fortuny à Picasso trente ans de peinture espagnole 1874-1906, París, Reunion des Musées Nationaux, 1994, p. 90-91, cat. núm. 39-40, fig.

1995

Gitanos. Pinturas y Esculturas españolas 1870-1940, Madrid, Consejería de Educación y Cultura, 1995, p. 36-41, fig.

L'Últim XIX i el primer XX dibuixen, Barcelona, Sala d'Art Arturo Ramon, 1995, p. 16, cat. núm. 34-36, fig. p. 18.

1996

Catalan masters of the 20th Century. From Gaudí to Tàpies, Atlanta, Michael C. Carlos Museum, 1996, p. 21, cat. s/núm., fig.

De Fortuny a Togores: entre el classicisme i la modernitat, Barcelona, Barbié Galería de Arte, 1996, p. 28, fig. p. 29.

1997

Pintura Simbolista en España (1890-1930), Madrid, Fundación Cultural Mapfre Vida, 1997, p.141-149, fig.

Barcelona-Madrid. 1898-1998. Sintonías y distancias, Barcelona, Centre de Cultura Contemporània/Comunidad de Madrid/Institut d'Edicions, 1997, cat. s/núm., fig. p. 106.

Colección Pedro Masaveu. Pintores del siglo XIX, Gijón, Cajastur, 1997, p. 42 y 44 cat. núm. 11 y 12, fig. p. 43 y 45.

1998

La mirada del 98. Arte y Literatura en la Edad de Plata, Madrid, Sala Julio González, 1998, p. 205-206, fig.

Plástica y texto en torno al 98, Madrid, Círculo de Bellas Artes, 1998, p. 91 y 165, cat. s/núm., fig. p. 65.

La mirada complacida. La mirada inquieta, La Coruña, Museo de Bellas Artes de La Coruña, 1998, p. 167 y 169, fig.

La huella del 98 en la pintura española contemporánea, Gijón, Cajastur, 1998, p. 289 y p. 144, cat. núm. 6, fig.

1999

Manuel Barbie. Galeria d'Art, Barcelona, Galeria Manuel Barbie, 1999, p. 91, fig.

Els Quatre Gats i els seus artistes (1897-1903), Barcelona, Fira de Barcelona, 1999, p. 23 y 36.

XXIII Saló Antiquaris, Barcelona, Fira de Barcelona, 1999, p. 76 y 117, fig.

DIARIOS Y REVISTAS

1892

F., "Bellas Artes", en *La Vanguardia*, Barcelona, 4 de febrero de 1892.

C. i R., J. [Cabot i Rovira, J.], "Nota artística", en *La Veu de Catalunya*, Barcelona, 7 de febrero de 1892.

Casellas, R., "Bellas Artes. Salón Parés", en *La Vanguardia*, Barcelona, 21 de abril de 1892.

1893

C. i R., J. [Cabot i Rovira, J.], "Notas Artísticas", en *La Veu de Catalunya*, Barcelona, 23 de mayo de 1893.

B. [Bassegoda, B.], "Crónica Artística. Academia Artística Libre", en *El Correo Catalán*, Barcelona, 24 de mayo de 1893.

F., "La Academia Artística Libre", en *La Vanguardia*, Barcelona, 24 de mayo de 1893.

"Primera Exposición anual de la Academia Artística Libre", en *La Publicidad*, Barcelona, 26 de mayo de 1893.

1894

Jordà, J.M., "Exposición de Bellas Artes. I", en *La Publicidad*, Barcelona, 30 de abril de 1894.

"Crónica General", en *La Publicidad*, Barcelona, 24 de mayo de 1894.

Casellas, R., "Los pintores de la naturaleza. IV. Del paisaje luminista al whistleriano", en *La Vanguardia*, Barcelona, 24 de mayo de 1894.

C. i R., J. [Cabot i Rovira, J.], "Segona Exposició General de Belles Arts. V", en *La Veu de Catalunya*, Barcelona, 17 de junio de 1894.

1895

Miquel i Badia, F., "Exposición Extraordinaria de Bellas Artes en el Salón Parés", en *Diario de Barcelona*, Barcelona, 22 de enero de 1895.

"Salón Parés", en *La Publicidad*, Barcelona, 22 de enero de 1895.

C. i R., J. [Cabot i Rovira, J.], "Crónica de Arte", en *La Veu de Catalunya*, Barcelona, 27 de enero de 1895.

Roca y Roca, J., "La semana en Barcelona. Exposición de Bellas Artes", en *La Vanguardia*, Barcelona, 10 de noviembre de 1895.

1896

Casellas, R., "XIII Extraordinaria del Salón Parés", en *La Vanguardia*, Barcelona, 19 de enero de 1896.

C. i R., J. [Cabot i Rovira, J.], "Notes Artístiques. Saló Parés", en *La Veu de Catalunya*, Barcelona, 26 de enero de 1896.

Casellas, R., "Exposición de Estudios y Bocetos del Círculo Artístico", en *La Vanguardia*, Barcelona, 13 de marzo de 1896.

C. i R., J. [Cabot i Rovira], "Notes Artístiques", en *La Veu de Catalunya*, Barcelona, 29 de marzo de 1896.

Casellas, R., "Tercera Exposición General de Bellas Artes", en *La Vanguardia*, Barcelona, 22 de abril de 1896.

Miquel i Badia, F., "Tercera Exposición de Bellas Artes. II", en *Diario de Barcelona*, Barcelona, 12 de mayo de 1896.

Bassegoda, B., "Tercera Exposició de Belles Arts de Barcelona", en *La Renaixensa*, Barcelona, 31 de mayo de 1896.

Opisso, A., "Exposición de Bellas Artes de Barcelona", en *La Ilustración Ibérica*, Barcelona, 27 de junio de 1896.

"Salón de La Vanguardia. Dibujos de Nonell", en *La Vanguardia*, Barcelona, 25 de octubre de 1896.

C. [Casellas, R.], "Salón Parés", en *La Vanguardia*, Barcelona, 9 de diciembre de 1896.

Jordà, J.M., "Isidro Nonell", en *La Publicidad*, Barcelona, 21 de diciembre de 1896 (ed. mañana).

1897

Ruiz de Velasco, L., "Los cretinos de los Pirineos", en *Barcelona Cómica*, Barcelona, 16 de enero de 1897.

Casellas, R., "XIV Exposición Extraordinaria del Salón Parés", en *La Vanguardia*, Barcelona, 24 de enero de 1897.

Miquel i Badia, F., "XIV Exposición Extraordinaria de Bellas Artes en el Salón Parés", en *Diario de Barcelona*, Barcelona, 26 de enero de 1897.

C. i R., J. [Cabot i Rovira, J.], "Notes Artístiques", en *La Veu de Catalunya*, Barcelona, 31 de enero de 1897.

Tupi [Pidelaserra, M.], "Notas Artísticas", en *El Tiberio* (revista manuscrita), Barcelona, 15 de febrero de 1897, núm. 7.

"Exposición de Els Quatre Gats", en *La Vanguardia*, Barcelona, 16 de julio de 1897.

1898

Thiebault Lisson, "Exposition Nonell et Canals", en *Le Temps*, París, enero de 1898.

"Canals-Nonell", en *Galerie des Artistes*, París, enero de 1898.

"Catalanes en París", en *La Publicidad*, Barcelona, 5 de enero de 1898.

[Casellas, R.], "Artistas catalanes en París", en *La Vanguardia*, Barcelona, 5 de enero de 1898.

Pinxit, "Ricardo Canals et Nonell-Monturiol", en *La Vie Moderne*, París, 13 de enero de 1898.

"Exposition de MM. Ricardo-Canals et Nonell-Monturiol", en *Le Moniteur des Arts*, París, 14 de enero de 1898.

Vigneron, P., "Carnet Artístique", en *La Fronde*, París, 16 de enero de 1898.

"Petites Expositions", en *La Justice*, París, 18 de enero de 1898.

Théo, "Arte y Artistas. Nonell-Monturiol y Ricardo Canals", en *Correo de París*, París, 19 de enero de 1898.

Jourdain, F., "Notes d'Art", en *Le Jour*, París, 20 de enero de 1898.

Geffroy, G., "Technique & Expression. Nonell Monturiol, Ricardo Canals", en *Le Journal des Artistes*, París, 23 de enero de 1898.

[Casellas, R.], "Artistas catalanes en París", en *La Vanguardia*, Barcelona, 27 de enero de 1898.

Saint-Valery, L. de, "Les petits Salons", en *La Revue des Beaux-Arts & des Lettres*, París, 1 de febrero de 1898.

J.C.R. [Cabot i Rovira, J.], "Notes d'Art. En Nonell Monturiol i en Ricart Canals en París", en *La Veu de Catalunya*, Barcelona, 6 de febrero de 1898.

La Vie Moderne, Barcelona, 13 de febrero de 1898.

"Studio-talk", en *The Studio*, Londres, 15 de febrero de 1898, núm. 59.

"IV Exposición de Bellas Artes e Industrias Artísticas", en *La Vanguardia*, Barcelona, 23 de abril de 1898.

Bassegoda, B., "De la Exposició. V", en *La Renaixensa*, Barcelona, 19 de junio de 1898.

L.C., "Exposición de Bellas Artes. VII", en *La Dinastía*, Barcelona, 7 de julio de 1898.

"Llegada de *Les Andes*", en *La Publicidad*, Barcelona, 26 de noviembre de 1898 (ed. mañana).

"Crónica local", en *La Dinastía*, Barcelona, 3 de diciembre de 1898.

F.C. [Casanovas, F.], "Bellas Artes. Exposición Nonell en los Quatre Gats", en *La Publicidad*, Barcelona, 6 de diciembre de 1898 (ed. mañana).

Doys [Sánchez i Ortiz, D.], "Chirigotas", en *La Publicidad*, Barcelona, 8 de diciembre de 1898.

"Esquellots", en *L'Esquella de la Torratxa*, Barcelona, 9 de diciembre de 1898.

Barán, A.L. de [Utrillo, M.], "Arte Nuevo. Isidro Nonell", en *Luz*, Barcelona, 2ª semana de diciembre de 1898, núm. 9.

Luz, Barcelona, 3ª semana de diciembre de 1898, núm. 10.

"Notícias", en *La Renaixensa*, Barcelona, 19 de diciembre de 1898.

"Barcelona", en *Diario de Barcelona*, Barcelona, 21 de diciembre de 1898.

Jordà, J.M., "Isidro Nonell", en *La Publicidad*, Barcelona, 21 de diciembre de 1898 (ed. noche).

"Nuevas", en *Luz*, Barcelona, 4ª semana de diciembre de 1898, núm. 11.

Cabot i Rovira, J., "Moviment Artistich del any 1898", en *Calendari Català per l'any 1899*, Barcelona, 1898.

1899

Opisso, A., "Arte y Artistas Catalanes", en *La Vanguardia*, Barcelona, 18 de enero de 1899.

Quatre Gats, Barcelona, 2 de marzo de 1899, núm. 4.

Romeu, P., "Sobre la taula", en *Quatre Gats*, Barcelona, 20 de abril de 1899, núm. 11.

Le Jour, París, 23 de abril de 1899.

"Notícias", en *La Renaixensa*, Barcelona, 25 de abril de 1899.

"Expositions", en *Le Figaro*, Barcelona, 30 de abril de 1899.

Dhure, "Art", en *Le Journal du Peuple*, París, mayo de 1899.

Fogus, "Chronique", en *La Revue Blanche*, París, 27 de mayo de 1899.

Doys [Sánchez i Ortiz, D.], "Chirigotas", en *La Publicidad*, Barcelona, 5 de noviembre de 1899 (ed. noche).

1900

"Crónica Artística. L'Exposició de Can Parés", en *Catalonia*, Barcelona, 17 de febrero de 1900, núm. 7.

Casellas, R., "Parlem de dibuixos", en *La Veu de Catalunya*, Barcelona, 27 de abril de 1900.

1901

Brull, J., "Notes d'Art", en *Joventut*, Barcelona, 24 de enero de 1901, núm. 50.

"Espigueo: El Arte Español en París", en *La Vanguardia*, Barcelona, 30 de enero de 1901.

Le Cri de París, París, 17 de febrero de 1901.

Casellas, R., "Cosas d'Art", en *La Veu de Catalunya*, Barcelona, 18 de octubre de 1901 (ed. noche).

1902

Sabis y Sebas, Barcelona, 1902 (cuaderno 1º).

Ors, E. de, "La fí de l'Isidro Nonell", en *Pèl & Ploma*, Barcelona, enero de 1902, núm. 84.

Pinzell [Utrillo, M.], "Nonell", en *Pèl & Ploma*, Barcelona, enero de 1902, núm. 84.

"Noves & Velles", en *Pèl & Ploma*, Barcelona, enero de 1902, núm. 84.

La Vanguardia, Barcelona, 1 de enero de 1902.

"Esquellots", en *L'Esquella de la Torratxa*, Barcelona, 3 de enero de 1902.

"Noticias de Barcelona", en *La Veu de Catalunya*, Barcelona, 3 de enero de 1902 (ed. noche).

"Darreras noticias", en *La Veu de Catalunya*, Barcelona, 5 de enero de 1902 (ed. noche).

"Saló Parés", en *La Veu de Catalunya*, Barcelona, 6 de enero de 1902 (ed. mañana).

"Barcelona", en *Diario de Barcelona*, Barcelona, 9 de enero de 1902.

Opisso, A., "Salón Parés", en *La Vanguardia*, Barcelona, 9 de enero de 1902.

Casanovas, F., "Bellas Artes. Salón Parés", en *La Publicidad*, Barcelona, 10 de enero de 1902 (ed. mañana).

"Miscelánea. Bellas Artes", en *La Ilustración Artística*, Barcelona, 13 de enero de 1902, núm. 1.046.

"Crónica volant. La Gitanada de Can Parés", en *La Perdiu ab Salsa*, Barcelona, 13 de enero de 1902, núm. IV.

Negre, L., "Notas d'Art", en *Catalunya Artística*, Barcelona, 16 de enero de 1902, núm. 84.

Juñer i Vidal, C., "Salón Parés", en *El Liberal*, Barcelona, 22 de enero de 1902.

Folchi [Folch i Torres, Ll.], "De l'Art que belluga. Saló Parés. 3 Gargots i Coloraines", en *¡Cu-Cut!*, Barcelona, 23 de enero de 1902, núm. 4.

"Nonell y el gitano", en *La Perdiu ab Salsa*, Barcelona, 26 de enero de 1902, núm. VI.

Folchi [Folch i Torres, Ll.], "De L'Art. Saló

Parés", en ¡*Cu-Cut!*, Barcelona, 13 de febrero de 1902, núm. 7.
S.J., "Saló Parés", en *Joventut*, Barcelona, 13 de febrero de 1902, núm. 105.
"Barcelona", en *Diario de Barcelona*, Barcelona, 24 de abril de 1902 (ed. mañana).
Opisso, A., "Salón Parés", en *La Vanguardia*, Barcelona, 1 de mayo de 1902.
"Art y Patria", en *La Veu de Catalunya*, Barcelona, 9 de mayo de 1902.
Gual, A., "Crónicas europeas. París", en *La Renaixensa*, Barcelona, 10 de mayo 1902.
"Novas", en *Joventut*, Barcelona, 15 de mayo de 1902, núm. 118.
Junyent, O., "Carta de París", en *Joventut*, Barcelona, 22 de mayo de 1902, núm. 119.
Opisso, A., "Bellas Artes. Exposición Nonell", en *La Vanguardia*, Barcelona, 11 de junio de 1902.
Juñer, C., "Crónicas de Arte. Exposición Nonell", en *El Liberal*, Barcelona, 18 de junio de 1902.
"Barcelona", en *Diario de Barcelona*, Barcelona, 19 de junio de 1902.
Giraldos, F., "Isidro Nonell", en *Catalunya Artística*, Barcelona, 6 de noviembre de 1902, núm. 125.
"Isidro Nonell", en *El Liberal*, Barcelona, 19 de diciembre de 1902.

1903

"Barcelona", en *Diario de Barcelona*, Barcelona, 22 de enero de 1903.
Junyent, S., "La Cova Encantada", en *Joventut*, Barcelona, 22 de enero de 1903, núm. 154.
Juñer, C., "Crónicas de Arte", en *El Liberal*, Barcelona, 22 de enero de 1903.
Opisso, A., "Notas de Arte", en *La Vanguardia*, Barcelona, 24 de enero de 1903.
Folchi [Folch i Torres, Ll.], "Exposición en Casa Parés", en ¡*Cu-Cut!*, Barcelona, 29 de enero de 1903.
Pujulà, F., "Arts gráficas", en *Joventut*, Barcelona, 29 de enero de 1903.
L'Aurore, París, 1 de abril de 1903.
Sarmiento, M., "Nonell-Monturiol", en *La Tribuna*, Barcelona, 2 de abril de 1903 (ed. noche).
Coll, P., "Crónicas de París. I. El Saló del Champ de Mars", en *La Veu de Catalunya*, Barcelona, 23 de abril de 1903.
"Barcelona", en *Diario de Barcelona*, Barcelona, 6 de mayo de 1903.
El Liberal, Barcelona, 19 de octubre de 1903.
Casanovas, F., "Bellas Artes. Salón Parés", en *La Publicidad*, Barcelona, 10 de noviembre de 1903 (ed. noche).
C. [Casellas, R.] "Saló Parés", en *La Veu de Catalunya*, Barcelona, 12 de noviembre de 1903.
Dos, J. de, "Crónicas rápidas. Isidre Nonell", en *La Publicidad*, Barcelona, 12 de noviembre de 1903 (ed. noche).
Folchi [Folch i Torres, Ll.] "De L'Art que belluga. Gargots i coloraines", en ¡*Cu-Cut!*, Barcelona, 12 de noviembre de 1903.
"Pintura. Exposició Nonell", en *Joventut*, Barcelona, 12 de noviembre de 1903.
"Barcelona", en *Diario de Barcelona*, Barcelona, 13 de noviembre de 1903.
Opisso, A., "Notas de Arte", en *La Vanguardia*, Barcelona, 13 de noviembre de 1903.
Juñer, C., "Crónicas de Arte. Salón Parés", en *El Liberal*, Barcelona, 14 de noviembre de 1903.
B., "Belles Arts", en *Ilustració Catalana*, Barcelona, 15 de noviembre de 1903.
Sarmiento, M., "Exposiciones. Salón Parés", en *La Tribuna*, Barcelona, 16 de noviembre de 1903.
Ramón, "De Arte", en *Diario del Comercio*, Barcelona, 17 de noviembre de 1903.
Nogueras-Oller, R., "La terrestre comedia. El Arte en Barcelona", en *La Tribuna*, Barcelona, 23 de noviembre de 1903 (ed. noche).

1904

Joventut, Barcelona, 7 de enero de 1904, núm. 204.
Junyent, S., "Novas", en *Joventut*, Barcelona, 29 de septiembre de 1904, núm. 242.
Renart, J., "Saló Parés", en *Catalunya Artística*, Barcelona, 29 de septiembre de 1904, núm. 12.
"Barcelona", en *Diario de Barcelona*, Barcelona, 30 de septiembre de 1904.
"Saló Parés", en *La Veu de Catalunya*, Barcelona, 5 de octubre de 1904 (ed. noche).
Bagaria, Ll., "Carta oberta", en *Catalunya Artística*, Barcelona, 6 de octubre de 1904, núm. 13.
Sarmiento, M., "Exposición "Forma". Salón Parés", en *La Tribuna*, Barcelona, 11 de octubre de 1904 (ed. noche).
Renart, J., "A propósit d'una 'Carta oberta'", en *Catalunya Artística*, Barcelona, 13 de octubre de 1904.
Romeu, O. de, "Gazeta d'Art", en *El Poble Català*, Barcelona, 10 de diciembre de 1904.

1905

Joventut, Barcelona, 5 de enero de 1905, núm. 256.
Dos, J. de, "Crónicas Rápidas", en *La Publicidad*, Barcelona, 10 de junio de 1905 (ed. noche).
Nonell [Isidre], "Para la Junta de Bellas Artes", en *La Publicidad*, Barcelona, 10 de junio de 1905 (ed. noche).
"Noves", en *Joventut*, Barcelona, 22 de junio de 1905, núm. 280.
Junyent, S., "La mort de la gitaneta", en *Joventut*, Barcelona, 23 de noviembre de 1905, núm. 302.

1906

"Noticies de Barcelona", en *La Veu de Catalunya*, Barcelona, 20 de enero de 1906 (ed. noche).
"Noticies de Barcelona", en *La Veu de Catalunya*, Barcelona, 22 de enero de 1906 (ed. mañana y ed. noche).
Batlle, E., "Notas de Arte. En el Círculo Artistico", en *El Diluvio*, Barcelona, 23 de enero de 1906 (ed. tarde).
Sarmiento, M., "Círculo Artístico", en *La Tribuna*, Barcelona, 23 de enero de 1906.
"Noves", en *Joventut*, Barcelona, 25 de enero de 1906, núm. 311.
"Barcelona", en *Diario de Barcelona*, Barcelona, 8 de mayo de 1906.

1907

"L'Art que belluga. Gargots i Coloraines", en ¡*Cu-Cut!*, Barcelona, 31 de enero de 1907, núm. 245.
"Una visita a l'Exposició", en *La Veu de Catalunya*, Barcelona, 27 de abril de 1907.
Batlle, E., "La Exposición de Bellas Artes. VII", en *El Diluvio*, Barcelona, 8 de mayo de 1907 (ed. mañana).
Casanovas, F., "V Exposición Internacional de Arte. III. Pintura española", en *La Publicidad*, Barcelona, 11 de mayo de 1907 (ed. noche).
"En el Circulo Artístico", en *La Vanguardia*, Barcelona, 27 de mayo de 1907

1908

"Exposición de Bellas Artes", en *Por el Arte*, Madrid, 30 de abril de 1908, núm. 16.
M.R.C. [Rodríguez Codolà, M.], "Notas de Arte. Círculo Ecuestre", en *La Vanguardia*, Barcelona, 8 de junio de 1908.

1909

"Noticies de Barcelona. A Can Dalmau", en *La Veu de Catalunya*, Barcelona, 23 de febrero de 1909 (ed. noche).
"Gaceta de Arte. Exposición Colom-Nonell", en *La Publicidad*, Barcelona, 27 de febrero de 1909 (ed. noche).
Héctor Oriol, "Gazeta d'Art. Exposició Nonell-Colom", en *El Poble Català*, Barcelona, 8 de marzo de 1909.

La Veu de Catalunya. Pàgina Artística, Barcelona, 23 de diciembre de 1909, núm. 1.

1910

"Gacetilla", en *El Diluvio*, Barcelona, 13 de enero de 1910.

"Memòries. El diploma d'imbecilitat", en *Papitu*, Barcelona, 19 de enero de 1910, núm. 60.

Jordà, J.M., "Arte y Artistas. Exposición Isidro Nonell", en *La Publicidad*, Barcelona, 20 de enero de 1910 (ed. mañana).

"Rusiñol-Nonell", en *La Tribuna*, Barcelona, 20 de enero de 1910.

A.V. [Vallescà], "Crónicas de Arte. Sala Fayans Català", en *El Liberal*, Barcelona, 21 de enero de 1910.

Teixidor, S., "Arte y Artistas. Fayans Català. Nonell", en *El Noticiero Universal*, Barcelona, 21 de enero de 1910.

"En Nonell triomfa", en *El Poble Català*, Barcelona, 23 de enero de 1910.

[Rodríguez Codolà, M.], "Fayans Català", en *La Vanguardia*, Barcelona, 23 de enero de 1910.

"Madrid. Barcelona. Un estreno y un artista", en *La Actualidad*, Barcelona, 25 de enero de 1910.

"A Isidre Nonell y Monturiol. La Casa", en *Papitu*, Barcelona, 26 de enero de 1910.

[Elias, F.], "El triomf de l'Isidre Nonell", en *El Poble Català*, Barcelona, 26 de enero de 1910.

Casellas, R., "L'Isidre Nonell", en *La Veu de Catalunya. Pàgina Artística*, Barcelona, 27 de enero de 1910, núm. 6 (ed. mañana).

Vega, M., "Crónicas artísticas. Exposición de cuadros del señor Nonell", en *Diario de Barcelona*, Barcelona, 27 de enero de 1910.

"El Banquet an en Nonell", en *El Poble Català*, Barcelona, 29 de enero de 1910.

Xarau [Rusiñol, S.], "Glossari. Sobre l'Exposició den Nonell", en *L'Esquella de la Torratxa*, Barcelona, 4 de febrero de 1910.

Xènius [Ors, E. d'], "Glosari. Isidre Nonell", en *La Veu de Catalunya*, Barcelona, 7 de febrero de 1910 (ed. noche).

Arpol, "Vida y morts artístiques. Nonell", en *Papitu*, Barcelona, 16 de febrero de 1910, núm. 64.

Batlle, E., "Crónicas de Arte", en *El Diluvio*, Barcelona, 25 de febrero de 1910 (ed. tarde).

"Gacetilla", en *Papitu*, Barcelona, 2 de marzo de 1910, núm. 66.

"En Lluís Bagaría i els seus", en *Papitu*, Barcelona, 9 de marzo de 1910, núm. 67.

L'Esquella de la Torratxa, Barcelona, 18 de marzo de 1910, núm. 1.629.

"Tres notes d'Art", en *L'Esquella de la Torratxa*, Barcelona, 13 de mayo de 1910, núm. 1637.

"Primavera de 1910. Fayans Català. Saló de les Arts y els Artistes. Primera Exposició de Pintura y Escultura", en *Papitu*, Barcelona, 18 de mayo de 1910, núm. 77.

"El Salón de Les Arts y els Artistes", en *La Actualidad*, Barcelona, 24 de mayo de 1910, núm. 199.

Arpol, "Saló de les Arts i els Artistes. I Exposició de Pintura y Escultura", en *Papitu*, Barcelona, 1 de junio de 1910, núm. 79.

"Potins barcelonins", en *Papitu*, Barcelona, 22 de junio de 1910, núm. 82.

Monturiol, I.N., "Epigrama", en *Papitu*, Barcelona, 14 de septiembre de 1910, núm. 94.

Arpol, "Tríptic", en *Papitu*, Barcelona, 26 de octubre de 1910, núm. 99 bis.

Gutiérrez Larraya, "Desde Madrid. L'Exposició de Belles Arts", en *La Veu de Catalunya. Pàgina Artística*, Barcelona, 3 de noviembre de 1910, núm. 45.

1911

M.R.C. [Rodríguez Codolà, M.], "Isidro Nonell", en *Museum*, Barcelona, [febrero de] 1911.

Arpol, "Rectificació", en *Papitu*, Barcelona, 8 de febrero de 1911, núm. 115, fig. p. 88.

[Elias, F.], "En Nonell es mort", en *La Veu de Catalunya*, Barcelona, 22 de febrero de 1911 (ed. noche) y 23 de febrero de 1911 (ed. mañana).

"Isidro Nonell", en *El Liberal*, Barcelona, 22 de febrero de 1911.

"Isidro Nonell", en *La Publicidad*, Barcelona, 22 de febrero de 1911.

La Vanguardia, Barcelona, 22 de febrero de 1911.

Xènius [Ors, E. d'], "Glosari", en *La Veu de Catalunya*, Barcelona, 22 de febrero de 1911 (ed. noche).

"Crónica diaria", en *El Diluvio*, Barcelona, 23 de febrero de 1911.

"Ecos", en *La Publicidad*, Barcelona, 23 de febrero de 1911 (ed. mañana).

"El entierro de Nonell", en *La Publicidad*, Barcelona, 23 de febrero de 1911 (ed. noche).

"Isidro Nonell", en *La Publicidad*, Barcelona, 23 de febrero de 1911 (ed. mañana).

"Nota Necrológica", en *Diario de Barcelona*, Barcelona, 23 de febrero de 1911.

M.R.C. [Rodriguez Codolà, M.], "Isidro Nonell", en *La Vanguardia. Hoja Artística*, Barcelona, 23 de febrero de 1911, núm. 458.

"Pequeña Tribuna. Nonell, el arte y la política", en *La Publicidad*, Barcelona, 23 de febrero de 1911 (ed. mañana).

Pi, J., "En la mort de l'Isidre Nonell", en *La Publicidad*, Barcelona, 23 de febrero de 1911.

Flama [Folch i Torres, J.], "Nonell", en *La Veu de Catalunya. Pàgina artística*, Barcelona, 2 de marzo de 1911, núm. 63.

Boy [Artís i Balaguer, J.], "Recordant en Nonell", en *L'Esquella de la Torratxa*, Barcelona, 3 de marzo de 1911, núm. 1.679.

"Belles Arts", en *Ilustració Catalana*, Barcelona, 5 de marzo de 1911, núm. 404.

Jordà, J.M., "En Nonell, tenedor de llibres", en *Papitu*, Barcelona, 8 de marzo de 1911, núm. 119.

P., "Crónica de Barcelona", en *El Poble Català*, Barcelona, 10 de marzo de 1911.

"Saló de les Arts y els Artistes", en *Papitu*, Barcelona, 15 de marzo de 1911, núm. 120.

Jordà, J.M., "En Nonell, tenedor de llibres", en *Papitu*, Barcelona, 22 de marzo de 1911, núm. 121.

"La bona gent", en *Papitu*, Barcelona, 22 de marzo de 1911, núm. 121.

"Exposició Bagaria", en *Papitu*, Barcelona, 10 mayo de 1911, núm. 128.

Nonell, I., "Carta del cel", en *Papitu*, Barcelona, 24 de mayo de 1911, núm. 180.

"El retraiment dels guapos", en *Papitu*, Barcelona, 6 de septiembre de 1911, núm. 145.

Panteisme, Barcelona, 15 de octubre de 1911, núm. 1, p. 3, fig.

Papitu, Barcelona, 18 de octubre de 1911, núm. 151.

"El Faians Català y D. Santiago Segura", en *Papitu*, Barcelona, 1 de noviembre de 1911, núm. 153.

1912

"Al lector o lectora", en *Papitu*, Barcelona, 21 de febrero de 1912, núm. 169.

"Aniversari de la mort den Nonell", en *La Veu de Catalunya. Pàgina Artística*, Barcelona, 22 de febrero de 1912, núm. 114.

Papitu, Barcelona, 13 de marzo de 1912, núm. 172.

"Exposició Nonell", en *La Veu de Catalunya. Pàgina Artística*, Barcelona, 18 de abril de 1912, núm. 122.

"L'Exposició de les Obres den Nonell", en *La Veu de Catalunya. Pàgina Artística*, Barcelona, 2 de mayo de 1912, núm. 124.

"La Exposició den Nonell", en *La Veu de Catalunya. Pàgina Artística*, Barcelona, 9 de mayo de 1912, núm. 125.

La Veu de Catalunya. Pàgina Artística, Barcelona, 16 de mayo de 1912, núm. 126.

Plana, A., "Crònica d'Art", en *Revista de Catalunya*, Barcelona, 22 de mayo de 1912, núm. 8.

"Ecos", en *La Publicidad*, Barcelona, 28 de mayo de 1912.

"Sobre la Exposició Nonell y altres", en *Papitu*, Barcelona, 29 de mayo de 1912, núm. 183.

Plana, A., "Crònica d'Art", en *Revista de Catalunya*, Barcelona, 29 de mayo de 1912, núm. 9.

"La primera pedra del Museu Català", en *Papitu*, Barcelona, 12 de junio de 1912.

R., "Arte. Las exposiciones. Isidro Nonell", en *Cataluña*, Barcelona, 15 de junio de 1912, núm. 245.

"Crònica", en *La Veu de Catalunya. Pàgina artística*, Barcelona, 27 de junio de 1912, núm. 132.

1913

Ilustració Catalana, Barcelona, 5 de enero de 1913, núm. 500.

1914

Pujols, F., "N'Isidre Nonell", en *Revista Nova*, Barcelona, 10 de septiembre de 1914, núm. 23.

1915

Vell i Nou, Barcelona, 1 de agosto de 1915, núm. 6.

Lago, S., "El arte catalán contemporáneo. Isidro Nonell", en *La Esfera*, Barcelona/Madrid, 13 de noviembre de 1915, núm. 98.

1916

"Pro Nonell", en *Revista Nova*, Barcelona, 5 de mayo de 1916, núm. 32.

Sacs, J., "Diner a guany", en *Revista Nova*, Barcelona, 5 de mayo de 1916, núm. 32.

"Crònica. L'obra d'en Nonell", en *La Veu de Catalunya. Pàgina Artística*, Barcelona, 5 de junio de 1916, núm. 338.

Pujols, F., "Els coneixements de l'essencia estètica", en *Revista Nova*, Barcelona, 15 de agosto de 1916, núm. 38.

1917

Ors, E. d', "L'obra d'Isidre Nonell", en *La Revista*, Barcelona, mayo de 1917, núm. 39.

"Apologia d'en Nonell", en *La Veu de Catalunya. Pàgina Artística*, Barcelona, 28 de mayo de 1917, núm. 389.

"La Semana Artística. Isidro Nonell", en *España*, Madrid, 5 de julio de 1917.

Plana, A., "Vida de l'Isidre Nonell. I", en *La Veu de Catalunya. Pàgina Artística*, Barcelona, 27 de agosto de 1917, núm. 397; "II", 3 de septiembre de 1917, núm. 398; "III", 10 de septiembre de 1917, núm. 399; "IV", 17 de septiembre de 1917, núm. 400; y "V", 24 de septiembre de 1917, núm. 401.

Elias, F., "Situació d'en Nonell en la Pintura Moderna. I", en *La Veu de Catalunya. Pàgina Artística*, Barcelona, 8 de octubre de 1917, núm. 403; "II", 15 de octubre de 1917, núm. 404; y "III", 12 de noviembre de 1917, núm. 408.

1918

Puig, E.M., "Isidre Nonell i l'elegància", en *Almanach de la Revista per a 1919*, Barcelona, 1918.

"Exposición de Primavera. Palacio de Bellas Artes. La Sala Nonell", en *La Publicidad*, Barcelona, 10 de mayo de 1918.

D.F., "La Exposición de Primavera. Por las Salas", en *La Publicidad*, Barcelona, 11 de mayo de 1918.

"Exposició d'Art. Sala Isidre Nonell", en *La Veu de Catalunya. Pàgina Artística*, Barcelona, 13 de mayo de 1918, núm. 434.

"Crònica", en *La Veu de Catalunya. Pàgina Artística*, Barcelona, 3 de junio de 1918, núm. 437.

Vell i Nou, Barcelona, 15 septiembre de 1918, núm. 75.

"Crónica", en *La Veu de Catalunya. Pàgina Artística*, Barcelona, 16 de diciembre de 1918, núm. 464.

1919

Francés, J., "La Exposición de Bilbao. La Pintura Española", en *La Esfera*, Barcelona/Madrid, 11 de octubre de 1919, núm. 302.

Folguera, J., "L'èxit d'Isidre Nonell i el fracàs del seu art", en *Almanach de la Revista per en 1920*, Barcelona, 1919.

1920

Carles, D., "El pintor Isidre Nonell", en *Vell i Nou*, Barcelona, mayo de 1920, núm. 2.

D'Ací D'Allà, Barcelona, septiembre de 1920, núm. 9.

1922

Ricaut, J., "Isidre Nonell", en *El Diluvio*, Barcelona, 21 de febrero de 1922.

"Crónica de Barcelona. Las exposiciones", en *Revista de Bellas Artes*, Madrid, marzo de 1922, núm. 5.

Capdevila, C., "L'Exposició Isidre Nonell", en *La Veu de Catalunya. Pàgina Artística*, Barcelona, 4 de marzo de 1922, núm. 550.

Opisso, A., "Artistas contemporáneos", en *La Vanguarida*, Barcelona, 22 de abril de 1922.

1924

"La mascarilla d'en Isidre Nonell", en *Gaseta de les Arts*, Barcelona, 1 de septiembre de 1924, núm. 8.

Ors, E. d', "Mi Salón de otoño", en *Revista de Occidente*, Madrid, 1924, suplemento núm. 1.

1925

Flama [Folch i Torres, J.], "Pintures d'en Nonell en la colecció Sala", en *Gaseta de les Arts*, Barcelona, 15 de abril de 1925, núm. 23.

"El que diven artistes i amateurs", en *La Veu de Catalunya. Pàgina Artística*, Barcelona, 23 de abril de 1925.

Folch i Torres, J., "La unitat en l'obra de Nonell", en *La Veu de Catalunya*, Barcelona, 23 de abril de 1925.

Folch i Torres, J., "Nonell, avui", en *La Veu de Catalunya*, Barcelona, 23 de abril de 1925.

Utrillo, M., "Nonell", en *La Noche*, Barcelona, 24 de abril de 1925.

C.C. [Capdevila, C.], "Carnet de les Arts. Una exposició de Nonells", en *La Publicitat*, Barcelona, 25 de abril de 1925.

Sacs, J., "Cròniques Catalanes", en *Revista de Catalunya*, Barcelona, junio de 1925, núm. 12.

"Isidro Nonell", en *Gaceta de Bellas Artes*, Madrid, 1 de junio de 1925, núm. 265.

Flama [Folch i Torres, J.], "Les Exposicions", en *Gaseta de les Arts*, Barcelona, 1 de julio de 1925, núm. 28.

Junoy, J. Mª., "Les Idees i les Imatges", en *La Veu de Catalunya*, Barcelona, 17 de julio de 1925.

Nonell, C., "Isidro Nonell y su época", en *Ateneo*, Madrid, 25 de octubre de 1925, núm. 20.

"Les Exposicions", en *Gaseta de les Arts*, Barcelona, 1 de noviembre de 1925, núm. 36.

Ràfols, J.F., "Pensant en l'obra d'Isidre Nonell", en *Gaseta de les Arts*, Barcelona, 1 de noviembre de 1925, núm. 36.

1927

Biosca, J., "Nonell", en *La Veu de Catalunya*, Barcelona, 9 de octubre de 1927 (ed. mañana).

Roda, P. de, "Estampas de los IV Gats: Nonell, Manolo, Reventós, Casagemas", en *La Noche*, Barcelona, 12 de octubre de 1927.

"Exposicions", en *La Veu de Catalunya*, Barcelona, 13 de noviembre de 1927 (ed. noche).

1928

Sacs, J., "Cròniques", en *Revista de Catalunya*, Barcelona, marzo de 1928, núm. 45.

"Els homes del Papitu", en *Papitu*, Barcelona, 23 de mayo de 1928, núm. 1.001.
Brunet, L., "Un recuerdo. Nonell", en *Gaceta de Bellas Artes*, Madrid, 15 de junio de 1928, núm. 338.
Capdevila, C., "L'Art Modern Català en la col·lecció Plandiura", en *Gaseta de les Arts*, Barcelona, octubre de 1928, núm. 2.
Benet, R., "La lliçó d'Isidre Nonell", en *La Veu de Catalunya*, Barcelona, 13 de octubre de 1928.
Benet, R., "La figura d'Isidre Nonell", en *Gaseta de les Arts*, Barcelona, diciembre de 1928, núm. 4.
"Pintura i Dibuix d'Isidre Nonell", en *Gaseta de les Arts*, Barcelona, diciembre de 1928, núm. 4.

1929

Benet, R., "Joaquim Torres Garcia. Isidre Nonell", en *La Veu de Catalunya*, Barcelona, 14 de enero de 1929.
"Exposicions. Sala Joan Merli", en *Gaseta de les Arts*, Barcelona, febrero de 1929, núm. 6.
Gifreda, M., "De les Arts", en *Mirador*, Barcelona, 14 de marzo de 1929.
Domingo, F., "Entorn a la pintura d'ara", en *Mirador*, Barcelona, 14 de mayo de 1929, núm. 7.
Gasch, S., "Pintura neta i pintura bruta", en *Mirador*, Barcelona, 14 de mayo de 1929, núm. 7.
D'Ací i D'Allà, Barcelona, junio de 1929, núm. 138.
Capdevila, C., "Un record de Nonell. Georges Courteline", en *Mirador*, Barcelona, 4 de julio de 1929, núm. 23.

1930

Baiarola [Benet, R.], "Vida Artística. La Pintura Catalana Contemporania. Isidre Nonell. I", en *La Veu de Catalunya*, Barcelona, 3 de marzo de 1930; "II", 8 de marzo de 1930; y "III", 10 de marzo de 1930.

1931

Pasqual, M., "Pintura catalana. Una escola barcelonina?", en *Mirador*, Barcelona, 21 de mayo de 1931, núm. 120.

1932

B., "Exposicions. Sala Parés", en *La Veu de Catalunya*, Barcelona, 6 de octubre de 1932 (ed. noche).
"Exposició de pintura catalana a Zuric", en *La Veu de Catalunya. Pàgina Artística*, Barcelona, 12 de octubre de 1932.
"L'adquisició de la Col·lecció Plandiura", en *Butlletí dels Museus d'Art de Barcelona*, Barcelona, diciembre de 1932, vol. II, núm. 19.
"Vida artística. Cartell d'exposicions", en *La Veu de Catalunya*, Barcelona, 15 de diciembre de 1932.
Benet, R., "Vida Artística. Exposicions", en *La Veu de Catalunya*, Barcelona, 22 de diciembre de 1932 (ed. noche).

1933

Maseras, A., "Comentaris a l'obra d'Isidre Nonell", en *Butlletí dels Museus d'Art*, Barcelona, mayo de 1933, vol. III, núm. 24.

1934

Art, Barcelona, julio de 1934, núm. 10 (número extraordinario dedicado a Nonell).
Benet, R., "Isidre Nonell com a bandera", en *Art*, Barcelona, julio de 1934, núm. 10 (número monográfico).
Camps-Ribera, "Isidre Nonell", en *Art*, Barcelona, julio de 1934, núm. 10 (número monográfico).
Junoy, J.M., "Isidre Nonell", en *Art*, Barcelona, julio de 1934, núm. 10 (número monográfico).
"Isidre Nonell", en *Mirador*, Barcelona, 23 de agosto de 1934, núm. 290.
Junoy, J.M., "El pintor Isidre Nonell", en *Catalunya*, Buenos Aires, septiembre de 1934, núm. 48.
Cassou, J., "L'Espagne et l'Amerique Latine", en *L'Amour de l'Art*, París, noviembre de 1934, núm. 9.
Merli, J., "Elogi de la natura morta", en *Art*, Barcelona, diciembre de 1934, núm. 3

1935

Pardellans, J., "Galeria Isidre Nonell", en *La Revista*, Barcelona, julio-diciembre de 1935.

1936

Cabot, "L'afer del premi Nonell", en *Mirador*, Barcelona, 9 de julio de 1936, núm. 385.
Alavedra, J., "El que hom desconeix dels Museus. Una col·lecció de retrats inapreciable", en *Ultima Hora*, Barcelona, 16 de julio de 1936.

1938

Bas i Gich, J., "Les Arts. Mestres de la pintura catalana. Isidre Nonell.", en *Meridià*, Barcelona, 30 de septiembre de 1938, núm. 38.
E.M.A., " Isidro Nonell por Joan Merli", en *El Socialista*, Barcelona, 29 de octubre de 1938.

1941

Francés, J., "Evocación de Isidro Nonell", en *La Vanguardia Española*, Barcelona, 30 de mayo de 1941.

1942

Nonell, C., "La Obra de Isidro Nonell", en *Correo Literario*, Madrid, 1 de febrero de 1942.
Junoy, J.M., "Maestros bodegonistas españoles", en *Solidaridad Nacional*, Barcelona, 8 de febrero de 1942.
Vértice, Madrid, febrero-marzo de 1942, núm. 53-54.
J.T., "Dibujos de Nonell", en *Destino*, Barcelona, 21 de noviembre de 1942, núm. 279.
Ràfols, J.F., "La sinceridad en nuestra pintura de fin de siglo", en *Anales y Boletín de los Museos de Arte de Barcelona*, Barcelona, invierno de 1942, vol. I, 2.

1943

S., "Arte y Artistas. Isidro Nonell", en *El Correo Catalán*, Barcelona, 11 de febrero de 1943.

1944

Junoy, J.M., "Artistas de ayer y de hoy", en *Destino*, Barcelona, 15 de julio de 1944, núm. 365.

1945

J.T., "Las Exposiciones y los Artistas. Nonell en el Museo", en *Destino*, Barcelona, 16 de junio de 1945, núm. 413.

1946

Junoy, J.M., "Las Exposiciones y los Artistas. Isidro Nonell pintor de bodegones y gitanas", en *Destino*, Barcelona, 6 de julio de 1946, núm. 468.

1947

Francés, J., "Evocación de Isidro Nonell", en *La Vanguardia Española*, Barcelona, 30 de marzo de 1947.
Pla, J., "Sobre el 'Nonell' de Rafael Benet", en *Destino*, Barcelona, 7 de junio de 1947, núm. 516.
Gállego, J., "Rafael Benet: Isidro Nonell y su época", en *Revista de Ideas Estéticas*, Madrid, julio-septiembre de 1947, núm. 19.
Zúñiga, A., "La época de Isidro Nonell", en *La Vanguardia Española*, Barcelona, 7 de agosto de 1947.
"Libros y Revistas", en *Diario de Barcelona*, Barcelona, 4 de diciembre de 1947.

1948

"Evocación de Isidro Nonell", en *El Noticiero Universal*, Barcelona, 25 de febrero de 1948.
Gómez, "Sala Barcino. Exposición Nonell", en *Solidaridad Nacional*, Barcelona, 28 de febrero de 1948.
"Exposición Homenaje a Nonell", en *El Noticiero Universal*, Barcelona, 3 de marzo de 1948.

Teixidor, J., "En torno a Isidro Nonell", en *Destino*, Barcelona, 6 de marzo de 1948, núm. 552.

"Exposición Homenaje a Nonell en la Sala Barcino", en *Hoja del Lunes*, Barcelona, 15 de marzo de 1948

Benet, R., "Sobre Nonell", en *Destino*, Barcelona, 20 de marzo de 1948, núm. 554.

"Hombres ilustres en la calle", en *Destino*, Barcelona, 27 de marzo de 1948.

Jardí, E., "Mir i Nonell", en *Ariel*, Barcelona, junio de 1948, vol. III, núm. 18.

Llopis, A., "El barrio de Isidro Nonell", en *Destino*, Barcelona, 12 de junio de 1948, núm. 566.

"Veracidad Histórica. La casa donde nació y murió Isidro Nonell", en *Destino*, Barcelona, 24 de julio de 1948, núm. 572.

1951

Junoy, J.M., "Los Nonell de Fernando Benet", en *El Correo Catalán*, Barcelona, 17 de mayo de 1951.

Faraldo, R., "La Iª Bienal Hispanoamericana de Arte", en *Ya*, Madrid, 16 de diciembre de 1951.

Camón Aznar, J., "Precursores y Maestros de la pintura española contemporánea: El fatalismo de las figuras de Nonell", en *Abc*, Madrid, 22 de diciembre de 1951.

1952

Aguilera, E., "Revalorización de Isidro Nonell", en *Lecturas*, Barcelona, febrero de 1952.

"Gimeno, Nonell, Pidelaserra", en *Destino*, Barcelona, 7 de junio de 1952, núm. 774.

Nonell, C., "Isidro Nonell post impresionista catalán", en *Ateneo*, Madrid, 25 de octubre de 1952, núm. 20.

1954

Tharrats, J.J., "Nonell", en *Revista*, Barcelona, 3-9 de junio de 1954, núm. 112.

Benet, R., "Después de Solana Nonell", en *Revista*, Barcelona, 5-11 de agosto de 1954, núm. 121.

1955

Benet, R., "Gran acontecimiento en la Virreina. La Sala Nonell", en *Revista*, Barcelona, 1-7 de diciembre de 1955, núm. 190.

Abril, S., "Una exposición de dibujos de Nonell, en Syra", en *Destino*, Barcelona, 3 de diciembre de 1955, núm. 956.

Benet, R., "Exposiciones en Barcelona. 35 dibujos de Isidro Nonell. Syra", en *Revista*, Barcelona, 15-21 de diciembre de 1955, núm. 192.

"Actividad Cultural. Don José Camón Aznar, en Syra", en *Diario de Barcelona*, 17 de diciembre de 1955.

1957

"Estafeta", en *Correo de las Artes*, Barcelona, 25 de marzo de 1957, núm. 3.

1958

Cortès, J., "La gloria de Isidro Nonell", en *La Vanguardia*, Barcelona, 23 de febrero de 1958.

1959

Llopis, A., "El 'Nonell' de Enrique Jardí", en *Destino*, Barcelona, 6 de junio de 1959, núm. 1.139.

Deu, G., "Nonell", en *Germinabit*, Barcelona, junio de 1959.

1960

Sempronio, "Las cosas, como son. De las angulas a la pintura", en *Diario de Barcelona*, Barcelona, 5 de marzo de 1960.

Cirici, A., "Nonell i el moment artístic", en *Serra d'Or*, Barcelona, marzo-abril de 1960, núms. 3-4.

Zúñiga, A., "Desde Nueva York: Pintores españoles en la ciudad. Triunfo de los abstractos", en *La Vanguardia*, Barcelona, 24 de junio de 1960.

"Exposición antes de Picasso y después de Miró en el Museo Guggenheim de Nueva York", en *El Noticiero Universal*, Barcelona, 25 de junio de 1960.

Cirici, A., "Exposició en Nova York", en *Serra d'Or*, Barcelona, octubre de 1960, núm. 10.

1961

Nonell, C., "Evocación de una fecha. Isidro Nonell en el cincuentenario de su muerte", en *Diario de Barcelona*, Barcelona, 10 de febrero de 1961.

"Descubrimiento de una lápida conmemorativa en la casa en que nació y murió el pintor Isidro Nonell. Se la ha dedicado la Junta de Museos de Barcelona", en *Diario de Barcelona*, Barcelona, 22 de febrero de 1961.

Cortès, J., "La gloria de Isidro Nonell", en *La Vanguardia*, Barcelona, 23 de febrero de 1961.

Jardí, E., "Nonell, mojón y frontera", en *La Vanguardia*, Barcelona, 23 de febrero de 1961.

Sempronio, "Nonell en su barrio", en *Diario de Barcelona*, Barcelona, 23 de febrero de 1961.

Díaz-Plaja, G., "Nonell, de vuelta", en *Destino*, Barcelona, 25 de febrero de 1961, núm. 1.229.

Nonell, C., "Isidro Nonell", en *Artes*, Madrid, 8 de junio de 1961, núm. 3.

Nonell, C., "Isidro Nonell en el cincuentenario de su muerte", en *Diario de Barcelona*, Barcelona, 10 de noviembre de 1961.

Pla, J., "Nonell y Picasso", en *El Correo Catalán*, Barcelona, 30 de noviembre de 1961.

Pla, J. "La rueda del tiempo atrás sobre Nonell", en *El Correo Catalán*, Barcelona, 7 de diciembre de 1961.

1962

Cortès, J., "Perennidad de Isidro Nonell", en *Ensayo. Boletín de las Escuelas de Artes y Oficios Artísticos y Superior de Bellas Artes de San Jorge*, Barcelona, 1962, núm. 14.

A.C.P., "Nonell i Casas en París", en *Serra d'Or*, Barcelona, enero de 1962, núm. 1.

Cortès, J., "La Exposición de pintura moderna española en la Tate Gallery de Londres", en *La Vanguardia*, Barcelona, 18 de enero de 1962.

Cortès, J., "Los abstractos españoles, en Londres", en *Destino*, Barcelona, 20 de enero de 1962, núm. 1.276.

Puig, L., "El pintor Isidro Nonell", en *Destino*, Barcelona, 27 de enero de 1962, núm. 1.277.

Spira, R., "Moderne spanische Kunst in London", en *Die Weltkunst*, Munic, 1 de febrero de 1962, núm. 3.

Utrillo, M., "Isidro Nonell en el Casón del Retiro", en *Blanco y Negro*, Madrid, 28 de julio de 1962, núm. 2.621.

Marsà, A., "Gaceta de las Artes. Para una política articulada de Museos", en *Diario de Barcelona*, Barcelona, 12 de agosto de 1962.

Garrut, J.M.ª, "La lección de Isidro Nonell", en *Diario de Barcelona*, Barcelona, 22 de septiembre de 1962.

Carabias, J., "Crónica de Francia", en *El Noticiero Universal*, Barcelona, 1 de noviembre de 1962.

Carabias, J., "Pintores españoles en París. Figuran Solana, Vázquez Díaz, Regoyos, y, entre los jóvenes, Redondela. La gran sorpresa han sido tres cuadros de Nonell, el gran amigo de Picasso que pasó la vida en Francia", en *Heraldo de Aragón*, Zaragoza, 7 de noviembre de 1962.

Sempronio, "Las cosas, como son. La muerte de Isidro Nonell", en *Diario de Barcelona*, Barcelona, 7 de noviembre de 1962.

"Tríptico Nonell-Humbert-Sisquella", en *Diario de Barcelona*, Barcelona, 7 de noviembre de 1962.

"Apertura de la exposición de obras de Isidro Nonell. Se celebró ayer tarde, en el Palacio de la Virreina", en *Diario de Barcelona*, Barcelona, 8 de noviembre de 1962.

"Solemne inauguración de la exposición del cincuentenario de Nonell", en *Solidaridad Nacional*, Barcelona, 8 de noviembre de 1962.

Ero, "Nonell", en *La Vanguardia*, Barcelona, 9 de noviembre de 1962.

Marsà, A., "Gaceta de las Artes. Nonell al filo del medio siglo", en *El Correo Catalán*, Barcelona, 11 de noviembre de 1962.

Ero, "La calle y su mundo. Nonelliana", en *La Vanguardia*, Barcelona, 14 de noviembre de 1962.

Manzano, R., "Nonell, el pintor que bajó a los infiernos", en *Solidaridad Nacional*, Barcelona, 14 de noviembre de 1962.

Santos Torroella, R., "Isidro Nonell. Breve guía de su vida y su obra", en *El Noticiero Universal*, Barcelona, 14 de noviembre de 1962.

Lience, F., "Arte. Exposiciones de la semana: Homenaje a Isidro Nonell (1873-1911), en el Palacio de la Virreina; Juan Serra, en la Sala Parés; José Cerdans, en Sala Vayreda y A. Valdemí, en Galerías Españolas", en *El Mundo Deportivo*, Barcelona, 15 de noviembre de 1962.

Castillo, A. del, "La truncada trayectoria de Isidro Nonell", en *Diario de Barcelona*, Barcelona, 17 de noviembre de 1962.

Costa, J., "Los hombres y los días. Isidro Nonell, pintor", en *El Progreso*, Lugo, 17 de noviembre de 1962.

Díaz-Plaja, G., "Nonell y los tremendistas", en *Destino*, Barcelona, 17 de noviembre de 1961, núm. 1.319.

"Nonell, en la Virreina", en *Hoja del Lunes*, Barcelona, 19 de noviembre de 1962.

Sánchez-Camargo, M., "Crónica de Arte. 'Tríptico': Nonell-Humbert-Sisquella", en *Hoja del Lunes*, Madrid, 19 de noviembre de 1962.

Cortès, J., "Arte y Artistas. La Exposición Nonell en la Virreina, glorificación del pintor. Los amigos y compañeros de Nonell. Sus dibujos en *La Vanguardia*", en *La Vanguardia*, Barcelona, 22 de noviembre de 1962.

Sánchez-Camargo, M., "Artistas catalanes en Madrid. Nonell-Humbert-Sisquella", en *La Vanguardia*, Barcelona, 29 de noviembre de 1962.

Destino, Barcelona, 1 de diciembre de 1962, núm. 1.321.

Gutiérrez, F., "Nonell, en la Virreina", en *La Prensa*, Barcelona, 4 de diciembre de 1962.

"Arte. Clausura de la exposición Nonell", en *Diario de Barcelona*, Barcelona, 7 de diciembre de 1962.

Folch i Torres, J., "En el Cincuentenario de la muerte de Nonell", en *Destino*, Barcelona, 8 de diciembre de 1962, núm. 1.322.

Destino, Barcelona, 17 de diciembre de 1962, núm. 1.319.

Cortès, J., "Arte y Artistas", en *La Vanguardia*, Barcelona, 24 de diciembre de 1962.

Rodríguez Cruells, M., "Revista del Arte. Isidre Nonell", en *Revista Europa*, Barcelona, diciembre de 1962, núm. 499.

1963

Boletín de la Asociación del Personal de la Caja de Pensiones para la Vejez y de Ahorros, Barcelona, enero de 1963, núm. 59.

Castillo, A. del, "Crónica de Barcelona. Exposición Nonell", en *Goya*, Madrid, enero-febrero de 1963, núm. 52.

Serrano, D., "Nonell", en *Gaceta Ilustrada*, Barcelona, 26 noviembre de 1963.

Isern, A., "Rastres i testimonis: el poeta", en *Serra d'Or*, Barcelona, noviembre de 1963, núm. 11.

1964

Fernández Almagro, M., "Pelea entre dos fuegos. Isidro Nonell, tema histórico artístico", en *La Vanguardia*, Barcelona, 12 de noviembre de 1964.

1966

Giralt-Miracle, D., "Noticias. Homenaje a Nonell", en *Destino*, Barcelona, 26 de marzo de 1966, núm. 1.494.

Camón Aznar, J., "Isidro Nonell", en *Goya*, Barcelona, mayo-junio de 1966, núm. 72.

Bozal, V., "Isidro Nonell en el Modernismo", en *Artes*, Madrid, octubre de 1966, núm. 78.

1967

Llates, R., "Mitad y mitad. Aspectos de Isidro Nonell", en *Destino*, Barcelona, 25 de febrero de 1967, núm. 1.542.

Llates, R., "Dichos de Nonell", en *Destino*, Barcelona, 8 de julio de 1967, núm. 1.561.

Gutiérrez, F., "Isidro Nonell, en Sala Gaspar", en *La Prensa*, Barcelona, 13 de diciembre de 1967.

Manzano, R., "Dos exposiciones, la de Martí Alsina y la de Isidro Nonell. Nonell, nuestro primer 'pintor de protesta'", en *Solidaridad Nacional*, Barcelona, 14 de diciembre de 1967.

Gich, J., "Nonell, ese gran desconocido", en *Tele/Exprés*, Barcelona, 15 de diciembre de 1967

"Las exposiciones. Pinturas de Nonell, en Sala Gaspar", en *Hoja del Lunes*, Barcelona, 18 de diciembre de 1967.

Castillo, A. del, "Las exposiciones. I. Nonell, en Sala Gaspar", en *Diario de Barcelona*, Barcelona, 23 de diciembre de 1967.

Cortès, J., "Arte y Artistas. Nonell", en *La Vanguardia*, Barcelona, 24 de diciembre de 1967.

J.M.H.C., "¿Le gusta a Ud. Nonell? Extrañas e infranqueables barreras entre el arte contemporáneo y el gran público", en *El Correo Catalán*, Barcelona, 24 de diciembre de 1967.

1968

Garrut, J.M., "Exposición Isidro Nonell", en *Miscellanea Barcinonensia*, Barcelona, 1968, núm. 19.

Rodríguez Cruells, M., "Revista de las Artes", en *Revista Europa*, Barcelona, enero de 1968, núm. 560.

"Nonell", en *El Noticiero Universal*, Barcelona, 1 de enero de 1968.

Vicent, M., "Nonell. Realista y arbitrario", en *La Actualidad Española*, Barcelona, 4 de enero de 1968.

Manzano, R., "Nonell un pintor de protesta", en *Tiempo Nuevo*, Madrid, 11 de enero de 1968.

Lago, S., "Isidro Nonell", en *Artes*, Madrid, marzo de 1968, núm. 91.

Robert, M., "Tras la huella de Isidro Nonell", en *Distinción*, Barcelona, marzo de 1968, núm. 57.

Soubriet, T., "El realismo de Isidro Nonell", en *Artes*, Madrid, marzo de 1968, núm. 91.

"Las gitanas de Nonell, en Madrid", en *Tele/Exprés*, Barcelona, 6 de abril de 1968.

Nonell, C., "Isidro Nonell, el precursor", en *Glosa*, Barcelona, septiembre de 1968, núm. 171.

Arco, del, "Mano a mano. Enric Jardí", en *La Vanguardia*, Barcelona, 24 de octubre de 1968.

1969

Garrut, J.M., "Dos exposiciones dedicadas a Isidro Nonell", en *Miscellanea Barcinonensia*, Barcelona, 1969, núm. 23.

Vidal, D., "Cuatro Nonells en tela de juicio", en *Tele/Exprés*, Barcelona, 30 y 31 de enero de 1969.

Salvatella, M., "Correo de Tele/Exprés. Falta una pizca de sensibilidad", en *Tele/Exprés*, Barcelona, 7 de febrero de 1969.

Saladrigas, R., "Temas de ahora. Supuestas falsificaciones de arte", en *Abc*, Madrid, 16 de febrero de 1969 (ed. mañana).

Camps-Ribera, "El 'affaire' de los Nonells

falsos", en *Tele/Exprés*, Barcelona, 18 de febrero de 1969.

Castillo, A. del, "Treinta y tres dibujos de Nonell, en Sala Parés", en *Diario de Barcelona*, Barcelona, 11 de mayo de 1969.

Santos Torroella, R., "Dibujos de Nonell", en *El Noticiero Universal*, Barcelona, 4 de junio de 1969.

Cortès, J., "La gloria de Isidro Nonell", en *La Vanguardia*, Barcelona, 8 de junio de 1969.

Santos Torroella, R., "Nuevamente Nonell", en *El Noticiero Universal*, Barcelona, 11 de junio de 1969.

Gich, J., "Actualitat de Nonell", en *Tele/Estel*, Barcelona, 13 de junio de 1969, núm. 152.

Chaflán, "De la misma calle. Isidro Nonell en los periódicos", en *Diario de Barcelona*, Barcelona, 15 de junio de 1969.

Giralt-Miracle, D., "Actualidad de Isidre Nonell", en *Destino*, Barcelona, 21 de junio de 1969, núm. 1.655.

Llates, R., "Casas, guitarrista, Rusiñol, Nonell", en *Destino*, Barcelona, 21 de junio de 1969, núm. 1.655.

Goya, Madrid, julio-agosto de 1969, núm. 91.

Cortès, J., "Arte y Artistas. Nonell", en *La Vanguardia*, Barcelona, 6 de julio de 1969.

Pla, J., "Sobre el pintor Isidro Nonell", en *Destino*, Barcelona, 25 de octubre de 1969, núm. 1.673.

Santos Torroella, R., "Obras del Círculo Artístico", en *El Noticiero Universal*, Barcelona, 29 de octubre de 1969.

Cadena, J.M., "Gentes de pluma y lápiz. Isidre Nonell, caricaturista de su mundo y de sí mismo", en *Diario de Barcelona*, 2 de noviembre de 1969.

1970

International Art Market, Nueva York, septiembre de 1970, vol. x, núm. 7.

Santos Torroella, R., "Un comentario sobre Nonell", en *El Noticiero Universal*, Barcelona, 14 de octubre de 1970.

G.C., "Subasta en Mudi-Art. Un cuadro de Nonell vendido en un millón doscientas diez mil pesetas", en *Diario de Barcelona*, Barcelona, 6 de noviembre de 1970.

G.C., "Las subastas de arte se ponen de moda en Barcelona. Un paisaje de Mir por ciento cincuenta y cinco mil pesetas. Nonell –un pequeño cuadro– alcanzó las setenta y cinco mil pesetas", en *Diario de Barcelona*, Barcelona, 20 de diciembre de 1970.

1971

H., "Por esos laberintos. Hace 60 años que murió. Urge una exposición total dedicada a Nonell", en *El Correo Catalán*, Barcelona, 27 de febrero de 1971.

Amat, M., "El humor de Nonell, sabroso fruto amargo", en *La Vanguardia*, Barcelona, 7 de marzo de 1971.

"Nonell, otro genio del dibujo", en *La Vanguardia*, Barcelona, 16 de abril de 1971.

Bustamante, J., "Exposiciones en Madrid", en *Bellas Artes*, Madrid, mayo-junio de 1971, núm. 9.

1972

La Vanguardia, Barcelona, 28 de marzo de 1972.

"Audaz robo de un cuadro de Nonell", en *El Correo Catalán*, Barcelona, 17 de mayo de 1972.

Purcalla, J., "Desapareció un 'Nonell', en unas galerías del Paseo de Gracia. El cuadro estaba valorado en 200.000 ptas.", en *La Solidaridad*, Barcelona, 17 de mayo de 1972.

Cadena, J.M., "Nou ambient, un grupo artístico y su revista", en *Diario de Barcelona*, Barcelona, 1 de octubre de 1972.

"Exposición antológica de la obra de Isidro Nonell, en la Academia de Bellas Artes de Sabadell", en *La Vanguardia*, Barcelona, 2 de diciembre de 1972.

J.R.C., "En el centenario de su nacimiento. Sabadell: Una magnífica exposición de pinturas y dibujos de Nonell", en *El Correo Catalán*, Barcelona, 3 de diciembre de 1972.

"Nonell", en *El Noticiero Universal*, Barcelona, 5 de diciembre de 1972.

"Con motivo del primer centenario del nacimiento de Nonell: Exposición homenaje organizado por la Academia de Bellas Artes de Sabadell", en *Solidaridad Nacional*, Barcelona, 8 de diciembre de 1972.

"Sabadell. Clausura de la exposición homenaje a Isidre Nonell", en *Solidaridad Nacional*, Barcelona, 11 de diciembre de 1972.

Giralt-Miracle, D., "Nonell", en *Destino*, Barcelona, 23 de diciembre de 1972, núm. 1.838.

Pujol, R., "Noticiario de Arte. Clausura de la exposición de Isidro Nonell, en Sabadell", en *La Vanguardia*, Barcelona, 27 de diciembre de 1972.

1973

Giralt-Miracle, D., "La popularitat i el reconeixement d'Isidre Nonell", en *Qüestions d'Art*, Barcelona, 1973, núm. 27.

"Centenario de Isidro Nonell", en *Bellas Artes*, Madrid, febrero de 1973, núm. 20.

Castillo, A. del, "La Sala Nonell y su homenaje en Isidro Nonell", en *Diario de Barcelona*, Barcelona, 17 de febrero de 1973.

Marsà, A., "Centenario de Isidro Nonell", en *El Correo Catalán*, Barcelona, 17 de febrero de 1973.

Manzano, R., "Isidro Nonell", en *La Prensa*, Barcelona, 22 de febrero de 1973.

"Noticiario de Arte. Ante el centenario de Nonell", en *La Vanguardia*, Barcelona, 20 de febrero de 1973.

"Cartas de Sempronio", en *Destino*, Barcelona, 24 de febrero de 1973, núm. 1.847.

Santos Torroella, R., "Nonell", en *El Noticiero Universal*, Barcelona, 27 de febrero de 1973.

Bou, Ll., "Les anades de Nonell a París", en *D'Art*, Barcelona, mayo de 1973, núm. 2.

Badosa, E., "Imagen del tiempo. De Isidro Nonell", en *El Noticiero Universal*, Barcelona, 6 de marzo de 1973.

Marsà, A., "Isidro Nonell (1873-1911)", en *Jano: Medicina y Humanidades*, Barcelona, 9 de marzo de 1973, núm. 69.

Cifra, "Exposición monográfica de Nonell, por vez primera en Madrid", en *La Vanguardia*, Barcelona, 26 de abril de 1973.

"Nonell en Madrid", en *Goya*, Madrid, mayo-junio de 1973, núm. 114.

Azancot, "Nonell y Picasso", en *Gazeta del Arte*, Madrid/Barcelona, 15 de junio de 1973, núm. 4.

Giralt-Miracle, D., "Isidro Nonell y el descubrimiento de la materia", en *Gazeta del Arte*, Madrid/Barcelona, 15 de junio de 1973, núm. 4.

"Nonell. Primer centenario", en *Gazeta del Arte*, Madrid/Barcelona, 15 de junio de 1973, núm. 4.

Bellas Artes, Madrid, junio-julio de 1973, núm. 24.

Sempronio, "Sigue el lío de los Nonells", en *Destino*, Barcelona, 1 de septiembre de 1973, núm. 1.874.

Manzano, R., "Nonell y la otra Barcelona", en *Hoja del Lunes*, Barcelona, 3 de septiembre de 1973.

Gaya Nuño, J.A., "En el centenario de Nonell", en *Diari de Barcelona*, Barcelona, 9 de septiembre de 1973.

E.X., "Abans i ara. Pintures de vells mestres i fotografies de Pau Barceló", en *Serra d'Or*, Barcelona, octubre de 1973, núm. 169.
"Nonell maestro de Nonell", en *Carta de Arte*, Madrid, noviembre de 1973, núm. 11.
FONTBONA, F., "Isidre Nonell y el posmodernismo", en *Destino*, Barcelona, 3 de noviembre de 1973, núm. 1.883 (monográfico).
JARDÍ, E., "Itinerario por la Barcelona de Isidre Nonell", en *Destino*, Barcelona, 3 de noviembre de 1973, núm. 1.883 (monográfico).
PLA, J., "Isidre Nonell", en *Destino*, Barcelona, 3 de noviembre de 1973, núm. 1.883 (monográfico).
Tele-Exprés, Barcelona, 3 de noviembre de 1973.
T.M.G.F.D., "Cronología de Isidre Nonell", en *Destino*, Barcelona, 3 de noviembre de 1973, núm. 1.883 (monográfico).
BENET, J., "El barcelonismo impaciente de Nonell", en *La Vanguardia*, Barcelona, 25 de noviembre de 1973.
GUTIÉRREZ, F., "En el Centenario de Isidro Nonell. El fuego y la serenidad", en *La Vanguardia*, Barcelona, 25 de noviembre de 1973.
JARDÍ, E., "Nonell en *La Vanguardia*", en *La Vanguardia*, Barcelona, 25 de noviembre de 1973.
"La humanidad de Isidro Nonell personalidad de un artista", en *La Vanguardia*, Barcelona, 25 de noviembre de 1973.
SANTOS TORROELLA, R., "Arte. Se cumplen 100 años del nacimiento de Isidro Nonell", en *El Noticiero Universal*, Barcelona, 27 de noviembre de 1973.
BARCO, E., "Isidro Nonell", en *Diario de Barcelona*, Barcelona, 30 de noviembre de 1973.
HUERTAS-CLAVERIA, J.M., "Nonell: Cien años", en *Tele/Exprés*, Barcelona, 30 de noviembre de 1973.
BARNILS, R., "A media luz. Cien años de Nonell", en *Tele/Exprés*, Barcelona, 1 de diciembre de 1973.
VILANOVA, S., "El caso de los Nonells falsos", en *El Correo Catalán*, Barcelona, 7 de diciembre de 1973.
VILANOVA, S., "El caso de los Nonells falsos", en *El Correo Catalán*, Barcelona, 8 y 9 de diciembre de 1973.
VILANOVA, S., "El caso de los Nonells falsos. Oficial: 8 telas falsas y 2 de dudosa procedencia", en *El Correo Catalán*, Barcelona, 9 de diciembre de 1973.
"Arte. Dos Barcelona: la de Casas y la de Nonell", en *El Noticiero Universal*, Barcelona, 11 de diciembre de 1973.
VILANOVA, S., "El caso de los 'Nonells' falsos. Aparece la novena tela", en *El Correo Catalán*, Barcelona, 14 de diciembre de 1973.
CIRICI, A., "Nonell tornat a mirar", en *Serra d'Or*, Barcelona, 15 de diciembre de 1973, núm. 171.
VILANOVA, S., "Camps-Ribera precisa cómo pintó la réplica de la 'Dama Recostada' de Isidre Nonell", en *El Correo Catalán*, Barcelona, 29 de diciembre de 1973.
VILANOVA, S., "El caso de los Nonells falsos", en *El Correo Catalán*, Barcelona, 30 de diciembre de 1973.

1974

RODRÍGUEZ ALCALDE, L., "La vida de Isidro Nonell", en *Bellas Artes*, Madrid, enero de 1974, núm. 29.
VILA SAN-JUÁN, P., "Evocación de Isidro Nonell", en *Abc*, Madrid, 17 de enero de 1974.
"Una problemática portada de *Serra d'Or*", en *El Correo Catalán*, Barcelona, 22 de enero de 1974.
"Aparece otra tela falsa con firma de Nonell", en *El Correo Catalán*, Barcelona, 10 de febrero de 1974.
"Pistas de autenticidad de un falso Nonell", en *El Correo Catalán*, Barcelona, 2 de abril de 1974.
CADENA, J.M., "Gentes de pluma y lápiz. Dibujos de Nonell en *La Campana* y *L'Esquella*", en *Diario de Barcelona*, Barcelona, 20 de octubre de 1974.
VILANOVA, S., "De la misma época y parecido estilo. Los 'Nonell' que son 'Biosca'. El arte al microscopio", en *El Correo Catalán*, Barcelona, 2 de noviembre de 1974.
VILANOVA, S., "El caso de los 'Nonells' falsos. Aparece la novena tela", en *El Correo Catalán*, Barcelona, 14 de diciembre de 1974.

1976

AZCOAGA, E., "Homenaje a Nonell en Madrid", en *Batik*, Barcelona, mayo de 1976, núm. 25.
PUIG, A., "Nonell un camino ingrato pero eficaz, en la senda del arte", en *Artes Plásticas*, Barcelona, mayo de 1976, núm. 8.
CAMPOY, "Homenaje a Isidro Nonell", en *Abc*, Madrid, 2 de mayo de 1976.
"Homenaje a Nonell en Madrid", en *Telva*, Madrid, 15 de mayo de 1976.
IGLESIA, J., "Madrid, homenaje a Isidre Nonell", en *Diario de Barcelona*, Barcelona, 15 de mayo de 1976.
CHÁVARRI, R., "La Exposición antológica de Nonell, en Madrid", en *Ya*, Madrid, 16 de mayo de 1976.
POMBO, M., "Ventana Cultural. Nonell", en *La Vanguardia*, Barcelona, 20 de mayo de 1976.
GALLEGO, J., "Exposición", en *Insula*, Madrid, julio-agosto de 1976, núm. 356-357.
SANTOS TORROELLA, R., "Dietario artístico. ¿Un nuevo 'Nonell'?", en *El Noticiero Universal*, Barcelona, 21 de diciembre de 1976.

1977

"Isidre Nonell", en *Diario de Barcelona*, Barcelona, 26 de noviembre de 1977.

1978

"Seis obras maestras de la pintura catalana en la Sala Parés", en *Solidaridad Nacional*, Barcelona, 23 de junio de 1978.

1980

OPISSO, A., "Un siglo a través de 'La Vanguardia'. Isidro Nonell", en *La Vanguardia*, Barcelona, 25 de mayo de 1980.
"En una licitación artística celebrada anoche. Casi cinco millones por un Nonell", en *Diario de Barcelona*, Barcelona, 29 de mayo de 1980.
"Un Nonell, subastado ayer por 4.600.000 pesetas", en *El Noticiero Universal*, Barcelona, 30 de mayo de 1980.
"Sus cuadros se vendieron en 6 y 4,6 millones, respectivamente. Murillo y Nonell, unidos en una excelente subasta de Barcelona", en *Cinco Días*, Madrid, 3 de junio de 1980.

1981

JARDÍ, E., "Isidro Nonell, en Picasso, Barcelona, Catalunya", en *Quaderns L'Avenç*, Barcelona, 1981.
Butlletí Revista de l'Associació del Personal de la Caixa, Barcelona, enero de 1981, núm. 121.
"Exposición antológica de Isidre Nonell", en *La Vanguardia*, Barcelona, 11 de junio de 1981.
MENDOZA, C., "A propósito de una importante exposición. Isidre Nonell: 'Jo pinto i fora'", en *El Noticiero Universal*, Barcelona, 16 de junio de 1981.
J.I. del M., "Cultura/Societat. S'obrirà el dia 22. Gran mostra antològica I. Nonell", en *Diario de Barcelona*, Barcelona, 17 de junio de 1981.
"A la Virreina. Exposición antològica d'Isidre Nonell. L'antològica s'inaugurarà dilluns", en *Avui*, Barcelona, 18 de junio de 1981.
C.B., "La Virreina presenta la muestra más importante jamás realizada sobre Nonell", en *El Correo Catalán*, Barcelona, 23 de junio de 1981.

"Exposición antològica: 82 pinturas y 171 dibujos. Isidre Nonell sienta cátedra en la Virreina", en *La Vanguardia*, Barcelona, 23 de junio de 1981.
J.I. del M., "Ahir va obrir-se. Gran exposició antològica d'Isidre Nonell", en *Diario de Barcelona*, Barcelona, 23 de junio de 1981.
Carandell, J.M., "El día por delante", en *El Periódico*, Barcelona, 27 de junio de 1981.
"La exposición del día. Antológica de Nonell", en *El Correo Catalán*, Barcelona, 27 de junio de 1981.
"Nonell nuestro impertinente", en *El Eco de Sitges*, Sitges, 27 de junio de 1981, núm. 4.650.
Gutiérrez, F., "En la Virreina Isidre Nonell, 'pintura i prou", en *La Vanguardia*, Barcelona, 28 de junio de 1981.
Permanyer, Ll., "Cultura y Sociedad. Per què un altre Nonell?", en *Hoja del Lunes*, Barcelona, 29 de junio de 1981.
"Subasta de un Nonell", en *La Vanguardia*, Barcelona, 30 de junio de 1981.
Carbonell, J., "Dibuix d'Isidre Nonell", en *Butlletí Revista de l'Associació del Personal de la Caixa*, Barcelona, julio de 1981, núm. 127.
Marsà, A., "Riesgo y ventura de Isidre Nonell", en *El Correo Catalán*, Barcelona, 1 de julio de 1981.
Cutchet, "Falsos Nonell", en *El Correo Catalán*, Barcelona, 4 de julio de 1981.
Utrillo, M., "Mis testimonios y recuerdos. Algo referente en la exposición Nonell", en *El Eco de Sitges*, Sitges, 8 de julio de 1981.
Bosch, G., "Isidre Nonell o el desvetllar d'una realitat marginada", en *Canigó*, Barcelona, 18 de julio de 1981, núm. 719.
Giralt-Miracle, D., "El pintor Isidro Nonell, reconsiderado", en *El País*, Madrid, 18 de julio de 1981.
Castellà-Gassol, J., "Postals de Barcelona. Torna Nonell", en *Avui*, Barcelona, 22 de julio de 1981.
García-Conde, S., "En el palacio de la Virreina de Barcelona. Importante antológica de Nonell", en *Cinco Días*, Madrid, 22 de julio de 1981.
Vilanova, S., "Tribuna. Nonell falsificat", en *Diario de Barcelona*, Barcelona, 23 de julio de 1981.
Galí, F., "Nonell en Palau de la Virreina", en *El Correo Catalán*, Barcelona, 25 de julio de 1981.
Cirici, A., "Nonell en una cruïlla", en *Serra d'Or*, Barcelona, septiembre de 1981, núm. 264.
"A la Virreina. Prop de 45.000 persones han vist l'exposició sobre Nonell", en *Avui*, Barcelona, 3 de septiembre de 1981.
"Exposición de Nonell", en *El Noticiero Universal*, Barcelona, 3 de septiembre de 1981.
"Exposición de Nonell en el Monte de Piedad", en *Hoja del Lunes*, Madrid, 5 de octubre de 1981.
"Hoy se inaugura en Madrid. Exposición antológica de Isidro Nonell, el pintor de los marginados", en *Ya*, Madrid, 6 de octubre de 1981.
"Nonell", en *Periódico de Exposiciones*, Madrid, Caja de Ahorros y Monte de Piedad, 6 de octubre de 1981, num. 11.
"Antológica de Nonell en la Casa del Monte de Piedad", en *El País*, Barcelona, 7 de octubre de 1981.
"Art. L'antològica de Nonell, inaugurada en Madrid", en *Avui*, Barcelona, 7 de octubre de 1981.
"Inaugurada la exposición de Isidro Nonell en el Museo de Arte Contemporáneo", en *Abc*, Madrid, 7 de octubre de 1981.
Flaquer, J.A., "Madrid. Gran éxito de una exposición antológica de Isidro Nonell", en *El Noticiero Universal*, Barcelona, 30 de octubre de 1981.

1982

"Necrológica de Nonell", en *La Vanguardia*, Barcelona, 25 de abril de 1982.
Utrillo, M., "Isidro Nonell y Ramon Casas en el recuerdo", en *El Eco de Sitges*, Sitges, 1 de mayo de 1982, núm. 4.693.
Cimal, Valencia, mayo de 1982, núm. 13.
"Un banco sensible al arte", en *La Vanguardia*, Barcelona, 28 de diciembre de 1982.

1983

T.M.G.F.D., "Cronología de Isidre Nonell", en *Destino*, Barcelona, 3 de noviembre de 1983, núm. 171.

1985

Ll.P., "Una gran monografía sobre Nonell ", en *La Vanguardia*, Barcelona, 21 de abril de 1985.

1986

Jardí, E., "Nonell, aniversari de la seva mort", en *Avui*, Barcelona, 21 de febrero de 1986.

1987

Luján, N., "La muerte de Isidre Nonell", en *Jano: Medicina y Humanidades*, Barcelona, 9-15 de octubre de 1987, vol. xxxiii, núm. 790.

1989

"Barcelona. El Cercle Artístic decideix no vendre un Nonell del seu fons", en *Avui* Barcelona, 12 de octubre de 1989.

1990

"El Real Círculo Artístico subasta un Nonell de 80 millones para salvar su colección de Arte", en *El País*, Barcelona, 9 de junio de 1990.

1993

Frisach, M., "Roben un Nonell i un Casas al Cercle Artístic", en *Avui*, Barcelona, 6 de abril de 1993.